Wichtigste Fachgebiete des Lexikons

- Analysenmeßtechnik
- Arbeitsschutztechnik
- Automatisierungstechnik
- Bautechnik
- Bergbautechnik
- chemische Technologie
- Datenverarbeitung
- Elektronik
- Elektrotechnik
- Energietechnik
- Fertigungstechnik
- Fördertechnik
- Halbleitertechnologie
- Holztechnik
- Kerntechnik
- Konstruktionstechnik
- Lebensmitteltechnik
- Lichttechnik
- Luftfahrttechnik
- Maschinenbau
- Medizintechnik
- Meßtechnik
- Metallurgie
- Mikroelektronik
- Nachrichtentechnik
- Optoelektronik
- Papiertechnik
- polygrafische Technik
- Polymertechnik
- Schienenfahrzeugtechnik
- Schiffstechnik
- Silikattechnik
- Stofftrenntechnik
- technische Optik
- Textiltechnik
- Umweltschutztechnik
- Unterhaltungselektronik
- Verarbeitungsmaschinen
- Verfahrenstechnik
- Verpackungstechnik
- Werkstofftechnik

KLEINES LEXIKON
Abkürzungen in der Technik

KLEINES LEXIKON

Herausgeber:
Dipl.-Ing. Erika Hotho, Leipzig
Dipl.-Ing. Erhard Schoppnies, Berlin

Abkürzungen in der Technik

Fachbuchverlag Leipzig

Abkürzungen in der Technik. – 1. Aufl. –
Leipzig: Fachbuchverl., 1991. – 372 S.
(Kleines Lexikon)
NE: GT

ISBN 3-343-00731-5

© Fachbuchverlag Leipzig 1991
1. Auflage
Registriernummer: 114-210/112/91
Printed in Germany
Satz und Druck: Interdruck Leipzig GmbH

Vorwort

Die wissenschaftlich-technische Entwicklung hat großen Einfluß auf den Wortschatz einer Sprache im allgemeinen und die Kategorie Abkürzungen im besonderen. Abkürzungen sind heute ein fester Bestandteil von Schrift und Sprache und dienen als Hilfsmittel, um sich bequem und schnell auszudrücken. Der Gebrauch von Abkürzungen nimmt besonders in Wissenschaft und Technik weiter zu. Ständig werden neue Abkürzungen gebildet, während andere ihre Bedeutung ändern oder auch verlieren.

Das vorliegende Lexikon umfaßt etwa 12 000 deutsche und im Deutschen gebräuchliche fremdsprachige Abkürzungen, Kurz- und Kunstwörter aus allen technischen Bereichen. Durch die kontinuierliche Auswertung von Original-Informationsquellen verschiedener Fachgebiete entstand eine Abkürzungssammlung mit folgenden Zielstellungen:

- Mit dem Lexikon steht ein universelles Orientierungsmittel und Nachschlagewerk zur Entschlüsselung der häufigsten und allgemeingültigen Abkürzungen der Technik zur Verfügung.
- Das Lexikon dient zur Sekundärinformation neben der Fachliteratur, besonders auch zur Information über Abkürzungen technischer Bereiche, die nicht zum unmittelbaren Fachgebiet des Lesers gehören.
- Mit dem Lexikon soll der einheitliche Gebrauch der teilweise sehr unterschiedlichen Schreibweisen von technischen Abkürzungen gefördert werden.
- Für das Lexikon wird eine hohe Aktualität angestrebt, indem besonders Abkürzungen aus modernen technischen Bereichen, wie Mikroelektronik, Datenverarbeitung, Luft- und Raumfahrttechnik, Berücksichtigung fanden.

Nicht im Lexikon enthalten sind:

- Einheiten und Formelzeichen,
- Firmennamen, Institutionen, Organisationen u.ä., mit Ausnahme technischer Verfahren, Geräte und Anlagen, die von derartigen Namen abgeleitet sind,
- typen- und erzeugnisbezogene Kurzbezeichnungen,
- Mnemonics aus Befehlssätzen von Mikroprozessoren.

Autoren, Herausgeber und Verlag hoffen, daß das Lexikon ein hilfreicher Ratgeber für alle Nutzer sein wird. Für kritische Hinweise zur Verbesserung und Ergänzung des Buches sind wir jederzeit dankbar.

Herausgeber und Verlag

Autoren

Prof. Dr.-Ing. Hans-Velten Adolphi, Halle-Neustadt; Dipl.-Ing. Heinz Bergmann, Dresden; Dipl.-Ing. oec. Herbert Blumtritt, Dresden; Dr.-Ing. Lothar Böhme, Dresden; Dipl.-Ing. Peter Böttcher, Chemnitz; Dipl.-Ing. Klaus Diebel, Leipzig; Doz. Dr. sc. techn. Jürgen Fenk, Freiberg; Dipl.-Ing. Johannes Frohnert, Freiberg; Dipl.-Ing. Peter Gattermann, Leipzig; Doz. Dr. sc. techn. Horst Goldhahn, Dresden; Doz. Dr. sc. techn. Klaus Graichen, Freiberg; Prof. Dr. sc. techn. Gerhard Großmann, Dresden; Prof. Dr.-Ing. habil. Ernst Habiger, Dresden; Prof. Dr.-Ing. habil., Dr. sc. nat. Heinz Haferkorn, Ilmenau; Flugkapitän Prof. Dr.-Ing. Rolf Heinig, Eichwalde; Doz. Dr.-Ing. Diethard Höhne, Freiberg; Dipl.-Ing. Erika Hotho, Leipzig; Ing. Horst Hummelke, Berlin; Prof. Dr. sc. techn. Joachim Jentzsch, Chemnitz; Doz. Dr. sc. techn. Martin Kirchhof, Chemnitz; Dr.-Ing. Joachim Kliemann, Potsdam-Babelsberg; Dr.-Ing. Christian Kohlert, Halle-Neustadt; Prof. Dr.-Ing. habil. Werner Krause, Dresden; Prof. Dr. sc. oec. Harald Kunze, Berlin; Dr. phil., Dipl.-Ing.ök. Joachim Lange, Berlin; Dr.-Ing. Siegfried Lepenies, Dresden; Prof. Dr.-Ing. Conrad Markert, Dresden; Dr. sc. techn. Jochen Matauschek, Dresden; Prof. Dr.-Ing. Franz Meißner, Zwickau; Dr.-Ing. Bernd Meyer, Dresden; Dipl.-Ing. Steffen Müller, Chemnitz; Dipl.-Ing. Ekkehard Pätzold, Leipzig; Dr. sc. techn. Dieter Rausendorf, Schlettau; Prof. Dr. sc. techn. Beate Reetz, Dresden; Dr.-Ing. Leonhard Richter, Berlin; Dipl.-ök. Tassilo Römisch, Mittweida; Jürgen Scheller, Leipzig; Prof. Dr. sc. techn. Manfred Schilling, Suhl; Dipl.-Phys. Hubertus Schmidt, Leipzig; Dipl.-Ing. Erhard Schoppnies, Berlin; Dipl.-Ing.ök. Wolfgang Seewald, Leipzig; Dr. sc. phil. Ursula Spranger, Dresden; Dipl.-Ing. Hartmut Stephan, Leipzig; Bauing. Erdmann Stiebeler, Berlin; Dr. sc. techn. Hans-Jürgen Tenzer, Dresden; Prof. Dr.-Ing. habil., Dr. h. c. Horst-Dieter Tscheuschner, Dresden; Prof. Dr.-Ing. Ludwig Walther, Dresden; Dipl.-Ing. Hartmut Wiemer, Dresden; Dr.-Ing. Klaus Windisch, Dresden; Ing. Werner Winkler, Dresden; Dr.-Ing. Siegfried Winter, Freiberg

A

A: 1. Abmaß (geometrische Genauigkeit), *Bautechnik.* – **2.** achtern (hinten). – **3. Alarm,** *Automatisierungstechnik.* – **4.** Allgebrauchslampe. – **5. AM, AMP, Amp, Ampl:** ⟨engl⟩ amplifier / Verstärker, *Elektronik.* – **6.** angelassen, *Werkstofftechnik.* – **7.** Anker (einer elektrischen Maschine bzw. eines Relais). – **8.** Anode, *Elektrotechnik.* – **9.** Anzeige, *Automatisierungstechnik.* – **10.** Apogäum (erdfernster Punkt einer Erdumlaufbahn). – **11.** ⟨engl⟩ arrival / Ankunft, *Luftfahrtnavigation.* – **12.** Atlasbindung (Gewebebindung), *Textiltechnik.* – **13.** Auftrieb, *Aerodynamik.* – **14.** Ausgleichsring, *Bautechnik.* – **15.** Austenit (Gefügename), *Werkstofftechnik.* – **16.** Autobahn. – **17.** ⟨frz⟩ avance / schnell (Bezeichnung an Regulierorganen von Schwingsystemen), *Meßtechnik.* – **18. [A]:** ⟨russ⟩ avtomobil'naja lampa [автомобильная лампа] / Autolampe. – **19. [A]:** ⟨russ⟩ azimut [азимут] / ⟨engl⟩ azimuth / Azimut, Seitenwinkel, *Luftfahrtnavigation.* – **20. [A]:** ⟨russ⟩ benzin avtomobil'nyj [бензин автомобильный] / Benzin für Kraftfahrzeuge

AA: 1. Abnehmeranlage, *Energietechnik.* – **2.** ⟨engl⟩ absolute altitude / Flughöhe über Grund, *Luftfahrtnavigation.* – **3.** Achsabstand (von Gebäudeachsen), *Bautechnik.* – **4.** Analogausgabe, = ao, *Automatisierungstechnik.* – **5.** Ausrundungsbogenanfang (Gleisgeometrie). – **6.** autolytische Aktivität (des Mehles), *Lebensmitteltechnik.* – **7.** Automatisierungsanlage. – **8.** Axialausgleicher (Rohrleitungs-Dehnungsausgleicher), *Energietechnik*

AAA: Atomabsorptionsanalyse (Bestimmung von Metallen), *Analysenmeßtechnik*

AAC: 1. ⟨engl⟩ air approach control / Anflugkontrolle, *Flugsicherung.* – **2.** ⟨engl⟩ automatic amplitude control / automatische Amplitudenregelung, *Nachrichtentechnik.* – **3.** ⟨engl⟩ automatic approach control / automatische Anflugkontrolle, *Flugsicherung*

AADC: ⟨engl⟩ all-application digital computer (Universalrechner), *Datenverarbeitung*

AAE: 1. ⟨engl⟩ automatic answering equipment / automatische Antworteinheit (automatischer Anrufbeantworter), *Nachrichtentechnik.* – **2.** autonome Automatisierungseinrichtung

AAL: ⟨engl⟩ above aerodrome level / Höhe über Flugplatzniveau, *Luftfahrtnavigation.* – **2.** ⟨engl⟩ absolute assembly language / Assemblersprache mit Absolutadressierung, *Datenverarbeitung*

AAP: ⟨engl⟩ Apollo applications program / Apollo-Anwendungsprogramm, *Raumfahrttechnik*

AAS: ⟨engl⟩ atomic absorption spectroscopy / Atomabsorptionsspektroskopie, *Analysenmeßtechnik*

AASR: ⟨engl⟩ airport and airways surveillance radar / Flughafen- und Luftstraßen-Rundsicht-(↑)Radar, *Flugsicherung*

AAT: ⟨engl⟩ actual approach time /

tatsächliche Anflugzeit, *Luftfahrtnavigation*

AATC: ⟨engl⟩ automatic air traffic control / automatische Luftverkehrskontrolle, *Flugsicherung*

ab: antibakteriell (Ausführungsart von Chemiefaserstoffen)

Ab: Anschlußbahn

AB: 1. Abschattblende, *technische Optik*. – **2.** ⟨engl⟩ airborne / in der Luft schwebend (abgehoben), *Flugbetrieb*. – **3.** Amplitudenbegrenzer, *Elektronik*. – **4.** Anhydritbinder (Baustoff). – **5.** Anodenbatterie, *Elektrotechnik*. – **6.** Arbeitsbereich. – **7.** ⟨engl⟩ arithmetic bus / Arithmetikbus, *Datenverarbeitung*. – **8.** Aufbauten, *Schiffstechnik*. – **9.** Aussetzbetrieb, *Elektro-, Energietechnik*. – **10.** automatischer (Strecken-) Block, *Eisenbahnsicherungstechnik*

ABC: 1. ⟨engl⟩ automatic bass compensation / gehörrichtige Lautstärkeregelung, *Unterhaltungselektronik*. – **2.** ⟨engl⟩ automatic beam control / automatische Strahlstromregelung (in Fernseh- und Videokameras). – **3.** ⟨engl⟩ automatic binary computer / automatischer binärer Rechner. – **4.** ⟨engl⟩ automatic brightness control / selbsttätige Helligkeitsregelung, *Fernsehtechnik*

ABCI: ⟨engl⟩ Advanced Business Communications Inc. / Firma für weiterentwickelte Geschäftskommunikation (USA-Satellitenprojekt)

ABD: 1. ⟨engl⟩ alloy bulk diffusion / Legierungsvolumendiffusion (Transistorherstellungsverfahren) *Halbleitertechnologie*. – **2.** [АБД]: ⟨russ⟩ avtomatizirovannyj bank dannyh [автоматизированный банк данных] / Datenbank, ↑ DB 1

ABEKA-Kondensatorreinigungsanlage: Kondensatorreinigungsanlage nach Absch, Berger und Kammeier, *Energietechnik*

ABG: 1. ↑ AG 2. – **2.** Ausgangsbaugruppe, *Elektronik*

ABH: Arbeitsbereich, horizontaler

ABL: ⟨engl⟩ automatic black level / Schwarzpegelautomatik (automatische Schwarzwertregelung in Farbbildaufnahmegeräten), *Unterhaltungselektronik*

ABLE: ⟨engl⟩ azimuth, bias, level, equalization / Spaltwinkel, Vormagnetisierung, Pegel, Entzerrung (automatische Einstellvorgänge bei der Aufzeichnung auf Kassettenrecordern)

ABM: ⟨engl⟩ abeam / querab, *Flugsicherung*

ABMA: automatische Brandmeldeanlage

ABN: 1. ⟨engl⟩ aerodrome beacon / Flugplatzleuchtfeuer. – **2.** ⟨engl⟩ amber boron nitride / bernsteinfarbenes Bornitrid (superharter Schneidstoff)

A.Bo.: Ankerboje

ABP: 1. Ackerbohnenproteinisolat, *Lebensmitteltechnik*. – **2.** ⟨engl⟩ automatic book perfector / automatische Schön- und Widerdruckmaschine (Komplettdruckmaschine)

ABR: ⟨engl⟩ acrylester butadiene rubber / Acrylatkautschuk (Synthesekautschuk), *Polymertechnik*

ABS: 1. Acrylonitril-Butadien-Styren-Copolymer (Thermoplast). – 2. ⟨engl⟩ American Bureau of Shipping (New York) / (Amerikanische Schiffsklassifikationsgesellschaft). – 3. ⟨engl⟩ anti-blocking system / Antiblockiersystem, *Kraftfahrzeugtechnik*

ABV: 1. Arbeitsbereich, vertikaler. – 2. automatische Bildverarbeitung

ABW: 1. Ankerbohrwagen, *Bergbautechnik*. – 2. Außenbogenweiche

Abzw: Abzweigstelle (Bahnanlage der freien Strecke)

ac, a.c., a/c: ↑ AC 8

A$_c$: ⟨frz⟩ arrêt chauffage / Halt Erwärmung (Umwandlungstemperatur bei Erwärmung), *Werkstofftechnik*

AC: 1. ⟨engl⟩ absolute ceiling / absolute Gipfelhöhe, *Flugbetrieb*. – 2. ⟨engl⟩ accumulator / Akkumulator, ↑ AK 2. – 3. Acetatfaserstoff, ↑ CA 1. – 4. ⟨engl⟩ adaptive control / adaptive (selbstregelnde) Steuerung, *Automatisierungstechnik*. – 5. ⟨engl⟩ adjacent channel / Nachbarkanal, *Nachrichtentechnik*. – 6. ⟨engl⟩ aerodynamic centre / Neutralpunkt, *Aerodynamik*. – 7. ⟨engl⟩ affinity chromatography / Affinitätschromatografie (Trennung von Stoffgemischen), *Analysenmeßtechnik*. – 8. **ac, a.c., a/c:** ⟨engl⟩ alternating current / Wechselstrom, = WS 4. – 9. ⟨engl⟩ analog computer / Analogrechner. – 10. ⟨engl⟩ anti-clutter / Störunterdrückung, *Nachrichtentechnik*. – 11. Arbeitsplatzcomputer, = BC 6. – 12. ⟨engl⟩ Atlas-Centaur (USA-Trägerrakete). – 13. ⟨engl⟩ automatic check / automatische Prüfung, *Automatisierungstechnik*. – 14. ⟨engl⟩ automatic computer / Rechenautomat. – 15. ⟨engl⟩ automatic control / automatische Steuerung, *Automatisierungstechnik*

A.C.: ⟨engl⟩ aircraft carrier / Flugzeugträger

ACA: ⟨engl⟩ automatic clinical analyzer / klinisch-chemischer Analysenautomat, *Analysenmeßtechnik*

AC & PS: ⟨engl⟩ air conditioning and pressurization system / Klimaregelungs- und Druckhaltesystem, *Flugzeugausrüstung*

ACAP: ⟨engl⟩ automatic circuit analysis program / Programm für die automatische Schaltungsanalyse

ACAR: ⟨engl⟩ aluminium cable, aluminium reinforced / Aluminiumkabel, mit Aluminium verstärkt

ACB: 1. ⟨engl⟩ access method control block / Steuerblock für die Zugriffsmethode, *Datenverarbeitung*. – 2. ⟨engl⟩ air circuit breaker / Luftschalter, *Elektrotechnik*

ACC: 1. ⟨engl⟩ adaptive control constraint / adaptive Grenzwertregelung, Auslastungsregelung, *Automatisierungstechnik*. – 2. ⟨engl⟩ area control centre / Bezirkskontrollzentrale, *Flugsicherung*. – 3. ⟨engl⟩ automatic chrominance control / automatische Farbwertregelung, *Fernsehtechnik*

accel.: ⟨engl⟩ accelerator/Beschleuniger (Teilchenbeschleuniger), *Kerntechnik*

ACD: ⟨engl⟩ automatic call distributor / automatischer Rufverteiler, *Nachrichtentechnik*

AC/DC: ⟨engl⟩ alternating current/ direct current / Allstrom, = DC/AC, *Elektrotechnik*

ACE: 1. ⟨engl⟩ acceptance checkout equipment (automatisches Prüfsystem in der Startvorbereitungsphase der Mercury-Missionen, USA), *Raumfahrttechnik.* – **2.** ⟨engl⟩ adaptive [automatic] computer evaluation / automatische Rechnerauswertung, *Automatisierungstechnik.* – **3.** ⟨engl⟩ altimeter control equipment. – Höhenmeßkontrollgerät, *Flugzeugausrüstung.* – **4.** ⟨engl⟩ automatic calling equipment / automatische Wähleinrichtung, *Nachrichtentechnik.* – **5.** ⟨engl⟩ automatic circuit exchange / automatische Wählvermittlung, *Nachrichtentechnik.* – **6.** ⟨engl⟩ automatic computing engine / automatische Rechenmaschine. – **7.** ⟨engl⟩ auxiliary control element / (Hilfs-)Funktionssteuereinheit, *Automatisierungstechnik*

ACEE: ⟨engl⟩ aircraft energy efficiency program / (NASA-)Programm zur Erhöhung des energetischen Wirkungsgrades von Flugzeugen

ACFG: ⟨engl⟩ automatic continuous function generator / automatische stetige Funktionserzeugung, *Elektronik*

ACFL: ⟨engl⟩ alternating current thin-film electroluminescence / Wechselstrom-Dünnschicht-Elektrolumineszenz, *Elektronik*

ACFT: ⟨engl⟩ aircraft / Luftfahrzeug

ACG: 1. ⟨engl⟩ adaptive control geometrical / geometrische adaptive Steuerung oder Regelung (zur Sicherung der Maß- und Formgenauigkeit), *Automatisierungstechnik.* – **2.** ↑ AKG 1, 2

AC-G: ⟨engl⟩ alternating current generator / Wechselstromgenerator, *Elektrotechnik*

ACH: Aconitrathydratase (Untersuchung der Enzymaktivität von Hefen), *Lebensmitteltechnik*

ACI: ⟨engl⟩ automatic car identification / automatische Fahrzeugidentifizierung, ↑ AFI

ACIA: ⟨engl⟩ asynchronous communications interface adapter / Schnittstellenadapter für asynchrone Datenübermittlung (Ein-/Ausgabeinterface für seriell arbeitende periphere Geräte), *Automatisierungstechnik*

ACIR: ⟨engl⟩ automotive crash injury research / Forschung zu Verletzungen bei Kraftfahrzeugunfällen

ACL: 1. ⟨engl⟩ access circuit for subscriber lines / Zugangssatz für Teilnehmerleitungen, *Nachrichtentechnik.* – **2.** ⟨engl⟩ application control language / Anwendungssteuersprache (Programmiersprache)

ACLS: ⟨engl⟩ automated control and landing system / automatisches Kontroll- und Landesystem, *Flugsicherung*

ACM: ⟨engl⟩ acrylat-co-monoolefins, (übliche Bezeichnung:) acrylate rubber / Acrylatkautschuk, *Polymertechnik*

ACMOS: ⟨engl⟩ advanced complementary metal-oxide semiconductor / weiterentwickelter komplementärer Metalloxidhalbleiter, *Halbleitertechnologie*

ACN: ⟨engl⟩ automatic celestial navigation / automatische Sternnavigation, *Raumfahrttechnik*

ACO: ⟨engl⟩ adaptive control optimization / adaptive Optimierungsregelung, *Automatisierungstechnik*

ACP: 1. ⟨engl⟩ altimeter check point / Höhenmesserkontrollpunkt, *Luftfahrtnavigation*. – **2.** [АЦП]: ⟨russ⟩ analogovo-cifrovoj preobrazovatel' [аналогово-цифровой преобразователь] / Analog-Digital-Wandler, ↑ ADU

ACPU [АЦПУ]: ⟨russ⟩ alfavitno-cifrovoe pečatajuščee ustrojstvo [алфавитно-цифровое печатающее устройство] / alphanumerischer Drucker, *Datenverarbeitung*

ACR: 1. ⟨engl⟩ acceptable contrast ratio / akzeptables Kontrastverhältnis, *Fernsehtechnik*. – **2.** ⟨engl⟩ aerodrome control radar. – Flughafenkontroll-(↑)Radar, *Flugsicherung*. – **3.** ⟨engl⟩ approach control radar / Anflug-(↑)Radar, *Flugsicherung*. – **4.** ⟨engl⟩ automatic carriage return / automatischer Wagenrücklauf (bei der Schreibmaschine). – **5.** ⟨engl⟩ automatic cassette recorder / automatischer Kassettenrecorder (Kassettenmagnetbandgerät mit Aussteuerungsautomatik)

ACS: 1. ⟨engl⟩ adaptive control system / adaptives Steuerungssystem (automatische Steuerung), *Automatisierungstechnik*. – **2.** ⟨engl⟩ advanced communication service / offenes Datennetz, *Nachrichtentechnik*. – **3.** ⟨engl⟩ aerodrome control service / Flughafenkontrolldienst. – **4.** ⟨engl⟩ attitude control system / Lagekontrollsystem, *Raumfahrttechnik*. – **5.** ⟨engl⟩ automated heart catherization / automatische Herzkatheterisierung, *Medizintechnik*. – **6.** ⟨engl⟩ automatic control system / automatisches Steuerungssystem, *Automatisierungstechnik*. – **7.** ⟨engl⟩ auxiliary coolant system / Hilfskühlmittelsystem, *Kraftwerkstechnik*

ACSR: ⟨engl⟩ aluminium cable, steel reinforced / Aluminiumseil mit Stahlseele

ACT: 1. ⟨engl⟩ asymmetric crystal topography / asymmetrische Kristallografie (kristallografische Untersuchungsmethode). – **2.** ⟨engl⟩ automatic component tester / automatisches Bausteinprüfgerät, *Elektronik*

AČT [АЧТ]: ⟨russ⟩ absoljutno černoe telo [абсолютно чёрное тело] / schwarzer Strahler, *Lichttechnik*.

ACTRUS: ⟨engl⟩ automatically controlled turbine run-up system / automatische Turbinenanfahrsteuerung

ACTS: ⟨engl⟩ advanced communications technology satellite / Satellit mit fortgeschrittener Nachrichtentechnik (Serie geostationärer USA-Satelliten)

ACTYS: ⟨engl⟩ adaptable computerized type setting / anpaßbarer rechnergeführter Schriftsatz

ACU: 1. ⟨engl⟩ address control unit / Adreßsteuereinheit, *Datenverarbeitung*. – **2.** ⟨engl⟩ air-conditioning unit / Klimaanlage. – **3.** ⟨engl⟩ automatic call[ing] unit / automatische Anrufeinheit, *Nachrichtentechnik*. – **4.** ⟨engl⟩ automatic control unit / automatische Steuereinheit, *Elektronik.* – 5. ⟨engl⟩ availability control unit / Überwachungseinheit, *Automatisierungstechnik*

ACV: ⟨engl⟩ air-cushion vehicle / Luftkissenfahrzeug, ↑ BEG

ACVM [АЦВМ]: ⟨russ⟩ analogovo-cifrovaja vyčislitel'naja mašina [аналогово-цифровая вычислительная машина] / Analog-Digital-Rechner (kombinierter Rechner)

a/d: ↑ A/D 2

AD: 1. ⟨engl⟩ aerodrome / Flugplatz. – 2. **A/D:** ⟨engl⟩ air dried / luftgetrocknet, *Holztechnik.* – 3. Arbeitsdiagramm, *Verarbeitungsmaschinen.* – 4. Atmosphärendruck. – 5. [АД]: ⟨russ⟩ aviacionnyj dvigatel' [авиационный двигатель] / Flugzeugtriebwerk, Flugzeugmotor

A/D: 1. ↑ AD 2. – 2. **AD, a/d:** analog / digital

ADA: 1. Absolutdruckaufnehmer, *Meßtechnik.* – 2. ⟨engl⟩ automatic data acquisition / automatische Datenerfassung

ADAM: ⟨engl⟩ advenced data access method / erweiterte Datenzugriffsmethode

ADAPT: ⟨engl⟩ adaption of automatical programming of tools / Anpassung der automatischen Werkzeugprogrammierung (d. h. ihrer Programmiersprache ↑ APT 3 an Kleinrechner), *Werkzeugmaschinen*

Adar, ADAR: ⟨engl⟩ automatic digital data acquisition and recording / automatische Erfassung und Speicherung von digitalen Daten, *Datenverarbeitung*

ADAT: ⟨engl⟩ automatic data accumulation and transfer / automatische Datensammlung und -übertragung

ADC: 1. ⟨engl⟩ acoustic dimension compiler (elektronisches Verzögerungs- und Nachhallgerät für Hi-Fi-Anlagen), *Unterhaltungselektronik.* – 2. ⟨engl⟩ aerodrome control / Flugplatzkontrolle, *Flugsicherung.* – 3. ⟨engl⟩ analog[ue-to-]digital converter / Analog-Digital-Umsetzer, ↑ ADU. – 4. ⟨engl⟩ automatic data collection / automatische Datensammlung. – 5. Azodicarbonamid (Treibmittel), *Polymertechnik*

ADE: ⟨engl⟩ automated design engineering / automatisierte Entwurfstechnik (maschinelle Konstruktion und Angebotserstellung)

ADES: 1. akustisches Datenerfassungssystem (Spracherkennungssystem). – 2. ⟨engl⟩ automated data entry system / automatisiertes Datenerfassungssystem

ADF: ⟨engl⟩ automatic direction finder / automatischer Funkkompaß, *Flugzeugausrüstung*

ADI: ⟨engl⟩ acceptable daily intake / täglich zumutbare Höchstdosis (für eine chemische Substanz)

ADIS: ⟨engl⟩ automatic data interchange system / automatisches Datenaustauschsystem

ADK: Autodrehkran

ADL: 1. ⟨engl⟩ artificial delay line / künstliche Verzögerungsleitung (Verzögerung von Signalen), *Nachrichtentechnik.* – 2. ⟨engl⟩ automatic data link / automatischer Datenanschluß

ADM: ⟨engl⟩ adaptive delta modulation / adaptive Deltamodulation, *Nachrichtentechnik*

ADMA: ⟨engl⟩ advanced direct memory access / moderner direkter Speicherzugriff, *Datenverarbeitung*

ADMS, ADS: automatisches Demagnetisierungssystem (Kassettenrecorder)

ADP 1. [АДП]: ⟨russ⟩ aėrodromno-dispetčerskij punkt [аэродромно-диспетчерский пункт] / Flugplatzdispatcherstelle. – **2.** alphanumerischer Datenerfassungsplatz, *Datenverarbeitung.* – **3.** Ammoniumdihydrophosphat (optisch einachsiger Kristall), *technische Optik.* – **4.** ⟨engl⟩ automatic data plotter / automatischer Kurvenschreiber (Zeichengerät), *Datenverarbeitung.* – **5.** ⟨engl⟩ automatic data processing / automatische Datenverarbeitung, ↑ ADV

ADPA: Aceton-Diphenylamin (Kondensationsprodukt, Alterungsschutzmittel), *Polymertechnik*

ADPACS: ⟨engl⟩ automated data processing and communication service / automatisierter Datenverarbeitungs- und Übertragungsdienst

ADPC: ⟨engl⟩ automatic data processing center / Datenverarbeitungszentrum, ↑ DVZ

ADPE: ⟨engl⟩ automatic data processing equipment / automatische Datenverarbeitungsanlage, ↑ ADVA

ADPS: ⟨engl⟩ automatic data processing system / Datenverarbeitungssystem, ↑ DVS 1

ADR: 1. ⟨engl⟩ accident data recorder / Unfalldatenregistriergerät, *Flugzeugausrüstung.* – **2.** ⟨engl⟩ address register / Adressenregister, *Datenverarbeitung.* – **3.** ⟨engl⟩ advisory route / Luftweg, *Flugsicherung.* – **4.** ⟨engl⟩ automatic distortion reduction / automatische Verzerrungsminderung, *Unterhaltungselektronik*

Adrema: Adressiermaschine

ADRES: ⟨engl⟩ automatic dynamic range expander system / automatisches Dynamikbereichexpandersystem (Magnetbandgeräte, Kassettenrecorder)

ADS: 1. ↑ ADMS. – **2.** Amplitudendichtespektrum. – **3.** † [АДС] ⟨russ⟩ aviacionno-dispetčerskaja služba [авиационно-диспетчерская служба] / Flugdispatcherdienst

AD-Satellit: ⟨engl⟩ air density satellite (USA-Forschungssatelliten aus der Explorer-Reihe zur Messung der Luftdichte in der Hochatmosphäre)

ADSC: ⟨engl⟩ automatic data service center / Rechenzentrum, ↑ RZ 1

AD-Technik: ⟨engl⟩ alloy diffusion technique / Legierungsdiffusionstechnik (kombiniertes Herstellungsverfahren für Transistoren), *Halbleitertechnologie*

ADTS: ⟨engl⟩ automated data and telecommunication service / automatisierter Daten- und Fernmeldedienst, *Nachrichtentechnik*

ADU: Analog-Digital-Umsetzer, -Umwandler, -Wandler, = ADC 3, = ACP 2, *Elektronik*

ADV: automatische Datenverarbeitung, = ADP 5

ADVA: automatische Datenverarbeitungsanlage, = ADPE, ↑ DVA

ADVC: Alkalität, Dispergiervermögen, Contamination, Viskosität (Kriterien zur Schmierstoffuntersuchung), *Tribotechnik*

ADX: ⟨engl⟩ automatic data exchange / automatische Datenvermittlung, *Nachrichtentechnik*

AE: 1. Abfrageeinheit, *Datenverarbeitung.* – 2. Ablenkeinheit (von Katodenstrahlröhren und Bildröhren), *Elektronik.* – 3. Agargelelektrophorese (Trennung von Stoffgemischen im elektrischen Feld mit Hilfe von Agargel), *Analysenmeßtechnik.* – 4. Amylografeneinheit, *Lebensmitteltechnik.* – 5. Analogeingabe, = ai, *Automatisierungstechnik.* – 6. Anrufeinheit, *Nachrichtentechnik.* – 7. Anschlußeinheit, *Nachrichtentechnik.* – 8. Arbeitsebene. – 9. ⟨engl⟩ atmosphere Explorer (USA-Forschungssatelliten aus der Explorer-Reihe für spezielle Atmosphärenuntersuchungen). – 10. **A-E, A/E:** Ausgabe-Eingabe, Ausgabe/Eingabe, Aus-/Eingabe, = O/I, *Datenverarbeitung.* – 11. Ausrundungsbogenende (Gleisgeometrie). – 12. Ausrüstung und Einrichtung, *Schiffstechnik.* – 13. ⟨engl⟩ automatic exposure / automatische Belichtung, *Fototechnik*

A/E: Ausgang/Eingang

A-E, A/E: ↑ AE 10

AEC: 1. ⟨engl⟩ anion-exchange chromatography / Anionenaustauschchromatografie, *Analysenmeßtechnik*, s. a. IEC 3. – 2. ⟨engl⟩ automatic expurse control / automatische Belichtungseinstellung, *technische Optik*

A-1: ⟨frz⟩ Asterix (erster französischer Forschungssatellit)

AEP: 1. (Holzspanplatte aus) Abfallspänen, einschichtig, phenolharzgebunden, *Holztechnik.* – 2. akustisch evoziertes Potential (durch Tonreize erzeugtes Hirnaktionspotential), *Medizintechnik*

AER: automatischer Einfachrepeater, *Halbleitertechnologie*

AÈR, Aèr [АЭР, Аэр]: ⟨russ⟩ aèrodrom [аэродром] / Flugplatz, Flughafen, = A/F

AEROS: ⟨engl⟩ advanced earth resources observation satellite / weiterentwickelter Beobachtungssatellit für die Erkundung von Bodenschätzen (USA)

aes: antielektrostatisch (Ausführungsart von Chemiefaserstoffen)

AES: 1. Atomemissionsspektroskopie, *Analysenmeßtechnik.* – 2. ⟨engl⟩ Auger electron spectroscopy / Auger-Elektronenspektroskopie, *Meßtechnik*

AETR: ⟨engl⟩ advanced engineering test reactor / fortgeschrittener technischer Versuchsreaktor, *Kernkraftwerkstechnik*

AEV: Anschlußeinheit an (Orts-) Vermittlungsstellen, *Nachrichtentechnik*

AE-VMOS: ⟨engl⟩ angle-evaporated vertical metal-oxide semiconductor / winklig aufgedampfter vertikaler Metalloxidhalbleiter, *Halbleitertechnologie*

af, a.f.: ↑ AF 4

AF: 1. Agrarflug. – **2.** alle Fahrt, *Schiffahrt.* – **3.** Arbeitsfolge. – **4. af, a.f.:** ⟨engl⟩ audio frequency / Tonfrequenz, Niederfrequenz (NF 2), (16...20 kHz), = TF 3. – **5.** ⟨lat⟩ autofocus / automatische Scharfeinstellung (von Kameras, Schmalfilmkameras und Kamerarecordern. – **6.** ⟨engl⟩ automatic focusing / automatische Fokussierung (von Objektiven), *technische Optik.* – **7.** autonome Fertigung (bedienarme Fertigung)

A/F: ⟨engl⟩ airfield / Flugplatz, Flughafen, = AÈR

AFA [АФА]: ⟨russ⟩ aèrofotoapparat [аэрофотоаппарат] / Luftbildkamera, *Flugzeugausrüstung*

AFB: 1. Abraumförderbrücke. – **2.** automatische Fahr- und Bremssteuerung, *Kraft-/Schienenfahrzeugtechnik*

AFC: 1. ⟨engl⟩ area forecast centre / Gebietsvorhersagezentrale, *Flugsicherung.* – **2.** ⟨engl⟩ automatic frequency control / automatische Frequenznachstimmung (= AFN), -regelung (= AFR 2), -einstellung (= AFT), (Automatik bei UKW- und Farbfernseh-Empfängern)

AFCS: ⟨engl⟩ automatic flight control system / automatisches Flugkontrollsystem, *Flugzeugausrüstung*

AFE: 1. ⟨engl⟩ American flight echocardiograph / amerikanischer Flugechokardiograf (Space-Shuttle-Experiment zur Herz-Kreislauf-Untersuchung, USA). – **2.** automatische Frequenzentlastung

AFG: Arbeitsfolgegraph (bildliche Darstellung der Bearbeitungsfolge)

AFI: automatische Fahrzeugidentifizierung, = ACI, *Schienenfahrzeugtechnik*

AFIT: ⟨engl⟩ automatic fault isolation tester / automatisches Isolationsfehlerprüfgerät, *Meßtechnik*

AFLA: automatische Feuerlöschanlage (bautechnischer Brandschutz)

AFM: 1. ⟨engl⟩ atomic force microscope / Abstoßungskraftmikroskop. – **2.** automatisiertes Fluoreszenzmikroskop, *Analysenmeßtechnik*

AFMR: antiferromagnetische Resonanz

AFMS: automatische fernmeldende meteorologische Station, *Nachrichtentechnik*

AFN: automatische Frequenznachstimmung, ↑ AFC 2

AFP: 1. ⟨engl⟩ alternativ flight plan / Ausweichflugplan, *Flugsicherung.* – **2.** Anschlußsteuerung für Festplattenspeicher, *Datenverarbeitung.* – **3.** Arbeitsflugplatz. – **4.** ⟨engl⟩ automatic floating point / automatisches Gleitkomma, *Datenverarbeitung*

AFPC: ⟨engl⟩ automatic frequency and phase control / automatische Frequenz- und Phasenregelung, *Nachrichtentechnik*

AFR: 1. ⟨engl⟩ annual fuel requirement / jährlicher Brennstoffbedarf, *Kraftwerkstechnik.* – **2.** automatische Frequenzregelung, ↑ AFC 2

AFS: 1. ⟨engl⟩ aeronautical fixed service / fester Flugfernmeldedienst, *Flugsicherung.* – **2.** Atomfluoreszenzspektroskopie, *Analysenmeßtechnik.* – **3.** ⟨engl⟩ automatic frequency stabilization / automatische Frequenzstabilisierung, *Nachrichtentechnik*. – **4.** automatisierte Fertigungssteuerung. – **5.** autonome Fertigungsstruktur. – **6.** ⟨engl⟩ auxiliary feedwater system / Hilfsspeisewassersystem, *Kraftwerkstechnik*

AFSK: ⟨engl⟩ audio-frequency shift keying / Tonfrequenzumtastung, *Nachrichtentechnik*

AFT: ⟨engl⟩ automatic fine tuning / automatische Feinabstimmung (z. B. von Hörrundfunkempfängern), ↑ AFC 2

AFTN: ⟨engl⟩ aeronautical fixed telecommunication network / festes Flugfernmeldenetz, *Flugsicherung*

AFU [АФУ]: ⟨russ⟩ aèrofotoustanovka [аэрофотоустановка] / Luftbildanlage, *Flugzeugausrüstung*

AFWS: Auslandsfernwählsystem, *Nachrichtentechnik*

AFZ: Allgemeines Funksprechzeugnis, *Flugsicherung*

AG: 1. Abtastgitter, *Meßtechnik*. – **2. ABG:** Arbeitsgang (abgeschlossene Arbeitsverrichtung an einem Arbeitsplatz), = OP 3. – **3.** Arbeitsgegenstand. – **4.** Arbeitsgenauigkeit. – **5.** Ausdehnungsgefäß, *Energietechnik*. – **6.** Automatisierungsgrad. – **7. [АГ]:** ⟨russ⟩ aviagorizont [авиагоризонт] / künstlicher Horizont, *Flugzeugausrüstung*

A/G: ⟨engl⟩ air-to-ground communication / Einweg-Bord-Boden-Verkehr, *Flugsicherung*

AGA: 1. ⟨engl⟩ aerodromes, air routes, and ground aids / Flugplätze, Flugstrecken und Bodeneinrichtungen, *Flugsicherung*. – **2.** ⟨engl⟩ alterable gate array / veränderliche Gatteranordnung, *Elektronik*

AGACS: ⟨engl⟩ automatic ground-air communication system / automatisches Boden-Luft-Verbindungssystem, *Flugsicherung*

AGC: ⟨engl⟩ automatic gain control / automatische Verstärkungsregelung, = AVR 4, *Nachrichtentechnik*

AGCA: ⟨engl⟩ automatic ground-controlled approach / automatischer, vom Boden kontrollierter Anflug, *Flugsicherung*

AGCL: ⟨engl⟩ automatic ground-controlled landing / automatische, vom Boden kontrollierte Landung, *Flugsicherung*

AGE: Agarosegelelektrophorese (Trennung von Stoffgemischen im elektrischen Feld mit Hilfe von Agarosegel), *Analysenmeßtechnik*

AGF: Arbeitsgangfolge

AGFC: ⟨engl⟩ automatic gain and frequency response control / automatische Verstärkungs- und Frequenzregelung (Aussteuerungsautomatik für Magnetbandgeräte)

AGH: Ausgleichsheber, *Fördertechnik*

AGK: 1. automatisierungsgerechte Konstruktion. – **2. [АГК]:** ⟨russ⟩ kombinirovannyj aviagorizont [комбинированный авиагоризонт] / kombinierter künstlicher Horizont, *Flugzeugausrüstung*

AGL: ⟨engl⟩ above ground level / über Grund, *Luftfahrtnavigation*

AGORA: ⟨engl⟩ asteroid gravity, optical and radar analysis / gravitative, optische und Radaruntersuchung von Asteroiden [Raumflugkörper der (west-)Europäischen Weltraumorganisation (ESA)]

AGP [АГП]: ⟨russ⟩ aviagorizont pnevmatičeskij [авиагоризонт пневматический] / pneumatischer Flughorizont, *Flugzeugausrüstung*

AGR: ⟨engl⟩ advanced gas-cooled reactor / fortgeschrittener gasgekühlter Reaktor, *Kernkraftwerkstechnik*

ags: ↑ AGS 2

AGS: 1. ⟨engl⟩ aboard guidance system / Bordleitsystem (des Apollo-Raumschiffs). − **2. ags:** ⟨engl⟩ automatic gain stabilization / automatische Verstärkungsstabilisierung, *Nachrichtentechnik*

AGSM [АГСМ]: ⟨russ⟩ aviacionnye gorjuče-smazočnye materialy [авиационные горюче-смазочные материалы] / Kraft- und Schmierstoffe für die Luftfahrt

AGW: Auslandsgruppenwähler, *Nachrichtentechnik*

a.h.; A.H.: 1. ⟨engl⟩ access hole/ Zugangsöffnung, Montageöffnung, *Schiffbau*. − **2.** ⟨engl⟩ after hatch / Achterluke, *Schiffstechnik*

AH: 1. Absperrhahn (Drehschieberventil zum Absperren von Rohrleitungen), *Maschinenbau*. − **2.** Ahorn, *Holztechnik*. − **3.** Allgebrauchslampe der Hauptreihe (mit Einfachwendel), *Lichttechnik*. − **4.** ⟨engl⟩ alternating hydrocarbons / alternierende Kohlenwasserstoffe. − **5.** Arbeitshöhe

A.H.: ↑ a.h. 1, 2

AHA: Abwasserhebeanlage

AHC: ⟨engl⟩ automatic hand changer / automatischer Greiferwechsel (an Industrierobotern)

AHD: 1. Allgebrauchslampe der Hauptreihe mit Doppelwendel, *Lichttechnik*. − **2.** ⟨engl⟩ audio high density / hohe Dichte bei der Tonaufzeichnung (kapazitive Digitalschallplatte), *Unterhaltungselektronik*

AHE: Agarosegel-Hochspannungselektrophorese (Trennung von Stoffgemischen im Agarosegel bei Spannungen >1000 V), *Analysenmeßtechnik*

AHF: ⟨engl⟩ automobile headlighting factor / Kraftfahrzeug-Scheinwerferfaktor

AHK: Anhängerkupplung, *Kraftfahrzeugtechnik*

A.H.-Material: ⟨engl⟩ antiholation material / Lichthofschutzmaterial, *technische Optik*

AHR-Film: ⟨engl⟩ antihalation and high resolution film / (Mikro-)Film, lichthoffrei und mit hohem Auflösungsvermögen

AHS: Sollarbeitshöhe

ai: ⟨engl⟩ analog input / Analogeingabe, ↑ AE 5

A$_I$: Abweichungsindex (Prüfung sensorischer Gutachter), *Lebensmitteltechnik*

AI: 1. Amid-Imid (Thermoplast. − **2.** ⟨engl⟩ anti-icing / Enteisung. *Flugbetrieb*. − **3.** ⟨engl⟩ artificial intelligence / künstliche Intelligenz, ↑ KI 2

AIC: ⟨engl⟩ aeronautical information circular / Luftfahrt-Informationsrundschreiben, *Flugsicherung*

AIDAS: ⟨engl⟩ advanced instrumentation and data analysis system / fortgeschrittenes Instrumentierungs- und Datenanalysesystem, *Flugzeugausrüstung*

AIDOS: automatisiertes Informations- und Dokumentationssystem

AIDS: 1. ⟨engl⟩ aircraft-integrated data system / flugzeuginternes Datensystem, *Flugzeugausrüstung.* – **2.** ⟨engl⟩ airport information dissemination system / Flughafen-Informationsverbreitungssystem, *Flugsicherung.* – **3.** ⟨engl⟩ automatic integrated debugging system / automatisches integriertes Fehlersuchsystem, *Datenverarbeitung*

AIL: ⟨engl⟩ amber indicating lamp / bernsteinfarbene Anzeigelampe

AILAS: ⟨engl⟩ automatic instrument landing approach system / automatisches Instrumentenlande-Anflugsystem, *Flugsicherung*

AILS: ⟨engl⟩ advanced integrated landing system / fortgeschrittenes integriertes Landesystem, *Flugsicherung*

AIM: ⟨engl⟩ avalanche induced migration / lawineninduzierte Wanderung (Technologie zur Herstellung bipolarer programmierbarer Festwertspeicher), *Halbleitertechnologie*

AIMP: ⟨engl⟩ anchored interplanetary monitoring platform / verankerte interplanetare Beobachtungsplattform (Spezialbezeichnung für den USA-Satelliten Explorer 33)

AIP: 1. ⟨engl⟩ aeronautical information publication / Luftfahrthandbuch, *Flugsicherung.* – **2.** ⟨engl⟩ automatic information processing / automatische Informationsverarbeitung

AIR: 1. ⟨engl⟩ air worthiness / Lufttüchtigkeit, *Flugbetrieb.* – **2.** ⟨engl⟩ altitude indication reading / Höhenmesseranzeige, *Luftfahrtnavigation*

AIRAC: ⟨engl⟩ aeronautical information regulation and control / geregeltes System der Fluginformation und Kontrolle, *Flugsicherung*

AIREP, ARP: ⟨engl⟩ air report / Luftfahrermeldung, *Flugsicherung*

AIRS: 1. ⟨engl⟩ automated image retrieval system / automatisiertes Bildwiederauffindungssystem, *Bildverarbeitung.* – **2.** ⟨engl⟩ automatic information retrieval system / automatisiertes Informations- und Recherchesystem

AiS: ⟨engl⟩ alcoholinsoluble substance / alkoholunlösliche Substanz (Pektinbestimmung), *Lebensmitteltechnik*

AIS: 1. ⟨engl⟩ aeronautical information service / Luftfahrtinformationsdienst, *Flugsicherung.* – **2.** ⟨engl⟩ altitude indication system / Höhenanzeigesystem, *Luftfahrtnavigation.* – **3.** ⟨engl⟩ automatic interplanetary station / automatische interplanetarische Station, *Raumfahrttechnik.* – **4.** automatischer Informationssuchlauf (Verkehrsfunk). – **5.** automatisiertes Informationsverarbeitungssystem

AIV: automatisierte Informationsverarbeitung

AK: 1. Abgasklappe, *Energietechnik.* – **2.** Akkumulator, = AC 2, = Akku. – **3.** Angorakaninwolle, *Textiltechnik.* – **4.** Arbeitskontakt,

Elektrotechnik. – **5.** Ausführungsklasse, *Fertigungstechnik*. – **6.** äußerste Kraft, *Schiffahrt*. – **7.** automatische Kupplung, *Schienenfahrzeugtechnik*. – **8.** Autorkorrektur (von Satzprobedrucken), *Polygrafie*. – **9.** [AK]: ⟨russ⟩ avtokran [автокран] / Autokran

AKB [АКБ]: ⟨russ⟩ avtonomnyj kompleksnyj blok [автономный комплексный блок] / Einschub, *Datenverarbeitung*

AKF: 1. Autokollimationsfernrohr (Kombination aus Kollimator und Fernrohr), *technische Optik*. – **2.** Autokorrelationsfunktion, *Meßtechnik*, s. a. KF 5

AKG, Akg, ACG: 1. Apexkardiografie bzw. -kardiogramm (Aufzeichnung des Herzspitzenstoßes), *Medizintechnik*. – **2.** Angiokardiografie (Röntgenkontrastdarstellung des Herzens), *Medizintechnik*

Akku: Akkumulator, ↑ AK 2

AKM: Axialkolbenmotor (Hydraulikmotor, Drucköldruckverbraucher)

A-Kohle: Aktivkohle

AKP: Axialkolbenpumpe (Druckölstromerzeuger)

AKT: Arbeitsplatz für Konstrukteure und Technologen

AKV: 1. äußerste Kraft voraus, *Schiffahrt*. – **2.** automatische kundenwunschabhängige Vorbereitung der Produktion, *Automatisierungstechnik*

AKW: Atomkraftwerk

a.L.: ⟨engl⟩ all lengths / alle Längen, *Holztechnik*

Al: 1. Anlasser. – **2.** Anschlußliste (Fertigungsunterlage), *Elektrotechnik*

AL: 1. Alginatfaserstoff, *Textiltechnik*. – **2.** Anruflampe, *Nachrichtentechnik*. – **3.** ⟨engl⟩ approach light / Anflugfeuer, *Flugsicherung*. – **4.** ⟨engl⟩ assembly language / Montagesprache (Programmiersprache für Industrieroboter). – **5.** Austrittsluke, *technische Optik*

ALA: Alanin (Aminosäure im Fruchtsaft, für Aufdeckung von Verfälschungen und Verdünnungen), *Lebensmitteltechnik*

ALB: automatische lastabhängige Bremse, *Kraftfahrzeugtechnik*

AlBz: Aluminiumbronze (Kupfer-Aluminium-Legierung)

ALC: 1. ⟨engl⟩ automatic level control / automatische Pegelregelung, *Nachrichtentechnik*. – **2.** ⟨engl⟩ automatic locking circuit / automatische Synchronisierschaltung, *Nachrichtentechnik*

† Alcuman: ↑ Alkumag

ALD: ⟨engl⟩ analog line driver / analoger Leitungstreiber, *Elektronik*

ALDP: ⟨engl⟩ automatic language data processing / automatische Sprachverarbeitung

ALE: 1. Arithmetik-Logik-Einheit, ↑ ALU 2. – **2.** ⟨engl⟩ atomic layer epitaxy / Atomlagenepitaxie, *Halbleitertechnologie*. – **3.** ⟨engl⟩ automatic line equalizer / automatischer Leistungsentzerrer, *Nachrichtentechnik*

ALEPH: ⟨engl⟩ apparatus for LEP physics (Experiment beim Teilchenbeschleuniger ↑ LEP zur Teilchenregistratur)

ALERT: 1. ⟨engl⟩ aircraft locator emergency radio transmitter / Flugzeuglokalisationsnotsender, *Flugsicherung.* – **2.** ⟨engl⟩ automatic linguistic extraction and retrieval technique / automatische Spracherkennungsverfahren

ALFA: a language for automation / eine Sprache für die Automatisierung (Programmiersprache für Industrieroboter)

Alfol: Aluminiumfolie (Wärmedämmstoff)

Algol, ALGOL: ⟨engl⟩ algorithmic language / algorithmische Sprache (problemorientierte Programmiersprache für wissenschaftlich-technische Aufgaben)

ALI: Autofahrer-Leit- und Informationssystem (System zur Information von Fahrzeugführern), = LISA 2, *Rundfunktechnik*

Alkumag, † Alcuman: Aluminium-Kupfer-Magnesium-Legierung

ALN: Lichtstromnormallampe in Allgebrauchslampenform

Alni: Aluminium-Nickel-Stahl (Dauermagnetwerkstoff)

Alnico: Aluminium-Nickel-Cobalt-Stahl (Dauermagnetwerkstoff)

ALP: 1. ⟨engl⟩ arithmetic-logic processor / Arithmetik-Logik-Prozessor, *Datenverarbeitung.* – **2.** ⟨engl⟩ automated learning process / automatisierter Lernprozeß

ALPS: ⟨engl⟩ advanced logic processing system / weiterentwickeltes Logikverarbeitungssystem, *Datenverarbeitung*

ALR: 1. ⟨engl⟩ alerting message / Alarmmeldung, *Flugsicherung.* – **2.** automatische Lautstärkeregelung, ↑ AVC

ALS: 1. ⟨engl⟩ approach light system / Anflugbefeuerungssystem, *Flugsicherung.* – **2.** ⟨engl⟩ automatic landing system / automatisches Landesystem, *Flugsicherung.* – **3.** automatisiertes Leitungssystem (von Betrieben, Wirtschaftsbereichen, Industriezweigen u. a.). – **4. [АЛС]:** ⟨russ⟩ avtomatičeskaja lunnaja stancija [автоматическая лунная станция] / automatische Mondstation

ALSEP: ⟨engl⟩ Apollo lunar surface experiment package (Nutzlastpaket für Mondoberflächenexperimente im Apollo-Programm), *Raumfahrttechnik*

† Alsi: Aluminium-Silicium-Legierung (Schweißdraht für Aluminium)

Alsicro: Aluminium-Silicium-Chromstahllegierung

Alsint: gesintertes Aluminiumoxid (keramischer Isolierstoff)

ALS-TTL: ⟨engl⟩ advanced low-power Schottky transistor transistor logic / fortgeschrittene Schottky-Transistor-Transistor-Logik mit geringer Verlustleistung, *Elektronik*

ALT: 1. ⟨engl⟩ air launch test (Test des Space-Shuttle-Orbiters durch Abwurf vom Flugzeug, USA). – **2. alt:** ⟨engl⟩ altitude / Höhe (über ↑ NN 2), *Luftfahrtnavigation*

A LT: ⟨engl⟩ amber light / bernsteinfarbenes Licht, *Lichttechnik*

ALTN: ⟨engl⟩ alternate aerodrome / Ausweichflughafen, *Luftfahrtnavigation*

ALU [АЛУ]: 1. ⟨russ⟩ arifmetičeskoe i logičeskoe ustrojstvo [арифметическое и логическое устройство] / arithmetisch logische Einheit, ↑ ALU 2. – **2.** ⟨engl⟩ arithmetic[al] logic[al] unit / Arithmetik-Logik-Einheit (Funktionsblock in einem Schaltkreis, Rechenwerk), = ALE 1, = ALU 1, *Datenverarbeitung*

Aludur: ⟨lat⟩ alumin durus / festes Aluminium (Aluminiumlegierungen)

Alufont: ⟨franz⟩ alumine fondre / Aluminium schmelzen (Aluminiumgußlegierung)

Alukon: Aluminium und Keton (Plastwerkstoffe)

Aluman: Aluminium-Mangan-Legierung

† Alusil: Aluminium-Silicium-Legierung (Kolbenwerkstoff)

Alweg-Bahn, ALWEG-Bahn: (Sattel-) Bahn nach Axel Lennard Wenner-Gren (Einschienenhochbahn)

am: antimykotisch (Ausführungsart von Chemiefaserstoffen)

AM: 1. ↑ A 5. – **2.** (geeignet für) Ackermaschinen (Reifenaufdruck). – **3.** ⟨engl⟩ airlock module / Luftschleusenmodul (der USA-Raumstation Skylab). – **4.** ⟨engl⟩ air mail / Luftpost. – **5.** Amperemeter, (Strommesser), *Elektrotechnik*. – **6.** ⟨engl⟩ amplitude modulation / Amplitudenmodulation, *Nachrichtentechnik*. – **7.** Asynchronmaschine. – **8.** Aufschlagmittel (Backwaren), *Lebensmitteltechnik*. – **9. [AM]:** ⟨russ⟩ avtomatičeskij manipuljator [автоматический манипулятор] / Industrieroboter, ↑ IR 2

ÄM: Ätzmaß, *Halbleitertechnologie*

AMA: 1. Achszahlmeldeanlage, *Schienenfahrzeugtechnik*. – **2.** ⟨engl⟩ automatic memory allocation / automatische Speicherzuweisung, *Datenverarbeitung*. – **3.** ⟨engl⟩ automatic message accounting / automatische Gebührenermittlung, *Nachrichtentechnik*

AMAS: ⟨engl⟩ airborne maintenance analysis system / Bordwartungsanalysesystem, *Flugbetrieb*

AMD: automatischer Durchlaufmischer (zur Sandaufbereitung), *Gießereitechnik*

AM 1: ⟨engl⟩ air mass one / eine Erdatmosphäre (Strahlungsspektrum bei senkrechter Einstrahlung, relativ durchstrahlte Luftmasse $m_L = 1$)

A-Methode: ↑ A-Scan

AMF: automatischer Flügelmischer (zur Sandaufbereitung), *Gießereitechnik*

AM-FM, AM/FM: Amplitudenmodulation/Frequenzmodulation (Kennzeichnung für Hörrundfunkempfänger zum Empfang von amplituden- und frequenzmodulierten Hörrundfunksendungen)

AMFR: automatische Maschinenfließreihe (Taktstraße)

AMG: 1. Achszahlmeldegerät, *Schienenfahrzeugtechnik*. – **2.** Analysenmeßgerät

AMHTS: ⟨engl⟩ automated multiphasic health testing system / automatisiertes Vielfach-Gesundheitstestsystem, *Medizintechnik*

AMI-Code: ⟨engl⟩ alternating motion inversion code (Leitungscode mit ständig wechselnder Polarität zur Signalübertragung, *Nachrichtentechnik*

AMK 1. A-MK: Austauschmischkristall. – **2.** automatische Misch- und Knetmaschine (zur Sandaufbereitung), *Gießereitechnik*. – **3.** automatische Mittelpufferkupplung, *Schienenfahrzeugtechnik*

A-MK: ↑ AMK 1

AMKL: Asynchronmaschine mit Käfigläufer, *Elektrotechnik*

AML: 1. ⟨engl⟩ a manipulator language / eine Manipulatorsprache (Programmiersprache für Industrieroboter), = ML 2. – **2.** ⟨engl⟩ amplitude-modulated link / amplitudenmodulierte Verbindung, *Nachrichtentechnik*. – **3.** ⟨engl⟩ automatical[ly] manufacturing language (Programmiersprache für Industrieroboter der Fa. IBM)

AMMA: Acrylonitril-Methylmethacrylat-Copolymer (Thermoplast)

AM0: ⟨engl⟩ air mass zero / außerhalb der Erdatmosphäre (Strahlungsspektrum)

AMOSFET: ⟨engl⟩ anodized metal-oxide semiconductor field-effect transistor / anodisierter Metalloxidhalbleiter-Feldeffekttransistor, *Halbleitertechnologie*

AMP 1. Amp: ↑ A 5. – **2.** ⟨engl⟩ automated manufacturing planning / automatisierte Fertigungsplanung. – **3.** ⟨engl⟩ automatic multipattern / Belichtungsinnenmessung über mehrere Meßpunkte), *Fototechnik*

Ampl: ↑ A 5

AMPS: ⟨engl⟩ automatic music play system / automatisches Musikwiedergabesystem (bei Kassettenrecordern)

AMPTE: ⟨engl⟩ active magnetic particle tracer Explorer / aktiver, magnetische Partikeln verfolgender Explorer (Internationales Satellitenprojekt zur Untersuchung der Magnetosphäre und des Magnetfeldes der Erde, bestehend aus den Satelliten ↑ CCE, ↑ IRM 2, ↑ UKS 2)

AMS: 1. ⟨engl⟩ advanced meteorological satellite / weiterentwickelter meteorologischer Satellit (USA). – **2.** ⟨engl⟩ advanced microcomputer system / modernes Mikrorechnersystem, *Datenverarbeitung*. – **3.** ⟨engl⟩ air mail service / Luftpostdienst. – **4. [AMC]:** ⟨russ⟩ aviacionaja meteorologičeskaja stancija [авиационная метеорологическая станция] / Flugwetterwarte. – **5. [AMC]:** ⟨russ⟩ avtomatičeskaja mežplanetnaja stancija [автоматическая межпланетная станция] / automatische interplanetare Station

AMSAT-OSCAR: ⟨engl⟩ radio amateur satellite – orbiting satellite carrying amateur radio / Radioamateur-Satellit der ↑ OSCAR-Reihe

AMSL: 1. ⟨engl⟩ above mean sea level / über mittlerer Seehöhe, *Luftfahrtnavigation*. – **2.** Asynchronmaschine mit Schleifringläufer, *Elektrotechnik*

AMS-M: ⟨engl⟩ advanced microcomputer system with multibus architecture / weiterentwickeltes Mikrorechnersystem mit Mehrfachbusarchitektur

AMT: 1. ⟨engl⟩ advanced manufacturing technology / moderne Fertigungstechnik. – **2.** Analysenmeßtechnik. – **3.** ⟨engl⟩ available machine time / verfügbare Maschinenzeit (nutzbare Rechenmaschinenzeit)

AMTS: ⟨engl⟩ advanced mobile telephone system / modernes bewegliches Fernsprechsystem

AMU: 1. ⟨engl⟩ antenna matching unit / Antennenanpassungsgerät, *Nachrichtentechnik*. – **2.** ⟨engl⟩ astronaut man[o]evring unit / Manövriereinheit für Austronauten (des USA-Gemini-Programms; Vorläufer der ↑ MMU 1)

AMVER: ⟨engl⟩ automated merchant vessel report system / automatisiertes Handelsschiffsmeldesystem (Schiffsmelde- und Registriersystem)

AMVF: ⟨engl⟩ amplitude-modulated voice frequency / amplitudenmodulierte Sprechfrequenz, *Nachrichtentechnik*

AMW: Auslandsmischwähler, *Nachrichtentechnik*

AMX: ⟨engl⟩ automatic message exchange / automatische Speichervermittlung, *Datenverarbeitung*

AMZ: 1. abhängiger Maximalstrom-Zeitschutz (beim Überstromrelais), *Elektrotechnik*. – **2.** aluminiumverstärkter Zeichenkarton. – **3.** automatisiertes Montagezentrum

An: Ananasfaser (Pflanzenfaser), *Textiltechnik*

AN: 1. ⟨engl⟩ acid number / Säurezahl (Akkumulator). – **2.** Acrylnitril. – **3.** ⟨engl⟩ air navigation / Flugnavigation. – **4.** α-Aminostickstoff, *Lebensmitteltechnik*

ANA: ⟨engl⟩ automatic network analyzer / automatischer Netzwerkanalysator, *Datenverarbeitung*

ANB: 1. ⟨engl⟩ air navigation bureau / Luftfahrtbüro. – **2.** Anschlußbedingung(en), *Elektrotechnik*

ANC: ⟨engl⟩ air navigation centre / Flugnavigationszentrum

ANC-Sprengstoffe: ↑ ANO-Sprengstoffe

ANI: ⟨engl⟩ automatic number identification / automatische Zahlenerkennung, *Datenverarbeitung*

ANL: ⟨engl⟩ automatic noise limiter / automatischer Rauschbegrenzer (z.B. bei Rundfunkempfängern), *Elektronik*

Anna: ⟨engl⟩ Airforce, Navy, NASA, Army (geodätische Erdsatelliten der USA, bezeichnet nach den beteiligten Institutionen, *mit* NASA: National Aeronautics and Space Administration)

ANO [AHO]: ⟨russ⟩ aëronavigacionnyj ogon' [аэронавигационный огонь] / Positionslichter an Luftfahrzeugen

ANO-Sprengstoffe, ANC-Sprengstoffe: Ammoniumnitrat-Sprengstoffe mit Kohlenwasserstoffen, *Bergbautechnik*

anox: anodisch oxidiert (anodisch erzeugte Oxidschicht), *Korrosionsschutz*

ANPE: Anpassungseinrichtung, *Automatisierungstechnik*

ANR-Luftschiff: ⟨engl⟩ advanced non rigid airship / weiterentwikkeltes nichtstarres Luftschiff (GB)

ANRS, ANR-System: ⟨engl⟩ automatic noise reduction system / automatisches Rauschminderungssystem, *Nachrichtentechnik*

ANS 1. [АНС]: ⟨russ⟩ aëronavigacionnaja služba [аэронавигационная служба] / Flugnavigationsdienst. – **2.** ⟨engl⟩ area navigation system / Flächennavigationssystem, *Luftfahrtnavigation.* – **3.** ⟨engl⟩ astronomical Netherlands satellite / astronomischer Satellit der Niederlande. – **4.** Ausblühneigungsstufe (Kennzeichnung von Stoffeigenschaften), *Bautechnik.* – **5.** ⟨engl⟩ automatic noise suppressor / automatischer Rauschunterdrücker, *Nachrichtentechnik*

Anschl: Anschlußstelle (Bahnanlage der freien Strecke)

Anst: Anschlußstelle (DB), ↑ Anschl

Anst.Tn: Ansteuerungstonne (Seezeichen)

ANTIOPE, Antiope: ⟨frz⟩ acquisition numérique et télévisualisation d'images organisées en pages d'écriture / System zur Darstellung alphanumerischer und grafischer Zeichen auf dem Bildschirm (in Form von Schrifttafeln)

ao: ⟨engl⟩ analog output / analoge Ausgabe, ↑ AA 4

AO: 1. Anrufordner, *Nachrichtentechnik.* – **2.** Antioxidant (Zusatzstoff zu Synthese- und Naturkautschuk), *Polymertechnik.* – **3.** Arbeitsorgan, *Verarbeitungsmaschinen.* – **4.** Arbeitsort. – **5. [АО]:** ⟨russ⟩ avarijnoe osveščenie [аварийное освещение] / Notbeleuchtung, *Lichttechnik*

AOA: ⟨engl⟩ abort once around (Abbruch eines Space-Shuttle-Fluges bei Defekten in der Startphase durch Landung nach einem suborbitalen Erdumlauf, *Raumfahrttechnik*

AOC: 1. ⟨engl⟩ aerodrome obstruction chart / Flugplatz-Hinderniskarte, *Flugsicherung.* – **2.** ⟨engl⟩ automatic overload control / automatische Überlastregelung, *Elektronik*

AOD: ⟨engl⟩ argon-oxygen decarburization / Argon-Sauerstoff-Entkohlung, *Eisenmetallurgie*

AO-Instrumentarium: Arbeitsgemeinschaft-Osteosynhese-Instrumentarium (Instrumente und Elemente zur Knochenzusammenfügung), *Medizintechnik*

AOL: ⟨engl⟩ application-oriented language / anwendungsorientierte Programmiersprache

AOO [АОО]: ⟨russ⟩ aërodromnoe osvetitel'noe oborudovanie [аэродромное осветительное оборудование] / Flugplatz-Beleuchtungsanlage

AOR: ⟨engl⟩ Atlantic Ocean Region / Region Atlantischer Ozean (Empfangsbereich für geostationäre Kommunikationssatelliten)

AOS: 1. ⟨engl⟩ acquisition of signal / Erfassung des Signals (Signalempfang bei Raumflugkörpern). – **2.** ⟨engl⟩ advanced operating system / weiterentwickeltes (Echtzeitverarbeitungs-)Betriebssystem, *Datenverarbeitung*

AOS/RT: ⟨engl⟩ advanced operating system / real time / weiterentwickeltes Echtzeitverarbeitungs-Betriebssystem, *Datenverarbeitung*

AOW: akustische Oberflächenwelle (Schallwelle), = SAW 2

Ap: 1. Alpaka (Tierfaserstoff), *Textiltechnik*. – **2.** Anschlußplan (Schaltplanart, Fertigungsunterlage), *Elektrotechnik*

AP: 1. Abonnentenpunkt, *Datenverarbeitung*. – **2.** ⟨engl⟩ access protocol / Zugriffsprotokoll, *Datenverarbeitung*. – **3.** ⟨engl⟩ aft[er] perpendicular / hinteres Lot, ↑ HL 6. – **4. A/P, APT:** ⟨engl⟩ airport / Flughafen. – **5.** ⟨engl⟩ all-pass / Allpaß(filter), *Nachrichtentechnik*. – **6.** Altpapier. – **7.** Anschlußpunkt, *Elektrotechnik*. – **8.** Applikationsprogramm (für Rechner). – **9.** arbeitender Wagenpark (Kennziffer des Dispatcherdienstes), *Schienenfahrzeugtechnik*. – **10.** Arbeitsplan (Übersicht über Art und Reihenfolge der Arbeitsvorgänge. – **11.** Austrittspupille, *technische Optik*. – **12.** ⟨engl⟩ automatic programming / automatische Programmierung, *Datenverarbeitung*. – **13. [АП]:** ⟨russ⟩ avtopilot [автопилот] / Flugregler, *Flugzeugausrüstung*

A. P.: ⟨engl⟩ annealing point / Kühlpunkt (Viskositätstemperatur von Glas), *technische Optik*

A/P: ↑ AP 4

APA [АПА]: ⟨russ⟩ aėrodromnyi podvižnoj (puskovoj) agregat [аэродромный подвижной (пусковой) агрегат] / transportables Flugplatz-(Anlaß-) Aggregat

APAS: ⟨engl⟩ automatic programmable assembly system / automatisches programmierbares Montagesystem

APC: 1. ⟨engl⟩ adaptive processing control / adaptive (selbstregelnde) Verfahrenssteuerung. – **2.** ⟨engl⟩ approach control / Anflugkontrolle, *Flugsicherung*. – **3.** ⟨engl⟩ automatic performance control / selbsttätige Leistungsregelung (Anpassung der Motorleistung), *Kraftfahrzeugtechnik*. – **4.** ⟨engl⟩ automatic phase control / automatische Phasenregelung, *Fernsehtechnik*. – **5.** ⟨engl⟩ automatic position control / automatische Lageregelung

APCH: ⟨engl⟩ approach / Anflug, *Luftfahrtnavigation*

APD 1. [АПД]: ⟨russ⟩ apparatura peredači dannyh [аппаратура передачи данных] / Datenübertragungseinrichtung, ↑ DÜE. – **2.** ⟨engl⟩ application program division / Anwendungsprogrammabschnitt, *Datenverarbeitung*. – **3.** ⟨engl⟩ avalanche photodiode / Lawinenfotodiode (Halbleiterbauelement), *Mikroelektronik*

APE: 1. ⟨engl⟩ atmospheric pressure epitaxy / Epitaxie unter Normaldruck, *Halbleitertechnologie*. – **2.** automatische Programmladeeinrichtung, *Datenverarbeitung*

APEV: algorithmisch-programmtechnische Einsatzvorbereitung (für Automatisierungseinrichtungen mit Prozeß- bzw. Mikrorechner)

APF: 1. ⟨engl⟩ acoustic pressure

feedback / schalldruckabhängige Verstärkungsregelung mit Gegenkopplung (Tonwiedergabeanlagen). – **2.** ⟨engl⟩ approach control function / Anflugkontrollfunktion, *Flugsicherung*. – **3.** automatischer Programmfinder, *Unterhaltungselektronik*

APG: automatischer Programmgenerator, *Datenverarbeitung*

APH: alkyliertes Phenol, *Polymertechnik*

API: 1. ⟨engl⟩ air pollution index / Luftverschmutzungskennzahl. – **2.** ⟨engl⟩ air position indicator / Standortanzeiger, *Luftfahrtnavigation*. – **3.** ⟨engl⟩ automatic programm interrupt / automatische Programmunterbrechung, *Datenverarbeitung*

API-Grad, A.P.I.-Grad: ⟨engl⟩ American-Petroleum-Institute grade / Grad nach dem Amerikanischen Erdölinstitut (für Dichteangaben von Kraftstoffen und Ölen)

APL: 1. ⟨engl⟩ a programming language / eine Programmiersprache. – **2.** Arbeitsplatzleuchte. – **3.** ⟨engl⟩ automatic picture level / automatischer Bildpegel, *Fernsehtechnik*. – **4.** [АПЛ]: ⟨russ⟩ aviacionnaja podogrevatel'nja lampa [авиационная подогревательная лампа] / Flugzeugvorwärmgerät, *Flugzeugausrüstung*

APLD: ⟨engl⟩ auto programme locate device / Bandstellensuchsystem (in Kassettenrecordern)

APMS: 1. ⟨engl⟩ automatic programmable music selector / automatischer programmierbarer Musikwähler (Titelsuchsystem für Automatikschallplattenabspiel- und Magnetbandgeräte). – **2.** ⟨engl⟩ automatic programme memory system / automatisches Programmspeichersystem (in Kassettenrecordern)

APP, App: ⟨engl⟩ approach control office/Anflugkontrollstelle, *Flugsicherung*

APPLE: ⟨engl⟩ Ariane passenger payload experiment / Ariane-Zuladungs-Nutzlast-Experiment (indischer Satellit, der mit der westeuropäischen Trägerrakete Ariane gestartet wurde)

APR: ⟨engl⟩ al-plutonium recycle / vollständige Plutoniumrückführung (bei der Kernbrennstoff-Wiederaufbereitung), *Kerntechnik*

APREL: automatische Prüfeinrichtung für Leitungen, *Meßtechnik*

APRUE: automatische Prüfübertragung, *Meßtechnik*

APS: 1. ⟨engl⟩ advanced production systems / moderne Produktionssysteme. – **2.** Anfangspunkt Strecke, *Luftfahrtnavigation*. – **3.** ⟨engl⟩ appearance potential spectroscopy / Schwellwert-Potentialspektroskopie, *Meßtechnik*. – **4.** ⟨engl⟩ application program system / Anwenderprogrammpaket, *Datenverarbeitung*. – **5.** ⟨engl⟩ atomic power station / Kernkraftwerk, ↑ KKW. – **6.** ⟨engl⟩ automatic programme search / automatische Programmsuche, ↑ APSS. – **7.** automatischer Probenspeicher, *Analysenmeßtechnik*. – **8.** automatisierte Produktionssteuerung

APSA: ⟨engl⟩ advanced polysilicon

self-aligned / verbesserte selbstjustierende Polysiliciumtechnologie, *Halbleitertechnologie*

APSK: Arbeitsplanstammkarte

APSS: ⟨engl⟩ automatic programme search system / automatisches Programmsuchsystem (in Kassettenrecordern), = APS 6

APT: 1. ⟨engl⟩ advanced passenger train / weiterentwickelter Personenzug (GB). – **2.** ↑ AP 4. – **3.** ⟨engl⟩ automatically programmed tools / automatisch programmierte Werkeuge (Programmiersprache für ↑ NCM), *Automatisierungstechnik*. – **4.** ⟨engl⟩ automatic picture transmission / automatische Bildübertragung. – **5.** ⟨engl⟩ automatic position telemetering / automatische Fernmessung der Position, *Automatisierungstechnik*

APU: ⟨engl⟩ auxiliary power unit / Hilfs-, Notstromaggregat

AQL: ⟨engl⟩ acceptable quality level / ausreichende Güte (Zuverlässigkeit)

A_r: ⟨frz⟩ arrêt refroidissement / Halt Abkühlung (Umwandlungstemperatur bei Abkühlung), *Werkstofftechnik*

AR: 1. ⟨engl⟩ address register / Adressenregister, *Datenverarbeitung*. – **2.** ⟨engl⟩ aircraft radio / Bordfunk, *Flugzeugausrüstung*. – **3.** Analogrechner. – **4. ARR:** ⟨engl⟩ arrester / Ableiter, (Blitzschutz, Überspannungsschutz). – **5.** ⟨engl⟩ aspect ratio / Bildseitenverhältnis, *Fernsehtechnik*. – **6.** automatische Regelung. – **7.** ⟨engl⟩ auxiliary register / Hilfsregister, *Datenverarbeitung*

ARA: Außenreinigungsanlage, *Schienenfahrzeugtechnik*

ARABSAT: ⟨engl⟩ Arab satellite communications system / arabisches Satelliten-Kommunikationssystem (Fernmeldesatellit)

Arak: Atomrakete

ARAL: Aromate und Aliphate (Benzen-Benzin-Gemisch), *Kraftfahrzeugtechnik*

† ARB [АРБ]: ⟨russ⟩ aviaremontnaja baza [авиаремонтная база] / Flugzeugreparaturwerft, -werkstatt, -betrieb, ↑ ATB

ARC: 1. ⟨engl⟩ advanced robot control software / moderne Robotersteuersoftware. – **2.** ⟨engl⟩ automatic reception control / automatische Feldstärkeregelung (Autoradio)

arc/w: ⟨engl⟩ arc welding / Lichtbogenschweißen

ARDC: ⟨engl⟩ asymmetric rotating-disk contactor / asymmetrische Rührscheibenkolonne, *Hydrometallurgie*

ARE: ⟨engl⟩ aircraft reactor experiment / Flugzeugreaktorexperiment, *Kerntechnik*

ARG: 1. Arginin, s.a. ALA. – **2.** Autoradiografie bzw. -gramm (Verteilung radioaktiver Substanzen in dünnen Schnitten oder auf Oberflächen), *Analysenmeßtechnik*

ARI: 1. ⟨engl⟩ airborne radio instrument / Bordfunkgerät, *Flugzeugausrüstung*. – **2.** Autofahrer-Rundfunkinformation, s.a. ALI

ARIR: ⟨engl⟩ airspeed indicator reading / Fahrtmesseranzeige, *Luftfahrtnavigation*

ARIS: ⟨engl⟩ atomic reactor in space / Weltraumatomreaktor, *Kernkraftwerkstechnik*

ARK [АРК]: 1. ⟨russ⟩ argono-rtutnaja kvarcevaja lampa [аргоно-ртутная кварцевая лампа] / Quecksilberdampf-Hochdrucklampe. – **2.** ⟨russ⟩ avtomatičeskij radiokompas [автоматический радиокомпас] / automatischer Funkkompaß, *Flugzeugausrüstung*

ARL: 1. ⟨engl⟩ acceptance [acceptable] reliability level / annehmbare Zuverlässigkeitsstufe. – **2.** ⟨engl⟩ assembly robot language / Assemblersprache für Roboter (Programmiersprache). – **3.** Ausrüstungsliste (Stückliste eines technischen Projektes)

ARM: 1. ⟨engl⟩ availability, reliability, maintainability / Verfügbarkeit, Zuverlässigkeit, Haltbarkeit (technischer Erzeugnisse). – **2. [АРМ]:** ⟨russ⟩ avtomatičeskoe regulirovanie moščnosti [автоматическое регулирование мощности] / automatische Leistungsregelung, *Automatisierungstechnik*

ARO: ⟨engl⟩ air traffic services reporting office / Flugsicherungs-Abfertigungsstelle

AROM: ⟨engl⟩ alterable read-only memory / veränderlicher Nurlesespeicher (elektrisch programmierbarer Halbleiterspeicher), *Mikroelektronik*

ARP: 1. adaptiver Rauschprozessor, *Nachrichtentechnik*. – **2.** ⟨engl⟩ aerodrome reference point / Flugplatzbezugspunkt, *Luftfahrtnavigation*. – **3.** ↑ AIREP. – **4.** automatischer Registrator für Prozeßdaten (Meßgerät für werkstoffwissenschaftliche Experimente), *Raumfahrttechnik*. – **5. [АРП]:** ⟨russ⟩ avtomatičeskij radiopelengator [автоматический радиопеленгатор] / automatisches Funkpeilgerät, *Flugsicherung*

ARP-Betrieb: ⟨engl⟩ avalanche resonance-pumped mode / Lawinen-Resonanz-Pumpbetrieb (Betriebsart der ↑ IMPATT-Diode), *Elektronik*

ARQ: ⟨engl⟩ automatic request (automatische Fehlerkorrektur durch Rückfragen), *Datenverarbeitung*

ARR: 1. ↑ AR 4. – **2.** ⟨engl⟩ armour research reactor / Forschungsreaktor mit Abschirmungen, *Kernkraftwerkstechnik*. – **3.** ⟨engl⟩ arrival message / Landemeldung, *Flugsicherung*. – **4.** ⟨engl⟩ aviation safety regulation / Luftfahrtsicherheitsbestimmung

ARs: Absetzer mit Raupenfahrwerk, schwenkbar, *Fördertechnik*

ARS: 1. ⟨engl⟩ air rescue service / Luftrettungsdienst, *Flugsicherung*. – **2.** Anrufrelaissatz, *Nachrichtentechnik*. – **3.** ⟨engl⟩ automatic route selection / automatische Wegeauswahl, *Nachrichtentechnik*. – **4. [АРС]:** ⟨russ⟩ avtomatičeskoe regulirovanie skorosti vraščenija [автоматическое регулирование скорости вращения] / automatische Drehzahlregelung

ARS/E: automatisiertes Reservierungssystem Eisenbahnwesen, ↑ EPA 1

ARSR: ⟨engl⟩ air route surveillance radar / Flugstreckenrundsicht-(↑)Radar, *Flugsicherung*

ARTC: ⟨engl⟩ air route traffic control / Flugstreckenverkehrskontrolle

ARTCC: ⟨engl⟩ air route traffic control center / Flugstrecken-Verkehrskontrollstelle

ARTS: ⟨engl⟩ automated radar tracking system / automatisiertes Radarsuchsystem, *Flugsicherung*

ARU: 1. ⟨engl⟩ audio response unit / Sprachausgabeeinheit, *Datenverarbeitung*. – **2.** [АРУ]: ⟨russ⟩ avtomatičeskoe regulirovanie urovnja [автоматическое регулирование уровня] / automatische Niveaustandsregelung

ArW: Anrufwähler, *Nachrichtentechnik*

as: Anstrichsystem, *Korrosionsschutz*

As: Asbestfaser, *Textiltechnik*

AS: 1. abgeschreckt, *Werkstofftechnik*. – **2.** Absperrschieber (Längsschieberventil zum Absperren von Rohrleitungen), *Maschinenbau*. – **3.** (geeignet für) Ackerschlepper (Reifenaufdruck). – **4.** Aminosäure. – **5.** Aminosäuregehalt, *Lebensmitteltechnik*. – **6.** Anrufsucher, *Nachrichtentechnik*. – **7.** Anschlußsteuerung, *Datenverarbeitung*. – **8.** Antriebssteuerung. – **9.** ⟨engl⟩ Apollo-Saturn (Raumfahrtprogramm der USA). – **10.** Arbeitsschutz. – **11.** Arbeitsspeicher, *Datenverarbeitung*. – **12.** Atmosphärenspektrometer, *Raumfahrttechnik*. – **13.** (ÖBB), ↑ Asig. – **14.** [AC]: ⟨russ⟩ avtomatičeskaja sistema [автоматическая система] / automatisches System

ASA: ⟨engl⟩ American Standards Association / † US-amerikanischer Normausschuß (Bezeichnung für Filmempfindlichkeit in den USA)

AsB: Anschlußbereich, *Nachrichtentechnik*

ASBC: ⟨engl⟩ advanced standard buried collector / verbesserte Standardtechnologie zur Herstellung integrierter Halbleiterspeicher mit vergrabenem Kollektor, *Halbleitertechnologie*

ASC: 1. ⟨engl⟩ American Satellite Corporation / Amerikanische Satelliten-Vereinigung (Serie von Kommunikationssatelliten dieses Unternehmens). – **2.** ⟨engl⟩ Ascension (Kennung für die Bodenstation Ascension), *Raumfahrttechnik*. – **3.** Ascorbinsäure, *Lebensmitteltechnik*. – **4.** ⟨engl⟩ automatic sensitivity control / automatische Empfindlichkeitsregelung, *Nachrichtentechnik*. – **5.** ⟨engl⟩ automatic system control / automatische Systemsteuerung, *Automatisierungstechnik*

A-Scan, A-Methode: ⟨engl⟩ amplitude modulation scan / amplitudenmoduliertes Abtastverfahren (eindimensionale Ultraschallabbildung), *Medizintechnik*

A-Schweißen: Autogenschweißen, ↑ G-Schweißen

ASCII: ⟨engl⟩ American standard code for information interchange / amerikanischer Standardcode für den Informationsaustausch (7-bit-Code), = USASCII, *Datenverarbeitung*

ASCR: ⟨engl⟩ asymmetrical silicon controlled rectifier / asymmetrischer Thyristor (rückwärts nicht sperrender Thyristor), *Elektronik*

ASCS: ⟨engl⟩ attitude stabilization and control system / Fluglage-Stabilisierungs- und Kontrollsystem (sog. »Autopilot« in bemannten Raumschiffen der USA)

ASDA: ⟨engl⟩ accelerate stop distance available / verfügbare Startabbruchstrecke, *Flugbetrieb*

ASDE: ⟨engl⟩ airport surface detection equipment / Rollfeldüberwachungs-Radarausrüstung, *Flugsicherung*

ASDEX: axialsymmetrisches Divertor Experiment (Versuchsanlage für thermonukleare Fusion in Garching bei München), *Kernfusionstechnik*

ASE: 1. Alkylsulfonsäureester (Weichmacher), *Polymertechnik*. − 2. Ansteuereinheit

ASÈMR [АСЭМР]: ⟨russ⟩ avtomatizirovannaja sistema èkonomiko-matematičeskih rasčëtov [автоматизированная система экономико-математических расчётов] / automatisiertes System für ökonomisch-mathematische Berechnungen, *Datenverarbeitung*

ASF: Akkumulator-Schleppfahrzeug (Schienenfahrzeug)

AS-Front: (geeignet für) Ackerschlepper-Vorderräder (Reifenaufdruck)

ASGR: ⟨engl⟩ advanced sodium graphite reactor / fortgeschrittener Natriumgraphitreaktor, *Kernkraftwerkstechnik*

ASI: ⟨engl⟩ airspeed indicator / Fahrtmesser, *Luftfahrtnavigation*

ASIC: ⟨engl⟩ application-specific integrated circiut / anwendungsspezifische integrierte Schaltung (Kundenwunschschaltung), *Mikroelektronik*

Asig, AS, Ausfsig: Ausfahrsignal, *Schienenfahrzeugtechnik*

ASIM: ⟨engl⟩ analogue simulation / Analogsimulation (Programmsystem)

ASIS: 1. anwendungsspezifischer intelligenter Sensor, *Elektronik*. − 2. [АСИС]: ⟨russ⟩ avtomatizirovannaja sistema informacionnoj spravki [автоматизированная система информационной справки] / automatisiertes Informationsrechnersystem

ASIV: automatisiertes System der Informationsverarbeitung

ASK: ⟨engl⟩ amplitude-shift keying / Amplitudenumtastung, *Nachrichtentechnik*

ASKL: Anruf- und Schlußkontrolllampe, *Nachrichtentechnik*

Asl: Anschlußleitung, *Nachrichtentechnik*

ASL: 1. ⟨engl⟩ automatic stereo level / automatische Stereoumblendung (Mono / Stereo-Umschaltung), *Unterhaltungselektronik*. − 2. automatischer Sendersuchlauf (Rundfunk und Fernsehen)

ASLC: ⟨engl⟩ automatic sound level control / automatische (feldstärkeabhängige) Lautstärkeregelung (Tonwiedergabeanlagen)

ASLT: ⟨engl⟩ advanced solid logic technology / weiterentwickelte

Halbleitertechnologie (ultraschnelle integrierte Schaltungstechnik)

ASLV: ⟨engl⟩ augmented satellite launch vehicle / schubverstärktes Satelliten-Startfahrzeug (indische Trägerrakete), *Raumfahrttechnik*

ASMI: ⟨engl⟩ airfield surface movement indicator / Flugfeldüberwachungs-(↑)Radar (Radaranzeigegerät), *Flugsicherung*

AS-Motor: Asynchronmotor, *Elektrotechnik*

ASN, 1. ASP: Asparagin (Aminosäure in Obstsäften), *Lebensmitteltechnik*. – **2.** automatische Sternnavigation

ASNTI [АСНТИ]: ⟨russ⟩ avtomatizirovannaja sistema naučno-tehničeskoj informacii [автоматисированная система научно-технической информации] / automatisiertes System der wissenschaftlich-technischen Information

ASO [АСО]: ⟨russ⟩ avtomatičeskoe soprovoždenie ob"ekta [автоматическое сопровождение объекта] / automatische Zielverfolgung

ASOP: ⟨engl⟩ automatic scheduling and operating program / automatisches Ablaufsteuerungs- und Betriebsprogramm, *Automatisierungstechnik*

Asp: Aufstellungsplan (Schaltplanart, Fertigungsunterlage)

ASP: 1. ⟨engl⟩ advanced signal processor / weiterentwickelter Signalprozessor (Signalverarbeitung), *Elektronik*. – **2.** ↑ ASN 1. – **3.** ⟨engl⟩ automated small batch production programme / Programm zur automatischen Fertigung kleiner Stückzahlen. – **4. [АСП]:** ⟨russ⟩ avtomatizirovannaja sistema proektirovanija [автоматизированная система проектирования] / automatisiertes Projektierungssystem, *Datenverarbeitung*

ASPIL: ⟨engl⟩ American standard practice for industrial lighting / amerikanisches Normprüfverfahren für industrielle Beleuchtung, *Lichttechnik*

ASPM: 1. ⟨engl⟩ automated system for production management / automatisiertes System der Produktionsleitung. – **2.** automatische Senderprogrammierung (Rundfunk- und Fernsehempfänger)

ASPS: ⟨engl⟩ automatic spacing pause system / automatisches Pausensystem (in Kassettenrecordern)

asr: ausgeschrumpft (Ausführungsart von Chemiefaserstoffen)

ASR: 1. ⟨engl⟩ airport surveillance radar / Flughafen-Rundsicht-(↑)Radar, **Flugsicherung**. – **2.** ⟨engl⟩ alkensulfid rubber (Thiokautschuk), *Polymertechnik*. – **3.** ⟨engl⟩ altimeter setting region / Höhenmessereinstellungsgebiet, *Luftfahrtnavigation*

AS/RS: ⟨engl⟩ automatic storage and retrieval systems (rechnerkontrollierte Lagersysteme), *Automatisierungstechnik*

ASS, ass: ⟨engl⟩ air suspension system / Schwingspulensystem (für Kompaktlautsprecherboxen), *Unterhaltungselektronik*

AS-Schweißen: Auftragsschweißen (Schmelzschweißverfahren, örtlich begrenztes Aufschweißen von Werkstoff)

ASSE: Auslösesystem für die Sicherheitseinrichtung, *Kernkraftwerkstechnik*

ASSET: ⟨engl⟩ aerothermodynamic structural system enviromental test / aerothermodyamischer Test von Struktursystemen im Zusammenwirken mit der Umwelt (erste Phase des ↑ START-Programms)

ASSOD [АССОД]: ⟨russ⟩ avtomatizirovannaja sistema sbora i obrabotki dannyh [автоматизированная система сбора и обработки данных] / automatisiertes Datenverarbeitungssystem

ASt: **1.** Abnehmerstation, *Energietechnik.* – **2.** alterungsbeständiger Stahl

AST: **1.** Arbeitsstelle (Arbeitsplatz, Abteilung, auszuführende Maschinengruppe). – **2.** ⟨engl⟩ Atlantic standard time / atlantische Normalzeit (USA-Zeitzone; = MEZ – 5 h). – **3.** [АСТ]: ⟨russ⟩ atomnaja stancija teplosnabženija [атомная станция теплоснабжения] / Kernheizwerk[sreaktor], *Energietechnik.* – **4.** Aufgabenstellung (für ein technisches Projekt)

ASTM-Analyse: ⟨engl⟩ American Society for Testing Materials Analysis / Analyse nach Vorschrift der Amerikanischen Gesellschaft für Materialprüfung, *Stofftrenntechnik*

ASTP: ⟨engl⟩ Apollo-Sojus-Testproject / Apollo-Sojus-Testprojekt (internationale Bezeichnung für ↑ SATP)

ASTRO: ⟨engl⟩ ultraviolet astronomy telescope / Teleskop für Ultraviolett-Astronomie (Shuttle-Nutzlast

AS-TTL: ⟨engl⟩ advanced Schottky transistor transistor logic / weiterentwickelte Schottky-Transistor-Transistor-Logik, *Elektronik*

ASU: **1.** automatische Störunterdrückung, *Nachrichtentechnik.* – **2.** [АСУ]: ⟨russ⟩ avtomatizirovannaja sistema upravlenija [автоматизированная система управления] / automatisiertes Steuerungssystem

ASUP [АСУП]: ⟨russ⟩ avtomatizirovannaja sistema upravlenija proizvodstvom [автоматизированная система управления производством] / automatisiertes Produktionssteuerungssystem

ASUTP [АСУТП]: ⟨russ⟩ avtomatizirovannaja sistema upravlenija tehnologičeskimi processami [автоматизированная система управления технологическими процессами] / automatisiertes Steuerungssystem für technologische Prozesse

ASV: Aufnahme- und Spannvorrichtung, *Fertigungstechnik*

ASVT [АСВТ]: ⟨russ⟩ avtomatizirovannaja sistema sredstv vyčislitel'noj tehniki [автоматизированная система средств вычислительной техники] / automatisiertes System der Rechentechnik (Prozeßrechentechnik)

a.T.: äußerer Totpunkt (Umkehrpunkt), *Maschinenbau*

AT: **1.** Achtertelegrafie, *Nachrichtentechnik.* – **2.** ⟨engl⟩ advanced technology (Bezeichnung für den IBM-Personalcomputer AT). – **3.** ⟨engl⟩ air temperature / Lufttemperatur. –

4. ⟨engl⟩ air transport / Lufttransport. – 5. Anruftaste, *Nachrichtentechnik*. – 6. Antenne. – 7. ⟨engl⟩ Atlantic time / atlantische Zeit, ↑ AST 2. – 8. Auftrieb. – 9. Ausgleichsring mit Tragnocken, *Bautechnik*. – 10. Automatisierungstechnik

ATA, ata: ⟨engl⟩ actual time of arrival / tatsächliche Ankunftszeit, *Luftfahrtnavigation*

ATB [АТБ]: ⟨russ⟩ aviacionno-tehničeskaja baza [авиационно-техническая база] / Flugzeugreparaturstützpunkt, Flugzeugwerft, = † ARB

atc: ↑ ATC 9

ATC: 1. ⟨engl⟩ adiabatic toroidal compressor / adiabatischer (wärmeaustauschloser) Toroidalverdichter (Vorläufer der Fusionsforschung), *Kernfusionstechnik*. – 2. ⟨engl⟩ air traffic control / Flugsicherung (allgemein). – 3. ⟨engl⟩ antenna tuning condenser / Antennenabstimmkondensator, *Nachrichtentechnik*. – 4. ⟨engl⟩ automatic telephone call / automatischer Telefonanruf. – 5. ⟨engl⟩ automatic threshold control / automatische Schwellwertregelung, *Elektronik*. – 6. ⟨engl⟩ automatic time control / automatische Zeitsteuerung. – 7. ⟨engl⟩ automatic train control / automatische Zugsteuerung, *Automatisierungstechnik*. – 8. ⟨engl⟩ automatic tool changer / automatischer Werkzeugwechsler, *Werkzeugmaschinen*. – 9. **atc:** ⟨engl⟩ automatic tuning control / automatische Abstimmung, *Nachrichtentechnik*

ATCB: ⟨engl⟩ automated tape carrier bonding / automatisches Trägerfilmbonden (Befestigen eines Chips im Gehäuse), = FTB, *Halbleitertechnologie*

ATCC: ⟨engl⟩ air traffic control centre / Flugüberwachungszentrum

ATCL: ⟨engl⟩ access and test circuit for subscriber lines / Zugangs- und Prüfsatz (Baugruppe) für Teilnehmerleitungen, *Nachrichtentechnik*

ATCS: 1. ⟨engl⟩ air traffic control satellite / Satellit für Luftverkehrskontrolle. – 2. ⟨engl⟩ air traffic control service / Flugverkehrskontrolldienst

ATD: ⟨engl⟩ actual time of departure / tatsächliche Abflugzeit, *Luftfahrtnavigation*

ATDA: ⟨engl⟩ augmented target docking adapter / Hilfsziel-Kopplungsadapter (unbemannter Zielflugkörper im USA-Gemini-Programm), *Raumfahrttechnik*

ATE: ⟨engl⟩ automatic test equipment / automatische Prüfeinrichtung (Meßautomat)

ATF: 1. ⟨engl⟩ automatic track following / automatische Spurnachführung, ↑ DTF. – 2. ⟨engl⟩ automatic transmissions fluids / Flüssigkeiten für automatische Getriebe

ATG: 1. Amtstaktgenerator, *Nachrichtentechnik*. – 2. Austauschgetriebe, *Kraftfahrzeugtechnik*. – 3. ⟨engl⟩ automatic test generator / automat. Prüfgenerator, *Elektronik*

ATHODYD: ⟨engl⟩ aero-thermodynamic duct / Staustrahltriebwerk (Lorin-Triebwerk), *Luftfahrtantriebe*

ATI: ⟨engl⟩ aerial tuning inductance / Antennenabstimmspule, *Nachrichtentechnik*

ATIS: ⟨engl⟩ automatic terminal information service / automatische Ausstrahlung von Landeinformationen, *Flugsicherung*

ATK: 1. Automatisierungskonzeption. – 2. **[ATK]:** ⟨russ⟩ avtomatizirovannyj tehnologičeskij kompleks [автоматизированный технологический комплекс] / automatisierter technologischer Komplex

atkm: angebotener Tonnenkilometer, *Luftverkehr*

ATL: Abgasturbolader

ATLAS: ⟨engl⟩ automated telephone line address system / automatischer Wähler, *Nachrichtentechnik*

ATM: 1. ⟨engl⟩ Apollo telescope mounting / Apollo-Teleskopmontierung, *Raumfahrttechnik*. – 2. ⟨engl⟩ asynchronous transfer mode / asynchroner Übertragungsbetrieb (Übertragungsverfahren des ↑ ISDN), *Nachrichtentechnik*. – 3. Austauschmotor

ATME: ⟨engl⟩ automatic transmission measurement equipment / Fernleitungsmeßautomat, *Nachrichtentechnik*

ATMOS: ⟨engl⟩ adjustable threshold metal-oxide semiconductor / Metalloxidhalbleiter mit einstellbarem Schwellwert (Feldeffekttransistor als Speicherzelle), *Mikroelektronik*

ATMS: ⟨engl⟩ advanced text management system / modernes Textverwaltungssystem

ATN: ⟨engl⟩ advanced television and infrared observation satellite N / weiterentwickelter ↑ TIROS N (Wettersatellit der USA)

ATO: ⟨engl⟩ actual time of overfly / tatsächliche Überflugzeit, *Luftfahrtnavigation*

ATP-Schweißen, AT-Preßschweißen: aluminothermisches Preßschweißen (Schmelz- und Preßschweißverfahren), s. a. AT-Schweißen

ATR: 1. ⟨engl⟩ advanced thermal reactor / fortgeschrittener thermischer Reaktor (Japan), *Kernkraftwerkstechnik*. – 2. ⟨engl⟩ air traffic regulation / Luftverkehrsbestimmung, *Flugsicherung*. – 3. ⟨engl⟩ air transport radio / Luftverkehrsfunk, *Flugsicherung*. 4. ⟨engl⟩ attenuated total reflectance / abgeschwächte Totalreflexion, *technische Optik*. – 5. außentemperaturabhängige Regelung, *Energietechnik*

atro: absolut trocken

ATRS: ⟨engl⟩ automatic tape response system / automatisches Einstellsystem (Kassettenrecorder)

ATS: 1. ⟨engl⟩ advanced teleprocessing system / modernes Fernverarbeitungssystem. – 2. ⟨engl⟩ air traffic service / Flugsicherungsdienst. – 3. ⟨engl⟩ applications technology satellite / Satellit für Anwendungstechnik (Serie geostationärer Satelliten der USA). – 4. ⟨engl⟩ automatic testing system / automatisches Prüfsystem. – 5. automatisches Tunerabgleichsystem, *Fernsehtechnik*. – 6. automatisiertes Transportsystem. – 7. **[ATC]:** ⟨russ⟩ aviacionno-tehničeskaja služba [авиационно-техническая служба] / flugtechnischer Dienst

AT-Schweißen: aluminothermisches Schweißen (Schmelzschweißverfahren mit exothermer Reaktion von Aluminiumpulver und Metalloxid)

ATT-Diode: ⟨engl⟩ avalanche transit time diode / Lawinenlaufzeitdiode (Halbleiterbauelement), *Mikroelektronik*

ATTN: ⟨engl⟩ attenuation / Dämpfung, (Abschwächung), *Nachrichtentechnik*

Atu: Abdampfturbine, *Schiffstechnik*

ATU: ⟨engl⟩ aerial tuning unit / Antennenabstimmeinheit, *Nachrichtentechnik*

ATV: ⟨engl⟩ amateur television / Amateurfunkfernsehen

ATZ: 1. ⟨engl⟩ aerodrome traffic zone / Flughafenverkehrszone, *Flugsicherung*. – **2.** automatische Telefonzentrale, *Nachrichtentechnik*

AU: 1. achtern, bezogen auf Unterkante Kiel. – **2.** Arbeitsunterweisung (Fertigungsvorschrift). – **3. [АУ]:** ⟨russ⟩ arifmetičeskoe ustrojstvo [арифметическое устройство] / Arithmetikeinheit, ↑ AU 4. – **4.** ⟨engl⟩ arithmetic unit / Arithmetikeinheit, Rechenwerk, = AU 3, *Datenverarbeitung*. – **5. [АУ]:** ⟨russ⟩ avtomatičeskoe upravlenie [автоматическое управление] / automatische Steuerung, *Automatisierungstechnik*. – **6.** Urethankautschuk auf Polyesterbasis, *Polymertechnik*

AÜ: 1. Analogwertüberwachung, *Meß-, Automatisierungstechnik*. – **2.** Anpassungsübertrager, *Elektronik*. – **3.** Ausgangsübertrager, *Elektronik*. – **4.** Außenübertragung, *Nachrichtentechnik*

aubo: außenbords

AU-I: Urethankautschuk, isocyanatvernetzt, *Polymertechnik*

Auma: automatische Mattenvulkanisiermaschine, *Polymertechnik*

AUOS [АУОС]: ⟨russ⟩ avtomatičeskaja universal'naja orbital'naja stancija [автоматическая универсальная орбитальная станция] / automatische Mehrzweckorbitalstation (Typ unbemannter sowjetischer Raumflugkörper)

AU-P: Urethankautschuk, peroxidisch vernetzt, *Polymertechnik*

AÜR: automatischer Überdeckungsrepeater (Projektionsbelichtungsanlage), *Halbleitertechnologie*

AuS: Arbeiten unter Spannung, *Elektrotechnik*

AUS [АУС]: ⟨russ⟩ aèrodinamičeskij ugol snosa [аэродинамический угол сноса] / aerodynamischer Abdriftwinkel, *Luftfahrtnavigation*, gebräuchlicher: ↑ US 1

Ausfsig: (DR) ↑ Asig

AUSSAT: ⟨engl⟩ Australian satellite / australischer Satellit

Autevo, AUTEVO: Automatisierung der technischen Produktionsvorbereitung

auto: ⟨engl⟩ automatic / automatisch

† Autopass, AUTOPASS: ⟨engl⟩ automated parts assembly system / automatisches Teilmontagesystem (Programmiersprache für Roboter)

Autoprojekt, AUTOPROJEKT: ⟨engl⟩ automation of project / Automatisierung der Projektierung

Autopol, AUTOPOL: ⟨engl⟩ automated programming of lathes / automatisches Programmieren von (numerisch gesteuerten) Drehmaschinen (Programmiersprache der Fa.IBM)

Autopromt, AUTOPROMT: ⟨engl⟩ automatic programming of machine tools / automatische Programmierung von Werkzeugen (Programmiersystem für ↑ NCM), *Automatisierungstechnik*

Autospot, AUTOSPOT: ⟨engl⟩ automatic system für positioning tools / automatisches System für die Positionierung von Werkzeugen (Programmiersprache für ↑ NCM), *Automatisierungstechnik*

Autotech, AUTOTECH: ⟨engl⟩ automation of technology / Automatisierung der Technologie

AUW: ⟨engl⟩ all-up weight / Gesamtflugmasse, *Flugmechanik*

AUX: ⟨engl⟩ auxiliary / Hilfs-, Reserve-(Eingang bei Tonwiedergabeanlagen)

av: ⟨engl⟩ audio-visual / audiovisuell (das Hören und Sehen betreffend)

Av., av.: ⟨engl⟩ average / Havarie

AV: 1. Abfangschnellschlußventil, *Kernkraftwerkstechnik*. – 2. Absperrventil, *Energietechnik*. – 3. alle Fahrt voraus, *Schiffahrt*. – 4. Arbeitsverrichtung (Teil eines Arbeitsganges). – 5. Arbeitsvorbereitung (methodische Arbeitsplanung). – 6. Audiovision, s.a. av. – 7. Axialventilator, *Energietechnik*

AVBL: ⟨engl⟩ available / verfügbar, benutzbar, *Flugsicherung*

Avbr: automatische Vakuumbremse, *Kraftfahrzeugtechnik*

AVC: ⟨engl⟩ automatic volume control / automatische Lautstärkeregelung (Tonwiedergabeanlagen), = ALR 2, = AVR 3

AVCS: ⟨engl⟩ advanced vidicon camera system / weiterenwickeltes Vidikon-Kamerasystem, *Fernsehtechnik*

AVD: automatische Versuchsdurchführung

AV-Destillation: atmosphärische und Vakuum-Destillation, *Stofftrenntechnik*

AVE: ⟨engl⟩ automatic volume expansion / automatische Lautstärkebereichsvergrößerung (Tonwiedergabeanlagen)

AVF: Arbeitsverrichtungsfolge

AVF-Zyklotron: Zyklotron mit azimutal variierendem Feld (Teilchenbeschleuniger)

AVG: 1. Abstand, Verstärkung, Größe (Ersatzfehlergrößen einer Ultraschallprüfmethode), *Meßtechnik*. – 2. Arbeitsvorgang

avia [авиа]: ⟨russ⟩ aviacija [авиация] / Luftfahrt, Flugwesen, Fliegerei

AVL: Auftragsfolgeliste (für Arbeitsvorbereitung, Fertigungsplanung und -steuerung)

AVLIS: ⟨engl⟩ atomic vapour laser isotope separation / Atomgaslaser-Isotopentrennung

AVM 1. [ABM]: ⟨russ⟩ analogovaja vyčislitel'naja mašina [аналоговая вычислительная машина] / Analogrechner, = AVU. – 2. ⟨frz⟩ Atelier de Vitrification Marcoule procédé / Verfahren der Werkstatt zur Verglasung hochradioaktiver Abfälle (Wiederaufarbeitungsanlage, Marcoule, Frankreich)

AVNL: ⟨engl⟩ automatic video noise limiting / automatische Rauschbegrenzung für das Videosignal, *Unterhaltungselektronik*

AVO-Platte: ⟨engl⟩ all veneers only board / Sperrholzplatte

AVR: 1. Atomversuchsreaktor. – 2. ⟨engl⟩ automatic voltage regulator / automatischer Spannungsregler, *Elektronik*. – 3. ⟨engl⟩ automatic volume regulation / automatische Lautstärkeregelung, ↑ AVC. – 4. automatische Verstärkungsregelung, ↑ AGC. – 5. [ABP]: ⟨russ⟩ avtomatičeskij vvod rezerva [автоматический ввод резерва] / automatische Reservezuschaltung, *Elektronik*

AVS: Ausfahrvorsignal (ÖBB)

Avsbr: automatische Vakuumschnellbremse, *Schienenfahrzeugtechnik*

avtolist [автолист]: ⟨russ⟩ stal'noj list dlja avtomobil'noj promyšlennosti [стальной лист для автомобильной промышленности] / Stahlblech für die Automobilindustrie

avtopusk [автопуск]: ⟨russ⟩ avtomatičeskij pusk [автоматический пуск] / automatischer Start (automatische Inbetriebsetzung), *Automatisierungstechnik*

avtostop [автостоп]: ⟨russ⟩ avtomatičeskij stop [автоматический стоп] / automatische Abschaltung, *Automatisierungstechnik*

AVU [АВУ]: ⟨russ⟩ analogovoe vyčislitel'noe ustrojstvo [аналоговое вычислительное устройство] / Analogrechner, = AVM 1

AVÜK: automatische Verkehrsüberwachungskamera

a.w.: 1. ⟨engl⟩ above water / über Wasserspiegel. – 2. ⟨engl⟩ all widths / alle Breiten, *Holztechnik*

Aw: Ausweichstelle (Bahnanlage der freien Strecke, DB)

AW: 1. Abdriftwinkel, *Luftfahrtnavigation*. – 2. Abwasser, *Melioration*. – 3. Abwind, *Aerodynamik*. – 4. Ampèrewindungen, *Elektrotechnik*. – 5. Anpassungsnetzwerk, *Nachrichtentechnik*. – 6. Ausbesserungswerk (DB). – 7. Ausgleichswandler, *Elektrotechnik*

Awanschl: (DR), ↑ Awanst

Awanst, Awanschl: Ausweichanschlußstelle (Bahnanlage der freien Strecke)

AWAR: ⟨engl⟩ area weighted average resolution / flächengewichtete mittlere Auflösung (über ein Bildfeld), *Fototechnik*

AWD: automatische Wähleinrichtung für Datenverbindungen

AWE: 1. Auswerteeinheit, *Meßtechnik*. – 2. automatische Wiedereinschaltung, *Elektrotechnik*

AWG: ⟨engl⟩ American wire gauge / amerikanische Drahtnorm

AWH: Ausweichflughafen, *Flugsicherung*

AWL: ⟨engl⟩ all weather landing / Allwetterlandung, *Flugsicherung*

AWS: 1. ⟨engl⟩ air weather service / Flugwetterdienst. – 2. Antennenwahlschalter, *Nachrichtentechnik*

AWY: ⟨engl⟩ airway / Luftstraße, *Flugsicherung*

Az 1. **AZ:** Anzeige, *Meßtechnik*. – 2. Arbeitszug (Zuggattung der DR)

AZ: 1. Acetatfaserstoffe (Faserstoffe aus acetonlöslicher Acetylcellulose). – 2. Alkalitätszahl, *Energietechnik*. – 3. Allgebrauchslampe in Zweck- und Zierform, *Lichttechnik*. – 4. Arbeitszylinder (Linearmotor). – 5. Asbestzement (Baustoff). – 6. ↑ Az 1

AZB, Azb: Anzeigebereich, *Meßtechnik*

AZD: Asbestzement-Druckrohr, *Bautechnik*

AZE: automat. Zeichenerkennung

AZG: Asbestzement-Gleitmuffe, *Bautechnik*

AzK: Abzweigkatsen (Kabel), *Nachrichtentechnik*

AZL: automatische Zuglenkung

AzM: Abzweigmuffe (Kabel), *Nachrichtentechnik*

AZP: Asbestzementplatte (Baustoff)

AZS: automatische Zugsteuerung

AZ-S: Acetatseide (Seide aus acetonlöslicher Acetylcellulose)

AZU [АЗУ]: ⟨russ⟩ associativnoe zapominajuščee ustrojstvo [ассоциативное запоминающее устройство] / Assoziativspeicher, *Datenverarbeitung*

AZVSt: Auslandszentralvermittlungsstelle, *Nachrichtentechnik*

B

b: 1. beruhigt vergossen, *Eisenmetallurgie*. – 2. Brennstellung beliebig, *Lichttechnik*

B 1. **ball., BALL., b'st:** ⟨engl⟩ ballast / Vorschaltgerät, *Lichttechnik*. – 2. Bandbreite, *Nachrichtentechnik*. – 3. ⟨engl⟩ base / Sockel, *Lichttechnik*. – 4. Basis (Transistor), *Elektronik*. – 5. **BC, B.C.:** ⟨engl⟩ bayonet cap / Bajonettsockel, *Lichttechnik*. – 6. ⟨engl⟩ beam / Strahl, *Lichttechnik*. – 7. **Befstw:** Befehlsstellwerk. – 8. Beleuchtung. – 9. **[Б]:** ⟨russ⟩ benzin, aviacionny [бензин, авиационный] / Flugzeugbenzin. – 10. Beton (Baustoff). – 11. Betonfenster. – 12. Betonkalk (Baustoff). – 13. Bewegung. – 14. Bild- (in Zusammensetzungen). – 15. Binäranzeige, *Automatisierungstechnik*. – 16. **[Б]:** ⟨russ⟩ bispiral'naja lampa [биспиральная лампа] / Doppelwendellampe, *Lichttechnik*. – 17. ↑ Bl 3. – 18. Bohrung (Baugrunduntersuchung). – 19. Borste (Herstellungsform von Chemiefasern). – 20. Breite (Schiffsbreite). – 21. **brt., BRT:** ⟨engl⟩ brightness / Helligkeit, Leuchtdichte, *Lichttechnik*. – 22. Brückenschaltung, *Elektrotechnik*. – 23. Bug

ba: bandförmig (Ausführungsart von Chemiefaserstoffe)

b. a.: ⟨engl⟩ basal area / Grundfläche

Ba: Bananenfaser (Pflanzenfaser), *Textiltechnik*

BA: 1. Back (vorderster Decksaufbau), *Schiffstechnik.* – **2.** ⟨engl⟩ bayonet automobile cap / Bajonettsockel für Autolampen, Bajonett-Autosockel, *Lichttechnik.* – **3.** Beleuchtungsanlage. – **4.** Bildschirmanzeige, *Automatisierungstechnik.* – **5.** Boden mit Ablauf, *Bautechnik.* – **6.** Bogenanfang (Gleisgeometrie). – **7.** ⟨engl⟩ braking action / Bremswirkung, *Flugbetrieb*

BAA: 1. Betonaufbereitungsanlage, *Bautechnik.* – **2.** Butyraldehyd Anilin (Kondensationsprodukt, Alterungsschutzmittel), *Polymertechnik*

BABS: ⟨engl⟩ blind approach beacon system / Blindanflug-Funkfeuersystem, *Flugsicherung*

BAC: ⟨engl⟩ battleship aircraft carrier / Flugzeugmutterschiff, Flugzeugträger

BACAT: ⟨engl⟩ barges-on-board catamaran / Leichterkatamaran (Schutenkatamaran), = BOB, *Schiffstechnik*

Bafesa, BAFESA: Bahnfernschreib(selbstanschluß)anlage

BAG: 1. ⟨engl⟩ baggage / Gepäck, *Flugbetrieb.* – **2.** Bildauswertegerät (für Wetterbilder von Erdsatelliten)

BaK: Baritkron (optisches Glas)

BAL: Ballast, *Flugbetrieb*

BaLF: Baritleichtflint (optisches Glas)

BaLK: Baritleichtkron (optisches Glas)

ball., BALL.: ↑ B1

BALS: ⟨engl⟩ blind approach landing system / Blindanflug-Landesystem, *Flugsicherung*

BALUN: ⟨engl⟩ balanced line to unbalanced line (Verfahren zur Anpassung einer symmetrischen an eine unsymmetrische Leitung), *Nachrichtentechnik*

BAM: 1. Baikal-Amur-Magistrale (Eisenbahnlinie in Sibirien). – **2.** ⟨engl⟩ basic access method / Basiszugriffsmethode, *Datenverarbeitung*

BANO [БАНО]: ⟨russ⟩ bortovoj aèronavigacionnyj ogon' [бортовой аэронавигационный огонь] / Positionslichter an Luftfahrzeugen

BAP: 1. ⟨engl⟩ basic assembly program / Grundassemblerprogramm, *Datenverarbeitung.* – **2.** Bauzugabstellplatz, *Schienenfahrzeugtechnik.* – **3.** Benzo-A-Pyren. – **4.** Bildschirmarbeitsplatz, ↑ BSE 3

Bark.: Barkasse (Hafenverkehrsboot)

Barritt-Diode, BARRITT-Diode: ⟨engl⟩ barrier injection transit time / Sperrschicht-Injektionsdiode, *Elektronik*

BAS: 1. ⟨engl⟩ basic air speed / Ausgangsfluggeschwindigkeit, *Luftfahrtnavigation.* – **2.** ⟨engl⟩ blind approach system / Blindanflugsystem, *Flugsicherung.* – **3.** ⟨engl⟩ block automation system / blockorientiertes Automatisierungssystem. – **4.** Boden mit Ablauf und Sumpf, *Bautechnik*

Basa: Bahnselbstanschlußanlage

BaSF: Baritschwerflint (optisches Glas)

BASF-Motor: Motor der Badischen

Anilin- und Sodafabrik AG (zur Ermittlung der Oktanzahlen ↑ MOZ 2 und ↑ ROZ), *Kraftfahrzeugtechnik*

Basic, BASIC: ⟨engl⟩ beginners all-purpose symbolic instruction code / symbolischer universeller Anweisungscode für Anfänger (höhere Programmiersprache)

BA-Signal: Bild- und Austastsignal, *Fernsehtechnik*

BAS-Signal: Bild-, Austast- und Synchronsignal, *Fernsehtechnik*

BASP-Signal: Bild-, Austast- und Synchronsignal mit Prüfzeile, *Fernsehtechnik*

BAV: Bürstenabhebevorrichtung (bei Drehstrom-Schleifringläufermotoren), *Elektrotechnik*

BAW: ⟨engl⟩ bulk acoustic wave / akustische Volumenwelle (Schallwelle)

BAZ: ↑ BZ 1

Bb., BB., Bb, BB: Backbord (linke Schiffsseite, in Fahrtrichtung gesehen)

BB: 1. ⟨engl⟩ back bearing / Rückenpeilung, *Flugsicherung*. – 2. Balkenbremse, *Schienenfahrzeugtechnik*. – 3. ⟨engl⟩ black brant (kanadische Höhenforschungsrakete). – 4. Braunkohlenbrikett

BBD: ⟨engl⟩ bucket brigade device / Eimerkettenbauelement (Ladungsverschiebeschaltung), *Mikroelektronik*, s.a. CTD

Bbez: Baubezirk (DB)

BBK: Breitbandkommunikation, *Nachrichtentechnik*

BBL: black body locus / schwarzer Kurvenzug, *Lichttechnik*

BBP: Butylbenzylphthalat (Weichmacher), *Polymertechnik*

BBR: ⟨engl⟩ black body radiator / schwarzer Strahler, *Lichttechnik*

BBS: 1. Bandbetriebssystem, ↑ TOS 1. – 2. bautechnischer Brandschutz

BBV: Bogen- / Bahnverarbeitung, (nach dem Drucken)

bc: 1. ⟨engl⟩ bare copper / blankes Kupfer. – 2. ⟨engl⟩ base connection / Masseanschluß (Sockelanschluß), *Elektrotechnik*

BC: 1. ↑ B5. – 2. ⟨engl⟩ basic controller / Basisregler (Grundausrüstung zur Lösung einer Automatisierungsaufgabe). – 3. Befehlscode, *Datenverarbeitung*. – 4. ⟨engl⟩ binary code / Binärcode, *Datenverarbeitung*. – 5. ⟨engl⟩ breaking capacity / Ausschaltleistung, (Ausschaltvermögen), *Elektrotechnik*. – 6. Bürocomputer, = AC 11

B. C.: 1. ↑ B 5. – 2. ⟨engl⟩ battery control / Batterieprüfung (bei Kameras)

BCA: ⟨engl⟩ blood colour analyzer / Blutfarbenanalysator, *Analysenmeßtechnik*

BCC: ⟨engl⟩ block check character / Blockprüfzeichen, *Datenverarbeitung*

BCCD: 1. ⟨engl⟩ bulk charge-coupled device / volumenladungsgekoppeltes Bauelement (Ladungsverschiebeschaltung), = BCCD 2., *Mikroelektronik*. – 2. ⟨engl⟩ buried channel charge-coupled device / ladungsgekoppeltes Bauelement mit vergrabenem Kanal, = BCCD1., *Mikroelektronik*

BCD: 1. ⟨engl⟩ binary-coded decimal / binärcodierte Dezimalzahl, *Datenverarbeitung*. – **2.** ⟨engl⟩ borderline between comfort and discomfort glare / Grenzwert der psychologischen Blendung, *Lichttechnik*

BCDD: ⟨engl⟩ binary-coded decimal digit / binärcodierte Dezimalziffer

BCDIC: ⟨engl⟩ binary-coded decimal interchange code / Austauschcode für binär verschlüsselte Dezimalzahlen (6-bit-Code), *Datenverarbeitung*

BCG: ↑ BKG

BCI: ⟨engl⟩ binary-coded information / binärcodierte Information, *Nachrichtentechnik*

BCL: ⟨engl⟩ base-coupled logic / über die Basis gekoppelte Logik (Schaltungstechnik mit Bipolartransistoren), *Elektronik*

BCLDD-MOSFET: ⟨engl⟩ buried channel lightly-doped drain metal-oxide semiconductor field-effect transistor / Metall-Oxid-Halbleiter-Feldeffekttransistor mit schwach dotierter Drainelektrode und vergrabenem Kanal, *Halbleitertechnologie*

BCMOS: ⟨engl⟩ buried channel metal-oxide semiconductor / Metall-Oxid-Halbleiter mit vergrabenem Kanal, *Halbleitertechnologie*

BCN, bcn, bn: ⟨engl⟩ beacon / Bake, Funk-, Leuchtfeuer

BCST: ⟨engl⟩ broadcast / Rundfunk

BCT: ⟨engl⟩ box compression test / Schachtelstauchversuch, *Verpakkungs-, Papiertechnik*

BCVM [БЦВМ]: ⟨russ⟩ bortovaja cifrovaja vyčislitel'naja mašina [бортовая цифровая вычислительная машина] / Bordrechner, *Datenverarbeitung*

bd: ⟨engl⟩ board / Brett

Bd: Band, Bandstahl (Halbzeug)

BD: 1. ⟨engl⟩ base down / Sockel unten (vertikale Brennstellung), *Lichttechnik*. – **2.** ⟨engl⟩ belt drive / Riemen[an]trieb. – **3.** Benzofuran Derivat (Alterungsschutzmittel), *Polymertechnik*. – **4.** Blitzduktor (Überspannungsfeinschutzeinrichtung), *Elektrotechnik*. – **5.** ⟨engl⟩ board / Schalttafel, *Elektrotechnik*. – **6.** Brenndauer, *Lichttechnik*. – **7.** Buchdruck, *Polygrafie*

BDA: ⟨engl⟩ Bermuda (Kennung für die Bodenstation Bermuda), *Raumfahrttechnik*

BDAM: ⟨engl⟩ base direct access method / Basis-Direktzugriffsmethode (zu Dateien), *Datenverarbeitung*

BDE: 1. Beidrückeinrichtung, *Schienenfahrzeugtechnik*. – **2.** Betriebsdatenerfassung

BDI-Prozeß: ⟨engl⟩ base diffusion isolation process / Basis-Diffusions-Isolations-Prozeß (Herstellungsverfahren für bipolare integrierte Schaltungen), *Halbleitertechnologie*

bdl.: ⟨engl⟩ bundle [bound] parcel / Bündel (als Transporteinheit gebündelte Holzmenge bestimmten Rauminhalts), *Holztechnik*

Bdl: Bahnhofsdispatcherleitung (DR)

BDOS: ⟨engl⟩ basic disk operating system / Diskettengrundbetriebssystem (hardwareunabhängiger Programmteil von ↑ CP/M), *Datenverarbeitung*

BDP: 1. ⟨engl⟩ base diffusion process / Basisdiffusionsprozeß, *Halbleitertechnologie*. – **2.** ⟨engl⟩ bulk data processing / Massendatenverarbeitung

BDRY: ⟨engl⟩ boundary / Grenze, *Flugsicherung*

BDS: Betriebsdatenspeicher, *Datenverarbeitung*

BDSH: Benzo-1,3-disulfohydrazid (Treibmittel), *Polymertechnik*

BDS-Verfahren: Becke-Daeves-Steinberg-Verfahren (zum inchromieren von Stahl), *Eisenmetallurgie*

BDV: ⟨engl⟩ breakdown voltage / Durchschlag-, Durchbruch-, Zündspannung, *Elektrotechnik*

Bdw, Bdwg: Bahndienstwagen

Bdwg: (DR), ↑ Bdw

BE: 1. Base-Extrakt (Untersuchung von Brauereihefe), *Lebensmitteltechnik*. – **2.** Bauelement. – **3.** Baustelleneinrichtung. – **4.** ⟨engl⟩ beacon-Explorer (USA-Forschungssatelliten aus der Explorer-Reihe für ionosphärische und geodätische Untersuchungen.) – **5.** Bearbeitungseinheit, *Fertigungstechnik*. – **6. Bes.:** Besatzung (eines Schiffes) – **7.** Bettungserneuerung, *Eisenbahnoberbau*. – **8.** Bezugsebene. – **9.** Bildschirmeinheit, *Datenverarbeitung*. – **10. B. E.:** ⟨engl⟩ binding energy / Bindungsenergie. – **11.** Bogenende (Gleisgeometrie). – **12.** Brennelement, *Kerntechnik*. – **13.** Bruttoenergie, *Lebensmitteltechnik*. – **14.** ↑ BSE 3. – **15.** Erstarrungsbeschleuniger (Betonzusatzmittel)

BÈ [БЭ]: ⟨russ⟩ blok èlektroniki [блок электроники] / Elektronikblock, *Raumfahrttechnik*

B. E.: ↑ BE 10

BEAMOS: ⟨engl⟩ beam-addressed metal-oxide semiconductor / strahlenadressierter Metall-Oxid-Halbleiter (Elektronenstrahlspeicher), *Halbleitertechnologie*

BeBz: Berylliumbronze (Kupfer-Beryllium-Legierung)

BECO: ⟨engl⟩ booster engine cutoff / Abschalten der Triebwerke des Boosters (Starthilfsrakete), *Raumfahrttechnik*

BEF: Bodeneffektfahrzeug, ↑ BEG

BEFFE: bindegewebseiweißfreies Fleischeiweiß (Bewertung von Fleisch), *Lebensmitteltechnik*

Befstw: ↑ B 7

BEG: Bodeneffektgerät (Luftkissenfahrzeug, Schwebefahrzeug), = ACV, = BEF, = LKF

BEK: Brennelementkasten, *Kerntechnik*

BEL: Betriebserdungsleiter, *Meßtechnik*

Bel.-EKG: Belastungs-Elektrokardiogramm, ↑ EKG, *Medizintechnik*

BEM: 1. ⟨engl⟩ boundary elemente method / Grenzelemente-Methode (Ergänzung zur ↑ FEM 3). – **2.** ⟨engl⟩ boundary equation method / Randelementemethode, ↑ REM 1

† bemf: ⟨engl⟩ back electromotive

force / gegenelektromotorische Kraft, *Elektrotechnik*

BEP: ⟨engl⟩ burst-error processor / (Baustein zur Korrektur von Datenübertragungsfehlern)

BER: ⟨engl⟩ bit error rate / Bitfehlerrate, *Datenverarbeitung*

Bes.: ↑ BE 6

BES: 1. Benzoesäure. – **2.** Bilderkennungssystem (System zum berührungslosen Erkennen, Vermessen und Überwachen von Objekten). – **3.** Bilderzeugungssystem, *Bildverarbeitung, Automatisierungstechnik*

BESSY, Bessy: Berliner Elektronenspeicherring für Synchrotronstrahlung, *Kerntechnik*

BES-Fotodiode: ⟨engl⟩ blue-enhanced silicon photodiode / blauangereicherte Siliciumfotodiode (Halbleiterbauelement), *Mikroelektronik*

BEST: 1. ⟨engl⟩ base-emitter self-aligned technology (selbstjustierende bipolare Halbleitertechnologie). – **2.** ⟨engl⟩ bias, equalization, sensitivity of the tape / Vormagnetisierung, Entzerrung und Empfindlichkeit des Tonbandes (Einmeßautomatik in Kassettenrecordern)

Best. Vers.: ↑ BV 2

BET: 1. ⟨engl⟩ balanced emitter technology / symmetrische Emittertechnologie, *Halbleitertechnologie*. – **2.** Blockeigenbedarfstransformator, *Kraftwerkstechnik*

BE-TB: Brennelement-Transportbehälter, *Kerntechnik*

BET-Methode: Brunauer-Emmett-Teller-Methode (Untersuchung der Oberflächengröße mikrobieller Biomassen), *Lebensmitteltechnik*

BET-System: System Beschichten – Entwickeln – Tempern, *Halbleitertechnologie*

BEV: Bahnenergieversorgung

BEW: 1. Be- und Entwässerung (von Gebäuden), *Bautechnik*. – **2.** Brennelementwechsel, *Kerntechnik*

BEZ: Brennelementzwischenlager, *Kernkraftwerkstechnik*

Bf: 1. Bastfaser, *Textiltechnik*. – **2. Bhf:** Bahnhof

BF: 1. Bandfilter, *Elektronik*. – **2.** Baritflint (optisches Glas). – **3.** Bedienungsfeld, *Nachrichtentechnik*. – **4.** Bildflug, *Flugbetrieb*. – **5.** ⟨engl⟩ blast furnace / Gebläsehochofen, *Eisenmetallurgie*

BFA: 1. Betriebsfernsprechanlage, *Nachrichtentechnik*. – **2.** Braunkohlenfilterasche, *Verfahrenstechnik*

BFET: ⟨engl⟩ bipolar-mode field-effect transistor / bipolare Feldeffekttransistorstruktur, *Mikroelektronik*

BFG: Bearbeitungsfolgegraph (bildliche Darstellung der Bearbeitungsfolge)

BFL: ⟨engl⟩ buffered field-effect transistor logic / gepufferte Feldeffekttransistorlogik (Schaltungstechnik), *Elektronik*

BFO: ⟨engl⟩ beat frequency oscillator / Schwebungsfrequenzoszillator, *Nachrichtentechnik*

BFS: ⟨engl⟩ basic file system / Grunddatei, *Datenverarbeitung*

Bft.-Skala, Bf-Skala, BS: Beaufort-Skala (zur Einteilung der Windstärke), *Schiffahrt*

BFW: Bugfahrwerk, *Flugzeugausrüstung*

Bg.: Bagger

BG: 1. ⟨engl⟩ background / Hintergrund (Speicherbereich), *Datenverarbeitung.* – 2. **BGr.:** Baugruppe. – 3. Beanspruchungsgrad, *Korrosionsschutz.* – 4. Brandgefährdungsgrad (bautechnischer Brandschutz)

Bga: Bereichsgüterabfertigung

Bgb: Bergbau

BGB: Balkengleisbremse, *Schienenfahrzeugtechnik*

BGKL: Brandgefahrenklasse (bautechnischer Brandschutz)

BGr.: ↑ BG 2

BGS: Baugruppensystem, *Elektronik*

Bg/16: (Druck- oder Falz-)Bogen mit (z. B.) 16 Druckseiten

Bgw.: Bergwerk

b. h.: ⟨engl⟩ breast height / Brusthöhe, *Holztechnik*

BH: 1. Blockherstellung, *Polygrafie.* – 2. **HB:** Brinell-Härte, = B. H. N., *Werkstofftechnik*

BHA: Butylhydroxy-Anisol (Antioxidationsmittel für Getreideverarbeitung), *Lebensmitteltechnik*

Bhb: Behelfsbrücke, *Schienenfahrzeugtechnik*

BHC: ⟨engl⟩ busy hour call / Anruf in der Hauptverkehrsstunde, *Nachrichtentechnik*

BHCA: ⟨engl⟩ busy hour call attempts / Hauptverkehrsstunden-Belegungsversuche, *Nachrichtentechnik*

b. h. d.: ⟨engl⟩ breast height diameter / Brusthöhendurchmesser, *Holztechnik*

Bhf: ↑ Bf 2

b. h. g.: ⟨engl⟩ breast height girth / Brusthöhenumfang, *Holztechnik*

BHKW: Blockheizkraftwerk

B. H. N., Bhn: ⟨engl⟩ Brinell hardness number / Brinell-Härtezahl, ↑ BH 2

BHP: ⟨engl⟩ brake horsepower / Bremsleistung (Brems-PS), *Flugbetrieb*

BHT: Butylhydroxy-Toluol (Antioxidationsmittel für Getreideverarbeitung), *Lebensmitteltechnik*

BHT-Koks, BHTK: Braunkohlen-Hochtemperaturkoks

BHWR: ⟨engl⟩ boiling heavy-water reactor / Schwerwassersiedereaktor, *Kernkraftwerkstechnik*

Bi: Binnenentwässerung, *Melioration*

BI: 1. Bauinformation. – 2. Birke, *Holztechnik*

BIC: ⟨engl⟩ buried isolation capacitor / vergrabener Isolationskondensator, *Halbleitertechnologie*

Bicap, BICAP: ⟨engl⟩ binary capacitor / binärer Kondensator (binäre schwellspannungsabhängige Kapazitätsänderung eines in Technik ↑ MOS 3 hergestellten Kondensators), *Mikroelektronik*

BICFET: ⟨engl⟩ bipolar inversion channel field-effect transistor

(Bipolartransistor, bei dem die Basis durch eine vom Feldeffekt hervorgerufene Inversionsschicht ersetzt wird), *Mikroelektronik*

BICMOS: ⟨engl⟩ bipolar complementary metal-oxide semiconductor / bipolarer komplementärer Metall-Oxid-Halbleiter (Mischtechnik mit Bipolartransistoren und ↑ MOSFET), *Halbleitertechnologie*

BID: Beta-Ionisationsdetektor (zum Nachweis von Betastrahlung), *Strahlenmeß-, Medizintechnik*

BiDMC: Bismut-dimethyldithiocarbamat (Vulkanisationsbeschleuniger), *Polymertechnik*

BIF: Bildfernsprecher (Videotelefon), *Nachrichtentechnik*

BIFET: ⟨engl⟩ bipolar [junction] field-effect transistor / bipolarer [Sperrschicht-] Feldeffekttransistor (Mischtechnik mit Bipolar- und ↑ SFET 1-Strukturen), *Halbleitertechnologie*

BIGFERN: breitbandiges integriertes Glasfaserfernnetz, *Nachrichtentechnik*

BIGFET: ⟨engl⟩ bipolar-insulated gate field-effect transistor / bipolarer Feldeffekttransistor mit isoliertem Gate, bipolarer ↑ IGFET (Mischtechnik mit Bipolartransistoren und ↑ MOSFET), ↑ BIMOS

BIGFON: breitbandiges integriertes Glasfaser-Fernmeldeortsnetz, (Breitband – ↑ ISDN), *Nachrichtentechnik*

BIIR: ⟨engl⟩ brom-isobutylene-isoprene rubber / Brom-Isobutylen-Isopren-Kautschuk (Brombutylkautschuk), *Polymertechnik*

BIL: 1. ⟨engl⟩ blue-indicating lamp / blaufarbene Anzeigelampe, *Lichttechnik*. – **2.** ⟨engl⟩ buried injector logic / vergrabene Injektionslogik, *Elektronik*

BILD: ⟨engl⟩ bistable laser diode / bistabile Laserdiode (integrierte optoelektronische Schaltung), *Mikroelektronik*

BILED: ⟨engl⟩ bistable light-emitting diode / bistabile lichtemittierende Diode (integrierte optoelektronische Schaltung), *Mikroelektronik*

BIMOS, MOSBI, MOSBi: ⟨engl⟩ bipolar metal-oxide semiconductor / bipolarer Metall-Oxid-Halbleiter (Mischtechnik mit Bipolartransistoren und ↑ MOSFET), = BIGFET, *Halbleitertechnologie*

Bios: ↑ Biosat

BIOS: ⟨engl⟩ basic input-output system / Eingabe-Ausgabe-Basissystem (hardwareabhängiger Programmteil von ↑ CP/M), *Datenverarbeitung*

Biosat, Bios: ⟨engl⟩ biological satellite / biologischer Satellit (USA-Satellitenserie)

BIPS: ⟨engl⟩ billion instructions per second / Milliarden Befehle je Sekunde (⟨amerik⟩ 1 billion = 10^9), *Datenverarbeitung*

BISAM: ⟨engl⟩ basic indexed-sequential access method / einfache indexsequentielle Zugriffsmethode, *Datenverarbeitung*

B-ISDN: ⟨engl⟩ broadband integrated services digital network / Breitband-↑ ISDN

BISRA-Sprühverfahren: ⟨engl⟩

Britisch Iron and Steel Research Association spit process / Sprühverfahren der Britischen Forschungsgesellschaft für Eisen und Stahl, *Metallurgie*

Bit: ⟨engl⟩ binary digit / binäre Ziffer, Binärzeichen, *Datenverarbeitung*

BIT: ⟨engl⟩ base island transistor / Basisinseltransistor (bipolarer Leistungstransistor), *Elektronik*

Bi.-Tank-MS: Binnentankmotorschiff

BITE: ⟨engl⟩ build-in test equipment / eingebautes Meßgerät (eingebaute Prüfeinrichtung)

Bitel: Bildschirmtelefon, (Endeinrichtung), *Datenverarbeitung*

BIVMOS: ⟨engl⟩ bipolar vertical metal-oxide semiconductor / bipolarer Vertikal-Metall-Oxid-Halbleiter, bipolarer ↑ VMOS 1 (Mischtechnik mit Bipolartransistoren und ↑ MOSFET), *Halbleitertechnologie*

Bj.: Baujahr

BJT: ⟨engl⟩ bipolar junction transistor / bipolarer Sperrschichttransistor (Halbleiterbauelement), *Elektronik*

Bk: 1. Betonklasse, *Bautechnik.* – 2. Blockstelle (Bahnanlage der freien Strecke). – 3. Bohrkopf, *Bergbautechnologie.* – 4. ↑ Br. 2

Bk.: Bake (feststehendes Seezeichen)

BK: 1. Bereichskennung (Empfang von Hörrundfunksendungen für Autofahrer), = ZO. – 2. Betriebskontrolle, *Meßtechnik.* – 3. Borkron (optisches Glas). – 4. ⟨engl⟩ break-in key / Zwischenruftaste, *Nachrichtentechnik.* – 5. Butadienkautschuk, *Polymertechnik.* – 6. Buttereikulturen (Bakterien), *Lebensmitteltechnik.* – 7. [БК]: ⟨russ⟩ kriptonovaja bispiral'naja lampa / [криптоновая биспиральная лампа] / Kryptonlampe mit Doppelwendel, *Lichttechnik*

B-Kanal: Basiskanal, *Datenverarbeitung*

BKG, Bkg, BCG: Ballistokardiograf [-kardiografie bzw. kardiogramm], (zur Aufzeichnung der durch den Blutausstoß hervorgerufenen Körperbewegungen), *Medizintechnik*

BKl: Belastungsklasse, *Straßenbautechnik*

BKL: 1. Belegungskontrollampe, *Nachrichtentechnik.* – 2. Brennstoffkreislauf, *Kernkraftwerks-, Kraftfahrzeugtechnik*

Bkr: Bogenkreuzung, *Eisenbahnoberbau*

BKR: ⟨bulg⟩ Bulgarski Koraben Register (Warna) / Bulgarische Schiffsklassifikation(sgesellschaft)

BKS: 1. Baukastensystem. – 2. Bremskraftsteuerkreis, *Schienenfahrzeugtechnik*

Bksig, BS: Blocksignal, *Schienenfahrzeugtechnik*

BKU [БКУ]: ⟨russ⟩ bortovoj kompleks upravlenija [бортовой комплекс управления] / Bordleitkomplex, *Raumfahrttechnik*

BKV: 1. Bettungskehr- und Verdichtungsmaschine, *Schienenfahrzeugtechnik.* – 2. Bürstenabhebe- und Kurzschließvorrichtung (bei

Drehstrom-Schleifringläufermotoren), *Elektrotechnik*

BK-Verfahren: Bikomponentverfahren (Texturierverfahren), *Textiltechnik*

BKVRD [БКВРД]: ⟨russ⟩ beskompressornyj vozdušno-reaktivnuj dvigatel' [бескомпрессорный воздушно-реактивный двигатель] / kompressorloses Luftstrahltriebwerk (Luftfahrtantrieb)

Bkw: Bahnkraftwerk

BKW: 1. Bogenkreuzungsweiche. – 2. Braunkohlenkraftwerk

BKWW: beabsichtigter Kompaßwegwinkel, *Luftfahrtnavigation*

bl: 1. bürstenlos (Elektromotor). – 2. gebleicht (Ausführungsart von Chemiefaserstoffen)

Bl: 1. Bauschaltliste (Schaltplanart in Listenform, Fertigungsunterlage), *Elektrotechnik*. – 2. Blattfaser, *Textiltechnik*. – 3. B: Blech (Kurzzeichen für Halbzeug)

BL: 1. Belegleser, *Datenverarbeitung*. – 2. Belegtlampe, *Nachrichtentechnik*. – 3. Bilanzlinie (bei der grafischen Modellierung von Stofftrennprozessen), *Verfahrenstechnik*. – 4. Bildleitung, *Fernsehtechnik*. – 5. Bitleitung (beim Halbleiterspeicher), *Mikroelektronik*. – 6. ⟨engl⟩ blue lamp / Tageslichtlampe. – 7. Brennstofflager, *Kernkraftwerkstechnik*

B/L.: ⟨engl⟩ bill of loading / Frachtbrief

BLE: ⟨engl⟩ beam-induced light emission / strahlungsinduzierte Lichtemission (Oberflächenanalyse)

Blifü-Anlage: Blinklichtanlage mit Fernüberwachung (DB)

Blilo: Blinklichtanlage mit Überwachungssignalen (DB)

BLIP: ⟨engl⟩ background-limited infrared photodetector / hintergrundbegrenzter Infrarotstrahlungsempfänger, *Optoelektronik*

Blk.: Blinkfeuer (Seezeichen)

BL^{2}MOS: ⟨engl⟩ buried load logic metal-oxide semiconductor / Metall-Oxid-Halbleiter mit vergrabener Lastlogik, *Halbleitertechnologie*

Blp: Belegungsplan (Schaltplanart, Fertigungsunterlage), *Elektrotechnik*

B LT: ⟨engl⟩ blue light / blaues Licht, *Lichttechnik*

BLU: 1. ⟨engl⟩ basic logic unit / logischer Grundbaustein, *Datenverarbeitung*. – 2. ⟨engl⟩ basis link unit / Basisverbindungseinheit, *Datenverarbeitung*

BLV: Bereichslastverteilung, *Elektrotechnik*

BLWR: ⟨engl⟩ boiling light-water reactor / Leichtwassersiedereaktor, *Kernkraftwerkstechnik*

Blz.: Blitzfeuer (Seezeichen)

BLZ: Betriebsleitzentrale (DB)

Bm: 1. Bahnmeisterei. – 2. Bohrmeter, *Bergbautechnologie*

BMA: 1. Bleichereimischabwasser, *Papiertechnik*. – 2. Brandmeldeanlage (Reisezugwagen)

B-M-B-Gelenk: Beat-Müller-Balance-Gelenk (künstliches Gelenk), *Medizintechnik*

BMC: ⟨engl⟩ basic machine cycle /

Maschinengrundzyklus (elementare Rechenzeit), *Datenverarbeitung*

B-Methode: ↑ B-Scan

BMEP: ⟨engl⟩ brake mean effective pressure / mittlere Bremsleistung, mittlerer Nutzdruck, *Flugbetrieb*

BMG: Breitenmeßgerät (Strukturbreitenmessung), *Halbleitertechnologie*

BMIS-Struktur: ⟨engl⟩ bulk metal insulator semiconductor structure / Volumen-Metall-Isolator-Halbleiterstruktur, *Halbleitertechnologie*

BMOS: ⟨engl⟩ back-gate metal-oxide semiconductor / Metall-Oxid-Halbleiter mit rückseitigem Gate, *Halbleitertechnologie*

BMR: Bordmikrorechner, *Schienenfahrzeugtechnik*

† **BMSR-Technik:** Betriebsmeß-, Steuerungs- und Regelungstechnik, ↑ MSR-Technik

BMT: 1. Biomedizinische Technik. – 2. Biomonitor (Patientenüberwachungssystem), *Medizintechnik*

bmt-Anlage: betriebsmaschinentechnische Anlage, *Schienenfahrzeugtechnik*

BMZ: 1. begrenzt abhängiger Maximalstromleitschutz (beim Überstromrelais), *Elektrotechnik*. – 2. Betonmischzug (Schienenfahrzeug)

bn: ↑ BCN

Bn-Metall: Bahn-Metall (Blei-Calcium-Natrium-Lithium-Gleitlagerwerkstoff)

BNS: ⟨engl⟩ binary number system / binäres Zahlensystem, *Datenverarbeitung*

BOA: Benzyloctyladipat (Weichmacher), *Polymertechnik*

BOB: ⟨engl⟩ barges on board / Leichter an Bord, ↑ BACAT, *Schiffstechnik*

BOD: 1. ⟨engl⟩ biochemical oxygen demand / biochemischer Sauerstoffbedarf (Abwasserbehandlung), = BSB, *Umweltschutztechnik*. – 2. ⟨engl⟩ bistable optical device / bistabiles optisches Bauelement, *Optoelektronik*

Bodenwr.: ↑ B.W.

BOF: ⟨engl⟩ basic oxygen furnace / basischer Sauerstoffaufblaskonverter, *Eisenmetallurgie*

BOG: ⟨engl⟩ buried optical guide / vergrabener optischer Wellenleiter, *Optoelektronik*

BOH: ⟨engl⟩ break-off height / Abbruchhöhe, *Flugsicherung*

BoL: ⟨engl⟩ boundary light / Grenzlicht, *Lichttechnik*

BOL: ⟨engl⟩ begin of life / Betriebsbeginn (einer Anlage)

BOM: ⟨engl⟩ bills of material / Stücklisten (Lagerwirtschaft)

BOMIC: ⟨engl⟩ beryllium oxide microwave integrated circuit / Mikrowellenhybridschaltung auf einem Berylliumoxidsubstrat, *Mikroelektronik*

BOMOS: ⟨engl⟩ buried oxide metal-oxide semiconductor / Metall-Oxid-Halbleiter mit vergrabener Oxidisolationsschicht, *Halbleitertechnologie*

BONUS-Reaktor: ⟨engl⟩ boiling

nuclear superheat reactor / Nuklearsiedeüberhitzerreaktor, *Kernkraftwerkstechnik*

BORAM: ⟨engl⟩ block-oriented random-access memory / blockorientierter Speicher mit wahlfreiem Zugriff (Halbleiterspeicher), *Mikroelektronik*

BORO-Schiff: ⟨engl⟩ bulk oil ro-ro ship / (Schiff für den Transport von Schüttgut, Öl und ↑ Ro-Ro-Ladungseinheiten)

Borscht, borscht: ⟨engl⟩ battery, overvoltage protection, ringing, signalling, coding, hybrid, testing / Speisung der Leitung, Überspannungsschutz, Rufstrom, Signalisierung, Codierung / Decodierung – Analog-Digital-Wandlung, Zweidraht-Vierdraht-Umwandlung, Messen und Prüfen der Teilnehmerleitung (Funktionen, die eine Teilnehmerschaltung im digitalen Vermittlungssystem zu erfüllen hat), *Nachrichtentechnik*

BORSENIC: ⟨engl⟩ boron and arsenic simultaneous diffusion / gleichzeitige Diffusion von Bor und Arsen, *Halbleitertechnologie*

BOS: ⟨engl⟩ basic operating system / Basisbetriebssystem, *Datenverarbeitung*

BOT: 1. ⟨engl⟩ begin of tape / Bandanfangsmarke, *Datenverarbeitung.* – 2. ⟨engl⟩ Botswana (Kennung für die Bodenstation Botswana), *Raumfahrttechnik*

BOX-Technologie: ⟨engl⟩ buried-oxide isolation technique / Isolationsprozeß mit vergrabenem Oxid, *Halbleitertechnologie*

b. p.: ⟨engl⟩ boiling point / Siedepunkt

Bp: Bauschaltplan (Schaltplanart, Fertigungsunterlage), *Elektrotechnik*

BP: 1. ⟨engl⟩ back projection / Rückprojektion (Bildwiedergabe). – 2. ⟨engl⟩ band-pass / Bandpaß[filter], *Nachrichtentechnik.* – 3. ⟨engl⟩ batch processing / Stapelverarbeitung, *Datenverarbeitung.* – 4. Boxpalette

BPA: Beginn der Paraffinausscheidung (kennzeichnet Kälteverhalten von Dieselkraftstoff), *Kraftfahrzeugtechnik*

BPAM: ⟨engl⟩ basic partioned access method (einfache Zugriffsmethode für untergliederte Dateien), *Datenverarbeitung*

BPA-Punkt: (Temperatur zu) Beginn der Paraffinabscheidung (zur Qualitätskennzeichnung von Erdölprodukten)

BPBS: Band-Platte-Betriebssystem, ↑ TDOS

bpi, BPI: ⟨engl⟩ bit per inch / Bit pro Zoll (Maß für die Aufzeichnungsdichte), *Datenverarbeitung*

BPL: Bedienungsplatz, *Nachrichtentechnik*

BPRA: ⟨engl⟩ burnable poison red assembly / Vergiftungsstabelement, *Kernkraftwerkstechnik*

BPRM [БПРМ]: 1. ⟨russ⟩ bližnij privodnoj radiomajak [ближний приводной радиомаяк] / Nahfunkfeuer ↑ NFF. – 2. ⟨russ⟩ bližnij privodnoj radiomarker [ближний приводной радиомаркер] / Nahmarkierungssender, *Flugsicherung*

bps, BPS: ⟨engl⟩ bit per second /

Bit pro Sekunde (Aufzeichnungs- und Übertragungsgeschwindigkeit), *Datenverarbeitung*

BPS: ⟨engl⟩ basic programming system / Grundprogrammiersystem

Bpw: Bahnpostwagen

br: 1. breiig (Konsistenz z. B. von Erdboden), *Bautechnik*. – 2. brennbar (bautechnischer Brandschutz)

Br: 1. Bremse, *Schienenfahrzeugtechnik*. – 2. Brünierschutzschicht, brüniert, *Korrosionsschutz*

Br.: 1. Brigg (zweimastiges Segelschiff). – 2. **Brk., Bk:** Brücke, Brückenstand, Kommandobrücke, *Schiffstechnik*

BR: 1. Baureihe (Schienenfahrzeug). – 2. Befehlsregister, *Datenverarbeitung*. – 3. Bettungsreinigung, *Eisenbahnoberbau*. – 4. Bogenrotationsdruckmaschine. – 5. ⟨engl⟩ butadiene rubber / (1,4-cis-Poly-) Butadienkautschuk, *Polymertechnik*

Br.D.: Brückendeck, *Schiffstechnik*

BRD: Bergungs- und Rettungsdienst, *Schiffahrt*

Brg.: Bohrung, *Bergbautechnologie*

BRG: ⟨engl⟩ bearing / Peilung, *Luftfahrtnavigation*

Brh: Bremshundertstel (Bremsberechnung der Züge)

Brk.: 1. ↑ Br. 2. – 2. Braunkohle

BRK: Bremsenkette, *Schienenfahrzeugtechnik*

Brl.: Bohrloch, *Bergbautechnologie*

BROS: ⟨engl⟩ basis ROM operating system / Basis-(↑)ROM-Betriebssystem (für 8-bit-Personalcomputer)

Brpr: Bremsprobe (DB)

BRs: Bandwagen auf Raupenfahrwerk, schwenkbar, *Bergbautechnologie*

brt, BRT: ⟨engl⟩ bright / hell, Hell-, *Lichttechnik*

brt., BRT: ↑ B 21

BRTK [БРТК]: ⟨russ⟩ bortovoj radiotehničeskij kompleks [бортовой радиотехнический комплекс] / technischer Bordkomplex, *Raumfahrttechnik*

b. s.: ⟨engl⟩ band sawn / bandgesägt

BS: 1. ⟨engl⟩ backspace / Rückwärtsschritt, *Datenverarbeitung*. – 2. Bandsperre (bei Magnetbandspeichern). – 3. Bandstopp (bei Magnetbandspeichern). – 4. Bearbeitungssystem, *Fertigungstechnik*. – 5. Befehlsstand, *Schiffstechnik*. – 6. Bepastungs- und Sinterungsautomat, *Lichttechnik*. – 7. Betonschwelle, *Eisenbahnoberbau*. – 8. Betriebssystem, ↑ OS 3. – 9. ↑ Bft.-Skala. – 10. (ÖBB), ↑ Bksig. – 11. Brandlaststufe (bautechnischer Brandschutz). – 12. Brennstab, *Kerntechnik*. – 13. ⟨engl⟩ broadcasting satellite / Rundfunksatellit. – 14. ⟨engl⟩ broadcasting service / Rundfunkdienst

BSB: biochemischer Sauerstoffbedarf, ↑ BOD 1

BSC: 1. ⟨engl⟩ binary synchronous communication / binäre Synchronübertragung, *Datenverarbeitung*. – 2. ⟨engl⟩ boron silicate crown / Borsilicatkron (optisches Glas)

B-Scan, B-Methode: ⟨engl⟩ brightness modulation scan / helligkeitsmoduliertes Abtastverfahren (zweidimensionale Ultraschallabbildung), *Medizintechnik*

BSD: ⟨engl⟩ burst slug detection / Brennelement-Hülsenüberwachung, *Kerntechnik*

BSE: 1. Basissteuereinheit (Mikrorechnerfunktionseinheit), *Automatisierungstechnik*. – **2.** Betriebs- und Schutzerdung, *Nachrichtentechnik*. – **3. BE:** Bildschirmeinheit (Monitor, = BAP 4), *Automatisierungstechnik*. – **4.** ⟨engl⟩ (medium scale) broadcasting satellite for experimental purposes / (mittelgroßer) Kommunikationssatellit für experimentelle Zwecke (Japan)

BSF: 1. ⟨engl⟩ bulk shielding facility / Massenabschirmungsanlage, *Kerntechnik*. – **2.** ⟨engl⟩ bundler – stacker – feeder / Bündel-, Stapel- und Anlege-Gerätesystem (für Falzbogen), *Polygrafie*

BSFC: ⟨engl⟩ brake specific fuel consumption / an der Bremse ermittelter spezifischer Kraftstoffverbrauch, *Kraftfahrzeugtechnik*

BSG: 1. Bildschirmgerät, *Datenverarbeitung*. – **2.** Borsilicatglas. – **3.** Bündelspannglied, *Bautechnik*

BSH: 1. Benzolsulfohydrazid (Treibmittel), *Polymertechnik*. – **2.** Brettschichtholz, *Holztechnik*

BSIT: ⟨engl⟩ bipolar mode static induction transistor (bipolare Feldeffektkonfiguration), *Mikroelektronik*

BSK: Bremskraftsteuerkreis (Gleisbremse), *Schienenfahrzeugtechnik*

BSK-Turbine: Belüftungsschwimmkreiselturbine (zur Abwasserbelüftung), *Umweltschutztechnik*

BSM: ⟨engl⟩ basic storage module / Speichergrundbaustein, *Datenverarbeitung*

BSN: Bariumstrontiumniobat (ferroelektrische Keramik)

BSR: 1. Bettungsschulterreinigung, *Eisenbahnoberbau*. – **2.** ⟨engl⟩ bulk shielding reactor / Reaktor mit verschiedenen Abschirmungen, *Kernkraftwerkstechnik*

BSS: 1. Brennstabsimulator, *Kerntechnik*. – **2.** ⟨engl⟩ broadcasting satellite service / Rundfunksatellitendienst

BSSK [БССК]: ⟨russ⟩ blok soprjaženiâ s kanalom [блок сопряжения с каналом] / Kanalanschlußeinheit, *Datenverarbeitung*

bst: ⟨engl⟩ booster (amplifier) / Zusatzgerät (-verstärker), *Elektronik*

b'st: ↑ B 1

BST: ⟨engl⟩ **1.** British summer time / britische Sommerzeit. – **2.** British standard time / britische Normalzeit (= MEZ)

Bstg: Bahnsteig

BStG: Baustahlgewebe

BSU: ⟨engl⟩ basic storage unit / Speichergrundeinheit, *Datenverarbeitung*

Bsw: Bahnstromwerk

BSWG: ⟨engl⟩ British Standard wire gauge / Britische Standard-Drahtlehre

BSZ: Betriebssteuerzentrale

bt, B-Typ: Baumwolltyp (Ausführungsart von Chemiefasern)

BT: 1. ⟨engl⟩ basic trainer (Flugzeug für fliegerische Grundausbildung), *Flugbetrieb*. – **2.** ⟨frz⟩ basse tension / Niederspannung, ↑ NS 1. – **3.** Bauteil, *Energietechnik*. – **4.** Belegungstaste, *Nachrichtentechnik*. – **5.** Beleuchtungstransformator, *Lichttechnik*. – **6.** Bildtelegrafie. – **7.** Bildträger, *Fernsehtechnik*. – **8.** Blocktransformator, *Kraftwerkstechnik*. – **9.** ⟨engl⟩ boiling transition / Siedeübergang, *Kerntechnik*. – **10.** ↑ BTX 2. – **11.** ⟨engl⟩ busy tone / Besetztzeichen, *Nachrichtentechnik*

† **BTÄ:** Bleitetraäthyl, ↑ BTE

BTAM: ⟨engl⟩ basic telecommunication access method / einfache Nachrichtenzugriffsmethode, *Datenverarbeitung*

btc: ⟨engl⟩ before top dead centre / vor dem oberen Totpunkt, *Kraftfahrzeugtechnik*

BTC: ⟨engl⟩ bi-purpose triple coil / Dreifachwendel für Leuchtstofflampen

BTCB: ⟨engl⟩ bumped tape carrier bonding (Trägerfilmbonden mit hügeltragendem Film), *Halbleitertechnologie*

BTE: Bleitraethyl, = † BTÄ, *Kraftfahrzeugtechnik*

BTL: ⟨engl⟩ beginning tape label / Bandanfangsmarke (beim Magnetband), *Unterhaltungselektronik*

BTN: ⟨engl⟩ between / zwischen, *Flugsicherung*

BTT-Koks: Braunkohlen-Tieftemperaturkoks

BTV: Bürotextverarbeitung

Btw: Betonschwellenwerk

BTX: 1. Benzen, Toluen, Xylen, *Verfahrenstechnik*. – **2. Btx, BT:** Bildschirmtext (Informationsübertragung über das Fernsprechnetz mit Darstellung auf dem Fernsehbildschirm)

B-Typ: ↑ bt

Bü: Bauteilübersicht (Schaltplan-Ergänzungsdarstellung), *Elektrotechnik*

BU: 1. ⟨engl⟩ base up / Sockel oben (vertikale Brennstellung) = v 2, *Lichttechnik*. – **2.** Betriebsunterbrechung. – **3.** [БУ]: ⟨russ⟩ blok upravlenija [блок управления] / Steuerwerk, *Automatisierungstechnik*. – **4.** Bucht (Deckswölbung in Querrichtung), *Schiffstechnik*. – **5.** Rotbuche, *Holztechnik*

BÜ: 1. Bahnübergang (DB). – **2.** Befehlsübermittlung (Schiffskommando)

Büa, BüA: Breite über alles (größte Breite), *Schiffstechnik*

BUEC-System: ⟨engl⟩ back-up emergency communications system / Reserve-Notnachrichtensystem, *Flugsicherung*

Buna: Butadien-Natrium (synthetischer Kautschuk aus Butadien mit Natrium-Katalysator), *Polymertechnik*

BV: 1. Bedruckstoffverarbeitung (nach dem Drucken). – **2. B.V., Best. Vers.:** Besteckversetzung (Unterschied zwischen gefundenem und tatsächlichem Schiffsort). – **3.** Betonverflüssiger (Betonzusatzmittel). – **4.** Bildverstärker. – **5.** Blockverteilung (in Kraftwerken). – **6.** ⟨frz⟩ Bureau Veritas

(Paris) / (französische Schiffsklassifikationsgesellschaft)

BVA: bemanntes Verstärkeramt, *Nachrichtentechnik*

BVF: Bezugsebene, vertikal, frontal (Frontebene), *Lichttechnik*

BVFK: Bildverstärker-Fernsehkette, *Medizintechnik, Werkstoffprüfung*

BVK: Biovitrokeramik (biologisch verträgliche, implantierbare Keramik), *Medizintechnik*

BVM: Bezugsebene, vertikal, medial (Medianebene), *Lichttechnik*

BVR: ⟨engl⟩ broadcasting electronic video recording / elektronische Bildaufzeichnungsübertragung, *Fernsehtechnik*

BVS: 1. Bildverarbeitungssystem. – 2. Blockvorsignal (ÖBB)

BV-Verfahren: Bochumer-Verein-Verfahren (Vakuumbehandlung von flüssigem Stahl, Gießstrahlentgasung), *Eisenmetallurgie*

Bw: 1. Bahnbetriebswerk. – 2. BW: Baumwolle. – 3. Betriebswerk (DB)

BW: 1. ⟨engl⟩ basic weight / Leermasse, *Flugbetrieb*. – 2. Bauweiche, *Schienenfahrzeugtechnik*. – 3. Befehlswerk, *Datenverarbeitung*. – 4. Befehlswort (bei Programmen), *Datenverarbeitung*. – 5. Bildwandler, *technische Optik*. – 6. biologische Wertigkeit, *Lebensmitteltechnik*. – 7. Bogenwechsel (Gleisgeometrie). – 8. ↑ Bw 2

B.W., Bodenwr.: Bodenwrange (Querträger der Bodenkonstruktion), *Schiffstechnik*

B/W, BW: ⟨engl⟩ black and white / schwarzweiß

BWE: Brustwandelektrokardiogramm, (↑ EKG), *Medizintechnik*

BWL: beabsichtigte Weglinie, *Luftfahrtnavigation*

BWR: ⟨engl⟩ boiling water reactor / Siedewasserreaktor, = SWR 2, *Kernkraftwerkstechnik*

BWR-Gleichung: Benedict-Webb-Rubin-Gleichung (zur Beschreibung von Gleichgewichtswerten), *Stofftrenntechnik*

BWT: Bauwerksteil

BWV: 1. Bedruckstoffweiterverarbeitung (nach dem Drucken). – 2. Brauchwasserversorgung (keine Trinkwasserqualität)

Bww: Bahnbetriebswagenwerk

BWW: beabsichtigter Wegwinkel, *Luftfahrtnavigation*

Bx: Bombyxfaserstoff (Maulbeerseide), *Textiltechnik*

Bz: Bronze

BZ 1. BAZ: Bearbeitungszentrum (für unterschiedliche Bearbeitungsoperationen während einer Werkstückspannung mit automatischem Werkzeugwechsel), *Werkzeugmaschinen*. – 2. Befehlszähler, *Automatisierungstechnik*. – 3. [БЗ]: ⟨russ⟩ benzozapravšik [бензозаправчик] / Benzintankwagen, *Kraftfahrzeugtechnik*

Bza: betriebliche Zugförderung außergewöhnlicher Sendungen

B-Zelle: Beta-Zelle (künstliche Bauchspeicheldrüse), *Medizintechnik*

BZK: Brennstoffzykluskosten, *Kernkraftwerkstechnik*

BZR: Befehlszählregister, *Datenverarbeitung*

BZ-System: ⟨engl⟩ British zonal system / britisches Zonensystem (zur Klassifizierung von Leuchten), *Lichttechnik*

BZU [БЗУ]: ⟨russ⟩ bufernoe zapominajuščee ustrojstvo [буферное запоминающее устройство] / Pufferspeicher, *Datenverarbeitung*

BZWK [БЦВК]: ⟨russ⟩ bortovoj cifrovoj vyčislitel'nyj kompleks [бортовой цифровой вычислительный комплекс] / Bordrechnerkomplex, *Raumfahrttechnik*

BZWM [БЦВМ]: ⟨russ⟩ bortovaja cifrovaja vyčislitel'naja mašina [бортовая цифровая вычислительная машина] / Bordrechner, *Raumfahrttechnik*

C

c 1. C, ca: ⟨engl⟩ candle / Kerze, Licht. – **2.** chromatiert, *Korrosionsschutz*

C: 1. ↑ c 1. – **2.** ⟨engl⟩ cable base / Kabelsockel, *Lichttechnik*. – **3.** ⟨engl⟩ canadian / Kanadier (Sportboot). – **4. CA, CAP:** ⟨engl⟩ capacitor / Kondensator (Bauelement), *Elektrotechnik*. – **5.** ⟨engl⟩ cargo / Fracht, *Luftverkehr*. – **6.** Chemiefaserstoff. – **7. [Ц]:** ⟨russ⟩ cilindričeskaja lampa [цилиндрическая лампа] / Röhrenlampe, *Lichttechnik*. – **8.** ↑ CIV. – **9.** ⟨engl⟩ climb / Steigflug, *Flugbetrieb*. – **10.** Code. – **11.** ⟨engl⟩ coiled filament / Einfachwendel, *Lichttechnik*. – **12.** ⟨engl⟩ collector / Kollektor, (Stromwender) *Elektrotechnik*. – **13.** ⟨engl⟩ colour / Farbe. – **14.** Computer. – **15.** ⟨engl⟩ control / Regelung, Steuerung. – **16.** ⟨engl⟩ course / Kurs, *Luftfahrtnavigation*. – **17.** ⟨engl⟩ cycle / Zyklus, Schwingung, Periode

ca: ↑ c 1

CA: 1. Acetatfaserstoff, = AC 3. – **2.** ↑ C 4. – **3.** ⟨engl⟩ calibrated altitude / berichtigte Höhe, *Luftfahrtnavigation*. – **4.** ⟨engl⟩ cathode / Katode, ↑ K 9. – **5.** Celluloseacetat (Thermoplast). – **6.** ⟨engl⟩ centrifugal analyzer / Zentrifugalanalysator, *Analysenmeßtechnik*. – **7.** ⟨engl⟩ certificate of airworthiness / Lufttüchtigkeitsschein, *Flugsicherung*. – **8.** Chemiefaserstoff, anorganischer

CAA: 1. ⟨engl⟩ computer-aided assembling / rechnerunterstützte Montage. – **2.** ⟨engl⟩ computer-aided automation / rechnerunterstützte Automatisierung

CAAS: ⟨engl⟩ computer-aided approach system / rechnerunterstütztes Landesystem, *Flugsicherung*

CAB: 1. Celluloseacetobutyrat (Thermoplast). – **2.** ⟨engl⟩ computer address bus / Adressenübertragungsleitung bei Computern, *Datenverarbeitung*

Cabal-Glas: Calciumborat, -aluminat-Glas

CABAS: ⟨engl⟩ computerized automated blood analysis system / rechnerunterstütztes automatisiertes Blutanalysesystem, *Analysenmeßtechnik*

CAB-Verfahren: ⟨engl⟩ calcium

argon bubbling (pfannenmetallurgisches Verfahren, bei dem bei der Calciumzugabe Argon den flüssigen Stahl durchströmt), *Eisenmetallurgie*

CAC: ⟨engl⟩ computer adaptive control / anpassungsfähige Steuerung mit Rechner (Festwertreglung)

CACD: ⟨engl⟩ computer-aided circuit design / rechnerunterstützter Schaltungsentwurf, *Halbleitertechnologie*

CACS: ⟨engl⟩ core auxiliary cooling system / Kernhilfskühlsystem, *Kernkraftwerkstechnik*

CACSD: ⟨engl⟩ computer-aided control system design / rechnerunterstützter Entwurf von Regelungssystemen, *Automatisierungstechnik*

CAD: 1. ⟨engl⟩ computer-aided design / rechnerunterstützte Konstruktion, rechnergestütztes Konstruieren, rechnerunterstützter Entwurf. – **2.** ⟨engl⟩ computer-aided drafting / rechnerunterstütztes Zeichnen (Konstruktion)

CADAM: ⟨engl⟩ computer-aided design and manufacturing / rechnerunterstützte Konstruktion und Fertigung, ↑ CADCAM

CADCAM, CAD/CAM, CAD-CAM: ⟨engl⟩ computer-aided design, computer-aided manufacturing / rechnerunterstützte Konstruktion und rechnerunterstützte Fertigung (Einheit von Konstruktion und Fertigung), = CADAM

CADEP: ⟨engl⟩ computer-aided design of electronic products / rechnerunterstützter Entwurf von elektronischen Erzeugnissen

CADIS: ⟨engl⟩ computer-aided design of information systems / rechnerunterstützter Entwurf von Informationssystemen

CADMAT: ⟨engl⟩ computer-aided design, manufacturing and testing / rechnerunterstützte Konstruktion, Fertigung und Prüfung

CAE: 1. ⟨engl⟩ computer-aided education / rechnerunterstützte Ausbildung, = CUA. – **2.** ⟨engl⟩ computer-aided engineering / rechnerunterstützte Ingenieurtätigkeit, rechnerunterstützte Technik

CAFE 1. CAF-Elektrophorese: Celluloseacetatfolien-Elektrophorese (Trennung von Stoffgemischen auf Celluloseacetatfolien im elektrischen Feld), *Analysenmeßtechnik*. – **2.** ⟨engl⟩ corporate average fuel economy / durchschnittlicher Kraftstoffverbrauch aller von einem Hersteller produzierten Fahrzeugtypen (USA), *Kraftfahrzeugtechnik*

CAF-Elektrophorese: ↑ CAFE 1

CAH-Phase: Calciumaluminathydratphase, *Silikattechnik*

CAI: 1. ⟨engl⟩ computer-aided industry / rechnerunterstützte Industrie. – **2.** ⟨engl⟩ computer-aided information / rechnerunterstützte Information. – **3.** ⟨engl⟩ computer analog input / analoge Rechnereingabe. – **4.** ⟨engl⟩ computer-assisted instruction / rechnerunterstützter Unterricht, = CAL 4, = CAT 4, = CUU 2, = RGU. – **5.** ⟨engl⟩ counting accelerometer indicator / berechnete Beschleunigungsmesseranzeige, *Luftfahrtnavigation*

CAL: 1. ⟨engl⟩ calculated average life / berechnete mittlere Lebensdauer. – **2.** ⟨engl⟩ computer-aided laboratory / rechnerunterstütztes

Laboratorium. – **3.** ⟨engl⟩ computer-aided layout / rechnerunterstütztes Layout, rechnergestützte Anordnung. – **4.** ⟨engl⟩ computer-aided [-assisted] learning / rechnerunterstütztes Lernen, rechnergestützter Unterricht, ↑ CAI 4

CALAS: ⟨engl⟩ computer-aided laboratory automation system / rechnerunterstütztes Laborautomatisierungssystem

CAM: 1. ⟨engl⟩ communications access method / Fernzugriffsmethode, *Datenverarbeitung.* – **2.** ⟨engl⟩ computer-aided make-up / rechnerunterstützter Umbruch. *Polygrafie.* – **3.** ⟨engl⟩ computer-aided manufacturing / rechnerunterstützte Fertigung. – **4.** ⟨engl⟩ content addressable memory / nach dem Inhalt adressierbarer Speicher, Assoziativspeicher, *Mikroelektronik*

CAMA: ⟨engl⟩ centralized automatic message accounting / zentralisierte automatische Gebührenverrechnung, *Nachrichtentechnik*

CAMAC: ⟨engl⟩ computer-aided measurement and control / rechnerunterstütztes Messen und Regeln (Steuern)

Camcorder: ⟨engl⟩ camera recorder / Kamerarecorder (Kombinationsgerät aus Videokamera und Videorecorder)

CAMP: 1. ⟨engl⟩ computer-aided mask production / rechnerunterstützte Maskenherstellung, *Halbleitertechnologie.* – **2.** ⟨engl⟩ control and monitoring processor / Steuerungs- und Überwachungsprozessor, *Automatisierungstechnik*

CANDU-Reaktor: ⟨engl⟩ Canadian deuterium uranium reactor / kanadischer Schwerwasserreaktor, *Kernkraftwerkstechnik*

CAO: 1. ⟨engl⟩ computer-aided administration and organization / rechnerunterstützte Verwaltung und Organisation. – **2.** ⟨engl⟩ computer-aided office / rechnerunterstützte Büro- und Verwaltungstechnik (Büroautomatisierungssystem). – **3.** ⟨engl⟩ computer-aided operating / rechnerunterstützte Bedienung (Prozeßführung, Mensch-Maschine-Kommunikation), *Automatisierungstechnik.* – **4.** ⟨engl⟩ computer-aided organization / rechnerunterstützte Organisation (Verwaltungstätigkeit)

CAP: 1. ↑ C 4. – **2.** Celluloseacetopropionat (Thermoplast). – **3.** ⟨engl⟩ clean air package / Ausrüstung zur Abgasentgiftung, *Kraftfahrzeugtechnik.* – **4.** ⟨engl⟩ computer-aided planning / rechnerunterstützte (Fertigungs-) Planung. – **5.** ⟨engl⟩ computer-aided production / rechnerunterstützte Produktion, rechnergestützte Herstellung. – **6.** ⟨engl⟩ computer-aided programming / rechnerunterstütztes Programmieren. – **7.** ⟨engl⟩ computer-aided publishing / rechnerunterstütztes Veröffentlichen, ↑ DTP 1.

CAP-COM: ⟨engl⟩ capsule communicator / Kapselverbindungsmann (Sprecher, der in der Bodenstation die Verbindung zum bemannten Raumfahrzeug hält)

CAPP: ⟨engl⟩ computer-aided process planning / rechnerunterstützte Prozeßplanung (technologische Vorbereitung)

CAPPP: ⟨engl⟩ computer-aided process and production planning / rechnerunterstützte Prozeß- und Produktionsplanung

CAPSC: ⟨engl⟩ computer-aided production scheduling and control / rechnerunterstützte Produktionsplanung und -steuerung, *Datenverarbeitung*

CAQ: 1. ⟨engl⟩ computer-aided quality assurance / rechnerunterstützte Qualitätssicherung, = CAQA. – **2.** ⟨engl⟩ computer-aided quality control / rechnerunterstützte Qualitätssteuerung

CAQA: ⟨engl⟩ computer-aided quality assurance / rechnerunterstützte Qualitätssicherung, ↑ CAQ 1

CAR: 1. ⟨engl⟩ computer-aided recording / rechnerunterstützte Aufzeichnung. – **2.** ⟨engl⟩ computer-aided repair / rechnerunterstützte Reparatur. – **3.** ⟨engl⟩ computer-aided roboting / rechnerunterstützter Arbeitsablauf. – **4.** ⟨engl⟩ computer-assisted research / rechnerunterstützte Forschung. – **5.** ⟨engl⟩ computer-assisted [-aided] retrieval / rechnerunterstützte (Informations-) Wiedergewinnung, = CCR 5

CARAM: ⟨engl⟩ content-addressable random-access memory / inhaltsadressierbarer Speicher mit wahlfreiem Zugriff, *Mikroelektronik*

CARD: ⟨engl⟩ compact automatic retrieval device / kompakte Einrichtung zum Wiederauffinden (von Informationen), *Datenverarbeitung*

CARIN: ⟨engl⟩ car information and navigation / Auto(fahrer)-Information und Navigation (Kraftfahrzeug-Lotsensystem)

CARS: ⟨engl⟩ coherent anti-Stokes-Raman-scattering / kohärente Anti-Stokes-Raman-Streuung (Effekt der nichtlinearen Optik)

CAS: 1. ⟨engl⟩ calibrated air speed / berichtigte Fahrtmesseranzeige, *Luftfahrtnavigation*. – **2.** ⟨engl⟩ channel-associated signalling / kanalbezogene Signalisierung, *Nachrichtentechnik*. – **3.** ⟨engl⟩ collision avoidance system / Kollisionswarnsystem, *Flugzeugausrüstung*. – **4.** ⟨engl⟩ computer-aided service / rechnerunterstützter Kundendienst, rechnergestützter Service. – **5.** ⟨engl⟩ computer-aided simulation / rechnerunterstützte Simulation. – **6.** ⟨engl⟩ control automation system / System der automatischen Steuerung

CASD: ⟨engl⟩ computer-aided system design / rechnerunterstützter Systementwurf

CASE: 1. ⟨engl⟩ computer-aided software engineering [equipment] / rechnerunterstützte Softwareerstellung [-ausrüstung]. – **2.** ⟨engl⟩ computer-aided system evaluation / rechnerunterstützte Systembewertung

Casseiver: ⟨engl⟩ cassette recorder receiver / Kassettenrecorder und Hörrundfunkempfänger (als kombiniertes Kleingerät)

CAST: ⟨engl⟩ capillary action shaping technique (Verfahren zum Kristallziehen aus der Schmelze durch Kapillarwirkung)

CAT: 1. ⟨frz⟩ capsule Ariane technologique (technologische Testkapsel für die westeuropäische Trägerrakete Ariane), *Raumfahrttechnik*. – **2.** ⟨engl⟩ centralized automatic testing / zentralisierte automatische Prüfung, *Meßtechnik*. – **3.** ⟨engl⟩ clear air turbulence / Turbulenz in wolkenfreier Luft, *Flugmeteorologie*. – **4.** ⟨engl⟩ computer-aided teaching / rechnerunterstütztes Lehren, rechnerunterstützter Unterricht, ↑ CAI 4. – **5.** ⟨engl⟩ computer-aided technology / rechnerunterstützte Technologie (Sammelbegriff die technische Vorbereitung der Fertigung). – **6.** ⟨engl⟩ computer-aided testing / rechnerunterstütztes Prüfen (Erproben). – **7.** ⟨engl⟩ computer-aided topography / rechnerunterstützte Topografie (kartografische Darstellung). – **8.** ⟨engl⟩ computer-aided translation / rechnerunterstützte Übersetzung. – **9.** ⟨engl⟩ computerized axial tomography / rechnerunterstützte Axialtomografie, *Medizintechnik*

CATE: ⟨engl⟩ computer-aided testing equipment / rechnerunterstützte Prüfeinrichtung

CATIA: ⟨engl⟩ computer-aided graphics three-dimensional interactive application (interaktives System für rechnerunterstützte Konstruktion und Fertigung im dreidimensionalen Bereich)

CAT-Ox-Verfahren: Verfahren der katalytischen Oxidation (zur Entfernung von SO_2 aus Rauchgasen), *Stofftrenntechnik*

CATP: ⟨engl⟩ computer-aided text processing / rechnerunterstützte Textverarbeitung, = CTV 2, = CWP 2, = RTV

CATS: 1. ⟨engl⟩ centralized automatic test system / zentralisiertes automatisches Prüfsystem, *Meßtechnik*. – **2.** ⟨engl⟩ computer-aided teaching system / rechnerunterstütztes Unterrichtssystem. – **3.** ⟨engl⟩ computer-automated test system / rechnerautomatisiertes Prüfsystem

CATT-Triode: ⟨engl⟩ controlled avalanche transit-time triode / gesteuerte Lawinenlaufzeittriode (Halbleiterbauelement), *Mikroelektronik*

CATV, catv: 1. ⟨engl⟩ cable television / Kabelfernsehen, = KTV. – **2.** ⟨engl⟩ community antenna television / Gemeinschaftsantennenanlage für das Fernsehen

CAU: ⟨engl⟩ command and arithmetic unit / Steuer- und Rechenwerk, *Datenverarbeitung*

CAV: ⟨engl⟩ constant angular velocity / konstante Drehzahl (Ausführungsart von Bildplatten des Systems ↑ LV 3), *Unterhaltungselektronik*

CAVOK: ⟨engl⟩ ceiling and visibility o.k. / Hauptwolkenuntergrenze und Sicht in Ordnung (Wolkenuntergrenze 1 500 m, Sicht 10 km), *Flugmeteorologie*

CAVU: ⟨engl⟩ ceiling and visibility unlimited / Wolkenhöhe und Sicht unbegrenzt, *Flugmeteorologie*

CAW: ⟨engl⟩ channel address word / Kanaladreßwort, *Datenverarbeitung*

CAX: ⟨engl⟩ community automatic exchange / kleines automatisches Ortsfernsprechamt, *Nachrichtentechnik*

CaZ: ↑ CZ

CB: 1. ⟨engl⟩ central battery / Zentralbatterie, ↑ ZB 1. – **2.** ⟨engl⟩ centre of buoyancy / Auftriebsmittelpunkt, *Aerodynamik*. – **3.** ⟨engl⟩ circuit breaker / Leistungsschalter, *Elektrotechnik*. – **4.** ⟨engl⟩ citizen band / Jedermannsfunk (Frequenzbereich), *Nachrichtentechnik*. – **5.** ⟨engl⟩ common battery / Zentralbatterie, ↑ ZB 1. – **6.** ⟨engl⟩ contact breaker / Unterbrecher, *Elektrotechnik*. – **7.** ⟨engl⟩ cruising boost / Ladedruck bei Reiseleistung, *Flugbetrieb*

CBE: ⟨engl⟩ central battery exchange / Fernsprechvermittlung mit Zentralbatteriebetrieb, *Nachrichtentechnik*

CBM: ⟨engl⟩ certified ballast manufacturers / Hersteller staatlich anerkannter Vorschaltgeräte (mit Zertifikat), *Lichttechnik*

CBN: ⟨engl⟩ cubical boron nitride / kubisches Bornitrid, ↑ KBN

CBS: 1. ⟨engl⟩ central battery system / Zentralbatteriesystem, *Nachrichtentechnik*. – **2.** ⟨engl⟩ China broadcasting satellite / chinesischer Fernmeldesatellit. – **3.** ⟨engl⟩ common battery signalling / Zentralbatterieruf (Ruf in einer Zentralbatterie-Fernsprechanlage), *Nachrichtentechnik*. – **4.** N-Cyclohexyl-2-benzothiazylsulfenamid (Vulkanisationsbeschleuniger), *Polymertechnik*

CBU: ⟨engl⟩ coefficient of beam utilization / Beleuchtungswirkungsgrad für Flutlichtanlagen, *Lichttechnik*

CBX: ⟨engl⟩ computerized branch exchange / rechnergesteuerte Nebenstellenanlage, *Nachrichtentechnik*

c. c.: ↑ CC 14

CC: 1. ⟨engl⟩ cable connector / Kabelanschluß, *Elektrotechnik*. – **2.** Cellulosechemiefaserstoff. – **3.** ⟨engl⟩ central computer / Zentralrechner. – **4.** ⟨engl⟩ chip carrier / Chiprahmen, Chipträgerrahmen (aufsetzbares Gehäuse für ↑ IC 4), *Mikroelektronik*. – **5.** ⟨engl⟩ closed circuit / geschlossener Stromkreis, Ruhestromkreis, *Elektronik*. – **6.** ⟨engl⟩ closed-cycle / (in sich) geschlossener Kreislauf, *Kraftwerkstechnik*. – **7.** ⟨engl⟩ coiled-coil filament / Doppelwendel, *Lichttechnik*. – **8.** ⟨engl⟩ colour code / Farbcode. – **9.** ⟨engl⟩ communication center / Fernmeldezentrale, *Nachrichtentechnik*. – **10.** ⟨engl⟩ compact casette / Kompaktkassette (Tonbandkassette, Bezeichnung für das Tonbandkassettensystem der Fa. Philips, = KK 2. – **11.** ⟨engl⟩ compass course / Kompaßkurs, *Luftfahrtnavigation*. – **12.** ⟨engl⟩ computer control / Rechnersteuerung (Steuerungsart), *Werkzeugmaschinen*. – **13.** ⟨engl⟩ computing center / Rechenzentrum, ↑ RZ 1. – **14. c. c.:** ⟨engl⟩ continuous current / Gleichstrom, ↑ DC 7. – **15.** ⟨engl⟩ control console / Schaltpult, Steuerpult. – **16.** ⟨engl⟩ country code / Landeskennzahl, *Nachrichtentechnik*. – **17.** ⟨engl⟩ crude carrier / Rohöltanker, Rohöltankschiff. – **18.** ⟨engl⟩ crystal controlled / quarzgesteuert. – **19.** ⟨engl⟩ cyclic check / zyklische Prüfung

CCA: ⟨engl⟩ current-controlled amplifier / stromgesteuerter Verstärker, *Elektronik*

CCB: ⟨engl⟩ cyclic-check[ing] byte / Prüfbyte, *Datenverarbeitung*

CCC: 1. ⟨engl⟩ carrier-current communication / trägerfrequente Übermittlung, *Nachrichtentechnik*. – **2.** ⟨engl⟩ ceramic chip carrier / Keramikchipträger (Mehrlagenkeramikgehäuse zur Aufnahme eines Chip), *Mikroelektronik*. – **3.** ⟨engl⟩ chip-carrying card (Kreditkarte aus Plast). – **4.** ⟨engl⟩ corrugated capacitor cell / gefaltete Kondensatorzelle (Halbleiterspeicher), *Mikroelektronik*

C⁴D: ⟨engl⟩ conductively-connected charge-coupled devices / leitend verbundene ladungsgekoppelte Bauelemente, *Mikroelektronik*

C³L: ⟨engl⟩ complementary constant-current logic / komplementäre Konstantstromlogik (Logikschaltung), *Elektronik*

C³-Laser: ⟨engl⟩ cleaved-coupled cavity laser / Laser mit geschnittenem und gekoppeltem Resonanzraum (Struktur einer Laserdiode), *Elektronik*

C³RAM: ⟨engl⟩ continuously charge-coupled random-access memory / kontinuierlich ladungsgekoppelter Speicher mit wahlfreiem Zugriff (Halbleiterspeicher), *Mikroelektronik*

CCD: 1. ⟨engl⟩ charge-coupled device / ladungsgekoppeltes Bauelement (Ladungsverschiebeschaltung, Halbleiterempfänger mit bilderfassendem Nachweis), *Mikroelektronik*, s. a. CTD. – **2.** ⟨engl⟩ computer-controlled display / rechnergesteuerte Anzeige, *Automatisierungstechnik*

CCE: ⟨engl⟩ charge composition Explorer (USA-Satellit zur Magnetosphärenforschung innerhalb des ↑ AMPTE-Projektes)

CCG: ⟨engl⟩ central clock generator / zentraler Taktgenerator, *Nachrichtentechnik*

CCGCR: ⟨engl⟩ closed cycle gas-cooled reactor / gasgekühlter Reaktor im geschlossenen Kreislauf, *Kernkraftwerkstechnik*

CCI: ⟨engl⟩ computer-controlled inking / rechnergesteuerte Farbgebung (an Druckmaschinen)

CCID: ⟨engl⟩ charge-coupled imaging device / ladungsgekoppelter Bildaufnehmer, *Mikroelektronik*

C²L: ⟨engl⟩ closed CMOS logic / geschlossene CMOS-Logik (↑ CMOS), *Mikroelektronik*

CCLID: ⟨engl⟩ charge-coupled line-imaging device / ladungsgekoppeltes Zeilenabbildungssystem, *Mikroelektronik*

CCM: 1. ⟨engl⟩ charge-coupled memory / Speicher aus ladungsgekoppelten Bauelementen, *Mikroelektronik*. – **2.** ⟨engl⟩ computer-controlled manufacturing / rechnergesteuerte Fertigung (Gesamtkonzept eines Produktionsbetriebes), ↑ CIAM. – **3.** ⟨engl⟩ constant-current modulation / Drosselmodulation, Heising-Modulation, *Nachrichtentechnik*. – **4.** ⟨engl⟩ controlled-carrier modulation / gesteuerte Trägermodulation, *Nachrichtentechnik*

C²MOS: ⟨engl⟩ clocked complementary metal-oxide semiconductor / getakteter komplementärer Metall-Oxid-Halbleiter, *Halbleitertechnologie*

CCNC: ⟨engl⟩ common-channel network controller (Steuergerät für das Netz der zentralen Zeichengabekanäle), *Nachrichtentechnik*

CCO: ⟨engl⟩ current-controlled oscillator / stromgesteuerter Oszillator, *Elektronik*

CCP: 1. ⟨engl⟩ command console processor / Befehlsbedienprozessor (Teil des Betriebssystems ↑ CP/M), *Datenverarbeitung*. − **2.** ⟨engl⟩ communication control program / Nachrichtenübertragungsprogramm

CCPD: ⟨engl⟩ charge-coupled photo diode / ladungsgekoppelte Fotodiode, *Mikroelektronik*

CCR: 1. ⟨engl⟩ ceiling cavity ratio / Raumindex für den Deckenraum, *Lichttechnik*. − **2.** ⟨engl⟩ ceiling cavity reflectance / Reflexionsgrad des Deckenraumes, *Lichttechnik*. − **3.** ⟨engl⟩ central control room / zentrale Meßwarte, *Automatisierungstechnik*. − **4.** ⟨engl⟩ complementary colour removal / Komplementärfarbenrücknahme (vollständiger Unbuntaufbau von Vierfarbendruckformen), *Polygrafie*. − **5.** ⟨engl⟩ computer-controlled retrieval / rechnergesteuerte (Informations-) Wiedergewinnung, = CAR 5

C²R: ⟨engl⟩ charge-control ring / ladungsgesteuerter Ring (Leistungstransistor), *Elektronik*

CC-RAM: ⟨engl⟩ charge-coupled random-access memory / ladungsgekoppelter Speicher mit wahlfreiem Zugriff, *Mikroelektronik*

CC-Ruß: ⟨engl⟩ conductive channel black / leitfähiger Kanalruß, *Polymertechnik*

CCS 1. C²S: ⟨engl⟩ collector-coupled structure / kollektorgekoppelte Struktur, *Halbleitertechnologie*. − **2.** ⟨engl⟩ colourvision constant speed (Wiedergabe von mit konstanter Geschwindigkeit laufenden Super-8-Filmen auf dem Farbfernsehbildschirm). − **3.** ⟨engl⟩ common channel signalling / Zeichengabe über zentralen Kanal, *Nachrichtentechnik*. − **4.** ⟨engl⟩ computer communication software / Rechnerkommunikationssoftware (Rechnerverbundsystem). − **5.** ⟨engl⟩ contour control system / Kontursteuerungssystem (Bahnsteuerung für ↑ NCM), *Automatisierungstechnik*

CCSL: ⟨engl⟩ compatible current sinking logic / kompatible stromziehende Logik (Schaltungskonzept), *Elektronik*

CCSR: ⟨engl⟩ copper cable, steel reinforced / Kupferseil mit Stahlseele

CCSW: ⟨engl⟩ copper-clad steel wire / Kupfermantelstahldraht

cct: ⟨engl⟩ circuit / Kreis (Stromkreis, Schaltung, Netzwerk), *Elektrotechnik*

CCT: 1. ⟨engl⟩ computer-controlled terminal / rechnergesteuertes Terminal, *Datenverarbeitung*. − **2.** ⟨engl⟩ concora corrugated test (Kantenstauchversuch an einer gewellten Papierprobe), *Verpackungs-, Papiertechnik*. − **3.** ⟨engl⟩

conductivity-controlled transistor/ leitfähigkeitsgesteuerter Transistor, *Elektronik*. – **4.** ⟨engl⟩ correlated colour temperature / ähnlichste Farbtemperatur

CCTL: ⟨engl⟩ collector-coupled transistor logic / kollektorgekoppelte Transistorlogik, *Elektronik*

CCTLP: ⟨engl⟩ counter-cast tunnel lighting principle / Tunnelbeleuchtung nach dem Gegenstrahl-Schrägstrahlprinzip, *Lichttechnik*

CCTV, CTV: ⟨engl⟩ closed-circuit television / nichtöffentliches Fernsehen (angewandtes Fernsehen, z.B. Schulfernsehen, industrielles Fernsehen)

CCU: 1. ⟨engl⟩ camera control unit / Kamerasteuereinheit, *Fernsehtechnik*. – **2.** ⟨engl⟩ central control unit / zentrale Steuereinheit, *Automatisierungstechnik*. – **3.** ⟨engl⟩ chart comparison unit / Kartenvergleichseinheit, *Luftfahrtnavigation*. – **4.** ⟨engl⟩ computer control unit / Rechnersteuereinheit

ccw: 1. ⟨engl⟩ copper-clad wire / Kupfermanteldraht. – **2.** ⟨engl⟩ counterclockwise / entgegengesetzt dem Uhrzeigersinn (linksdrehend, linksgängig)

CCW: ⟨engl⟩ channel command word / Kanalbefehlswort, *Datenverarbeitung*

CCWS: ⟨engl⟩ component cooling water system / Kühlwassersystembauteil, *Kraftwerkstechnik*

cd: ⟨engl⟩ conductance / Leitwert, *Elektrotechnik*

CD: 1. ⟨engl⟩ clock driver / Takttreiber, *Nachrichtentechnik*. – **2.** ⟨engl⟩ collision detection / Kollisionserkennung, Fehlererkennung (bei Rechnerprogrammen). – **3.** ⟨engl⟩ compact disc (Bezeichnung für eine Digitalschallplatte), *Unterhaltungselektronik*. – **4.** ⟨engl⟩ condemned / seeuntüchtig (ein Schiff für seeuntüchtig erklären). – **5.** ⟨engl⟩ continuous dressing / kontinuierliches Abrichten (des Schleifkörpers), *Fertigungstechnik*. – **6.** ⟨engl⟩ current density / Stromdichte, *Elektrotechnik*

C.D.: ⟨engl⟩ corrected depth / auf Kartennull bezogene Tiefe, *Schiffahrt*

CDAC: ⟨engl⟩ command and data acquisition center / Kommando- und Datensammelzentrum (z.B. für ↑ ESSA 1), *Raumfahrttechnik*

CDAS: ⟨engl⟩ command and data acquisition station / Leit- und Datenerfassungsstation, *Raumfahrttechnik*

CDC: ⟨engl⟩ course and distance calculator / Kurs- und Entfernungsrechner, *Luftfahrtnavigation*

CdDMC: Cadmiumdimethyldithiocarbamat (Vulkanisationsbeschleuniger), *Polymertechnik*

CDF: ⟨engl⟩ combination distributing frame (Verteiler, der die Aufgaben eines Haupt- und Zwischenverteilers in sich vereinigt), *Nachrichtentechnik*

CDH: ⟨engl⟩ cable distribution head / Kabelendverschluß, Kabelverzweiger, *Elektrotechnik*

CDH-LOC: ⟨engl⟩ constructed double-heterojunction large optical cavity / doppelter Heteroübergang mit großem optischem Hohlraum (Laserdiode), *Elektronik*

CDI: 1. ⟨engl⟩ collector diffusion insulation / Kollektordiffusionsisolation, *Halbleitertechnologie*. – **2.** ⟨engl⟩ course deviation indicator / Abtriftanzeigegerät, *Luftfahrtnavigation*

CDL: ⟨engl⟩ compiler description language / Compilerbeschreibungssprache (Programmiersystem)

CDMA: ⟨engl⟩ code division multiple access / Codevielfachzugriff, *Nachrichtentechnik*

CDO: 1. ⟨engl⟩ community dial office / kleines, unbemanntes Wählamt; Wählamt auf dem Lande, *Nachrichtentechnik*. – **2.** p-Benzochinondioxim (Vulkanisationsbeschleuniger), *Polymertechnik*

CDP: ⟨engl⟩ central data processor / zentrale Datenverarbeitungseinheit

CD-ROM: ⟨engl⟩ compact disc read-only memory (optische Speicherplatte zur festen Datenspeicherung)

CDT: ⟨engl⟩ control data terminal / Datenendgerät, *Datenverarbeitung*

CDU: ⟨engl⟩ central display unit / zentrale Anzeigeeinheit, *Datenverarbeitung*

CD-4-System: ⟨engl⟩ compatible discrete 4 (channel) system / kompatibles diskretes 4-(Kanal-) System (Quadrofoniesystem der Fa.JVC mit 4 getrennten Kanälen für Schallplatten), *Unterhaltungselektronik*

CE: ⟨engl⟩ consumer electronics / Konsumgüterelektronik

CEA: Cyclohexylethylenamin (Vulkanisationsbeschleuniger), *Polymertechnik*

CEC: ⟨engl⟩ cation-exchange chromatography / Kationenaustauschchromatografie, *Analysenmeßtechnik*

CED: ⟨engl⟩ capacitance electronic disc / kapazitive elektronische Platte (Bildplattensystem der Fa.RCA mit kapazitiver Abtastung), *Unterhaltungselektronik*

CEK: Chromoersatzkarton

CEL: ⟨engl⟩ contrast-enhanced lithography / kontrastreiche Lithografie, *Halbleitertechnologie*

CEM: ⟨frz⟩ compatibilité électromagnétique / elektromagnetische Verträglichkeit, ↑ EMV 1

CEP: 1. ⟨engl⟩ circular error probability / zirkulare Fehlerwahrscheinlichkeit (Zuverlässigkeit), = CPE 3. – **2.** ⟨engl⟩ corporate electronic publishing / korporative elektronische Veröffentlichung (Druckschriftenerstellung über lokales Inhouse-Netz und Zugriff auf zentrale elektronische Archive)

CER: ⟨engl⟩ ceramics / Keramik

CERATAB-Gehäuse: ⟨engl⟩ ceramic table case / Gehäuse mit keramischer Auflagefläche (Keramikformteil zur Aufnahme miniaturisierter Bauelemente der Hybridtechnologie)

Cermet, CERMET: ⟨engl⟩ ceramic metal / Keramik-Metall-Werkstoff (Kompositwerkstoff)

CET: ⟨engl⟩ central European time / zentraleuropäische Zeit (= MEZ)

CF: 1. ⟨engl⟩ carrier frequency / Trägerfrequenz, *Nachrichten-*

technik. – **2.** ⟨engl⟩ cross factor / Kreuzfaktor (Leuchten), *Lichttechnik*. – **3.** ⟨engl⟩ crown flint / Kronflint (optisches Glas). – **4.** Kresol-Formaldehyd (Harz)

CFES: ⟨engl⟩ continuous flow electrophoresis system / Elektrophoresesystem für kontinuierlichen Fluß (Materialexperiment bei Space-Shuttle-Unternehmen der USA)

cff: ⟨engl⟩ critical fusion frequency / kritische Verschmelzungsfrequenz

CFF: Consol-Funkfeuer (Funkortungsverfahren), = CON, *Schiffahrt*

CFK: kohlenstoffaserverstärkter Kunststoff, = KFK

CFM: Chlorflourmethan (Treibgas)

CFMA: ⟨engl⟩ conflict-free multi-access / konfliktfreier Mehrfachzugriff, *Raumfahrttechnik*

CFO: ⟨engl⟩ carrier frequency oscillator / Trägerfrequenzoszillator, Trägerfrequenzerzeuger, ↑ TE 4

CFR 1. c.f.r.: ⟨engl⟩ commercial fast reactor / herkömmlicher schneller Reaktor, *Kernkraftwerkstechnik*. – **2.** ⟨engl⟩ contact flight rules / Sichtflugregeln, ↑ VFR

CFR-Motor: ⟨engl⟩ cooperative fuel research engine / Motor der Arbeitsgemeinschaft Kraftstoffentwicklung, *Kraftfahrzeugtechnik*

CF-Ruß: ⟨engl⟩ conductive furnace black / leitfähiger Ofenruß, *Polymertechnik*

CFT: ⟨engl⟩ charge-flow transistor / Ladungsflußtransistor (Feuchtigkeitssensor), *Mikroelektronik*

CG: ⟨engl⟩ centre of gravity / Schwerpunkt, = CT 2, *Aerodynamik*

CGA: ⟨engl⟩ colour graphics adapter / Farbgrafikkarte (Interface zur Funktionserweiterung bei IBM- und kompatiblen ↑ PC 2 für Farbgrafik), *Datenverarbeitung*

CGI: ⟨engl⟩ computer graphics interface / Computergrafik-Schnittstelle (kompatibel zu ↑ GKS 2), = † VDI, *Datenverarbeitung*

CGM: ⟨engl⟩ computer graphics metafile / Computergrafik-Schnittstelle (kompatibel zu ↑ GKS 2), = † VDM, *Datenverarbeitung*

cgo.: ⟨engl⟩ cargo / Ladung, Fracht, *Schiffahrt*

CGPC: ⟨engl⟩ coast guard patrol cutter / Küstenwachkutter, Küstenpatrouillenboot (USA)

CGR: ⟨engl⟩ carbondioxid graphite reactor / Kohlendioxid-Graphit-Reaktor, *Kernkraftwerkstechnik*

CGS-Verfahren: chemisch-galvanisches Schichtverfahren (Leiterplattenaufbau)

CGV [ЦГВ]: ⟨russ⟩ central'naja girovertikal' [центральная гировертикаль] / zentrale Kreiselvertikale, *Flugzeugausrüstung*

CH: 1. ⟨engl⟩ channel / Kanal, *Nachrichtentechnik*. – **2.** ⟨engl⟩ character / (Schrift-)Zeichen, Symbol, *Datenverarbeitung*. – **3.** ⟨engl⟩ chimney lamp / Kaminlampe, *Lichttechnik*. – **4.** ⟨engl⟩ choke / Drossel (spule), *Elektrotechnik*. – **5.** ⟨engl⟩ compass heading / Kompaßsteuerkurs, *Luftfahrtnavigation*

CHC: ⟨engl⟩ choke coil / Drosselspule, *Elektrotechnik*

chem: chemisch (Kurzzeichen für stromlos hergestellte Metallschutzschichten)

CHEMFET: ⟨engl⟩ chemical[ly] field-effect transistor / chemischer Feldeffekttransistor (Sensor), *Mikroelektronik*

CHF: ⟨engl⟩ critical heat flux / kritischer Wärmefluß, *Kerntechnik*

CHI: ⟨engl⟩ computer human interaction / Mensch-Rechner-Dialog (interaktive Mensch-Maschine-Kommunikation)

CHIL: ⟨engl⟩ current hogging injection logic / stromausweitende Injektionslogik (Kombination von ↑ CHL und ↑ I²L), *Elektronik*

CHILL: ⟨engl⟩ CCITT high level language / höhere CCITT-Programmiersprache (mit CCITT: ⟨frz⟩ Comité Consultatif International Télégraphique et Téléphonique/ Internationaler Beratender Ausschuß für Telegrafie und Telefonie), *Nachrichtentechnik*

CHL: ⟨engl⟩ current hogging logic / stromausweitende Logik (Vorgänger von ↑ CHIL), *Elektronik*

CHMOS: ⟨engl⟩ complementary high-performance metal-oxide transistor / komplementärer Hochleistungs-Metall-Oxid-Halbleiter, *Halbleitertechnologie*

Chronin: Chrom-Nickel-Legierung (Widerstandswerkstoff)

CHT: ⟨engl⟩ cylinder head temperature / Zylinderkopftemperatur, *Flugbetrieb*

CI: ⟨engl⟩ corrosion inhibitor / Korrosionsinhibitor (Korrosionshemmer), *Polymertechnik*

CIA: ↑ CLIA

CIAM: ⟨engl⟩ computerized integrated and automated manufacturing / rechnerunterstützte automatisierte Gesamtfertigung (ganzheitliches System von der Konstruktion bis zur Fertigung, umfaßt ↑ CAD 1, ↑ CAE 2, ↑ CAM 3, ↑ CAP 4, ↑ CAQ 1, ↑ CAT 6), = CCM 2, = CIM 3

CID: 1. ⟨engl⟩ charge image device / Ladungsbildbauelement (Bildsensor), *Mikroelektronik*. – 2. ⟨engl⟩ charge injection device / Ladungsinjektionsbauelement (Halbleiterempfänger mit bilderfassendem Nachweis), *Mikroelektronik*, s. a. CTD. – 3. ⟨engl⟩ current injection-logic device / Strominjektionslogikbauelement, *Elektronik*

CID-Lampe: ⟨engl⟩ compact indium discharge lamp (Halogen-Metalldampflampe kleiner Abmessungen mit Indiumoxid)

CIE: ⟨engl⟩ counter immunoelectrophoresis / Gegenstromelektrophorese, ↑ GE 3

CIEE: ⟨engl⟩ computer-integrated electronic engineering / rechnerintegrierte Technologie elektronischer Systeme

CIE-Farbtafel: ⟨frz⟩ Commission Internationale de l'Eclairage colour plane / (standardisierte) Farbtafel der Internationalen Beleuchtungskommission, *technische Optik*

CIGFET: ⟨engl⟩ complementary insulated gate-field effect transistor / komplementärer Feldeffekttransistor mit isoliertem Gate (Halbleiterbauelement), *Mikroelektronik*

CIIR: ⟨engl⟩ chlorinated isobutylene-isoprene rubber / chlorierter Isobutylen-Isopren-Kautschuk, *Polymertechnik*

CIL: 1. ⟨engl⟩ clear indicating lamp / Anzeigelampe mit Klarglaskolben. – **2.** ⟨engl⟩ current injection logic / strominjizierende Logik, Strominjektionslogik, *Elektronik*

CIM: 1. ⟨engl⟩ computer input [on] microfilm / Dateneingabe von Mikrofilm, s. a. COM 2. – **2.** ⟨engl⟩ computer-integrated machinery / rechnerintegriertes Maschinensystem. – **3.** ⟨engl⟩ computer-integrated manufacturing / rechnerintegrierte Fertigung (vom Auftragseingang bis zur Auslieferung des fertigen Produktes, ↑ CIAM)

CIO: 1. ⟨engl⟩ control input/output / Eingabe-/Ausgabesteuerung, *Automatisierungstechnik*. – **2.** ⟨engl⟩ counter/timer and parallel input/output unit / Zähler-/Zeitgeber- und paralleler Ein-/Ausgabeschaltkreis, *Mikroelektronik*

CIP: ⟨engl⟩ cold isostatic pressing / isostatisches Kaltpressen (Urformverfahren, Verdichten von Metall- oder Keramikpulver bei Raumtemperatur und hohem Druck), *Fertigungstechnik*

CIR: 1. ⟨engl⟩ computer-integrated research / rechnerintegrierte Forschung. – **2.** ⟨engl⟩ control and interrupt register/Steuer- und Unterbrechungsregister (-speicher), *Datenverarbeitung*

CIS: computerorientiertes Informationssystem

CISC: ⟨engl⟩ complex instruction set computer / Rechner mit komplexem Befehlssatz (Computerarchitektur)

CIS-Struktur: ⟨engl⟩ conductor insulator semiconductor structure / Leiter-Isolator-Halbleiter-Struktur, *Halbleitertechnologie*

CIT: ⟨engl⟩ computer integrated telephony / rechnerintegriertes Fernsprechen, = CSTA (Telefon-Computer-Verbund)

CITE: ⟨engl⟩ cargo integration test equipment / Testeinrichtung für die Nutzlastintegration, *Raumfahrttechnik*

CI-Technologie: ⟨engl⟩ collector-implanted technology / kollektorimplantierte Technologie, *Halbleitertechnologie*

CIV, C: ⟨engl⟩ civil / zivil, *Luftfahrt*

CJFET: ⟨engl⟩ complementary junction field-effect transistor / komplementärer Sperrschicht-Feldeffekttransistor, *Mikroelektronik*

CKD: ⟨engl⟩ completely knocked down / vollkommen zerlegt (für Transportzwecke)

CL: 1. ⟨engl⟩ cathode luminescence / Katodenlumineszenz, *Elektronik*. – **2.** ⟨engl⟩ centre line / Mittellinie, *Flugsicherung*. – **3.** ⟨engl⟩ clear/klar (Klarglaskolben), *Lichttechnik*. – **4.** ⟨engl⟩ clear lamp / Lampe mit Klarglaskolben. – **5.** ⟨engl⟩ closed loop / geschlossene (Regel-) Schleife, *Automatisierungstechnik*. – **6.** ⟨engl⟩ control language / Steuer-, Kommandosprache (Programmiersprache)

CLA: ⟨engl⟩ communication link analyzer / Nachrichtenverbindungsanalysator, *Nachrichtentechnik*

CLAS: ⟨engl⟩ clinical laboratory automation system / automatisiertes System für das klinische Laboratorium, *Analysenmeßtechnik*

CLB-System: ⟨engl⟩ current line buckett system / Eimerkettensystem (Unterwasserförderung)

CLC: ⟨engl⟩ ceiling luminance coefficient / Leuchtdichtekoeffizient der Deckenfläche, *Lichttechnik*

CLCC: ⟨engl⟩ ceramic leaded chip carrier / Keramikchipträger mit Anschlüssen (Gehäusebauform für hochintegrierte Schaltungen), s. a. CCC 2

CLD: Caprolactamdisulfid, *Polymertechnik*

CLIA, CIA: ⟨engl⟩ chemiluminescence immunoassay / Chemilumineszenz-Immunoassay (Nachweisverfahren für Substanzen unter Nutzung von Leuchterscheinungen), *Analysenmeßtechnik*

CLK: ⟨engl⟩ clock / Takt (Taktgeber von Impulsen), *Elektronik*

Cl-PE: chloriertes Polyethylen (Thermoplast)

CLR: ⟨engl⟩ air traffic control clearance / Flugverkehrsfreigabe, *Flugsicherung*

CLR-Betrieb: ⟨engl⟩ combined line and recording operating / Meldefernplatzbetrieb, *Nachrichtentechnik*

CLR-Motor: ⟨engl⟩ coordinating lubricants research oil test engine / Prüfmotor für die vereinheitlichte Prüfung von Schmierölen (USA), *Kraftfahrzeugtechnik*

CLS: Chlorlignosulfat, *Papiertechnik*

CLSD: ⟨engl⟩ closed / geschlossen, gesperrt, *Flugsicherung*

CLT: 1. ⟨engl⟩ concora liner test (Kantenstauchversuch an einer ebenen Papierprobe), *Verpackungs-, Papiertechnik.* – **2.** ⟨engl⟩ coollight / Kaltstrahl (Lampenausführung mit Kaltlichtspiegel), *Lichttechnik*

CLV: ⟨engl⟩ constant linear velocity / konstante Lineargeschwindigkeit (Ausführungsart von Bildplatten des Systems ↑ LV 3), *Unterhaltungselektronik*

CLV-Platte: ⟨engl⟩ cross-banded lumber veneered board / kreuzweise furnierte Platte (Tischlerplatte, Paneelplatte, Mittellagenplatte), *Holztechnik*

CM: 1. ⟨engl⟩ command module / Kommandokapsel (des Apollo-Raumschiffes). – **2.** ⟨engl⟩ computer modul / Rechnermodul. – **3.** ⟨engl⟩ contrast multiplier / Kontrastvervielfacher (Meßgerät), *Lichttechnik.* – **4.** ⟨engl⟩ cross modulation / Kreuzmodulation, *Nachrichtentechnik.* – **5.** Modalfaserstoff, *Textiltechnik*

C.M.B.: ⟨engl⟩ coastal motorboat / Küstenmotorboot, Küstenmotorschiff

CMC: 1. Carboxymethylcellulose.. – **2.** ⟨engl⟩ critical micellconcentration / kritische Mizellkonzentration (Untersuchung von Emulgierungseigenschaften), *Lebensmitteltechnik*

CMC 7: ⟨frz⟩ caractère magnétique code à 7 bâtonnets / magnetischer Schriftcode mit 7 stabförmigen

Codeelementen (Magnetschrift für maschinelle Leseeinrichtungen)

CME: ⟨engl⟩ chemically modified electrode / chemisch modifizierte Elektrode, *Analysenmeßtechnik*

CMI: ⟨engl⟩ common mode interference / Gleichtaktstörung, *Elektronik*

CMIS: ⟨engl⟩ complementary metal-insulator semiconductor / komplementärer Metall-Isolator-Halbleiter, *Halbleitertechnologie*

CML: ⟨engl⟩ current mode logic / Stromflußlogik (Logikschaltung), *Elektronik*

CMOS: ⟨engl⟩ complementary metal-oxide semiconductor / komplementärer Metall-Oxid-Halbleiter, = COSMOS, *Halbleitertechnologie*

CMOS-SOS, CMOS/SOS: ⟨engl⟩ complementary metal-oxide semiconductor silicon on sapphire / komplementärer Metalloxidhalbleiter mit Silicium auf Saphir, *Halbleitertechnologie*

CMP: 1. ⟨engl⟩ chemomechanical pulp (Refinerholzstoff mit chemischer Vorbehandlung), *Papiertechnik*. – **2.** ⟨engl⟩ contamination monitor package / (Experiment zur Ermittlung des »Verschmutzungsgrades« in der Umlaufbahn des Space Shuttle, USA)

CMR: 1. ⟨engl⟩ common mode rejection / Gleichtaktunterdrükkung, *Elektronik*. – **2.** ⟨engl⟩ continuous maximum rating / Dauerhöchstnennleistung

CMRR: ⟨engl⟩ common mode rejection ratio / Gleichtakt-Unterdrückungsverhältnis, *Elektronik*

CMS: Carboxymethylstärke (modifizierte Stärke), *Lebensmitteltechnik*

CMT: ⟨engl⟩ concora medium test (Flachstauchversuch an einer gewellten Papierprobe), *Verpakkungs-, Papiertechnik*

CMV: ⟨engl⟩ common mode voltage / Gleichtaktstörspannung, *Meßtechnik*

† **cmW:** Zentimeterwelle (1...10 cm), *Nachrichtentechnik*, s. a. SHF

CN: 1. Cellulosenitrat (Thermoplast). – **2.** Chemiefaserstoff aus natürlichen Polymeren. – **3.** ⟨engl⟩ compass north / magnetisch Nord, *Luftfahrtnavigation*

CNC: ⟨engl⟩ computerized numerical control / speicherprogrammierte numerische Steuerung (rechnergeführte, freiprogrammierbare Steuerung), s. a. NC

CNL: ⟨engl⟩ cancellation message / Streichungsmeldung, *Flugsicherung*

CNR: ⟨engl⟩ carrier-to-noise ratio / Träger/Rausch-Verhältnis, *Nachrichtentechnik*

CNS: 1. ⟨engl⟩ computer network system / Rechnernetzsystem. – **2. CONT, cont.:** ⟨engl⟩ continuous / ununterbrochen, durchgehend, *Flugsicherung*

CO: 1. ⟨engl⟩ crystal-controlled oszillator / quarzgesteuerter Oszillator, *Elektronik*. – **2.** ⟨engl⟩ cut-off / abgeschirmt (Leuchte), *Lichttechnik*

COAT: ⟨engl⟩ corrected outside air temperature / korrigierte Außenlufttemperatur, *Flugbetrieb*

COBE: ⟨engl⟩ cosmic background

Explorer (Explorer-Satellit, USA, zur Erforschung der kosmischen Hintergrundstrahlung)

Cobol, COBOL: ⟨engl⟩ common business oriented language / Programmiersprache für kommerzielle Aufgaben

COD: ⟨engl⟩ conductor-oxide diffusion / Leiter-Oxid-Diffusion (Speicherstruktur), *Halbleitertechnologie*

CODAN: ⟨engl⟩ carrier-operated device anti-noise / trägergesteuerter Geräuschunterdrücker, *Nachrichtentechnik*

Codar, CODAR: ⟨engl⟩ current ocean detecting and ranging / ↑ Radar zur Bestimmung von Seegang und Wellenbewegung, *Nachrichtentechnik*

Codec, CODEC: ⟨engl⟩ coder, decoder / Codierer, Decodierer (elektronische Baugruppe), = Kodek *Nachrichtentechnik*

COED: ⟨engl⟩ computer-operated electronic display / rechnergesteuerte elektronische Anzeige

Cofidec, COFIDEC: ⟨engl⟩ coder, filter, decoder / Coder, Filter, Decoder (elektronische Baugruppe), *Nachrichtentechnik*

COI: ⟨engl⟩ communications operations instruction / Fernmeldebetriebsanweisung, *Nachrichtentechnik*

Colidar, COLIDAR: ⟨engl⟩ coherent light detecting and ranging / ↑ Radar mit kohärentem Licht, *Nachrichtentechnik*

COM 1. Com: ⟨engl⟩ communications / Nachrichtentechnik, Fernmeldewesen. – **2.** ⟨engl⟩ computer output [on] microfilm / Rechnerausgabe auf Mikrofilm, (Herstellung insbesondere von Mikroplanfilmen DIN A 6 (Mikrofiche)), = MFA 1

Comal, COMAL: ⟨engl⟩ common algorithmic language (Programmiersprache, insbesondere für Heimcomputer)

COMFET: ⟨engl⟩ conductivity-modulated field-effect transistor / leitfähigkeitsgesteuerter Feldeffekttransistor, *Mikroelektronik*

comm.: ⟨engl⟩ commutator / Kommutator (Kollektor, Stromwender), *Elektrotechnik*

comp.: ⟨engl⟩ compound / Verbund (Wicklung bei Motoren), *Elektrotechnik*

Comp. Engr.: ⟨engl⟩ computer engineering / Rechentechnik

Comply: ⟨engl⟩ combination plywood / kombiniertes Sperrholz (Furnierspanplatte), *Holztechnik*

Compreg-Holz: ⟨engl⟩ compressed and impregnated wood (amerikanische Bezeichnung für Plastpreßlagenholz), *Holztechnik*

Compunication: ⟨engl⟩ computer communication / Kommunikation mit Rechner (Telekommunikation)

COMSAT: ⟨engl⟩ communications satellite / Nachrichtensatellit (Satellitenfunk)

CON: ⟨engl⟩ consol / Konsol-Funkfeuer, = CFF, *Luftfahrtnavigation*

CON-Apparat: Cyclopropan-Oxygen-Nitrogen-Narkoseapparat, *Medizintechnik*

CONT, cont.: ↑ CNS 2

COP: 1. ⟨engl⟩ central operators panel / zentrales Bedienpult, *Datenverarbeitung.* – **2.** ⟨engl⟩ coefficient of performance / Leistungskoeffizient, Wirkungsgrad

COR: ⟨engl⟩ carrier-operated relay / trägerfrequenzgesteuertes Relais, *Elektronik*

CORSA: ⟨engl⟩ cosmic ray satellite (japanischer Satellit zur Erforschung der kosmischen Strahlung)

COS-B: ⟨engl⟩ celestrial observation satellite / Himmelsbeobachtungssatellit (westeuropäischer Forschungssatellit)

COSMIC: ⟨engl⟩ computer-oriented synthesis and mask generation for integrated circuits / Programmsystem zur Maskenherstellung für integrierte Schaltkreise, *Halbleitertechnologie*

COSMOS, COS-MOS: ⟨engl⟩ complementary symmetrical metal-oxide semiconductor / komplementärsymmetrischer Metall-Oxid-Halbleiter (↑ CMOS), *Halbleitertechnologie*

Cosvicon: ⟨engl⟩ colour stripe vidicon / Farbstreifenvidikon (Bildaufnahmeröhre)

cp, CP: ⟨engl⟩ candle power / Lichtstärke, *Lichttechnik*

c. p., CP: ⟨engl⟩ caloric power / Heizwert, Heizleistung

CP: 1. Cellulosepropionat (Thermoplast). – **2.** [ЦП] ⟨russ⟩ central'nyj processor [центральный процессор] / Zentraleinheit, ↑ ZE 2. – **3.** ⟨engl⟩ central processor / Zentralprozessor, *Datenverarbeitung.* – **4.** ⟨engl⟩ centre of pressure / Druckmittelpunkt, *Aerodynamik.* – **5.** ⟨engl⟩ circularly polarized / zirkular polarisiert (Polarisationsart elektromagnetischer Wellen), *Elektrotechnik.* – **6.** ⟨engl⟩ clock pulse / Taktschritt, Taktimpuls (Systemtakt), *Nachrichtentechnik.* – **7.** ⟨engl⟩ command processor / Befehlsprozessor, *Datenverarbeitung.* – **8.** ⟨engl⟩ communication processor / Übertragungsprozessor, Verbindungseinheit, *Nachrichtentechnik.* – **9.** ⟨engl⟩ contention procedure (zeichenorientiertes Steuerungsverfahren), *Datenverarbeitung.* – **10.** ⟨engl⟩ continuous path / stetige Bahn (Bahnsteuerung bei ↑ NCM), *Automatisierungstechnik.* – **11.** ⟨engl⟩ control panel / Schaltpult, Steuerpult, *Elektronik.* – **12.** ⟨engl⟩ control program / Steuerprogramm, *Datenverarbeitung.* – **13.** ⟨engl⟩ counterpoise / Gegenmasse

CPB: ⟨engl⟩ constant power ballast / leistungskonstanthaltendes Vorschaltgerät, *Lichttechnik*

CPC: 1. ⟨engl⟩ computer print control / rechnergesteuerter Druck (Voreinstellung, Steuerung und Kontrolle der Farbgebung und des Registers an Druckmaschinen). – **2.** ⟨engl⟩ computer process control / Prozeßsteuerung mit Rechner

CPE: 1. ⟨engl⟩ central processing element / zentrales Verarbeitungselement, (Zentraleinheit, ↑ ZE 2), *Datenverarbeitung.* – **2.** ⟨engl⟩ chemical polishing etchant / chemisches Polierätzmittel. – **3.** ⟨engl⟩ circular probable error / zirkulare Fehlerwahrscheinlichkeit (Zuverlässigkeit), = CEP 1

cpi, CPI: ⟨engl⟩ characters per inch / Zeichen pro Zoll, *Datenverarbeitung*

CPI: ⟨engl⟩ colour preference index / Farbvorzugsindex, *Lichttechnik*

cpl, CPL: ⟨engl⟩ characters per line / Zeichen pro Zeile, *Datenverarbeitung*

CPL: ⟨engl⟩ computer program library / Rechnerprogrammbibliothek

CPL-Platte: ⟨engl⟩ continued pressure laminated board / mit kontinuierlichem Preßdruck laminierte Platte, *Holztechnik*

cpm, CPM: 1. ⟨engl⟩ characters per minute / Zeichen pro Minute, *Datenverarbeitung*. – 2. ⟨engl⟩ counts per minute / Zählungen pro Minute

CPM: 1. ⟨engl⟩ compatible phase multiplex (Multiplex-AM-Stereofoniesystem, USA), *Unterhaltungselektronik*. – 2. ⟨engl⟩ continuous phase modulation / kontinuierliche Phasenmodulation (schmalbandige Winkelmodulationsverfahren zur Übertragung binärer Informationen), *Nachrichtentechnik*. – 3. ⟨engl⟩ critical path method / Methode des kritischen Weges, *Netzplantechnik*

CP/M: ⟨engl⟩ control program for microcomputers / Steuerprogramm für Mikrorechner (Betriebssystem der Fa. Digital Research, Inc. für 8- und 16-bit-Rechner)

cpmm, CPMM: ⟨engl⟩ characters per millimetre / Zeichen pro Millimeter (Zeichendichte bei Geräten), *Datenverarbeitung*

cps, CPS: 1. ⟨engl⟩ characters per second / (Druckgeschwindigkeit in) Zeichen pro Sekunde. – 2. ⟨engl⟩ counts per second / Zählungen pro Sekunde. – 3. ⟨engl⟩ cycles per second / Schwingungen pro Sekunde (Hertz, Frequenzeinheit), *Nachrichtentechnik*

CPU: ⟨engl⟩ central processing unit / zentrale Verarbeitungseinheit (Mikroprozessor, Teil der ↑ ZE 2), = MPU 3, = ZVE 1, *Datenverarbeitung*

cr.: 1. ⟨engl⟩ cruiser / Kreuzer. – 2. ⟨engl⟩ cutter / Kutter

CR: 1. ⟨engl⟩ chloroprene rubber / Polychloroprenkautschuk (Polychlorbutadienkautschuk), *Polymertechnik*. – 2. ⟨engl⟩ citizen radio / Jedermann-Funkgerät, *Nachrichtentechnik*. – 3. ⟨engl⟩ cold-rolled / kaltgewalzt (Anlieferungszustand für Halbzeuge). – 4. ⟨engl⟩ colour rendering / Farbwiedergabe, *Lichttechnik*. – 5. ⟨engl⟩ command register / Befehlsregister, *Datenverarbeitung*. – 6. ⟨engl⟩ compression ratio / Verdichtungsverhältnis, *Luftfahrtantriebe*. – 7. ⟨engl⟩ control register / Steuerregister, *Datenverarbeitung*. – 8. ⟨engl⟩ control relay / Steuerrelais (Relaiskontakt), *Nachrichtentechnik*. – 9. ⟨engl⟩ control rod / Steuerstab, *Kernkraftwerkstechnik*. – 10. ⟨engl⟩ control room / Steuer-, Regieraum, *Unterhaltungselektronik*. – 11. ⟨engl⟩ conversion ratio / Brutrate, Konversionsfaktor, *Kerntechnik*

C.R.: ⟨engl⟩ compression ratio / Verdichtungsverhältnis, *Kraftfahrzeugtechnik*

† CRAM: ⟨engl⟩ card random

access memory / Magnetkartenspeicher mit Direktzugriff, *Datenverarbeitung*

CRC: 1. ⟨engl⟩ colour rendering capacity / Farbwiedergabekapazität, *Lichttechnik.* – **2.** ⟨engl⟩ cyclic redundancy check / zyklische Redundanzprüfung (zur Datensicherung), *Datenverarbeitung*

CRCA: ⟨engl⟩ cold-rolled dose-annealed / kaltgewalzt und dosiert geglüht (Anlieferungszustand für Halbzeuge)

CRD: 1. ⟨engl⟩ control rod drive / Steuerstabantrieb, *Kerntechnik.* – **2.** ⟨engl⟩ current regulator diode / Stromreglerdiode, *Elektronik*

CRDF: ⟨engl⟩ cathode-ray direction finder / Peilgerät mit Katodenstrahlanzeige, *Luftfahrtnavigation*

CRF: ⟨engl⟩ contrast rendition factor / Kontrastwiedergabefaktor, *Lichttechnik*

CRFS: ⟨engl⟩ crash-resistant fuel system / bruchfestes Betankungssystem, *Flugzeugausrüstung*

CRI: ⟨engl⟩ colour rendering index / Farbwiedergabeindex, *Lichttechnik*

CRJE: ⟨engl⟩ conversational remot job entry / Dialogjobferneingabe, *Datenverarbeitung*

CrNiSt: Chrom-Nickel-Stahl

CRO, C.R.O.: ⟨engl⟩ cathode-ray oscillograph [oscilloscope] / Katodenstrahloszillograf, [-oszilloskop], *Elektronik*

CROM: 1. ⟨engl⟩ central read-only memory / zentraler Nurlesespeicher (Festwertspeicher), *Mikroelektronik.* – **2.** ⟨engl⟩ control read-only memory / Steuerfestwertspeicher, *Mikroelektronik*

CROS: ⟨engl⟩ capacitor read-only store / Kapazitätsfestwertspeicher, *Elektronik*

CRS: ⟨engl⟩ cold-rolled steel / kaltgewalzter Stahl

CRT: 1. ⟨engl⟩ cathode-ray tube / Katodenstrahlröhre (Elektronenstrahlröhre), *Elektronik.* – **2.** ⟨engl⟩ current transfer ratio / Stromübertragungsfaktor, *Elektrotechnik*

CRU: ⟨engl⟩ communication register unit / Kommunikationsregistereinheit, Nachrichtenregistereinheit

c.s.: ⟨engl⟩ cross section / Querschnitt (Wirkungsquerschnitt)

c/s: ↑ C/S 1

CS: 1. Casein (natürliches Polymer). – **2.** ⟨engl⟩ centre section / Mittelstück (Flugzeug). – **3.** ⟨engl⟩ channel selection / Kanalwahl, *Fernsehtechnik.* – **4.** Chemiefaserstoff aus synthetischen Polymeren. – **5.** Citratsynthase (Untersuchung der Enzymaktivität von Hefen), *Lebensmitteltechnik.* – **6.** ⟨engl⟩ communications satellite / Nachrichtensatellit (Japan). – **7.** ⟨engl⟩ control system / Steuerungssystem

C/S 1. c/s, CS: ⟨engl⟩ call sign / Rufzeichen, *Flugsicherung.* – **2.** ⟨engl⟩ central station / Zentralstation (des Experimentesystems ↑ ALSEP zur Mondforschung)

CSB: chemischer Sauerstoffbedarf (Abwasserbehandlung), *Umweltschutztechnik*

CSC: 1. ⟨engl⟩ colour subcarrier / Farbhilfsträger, *Fernsehtechnik.* –

2. ⟨engl⟩ common signalling channel / zentraler Zeichenkanal, *Nachrichtentechnik*. – **3.** ⟨engl⟩ computer supervisory control / rechnergeführtes Überwachungssystem (Fernsteuerung), *Automatisierungstechnik*. – **4.** ⟨engl⟩ course and speed computer / Kurs- und Geschwindigkeitsrechner, *Luftfahrtnavigation*

CSDL: ⟨engl⟩ current-switching diode logic / stromschaltende Diodenlogik, *Elektronik*

CSG: 1. ⟨frz⟩ Centre Spatiale Guayana / Weltraumzentrum Guayana. – **2.** ⟨engl⟩ constructive solid geometry (Methode zur Zusammensetzung dreidimensionaler Objekte, Computergrafik)

CSHG: ⟨engl⟩ cardio scatter histograph / Kardioscatterhistograf (zur histografischen Auswertung des Elektrokardiogramms), *Medizintechnik*

CSH-Phase: Calciumsilicathydratphase, *Silikattechnik*

CSI-Lampe: ⟨engl⟩ compact source iodide lamp (Halogen-Metalldampflampe kleiner Abmessung)

CSJFET: ⟨engl⟩ charge storage junction field-effect transistor / Ladungsspeicher-Sperrschicht-Feldeffekttransistor, *Mikroelektronik*

CSL: 1. Calciumstearoyl-2-laktat (Emulgator), *Lebensmitteltechnik*. – **2.** ⟨engl⟩ computer-sensitive language / rechnerempfindliche Sprache. – **3.** ⟨engl⟩ controlled saturation logic / gesteuerte Sättigungslogik, *Elektronik*. – **4.** ⟨engl⟩ current-sinking logic / (digitale) stromziehende Logik, *Elektronik*. –

5. ⟨engl⟩ current-sourcing logic / stromliefernde Logikschaltung, *Elektronik*

ČSLR.: ⟨tschech⟩ Československý Lodní Register (Prag) / Tschechoslowakische Schiffsklassifikation(sgesellschaft)

CSM: 1. chlorsulfoniertes Polyethylen, *Polymertechnik*. – **2.** ⟨engl⟩ command and service module (Serviceeinheit) des Apollo-Raumschiffes)

CSMA/CD: ⟨engl⟩ carrier sense multiple access [with] collision detection / Prüfung des Übertragungsmediums auf (gleichzeitigen) Mehrfachzugriff mit Kollisionserkennung (Buszugriffsverfahren bei Mehrrechnersystemen), *Automatisierungstechnik*

CSO: ⟨engl⟩ centralized service observation / zentralisierter Aufsichtsdienst (Verkehrsbeobachtung), *Nachrichtentechnik*

CSP: 1. ⟨engl⟩ communications satellite program / Nachrichtensatellitenprogramm (Satellitenfunk). – **2.** ⟨engl⟩ control setting panel / Bedientafel, *Datenverarbeitung*

CSPDN: ⟨engl⟩ circuit-switched public data network / öffentliches Datennetz mit Leitungsvermittlung

CSS: ⟨engl⟩ core spray system / Kernsprühsystem (bei Kühlmittelverluststörfällen), *Kernkraftwerkstechnik*

CSSD: ⟨engl⟩ chemical sensitive semiconductor device / chemisch sensitives Halbleiterbauelement, *Elektronik*

CSSGR: ⟨engl⟩ current status

sodium graphite reactor / Natriumgraphitreaktor nach neuestem technischen Stand, *Kernkraftwerkstechnik*

CST: ⟨engl⟩ central standard time / zentrale Normalzeit (USA-Zeitzone; = MEZ −7 h = CT 1)

CSTA: ⟨engl⟩ computer supported telephony applications / rechnergestützte Telephonieanwendungen, ↑ CIT

CSU: ⟨engl⟩ clock synchronization unit / Baustein für die Taktsynchronisation, *Datenverarbeitung*

CSV: chemischer Sauerstoffverbrauch, *Umweltschutztechnik*

CSW: ⟨engl⟩ channel status word / Kanalstatuswort, *Datenverarbeitung*

CT: 1. ⟨engl⟩ central time / zentrale Zeit, ↑ CST. − 2. [ЦТ], С. Т. [Ц. Т.]: ⟨russ⟩ centr tjažesti [центр тяжести] / Schwerpunkt, ↑ CG. − 3. ⟨frz⟩ coefficient de température / Temperaturkoeffizient, ↑ TK 2. − 4. ⟨engl⟩ colour temperature / Farbtemperatur. − 5. ⟨engl⟩ computer terminal / Rechnerterminal, *Datenverarbeitung*. − 6. Computertomograf bzw. -tomografie (rechnergestützte Erzeugung von Schnittbildern des Körpers), *Medizintechnik*. − 7. Triacetatfaserstoff, = TA 9

C.T.: ↑ CT 2

CTA: ⟨engl⟩ control area / Kontrollbezirk, *Flugsicherung*

CTC: 1. ⟨engl⟩ central train control / zentrale Zugsteuerung, *Automatisierungstechnik*. − 2. ⟨engl⟩ counter/timer circuit / Zähler-/Zeitgeberschaltung, *Elektronik*

CTC-Methode: ⟨engl⟩ crush-tear-curl method / Quetsch-Reiß-Roll-Methode, *Lebensmitteltechnik*

CTD: ⟨engl⟩ charge transfer device / Ladungstransferbauelement (Oberbegriff für Ladungsverschiebeschaltungen, Halbleiterempfänger mit bilderfassendem Nachweis), *Mikroelektronik*

CTF: ⟨engl⟩ contrast transmission function / Kontrastübertragungsfunktion (Gütefunktion für die optische Abbildung), *technische Optik*

CTFE: Chlortrifluorethylen, *Polymertechnik*

CTG: ↑ KTG 1, 2

CTL: ⟨engl⟩ complementary transistor logic / komplementäre Transistorlogik, *Elektronik*

CTM: ⟨engl⟩ contrast threshold (visibility) meter / (Sicht-) Meßgerät zur Bestimmung der Kontrastschwelle

CTMP: ⟨engl⟩ chemothermomechanical pulp (Refinerholzstoff mit chemischer und thermischer Vorbehandlung), *Papiertechnik*

c. to c.: ⟨engl⟩ center to center / (Lager-) Mittenabstand, -entfernung

CTR: 1. ⟨engl⟩ channel test reactor / Kanalversuchsreaktor, *Kernkraftwerkstechnik*. − 2. ⟨engl⟩ controlled thermonuclear fusion reactor / kontrollierter, gesteuerter Kernfusionsreaktor. − 3. ⟨engl⟩ controlled thermonuclear reaction / kontrollierte, gesteuerte Kernfusion, *Kerntechnik*. − 4. ⟨engl⟩ control zone / (Flughafen-) Kontrollzone. − 5. ⟨engl⟩ critical temperature resistor (Temperaturwächter), *Elektrotechnik*. − 6. ⟨engl⟩ current transfer ratio / Stromübersetzungsverhältnis, *Elektrotechnik*

CTS: 1. ⟨engl⟩ communication technology satellite / nachrichtentechnischer Satellit (geostationärer Satellit Kanadas). – **2.** Containertransportsystem

CTTL, CT²L: ⟨engl⟩ complementary transistor-transistor logic / komplementäre Transistor-Transistor-Logik, *Elektronik*

CTU: ⟨engl⟩ communication terminal unit / Verbindungsterminal, *Nachrichtentechnik*

ctv, Ctv: ⟨engl⟩ colour television / Farbfernsehen

CTV: 1. ↑ CCTV. – **2.** computergestützte Textverarbeitung, ↑ CATP

CU 1. [ЦУ]: ⟨russ⟩ central'noe upravlenie [центральное управление] / Zentralsteuerung, *Datenverarbeitung*. – **2. [ЦУ]:** ⟨russ⟩ cifrovoe upravlenie [цифровое управление] / digitale Steuerung, *Automatisierungstechnik*. – **3.** ⟨engl⟩ coefficient of utilization / Beleuchtungswirkungsgrad, *Lichttechnik*. – **4.** ⟨engl⟩ control unit / Steuerwerk, *Datenverarbeitung*

CUA: computerunterstützte Ausbildung, ↑ CAE 1

CuDIP: Kupfer-diisopropyldithiophosphat (Vulkanisationsbeschleuniger), *Polymertechnik*

CuDMC: Kupfer-dimethyldithiocarbamat (Vulkanisationsbeschleuniger), *Polymertechnik*

CUNA: ⟨ital⟩ Commissione Unificatione nell Automobile / Kommission für einheitliche Normen bei Automobilen (ital. Kraftfahrzeugnorm)

CUP: Containerumschlagplatz

† Cupal: ⟨lat⟩ cuprum alumin (Verbundmetall aus Kupfer und Aluminium)

CUTS: ⟨engl⟩ computer-utilized turning system / rechnernutzbares Drehsystem (Programmierverfahren für numerisch gesteuerte Drehmaschinen)

CUU 1. [ЦУУ]: ⟨russ⟩ central'noe ustrojstvo upravlenija [центральное устройство управления] / zentrale Steuereinheit, *Datenverarbeitung*. – **2.** computerunterstützter Unterricht, ↑ CAI 4

CV: 1. ⟨engl⟩ constant viscosity / konstante Viskosität, *Polymertechnik*. – **2.** ⟨engl⟩ containment vessel / Sicherheitsbehälter, Schutzbehälter (z. B. eines Schiffsreaktors), *Kernkraftwerkstechnik*. – **3.** ⟨engl⟩ continuous vulcanization / kontinuierliche Vulkanisation, *Polymertechnik*. – **4.** Viskosefaserstoff, = VI 2

CVC: ⟨engl⟩ compact video cassette / Kompaktvideokassette (Systembezeichnung für ein Videorecordersystem)

CVD: 1. ⟨engl⟩ chemical vapour deposition / chemische Dampfabscheidung, chemische Aufdampfung (Herstellung epitaxialer Schichten aus der Gasphase; Oberflächenbeschichtungsverfahren). – **2.** ⟨engl⟩ current-voltage diagram / Strom-Spannungs-Diagramm, (Strom-Spannungs-Kennlinie), *Elektrotechnik*

CVFR: ⟨engl⟩ controlled visual

flight rules / kontrollierte Sichtflugregeln, *Flugsicherung*

CV-Glas: chemisch verfestigtes Glas (Silikatwerkstoff)

CVH: ⟨engl⟩ compound, valve angle, hemispherical chamber / Verbundantrieb, geneigte Ventile, halbkugelförmiger Brennraum (Merkmale eines Ford-Motors), *Kraftfahrzeugtechnik*

CVM [ЦВМ]: ⟨russ⟩ cifrovaja vyčislitel'naja mašina [цифровая вычислительная машина] / Digital-Analog-Rechner

CV-Methode: ⟨engl⟩ capacity voltage method / Kapazitäts-Spannungs-Methode, *Meßtechnik*

CVR: 1. ⟨engl⟩ carrier vessel reactor / Trägerbehälterreaktor, *Kernkraftwerkstechnik.* – **2.** ⟨engl⟩ cockpit voice recorder / Aufzeichnungsanlage für Gespräche im Führerraum, *Flugzeugausrüstung*

CVS: ⟨engl⟩ constant volume sampling / konstante (Gas-) Volumenprobe (Emissionsermittlung bei Autoabgasen)

CVT: ⟨engl⟩ constant voltage transformer / Konstantspannungstransformator, *Elektrotechnik*

CVU [ЦВУ]: ⟨russ⟩ cifrovoe vyčislitel'noe ustrojstvo [цифровое вычислительное устройство] / Digitalrechenanlage

cw: 1. ⟨engl⟩ clockwise / im Uhrzeigersinn (rechtsdrehend, rechtsgängig). – **2. CW:** ⟨engl⟩ continuous wave / ungedämpfte Welle, Dauerstrich, *Nachrichtentechnik*

CW: 1. ⟨engl⟩ carrier wave / Trägerwelle (Trägerschwingung), *Nachrichtentechnik.* – **2.** ⟨engl⟩ code word / Codewort. – **3.** ⟨engl⟩ cool white / kaltweiß, hellweiß (Lichtfarbe bei Leuchtstofflampen)

CWA: 1. chemische Wasseraufbereitung, *Umweltschutztechnik.* – **2.** ⟨engl⟩ constant wattage autotransformer / leistungskonstanthaltendes Transformatorvorschaltgerät (Streufeld-Autotransformator), *Lichttechnik*

CWB: ⟨engl⟩ constant wattage ballast / leistungskonstanthaltendes Vorschaltgerät, *Lichttechnik*

CWC: ⟨engl⟩ cross wind component / Seitenwindkomponente, *Flugbetrieb*

CWL: ⟨engl⟩ construction water line / Konstruktionswasserlinie, = D.W.L., = KWL, *Schiffstechnik*

CWO: ⟨engl⟩ carrier wave oscillator / Trägerwellenoszillator, *Meßtechnik*

CWP: 1. ⟨engl⟩ chemical wood pulp / Holzzellstoff. – **2.** ⟨engl⟩ computer word processing / Textverarbeitung, ↑ CATP

CWT: ⟨engl⟩ carrier wave telegraphy / Träger[wellen]telegrafie, Trägerstromtelegrafie, *Nachrichtentechnik*

CWX: ⟨engl⟩ cool white de luxe / kaltweiß de Luxe, hellweiß de Luxe (Lichtfarbe bei Leuchtstofflampen)

CWY: ⟨engl⟩ clearway / Freifläche, *Flugsicherung*

CX: ⟨engl⟩ compatible extension / kompatible Dynamikerweiterung (Rauschminderungsverfahren), *Unterhaltungselektronik*

CZ, CaZ: Cetanzahl (Kenngröße für die Zündwilligkeit von ↑ DK 4), *Kraftfahrzeugtechnik*

CZCS: ⟨engl⟩ coastal zone colour scanner / Küstenbereichsfarbscanner (Gerätevorrichtung auf USA-Wettersatelliten)

CZ-Verfahren: Czochralski-Verfahren (zur Kristallzüchtung), *Halbleitertechnologie*

D

d: 1. dicht (Gefügezustand z.B. von Erdboden), *Bautechnik*. – 2. druckfeste Kapselung (Schutzart elektrischer Betriebsmittel

D: 1. Dampf (Wasserdampf), *Energietechnik*. – 2. Dampfer, Dampfschiff, = S.S. 2. – 3. ⟨engl⟩ danger area / Gefahrengebiet (mit genauer Bezeichnung), *Flugsicherung*. – 4. ⟨engl⟩ data / Daten. – 5. **DL:** ⟨engl⟩ daylight / Tageslicht, Tageslichtweiß (Lichtfarbe bei Leuchtstofflampen). – 6. Deck. – 7. [Д]: ⟨russ⟩ dekorativnaja lampa [декоративная лампа] / Zierformlampe (Zweck- und Zierformlampe), *Lichttechnik*. – 8. Deplacement (Wasserverdrängung eines Schiffes). – 9. Deutschland (von Deutschland finanzierte Mission ↑ Spacelab mit einem Space Shuttle, USA). – 10. Differenz. – Differential (-Regler), *Automatisierungstechnik*. – 11. Diode (Halbleiterbauelement), *Elektronik*. – 12. [Д]: ⟨russ⟩ dizel' [дизель] / Diesel(-motor), *Kraftfahrzeugtechnik*. – 13. Dolomit (Baustoff). – 14. ⟨engl⟩ drag / (Luft-) Widerstand, *Flugmechanik*. – 15. Draht (Herstellungsform von Chemiefaserstoffen). – 16. ⟨engl⟩ drain / Senke (Feldeffekttransistor), *Elektronik*. – 17. Druckpunkt, Druckmittelpunkt, *Aerodynamik*. – 18. Druckrohrleitung, *Straßen- und Tiefbau*. – 19. [Д]: ⟨russ⟩ dvigatel' [двигатель] / Motor, Antriebsmotor, Triebwerk, *Flugzeugausrüstung*. – 20. **D-Zug:** Schnellzug (Durchgangszug)

d/a: ↑ D/A

Da: Dränausmündung, *Melioration*

DA: 1. ↑ D/A. – 2. Datenausgabe, = DO 1, *Datenverarbeitung*. – 3. ⟨engl⟩ density altitude / Luftdichtenhöhe, *Luftfahrtnavigation*. – 4. ⟨engl⟩ design automation / Entwurfsautomatisierung, *Fertigungstechnik*. – 5. Digitalausgabe, = DO 3, *Datenverarbeitung*. – 6. Dipolantenne, *Nachrichtentechnik*. – 7. ⟨engl⟩ direct access / direkter Zugriff, *Datenverarbeitung*. – 8. Doppelader (-leitung), *Elektrotechnik*. – 9. ⟨engl⟩ double amplitude / Doppelamplitude, *Nachrichtentechnik*. – 10. ⟨engl⟩ double armoured / doppelt bewehrt (Kabel). – 11. Dränabteilung, *Melioration*. – 12. ⟨engl⟩ drift angle / Abtriftwinkel, *Luftfahrtnavigation*. – 13. ⟨engl⟩ dummy antenna / künstliche Antenne (Scheinantenne), *Nachrichtentechnik*

D/A, DA, d/a: digital/analog

DAA: ⟨engl⟩ data access arrangement / Einrichtung für Datenzugriff, *Datenverarbeitung*

DAB: Datenaufbelichtung (bei ↑ MKF), *Raumfahrttechnik*

† **DAB:** Durchlaufbetrieb mit Aussetzbelastung, *Elektrotechnik*

DABKW: doppelte Außenbogenkreuzungsweiche, *Schienenfahrzeugtechnik*

DAC: 1. ⟨engl⟩ digital[-to-]analog[ue] converter / Digital-Analog-Umsetzer, ↑ DAU 2. – **2.** [ДАЦ]: ⟨russ⟩ dugovaâ argono-cirkonievaâ lampa [дуговая аргоно-циркониевая лампа] / Argon-Zirconiumlampe

DACS: ⟨engl⟩ data acquisition control system / Datenerfassungssteuersystem

DAD: ⟨engl⟩ digital audio disk / Digitalschallplatte (Japan), *Unterhaltungselektronik*

DAE: 1. Datenanschlußeinheit. – **2.** Datenausgabeeinheit, = DOD, *Datenverarbeitung*

DAG: Datenanschlußgerät, *Datenverarbeitung*

DAGC: ⟨engl⟩ delayed automatic gain control / verzögerte selbsttätige Verstärkungsregelung, *Nachrichtentechnik*

DAHC: ⟨engl⟩ drain avalanche hot carriers / Draindurchbruch heißer Ladungsträger, *Mikroelektronik*

DAKS: Datenkommunikationssystem

DAL: ⟨engl⟩ digital access line / Leitung für digitale Datenübertragung

DAM: 1. ⟨engl⟩ data addressed memory / datenadressierter Speicher, *Datenverarbeitung*. – **2.** Digital-Analog-Modul, *Elektronik*. – **3.** ⟨engl⟩ direct access memory / Speicher mit Direktzugriff, *Datenverarbeitung*. – **4.** ⟨engl⟩ direct access method / Direktzugriffsmethode, *Datenverarbeitung*

DAMA: ⟨engl⟩ demand assignment multiple access (procedure) / Zuordnung freier Kanäle auf Anforderung, *Nachrichtentechnik*

† **dam-Welle:** Dekameterwelle, ↑ KW 7

DAP: 1. ⟨engl⟩ data acquisition and processing / Datenerfassung und -verarbeitung. – **2.** Diallylphthalat (polymerisationsfähiges Monomer), *Polymertechnik*. – **3.** ⟨engl⟩ digital autopilot / digitaler Autopilot, *Raumfahrttechnik*

DAP-Effekt: Deformation aufgerichteter Phasen (Effekt bei Flüssigkristallen)

DAP-Transistor: ⟨engl⟩ diffused alloy power transistor / diffusionslegierter Leistungstransistor, *Halbleitertechnologie*

Darlistor: ⟨engl⟩ Darlington transistor (Tandemtransistor), *Elektronik*

DAS: 1. ⟨engl⟩ data acquisition system / Datenerfassungssystem. – **2.** Dialdehydstärke (zur Modifizierung von Proteinen), *Lebensmitteltechnik*. – **3.** ⟨engl⟩ DME-based azimut system / auf ↑ DME 2 basierendes Azimutsystem, *Luftfahrtnavigation*. – **4.** Drehstromantriebssystem, *Elektrotechnik*. – **5.** Druckabbausystem, *Kernkraftwerkstechnik*

DASD: ⟨engl⟩ direct-access storage device / Speichergerät mit Direktzugriff, *Datenverarbeitung*

DASH: ⟨engl⟩ digital audio stationary heads / digitale Tonspeicherung (auf Magnetband) mit feststeshenden Tonköpfen (Mehrspuraufzeichnung)

DAST: Datenaustauschsteuerung, *Datenverarbeitung*

DAT: 1. ⟨engl⟩ digital audio tape-recording / digitale Tonbandaufzeichnung. – **2.** Drehstromantriebstechnik, *Elektrotechnik*. – **3.** ⟨engl⟩ dynamic address translation / dynamische Adreßumrechnung, *Datenverarbeitung*

DATA: ⟨engl⟩ digital automatic tape adaption / digitale automatische Bandanpassung (Bandwahl in Kassettenrecordern), *Unterhaltungselektronik*

Datel, DATEL: ⟨engl⟩ data telecommunication / Datenfernübertragung, Datennachrichtenübermittlung (Dienstleistungen zur elektronischen Datenübertragung, ↑ Datex, ↑ Telex, ↑ IDN)

Datex, DATEX: ⟨engl⟩ data exchange / Datenaustausch (Dienstleistung zur elektronischen Datenübertragung)

DATTS: ⟨engl⟩ data acquisition, telemetry and tracking system / System für Daten- und Telemetrieempfang sowie Bahnverfolgung, *Raumfahrttechnik*

DAU: 1. ⟨engl⟩ data acquisition unit / Datenerfassungseinheit. – **2.** Digital-Analog-Umsetzer, -Umwandler, -Wandler, = DAC 1, *Elektronik*

DAUS: durchgängig automatisierte Systeme (allseitige Nutzung des Rechnereinsatzes in der technischen Fertigungsvorbereitung und Fertigung), s.a. CIAM

DAVC: ⟨engl⟩ delayed automatic volume control / verzögerte automatische Schwundregelung, *Nachrichtentechnik*

Db: ↑ DB 5

DB: 1 ⟨engl⟩ data base / Datenbank, = ABD 2. – **2.** ⟨engl⟩ data bus / Datenbus (Datenübertragungsweg), *Datenverarbeitung*. – **3.** ↑ DB-Schaltung. – **4.** Deutsche Bundesbahn. – **5. Db:** Doppelboden, *Schiffstechnik*. – **6.** Druckbehälter, *Kernkraftwerkstechnik*. – **7.** Durchlaßbereich (von Filtern), *Elektronik*

† **DB:** Dauerbetrieb, *Elektrotechnik*

DBA: 1. ⟨engl⟩ data bank access / Zugriff auf eine Datenbank, *Datenverarbeitung*. – **2.** ⟨engl⟩ design basis accident / Auslegungsstörfall (aufgrund von Projektierungsmängeln), *Kernkraftwerkstechnik*. – **3.** Dibutylamin (Vulkanisationsbeschleuniger), *Polymertechnik*

DBBS: Datenbankbetriebssystem, *Datenverarbeitung*

DBC: ⟨engl⟩ dense barium crown / Baritschwerkron (optisches Glas)

D-Beize: Doppelbeize, *Holztechnik*

d.b.h.: ⟨engl⟩ diameter (at) breast height / Brusthöhendurchmesser, *Holztechnik*

DBK: Datenbahnkoppler, *Automatisierungstechnik*

DBKW: doppelte Bogenkreuzungsweiche, *Schienenfahrzeugtechnik*

DBL: 1. Dreibandenleuchtstoff, *Lichttechnik*. – **2.** Dreibanden-Leuchtstofflampe, Dreibandenlampe

DBM: 1. ⟨engl⟩ data base management / Datenbankverwaltung, *Datenverarbeitung*. – **2.** ⟨engl⟩ data buffer memory / Datenpufferspeicher, *Datenverarbeitung*

DBMS: ⟨engl⟩ data based management system / Datenbankverwaltungssystem, *Datenverarbeitung*

DBP: Dibutylphthalat (Weichmacher), *Polymertechnik*

DBS: 1. ⟨engl⟩ data base system / Datenbanksystem, *Datenverarbeitung*. – **2.** ⟨engl⟩ direct broadcast[ing by] satellite / Satellit für Rundfunkdirektempfang

DB-Schaltung, DB: Drehstrombrückenschaltung, *Elektrotechnik*

† **DBT:** Datenbanktechnologie, *Datenverarbeitung*

DB-Transistor: ⟨engl⟩ diffused base transistor / Transistor mit diffundierter Basis, *Halbleitertechnologie*

DBWR: ⟨engl⟩ development boiling water reactor / Entwicklungssiedewasserreaktor, *Kernkraftwerkstechnik*

dc, d.c., d/c: ↑ DC 7

d.c.: ↑ DC 9

DC: 1. ⟨engl⟩ data channel / Datenkanal, *Nachrichtentechnik*. – **2.** ⟨engl⟩ data communication / Datenübertragung, = DÜ, = DT 3. – **3.** ⟨engl⟩ digital clock / Digitaluhr. – **4.** ⟨engl⟩ digital code / Digitalcode. – **5.** ⟨engl⟩ digital computer / Digitalrechner. – **6.** ⟨engl⟩ digital control / digitale Steuerung, Digitalregelung, *Automatisierungstechnik*. – **7.** dc, d.c., d/c: ⟨engl⟩ direct current / Gleichstrom, = CC 14, = GS 9. –
8. ⟨engl⟩ directional coupler / Richtkoppler, *Nachrichtentechnik*. – **9. d.c.:** ⟨engl⟩ distorted communications / schlechte Verkehrsbedingungen, *Nachrichtentechnik*. – **10.** ⟨engl⟩ double contact / Doppelkontakt, *Elektrotechnik*. – **11. D.C.Bay.:** ⟨engl⟩ double-contact bayonet cap / Bajonettsockel mit Doppelkontakt, *Lichttechnik*. – **12.** ⟨engl⟩ downward coefficient / Koeffizient für den nach unten abgestrahlten Lichtstrom, *Lichttechnik*. – **13.** Dünnschichtchromatografie (Trennung von Stoffgemischen an dünnen Schichten), = TLC 1, *Analysenmeßtechnik*

DC/AC: ⟨engl⟩ direct current/alternating current / Allstrom, = AC/DC, *Elektrotechnik*

D.C.Bay.: ↑ DC 11

DCBS: N,N-Dicyclohexyl-2-benzothiazylsulfenamid (Vulkanisationsbeschleuniger), *Polymertechnik*

DCC: 1. ⟨engl⟩ data communication channel / Datenübertragungskanal, *Datenverarbeitung*. – **2.** ⟨engl⟩ digital control computer / digitaler Steuerrechner, *Automatisierungstechnik*. – **3.** ⟨engl⟩ dynamic crispening circuit / dynamische Verteilerschaltung (bei der Aufnahme auf Videorecorder)

DCCD: ⟨engl⟩ digital charge-coupled device / digitales ladungsgekoppeltes Bauelement, *Mikroelektronik*

DCD: ⟨engl⟩ data collecting device / Datenerfassungsgerät, *Datenverarbeitung*

DCDM: ⟨engl⟩ digital-controlled delta modulation / digitalgesteuerte

Deltamodulation, *Nachrichtentechnik*

DCE: ⟨engl⟩ data communication equipment / Datenübertragungseinrichtung, ↑ DÜE

DCFL: ⟨engl⟩ direct-coupled field-effect transistor logic / direktgekoppelte Feldeffekttransistorlogik (Logikschaltung), *Mikroelektronik*

DC-G: ⟨engl⟩ direct-current generator / Gleichstromgenerator, *Elektrotechnik*

DCL: 1. ⟨engl⟩ clear – daylight / klar – Tageslicht (Kolbenausführung bei Allgebrauchslampen). – **2.** ⟨engl⟩ demountable cathode lamp / Lampe mit auswechselbarer Katode (Hohlkatodenlampe), *Lichttechnik*

DCM: ⟨engl⟩ distributed control modul / Steuermodul (für verteilte Steuerungssysteme), *Automatisierungstechnik*

DCnS [ДЦнС]: ⟨russ⟩ dugovaja cinkovaja spektral'naja lampa [дуговая цинковая спектральная лампа] / Zink-Spektrallampe

DCO: ⟨engl⟩ digitally controlled oscillator / digital gesteuerter Oszillator, *Elektronik*

DCP: 1. ⟨engl⟩ data collection platform / Datensammelplattform (Bodengerät, das Informationen sammelt und an Satelliten abgibt), *Raumfahrttechnik*. – **2.** ⟨engl⟩ data communication processor / Datenübertragungsprozessor. – **3.** ⟨engl⟩ data control processor / Datensteuerprozessor, *Datenverarbeitung*. – **4.** Dicyclopentadien (polymerisationsfähiges Monomer), *Polymertechnik*. – **5.** ⟨engl⟩ digital command processor / digitaler Befehlsprozessor, *Datenverarbeitung*. – **6.** ⟨engl⟩ disk control program / Diskettensteuerprogramm (Betriebssystem für 16-bit-Personalcomputer, kompatibel zu ↑ MS-DOS). – **7.** ⟨engl⟩ distributed communication processor / Prozessor für dezentrale Datenverarbeitung

DCR: 1. ⟨engl⟩ digital cassette recorder / Digitalkassettenrecorder (zur Aufzeichnung von Daten), *Datenverarbeitung*. – **2.** ⟨engl⟩ direct conversion reactor / Direktumwandlungsreaktor, *Kernkraftwerkstechnik*. – **3.** ⟨engl⟩ dual cycle reactor / Zweikreisreaktor, *Kernkraftwerkstechnik*

DCS: 1. ⟨engl⟩ data communication system / Datenübertragungssystem. – **2.** ⟨engl⟩ departure control system / Startkontrollsystem, *Flugzeugausrüstung*. – **3.** ⟨engl⟩ diagnostic communication system / Diagnoseübertragungssystem (Ferndiagnosesystem für Wartung und Instandhaltung rechnerunterstützter Steuerungen). – **4.** ⟨engl⟩ distributed control system / dezentralisiertes Automatisierungssystem

dc-Signal: ⟨engl⟩ direct candle signal / Gleichlichtsignal, *technische Optik*

DCTL: ⟨engl⟩ direct-coupled transistor logic / direktgekoppelte Transistorlogik (Schaltungstechnik), *Elektronik*

DCTTL, DCT²L: ⟨engl⟩ direct-coupled transistor transistor logic / direktgekoppelte Transistor-Transistor-Logik, *Elektronik*

DCU: 1 ⟨engl⟩ device control unit /

Gerätesteuereinheit, *Automatisierungstechnik*. – **2.** ⟨engl⟩ digital control unit / digitale Steuereinheit, *Automatisierungstechnik*. – **3.** ⟨engl⟩ direct coefficient of utilization / direkter Beleuchtungswirkungsgrad, *Lichttechnik*. – **4.** ⟨engl⟩ disk control unit / Plattenspeichersteuereinheit, *Datenverarbeitung*

DCzS [ДЦзС]: ⟨russ⟩ dugovaja cezievaja spektral'naja lampa [дуговая цезиевая спектральная лампа] / Cäsium-Spektrallampe

d.d.: ⟨engl⟩ dangerous [on] deck / Gefahr (an) Deck, *Schiffahrt*

DD: 1. Dateidefinition, *Datenverarbeitung*. – **2.** Detergentien, Dispergatoren (Zusatzstoffe für Latexmischungen). – **3.** ⟨engl⟩ direct drive / Direktantrieb (von Schallplattenabspielgeräten). – **4.** ⟨engl⟩ double density / doppelte Aufzeichnungsdichte (bei Speichern), *Datenverarbeitung*. – **5.** Durchdruck, *Polygrafie*. – **6.** [ДД]: ⟨russ⟩ dvigatel' vnutrennego sgoranija dvuhtaktnyj [двигатель внутреннего сгорания двухтактный] / Zweitakt-Verbrennungsmotor, *Kraftfahrzeugtechnik*

DDA: ⟨engl⟩ digital differential analyzer / digitaler Differentialanalysator (zur Linearinterpolation für numerische Bahnsteuerung), *Werkzeugmaschinen*

DDC: 1. ⟨engl⟩ direct digital control / direkte digitale Regelung (von Prozessen durch Rechner), *Automatisierungstechnik*. – **2.** ⟨engl⟩ dual dielectric charge storage / Ladungsspeicher mit dielektrischer Doppelschicht, *Mikroelektronik*

DDCE: ⟨engl⟩ digital data conversion equipment / Digitaldatenumsetzer, *Datenverarbeitung*

DDD: ⟨engl⟩ direct distance dialling / Direktfernwahl, *Nachrichtentechnik*

DDE: ⟨engl⟩ dry-dot etching / Trocken-Rasterpunkt-Ätzen (mit Hilfe von Belichtungssteuerung und Masken), *Polygrafie*

DDE-Verfahren: ⟨engl⟩ double-diffused epitaxial process / doppeldiffundiertes Epitaxieverfahren, *Halbleitertechnologie*

DDI: ⟨engl⟩ direct digital interface / direkt arbeitende digitale Schnittstellenschaltung, *Elektronik*

DDL: 1. ⟨engl⟩ data description language / Datenbeschreibungssprache. – **2.** ⟨engl⟩ distortion detection loop / Klirrfaktornachweisschleife, *Elektronik*. – **3.** Doppeldiodenlogik (Schaltungstechnik), *Elektronik*

DDN: ⟨engl⟩ digital data network / digitales Datennetz(werk), *Datenverarbeitung*

DDP: ⟨engl⟩ distributed data processing / dezentrale Datenverarbeitung

DDRS: ⟨engl⟩ digital data recording system / digitales Datenaufzeichnungssystem

DDS: 1. ⟨engl⟩ data dialog system / Datendialogsystem, *Datenverarbeitung*. – **2.** ⟨engl⟩ digital differences summator / digitaler Differenzsummierer (Addierglied zur Interpolation für numerische Bahnsteuerung), *Werkzeugmaschinen*. – **3.** [ДДС]: ⟨russ⟩ dugovaja dejtierievaja spektral'naja lampa [дуговая дейтериевая спектральная лампа] / Deuterium-Spektrallampe

DD-Spindel: Doppeldrahtspindel, *Textiltechnik*

DDT: ⟨engl⟩ digital data transmitter / digitaler Datengeber (-sender), *Datenverarbeitung*

DDTL: ⟨engl⟩ diode diode transistor logic / Diode-Diode-Transistor-Logik, *Elektronik*

DDTS: ⟨engl⟩ digital data transmission system / digitales Datenübertragungssystem

DDV: direkte Datenverarbeitung (Echtzeitverarbeitung)

de, DE: dieselelektrisch

DE: 1. Dampferzeuger. – 2. Dateneingabe, = DI 1, *Datenverarbeitung*. – 3. ↑ de. – 4. ⟨frz⟩ décharge électrique / elektrische Entladung. – 5. Deemphasis, Nachentzerrung, *Nachrichtentechnik*. – 6. Deformationselastizität, *Polymertechnik*. – 7. Demodulator, *Nachrichtentechnik*. – 8. Digitaleingabe, DI 4, *Datenverarbeitung*. – 9. ⟨engl⟩ digital exchange / digitale Vermittlungsstelle, *Nachrichtentechnik*. – 10. Druckerhöhung, *Energietechnik*

D.E.: ⟨engl⟩ dextrose equivalent / Dextroseäquivalent (Verzuckerungsgrad von Stärkeerzeugnissen), *Lebensmitteltechnik*

DEAP: ⟨engl⟩ diffused eutectic aluminium process / diffundierter eutektischer Aluminiumprozeß, *Halbleitertechnologie*

DEB: Datenerfassungsbeleg, *Datenverarbeitung*

DEC: ⟨engl⟩ data encryption circuit / Schaltkreis für die Datenverschlüsselung, *Datenverarbeitung*

DECT: ⟨engl⟩ digital European cordless telefon / digitales europäisches Schnurlostelefon, *Nachrichtentechnik*

DECTRA: ⟨engl⟩ Decca track guide and ranging / Decca-Kursführung und Entfernungsmessung, *Luftfahrtnavigation*

DED: ⟨engl⟩ diesel engine driven / angetrieben durch Dieselmotor, mit Dieselantrieb

† **Dederon, DEDERON:** aus DDR und -on (Warenzeichen für Polyamiderzeugnisse)

† **Dedotex:** Dederon, texturiert (grobe, texturierte Polyamidseide)

DEE: 1. Datenendeinrichtung. – 2. Dateneingabeeinheit, = DID 1

DEF: Datenerfassungseinheit

DEG: 1. Dateneingabegerät. – 2. Datenendgerät. – 3. Datenerfassungsgerät. – 4. ⟨engl⟩ degrees / Grade, *Luftfahrtnavigation*

DEKK: Datenerfassung und -konzentration mit Kleinrechner[n]

DEL: 1. Datenaustausch- und Energieversorgungsleitung. – 2. Dotierung von Elektrolytkupfer für Leitzwecke, *Nichteisenmetallurgie*

DELRAC: ⟨engl⟩ Decca lon range area coverage / Decca-Langstreckenflächenüberdeckung, *Luftfahrtnavigation*

DEMETER: ⟨engl⟩ deuterium-moderated materials testing reactor / Schwerwasser-Materialprüfreaktor (Dounreay, GB), *Kernkraftwerkstechnik*

DEMUX: Demultiplexer, *Nachrichtentechnik*

DEP: 1. Datenendplatz. – 2. Datenerfassungsplatz. – 3. ⟨engl⟩ departure / Abflug, Start, *Flugsicherung*. – 4. Dieseleinspritzpumpe. – 5. Diethylphthalat (Weichmacher), *Polymertechnik*

derv, Derv: ⟨engl⟩ diesel-engined road vehicle / dieselgetriebenes Straßenfahrzeug (Bezeichnung für Dieselkraftstoff)

DES: 1. Datenerfassungssystem. – 2. dieselelektrisches Schiff, Dieselelektroschiff. – 3. Direktempfangssatellit

dest.: destilliert

DESt: Druckerhöhungsstation, *Energietechnik*

DESY: Deutsches Elektronensynchrotron (Teilchenbeschleunigeranlage, Forschungszentrum für Elementarteilchenphysik, Hamburg)

DET, det.: ⟨engl⟩ detector / Detektor, *Elektronik*

DETU: Diethylthioharnstoff (Vulkanisationsbeschleuniger), *Polymertechnik*

DEV: ⟨engl⟩ deviation / Abweichung, *Luftfahrtnavigation*

Dev.Bk: Deviationsbake (Seezeichen)

Dev.-Tn.: Deviationstonne

DF: 1. ⟨engl⟩ dense flint / Schwerflint (optisches Glas). – 2. Differenzfrequenz, *Elektrotechnik*. – 3. ⟨engl⟩ direction finder / Funkpeilgerät, *Luftfahrtnavigation*. – 4. ⟨engl⟩ disk file / Plattendatei, *Datenverarbeitung*. – 5. Druckform, *Polygrafie*

DFA: ⟨engl⟩ digital fault analysis / digitale Fehleranalyse (Zuverlässigkeit)

DFB: 1. direkte Funktionsberechnung (zweistufiges Interpolationsverfahren für numerische Bahnsteuerung), *Werkzeugmaschinen*. – 2. Druckfeuerbeständigkeit (zur Beurteilung feuerfester Baustoffe), *Silikattechnik*

DFB-Laser: ⟨engl⟩ distributed feedback laser / Laser mit verteilter Rückkopplung, *Nachrichtentechnik*

DFC: 1. ⟨engl⟩ data flow control / Datenflußsteuerung, *Automatisierungstechnik*. – 2. ⟨engl⟩ digital frequency control / digitale Frequenzregelung (bei der Scharfabstimmung im Rundfunkempfänger). – 3. ⟨engl⟩ double frequency changing / doppelte Frequenzüberlagerung, *Nachrichtentechnik*

DF/CS: ⟨engl⟩ direction finding control station / Funkpeilkontrollstation, *Luftfahrtnavigation*

DFE: 1. Daten der Fernerkundung der Erde. – 2. Datenfernübertragungseinrichtung

DFF: Drehfunkfeuer, *Luftfahrtnavigation*

DFG: Diesel-Fahrersitz-Gabelstapler

DFGA: ⟨engl⟩ distributed floating gate amplifier / Verstärker mit gleitendem Gate (Halbleiterspeicher), *Mikroelektronik*

DfH: dreifaches Herzstück, *Eisenbahnoberbau*

DFH: Druckformenherstellung, *Polygrafie*

DFI: ⟨engl⟩ development flight instrumentation / Testfluginstrumentierung (Space Shuttle, USA)

DFID: Doppelflammenionisationsdetektor, *Analysenmeßtechnik*

DFK: Durchflußkolorimeter (Konzentrationsbestimmung von Substanzen), *Analysenmeßtechnik*

DFM: Druckformmontage, *Polygrafie*

DFP: Datenflußplan

DFPP: ⟨engl⟩ demonstration fusion power plant / Demonstrationsfusionsanlage, *Kernfusion*

DFRB: Druckformenrohlingsbearbeitung, *Polygrafie*

DFS: Deutscher Fernmeldesatellit (Projekt eines Fernseh-Rundfunk-Satelliten der BRD)

DFSK: ⟨engl⟩ double frequency shift keying / Zweikanal-Frequenzumtastung, *Nachrichtentechnik*

DFT: 1. ⟨engl⟩ diagnostic function test / Funktionsdiagnosetest. – 2. ⟨engl⟩ discrete Fourier transformation / diskrete Fourier-Transformation

DFTC: ⟨engl⟩ doped face trench capacitor / dotierter gegenüberliegender Grabenkondensator, *Halbleitertechnologie*

DFTI: ⟨engl⟩ distance from threshold indicator / Entfernung vom Schwellenanzeigegerät, *Flugsicherung*

DFÜ: Datenfernübertragung

DFV: Datenfernverarbeitung, TD 5, = TP 4

Dg: Durchgangsgüterzug

DG: 1. Dachgeschoß, *Bautechnik*. – 2. ⟨engl⟩ diode gate / Diodengatter, *Elektronik*. – 3. Douglasie, *Holztechnik*

DGF: 1. ⟨engl⟩ disability glare factor / physiologischer Blendungsfaktor, *Lichttechnik*. – 2. ⟨engl⟩ discomfort glare factor / psychologischer Einzelblendungsfaktor, *Lichttechnik*

DgHVSt: Durchgangshauptvermittlungsstelle, *Nachrichtentechnik*

D-Glied: Differenzierglied (automatische Steuerung), *Automatisierungstechnik*

DgQl: Durchgangsquerleitung, *Nachrichtentechnik*

DGR: ⟨engl⟩ discomfort glare rating / psychologischer Gesamtblendungsfaktor, *Lichttechnik*

DGS: ⟨engl⟩ data gathering system / Datensammelsystem, *Datenverarbeitung*

DGW: Dosisgrenzwert

DGW-Verfahren: Drahtgießwalzverfahren, *Metallurgie*

DGZ: 1. Dichtegradientenzentrifugation (Variante der Ultrazentrifugation), *Analysenmeßtechnik*. – 2. Durchgerbungszahl, *Ledertechnik*

DH: 1. Dampfheizung. – 2. ⟨engl⟩ decision height / Entscheidungshöhe, *Luftfahrtnavigation*. – 3. Deckenheizung. – 4. Deckenherstellung, *Polygrafie*. – 5. Deckshaus (Deckaufbau, der sich nicht von Bord zu Bord erstreckt), *Schiffs-*

technik. – **6.** Deformationshärte, *Polymertechnik.* – **7.** ⟨engl⟩ direct heating / direkte Heizung, *Elektronik.* – **8.** doppeltes Herzstück, *Eisenbahnoberbau.* – **9.** Druckhaltung, *Energietechnik*

DHC: ⟨engl⟩ data handling center / Datenverarbeitungszentrum

DHD-Verfahren: Druckwasserstoff-Dehydrierungsverfahren (zur Benzinherstellung)

DHE: Druckhalteeinrichtung, *Energietechnik*

DH-Folie: Dekorfolie auf Harnstoffharzbasis, *Holztechnik*

DH-Verfahren: Verfahren der Dortmund-Hörder-Hütten-Union (zur Vakuumbehandlung von flüssigem Stahl), *Eisenmetallurgie*

DI: 1. ⟨engl⟩ data input / Dateneingabe, ↑ DE 2. – **2.** ⟨engl⟩ deicing / Enteisung, *Flugmeteorologie.* – **3.** ⟨engl⟩ dielectrically insulated / dielektrisch isoliert, *Elektrotechnik.* – **4.** ⟨engl⟩ digital input / Digitaleingabe, ↑ DE 8. – **5.** ⟨engl⟩ direction indicator / Richtungsanzeiger, *Luftfahrtnavigation*

Diac, DIAC: ⟨engl⟩ diode alternating-current switch / Wechselstromschaltdiode (bidirektionale Triggerdiode), *Elektronik*

DIAD: ⟨engl⟩ drum information assembler and dispatcher / Rufnummernspeicher und -geber, *Nachrichtentechnik*

DIAL, Dial: ⟨frz⟩ diamant Allemagne (BRD-Testsatellit, mit der französischen Diamant-Trägerrakete gestartet)

DIAN: ⟨engl⟩ Decca integrated airborne navigation system / Decca-integriertes Bordnavigationssystem, *Luftfahrtnavigation*

DIANE: ⟨engl⟩ direct information access network for Europe / direkter Zugriff zum Informationsnetz für (West-) Europa

DIBKW: doppelte Innenbogenkreuzungsweiche, *Schienenfahrzeugtechnik*

DIBP: Di-i-butylphthalat (Weichmacher), *Polymertechnik*

DIC: ⟨engl⟩ digital concentrator / digitaler Konzentrator, *Nachrichtentechnik*

DIC-Gehäuse: ⟨engl⟩ dual-in-line ceramic package / Doppelreihenkeramikgehäuse, s.a. DIL-Gehäuse

DICMOS: ⟨engl⟩ diode-clocked metal-oxide semiconductor / mit Dioden getakteter Metall-Oxid-Halbleiter, *Halbleitertechnologie*

DID: 1. ⟨engl⟩ data input device / Dateneingabeeinheit, ↑ DEE 2. – **2.** ⟨engl⟩ digital information display / Digitalanzeige von Informationen. – **3.** ⟨engl⟩ direct in-dialling / direkte Einwahl, *Nachrichtentechnik.* – **4.** ⟨engl⟩ direct inward dialling / Durchwahl zu Nebenstellenanlagen, *Nachrichtentechnik.* – **5.** ⟨engl⟩ dust impact detector / Staubaufschlagsdetektor (Gerät der Kometensonde »Giotto«).

DIDA: Di-i-decyladipat (Weichmacher), *Polymertechnik*

Di-Di-Preßmasse: Dizyandiamid-Preßmasse (Plastwerkstoff)

DIDP: Di-i-decylphthalat (Weichmacher), *Polymertechnik*

DIFET: ⟨engl⟩ dual injection field-effect transistor / Doppelinjektions-Feldeffekttransistor (Halbleiterbauelement), *Mikroelektronik*

DIFMOS: ⟨engl⟩ dual injection floating gate metal-oxide semiconductor / Zweifachinjektionshalbleiter mit gleitendem Gate, *Halbleitertechnologie*

DIIC: ⟨engl⟩ dielectrically insulated integrated circuit / dielektrisch isolierte integrierte Schaltung, *Halbleitertechnologie*

DIJIT: ⟨engl⟩ direct imaging by jet ink transfer / direkte Bilderzeugung durch Tintenstrahlablenkung, *Datenverarbeitung*

DIL-Gehäuse, DIP: ⟨engl⟩ dual-in-line package / Doppelreihengehäuse (Gehäuseausführung für ↑ IC 4 mit zwei parallelen Anschlußreihen), *Mikroelektronik*

Di-litho: ⟨engl⟩ direct lithographic printing / Direktflachdruck (von Offsetdruckformen), *Polygrafie*

DIMOS: ⟨engl⟩ double implanted metal-oxide semiconductor / doppelt implantierter Metall-Oxid-Halbleiter, *Halbleitertechnologie*

DIMPLE: ⟨engl⟩ deuterium moderated pile low energy / deuteriummoderierter Niedrigenergiereaktor, *Kernkraftwerkstechnik*

DIN: (Symbol für Standards aus dem) Deutschen Institut für Normung, e.V., Berlin; (ursprünglich:) Deutsche [Industrie-] Norm, (später gedeutet als:) »Das ist Norm«

DIO: ⟨engl⟩ data input/output / Dateneingabe/-ausgabe, *Datenverarbeitung*

DIOP: Di-i-octylphthalat (Weichmacher), *Polymertechnik*

DIP: 1. ↑ DIL-Gehäuse. – 2. ⟨engl⟩ display information processor / Prozessor zur Verarbeitung von Anzeigeinformationen, *Datenverarbeitung*

DIP-Gehäuse: ⟨engl⟩ dual-in-line plastic package / Doppelreihenplastgehäuse, s. a. DIL-Gehäuse

DIR: ⟨engl⟩ director / steuernde Einrichtung, *Nachrichtentechnik*

DIS: 1. Daten- und Informationssystem. – 2. Diagnostikinformationssystem. – 3. ↑ DIST

DISC: ⟨engl⟩ digital channel selection / digitale Kanalwahl, *Nachrichtentechnik*

DISCH: ⟨engl⟩ discharge / Entladung

DISS [ДИСС]: ⟨russ⟩ dopplerovskij izmeritel' putevoj skorosti i ugla snosa [допплеровский измеритель путевой скорости и угла сноса] / Dopplermeßgerät für Weggeschwindigkeit und Abdriftwinkel, *Flugzeugausrüstung*

DIST, dist, DIS: ⟨engl⟩ distance / Entfernung, *Luftfahrtnavigation*

DIU: ⟨engl⟩ digital interface unit / digitale Schnittstelleneinheit, *Elektronik*

DI-Verfahren: Differenzschrumpfverfahren (Texturierverfahren), *Textiltechnik*

DK: 1. Dauerkatheter, *Medizintechnik*. – 2. diastatische Kraft, *Lebensmitteltechnik*. – 3. Dielektrizitätskonstante. – 4. Dieselkraftstoff. – 5. [ДК]: ⟨russ⟩ diskretnyj kanal [дискретный канал] / digitaler Kanal (Informationsübertragung), *Nachrichtentechnik.* – **6.** dolomitischer Kalkstein (Baustoff). – **7.** Drehgestellkriterium (Gleisbremse), *Rangiertechnik.* – **8.** Druckkessel, *Energietechnik.* – **9.** Durchsagekennung (Verkehrsfunk), = ME 2

DKB: Dreikraftbremse (Gleisbremse), *Rangiertechnik*

† **DKB:** Durchlaufbetrieb mit Kurzzeitbelastung, *Elektrotechnik*

DKD: Deutscher Kalibrierdienst, *Walzwerktechnik*

DKdS [ДКдС]: ⟨russ⟩ dugovaja kadmievaja spektral'naja lampa [дуговая кадмиевая спектральная лампа] / Cadmium-Spektrallampe

DKG: Defektkontrollgerät (Kontrolle von Strukturdefekten auf Halbleiterchips), *Halbleitertechnologie*

DKK: Doppelbahnkreisförderer mit Kreuzgelenkkette

DKL: durchkontaktierte Leiterplatte, *Elektronik*

DKM: 1. Drehkolbenmotor, *Kraftfahrzeugtechnik.* – **2.** Dreikoordinatenmessung

DKOI [ДКОИ]: ⟨russ⟩ dvoičnyj kod obmena informaciej [двоичный код обмена информацией] / Binärcode für den Informationsaustausch

DKP: Doppelkegelpresse (zur Verringerung wasserlöslicher Holzbestandteile), *Holztechnik*

DKR: Differentialkreislaufreaktor, *Verfahrenstechnik*

DKS: Doppelbahnkreisförderer mit Steckbolzenkette

Dksig, DS: Deckungssignal (DB)

DKsRB [ДКсРБ]: ⟨russ⟩ dugovaja ksenonovaja razbornaja lampa [дуговая ксеноновая разборная лампа] / zerlegbare Xenon-Höchstdrucklampe

DKsŠ [ДКсШ]: ⟨russ⟩ dugovaja ksenonovaja šarovaja lampa [дуговая ксеноновая шаровая лампа] / kugelförmige Xenon-Höchstdrucklampe (Kurzbogenlampe)

DKsŠRB [ДКсШРБ]: ⟨russ⟩ dugovaja ksenonovaja šarovaja razbornaja lampa [дуговая ксеноновая шаровая разборная лампа] / zerlegbare kugelförmige Xenon-Höchstdrucklampe (Kurzbogenlampe)

DKsT [ДКсТ]: ⟨russ⟩ dugovaja ksenonovaja trubčataja lampa [дуговая ксеноновая трубчатая лампа] / röhrenförmige Xenon-Höchstdrucklampe (Xenon-Langbogenlampe)

DKW: 1. Dampfkraftwerk. – **2.** doppelte Kreuzungsweiche, *Schienenfahrzeugtechnik*

Dl: Dispatcherleitung (DR).

DL: 1. ↑ D 5. – **2.** ⟨engl⟩ data link / Datenverarbeitung. – **3.** ⟨engl⟩ dead load / konstante Belastung. – **4.** Deckenleuchte, *Lichttechnik.* – **5.** ⟨engl⟩ diode logic / Diodenlogik, *Elektronik.* – **6.** ⟨lat⟩ dosis letalis / tödliche Dosis (eines Stoffes)

DLA: Dateileitadresse, *Datenverarbeitung*

Dlb.: Dalben (Pfahlgruppe zum Festmachen von Schiffen und zum Schutz von Uferbauten)

DLC: 1. ⟨engl⟩ data link control / Datenanschlußsteuerung, Datenübertragungssteuerung. – **2.** ⟨engl⟩ direct lift control / direkte Auftriebssteuerung, *Flugmechanik*

DLD: ⟨engl⟩ dynamic linear drive / dynamische Linearsteuerung (Schaltungsvariante eines Hi-Fi-Verstärkers), *Unterhaltunselektronik*

DLE: ⟨engl⟩ data link escape / Datenübertragungsumschaltung, *Datenverarbeitung*

DLH: Deckenluftheizer, *Energietechnik*

DLL: ⟨engl⟩ direct load and lock / direktes Einlegen und Verriegeln (System bei Kassettenrecordern)

d. l. o.: ⟨engl⟩ dispatch loading only / Eilgeld nur bei schnellem Beladen, (Hafenumschlag)

DLP: ⟨engl⟩ double layer polysilicon / Zweilagenpolysilicium, *Halbleitertechnologie*

DLPF: ⟨engl⟩ dynamic low pass filter / dynamische Tiefpaßfilter, *Nachrichtentechnik*

DLS: ⟨engl⟩ DME based landing system / auf ↑ DME 2 basierendes Landesystem, *Flugsicherung*

DLT: ⟨engl⟩ depletion load transistor / Verarmungstyp-Lasttransistor, *Mikroelektronik*

DLTS: ⟨engl⟩ deep-level transient spectroscopy / Tiefenspektroskopie (zur Untersuchung von Halbleiterstrukturen)

DLVO-Theorie: Derjagin-Landau-Verwey-Overbeek-Theorie (zur Stabilität disperser Systeme), *Bergbautechnik*

DLW: Dienstleistungswähler, *Nachrichtentechnik*

DM: 1. ⟨engl⟩ data management / Datenverwaltung. – **2.** Dauermagnet. – **3.** ⟨engl⟩ delta modulation / Deltamodulation, *Nachrichtentechnik*. – **4.** Dichtungsmittel (Betondichtungsmittel). – **5.** Dieselmotor. – **6.** ⟨engl⟩ docking module / Kopplungsteil (für das Sojus-Apollo-Unternehmen). – **7.** Drehmelder

DMA: ⟨engl⟩ direct memory access / direkter Speicherzugriff, (auf den Arbeitsspeicher ohne Umweg über die Zentraleinheit), *Datenverarbeitung*

DMAC: ⟨engl⟩ direct memory-access control / Steuerung des direkten Speicherzugriffs, *Datenverarbeitung*

D-MAC: ⟨engl⟩ duobinary multiplexed analog[ue] components (mit duobinär codiertem Ton arbeitendes Zeitmultiplex-Fernsehübertragungsverfahren ↑ MAC 9)

DMC: ⟨engl⟩ digital multiplex control / digitale Mehrfachregelung, *Automatisierungstechnik*

DME: 1. ⟨engl⟩ direct measurements Explorer / Explorer für Direktmessungen (USA-Forschungssatellit aus der Explorer-Reihe für ionosphärische Messungen). – **2.** ⟨engl⟩ distance-measuring equipment / Entfernungsmeßgerät, = SD 1

D-MESFET: ⟨engl⟩ depletion mode metal-semiconductor field-effect transistor / Metall-Halbleiter-Feldeffekttransistor mit Verarmungswirkung, *Mikroelektronik*

DMET: ⟨engl⟩ distance measuring equipment TACAN / Entfernungsmeßgerät ↑ TACAN, *Luftfahrtnavigation*

DMF: Dimethylformamid (Lösungsmittel)

DMIS: ⟨engl⟩ double-diffused metal-insulator-semiconductor/ doppeldiffundierter Metall-Isolator-Halbleiter, *Mikroelektronik*

† DML: ⟨engl⟩ data manipulation language / Datenmanipulationssprache

DMM: 1. ⟨engl⟩ digital multimeter / Digitalvielfachmesser, *Meßtechnik*. – **2.** ⟨engl⟩ direct metal / mastering / direkter Metallschnitt (Schallplattenschnitt auf Kupferfolie)

DMO: ⟨engl⟩ dependent meteorological office / Flugwetterwarte

DMOS: 1. ⟨engl⟩ diffusive mixing of organic solutions / diffussive Vermischung von organischen Lösungen (Werkstoffexperiment; Kristalle an Bord von Space Shuttle, USA). – **2.** ⟨engl⟩ double-diffused metal-oxide semiconductor / doppeldiffundierter Metall-Oxid-Halbleiter, *Halbleitertechnologie*

DMR: 1. ⟨engl⟩ digital master recording / digitale Tonaufzeichnung (Schallplattenschnitt von einem digitalen Magnetband). – **2.** Doppelmembranrelais (pneumatisches Logikelement), *Automatisierungstechnik*

DMS: 1. Dehnmeßstreifen, Dehnungsmeßstreifen (Meßwertaufnehmer für elastische Verformung von Bauteilen). – **2.** ⟨engl⟩ dialogue management system / Leitungssystem mit Dialogverkehr

† dmW: Dezimeterwelle (10 cm...1 m), *Nachrichtentechnik*, s.a. UHF

DN: 1. Dateiname, *Datenverarbeitung* – **2.** ⟨engl⟩ diameter nominal / Normdurchmesser (Nennweite), ↑ NW 2

DNA: ⟨engl⟩ distributed network architecture / verteile Netzwerkarchitektur, *Datenverarbeitung*

DNaO [ДНаО]: ⟨russ⟩ dugovaja natrievaja osvetitel'naja lampa [дуговая натриевая осветительная лампа] / Natriumdampflampe für Beleuchtungszwecke (Niederdrucklampe)

DNaS [ДНаС]: ⟨russ⟩ dugovaâ natrievaâ spektral'naâ lampa [дуговая натриевая спектральная лампа] / Natriumspektrallampe

DNBR: ⟨engl⟩ departure from nucleate boiling ratio / Sicherheitsabstand gegen Filmsieden, *Kernkraftwerkstechnik*

DNC: ⟨engl⟩ direct numerical control / direkte numerische Steuerung (Rechnerdirektsteuerung mehrerer ↑ NCM), *Automatisierungstechnik*

DNeSG [ДНеСГ]: ⟨russ⟩ dugovaja neonovaja signal'naja lampa [дуговая неоновая сигнальная лампа] / Neonsignallampe (Signalglimmlampe)

DNF: ⟨engl⟩ dynamic noise filter / dynamisches Rauschfilter (zur Rauschminderung bei Kassettenrecordern)

DNG: Dachneigung, *Bautechnik*

DNL: ⟨engl⟩ dynamic noise limiter / dynamischer Rauschbegrenzer, *Nachrichtentechnik*

DNP: ⟨engl⟩ direct nitride-passivated base-surface / direkt mit Nitrid passivierte Oberfläche, *Halbleitertechnologie*

DNPD: N,N′-Di-β-naphthyl-p-phenylendiamin (Alterungsschutzmittel), *Polymertechnik*

DNPT: N,N-Dinitrosopentamethylentetramin (Treibmittel), *Polymertechnik*

DNR: ⟨engl⟩ dynamic noise reduction / dynamische Rauschminderung, *Nachrichtentechnik*

DNS: ⟨engl⟩ dynamic noise supression / dynamische Rauschunterdrückung (Rauschminderung bei Kassettenrecordern)

DNV: ⟨norw⟩ Det Norske Veritas (Oslo) / Norwegische Schiffsklassifikation(sgesellschaft)

DO: 1. ⟨engl⟩ data output / Datenausgabe, ↑ DA 2. – 2. Desoxidationsprodukt, *Metallurgie*. – 3. ⟨engl⟩ digital output / Digitalausgabe, ↑ DA 5. – 4. [ДО]: ⟨russ⟩ dvigatel' orientacii [двигатель ориентации] / Lageregelungstriebwerk, *Raumfahrttechnik*

DOC: ⟨engl⟩ drop-out compensation / Dropout-Kompensation, ↑ DOK

d. o. d.: ⟨engl⟩ diameter over bark / Durchmesser mit Rinde gemessen, *Holztechnik*

DOD: ⟨engl⟩ data output device / Datenausgabeeinheit, ↑ DAE 2

DOD-Prinzip: ⟨engl⟩ droplet-on-demand principle / Farbtropfen-bei-Bedarf-Prinzip (beim Farbstrahl-Druckverfahren), *Polygrafie*

DOHC: ⟨engl⟩ double overhead camshaft / zwei oben angeordnete Nockenwellen, = Twin Cam, s. a. OHC, *Kraftfahrzeugtechnik*

DOI [ДОИ]: ⟨russ⟩ drossel' obrazcovyj izmeritel'nyj [дроссель образцовый измерительный] / Referenzdrossel, *Lichttechnik*

DOK: Dropout-Kompensation (zur Beseitigung von Bildstörungen der Videoaufzeichnung), = DOC, *Unterhaltungselektronik*

Dolby HX: ⟨engl⟩ Dolby headroom extension (Dolby mit verbesserter Aufzeichnung bei hohen Signalpegeln; Rauschminderung bei Kassettenrecordern)

DONAU: ⟨engl⟩ domain oriented natural language understanding (Roboterprogrammierung mit natürlicher Sprache)

DOP: Dioctylphthalat (Weichmacher), *Polymertechnik*

DOPOS: ⟨engl⟩ doped polysilicon diffusion / dotierte Polysiliciumdiffusion (Emitterdiffusionsverfahren), *Halbleitertechnologie*

DOR: ⟨engl⟩ digital optical recording / digitale optische Aufzeichnung (optische Speicherplatte)

DORIS: Doppelringspeicher (Speicherringanlage bei ↑ DESY, Hamburg)

DOS: 1. ⟨engl⟩ disk operating system / (Magnet-) Plattenbetriebssystem (umfaßt u. a. ↑ CPIM, ↑ SCP 1, ↑ MS-DOS, ↑ DCP 6), = DOS 2, = PBS 1, *Datenverarbeitung*. – 2. [ДОС]: ⟨russ⟩ diskovaja operacionnaja sistema [дисковая операционная система] / (Magnet-) Plattenbetriebssystem, ↑ DOS 1

DOTG: Di-o-tolylguanidin (Alterungsschutzmittel), *Polymertechnik*

DOT-Speicher: ⟨engl⟩ domain tip propagation memory / Domänenschiebespeicher (als magnetischer Datenspeicher), *Mikroelektronik*

DOW: ⟨engl⟩ dry operating weight / Betriebsleermasse, trocken, *Flugbetrieb*

dp: 1. ⟨engl⟩ dew point / Taupunkt, = TP 1, *Energietechnik*. – **2. Dp, DP, drip P:** ⟨engl⟩ drip-proof / tropfwassergeschützt

Dp: Deponiefläche, *Melioration*

DP: 1. ⟨engl⟩ data processing / Datenverarbeitung, ↑ DV. – **2.** Deckpeilung (Peilungsverfahren). – **3.** ⟨engl⟩ dial pulse / Wählimpuls, *Nachrichtentechnik*. – **4.** ⟨engl⟩ direct potentiometry / direkte Potentiometrie (Konzentrationsmessung), *Analysenmeßtechnik*. – **5.** Dosierpumpe, *Medizintechnik*. – **6.** ⟨engl⟩ double play / Doppelspiel (-Tonband). – **7.** ↑ dp 2. – **8.** durchschnittlicher Polymerisationsgrad, *Polymertechnik*

DPC: 1. ⟨engl⟩ data processing control / Datenverarbeitungskontrolle, *Flugsicherung*. – **2.** ⟨engl⟩ dense phosphate crown / Phosphatschwerkron (optisches Glas). – **3.** ⟨engl⟩ destination point code / Code der Zielvermittlungsstelle, *Nachrichtentechnik*. – **4.** ⟨engl⟩ direct program control / direkte Programmsteuerung, *Automatisierungstechnik*

DPCF: Diphenylcresylphosphat (Weichmacher), *Polymertechnik*

DPCM: 1. ⟨engl⟩ delta pulse-code modulation / Deltapulscodemodulation, *Nachrichtentechnik*. – **2.** ⟨engl⟩ difference pulse-code modulation / Differenzpulscodemodulation, *Nachrichtentechnik*

DPDM: ⟨engl⟩ digital pulse duration modulation / Schrittdauermodulation, *Nachrichtentechnik*

DPG: 1. ⟨engl⟩ digital pattern generator / Generator zur Erzeugung digitaler Muster, *Elektronik*. – **2.** Diphenylguanidin (Vulkanisationsbeschleuniger), *Polymertechnik*

DPI: Differential-Proportional-Integral (-Regler), *Automatisierungstechnik*

DPKs [ДПКс]: ⟨russ⟩ dugovaja pul'sirujuščaja ksenonovaja lampa [дуговая пульсирующая ксеноновая лампа] / Xenon-Impulslampe

DPLL: ⟨engl⟩ digital phase-locked loop / digitale Phasenregelschleife, *Nachrichtentechnik*

dpm, DPM: ⟨engl⟩ decays per minute / (radioaktive) Zerfälle pro Minute

DPM: 1. ⟨engl⟩ digital panel meter / Digitaleinbauinstrument, *Meßtechnik*. – **2.** ⟨engl⟩ dual port memory / Zweitorspeicher, *Datenverarbeitung*

DPOF: Diphenyloctylphosphat (Weichmacher), *Polymertechnik*

DPPD: Diphenyl-p-phenylendiamin (Alterungsschutzmittel), *Polymertechnik*

DPRM [ДПРМ]: 1. ⟨russ⟩ dal'nij privodnoj radiomajak [дальний приводной радиомаяк] / Fernfunkfeuer, ↑ FFF. – **2.** ⟨russ⟩ dal'nij privodnoj radiomarker [дальний приводной радиомаркер] / äußerer Anflugmarkierungssender, *Flugsicherung*

DPS: 1. ⟨engl⟩ data processing system / Datenverarbeitungssystem, ↑ DVS 1. – **2.** ⟨engl⟩ descent propulsion system (Antriebssystem der Apollo-Landefähre zum Abstieg auf die Mondoberfläche). – **3.** ⟨engl⟩ disk programming system / Plattenprogrammiersystem, *Datenverarbeitung*. – **4.** ⟨engl⟩ distributed processing system / verteiltes Verarbeitungssystem, *Datenverarbeitung*. – **5.** ⟨engl⟩ document processing system / Textverarbeitungssystem, ↑ TVS 1. – **6.** ⟨engl⟩ double-pole switch / zweipoliger Schalter, *Elektrotechnik*

DPSK: ⟨engl⟩ differential phase shift keying / Phasendifferenzmodulation, *Nachrichtentechnik*

DPTC: ⟨engl⟩ dual processor terminal controller (Schnittstellenbaustein zwischen Gerät und Modulsteuerung), *Elektronik*

DPTT: Dipentamethylenthiuramtetrasulfid (Vulkanisationsbeschleuniger), *Polymertechnik*

DPTU: N,N′-Diphenylthioharnstoff (Vulkanisationsbeschleuniger), *Polymertechnik*

DPU: 1. ⟨engl⟩ data processing unit / Datenverarbeitungsanlage, ↑ DVA. – **2.** ⟨engl⟩ display processor unit / Displaysteuereinheit, *Automatisierungstechnik*

Dr: 1. Dränschacht, *Straßen- und Tiefbau*. – **2.** Drossel (Bauelement), *Elektrotechnik*

DR: 1. ⟨engl⟩ data register / Datenregister, *Datenverarbeitung*. – **2.** Deutsche Reichsbahn. – **3.** ⟨engl⟩ direct ratio (Anteil des Lichtstromes, der direkt auf die Nutzebene gelangt), *Lichttechnik*. – **4.** Druckröhre, *Energietechnik*

DRA: ⟨engl⟩ dynamic resonance absorber / dynamischer Resonanzabsorber (zur Unterdrückung von Resonanzen im Tonarm; Schallplattenabspielgerät)

DRAM, dRAM: ⟨engl⟩ dynamic random-access memory / dynamischer Speicher mit wahlfreiem Zugriff (Halbleiterspeicher), *Mikroelektronik*

DRC: 1. ⟨engl⟩ distant reading compass / Fernkompaß, *Luftfahrtnavigation*. – **2.** ⟨engl⟩ downward reflected component / Anteil der nach unten reflektierten Strahlung, *Lichttechnik*

† DRCL: ⟨engl⟩ distributed robot control language / dezentrale Robotersteuersprache (Programmiersprache)

DRCS: ⟨engl⟩ dynamically redefinable character sets / dynamisch neu definierbarer Zeichensatz (spezieller Zeichenaufbau bei Bildschirmtext oder Videotext)

DRD: 1. ⟨engl⟩ data recording device / Datenaufzeichnungsgerät. – **2.** ↑ DRID

DREF-Verfahren: Dr.-Ernst-Fehrer-Friktionsspinnverfahren, *Textiltechnik*

Drehko: Drehkondensator, regelbarer Kondensator, = Variac, *Elektronik*

3D: dreidimensional (räumlich)

3-D-Druck: (Druckerzeugnis, das

einen dreidimensionalen Eindruck hervorruft)

3D-Verfahren, D³-Verfahren: ⟨engl⟩ triple-diffused process / Dreifachdiffusionsverfahren, *Halbleitertechnologie*

3T-CID: ⟨engl⟩ three-terminal charge injection device / Ladungsinjektionsbauelement mit 3 Anschlüssen, *Mikroelektronik*

DRGO [ДРГО]: ⟨russ⟩ dugovaja rtutnaja lampa s galoidami olova [дуговая ртутная лампа с галоидами олова] / Halogen-Metalldampflampe

DRGS [ДРГЗ]: ⟨russ⟩ dugovaja rtutno-gelievaja spektral'naja lampa [дуговая ртутно-гелиевая спектральная лампа] / Quecksilber-Helium-Spektrallampe

DRI: ⟨engl⟩ descent rate indicator / Sinkratenanzeiger, *Luftfahrtnavigation*

DRID, DRD: doppelte radiale Immundiffusion (Nachweisverfahren für Eiweiße), *Analysenmeßtechnik*

drip P: ↑ dp 2

DRK: diskontinuierlich betriebener Rührkesselreaktor, *Verfahrenstechnik*

† DRK [ДРК]: ⟨russ⟩ distancionnyj radiokompas [дистанционный радиокомпас] / Fernfunkkompaß, *Flugzeugausrüstung*

DR-Kupfer: desoxidiertes Raffinade-Kupfer

DRL: 1. ⟨engl⟩ daytime running light / (Kraftfahrzeug-) Scheinwerferbeleuchtung bei Tageslicht. – **2.** Doppelrohrlampe (Leuchtstofflampe in Doppelrohrform)

DRO: 1. ⟨engl⟩ destructive readout / zerstörendes Lesen (von Speicherdaten), *Datenverarbeitung*. – **2.** ⟨engl⟩ dielectric resonator oscillator / (Mikrowellengenerator), *Meßtechnik*. – **3.** ⟨engl⟩ double resonant optical parametric oscillator / doppeltresonanter optischer parametrischer Oszillator (Laserresonator mit nichtlinearen optischen Elementen), *technische Optik*

DROD: ⟨engl⟩ digital read-out device / Digitalanzeigegerät, *Elektronik*

DRS: 1. Datenrückmeldesystem. – **2.** Digitalsignal-Richtfunksysteme, *Nachrichtentechnik*. – **3. [ДРС]:** ⟨russ⟩ dugovaja rtutnaja spektral'naja lampa [дуговая ртутная спектральная лампа] / Quecksilber-Spektrallampe

DRŠ [ДРШ]: ⟨russ⟩ dugovaja rtutnaja šarovaja lampa [дуговая ртутная шаровая лампа] / kugelförmige Quecksilber-Höchstdrucklampe

DRT: Drallrohrtrockner (Kurzzeit-Kontakttrockner), *Lebensmitteltechnik*

DS: 1. Dämmsteine und -platten (aus Gasbeton, Baustoff). – **2. D. S.:** Dampfschiff, Dampfschifffahrt. – **3.** ⟨engl⟩ data scanning / Datenabtastung. – **4.** Datensteuerung. – **5.** ⟨engl⟩ desk stand / Telefonarm (Fernsprechtischapparat) – **6.** ⟨engl⟩ directing station / Leitfunkstelle, *Nachrichtentechnik*. – **7.** ⟨engl⟩ disk storage / Plattenspeicher, ↑ PS 2. – **8.** (ÖBB), ↑ Dksig. – **9.** Doppelsternschaltung, *Elektrotechnik*. – **10.** ⟨engl⟩ double sided / doppelseitig (Aufzeichnung – bei

Magnetplatten), *Datenverarbeitung*. – **11.** Drehstrom, *Elektrotechnik*. – **12.** Drehstromsteller, *Elektrotechnik*. – **13.** Duodenalsonde (Darmsonde), *Medizintechnik*. – **14.** Durchwahlsatz, *Nachrichtentechnik*

† DS: Drehschritt, *Nachrichtentechnik*

D. S.: ↑ DS 2.

DSA: 1. ⟨engl⟩ dense sintered alumina / gesinterte Aluminiumoxidkeramik. – **2.** ⟨engl⟩ direct storage access / direkter Speicherzugriff, *Datenverarbeitung*. – **3.** Drehstromantrieb, *Elektrotechnik*. – **4.** ⟨engl⟩ dynamic signal analyzer / dynamischer Signalanalysator, *Nachrichtentechnik*. – **5.** ⟨engl⟩ dynamic storage area / dynamischer Speicherbereich, *Datenverarbeitung*

DSAMOS: ⟨engl⟩ diffusion self-aligned metal-oxide semiconductor / diffusionsselbstjustierte Metall-Oxid-Halbleiter (Kurzkanaltechnologie), *Halbleitertechnologie*

DS-AS-Motor: Drehstrom-Asynchronmotor, *Elektrotechnik*

DSB: 1. dichter Silicatbeton (Baustoff). – **2.** ⟨engl⟩ digital switchboard / Digitalfernplatz, *Nachrichtentechnik*. – **3.** ⟨engl⟩ direct satellite broadcasting / direkter Satellitenrundfunk. – **4.** double-side band / Zweiseitenband, *Nachrichtentechnik*

† DSB: Durchlaufschaltbetrieb, *Elektrotechnik*

DSBk: dichter Silicatbeton – Klasse (Baustoff)

DSC: ⟨engl⟩ differential scanning calorimetry / Differential-Elektronenstrahlkalorimetrie, *Meßtechnik*

D-Schweißen: Diffusionsschweißen (Preßschweißverfahren, Vereinigen im festen Zustand unter Druck und Wärme)

DS/DD: ⟨engl⟩ double-sided/ double density / doppelseitig, doppelte Dichte (Diskettenformat), *Datenverarbeitung*

DSE: 1. Datensicherungseinrichtung. – **2.** Drehscheibenextraktor, *Stofftrenntechnik*

DSG: Datensichtgerät

DS/HD: ⟨engl⟩ double-sided / high density / doppelseitig, hohe Dichte (Diskettenformat), *Datenverarbeitung*

DSL: 1. ⟨engl⟩ damage severity limit / Schadensschweregrenze, *Kerntechnik*. – **2.** ⟨engl⟩ digital simulation language / digitale Simulationssprache (Programmiersprache)

DSM: 1. ⟨engl⟩ digital subscriber module / digitaler Teilnehmerbaustein, *Nachrichtentechnik*. – **2.** Doppelschwellenstopfmaschine, *Eisenbahnoberbau*. – **3.** ⟨engl⟩ dynamic scattering mode / dynamische Streuung (Effekt bei Flüssigkristallen)

DSN: ⟨engl⟩ deep-space network (Netz von Bodenstationen der USA zur Kontrolle aller Flüge in den fernen Weltraum)

DS-NSK-Motor: Drehstrom-Nebenschluß-Kommutatormotor, *Elektrotechnik*

DSP: ⟨engl⟩ digital signal processing [processor] / digitale[r] Signalverarbeitung [prozessor], *Nachrichtentechnik*

dsr: differenziert schrumpffähig (Ausführungsart von Chemiefaserstoffen)

† **DSRK, D. S. R. K.:** DDR-Schiffs-Revision und -Klassifikation (Zeuthen)

DSRV: ⟨engl⟩ deep submerge rescue vehicle / Tieftauchrettungsschiff

DSS: 1. Datenbahnsteuerstation, *Automatisierungstechnik*. – 2. Datensichtstation, *Datenverarbeitung*. – 3. Doppelsternschaltung mit Saugdrossel, *Elektrotechnik*

DS/SD: ⟨engl⟩ double-sided/single density / doppelseitig, einfache Dichte (Diskettenformat), *Datenverarbeitung*

DS-S-Motor: Drehstromsynchronmotor, *Elektrotechnik*

DS-Struktur: ⟨engl⟩ diffusion substrate structure / (Bitleitung im Substrat), *Mikroelektronik*

DSSV: ⟨engl⟩ deep submerge search vehicle / Tieftauchsuchschiff

DSt: Drehstromsteller, *Elektrotechnik*

DSU: 1. ⟨engl⟩ data storage unit / Datenspeichereinheit, *Datenverarbeitung*. – 2. ⟨engl⟩ disk storage unit / Plattenspeichereinheit, *Datenverarbeitung*

DS-Verfahren: Düsenverfahren (Texturierverfahren), *Textiltechnik*

DSW: ⟨engl⟩ direct step on wafer / direkter Schritt auf der Halbleiterscheibe (Elektronenstrahllithografie), *Halbleitertechnologie*

DT: 1. Dampfturbine. – 2. ⟨engl⟩ data terminal / Datenendgerät, = DTE 1, *Datenverarbeitung*. – 3. ⟨engl⟩ data transfer / Datenübertragung, ↑ DC 2. – 4. Datentechnik. – 5. Datenträger. – 6. Decktank. – 7. ⟨engl⟩ digital technique / Digitaltechnik, *Elektronik*. – 8. ⟨engl⟩ discharge tube / Entladungsröhre, *Elektrotechnik*. – 9. ⟨engl⟩ double-throw switch / Wechselschalter, Umschalter, *Elektrotechnik*. – 10. ⟨engl⟩ draught / Tiefgang, *Schiffstechnik*

DTA: 1. ⟨engl⟩ data transfer area / Datenübertragungsbereich. – 2. Differentialthermoanalyse, *Meßtechnik*

DTAE: Diacetylweinsäureester (Emulgator), *Lebensmitteltechnik*

DTAS: ⟨engl⟩ digital transmission and switching system / digitales Übertragungs- und Schaltsystem, *Flugsicherung*

DTC: ⟨engl⟩ desk-top computer / Tischrechner

DTDM: Dimorpholyldisulfid (Schwefelspender), *Polymertechnik*

DTE: 1. ⟨engl⟩ data terminal equipment / Datenendgerät, = DT 2. – 2. ⟨engl⟩ data transmission equipment / Datenübertragungseinrichtung, ↑ DÜE

† **DTES:** Datenträgereingabestation, *Datenverarbeitung*

DTF: ⟨engl⟩ dynamic track following / dynamische Spurnachführung, = ATF 1, (Videorecorder)

DTFT: ⟨engl⟩ depletion-mode thin-film transistor / Dünnschichttransistor vom Verarmungstyp, *Halbleitertechnologie*

DTI: ⟨engl⟩ distortion transmission impairment / Minderung der Übertragungsgüte durch Frequenzbandbeschneidung, *Nachrichtentechnik*

DTL: 1. ⟨engl⟩ depolarization transmission loss / Depolarisationsübertragungsverlust (Satellitenfunk). – **2.** ⟨engl⟩ diode transistor logic / Dioden-Transistor-Logik (Schaltungstechnik), *Elektronik*

DTLZ: ⟨engl⟩ diode transistor logic with Zener diodes / Dioden-Transistor-Logik mit Z-Dioden (Schaltungstechnik), *Elektronik*

DTM: 1. ⟨engl⟩ digital trunk module / Anschlußbaustein für Digitalverbindungsleitungen, *Elektronik*. – **2.** ⟨engl⟩ duration time modulation / Zeitmodulation, ↑ TM 3

DTMF: ⟨engl⟩ dual-tone multifrequency/Zweiton-Mehrfrequenz (Wählverfahren), *Nachrichtentechnik*

DTP: 1. ⟨engl⟩ desk-top publishing / Schreibtischveröffentlichung (Verfahren zur Texterfassung, -verarbeitung und zum Druck mit Computer), = CAP 7. – **2.** Duplextapetenpapier

DTPD: N,N'-Ditolyl-p-phenylendiamin (Alterungsschutzmittel), *Polymertechnik*

dtr: darrtrocken, *Holztechnik*

DTR: ⟨engl⟩ demand-totalizing relay / Summenrelais in einer Rufschaltung, *Nachrichtentechnik*

DTRD [ДТРД]: ⟨russ⟩ dvuhkonturnyj turboreaktivnyj dvigatel' [двухконтурный турбореактивный двигатель] / Zweikreis-Turbinenluftstrahl-Triebwerk, Zweistromtriebwerk), *Luftfahrtantrieb*

DTS: 1. ⟨engl⟩ Delta transfer stage / Überführungsstufe Delta (USA-Projekt zum Transport von Satelliten aus dem Space Shuttle in höhere Umlaufbahnen). – **2. [ДТС]:** ⟨russ⟩ dugovaja tallievaja spektral'naja lampa [дуговая таллиевая спектральная лампа] / Thallium-Spektrallampe

DTW: Doppeltriebwagen

DU: 1. ⟨engl⟩ disk unit / Plattengerät, *Datenverarbeitung*. – **2. [ДУ]:** ⟨russ⟩ dvigatel'naja ustanovka [двигательная установка] / Triebwerk, Triebwerksanlage, *Raumfahrttechnik*

DÜ: Datenübertragung, ↑ DC 2

D/U: Dampf- bzw. Umlaufweichenheizung, *Schienenfahrzeugtechnik*

DÜE: Datenübertragungseinrichtung, = APD 1, = DCE, = DTE 2

DÜET: Datenübertragungseinheit

DUF: ⟨engl⟩ downward utilization factor / Wirkungsgrad (Ausnutzungsfaktor) des nach unten abgestrahlten Lichtstromes, *Lichttechnik*

Dural, Duralumin: ⟨lat⟩ durus alumin / hartes Aluminium (aushärtbare Aluminiumlegierung)

Duralplat: plattiertes Duralumin (mit Reinaluminium überzogene aushärtbare Aluminiumlegierung), s. a. Dural

Duralumin: ↑ Dural

DUS 1. [ДУС]: ⟨russ⟩ datčik uglovyh skorostej [датчик угловых скоростей] / Geber für Winkelgeschwindigkeiten, *Luftfahrtnavigation*. – **2.** Doppler-Ultraschall-Strömungsdetektor, *Medizintechnik*

DUST: Datenumsetzer, *Datenverarbeitung*

DUT: ⟨engl⟩ device under test / Testobjekt unter Prüfbedingungen

DUV: Datenübertragungs- und Versorgungseinrichtung

dv: ⟨frz⟩ densité de vapeur / Dampfdichte

d. v., dv: ⟨engl⟩ direct-vision / geradsichtig, *technische Optik*

DV: Datenverarbeitung, = DP 1

DVA: Datenverarbeitungsanlage = ADVA, = DPU 1, = EDVA

DVB: ⟨engl⟩ disability veiling brightness / Schleierleuchtdichte, *Lichttechnik*

DV-Garn: Drei- und Vierzylindergarn (nach dem Baumwollspinnverfahren)

DVK: Direktversturzkombination, *Bergbautechnologie*

DVM: 1. Digitalvoltmeter, *Meßtechnik.* – **2. [ДВМ]:** ⟨russ⟩ diskretnaja vyčislitel'naja mašina [дискретная вычислительная машина] / Digitalrechner

DVO [ДВО]: ⟨russ⟩ dvigatel' s vozdušnym ohlaždeniem [двигатель с воздушным охлаждением] / Verbrennungsmotor mit Luftkühlung, *Kraftfahrzeugtechnik*

DVOR: ⟨engl⟩ Doppler very high frequency omnidirectional range / Doppler-UKW-Drehfunkfeuer, *Luftfahrtnavigation*

DV-Regelung: Drosselverdichtungsregelung, *Kraftfahrzeugtechnik*

DVS: 1. Datenverarbeitungssystem, = ADPS, = DPS 1. – **2.** Datenvermittlungssystem. – **3.** Deckungsvorsignal (ÖBB). – **4. [ДВС]:** ⟨russ⟩ dugovaja vodorodnaja spektral'naja lampa [дуговая водородная спектральная лампа] / Wasserstoff-Spektrallampe. – **5. [ДВС]:** ⟨russ⟩ dvigatel' vnutrennego sgoranija [двигатель внутреннего сгорания] / Verbrennungsmotor, *Kraftfahrzeugtechnik*

DVST: ⟨engl⟩ direct view storage tube / Halbtonbildspeicherröhre für Direktbetrachtung, *Fernsehtechnik*

DVT [ДВТ]: ⟨russ⟩ dugovaja vol'framovaja točečnaja lampa [дуговая вольфрамовая точечная лампа] / Wolframpunkt(licht)lampe (Wolframbogenlampe)

DVZ: Datenverarbeitungszentrum, = ADPC, = EDPC, – RZ 1

dw, d. w., d/w: ⟨engl⟩ deadweight / Eigenmasse; Tragfähigkeit (eines Schiffes)

DW: 1. ⟨engl⟩ data word / Datenwort, *Datenverarbeitung.* – **2.** Doppelweiche, *Schienenfahrzeugtechnik.* – **3.** Drehwähler, *Nachrichtentechnik*

D-Wert: Destruktionswert (Sterilisation), *Lebensmitteltechnik*

DWK: Doppellenker-Wippdrehkran

D. W. L.: ⟨engl⟩ design water line / Konstruktionswasserlinie, ↑ CWL

DWQ-Regelung: Drossel-Wärme-Qualitäts-Regelung, *Kraftfahrzeugtechnik*

DWR: Druckwasserreaktor, = PWR 1, *Kernkraftwerkstechnik*

dwt, DWT: ⟨engl⟩ deadweight tons / Tragfähigkeit in Tonnen, *Schiffstechnik*, ↑ tdw

DX: 1. ⟨engl⟩ distance / Entfernung, Reichweite (X: unbekannte Größe der Entfernung) – **2. dx:** duplex

DYCMOS: ⟨engl⟩ dynamic complementary metal-oxide semiconductor / dynamischer komplementärer Metall-Oxid-Halbleiter, *Halbleitertechnologie*

Dyna Soar: ⟨engl⟩ dynamic soaring / dynamischer Gleitflug (frühes Raumgleiterprojekt der USA), *Raumfahrttechnik*

dz: Partikelzünddurchschlagsicherheit (Schutzart elektrischer Betriebsmittel)

DZE: dezentrale Einrichtung, *Automatisierungstechnik*

DZF: Dispatcherzentrale Fernwärme, *Energietechnik*

DZTL: Dioden-Dioden-Transistor-Logik (Schaltungstechnik), *Elektronik*

DZU [ДЗУ]: ⟨russ⟩ dolgovremennoe zapominajuščee ustrojstvo [долговременное запоминающее устройство] / permanenter Speicher, *Datenverarbeitung*

D-Zug: ↑ D 20

E

e: erhöhte Sicherheit (Schutzart elektrischer Betriebsmittel)

E: 1. ⟨engl⟩ east [eastern longitude] / Ost [östliche Länge, ↑ O 2. – **2.** ⟨engl⟩ Edison cap / Edison-Sockel (Gewindesockel), *Lichttechnik*. – **3.** ⟨engl⟩ efficiency / Wirkungsgrad. – **4.** Eignungsgruppe (bautechnischer Brandschutz). – **5. E-Zug:** Eilzug. – **6.** Eingangsteil, Luftfahrtantriebe. – **7.** einsatzgehärtet, *Werkstofftechnik*. – **8.** Einwegschaltung, *Elektrotechnik*. – **9.** Eisverstärkung (Klasse-Zusatzzeichen eines Schiffes). – **10.** Ekotalprofilfenster, *Bautechnik*. – **11.** ⟨engl⟩ electronics / Elektronik, *Flugzeugausrüstung*. – **12.** Elektrode, Elektro- (= El), Elektrolyt. – **13.** elektrotechnische Weichenheizung, *Schienenfahrzeugtechnik*. – **14.** ↑ Elt. – **15.** Emitter (Transistor), *Elektronik*. – **16.** Empfindlichkeit (eines Meßgerätes). – **17.** Emulgator, *Polymertechnik*. – **18.** Entladung. – **19. EL:** Entladungslampe, *Lichttechnik*. – **20.** Entlüftung, *Energietechnik*. – **21.** Erdungsleitung, *Elektrotechnik*. – **22.** Eutektikum, *Werkstofftechnik*. – **23.** Extraktgehalt (Bier), *Lebensmitteltechnik*

EA: 1. Einanker (Umformer), *Elektrotechnik*. – **2. E-A, E/A:** Eingabe-Ausgabe, Eingabe /Ausgabe, Ein-/ Ausgabe, = I/O, = V/V, *Datenverarbeitung*. – **3.** elektrische Anlage. – **4.** elektronischer Analogrechner, *Datenverarbeitung*. – **5.** Emulsionsaktivität, *Lebensmitteltechnik*. – **6.** Endamt, *Nachrichtentechnik*. – **7.** essentielle Aminosäure, *Lebensmitteltechnik*

E/A: Eingang /Ausgang

E-A, E/A: ↑ EA 2

EAA: Ein-Aus-Automatik, *Elektronik*

EAB: ⟨engl⟩ exclusion area boundary / Sperrzonengrenze, *Kerntechnik*

EABKW: einfache Außenbogenkreuzungsweiche, *Schienenfahrzeugtechnik*

EAD: elektronische Anlaufdämpfung (für Drehstrom-Kurzschluß-läufermotoren), *Elektrotechnik*

EADI: ⟨engl⟩ electronic attitude director indicator / elektronischer Höhen- und Kursanzeiger, *Luftfahrtnavigation*

EAE: elektronische Abschalteinrichtung

EAGLE: ⟨engl⟩ elevation angle guidance landing equipment / Höhenwinkelführungs-Landeausrüstung, *Flugsicherung*

EAL: ⟨engl⟩ expected average life / erwartete mittlere Lebensdauer

EAM: Einseitenbandamplitudenmodulation, *Nachrichtentechnik*

EAN: ⟨engl⟩ European article number[ing] / Europäischer Artikelcode, Europäische Artikelnummer [-numerierung] (Strichcode für automatische Leseeinrichtungen)

EAO: Eingabe-Ausgabe-Operation, *Datenverarbeitung*

EAP: 1. Eingabe-Ausgabe-Programm, *Datenverarbeitung*. – 2. Eingabe-Ausgabe-Prozessor, ↑ IOP 1. – 3. evoziertes Aktionspotential (durch Reiz erzeugtes elektrisches Biopotential), *Medizintechnik*

EAPROM: ⟨engl⟩ electrically alterable programmable read-only memory / elektrisch veränderbarer programmierbarer Nurlesespeicher (Festwertspeicher), *Mikroelektronik*

EAR: 1. ⟨engl⟩ electroencephalographic audiometry / elektroenzephalografische Audiometrie (objektive Gehörprüfung), *Medizintechnik*. – 2. ⟨engl⟩ electronic aural responsor / elektroakustisches Antwortgerät (Fernsprechendgerät), *Nachrichtentechnik*

EAROM: ⟨engl⟩ electrically alterable read-only memory / elektrisch veränderbarer Nurlesespeicher (Festwertspeicher), *Mikroelektronik*

EAS: 1 Eingabe-Ausgabe-System, = IOS 1, *Datenverarbeitung*. – 2. ⟨engl⟩ electronic automatic switch / selbsttätiger elektronischer Schalter. – 3. ⟨engl⟩ equivalent air speed / äquivalente Eigengeschwindigkeit, *Luftfahrtnavigation*. – 4. ⟨engl⟩ extended area service / Fernverkehrsdienst zu Ortsgebühren, *Nachrichtentechnik*

EASEP: ⟨engl⟩ early Apollo scientific experiments payload (Experimentiernutzlast, die bei der ersten Apollo-Mondlandung mitgeführt wurde)

EASI: Index der essentiellen Aminosäuren, *Lebensmitteltechnik*

EAST: Eingabe-Ausgabe-Steuerung, *Datenverarbeitung*

EASY: ⟨engl⟩ evasive aircraft system / Flugzeugausweichsystem, *Flugsicherung*

EAT: ⟨engl⟩ expected approach time / erwartete Anflugzeit, *Flugsicherung*

EAU: Einankerumformer, *Elektrotechnik*

EAVM [ЭАВМ]: ⟨russ⟩ elektronnaja analogovaja vyčislitel'naja mašina [электронная аналоговая вычислительная машина] / elektronischer Analogrechner

EAW: Eingabe-Ausgabe-Werk, *Datenverarbeitung*

EAX: ⟨engl⟩ electronic automatic

exchange / elektronische Wählvermittlungsstelle, *Nachrichtentechnik*

EAZ: enzymatisch aktive Zone (Backwaren), *Lebensmitteltechnik*

EB: 1. Eberesche, *Holztechnik*. – 2. Eigenbedarf, *Energietechnik*. – 3. eingleisiger Betrieb (DB). – 4. Einheitsbohrung (Passungssystem bei dem alle Bohrungen einheitlich gefertigt werden), *Fertigungstechnik*. – 5. Eisenbahnbau. – 6. Elektrokrampfbehandlung, *Medizintechnik*. – 7. Emscherbrunnen, *Wasserwirtschaft*. – 8. ⟨engl⟩ enclose building / Sicherheitshülle (um den aktiven Teil des Kernkraftwerkes). – 9. energetische Basis

EBA: Elektronenstrahlbedampfungsanlage, *Metallurgie*

EBAL: elektrisch mit Aluminium bedampfter Bandstahl, *Metallurgie*

EBAM: ⟨engl⟩ electron beam-addressed memory / mit einem Elektronenstrahl adressierter Speicher (Elektronenstrahlspeicher), *Mikroelektronik*

EBCDIC: ⟨engl⟩ extended binary-coded decimal interchange code / erweiterter Binärcode für Dezimalziffern, erweiterter 8-bit-BCD-Code (↑ BCD 1), *Datenverarbeitung*

E-Beize: Einfachbeize, *Holztechnik*

EBES: ⟨engl⟩ electron-beam exposure system / Elektronenstrahlbelichtungssystem (-anlage), *Halbleitertechnologie*

EBG: 1. Eingangsbaugruppe, *Elektronik*. – 2. ⟨engl⟩ electron-beam engraving / Elektronenstrahlgravur (von Druckformen). – 3. ⟨engl⟩ electron-beam generator / Elektronenstrahlgenerator, *Elektronik*

EBHC: ⟨engl⟩ equated busy hour call / einem Anruf in der Hauptverkehrsstunde entsprechend, *Nachrichtentechnik*

EBI: elektronische Betriebsmittel zur Informationsverarbeitung (in Starkstromanlagen)

EBIC: 1. ⟨engl⟩ electron-beam-induced current / elektronenstrahlinduzierter Strom (Untersuchung von pn-Übergängen und Halbleiterstrukturen), *Halbleitertechnologie*. – 2. ⟨engl⟩ electron bombardment-induced conductivity / durch Elektronenbeschuß induzierte Leitfähigkeit, *Halbleitertechnologie*

EBIV: ⟨engl⟩ electron-bombardment-induced voltage / durch Elektronenstrahl induzierte Spannung (Untersuchungsmethode für Halbleiterbauelemente), *Halbleitertechnologie*

EBL: ⟨engl⟩ electron-beam lithography / Elektronenstrahllithografie, *Halbleitertechnologie*

EBM: 1. ⟨engl⟩ electron-beam machining / Elektronenstrahlbearbeitung. – 2. ⟨engl⟩ electron-beam melting / Elektronenstrahlschmelzen

EBOR: ⟨engl⟩ experimental beryllium oxide reactor / Berylliumoxid-Versuchsreaktor, *Kernkraftwerkstechnik*

EBR: 1. ⟨frz⟩ efficacité biologique relative / relative biologische Wirksamkeit, ↑ RBW. – 2. ⟨engl⟩ electron-beam recording / Elektronenstrahlaufzeichnung (elektronische Aufzeichnung von Satellitenfernsehbildern). – **3.** ⟨engl⟩ experimental breeder reactor / schneller Versuchsbrüter (USA), *Kernkraftwerkstechnik*

E-BR: ⟨engl⟩ emulsion butadiene ruber / Emulsions 1,4-cis-Polybutadien, *Polymertechnik*

EBS: 1. Eingabebaugruppe Steuerung, *Elektronik.* – **2.** ⟨engl⟩ electron-bombarded semiconductor / mit Elektronen bombardierter Halbleiter, *Halbleitertechnologie.* – **3.** ⟨engl⟩ European business satellite / europäischer Geschäftssatellit (westeuropäisches Raumflugkörperprojekt für kommerzielle Kommunikation)

EB-Schweißen, EBW: ⟨engl⟩ electron-beam welding / Elektronenstrahlschweißen, ↑ Els Schweißen

EBT: 1. Eigenbedarfstransformator, *Elektrotechnik.* – **2.** ⟨engl⟩ emitter ballast transistor / Emitter-Widerstands-Transistor (Halbleiterbauelement), *Mikroelektronik*

EBÜT: Einheits-Bahnübergangstechnik (DB)

EBV: elektronische Bildverarbeitung

EBW: ↑ EB-Schweißen

EBWR: ⟨engl⟩ experimental boiling water reactor / Siedewasser-Versuchsreaktor, *Kernkraftwerkstechnik*

EC: 1. elektrochemisch (Abtragverfahren), *Fertigungstechnik,* s.a. ECM 5. – **2.** Ethylcellulose (Thermoplast)

ECB: 1. ⟨engl⟩ economical cruising boost / Ladedruck für Sparflug, *Luftfahrtantriebe.* – **2.** ⟨engl⟩ Europe card bus / Bussystem für Europakarten (genormte Stecklistenbelegung von Platinen im Europaformat für Computer)

ECC 1. ERCC: ⟨engl⟩ error checking and correcting / Fehlerprüfung und -korrektur, *Datenverarbeitung.* – **2.** ⟨engl⟩ error correcting code / fehlerkorrigierender Code, *Datenverarbeitung*

E-cam: ⟨engl⟩ electronic camera / elektronische Videokamera, *Fernsehtechnik*

ECCS: ⟨engl⟩ emergency core cooling system / Kernnotkühlsystem, *Kernkraftwerkstechnik*

ECCSL: ⟨engl⟩ emitter-coupled current-steered logic / emittergekoppelte, stromgesteuerte Logik (Schaltungstechnik), *Elektronik*

ECD: 1. ⟨engl⟩ electrochromic display / elektrochrome Anzeige (Anzeigesystem), *Elektronik.* – **2.** ⟨engl⟩ energy control device / Rundsteueranlage (für Lampenstromkreise), *Lichttechnik.* – **3.** ⟨engl⟩ error correction / detection / Fehlererkennung und -korrektur, *Datenverarbeitung*

ECDC: ⟨engl⟩ electrochemical diffused collector / elektrochemisch diffundierter Kollektor (Transistorherstellung), *Halbleitertechnologie*

ECETCM: elektrochemisch-elektrothermisch-chemisch-mechanisch (Kombinations-Abtragverfahren), *Fertigungstechnik*

ECETM: elektrochemisch-elektrothermisch-mechanisch- (Schneiden, Kombinations-Abtragverfahren), *Fertigungstechnik*

ECETMM: elektrochemisch-elektrothermisch-mechanischer Metallabtrag, s. a. ECETM

ECG: 1. ↑ EKG. – **2.** ⟨engl⟩ electrochemical grinding / elektrochemisches Schleifen (Abtragverfahren), *Fertigungstechnik*

ECIL: ⟨engl⟩ emitter-coupled injection logic / emitter-gekoppelte Injektionslogik, *Elektronik*

ECL: 1. Elektrochemolumineszenz. – **2.** ⟨engl⟩ emitter-coupled logic / emittergekoppelte Logik (bipolare digitale Schaltungstechnik), *Elektronik*

ECLSS: ⟨engl⟩ environmental control and life support system / Umweltkontroll- und Lebenserhaltungssystem (in Raumflugkörpern)

ECM: 1. ⟨engl⟩ electrochemical machining / elektrochemische Bearbeitung (Abtragverfahren), = ECM 4, *Fertigungstechnik*. – **2.** ⟨engl⟩ electronically commutated motor / Motor mit elektronischer Kommutierung. – **3.** elektrochemische Metallbearbeitung. – **4.** elektrochemischer Metallabtrag, ↑ ECM 1. – **5.** elektrochemisches Meßsystem.

ECMED: ⟨engl⟩ electrochemical moving-electrode deburring / elektrochemisches Entgraten mit beweglicher Elektrode

ECMP: ⟨engl⟩ electrochemical machining process / elektrochemischer Bearbeitungsprozeß

ECMR: ↑ EMR

ECO: ⟨engl⟩ economizer (Speisewasservorwärmer), *Energietechnik*

ECR: 1. Einchiprechner. – **2.** ⟨engl⟩ electron cyclotron resolution / Elektronenzyklotronauflösung (Plasma-Ätzverfahren), *Halbleitertechnologie*

ECS: 1. ⟨engl⟩ environment control system / Umweltkontrollsystem (in bemannten USA-Raumfahrzeugen). – **2.** ⟨engl⟩ European communications satellite / europäische Nachrichtensatelliten [Serie der (west-) Europäischen Weltraumorganisation (ESA)]. – **3.** ⟨engl⟩ experimental communications satellite / experimenteller Nachrichtensatellit (Japan)

EC-Schneiden: elektrochemisches Schneiden

ECT: 1. ⟨engl⟩ edge crush test (Kantenstauchversuch an Wellpappe), *Verpackungs-, Papiertechnik*. – **2.** Emissionscomputertomograf (Abbildung von Körperstrukturen mit Radioisotopenstrahlen), *Medizintechnik*

ECTL: ⟨engl⟩ emitter-coupled transistor logic / emittergekoppelte Transistorlogik (digitale Schaltungstechnik), *Elektronik*

EC-Trennen: elektrochemisches Trennen

ECU: ⟨engl⟩ environment control unit / Umweltkontrolleinheit (in bemannten USA-Raumfahrzeugen)

ÈCVM [ЭЦВМ]: ⟨russ⟩ èlektronnaja cifrovaja vyčislitel'naja mašina [электронная цифровая вычислительная машина] / elektronischer Digitalrechner

ECZ: elektrochemisches Ziehschleifen (mechanischer und elektromechanischer Werkstoffabtrag zur Feinstbearbeitung), *Fertigungstechnik*

ED: 1. Einheitsdicke (Tafelglas), *Silikattechnik*. – 2. Einschaltdauer, *Elektrotechnik*. – 3. ⟨engl⟩ electrical discharge / elektrische Entladung (zum Abtragen, Erodieren von Werkstoffen, s. a. EDM). – 4. Elektrodiagnostik, *Medizintechnik*. – 5. Entnahmedampf, *Energietechnik*. – 6. ⟨engl⟩ error detection / Fehlererkennung, *Automatisierungstechnik*

ÈD [ЭД]: ⟨russ⟩ èlektrodvigatel' [электродвигатель] / Elektromotor, *Flugzeugausrüstung*

EDA: elektronischer Datenaustausch, = EDI (normierte Übertragung von Wirtschafts- und Verwaltungsinformationen)

EDAC: ↑ EDC 3

EDAX: ⟨engl⟩ energy disperse analyzer X-ray / energiedisperser Röntgenanalysator, *Meßtechnik*

EDBC: ⟨engl⟩ extra-dense barium crown / Baritschwerkron (optisches Glas)

EDC: 1. ⟨engl⟩ electronic desk calculator / elektronischer Tischrechner. – 2. ⟨engl⟩ electrooptic directional coupler / elektrooptischer Richtungskoppler, *Nachrichtentechnik*. – 3. EDAC: ⟨engl⟩ error detection and correction / Fehlererkennung und -korrektur

EDF: ⟨engl⟩ extra-dense flint / Schwerstflint (optisches Glas)

EDG: 1. Elektrodermatograf [-dermatografie] (Ableitung von Hautpotentialen), *Medizintechnik*. – 2. elektrodynamische Gleisbremse, *Schienenfahrzeugtechnik*. – 3. ⟨engl⟩ electronic dot generation / elektronische Rasterpunkterzeugung, *Polygrafie*

EDH: Enddruckhaltung, *Energietechnik*

EDI: ⟨engl⟩ electronic data interchange / elektronischer Datenaustausch, ↑ EDA

EDIFACT: ⟨engl⟩ electronic data interchange for administration, commerce and transport / elektronischer Datenaustausch für Verwaltung, Handel und Transport (internationale, einheitliche und universelle Norm des ↑ EDA)

E/D-Inverter: ⟨engl⟩ enhancement/depletion inverter / Anreicherungs/Verarmungs-Inverter (Schaltstufe), *Elektronik*

EDK: Eisenbahndrehkran

EDL: ⟨engl⟩ electrical discharge lamp / elektrische Entladungslampe

EDM: ⟨engl⟩ electrical discharge machining / elektroerosive Bearbeitung (Abtragen elektrisch leitender Werkstoffe durch Funken- oder Lichtbogenentladung), *Fertigungstechnik*

E/D-MOSFET: ⟨engl⟩ enhancement/depletion metal-oxide semiconductor field-effect transistor / Anreicherungs/Verarmungs-Metall-Oxid-Halbleiter-Feldeffekttransistor, *Mikroelektronik*

ÈDMU [ЭДМУ]: ⟨russ⟩ èlektričeskij distancionnyj manometr unificirovannogo tipa [электрический дистанционный манометр унифицированного типа] / elektrisches Universalfernmanometer, *Flugzeugausrüstung*

EDP: ⟨engl⟩ electronic data processing / elektronische Datenverarbeitung, ↑ EDV

EDPC: ⟨engl⟩ electronic data processing center / elektronisches Datenverarbeitungszentrum, ↑ DVZ

EDPE: ⟨engl⟩ electronic data processing equipment / elektronische Datenverarbeitungsanlage, ↑ EDVA

EDPM: ⟨engl⟩ electronic data processing machine / elektronische Datenverarbeitungsanlage, ↑ EDVA

EDPS: ⟨engl⟩ electronic data processing system / elektronisches Datenverarbeitungssystem

EDR: 1. energiedispersives Röntgenspektrometer, *Meßtechnik*. – **2.** ⟨engl⟩ equivalent direct radiation / äquivalente Direktstrahlung

EDS: 1. ⟨engl⟩ electronic data switching / elektronische Datenvermittlung. – **2.** elektrodynamisches Schwebesystem (Magnetbahn). – **3.** ⟨engl⟩ emergency detection system / Anzeigesystem für Notfälle, *Raumfahrttechnik*. – **4.** energiedispersive (Röntgen-)Spektroskopie (Oberflächenanalyseverfahren)

ED-Schneiden: ⟨engl⟩ electrical discharge slice / elektroerosives Schneiden

EDT: 1. ⟨engl⟩ eastern daylight time / östliche Sommerzeit (der USA; = MEZ −5 h). – **2.** ⟨engl⟩ electronic data transmission / elektronische Datenübertragung

EDTV: ⟨engl⟩ extended [enhanced] definition television / erweitertes Fernsehsystem (Fernsehsystem erhöhter Bildqualität durch Verwendung neuer Übertragungsparameter)

EDÜ: Einkanal-Datenübertragungseinrichtung

EDU: 1. ⟨engl⟩ electronic display unit / elektronische Anzeigeeinheit. – **2.** Energiedirektumwandlung

ÈDU [ЭДУ]: ⟨russ⟩ èlektromehanizm distancionnogo upravlenija [электромеханизм дистанционного управления] / elektrischer Fernsteuerungsantrieb, *Flugzeugausrüstung*

EDV: elektronische Datenverarbeitung, = EDP

EDVA: elektronische Datenverarbeitungsanlage, = EDPE, = EDPM, ↑ DVA

ED-Verfahren: Echtdrahtverfahren (Texturierverfahren), *Textiltechnik*

EE: 1. Eibe, *Holztechnik*. – **2.** elektrische Einspeisung. – **3.** Elektroenergie. – **4.** Entfärbungseffekt (bei Saftfarbstoffen), *Lebensmitteltechnik*

EEA: Elektroenergieanlage

EECL, E^{2}CL: ⟨engl⟩ emitter emitter-coupled logic / Emitter-Emitter-gekoppelte Logik (Schaltungstechnik), *Elektronik*

EEDF: ⟨engl⟩ electron energy distribution function / Elektronenenergie-Verteilungsfunktion

EEE: ⟨engl⟩ engineering, education, enforcement / Technik, Unterweisung, Verwirklichung (Maßnahmensystem zur Unfallverhütung)

E^{2}FAMOS: ⟨engl⟩ electrically erasable floating-gate avalanche-injection metal-oxide semiconductor (elektrisch löschbarer Halbleiterspeicher, s. a. FAMOS), *Mikroelektronik*

EEG, Eeg: Elektroenzephalograf [-enzephalografie bzw. -enzephalogramm] (Aufzeichnung von Hirnaktionsspannungen), *Medizintechnik*

EEIC, E²IC: ⟨engl⟩ elevated electrode-integrated circuit / integrierter Schaltkreis mit erhöhter Elektrode, *Halbleitertechnologie*

E/E-Inverter: ⟨engl⟩ enhancement/enhancement inverter / Anreicherungs-Anreicherungs-Inverter (Schaltstufe), *Elektronik*

EEK: Eisenbahnelektrifizierungskran

EEL: Einebenenleiterplatte

EEM: ⟨engl⟩ emission electron microscopy / Emissionselektronenmikroskopie (Oberflächenanalyseverfahren)

EEPAL: ⟨engl⟩ electrical erasable programmable array logic / elektrisch lösch- und programmierbare Logikanordnung, ↑ EEPLA

EEPLA: ⟨engl⟩ electrical erasable programmable logic array / elektrisch lösch- und programmierbare Logikanordnung, (-matrix), = EEPAL, *Elektronik*

EEPROM, E²PROM: ⟨engl⟩ electrically erasable programmable read-only memory / elektrisch löschbarer und programmierbarer Nurlesespeicher (Festwertspeicher), *Mikroelektronik*

EER: ⟨engl⟩ etch and epitaxial refill / Ätzen und epitaxiales Auffüllen (Verfahren zur Herstellung dielektrisch isolierter einkristalliner Siliciuminseln), *Halbleitertechnologie*

EEROM, E²ROM: ⟨engl⟩ electrically erasable read-only memory / elektrisch löschbarer Nurlesespeicher (Festwertspeicher), *Mikroelektronik*

EES: 1. ⟨engl⟩ electromagnetic environment simulator / Simulator für elektromagnetische Umweltparameter. – **2.** Elektroenergiesystem

EET: ⟨engl⟩ east European time / osteuropäische Zeit, ↑ OEZ

EEVS: 1. Elektroenergieverbundsystem. – **2.** Elektroenergieversorgungssystem

EF: 1. ⟨engl⟩ electric field / elektrisches Feld. – **2.** ⟨engl⟩ electric (arc) furnace / Lichtbogenofen. – **3.** Elektrofilter. – **4.** Endfernamt, *Nachrichtentechnik*

E.F.: Eisenbahnfähre

EFA: elektronischer Filmabtaster, *Fernsehtechnik*

EFAL: ⟨engl⟩ electronic flash approach lighting / elektronische Blitzlicht-Anflugbefeuerung, *Flugsicherung*

EFAS: ⟨engl⟩ electronic flash approach system / elektronische Blitzlicht-Anflug(befeuerungs)anlage, *Flugsicherung*

EFC: ⟨engl⟩ electrochemical fuel cell / elektrochemische Brennstoffzelle

EFD-Generator: ⟨engl⟩ electrofluid dynamic generator / elektrofluidischer Generator

EFDR: erprobter fortgeschrittener Druckwasserreaktor, *Kernkraftwerkstechnik*

EFG: 1. ⟨engl⟩ edge-defined film fed growth (kantenbegrenztes Bandziehverfahren für Einkristalle), *Halbleitertechnologie.* – **2.** Elektro-Fahrersitz-Gabelstapler

E-Filter: Elektro-Filter (Staubfilter), *Energietechnik*

EFIS: ⟨engl⟩ electronic flight instrument system / elektronisches Instrumentenflugsystem, *Luftfahrtnavigation*

e.f.l., efl: ⟨engl⟩ equivalent focal length / äquivalente Brennweite, *technische Optik*

EFL: ⟨engl⟩ emitter-follower logic / Emitterfolgerlogik (Logikschaltung), *Elektronik*

ÈFO [ЭФО]: ⟨russ⟩ èlektronnyj fotometr [электронный фотометр] / Elektronenfotometer (Meßgerät in der Raumstation Salut)

EFOR: ⟨engl⟩ experimental fast oxide reactor / schneller Oxid-Versuchsreaktor, *Kernkraftwerkstechnik*

EFP: ⟨engl⟩ electronic field production / elektronische Außenproduktion, *Fernsehtechnik*

EFR: ⟨engl⟩ electronic film recording / elektronische Filmaufzeichnung, *Fernsehtechnik*

EFS: 1. einheitliches Flachsteckverbindersystem. – **2.** Elektro-Fahrersitz-Schlepper

EFV-Analyse: ⟨engl⟩ equilibrium flash vaporisation analysis / Gleichgewichts-Verdampfungsanalyse, *Stofftrenntechnik*

EFW: Elektro-Fahrersitz-Wagen

Efz: Elektrofahrzeug

EG: 1. Eingabegerät, *Datenverarbeitung.* – **2.** Elektrogramm (Aufzeichnung eines bioelektrischen Aktionsspannungsverlaufes), *Medizintechnik.* – **3.** Erdgas. – **4.** Erdgeschoß, *Bautechnik.* – **5.** Erhaltungsgruppe, *Schienenfahrzeugtechnik.* – **6.** Explosionsgefährdungsgrad (bautechnischer Brandschutz)

EGA: ⟨engl⟩ enhanced graphics adapter (Interface zur Funktionserweiterung bei IBM- und kompatiblen ↑ PC 2 für Text und Grafik)

EGCR: ⟨engl⟩ experimental gas-cooled reactor / gasgekühlter Versuchsreaktor, *Kernkraftwerkstechnik*

EGD: Elektrogasdynamik

ÈGK [ЭГК]: ⟨russ⟩ èlektrogidravličeskij klapan [электрогидравлический клапан] / elektrohydraulisches Ventil, *Flugzeugausrüstung*

E-Glas: Elektroglas (jetzt: Spezialglas für Glasseide) (Silikatwerkstoff)

EGP: ⟨engl⟩ experimental geodetic payload / experimentelle geodätische Nutzlast (japanisches Satellitenprojekt)

EGR: ⟨engl⟩ exhaust gas recirculation / Abgasrückführung (zu einem erneuten Arbeitsspiel im Zylinder), *Kraftfahrzeugtechnik*

EGR-Anlage: elektrische Gasreinigungsanlage (zur Staubabscheidung), *Umweltschutztechnik*

† EGS: Einheitliches Gefäßsystem (der Elektrotechnik/Elektronik)

EG-Schweißen: Elektrogasschweißen (Schmelzschweißverfahren mit Schutzgas, Sonderform des ↑ MAG-Schweißens)

EGT: 1. Entnahme-Gegendruck-Turbine, *Energietechnik.* – **2.** ⟨engl⟩

exhaust gas temperature / Abgastemperatur, *Luftfahrtantriebe*

EGW: 1. Einwohnergleichwert (Maßzahl des Verschmutzungsgrades von industriellen Abwässern). – **2.** Endgruppenwähler, *Nachrichtentechnik*

EH: 1. einfaches Herzstück, *Eisenbahnoberbau*. – **2.** Einpreßhilfen (für Spannbeton), *Bautechnik*. – **3.** Elektroheizung

EHC: ⟨engl⟩ electrohydraulic control / elektrohydraulische Steuerung

EHCS: ⟨engl⟩ electrohydraulic control system / elektrohydraulisches Steuerungssystem

EHD: ⟨engl⟩ electrohydrodynamic / elektrohydrodynamisch

EHE: elektrohydraulischer Effekt

EHF: ⟨engl⟩ extremely high frequency / extrem hohe Frequenz (30...300 GHz, Millimeterwelle), *Nachrichtentechnik*

EHM: ⟨engl⟩ engine heavy maintenance / Triebwerkhauptinstandsetzung, *Luftfahrtantriebe*

EHO: ⟨engl⟩ extra high output / sehr hohe Lichtausbeute, *Lichttechnik*

EHR: elektrohydraulische Regelung

EHT: 1. Einhärtetiefe (Oberflächenabstand bei dem noch 50% Martensit vorhanden sind), *Werkstofftechnik*. – **2.** ⟨engl⟩ extra-high tension / Höchstspannung, = EHV, *Elektrotechnik*

EHV: ⟨engl⟩ extra-high voltage / Höchstspannung, = EHT 2, *Elektrotechnik*

EHZ: elektronische Haustelefonzentrale

EI 1. ei: ⟨frz⟩ écart inférieur / unteres Abmaß (algebraische Differenz zwischen Kleinstmaß und Nennmaß). – **2.** Eiche, *Holztechnik*

EIA: 1. ⟨engl⟩ electronic interference absorption / elektronische Störunterdrückung (UKW-Empfang). – **2.** ⟨engl⟩ enzyme immunoassay / Enzymimmunoassay (Nachweisverfahren für Substanzen), *Analysenmeßtechnik*

EIA-Code: ⟨engl⟩ Electronic Industries Association code / Code der (amerikanischen) Vereinigung der Elektronikindustrie (zur Verschlüsselung von Informationen)

EIBKW: einfache Innenbogenkreuzungsweiche, *Schienenfahrzeugtechnik*

EID: ⟨engl⟩ equi-illuminating dimming / tageslichtabhängige Beleuchtungssteuerung, *Lichttechnik*

EIDLT: ⟨engl⟩ emergency identification light / Notkennfeuer, *Flugsicherung*

Eig. Bed.: Eigenbedarf (Kraftwerk)

EIL: ⟨engl⟩ emergency identification light / Hinweisleuchte, beleuchtetes Hinweiszeichen (Sicherheitsbeleuchtung), *Lichttechnik*

EIM: ⟨engl⟩ elastomeric insulation material / elastomerisches Isolationsmaterial

Einf.: Einfallen (Neigung einer Lagerstätte in der Erdkruste), *Bergbautechnologie*

Einfsig: (DR), ↑ Esig

Einh Dyn Bel: Einheits-Dynamo-Beleuchtung, *Schienenfahrzeugtechnik*

1D: eindimensional (punktförmig)

Eins DW: einseitige Doppelweiche, *Schienenfahrzeugtechnik*

EIP: ⟨engl⟩ electron image projection / Elektronenbildprojektion (Elektronenstrahllithografie), *Halbleitertechnologie*

ÈIS, ÈLI [ЭИС, ЭЛИ]: ⟨russ⟩ èlektroljuminescentnyj istočnik sveta [электролюминесцентный источник света] / Elektrolumineszenz-Lichtquelle (Elektrolumineszenzlampe)

EISA: ⟨engl⟩ extended industry standard architecture / erweiterte Industriearchitektur (Bussystem bei 32-bit-Computern)

EiV-Anlage: Eigenverständigungsanlage, *Flugzeugausrüstung*

EIW: Elektroingenieurwesen

EJFET: ⟨engl⟩ enhancement-mode junction field-effect transistor / Anreicherungs-Sperrschicht-Feldeffekttransistor, *Mikroelektronik*

EK: 1. Eisenbahnkreuzung (ÖBB). – 2. Elektrokarren. – 3. Emulsionsbildungskapazität / Emulgierkapazität, *Lebensmitteltechnik*. – 4. Erhaltungsklasse, *Eisenbahnoberbau*. – 5. extrakorporaler Kreislauf, *Medizintechnik*

EKAS: Erhöhung der Kanäle durch Ausnutzen der Sprechpausen, *Nachrichtentechnik*

EKD: Eisen-Kohlenstoff-Diagramm, *Werkstofftechnik*

EK-Filter: Entkeimungsfilter, *Analysenmeßtechnik*

EKG, Ekg, ECG: Elektrokardiograf [-kardiografie bzw. -kardiogramm] (Aufzeichnung der Herzaktionsspannungen), *Medizintechnik*

EKK: Einbahnkreisförderer mit Kreuzgelenkkette

EKM: Einkoordinatenmeßmaschine

E-Kohle: Entfärbungskohle

† EKOTAL: Eisenhüttenkombinat-Ost-Stahl (kunststoffbeschichtetes Stahlband)

EKS: 1. Einbahnkreisförderer mit Steckbolzenkette. – 2. Einschaltkurzschlußsicherung, *Elektrotechnik*. – 3. elektrischer Korrosionsschutz. – 4. Elektrokardioskop (Osziliskop zur Sichtbarmachung der Herzaktionsspannung), *Medizintechnik*. – 5. Energiekreisschaltung

EKT: 1. Elektrokardiotachograf (Herzfrequenzmesser), *Medizintechnik*. – 2. Entnahme-Kondensations-Turbine, *Energietechnik*

EKu: elektromagnetische Kupplung

E-Kupfer: Elektrolytkupfer

EKV: Edelmetallkreuzverbinder, *Nachrichtentechnik*

EKW: einfache Kreuzungsweiche, *Schienenfahrzeugtechnik*

el: elektronisch, elektrisch

El: Elektrizität, Elektro- (↑ E 12), Elektronik

EL: 1. ↑ E 19. – 2. Einbauleuchte, *Lichttechnik*. – 3. Eintrittsluke, *technische Optik*. – 4. ⟨engl⟩ electroluminescence / Elektrolumineszenz. – **5.** ⟨engl⟩ electroluminescent lamp / Elektrolumineszenzlampe, (Kondensatorlampe), *Lichttechnik.* – **6.** Elektroluminophor (elektrolumineszierender Leuchtstoff). – **7.** ⟨engl⟩ emergency lighting / Sicherheitsbeleuchtung (Notbeleuchtung). – **8.** Endamtsleitung, *Nachrichtentechnik.* – **9.** Endvermittlungsleitung, *Nachrichtentechnik.* – **10.** ⟨engl⟩ energy loss / Energieverlust. – **11.** Entlüftungsleitung, *Energietechnik.* – **12.** extra leichtflüssig (Dieselkraftstoff, Heizöl)

ELA 1. Ela: Elektroakustik. – **2.** ⟨frz⟩ ensemble de lancement Ariane / Startanlage für Ariane (westeuropäische Trägerrakete), *Raumfahrttechnik*

elb, ELB: erhöht lichtbogen- und berührungsgeschützt

ELB: Endloslochband, *Polygrafie*

el Bel: elektrische Beleuchtung, *Schienenfahrzeugtechnik*

ELBENA: Elektronenbeschleuniger im Nanosekundenbereich, *Kernenergie*

ELC: 1. ⟨engl⟩electronic light control / elektronische Lichtsteuerung. – **2.** ⟨engl⟩ extra low carbon / (Stahl mit) extra niedrigem Kohlenstoffgehalt

ELCD: ⟨engl⟩ evaporative loss control device (Einrichtung zur Verminderung unerwünschten Verdampfens von Kraftstoffen)

ELD: ⟨engl⟩ electroluminescent display / Elektrolumineszenzanzeige

ELEV: ⟨engl⟩ elevation / Höhe über Normalnull, *Luftfahrtnavigation*

ELF: ⟨engl⟩ extra-light flint / Doppelleichtflint (optisches Glas)

ELFC: ⟨engl⟩ electroluminescent ferroelectric cell / elektrolumineszente ferroelektrische Zelle, *Elektronik*

el. FH: elektrischer Fensterheber, *Kraftfahrzeugtechnik*

Elhy-Gerät: elektrohydraulisches Gerät (z. B. zum Betätigen von Bremsen), *Fördertechnik*

Elhz: elektrische Heizung, *Schienenfahrzeugtechnik*

ÈLI [ЭЛИ]: 1. ↑ ÈIS. – **2.** ⟨russ⟩ èlektroljuminescentnaja indikaciâ [электролюминесцентная индикация] / Elektrolumineszenzanzeige

ÈLIC [ЭЛИЦ]: ⟨russ⟩ èlekroljuminescentnyj indikator cifrovoj [цифровой электролюминесцентный индикатор] / digitale Elektrolumineszenzanzeige

ELISA: ⟨engl⟩ enzyme linked immunosorbent assay (heterogener Enzymimmunoassay als spezifisches Nachweisverfahren für Eiweiße), *Analysenmeßtechnik*

ÈLK [ЭЛК]: ⟨russ⟩ èlektroljuminescentnyj kondensator [электролюминесцентный конденсатор] / Elektrolumineszenzlampe (Kondensatorlampe)

Elka: Elektrokarren

Elko: Elektrolytkondensator

ELL: Einlagenleiterplatte

ELLI: Einellipsoid-Dialog (Materialexperiment, Kristallzüchtung an Bord von Space Shuttle, USA)

Ellok, E-Lok: elektrische Lokomotive

elmag: elektromagnetisch

Elmi: ↑ EM 4

Elmo: Elektromotor

ELO: 1. ⟨engl⟩ epitaxial lateral overgrowth / epitaxiales laterales Aufwachsen, *Halbleitertechnologie.* – **2.** epoxidiertes Leinöl (Weichmacher), *Polymertechnik*

E-Lok: ↑ Ellok

Elomag: elektrolytische Oxidation von Magnesium, *Korrosionsschutz*

Eloxal: elektrolytische Oxidation von Aluminium (und Aluminiumlegierungen), *Korrosionsschutz*

ELP: Endlagenprüfer (DB), *Eisenbahnsicherungstechnik*

ÈLP [ЭЛП]: ⟨russ⟩ èlektroljuminescentnaja panel' [электролюминесцентная панель] / Elektrolumineszenzpaneel (Kondensatorlampe)

ELPHR: ⟨engl⟩ experimental low temperature process heat reactor / Niedrigtemperatur-Prozeßwärme-Versuchsreaktor, *Kernkraftwerkstechnik*

ELRASAL: Elektronraffinationssalz, *Gießereitechnik*

ELS: ⟨engl⟩ energy loss spectroscopy / Spektroskopie der Energieverluste (Oberflächenanalyseverfahren)

ELSI: ⟨engl⟩ extra large-scale integration / sehr hoher Integrationsgrad (integrierter Schaltungen), *Mikroelektronik*

El-Signal: Signal für die elektrische Zugförderung, (Eisenbahnsignal)

ELSS: ⟨engl⟩ extravehiculary life support system / Lebenserhaltungssystem für Außenbordaktivitäten (Gemini-Programm, USA), *Raumfahrttechnik*

Els-Schweißen, ES-Schweißen: Elektronenstrahlschweißen (Schmelzschweißverfahren mittels Elektronenstrahl)

Elt, E: Elektrizität

ELT: ⟨engl⟩ emergency locator transmitter / **1.** Platznotsender, *Flugsicherung.* – **2.** Sender zur Ortsbestimmung im Notfall (im System ↑ SARSAT), *Raumfahrttechnik*

ÈLT [ЭЛТ]: ⟨russ⟩ èlektronnolučevaja trubka [электроннолучевая трубка] / Elektronenstrahlröhre, *Elektronik*

Eltwerk, El. W.: ↑ EW 5

ÈLZI [ЭЛЗИ]: ⟨russ⟩ èlektroljuminescentnyj znakovyj indikator [электролюминесцентный знаковый индикатор] / Elektrolumineszenzzeichenanzeige

em: 1. ⟨engl⟩ electromechanical / elektromechanisch. – **2.** emailliert, *Korrosionsschutz*

EM: 1. Einheitsmotor. – **2.** Einseitenbandmodulation, *Nachrichtentechnik.* – **3.** ⟨engl⟩ electromagnetic / elektromagnetisch. – **4. Elmi:** ⟨engl⟩ electron microscopy / Elektronenmikroskopie, *Analysenmeßtechnik.* – **5.** Elektromagnet. – **6.** Elektromotor. – **7.** Elektronenmikroskop[ie]. – **8.** ⟨engl⟩ emission / Emission, Aussendung, *Flugbetrieb.* – **9.** ⟨engl⟩ engineering model / ingenieurtechnisches

Modell, *Raumfahrttechnik*. –
10. (geeignet für) Erdbewegungsmaschinen (Reifenaufdruck). –
11. (Triebfahrzeug-)Erhaltungspark Maschinenwirtschaft

EMA: elektromagnetischer Antrieb

E-MAC: ⟨engl⟩ extended(-definition wide aspect ratio) multiplex[ed] analog[ue] components(Fernsehübertragungsverfahren ↑ MAC 9 mit verbesserter Auflösung und gesteigertem Bildseitenverhältnis)

EMB: 1. Einmannbetrieb. –
2. elektromagnetische Beeinflussung

e.m.c.: ⟨engl⟩ equilibrium moisture contend / (Holz-) Feuchtigkeitsgleichgewicht, (Holz-) Ausgleichsfeuchte

EMC: ⟨engl⟩ electromagnetic compatibility / elektromagnetische Verträglichkeit, ↑ EMV 1

ÈMC [ЭМС]: ⟨russ⟩ èlektromagnitnaâ sovmestimost' [электромагнитная совместимость] / elektromagnetische Verträglichkeit, ↑ EMV 1

EMCDAS: ⟨engl⟩ electromagnetic compatibility data acquisition system / Datenerfassungssystem für elektromagnetische Verträglichkeitsparameter

EMD: ⟨engl⟩ electromotor-driven / elektromotorisch angetrieben

EME: ⟨engl⟩ electromagnetic emission / elektromagnetische Emission

e.m.f.: ↑ † EMF

EMF: 1. Einmodenfaser, *Nachrichtentechnik*. – 2. ⟨engl⟩ electromagnetic field / elektromagnetisches Feld. – 3. ⟨engl⟩ electromagnetic forming / elektromagnetische Umformung. – 4. elektromagnetischer Flußmesser (Blutflußmesser), *Medizintechnik*

† EMF, e.m.f.: ⟨engl⟩ electromotive force / elektromotorische Kraft, ↑ † EMK 2

EMG, Emg: Elektromyograf [-myografie bzw. -myogramm] (Aufzeichnung von Muskelaktionsspannungen), *Medizintechnik*

EMI: ⟨engl⟩ electromagnetic interference / elektromagnetische Störung, *Nachrichtentechnik*

E-Milch: entrahmte Milch, *Lebensmitteltechnik*

EMIT: ⟨engl⟩ enzyme multiplied immunoassay technique (homogener Enzymimmunoassay als spezifisches Nachweisverfahren für Eiweiße), *Analysenmeßtechnik*

EMK 1. **E-MK:** Einlagerungsmischkristall. – 2. Endmeßkombination, *Meßtechnik*

E-MK: ↑ EMK 1

† EMK: 1. Edelmetall-Koordinatenwähler, *Nachrichtentechnik*. –
2. elektromotorische Kraft,
= † EMF (jetzt: Quellenspannung), *Elektrotechnik*

EMKD: Europäischer Mobilkommunikationsdienst

EMKN: Europäisches Mobilkommunikationsnetz

EMO: Elektronenstrahl-Mehrkammerofen, *Metallurgie*

E-Modul: Elastizitätsmodul

EMP: ⟨engl⟩ electromagnetic pulse / elektromagnetischer Puls (bei Kerndetonationen)

EMR, ECMR: Einchip[mikro]rechner, ↑ SCC 3, = SMC 1

EMS: 1. Eiweißmischsilage, *Lebensmitteltechnik*. – **2.** elektromagnetisches Schnellbahnsystem. – **3.** elektromagnetisches Schwebesystem (Magnetbahn). – **4.** elektromagnetische Suszeptibilität (Empfindlichkeit). – **5.** Elektromotorschiff

EMT: 1. ⟨engl⟩ electromechanical transmission / elektromechanische Übertragung. – **2.** Elektromeßtechnik

EMU: 1. ⟨engl⟩ electromagnetic unit / elektromagnetische Einheit. – **2.** elektrischer Meßwertumformer. – **3.** ⟨engl⟩ extravehicular mobility unit / Apparat zur Fortbewegung außerhalb des Fahrzeugs, *Raumfahrttechnik*

EMUF: Einplatinenmikrocomputer für universelle Festprogrammanwendung

EMV: 1. elektromagnetische Verträglichkeit, = CEM, = EMC, = ÈMC (Abschirmung gegen elektromagnetische Störungen). – **2.** elektromagnetisches Verträglichkeitsprogramm (Testsystem für Raumflugkörper)

EMW: ⟨engl⟩ electromagnetic wave / elektromagnetische Welle

EMZG: eingeschossiges Mehrzweckgebäude, *Bautechnik*

EN: 1. Einsteller, *Nachrichtentechnik*. – **2.** Ethylidennorbornen, *Polymertechnik*

END: 1. Einsteller für Koppelnetz, digital, *Nachrichtentechnik*. – **2.** ⟨engl⟩ equivalent neutral density / grauäquivalente (optische) Dichte, ↑ GÄD

Endstw: Endstellwerk, *Eisenbahnsicherungstechnik*

ENE: ⟨engl⟩ eastnortheast / Ostnordost, ↑ ONO

ENFET: 1. ⟨engl⟩ enhancement-mode field-effect transistor / Anreicherungs-Feldeffekttransistor, *Mikroelektronik*. – **2.** ⟨engl⟩ enzyme-sensitive field-effect transistor (Feldeffekttransistor als Sensor für Enzymreaktionen), *Mikroelektronik*

Eng: ↑ ENG 3

ENG: 1. ⟨engl⟩ electronic news gathering / elektronische Bildberichterstattung (Bild-Journalismus). – **2.** Elektroneurografie (Aufzeichnungsverfahren von Nervenaktionspotentialen). – **3. Eng:** Elektronystagmograf [-nystagmogramm] bzw. -nystagmografie [-nystagmogramm] (Aufzeichnung der Augenzitterbewegung), *Medizintechnik*

ENI: ⟨engl⟩ equivalent noise input / äquivalentes Eingangsrauschen, *Nachrichtentechnik*

† Eniac, ENIAC: ⟨engl⟩ electronic numerical integrator and calculator [computer] (erster Rechner mit Elektronenröhren)

ENR: 1. ⟨engl⟩ equivalent noise ratio / äquivalentes Rauschverhältnis, *Nachrichtentechnik*. – **2.** ⟨engl⟩ equivalent noise resistance / äquivalenter Rauschwiderstand, *Nachrichtentechnik*

ENS: elektronischer Niveausensor

ENSI: ⟨engl⟩ equivalent noise sideband input / äquivalente Seitenbandrauschleistung, *Nachrichtentechnik*

EO: 1. ⟨engl⟩ earth orbit / Erdumlaufbahn. – **2.** ⟨engl⟩ electrooptical / elektrooptisch. – **3.** ⟨engl⟩ end office / Endamt, *Nachrichtentechnik*

ÈO [ЭО]: 1. ⟨russ⟩ èlektrogirljanda dlja osveščenija [электрогирлянда для освещения] / Lichtkette, *Lichttechnik*. – **2.** ⟨russ⟩ èvakuacionnoe osveščenie/[эвакуационное освещение] / Evakuierungsbeleuchtung (Sicherheitsbeleuchtung)

EOA: ⟨engl⟩ end of address / Adressenende, *Datenverarbeitung*

EOB: ⟨engl⟩ end of block / Ende eines Blockes, *Datenverarbeitung*

EOC: ⟨engl⟩ electric overhead crane / elektrischer Deckenkran

EOCR: ⟨engl⟩ experimental organic cooled reactor / organisch gekühlter Versuchsreaktor, *Kernkraftwerkstechnik*

EOD: ⟨engl⟩ electronic overcurrent detector / elektronischer Überstromdetektor, *Elektronik*

EOF: ⟨engl⟩ end of file / Dateiende, Ende einer Kartei, *Datenverarbeitung*

E-Ofen: Elektroschmelzofen, *Metallurgie*

EOG, Eog: Elektrookulograf [-okulografie] (Aufzeichnung von Augenbewegungen), *Medizintechnik*

EOL: ⟨engl⟩ end of life / Betriebsende (Lebensdauerende einer Anlage)

EOM: 1. ⟨engl⟩ earth observation mission / Erdbeobachtungsunternehmen (Experimentepaket des Space Shuttle, USA). – **2.** ⟨engl⟩ end of message signal / Meldungsschlußzeichen, *Flugsicherung*

EÒP [ЭОП]: ⟨russ⟩ èlektronnooptičeskij preobrazovatel' [электронно-оптический преобразователь] / elektro-optischer Wandler

EOS: 1. ⟨engl⟩ earth observation satellite / Erdbeobachtungssatellit (Satellitenfunk). – **2.** ⟨engl⟩ electrophoresis operation in space / elektrophoretische Experimente im Weltall (Space-Shuttle-Experiment zur Vorbereitung der Produktion von Pharmazeutika, USA). – **3.** ⟨engl⟩ end of string / Ende der Kette (Datengruppe), *Datenverarbeitung*

ËOS [ЁОС]: ⟨russ⟩ ëmkostnaja oprašivajuščaja sistema [ёмкостная опрашивающая система] / Massenspeicher, *Datenverarbeitung*

EOSS: ⟨engl⟩ earth-orbital space station / Raumstation in der Erdumlaufbahn (frühes USA-Projekt)

EOT: 1. ⟨engl⟩ end of tape / Bandendemarke, *Datenverarbeitung*. – **2.** ⟨engl⟩ end of test / Ende des Tests, *Meßtechnik*. – **3.** ⟨engl⟩ end of transmission / Ende der Übertragung, *Datenverarbeitung*

ep, EP: ⟨engl⟩ explosion-proof / explosionsgeschützt

EP: 1. Einfachprüfverfahren, *Werkstoffprüfung*. – **2.** Einspritzpumpe, *Kraftfahrzeugtechnik*. – **3.** Eintrittspupille, *technische Optik*. – **4. Ephorese:** Elektrophorese (Trennung von Stoffgemischen im elektrischen Feld), *Analysenmeßtechnik*. – **5.** Entladepumpe, *Energietechnik*. –

6. ↑ ep. – 7. **EP-Harz:** Epoxidharz (Gießharz). – 8. evoziertes Potential (durch physikalische Reize erzeugtes Hirnaktionspotential), *Medizintechnik*

EPA: 1. elektronische Platzbuchungsanlage (DB), = ARS/E, = EPV – **2.** Expedient Passagierabfertigung, *Flugbetrieb*

EPAL: ⟨engl⟩ electrical programmable array logic / elektrisch programmierbare Logikanordnung, *Elektronik*

ÈPAS [ЭПАС]: ⟨russ⟩ èksperimental'nyj polët Apollon-Sojuz [экспериментальный полёт Аполлон-Союз] / Apollo-Sojus-Experimentalflug

EPC: ⟨engl⟩ electronic program control / elektronische Programmsteuerung, *Automatisierungstechnik*

EPCU: ⟨frz⟩ ensemble de preparation charges utiles / Nutzlast-Vorbereitungskomplex, *Raumfahrttechnik*

EPD: ⟨engl⟩ electric power distribution / Elektroenergieverteilung

EPDM: Ethylen-Propylen-Dien-(Mono)-Olefinkautschuk, *Polymertechnik*

EPE: elektrostatisches Pulveremaillieren (Oberflächenschutz)

EPF: Expedient Frachtabfertigung, *Flugbetrieb*

EPF-Ruß: ⟨engl⟩ easy processing furnace black / leicht verarbeitbarer Ofenruß, *Polymertechnik*

EPG: Elektropherographie (↑ EP 4 mit festem Trägermaterial), *Analysenmeßtechnik*

EP-Harz: ↑ EP 7

Ephorese: ↑ EP 4

EPI: ⟨engl⟩ electronical position indicator / elektronischer Standortanzeiger, *Luftfahrtnavigation*

EPIC: ⟨engl⟩ etched and polycrystalline-carried integrated circuit / geätzte und polykristallin »getragene« integrierte Schaltung, *Halbleitertechnologie*

EPIC-Verfahren: ⟨engl⟩ epitatic-integrated circuit technique (Epitaxie-Verfahren für integrierte Schaltungen), *Halbleitertechnologie*

EPID: ⟨engl⟩ electrophoretic image display / elektrophoretische Bildwiedergabe (Anzeigedisplay), *Elektronik*

EPIRB: ⟨engl⟩ emergency position indicating radio beacon / Radiobake zur Positionsanzeige im Notfall (im System ↑ SARSAT), *Raumfahrttechnik*

EPL: 1. ⟨engl⟩ electrical parts list / Schaltteilliste, *Elektrotechnik*. – **2.** ⟨engl⟩ electric power line / Starkstromleitung

EPLA: elektronische Platzreservierung, s. a. EPA 1

EPLD: ⟨engl⟩ erasable programmable logic device / lösch- und programmierbarer Logikbaustein, *Elektronik*

EPM: 1. ⟨engl⟩ electric pulse motor / elektrischer Impulsmotor. – **2.** Ethylen-Propylen-Monoolefinkautschuk, *Polymertechnik*

EPMA: ⟨engl⟩ electron probe microanalysis (Sondenmikroanalyse, Oberflächenanalyseverfahren)

EPN: extrahierbarer Proteinstickstoff (Qualitätsbestimmung von Fischerzeugnissen), *Lebensmitteltechnik*

EPNdB: ⟨engl⟩ effective perceived noise decibel / effektiv empfundener Lärmpegel in Dezibel, *Flugbetrieb*

EPNL: ⟨engl⟩ effective perceived noise level / effektiv empfundener Lärmpegel, *Flugbetrieb*

EPO: ⟨engl⟩ earth parking orbit / Parkbahn um die Erde

EPP: Europäischer Palettenpool (international genormte Austausch-Flachpaletten)

EPR: 1. Echtzeitprozeßrechner. – **2.** ⟨engl⟩ electron paramagnetic resonance / elektronenparamagnetische Resonanz (Analyseverfahren). – **3.** ⟨engl⟩ engine pressure ratio / Triebwerksdruckverhältnis, *Luftfahrtantriebe*

EPROM: 1. ⟨engl⟩ electrically programmable read-only memory / elektrisch programmierbarer Nurlesespeicher, *Mikroelektronik*. – **2.** ⟨engl⟩ erasable programmable read-only memory / löschbarer (und) programmierbarer Nurlesespeicher (nichtflüchtiger Festwertspeicher), *Mikroelektronik*

EPS: 1. ⟨engl⟩ electrical power supply / Stromversorgung, *Elektrotechnik*. – **2.** ⟨engl⟩ electrical power system / Elektroenergiesystem, *Raumfahrttechnik*. – **3.** elektrostatisches Pulversprühen (Oberflächenschutz). – **4.** Endpunkt Strecke, *Luftfahrtnavigation*

EPV: elektronisches Platzbuchungsverfahren (ÖBB), ↑ EPA 1

EPZ: Eisenportlandzement (Bindebaustoff)

EQ: ⟨engl⟩ equalization / Entzerrung, *Elektronik*

ER: 1. Eingaberegister, *Datenverarbeitung*. – **2.** Einzelrahmen, *Nachrichtentechnik*. – **3.** Elektroresektion (Schneiden von Gewebe mittels hochfrequenter Ströme), *Medizintechnik*. – **4.** Erle, *Holztechnik*

ERA: ⟨engl⟩ electric response audiometry / elektrische Reizaudiometrie (Gehörprüfung), *Medizintechnik*

ERBS: ⟨engl⟩ earth radiation budget satellite (USA-Satellit zur Bestimmung des Strahlungshaushaltes der Erde)

ERC: ⟨engl⟩ electronic repair center / elektronisches Reparaturzentrum, *Nachrichtentechnik*

ERCC: ↑ ECC 1

ÈRD [ЭРД]: ⟨russ⟩ èlektroraketnyj dvigatel' [электроракетный двигатель] / elektrisches Raketentriebwerk, *Raumfahrttechnik*

EREP: ⟨engl⟩ earth resources experiment package / Erderkundungsexperimentepaket (der USA-Raumstation Skylab)

ERG, Erg: Elektroretinograf [-grafie bzw. -gramm] (Aufzeichnung der Netzhautaktionsspannungen), *Medizintechnik*

ERI: ⟨engl⟩ equivalent reference illuminance / äquivalente Bezugsbeleuchtungsstärke, *Lichttechnik*

ERMA-Katode: ⟨engl⟩ extended red multialkali cathode / Multialkalikatode mit erhöhter Rotempfindlichkeit, *technische Optik*

EROM: ⟨engl⟩ erasable read-only memory / löschbarer Nurlesespeicher, *Mikroelektronik*

EROS: ⟨engl⟩ earth resources observation system / Erdressourcen-Beobachtungssystem, *Raumfahrttechnik*

ERP: ⟨engl⟩ effective radiated power / effektive (tatsächlich) abgestrahlte Leistung

ERs: Eimerkettenbagger auf Raupenfahrwerk, schwenkbar, *Bergbautechnologie*

ERS: 1. Elektronenresonanzspektrometer, *Meßtechnik*. – 2. ⟨engl⟩ environmental research satellite / Umweltforschungssatellit (USA-Satellitenserie, früher: ORS 1, TRS 2). – 3. ⟨engl⟩ European remote sensing / europäische Fernerkundung (Erderkundungs-Satellitenprojekt Westeuropas)

ERSA: Entroll-Richt-Schneideanlage, *Metallurgie*

ERTS: ⟨engl⟩ earth resources technology satellite / Erdsatellit zur Erforschung der Erdressourcen (USA-Satellitenserie)

es: ↑ ES 1

Es: 1 echte Seide, *Textiltechnik*. – 2. Eimerkettenbagger mit Schienenfahrwerk, *Fördertechnik*

ES 1. es: ⟨frz⟩ écart supérieur / oberes Abmaß (algebraische Differenz zwischen Größtmaß und Nennmaß). – 2. **E.S.:** ⟨engl⟩ Edison screw / Edison-Sockel, Schraubsockel, *Lichttechnik*. – 3. (ÖBB), ↑ Esig. – 4. Einlaufschacht, *Straßen- und Tiefbau*. – 5. Einwegstromrichter, *Elektrotechnik*. – 6. ⟨engl⟩ electronic switch / elektronischer Schalter. – 7. elektrischer Steuerwagen (DB). – 8. elektrische Stimulation (Reizung von Nerven und Muskeln), *Medizintechnik*. – 9. Elektronenstrahlschmelzofen. – 10. Elektronenstrahlschweißen. – 11. elektronische Steuerung. – 12. Elektroschiff. – 13. Elektroschock, *Medizintechnik*. – 14. Emissionsspektrometrie (Untersuchungsmethode des von einer Substanz nach Anregung ausgesandten Lichtes), *Analysenmeßtechnik*. – 15. Emulsionsstabilität, *Lebensmitteltechnik*. – 16. Energiesystem. – 17. ⟨engl⟩ energy saver / »Energiesparer«, energiesparende Ausführung (Lampe), *Lichttechnik*. – 18. Erkennungssignal, *Schiffahrt*. – 19. Esche, *Holztechnik*. – 20. Externsatz, *Nachrichtentechnik*. – 21. ⟨engl⟩ extra series / Sonderreihe, Spezialserie

† ES: Einzelschritt, *Nachrichtentechnik*

E.S.: 1. ⟨engl⟩ engine sizing / Stoffleimung (Leimen in der Bütte), *Papiertechnik*. – 2. ↑ ES 2

ESA: 1. ⟨engl⟩ electronic surge arrester / elektronischer Überspannungsbegrenzer. – 2. Elektrodenschweißautomat, *Lichttechnik*. – 3. elektronische Störaustastung (Autoradio). – 4. elektrostatischer Antrieb

ESB: Einseitenband, ↑ SSB

ESC: ⟨engl⟩ electronic speed control / elektronische Geschwindigkeitsregelung

ESCA: ⟨engl⟩ electron spectroscopy for chemical analysis / Elektronenspektroskopie für chemische Analyse, *Analysenmeßtechnik*

E-Schweißen: Elektroschweißen (Schmelzschweißverfahren, Lichtbogenhandschweißen)

ESD: 1. ⟨engl⟩ echo-sounding device / Echoschallgerät, Echolot. – **2.** ⟨engl⟩ electrostatic discharge / elektrostatische Entladung. – **3.** ⟨engl⟩ energy spectral density / spektrale Energiedichte. – **4.** ⟨engl⟩ energy storage device / Energiespeicherelement

ESE: 1. ⟨engl⟩ east southeast / Ostsüdost, ↑ OSO 2. – **2.** Ersatzschalteinrichtung, *Nachrichtentechnik*

† ESEG: Einheitssystem der Elektronik und des Gerätebaus

† ESEN: Einheitliches System elektronischer Nachrichtentechnik

† ESER: Einheitliches System der Elektronischen Rechentechnik

ESÈVM [ЕСЭВМ]: ⟨russ⟩ edinaja sistema èlektronnyh vyčislitel'nyh mašin [единая система электронных вычислительных машин] / Einheitssystem elektronischer Rechner, *Datenverarbeitung*

ESFI: ⟨engl⟩ epitaxial silicon films on insulators / epitaktische Siliciumschichten auf Isolatoren (Herstellung von ↑ CMOS), = SOI, = SOS 2, *Halbleitertechnologie*

ESG: 1. Einscheibensicherheitsglas. – **2.** Einschichtensicherheitsglas. – **3.** Elektroschaltgerät. – **4.** Explosionsschutzgehäuse

ESH: 1. Elektronenstrahlhärtung (Lackhärtung). – **2.** Elektrospeicherheizung

ESHT: Einsatzhärtetiefe, *Werkstofftechnik*

ESI: ⟨engl⟩ equivalent sphere illumination / äquivalente Kugelbeleuchtungsstärke (sphärische Beleuchtungsstärke), *Lichttechnik*

Esig, Einfsig, ES: Einfahrsignal, *Schienenfahrzeugtechnik*

ESK: 1. Edelmetallschnellkontakt (Relais). – **2.** Edelmetall-Schnellrelais-Koppelfeld, *Nachrichtentechnik*

† ESKD 1. [ЕСКД]: ⟨russ⟩ edinaja sistema konstruktorskoj dokumentacii [единая система конструкторской документации] / Einheitliches System der Konstruktionsdokumentation, ↑ ESKD 2. – **2.** Einheitliches System der Konstruktionsdokumentation

ESM: elektronische Seitenmontage, *Polygrafie*

ESMA: Elektronenstrahl-Mikroanalyse, *Werkstoffprüfung*

† ESMP: Einheitliches System der Maschinellen Programmierung

ESMR: ⟨engl⟩ electronically scanning microwave radiometer / Mikrowellenradiometer mit elektronischer Abtastung, *Raumfahrttechnik*

ESO: epoxidiertes Sojaöl (Weichmacher), *Polymertechnik*

ESOP: ⟨engl⟩ evolutionary system for on-line processing / Entwicklungssystem für On-line-Verarbeitung, *Datenverarbeitung*

ESP 1. ⟨engl⟩ efficiency speed power rectifier / Leistungsgleichrichter mit großer Schaltgeschwindigkeit, *Elektronik*. – **2.** ⟨engl⟩ extravehicular support package (autonomes Lebenserhaltungssystem für Ausstiege der Gemini-Astronauten)

ESPAR: ⟨engl⟩ electronically steerable phased array radar / ↑ Radar mit elektronisch gesteuerter, phasengespeister Antennenanordnung, *Nachrichtentechnik*

ESPRIT: Europäisches Strategisches Programm für Forschung und Entwicklung auf dem Gebiet der Informationstechnologien (westeuropäisches Projekt für Rechner der 5. Generation)

ESR: 1. ⟨engl⟩ effective series resistance / effektiver Reihenwiderstand, *Elektrotechnik*. – **2.** einäugige Spiegelreflexkamera, *technische Optik, Feingerätetechnik*. – **3.** ⟨engl⟩ electron spin resonance / Elektronenspinresonanz (Analyseverfahren, Spezialfall der ↑ EPR 2). – **4.** ⟨engl⟩ electroslag remelting furnace / Elektroschlackeumschmelzofen

E-SR: ⟨engl⟩ emulsion synthetic rubber (durch Emulsionspolymerisation hergestellter Synthesekautschuk), *Polymertechnik*

ESRO: ⟨engl⟩ European Space Research Organization / Europäische Organisation für Weltraumforschung (Serie von Erdsatelliten dieser Organisation)

ESRS: ⟨engl⟩ electronic scanning radar system / elektronisch abtastendes (↑) Radar-System, *Nachrichtentechnik*

ESS: 1. ⟨engl⟩ electronic switching system / elektronisches Vermittlungssystem, *Nachrichtentechnik*. – **2.** ⟨engl⟩ experiment support system (zur Steuerung und Kontrolle von Versuchen in der USA-Raumstation Skylab)

ESSA: 1. ⟨engl⟩ Environmental Science Services Administration / Wissenschaftliche Behörde für Umweltprobleme (Bezeichnung für USA-Wettersatellitenserie). – **2.** ⟨engl⟩ environmental survey satellite / Umweltbeobachtungssatellit

ESSB: elastische schwellenlose Schienenbefestigung

ES-Schweißen: 1. Elektroschlackeschweißen (Schmelzschweißverfahren, Widerstandserwärmung bei Stromdurchgang durch Schlackebad). – **2.** ↑ Els-Schweißen

eST: ↑ EST 2

Est: ↑ TES

EST: 1. ⟨engl⟩ eastern standard time / östliche Normalzeit (USA-Zeitzone, = MEZ −6 h, = ET 1). – **2. eST:** elektronischer Starter, *Lichttechnik*. – **3.** Ersatzschaltteil, *Nachrichtentechnik*

ESTD [ЕСТД]: ⟨russ⟩ edinaja sistema tehnologičeskoj dokumentacii [единая система технологической документации] / Einheitssystem der Fertigungsdokumentation

ESTELLE: ⟨engl⟩ extended state transition language / erweiterte Zustandsübergangssprache (formale Spezifikationssprache, Kommunikation in Rechnernetzen)

ESTP: Einheitliches System der Toleranzen und Passungen

† ESTPP [ЕСТПП]: ⟨russ⟩ edinaja sistema tehnologičeskoj podgotovki proizvodstva [единая система технологической подготовки производства] / einheitliches System der technologischen Produktionsvorbereitung

ESTW: elektronisches Stellwerk (DB)

ESU-Verfahren: Elektroschlacke-Umschmelz-Verfahren, *Metallurgie*

ESW: Elektroschlacke-Widerstandserwärmungsverfahren, *Eisenmetallurgie*

ESWL: ⟨engl⟩ equivalent single wheel load / äquivalente Einzelradlast, *Flugmechanik*

et: Elastomertyp (Ausführungsart von Chemiefaserstoffen)

ET: 1. ⟨engl⟩ eastern, time / östliche Zeit, ↑ EST 1. – **2.** Einfriertemperatur, *Polymertechnik.* – **3.** Einlagerungstelegrafie, *Nachrichtentechnik.* – **4.** ⟨engl⟩ electric typewriter / elektrische Schreibmaschine. – **5.** Elektrotechnik. – **6.** Elektrotriebwagen. – **7.** Erregertransformator. – **8.** ⟨engl⟩ external tank / Außentank, *Raumfahrttechnik*

eta: ↑ ETA 3

ETA: 1. elektrothermischer Antrieb. – **2.** Elektro-Triebwagen mit Akkumulatorenbatterie (DB). – **3. eta:** ⟨engl⟩ estimated time of arrival / voraussichtliche Ankunftszeit, *Flugsicherung*

ETC: 1. ⟨engl⟩ earth terrain camera / Kamera für Erderkundung (in der USA-Raumstation Skylab). – **2.** ⟨engl⟩ electronic telephone circuit / elektronische Telefonschaltung (alle wichtigen Funktionen eines Fernsprechapparates auf einem ↑ IC 4). – **3.** ⟨engl⟩ electronic tuning control / elektronischer Suchlauf (automatische Sendersuche im Hörrundfunkempfänger und Autoradio)

ETCM: elektrothermisch-chemisch-mechanisch (Kombinations-Abtragverfahren), *Fertigungstechnik*

ETD, etd: ⟨engl⟩ estimated time of departure / voraussichtliche Startzeit, *Flugsicherung*

ETE: Elektrotauchemaillierung

ETFT: ⟨engl⟩ enhancement-mode thin-film-transistor / Dünnschichttransistor vom Anreicherungstyp (Halbleiterbauelement), *Mikroelektronik*

ETL: 1. Einstrom-Turbinen-Luftstrahltriebwerk, *Energietechnik.* – **2.** ⟨engl⟩ electric traction line / Oberleitung (elektrische Bahnen). – **3.** Elektrotauchlackierung, *Korrosionsschutz.* – **4.** ⟨engl⟩ emitter-follower transistor logic / Emitterfolger-Transistor-Logik (Schaltungstechnik), *Elektronik*

ETMS: einheitliches Telemetriesystem (im Programm Interkosmos), *Raumfahrttechnik*

ETN: ⟨engl⟩ electronic tandem network / elektronisches Tandemnetz, *Nachrichtentechnik*

ETO: 1. elektrischer Torpedo. – **2.** ⟨engl⟩ estimated time of overfly / geschätzte Überflugzeit, *Luftfahrtnavigation*

ETP: ⟨engl⟩ electronic technical publishing / elektronisches Publizieren

ETR: 1. ⟨engl⟩ engineering test reactor / technischer Versuchsreaktor (USA), *Kernkraftwerkstechnik.* – **2.** ⟨engl⟩ estimated time of return / geschätzte Zeit der Rückkehr, *Luftfahrtnavigation*

ETRC: ⟨engl⟩ engineering test reactor critical facility / kritische Anordnung für einen technischen Prüfreaktor, *Kernkraftwerkstechnik*

ETS: 1. elektronischer Temperatursensor. – **2.** ⟨engl⟩ engineering test satellite (japanische Erdsatellitenserie für technische Testzwecke, = † ETV)

ETT: 1. Eintontelegrafie, *Nachrichtentechnik*. – **2.** Entscheidungstabellentechnik (Grundlage für spezifische Software), *Datenverarbeitung*

ETU: 1. Energieträgerumstellung (bezüglich Primärenergieträger). – **2.** Ethylenthioharnstoff (Vulkanisationsbeschleuniger), *Polymertechnik*

ETV: 1. ⟨engl⟩ educational television / Unterrichtsfernsehen (Einsatz des Fernsehens in Ausbildungseinrichtungen). – **2.** ⟨engl⟩ elevating transport vehicle / Hubtransportwagen

† ETV: ⟨engl⟩ engineering test vehicle (japanische Satellitenserie für technische Zwecke, frühere Bezeichnungen für ↑ ETS 2)

ETW: Eintourenwelle, *Verarbeitungsmaschinen*

ETX: ⟨engl⟩ end of text / Textende, *Datenverarbeitung*

EU: 1. Einankerumformer, *Elektrotechnik*. – **2. E.U.:** ⟨engl⟩ energy unit / Energieeinheit

EUE: elektronische Umschalteinrichtung

E & SP: ⟨engl⟩ equipment and spare parts / Ausrüstung und Ersatzteile

ÈUP [ЭУП]: ⟨russ⟩ èlektroukazatel' povorota [электроуказатель поворота] / elektrischer Wendezeiger, *Flugzeugausrüstung*

EUR: Europa (Kennzeichen auf Flachpaletten aus Holz, die für den Austausch innerhalb des ↑ EPP zugelassen sind)

EURECA: ⟨engl⟩ European retrievable carrier / europäischer rückführbarer Träger (Projekt einer westeuropäischen Forschungsplattform, die zur Erde zurückgeholt werden kann), *Raumfahrttechnik*

EUREX: ⟨engl⟩ enriched uranium extraction / Gewinn von angereichertem Uran, *Kerntechnik*

EURONET: ⟨engl⟩ European network for scientific and technical information / Europäisches Datennetz für wissenschaftliche und technische Information

EUT: ⟨engl⟩ equipment under test / Prüfobjekt, *Meßtechnik*

EUTELSAT: ⟨engl⟩ European telecommunications satellite / Europäischer Kommunikationssatellit

EUV, XUV: ⟨engl⟩ extreme ultraviolet / extremes Ultraviolett (kurzer Wellenlänge)

EV: 1. ⟨engl⟩ efficient vulcanization (Vulkanisation mit wenig elementarem Schwefel), *Polymertechnik*. – **2.** Endverarbeitung (in der ↑ BV 1), *Polygrafie*. – **3.** Endverschluß (Kabel). – **4.** Energieversorgung. – **5.** ⟨engl⟩ exposure value / Belichtungswert, *Fototechnik*

EVA: 1. Ethylen-Vinylacetat (Thermoplast). – **2.** ⟨engl⟩ extravehicular activity / Außenbordtätigkeit, *Raumfahrttechnik*

EVALIS: ⟨engl⟩ extended telephone simulation language evaluation listing / Programmsystem zur Aufbereitung, Auswertung und Analyse der Ergebnisse (von Verkehrsbelastungsmessungen), *Nachrichtentechnik*

EVC: Ethylen-Vinylchlorid (Thermoplast)

EVG, eVG: elektrisches Vorschaltgerät, *Lichttechnik*

EVhza: elektrische Vorheizanlage, *Schienenfahrzeugtechnik*

EVM: ⟨engl⟩ Eastman visibility meter / Sicht(barkeits)messer nach A. A. Eastman, *Lichttechnik*

ÈVM [ЭВМ]: ⟨russ⟩ èlektronnaja vyčislitel'naja mašina [электронная вычислительная машина] / elektronische Rechenmaschine

EV-motor: ⟨engl⟩ electric vehicle motor / elektrischer Fahrzeugmotor

EVN: Energieversorgungsnetz

EVR: ⟨engl⟩ electronic video recording / elektronische Videoaufzeichnung

eVS: elektrische Vollschrankenanlage, *Schienenfahrzeugtechnik*

EVS: 1. Einfahrvorsignal (ÖBB). – 2. Energieverbundsystem. – 3. Energieversorgungssystem

EVSt: Endvermittlungsstelle, *Nachrichtentechnik*

EVz: Endverzweiger (Kabel)

EW: 1. einfache Weiche, *Schienenfahrzeugtechnik*. – 2. Einheitswelle (Passungssystem, bei dem alle Wellen einheitlich gefertigt werden), *Fertigungstechnik*. – 3. Einheitswert (für Gebäude), *Bautechnik*. – 4. elektrische Welle, *Elektrotechnik*. – 5. **E-Werk, Eltwerk, El.W.:** Elektrizitätswerk. – 6. Energiewandler, *Verarbeitungsmaschinen*. – 7. Energiewirtschaft. – 8. Erwärmung im Wasserbad (Konservierungsmethode), *Lebensmitteltechnik*

EWA: Einheitswaschanlage, *Schienenfahrzeugtechnik*

E-Werk: ↑ EW 5

eWhz: elektrische Weichenheizung, *Schienenfahrzeugtechnik*

EWK: Einfachlenker-Wippdrehkran

EWS: elektronisches Wählsystem, *Nachrichtentechnik*

EWSA: elektronisches Wählsystem, analog, *Nachrichtentechnik*

EWSD: elektronisches Wählsystem, digital, *Nachrichtentechnik*

EWT: Elektrowärmetechnik

Ex: 1. ⟨engl⟩ exit / Ausgang, *Datenverarbeitung*. – 2. Expreßzug

EXAPT: ⟨engl⟩ extended subset of APT / erweiterte Auswahl aus ↑ APT 3 (technologisch orientierte Programmiersprache für Werkzeugmaschinen)

Ex-Fs: explosionsgeschützte Funkenstrecke

EXOR: Exklusiv-ODER (logische Verknüpfung)

EXOSAT: ⟨engl⟩ European ray observatory satellite / europäischer Röntgenstrahlungs-Beobachtungssatellit [der (west-) Europäischen Weltraumorganisation (ESA)]

Ex-Schutz: Explosionsschutz

Ex-Schweißen: Explosionsschweißen (Hochdruckenergieverfahren unter Einsatz von Sprengstoffen)

Ext: Expreßtriebwagen

EXT: Externbereich, *Nachrichtentechnik*

Extra HD: ⟨engl⟩ extra heavy duty / besonders schwerbelastbare Ausführung (Kennzeichnung für ↑ GKW 2 – und ↑ KOM-Reifen), *Kraftfahrzeugtechnik*

EZ: 1. Elektrozaun. – 2. Erstzulassung, *Kraftfahrzeugtechnik*

EZA: Entladezeitanzeigesystem (Batterieentladezeit)

EZG, eZG: elektronisches Zündgerät, *Lichttechnik*

EZH: elektrische Zusatzheizung, *Silikattechnik*

E-Zug: ↑ E 5

Ezvhz: elektrische Zugvorheizanlage

F

f, F, fil., FIL: ⟨engl⟩ filament / Leuchtdraht (Glühwendel), *Lichttechnik*

F: 1. Faser (Herstellungsform von Chemiefaserstoffen). – 2. ⟨engl⟩ fast / schnell (Bezeichnung an Regulierorganen von Schwingsystemen), *Meßtechnik*. – 3. Fehler (Meßunrichtigkeit, systematischer Fehler). – 4. Fenster, *Bautechnik*. – 5. Fernmeldeleitung, *Straßen- und Tiefbau*. – 6. Ferrit (Gefügename), *Werkstofftechnik*. – 7. Fertigteil, *Bautechnik*. – 8. ⟨engl⟩ file / File, Datei (Folge von Datensätzen). – 9. Filter. – 10. ⟨engl⟩ first class / erste Klasse, *Flugzeugausrüstung*. – 11. ⟨engl⟩ fixed light / Festfeuer, *Luftfahrtnavigation*. – 12. Flächendeckungsgrad (gerasteter Bildflächen), *Polygrafie*. – 13. ⟨engl⟩ flair / geflammt (Kolbenausführung bei Zierformlampen), *Lichttechnik*. – 14. Flammenhärten, *Werkstofftechnik*. – 15. Flint (optisches Glas). – 16. ⟨engl⟩ flow / Durchfluß (Volumen, Masse), *Meßtechnik*. – 17. Flug. – 18. (Abraum-) Förderbrücke. – 19. ⟨engl⟩ foreground / Vordergrundbereich, *Datenverarbeitung*. – 20. [Ф]: ⟨russ⟩ fotolampa (dlja fotografii) [фотолампа (для фотографии)] / Fotolampe (Fotoaufnahmelampe. – 21. Freileitung. – 22. Fremdkühlung. – 23. Fußmaschine, *Lichttechnik*

fa: gefaltet (Ausführungsart von Chemiefaserstoffen)

Fa: Feuerausbreitung (bautechnischer Brandschutz)

FA: 1. ⟨engl⟩ factory automation / automatisierte Fabrik. – 2. Fahrzeugausbesserung, *Schienenfahrzeugtechnik*. – 3. Ferritantenne. – 4. Fertigungsabschnitt. – 5. Fertigungsauftrag. – 6. Fettabsorption, *Lebensmitteltechnik*. – 7. ⟨engl⟩ floating add / Gleitkommaaddition, *Datenverarbeitung*. – 8. Flugauftrag.

FAAR: ⟨engl⟩ forward area alerting radar / Vorflächenalarmradar, *Flugsicherung*

FAAS: ⟨engl⟩ flameless atomic absorption spectroscopy / flammenlose Atomabsorptionsspektroskopie, *Analysenmeßtechnik*

FAC: 1. ⟨engl⟩ facilities / Einrichtungen, Anlagen, *Luftfahrt*. – **2.** ⟨engl⟩ final approach course / Endanflugkurs, *Luftfahrtnavigation*. – **3.** ⟨engl⟩ forward air control / vorgeschobene Flugsicherung

FACE: ⟨engl⟩ field-alterable control element / anwenderprogrammierbares Steuerelement, *Mikroelektronik*

FACS: ⟨engl⟩ fluorescence-activated cell sorter / fluoreszenzaktiviertes Zellensortiergerät, *Analysenmeßtechnik*

FACT: ⟨engl⟩ flexible automatic circuit tester / automatisches Prüfgerät für (integrierte) Schaltungen, *Meßtechnik*

FAD, FEAD: Fernsprechauftragsdienst, *Nachrichtentechnik*

FAF: ⟨engl⟩ final approach fix / Endanflugpunkt, *Luftfahrtnavigation*

FAIF: flexible automatisierte integrierte Fertigung (rechnerunterstütztes Projektierungssystem)

FAK: 1. Fernwärmeauskopplung (Fernwärme aus ↑ KKW), *Energietechnik*. – **2.** Fettadsorptionskapazität, *Lebensmitteltechnik*

FAL: 1. ⟨engl⟩ facilitation of international air transport / Erleichterungen für den internationalen Luftverkehr. – **2.** ⟨engl⟩ flexible automated line / flexible automatisierte Linie (Fertigungseinrichtung)

FAM: 1. ⟨engl⟩ fast access memory / Speicher mit schnellem Zugriff, *Datenverarbeitung*. – **2.** ⟨engl⟩ frequency allocation multiplex / Frequenzmultiplexverfahren, *Nachrichtentechnik*. – **3.** ⟨engl⟩ frequency and amplitude modulation / (gleichzeitige) Frequenz- und Amplitudenmodulation, *Nachrichtentechnik*

FAMOS: ⟨engl⟩ floating-gate avalanche-injection metal-oxide semiconductor / Speicherelement als MOS-Transistor mit isoliertem eingebettetem Gate, *Mikroelektronik*

FAMS: flexibel automatisiertes Montagesystem (bedienarme Montageeinrichtung)

FAPCH: ⟨engl⟩ final approach / Endanflug, *Luftfahrtnavigation*

FAR: Fernanrufrelais, *Nachrichtentechnik*

f.a.s.: ↑ FAS 2

FAS: 1. ⟨engl⟩ flexible assembly system / flexibles Montagesystem, ↑ FMS 7. – **2. f.a.s.:** ⟨engl⟩ free alongside (ship) / frei Längsseite (Schiff)

FAST: ⟨engl⟩ function analysis system technique / funktionale Produktionsplanung

FAT: 1. ferngesteuerter adressierbarer Teilnehmerkonverter (Kabelfernsehen). – **2.** Filmabtaster, *Fernsehtechnik*

FAWS: ⟨engl⟩ flight advisory weather service / Flugwetterberatungsdienst

FAX: ⟨engl⟩ facsimile transmission / Faksimileübertragung (Bildübertragung)

FAZ: 1. Fernamtszeichen, *Nachrichtentechnik*. – **2.** Filmaufzeichnung, *Fernsehtechnik*

fb: 1. feuerbeständig (bautechnischer Brandschutz). – **2.** gefärbt

(Ausführungsart von Chemiefaserstoffen)

Fb: Feuchtebereich (Korrosionsschutz im Betonbau)

FB: 1. Falschfahrbetrieb (DB). – 2. ⟨engl⟩ feedback / Rückkopplung, *Elektronik*. – 3. Feldblende, *technische Optik*. – 4. Fernbedienung. – 5. Fernmeldebau. – 6. Flugbetrieb. – 7. Funktionsbereich, *Verarbeitungsmaschinen*

FBA: Fernmeldebauamt

FBAS-Signal: Farb-, Bild-, Austast- und Synchronsignal (Farbvideosignal), *Fernsehtechnik*

Fbd.: Farbband

F.B.D.: ⟨engl⟩ flat belt drive / Flachriementrieb

FBE: Fernbetriebseinheit (Datenübertragung), *Nachrichtentechnik*

Fbf: Frachtenbahnhof (ÖBB)

FBH: Fußbodenheizung

fbk: gefärbt konvertierbar (Ausführungsart von Chemiefaserstoffen)

Fbmg: Frachtberechnungsmindestmasse (-gewicht), *Eisenbahngüterverkehr*

F.-Boot: Fernlenkboot

FBP: ⟨engl⟩ final boiling point / Siedeendpunkt, *Stofftrenntechnik*

FBR: ⟨engl⟩ fast breeder reactor / schneller Brutreaktor, schneller Brüter, *Kernkraftwerkstechnik*

Fbst.: Farbstoff

F.B.T.: ⟨engl⟩ fuel ballast tank / Treibstoff-Ballast-Tank, *Schiffstechnik*

Fbv: Führerbremsventil, *Schienenfahrzeugtechnik*

FC: 1. ⟨engl⟩ flight control / Flugkontrolle. – 2. ⟨engl⟩ fluor crown / Fluorkron (optisches Glas). – 3. ⟨engl⟩ frequency changer / Frequenzwandler, *Nachrichtentechnik*. – 4. ⟨engl⟩ full-custom / Voll-Kundenwunschentwurf bzw. -schaltkreis, ↑ VKW

FCB: ⟨engl⟩ file control block / Datensteuerblock (vom Betriebssystem verwalteter Speicherbereich), *Datenverarbeitung*

FCC: 1. ⟨engl⟩ flight control centre / Flugkontrollzentrale, Flugleitzentrale. – 2. ⟨engl⟩ flight control computer / Flugüberwachungsrechner (Bordrechner). – 3. ⟨engl⟩ folded capacitor cell / gefaltete Kondensatorzelle (Speicherzellenstruktur), *Halbleitertechnologie*

FCC-Verfahren: ⟨engl⟩ fluidized catalyst cracking process (katalytisches Spalten von Erdöl in Dampfform), *Verfahrenstechnik*

FCES: ⟨engl⟩ flight control electronic system / elektronisches Flugkontrollsystem, *Flugsicherung*

FCI²L: ⟨engl⟩ folded collector-integrated injection logic (Injektionslogik mit »Hilfskollektor«), *Halbleitertechnologie*

FCP: ⟨engl⟩ file control processor / Dateisteuersystem, *Datenverarbeitung*

FCR: 1. ⟨engl⟩ floor cavity ratio / Raumindex für den Bodenraum, *Lichttechnik*. – 2. Folin-Ciocalten-Reagenz (zur Bestimmung von Phenolen in Getränken), *Lebensmitteltechnik*

FCS: 1. ⟨engl⟩ flight control system / Flugkontrollsystem, *Raumfahrttechnik*. – **2.** ⟨engl⟩ frame checking sequence / Blockprüfzeichenfolge (Prüfsummenbildung), *Datenverarbeitung*

FCST: ⟨engl⟩ forecast / Vorhersage, *Flugmeteorologie*

FCT: 1. ⟨engl⟩ field-controlled thyristor / feldgesteuerter Thyristor, *Elektronik*. – **2.** ⟨engl⟩ flat crush test (Flachstauchversuch an Wellpappe), *Verpackungs-, Papiertechnik*

f.d.: 1. ⟨engl⟩ free discharge / freies Löschen (Hafenumschlag). – **2.** ⟨engl⟩ free dispatch / freie Abfertigung, Beförderung (Hafenumschlag)

Fd: Fangdrän, *Melioration*

FD: 1. Fischdampfer. – **2.** Flachdruck, *Polygrafie*. – **3.** ⟨engl⟩ floppy disk / Floppy-Disk (Diskette, flexible Magnetplatte), *Datenverarbeitung*. – **4.** Fotodiode (Halbleiterbauelement), *Elektronik*. – **5.** Frachtdampfer. – **6.** Freilaufdiode, *Elektronik*. – **7.** ⟨engl⟩ frequency divider / Frequenzteiler, *Nachrichtentechnik*

FDC: ⟨engl⟩ floppy disk controller / Floppy-Disk-Steuereinheit, *Datenverarbeitung*

FDDL: ⟨engl⟩ frequency division data link / Frequenzmultiplex-Datenübertragungsverbindung, *Nachrichtentechnik*

† **Fdgr.:** Fundgrube, *Bergbau*

FDI: ⟨engl⟩ flight director indicator / Flugkommandoanzeige, *Flugzeugausrüstung*

FDL: 1. ⟨engl⟩ ferrite diode limiter / Ferritdiodenbegrenzer (Überspannung), *Elektronik*. – **2.** Frischdampfleitung (Wärmekraftwerk)

FDM: ⟨engl⟩ frequency-division multiplex / frequenzaufteilender Multiplexbetrieb, Frequenzmultiplex, ↑ FM 6

FDMA: ⟨engl⟩ frequency division multiple access / Vielfachzugriff im Frequenzmultiplex, *Nachrichtentechnik*

FDOS: ⟨engl⟩ floppy disk operating system / Floppy-Disk-Betriebssystem, *Datenverarbeitung*

FDP: ⟨engl⟩ factory data processing / Betriebsdatenverarbeitung

FDR: 1. ⟨engl⟩ flight data recorder / Flugdatenschreiber, *Flugzeugausrüstung*. – **2.** fortgeschrittener Druckwasserreaktor, *Kernkraftwerkstechnik*

FDS: 1. ⟨engl⟩ flight data system / Flugdatensystem, *Raumfahrttechnik*. – **2.** ⟨engl⟩ flight director system / Flugkommandosystem, *Flugzeugausrüstung*

FDU: ⟨engl⟩ frequency divider unit / Frequenzteilereinheit, *Meßtechnik*

FD-Verfahren: Falschdrahtverfahren (Texturierverfahren), *Textiltechnik*

fe: fest (Konsistenz z.B. von Erdboden), *Bautechnik*

FE: 1. Farinografeneinheit (Meßgerät für Mehlqualität), *Lebensmitteltechnik*. – **2.** Fertigungseinrichtung (Fertigungsmittel). – **3.** Fetteinheit, *Lebensmitteltechnik*. –

4. finites Element, s.a. FEM 3. – 5. Formelement. – 6. Fotoelement

FEA: ⟨engl⟩ finite element analysis / Finite-Elemente-Analyse, s.a. FEM 3

FEAD: ↑ FAD

FEB: ⟨engl⟩ functional electronic block / elektronische Funktionseinheit

FEC: ⟨engl⟩ forward error correction / Vorwärtsfehlerkorrektur (Zuverlässigkeit), *Nachrichtentechnik*

FED: 1. ⟨engl⟩ ferroelectric display / ferroelektrische Anzeige (Anzeigesystem), *Elektronik*. – **2.** ⟨engl⟩ field-effect diode / Feldeffektdiode (Halbleiterbauelement), *Mikroelektronik*. – **3.** Funkentstörungsdienst, *Nachrichtentechnik*

FEDIS: ⟨engl⟩ finite element data interface standard (internationaler Standard zur Verbindung von Produktmodellen und ↑ FEM 3-Programmen)

FEFET: ⟨engl⟩ ferroelectric field-effect transistor / ferroelektrischer Feldeffekttransistor, *Halbleitertechnologie*

FEF-Ruß: ⟨engl⟩ fast extrusion furnace black / Schnellextrusions-Ofenruß, *Polymertechnik*

FEG: Fernsprechgruppe, *Nachrichtentechnik*

FEKG, fEKG: fetale Elektrokardiografie, s.a. EKG, *Medizintechnik*

FEM: 1. Fahrradergometer (stationäres Fahrrad mit Belastungseinrichtung), *Medizintechnik*. – **2.** Feldelektronenmikroskop[ie], *Analysenmeßtechnik*. – **3.** ⟨engl⟩ finite element method / Methode finiter Elemente (Näherungslösungsmethode für konstruktive Berechnungen)

FEP: 1. Flammenemissionsphotometrie, *Analysenmeßtechnik*. – **2.** funktionelle Eigenschaften der Proteine, *Lebensmitteltechnik*

Ferak: Feststoffrakete

FERPIC: ⟨engl⟩ ferroelectric picture / ferroelektrisches Bild (Wiedergabe)

FES: 1. Flammenemissionsspektroskop, *Meßtechnik*. – **2.** funktionelle elektrische Stimulation, *Medizintechnik*

FET: ⟨engl⟩ field-effect transistor / Feldeffekttransistor (Halbleiterbauelement), *Mikroelektronik*

feu: Feuermetallschutzschicht, *Korrosionsschutz*

FÈU [ФЭУ]: ⟨russ⟩ fotoèlektronnyj umnožitel' [фотоэлектронный умножитель] / Foto(elektronen)vervielfacher, Fotovervielfacherröhre

ff.: feuerfest

Ff: Fruchtfaser, *Textiltechnik*

FF: 1. ⟨engl⟩ first flight / Erstflug, *Flugbetrieb*. – **2.** Fließfertigung (Organisationsform der Fertigung). – **3.** Flimmerverschmelzungsfrequenz, = fff, *Lichttechnik*. – **4.** ⟨engl⟩ flip-flop / Flipflop (bistabile Kippschaltung), *Elektronik*. – **5.** freies Fett, *Lebensmitteltechnik*

f.f.a.: ⟨engl⟩ free from alongside / frei von Längsseite (des Schiffes)

FFA: ⟨engl⟩ free fat acid / freie Fettsäure, *Lebensmitteltechnik*

FFC: ⟨engl⟩ feed-forward control / Vorwärtsregelung (Störgrößenaufschaltung), *Automatisierungstechnik*

fff: ⟨engl⟩ flicker fusion frequency / Flimmerverschmelzungsfrequenz, ↑ FF 3

FFF: Fernfunkfeuer, = DPRM, *Flugsicherung*

FF-Ruß: ⟨engl⟩ fine furnace black / feinteiliger Ofenruß, *Polymertechnik*

FFS: 1. Farbfernsehen. – 2. Fischereiforschungsschiff. – 3. flexibles Fertigungssystem (für automatische Fertigung unterschiedlicher Werkstücke), = FMS 5, s.a. FS 7

FFT: ⟨engl⟩ fast Fourier transformation / schnelle Fourier-Transformation

F.F.-Weite, FF-Weite: ⟨engl⟩ front focal distance [length] / vordere Brennweite, *technische Optik*

FFZ: flexible Fertigungszelle, s.a. FZ 1

Fg, Fzg: Fahrgeschwindigkeit

FG: 1. Ferngespräch, *Nachrichtentechnik*. – 2. Fernschaltgerät, *Nachrichtentechnik*. – 3. Feststoffgehalt, *Papiertechnik*. – 4. Funktionsgruppe

FGCS: ⟨engl⟩ fifth generation [of] computer systems / Rechnersysteme der 5. Generation (erste »intelligente« Rechner)

FGGE: ⟨engl⟩ first GARP global experiment / erstes globales ↑ GARP-Experiment, *Raumfahrttechnik*

FGR: fortgeschrittener gasgekühlter Reaktor, *Kernkraftwerkstechnik*

FGS: 1. Fischerei-Fahrzeug- und -Geräte-Station. – 2. Funktionsgruppensteuerung, *Automatisierungstechnik*

FG-Struktur: ⟨engl⟩ floating gate structure / Struktur mit gleitendem Gate (Halbleiterstruktur), *Halbleitertechnologie*

fh: feuerhemmend (bautechnischer Brandschutz)

f.h.: ⟨engl⟩ fore hatch/Vorderluke, *Schiffstechnik*

Fh: Fähre

FH: 1. Fernheizung. – 2. Fh: ⟨engl⟩ flight hour / Flugstunde, *Flugbetrieb*. – 3. Flughafen

F.H.: ⟨engl⟩ free harbour / Freihafen

FHD-Fluid: ⟨engl⟩ ferrohydrodynamic fluid / magnetische Flüssigkeit

FHD-Speicher: ⟨engl⟩ fixed head disk store / Festkopfplattenspeicher, *Datenverarbeitung*

FHP: ⟨engl⟩ friction horse power / Reibungsleistung, *Flugmechanik*

f.h.p.-Motor: ⟨engl⟩ fractional horsepower motor / elektrischer Kleinmotor

FHR: ⟨engl⟩ fixed head video recorder / Videorecorder mit feststehendem Kopf

Fhrwss., Fhrw., Fw: Fahrwasser

Fi: Fique (Mauritiusfaser), = Ms 1

FI: 1. Fichte, *Holztechnik*. – 2. ⟨engl⟩ flow indicated / Volumenstrommessung mit Anzeige, *Regelungstechnik*

FIA: Fluoreszenzimmunoassay

(Nachweisverfahren für Substanzen), *Analysenmeßtechnik*

FIBL: ⟨engl⟩ focussed ion-beam lithography / Lithografie mit fokussiertem Ionenstrahl, *Halbleitertechnologie*

FiBr.: Filterbrunnen, *Bergbautechnologie*

FIC: 1. ⟨engl⟩ film integrated circuit / integrierter Schichtschaltkreis (in Dünn- oder Dickschichttechnik), *Halbleitertechnologie*. – **2.** ⟨engl⟩ flight information centre / Fluginformationszentrale, *Flugsicherung*. – **3.** ⟨engl⟩ flow indicated controlled / Volumenstrommessung mit Anzeige und Regelung, *Automatisierungstechnik*. – **4.** ⟨engl⟩ frequency interference control / Frequenzinterferenzregelung, *Automatisierungstechnik*

FICA: ⟨engl⟩ flow indicated controlled alarmed / Volumenstrommessung mit Anzeige, Regelung und Alarmierung, *Automatisierungstechnik*

FID: 1. Flammenionisationsdetektor, *Meßtechnik*. – **2.** Fotoionisationsdetektor, *Meßtechnik*

FIFO: ⟨engl⟩ first-in-first-out (Speicherprinzip, wonach die zuerst eingegebenen Informationen als erste wieder ausgelesen werden), *Datenverarbeitung*

FIFOR: ⟨engl⟩ flight forecast / Flugwettervorhersage (Gebiet zwischen zwei Flugplätzen; verschlüsselt lt. internationalem Wetterschlüssel)

FIH: Flugzeuginstandhaltung

fil., FIL: ↑ f

FILO: ⟨engl⟩ first-in-last-out (Speicherprinzip, wonach die zuerst eingegebenen Informationen als letzte wieder ausgelesen werden), *Datenverarbeitung*

FILOS-Prozeß: ⟨engl⟩ full implantation local oxidation of silicon process (bipolare Halbleitertechnologie mit Hilfe der Ionenimplantation, *Mikroelektronik*

FIM: 1. ⟨engl⟩ failure indication module / Ausfallanzeigemodul, *Nachrichtentechnik*. – **2.** Feldionenmikroskopie, *Analysenmeßtechnik*. – **3.** Frequenzintermodulation (Klangverzerrungen bei der Schallplattenabtastung)

FIOR-Verfahren: ⟨engl⟩ fluidized [bed] iron ore reduction process / Eisenerzreduktion im flüssigwerdendem Zustand (Direktreduktion), *Eisenmetallurgie*

FIP: ⟨engl⟩ fixed interconnection pattern / Verdrahtung nach festem Verbindungsschema, *Elektronik*

FIPOS: ⟨engl⟩ full isolation by porous oxidized silicon / völlige Isolation durch poröses oxidiertes Silicium, *Halbleitertechnologie*

FIR: 1. fernes Infrarot (etwa 6...15 µm Wellenlänge), = LWIR. – **2.** ⟨engl⟩ flight information region / Fluginformationsgebiet, *Flugsicherung*. – **3.** ⟨engl⟩ flow indicated registrated / Volumenstrommessung mit Anzeige und Registrierung, *Automatisierungstechnik*. – **4.** ⟨engl⟩ food irradiation reactor / Lebensmittelbestrahlungsreaktor

FIRB: ⟨engl⟩ flight information

region boundary / Fluginformationsgebietsgrenze, *Flugsicherung*

FIS: ⟨engl⟩ flight information service / Fluginformationsdienst, *Flugsicherung*

FI-Schutzschalter: Fehlerstromschutzschalter (*I* Stromstärke), *Elektrotechnik*

FiSi: Fichtensulfitzellstoff, *Papiertechnik*

FITS: ⟨engl⟩ flexible integrated tool system / anpassungsfähiges integriertes Werkzeugsystem

FIV: Fahrzeug-Informations- und Vormeldesystem (DB)

fix, FIX: ⟨engl⟩ fixture / Leuchte, *Lichttechnik*

FK: 1. faserverstärkter Kunststoff. − 2. Festkomma, *Datenverarbeitung*. − 3. Fluorkron (optisches Glas). − 4. Flüssigkristall, ↑ LC 5. − 5. Füllkörper (in Stofftrennapparaten)

FKG: Flachkettengewirke, *Textiltechnik*

FKK: Füllkörperkolonne, *Stofftrenntechnik*

Fkl: Federklemme, *Eisenbahnoberbau*

Fkl.: Funkelfeuer (Leuchtfeuer, Seezeichen)

Fkm: Flugkilometer, *Flugbetrieb*

FKM: ⟨engl⟩ fluoro rubbers / Fluorkautschuk, *Polymertechnik*

F-Kohle: Filter-Kohle (Aktivkohle), *Energietechnik*

Fkp: Formkabelplan (Schaltplanart; Fertigungsunterlage), *Elektronik*

FKS: 1. Fertigungskleinsystem (integrierte, außenverkettete Fertigungs- oder Struktureinheit). − 2. Festkörperschaltkreis, *Mikroelektronik*

fKTG: fetale Kardiotachografie, s. a. KTG, *Medizintechnik*

Fktr: Fischkutter

FKW: Fluorchlorkohlenwasserstoff

fl: 1. flach (Ausführungsart von Chemiefaserstoffen). − 2. flüssig (Konsistenz z. B. von Erdboden), *Bautechnik*

Fl: 1. flach (konstanter Rechteckquerschnitt), *Fertigungstechnik*. − 2. Flachkiel. − 3. Flachlasche, *Eisenbahnoberbau*. − 4. FL: Flachs, *Textiltechnik*. − 5. Fischlogger. − 6. Flügel (Luftfahrzeug)

FL: 1. Festkörperlaser. − 2. ↑ Fl 4. − 3. ⟨engl⟩ flashing light / Blitzfeuer, *Luftfahrtnavigation*. − 4. ⟨engl⟩ flight level / Flugfläche, *Luftfahrtnavigation*. − 5. ⟨engl⟩ flood / breiter Ausstrahlungswinkel, Breitstrahlcharakteristik (Reflektorglühlampe). − 6. ⟨engl⟩ floodlight / Breitstrahler (Leuchte). − 7. ⟨engl⟩ fluorescent lamp / Leuchtstofflampe. − 8. Freileitung (oberirdisch verlegt), *Energietechnik*

Fla: Fahrleitungsarbeiten

FLAD: ⟨engl⟩ fluorescence-activated display / fluoreszenzaktivierende Anzeige (Flüssigkristall-Anzeigebauelement), *Elektronik*

FLAR: ⟨engl⟩ forward looking airborne radar / vorausschauendes Bord-(↑)Radar, *Flugzeugausrüstung*

FLC-Anzeige: ⟨engl⟩ ferroelectric liquid crystal display / ferroelektrische Flüssigkristallanzeige, *Elektronik*

† **FLEETSATCOM:** ↑ FLTSATCOM

FLG: ⟨engl⟩ flashing / blinkend, *Flugbetrieb*

Flgmst.: Flaggenmast, *Schiffstechnik*

Flgz.Tr.: ↑ FTr.

FLIR: ⟨engl⟩ forward looking infrared / vorausschauendes Infrarot, *Flugzeugausrüstung*

fl. lt., Fl. Lt.: ⟨engl⟩ flashing light [flash light] / Blitzlicht, *Lichttechnik*

Flm: 1. Fahrleitungsmeisterei. – 2. Fluorimetrie, Fluorometrie (Analyseverfahren unter Ausnutzung der Intensität der Fluoreszenzstrahlung), *Analysenmeßtechnik*

FLOPS: ⟨engl⟩ floating point operations per second / Gleitkommaoperationen je Sekunde, *Datenverarbeitung*

Flotox: ⟨engl⟩ floating gate tunneloxide / »schwebendes« Gatetunneloxid (Speicherzellen-Struktur), *Halbleitertechnologie*

FLP: ↑ FP 9

FLR: 1. fahrbare Eisenbahnladerampe. – 2. Fertigungsleitrechner

FlS: Flüssigkeitssäule, *Energietechnik*

FLS: ⟨engl⟩ flashing light system / Blitzfeueranlage, *Lichttechnik*

f. lt., F. Lt.: ⟨engl⟩ fixed light / Festfeuer (Leuchtfeuer, Seezeichen)

FLT: 1. ⟨engl⟩ fault location technology / Fehlerlokalisierungstechnologie. – 2. ⟨engl⟩ flight / Flug

FLTSATCOM, † **FLEETSATCOM:** ⟨engl⟩ fleet satellite communications (Satelliten-Fernmeldesystem der USA-Marine)

Flu: Fahrleitungsunterhaltungsstelle

† **Flürak:** ↑ FR 2

Flzg: Flugzeug

F.m.Blk.: Festfeuer mit Blinken (Seezeichen)

FM: 1. Fahrleitungsmängel. – 2. ⟨engl⟩ fan marker / Fächermarkierungssender, *Flugsicherung*. – 3. Fertigungsmittel. – 4. Feuchtmasse, *Lebensmitteltechnik*. – 5. ⟨engl⟩ frequency modulation / Frequenzmodulation, *Nachrichtentechnik*. – 6. ⟨engl⟩ frequency multiplex / Frequenzmultiplex, = FDM, = FMX, *Nachrichtentechnik*

FMA: 1. Feldstärkemeßantenne. – 2. Fernmeldeamt. – 3. Fernmeldeanschluß. – 4. flexibler Montageabschnitt

FMC: 1. ⟨engl⟩ flexible manufacturing cell / flexible Fertigungszelle. – 2. ⟨engl⟩ flight management computer / Flugleitungsrechner, *Flugsicherung*

FME: Fehlermeldung extern, *Datenverarbeitung*

FMK: Fertigungsmittelkonstruktion

FMPT-Experiment: ⟨engl⟩ first materials processing technology experiment / erstes Experiment zur Materialverarbeitungstechnologie (japanisches Projekt), *Raumfahrttechnik*

FMPU [ФМПУ]: ⟨russ⟩ faktičeskij magnitnyj putevoj ugol [фактический магнитный путевой угол] / tatsächlicher magnetischer Wegwinkel, *Luftfahrtnavigation*

FMR: ferromagnetische Resonanz

FMS: 1. Fernmeldesatellit. – **2.** ⟨engl⟩ fetal monitoring system / fetales Überwachungssystem, *Medizintechnik*. – **3.** ⟨engl⟩ file management system / Dateiverwaltungssystem, *Datenverarbeitung*. – **4.** Fischereimotorschiff. – **5.** ⟨engl⟩ flexible manufacturing system / flexibles Fertigungs-(Maschinen-)System, ↑ FFS 3. – **6.** flexibles (rechnergeführtes) Maschinensystem. – **7.** flexibles Montagesystem (für wechselnde Erzeugnisse), = FASA 1. – **8.** Frachtmotorschiff. – **9.** Funken-Massenspektroskopie [-spektrometrie], *Meßtechnik*

FMT: 1. Farbmeßtechnik. – **2.** Fernmeldeturm

FM-Verfahren: Fremdzündungs-Mittenkugel-Verfahren (Verbrennungsverfahren für Dieselmotoren), *Kraftfahrzeugtechnik*

FMW: Fahrleitungsmontagewagen (Schienenfahrzeug)

FMX: Frequenzmultiplex, ↑ FM 6

FN: 1. Fernnetz, *Nachrichtentechnik*. – **2.** Flugnachbereitung, *Flugbetrieb*. – **3.** Funknavigation

FNA: ⟨engl⟩ final approach / Endanflug, *Luftfahrtnavigation*

Fnkmst: Funkmast, *Schiffstechnik*

FNP: ⟨engl⟩ floating nuclear plant / schwimmendes Kernkraftwerk

FO: 1. Fehlordnung (im Kristallaufbau), *Werkstofftechnik*. – **2.** Flugorganisation, *Flugbetrieb*. – **3.** ↑ FOK. – **4.** Funkortung

FOB: ⟨engl⟩ fast oxide breeder / schneller Oxidbrüter, *Kernkraftwerkstechnik*

FOC: 1. ⟨engl⟩ faint object camera / Kamera für lichtschwache Objekte (Gerät von ↑ ST 3), *Raumfahrttechnik*. – **2.** ⟨engl⟩ fiberoptic catheter / fiberoptischer Katheter, *Medizintechnik*

FOCAL: ⟨engl⟩ formulating on-line calculations in algebraic language / Programmiersprache für die Berechnung algebraischer Ausdrücke

FOK, FO: Fußbodenoberkante (bei Schienenfahrzeugen)

FOM: ⟨engl⟩ flight operation manual / Flugbetriebshandbuch

FOP: flüssige, oxidierende Phase (Teigbereitung), *Lebensmitteltechnik*

FORDSAT: ⟨engl⟩ Ford Aerospace Corporation Communication satellite / Kommunikationssatellit der Ford Aerospace Corporation (USA)

FORMAC: ⟨engl⟩ formula manipulation compiler / Compilerprogrammumsetzung, *Datenverarbeitung*

FORMAL: ⟨engl⟩ formula manipulation language / Formelmanipulationssprache (Programmiersprache)

FORTRAN: ⟨engl⟩ formula translation / Formelübersetzung (problemorientierte Programmiersprache für numerische Mathematik und kommerzielle Datenverarbeitung)

FOS 1. fs, FS: ⟨engl⟩ factor of

safety / Sicherheitsfaktor (Sicherheitskoeffizient), = FS 1. – 2. ⟨engl⟩ faint object spectrograph / Spektrograf für lichtschwache Objekte (Gerät von ↑ ST 3), *Raumfahrttechnik*. – 3. Film ohne Schicht, *Polygrafie*

FOV: ⟨engl⟩ field of view / Gesichtsfeld

fp, f.p., FP: 1. ⟨engl⟩ flameproof / 1. flammenbeständig, flammsicher. – 2. schlagwettergeschützt. – 2. ⟨engl⟩ fireproof / feuerfest, feuerbeständig

Fp: Funktionsschaltplan (Schaltplanart zur Darstellung der Funktion einer Anlage), *Elektrotechnik*

FP: 1. Feinprofil (von Reifen). – **2.** Fertigungsplanung. – **3.** Fertigungsprozeß. – **4.** Festpunkt (für Fernwärmerohrleitungen), *Energietechnik*. – **5.** Flachpalette. – **6.** Flammpunkt. – **7.** ⟨engl⟩ flat pack [flat package] / Flachgehäuse (für ↑ IS 2), *Halbleitertechnologie*. – **8.** ⟨engl⟩ fligth plan / Flugplan. – **9.** FLP: ⟨engl⟩ floating point / Gleitkomma, = GK 3, *Datenverarbeitung*. – **10.** ⟨engl⟩ fore [forward] perpendicular / vorderes Lot, *Schiffstechnik*. – **11.** ↑ fp 1, 2. – **12.** ⟨engl⟩ freezing point / Gefrierpunkt. – **13.** ⟨engl⟩ fusion power / Fusionsenergie, *Kerntechnik*. – **14.** Futtertischplatte, *Bautechnik*

FPA: ⟨engl⟩ floating point arithmetic / Gleitkommaarithmetik, *Datenverarbeitung*

FPG: Fertigungsprozeßgestaltung

FPGA: ⟨engl⟩ field-programmable gate array / anwenderprogrammierbares Verknüpfungsfeld (anwenderspezifische integrierte Schaltung), *Mikroelektronik*

Fpl: Fahrplan

FPL: 1. ⟨engl⟩ filed flight plan / aufgegebener Flugplan. – **2.** Flugplan, *Flugsicherung*

Fplä: Fahrplanänderung

FPLA: ⟨engl⟩ field-programmable logic array / anwenderprogrammierbares Logikfeld (Schaltungstechnik), *Mikroelektronik*

FPLF: ⟨engl⟩ field-programmable logic family / anwenderprogrammierbare Logik (Schaltungsfamilie), *Mikroelektronik*

F.Plg.: Funkpeilung

FPLS: ⟨engl⟩ field-programmable logic sequenzer / anwenderprogrammierbarer Logiksteuerbaustein (↑ FPLA mit Zusatzbaustein für Schaltungsaufbau), *Mikroelektronik*

FPP: ⟨engl⟩ floating-point package (Softwarepaket für Gleitkommaarithmetik), *Datenverarbeitung*

f.p.s.: ⟨engl⟩ frames per second / Bilder je Sekunde

FPS: 1. Festplattenspeicher, *Datenverarbeitung*. – **2.** freiprogrammierbare Steuerung, *Automatisierungstechnik*

FPU 1. [ФПУ]: ⟨russ⟩ faktičeskij putevoj ugol [фактический путевой угол] / tatsächlicher Wegwinkel, *Luftfahrtnavigation*. – **2.** ⟨engl⟩ floating point unit / Gleitkommaeinheit, *Datenverarbeitung*

FR: 1. ⟨engl⟩ failure rate / Ausfallrate (Zuverlässigkeit). – **2.** † Flürak: Flüssigkeitsrakete. – **3.** Forschungsreaktor, *Kernkraft-*

werkstechnik. – **4.** ⟨engl⟩ frequency response / Übertragungsfrequenzgang (Frequenzbereich), *Nachrichtentechnik*. – **5.** Funkraum

FRA: Fahrtrichtungsanzeiger

FRB: Fernröntgenbild, *Medizintechnik*

FRC: ⟨engl⟩ functional redundancy checking / Funktionsprüfung durch Redundanz, *Meßtechnik*

FRED: 1. ⟨engl⟩ fast recovery epitaxial diode / schnelle Recovery-Epitaxialdiode (Halbleiterbauelement), *Elektronik*. – **2.** ⟨engl⟩ figure reading electronic device / elektronisches Ziffernlesegerät

FR 1: ⟨frz⟩ France 1 / Frankreich 1 (französischer Erdsatellit)

FREQ, freq: ⟨engl⟩ frequency / Frequenz, *Luftfahrtnavigation*

FRG: Fernräumgerät

FRK: Flachreedkontakt (gasgeschützter Kontakt), *Elektrotechnik*

FRL: Feuchtraumleuchte

FRNG: ⟨engl⟩ firing / Schießen, Sprengung, *Luftfahrt*

FROM: ⟨engl⟩ factory programmable read-only memory / vom Hersteller programmierter Nurlesespeicher (Festwertspeicher), *Mikroelektronik*

frp: ⟨engl⟩ fibre-glass reinforced plastics / glasfaserverstärkte Kunststoffe

FRP: ⟨engl⟩ fibre-glass reinforced polyester / glasfaserverstärktes Polyester

FRS: Fernseh-Rundfunk-Satellit

Frt.: Fracht

Fr.W.Tk.: ↑ F.W.T.

fs: 1. feinheitsschwankend (Ausführungsart von Chemiefaserstoffen). – **2. FS:** ↑ FOS 1

Fs: ⟨engl⟩ fissium / Fissium (synthetisches Spaltproduktgemisch), *Kerntechnik*

FS 1. F.S.: ⟨frz⟩ facteur de sécurité / Sicherheitsfaktor (Sicherheitskoeffizient), = FOS 1. – **2.** Fährschiff. – **3.** Feinsicherung. – **4.** Fernschreiber. – **5.** Fernsehen, ↑ TV 2. – **6.** Fertigungssteuerung. – **7.** Fertigungssystem (Zusammenfassung von Werkzeugmaschinen zur komplexen Bearbeitung von Werkstücken). – **8.** Fettsäure, *Polymertechnik*. – **9.** Flugsicherung. – **10.** Flußschnellboot. – **11.** Forschungsschiff. – **12. [ФС]:** ⟨russ⟩ fotosoprotivlenie [фотосопротивление] / Fotowiderstand, *Elektronik*. – **13.** ↑ F.St. – **14.** Funkenstrecke

FSA: 1. Feinspannungsableiter, *Elektrotechnik*. – **2.** Flachstapelanleger, *Polygrafie*

FSB: Fischereischutzboot

FSC: ⟨engl⟩ full-scale range / gesamter Skalenbereich, *Meßtechnik*

Fsch: ↑ Fz 2

F.Sch., FSch: Feuerschiff (Spezialschiff, das als Seezeichen dient)

FSE: Fernsehempfänger

FSF: ⟨engl⟩ fuel storage facility / Brennelementlager, *Kerntechnik*

FSG: Funktionsszintigrafie (Funktionsprüfung mittels Radioisotopen), *Medizintechnik*

F-Signal: Farbartsignal, *Fernsehtechnik*

FSK: ⟨engl⟩ frequency shift keying / Frequenzumtastung, *Nachrichtentechnik*

FSL: ⟨engl⟩ full stop landing / Abschlußlandung, *Flugbetrieb*

FSLP: ⟨engl⟩ first Spacelab payload (westeuropäischer Nutzlastanteil für den ersten ↑ Spacelab-Einsatz), *Raumfahrttechnik*

FSM: 1. fahrbare Abbrennstumpfschweißmaschine, *Eisenbahnoberbau*. – 2. Frostschutzmittel (Zusatz zu Beton und Mörtel)

f.s.p.: ⟨engl⟩ fibre saturation point / Fasersättigungspunkt, *Papiertechnik*

FSR: 1. ⟨engl⟩ fast source reactor / Reaktor mit schneller Neutronenquelle, *Kernkraftwerkstechnik*. – 2. ⟨engl⟩ field strength ratio / Feldstärkeverhältnis, *Meßtechnik*

FSS: 1. ⟨engl⟩ flight service station / (Flug-) Wartungsstation, *Flugbetrieb*. – 2. ⟨engl⟩ flying-spot scanner / Lichtpunktabtaster (Fernsehfilmabtaster)

Fst: Filterstrecke, *Melioration*

F.St., FS: Funkstelle, *Schiffahrt*

FST: ⟨engl⟩ flat square tube [full square tube] / flache [superflache], rechteckige Fernsehbildröhre

Fstm-Tn.: Festmachetonne, *Schiffahrt*

FSTV: ⟨engl⟩ fast scan television / Fernsehen mit schneller Abtastung (Gesamtheit der Fernsehverfahren mit Abtastung auf Fernsehnormbasis)

FSVFT: ⟨engl⟩ frequency shift voice-frequency telegraph / Telegrafie durch Frequenzumtastung im Sprachfrequenzbereich, *Nachrichtentechnik*

FSZ: Fernsteuerzentrale (DB), *Eisenbahnsicherungstechnik*

ft: Feintyp (Ausführungsart von Chemiefaserstoffen)

f.t.: ⟨engl⟩ full terms / volle, übliche Bedingungen

FT: 1. Fertigteil, Fertigungsteil. – 2. ⟨engl⟩ flametint / geflammt (Kolbenausführung bei Zierformlampen), *Lichttechnik*. – 3. Fließtemperatur, *Polymertechnik*. – 4. Flugtechnik. – 5. Fototransistor (Halbleiterbauelement), *Elektronik*. – 6. F.T.: Funktelegrafie

FTB: Filmträgerbonden, ↑ ATCB

FTC: ⟨engl⟩ fault tolerant computing / fehlertolerantes Rechnen

FTM: 1. Flurtransportmittel. – 2. ⟨engl⟩ frequency time modulation / Frequenzzeitmodulation, *Nachrichtentechnik*

FTr., Flgz.Tr.: Flugzeugträger

FTR: 1. ⟨engl⟩ functional throughput rate / funktionelle Datendurchsatzrate (als Maßzahl für hochintegrierte Schaltungen), *Halbleitertechnologie*. – 2. Funktelegrafieraum

FTS: 1. fahrerloses Transportsystem. – 2. ⟨engl⟩ field task simulator / Sehfeldsimulator, *Lichttechnik*

FT-Sensor: ⟨engl⟩ frame transfer sensing element / Sensor mit Bildübertragung (Festkörperbildsensor), *Mikroelektronik*

fü: Fremdluftüberdruck (Schutzart elektrischer Betriebsmittel)

FU: 1. Fertigungsunterlagen, s.a. TFU. – **2.** ⟨engl⟩ flight unit / Flugeinheit, *Raumfahrttechnik*. – **3. [ФУ]:** ⟨russ⟩ fotouveličitel'naja lampa [фотоувеличительная лампа] / Bildvergrößerungslampe. – **4.** Frequenzumsetzer, Frequenzumformer, *Nachrichtentechnik*. – **5.** Fundamenterder, *Elektrotechnik*. – **6.** ⟨engl⟩ fuse / (Schmelz-) Sicherung, *Elektrotechnik*

FÜ: 1. Fernübertragungssystem, *Nachrichtentechnik, Datenverarbeitung*. – **2.** Fernüberwachung, *Eisenbahnsicherungstechnik*. – **3.** Flugüberwachung

FuFeAs: Funkfernsprechanschluß

FuFeD: Funkfernsprechdienst

FuGt: Funkgerät

FUKO: Funkkonzentrator

fup: ⟨engl⟩ fusion point / Schmelzpunkt, ↑ mp

FUP: Funktionsplan (grafische Ablaufdarstellung), *Automatisierungstechnik*

FUR: Fehlerunterbrechungsroutine, *Datenverarbeitung*

FU-Schutzschalter: Fehlerspannungsschutzschalter (*U* Spannung), *Elektrotechnik*

FuSt, FUST: Funkstelle

FuÜST: Funkübertragungsstelle

FuVB: Funkverkehrsbereich

fUw: fahrbares Unterwerk (Bahnstromversorgung), *Schienenfahrzeugtechnik*

FV: 1. Fertigungsvorbereitung. – **2.** Fertigungsvorschrift. – **3.** Flugvorbereitung, *Flugbetrieb*

FVD: Fernsprechvermittlungsdienst

FVE: Fernverkehrseinheit, *Nachrichtentechnik*

FVF: Film-Verstärkerfolie (für Röntgenaufnahmen), *Medizintechnik, Werkstoffprüftechnik*

FVk: Fernverbindungskabel, *Nachrichtentechnik*

FVS: Fang- und Verarbeitungsschiff

FVSt: Fernvermittlungsstelle, *Nachrichtentechnik*

FVW: Faserverbundwerkstoff

fw: 1. elementarfadenverwickelt (Ausführungsart von Chemiefaserstoffen). – **2.** Feuerwiderstand (bautechnischer Brandschutz)

Fw 1. FW: Fehlweisung (↑ mw. und örtliche Ablenkung), *Schiffahrt*. – **2.** Fernmeldewerkstatt. – **3.** ↑ Fhrwss.

FW: 1. Fahrwerk (Flugzeug). – **2.** Fernwärme, *Energietechnik*. – **3.** Festwertspeicher, *Datenverarbeitung*. – **4.** Flußwechsel (Wechsel der Magnetisierung in magnetomotorischen Digitalspeichern zur Aufzeichnung/Wiedergabe eines oder mehrerer Bits). – **5.** Fotowiderstand (Halbleiterbauelement), *Elektronik*. – **6.** ↑ Fw 1

FWA: 1. Fernwählamt, *Nachrichtentechnik*. – **2.** Fernwärmeabnehmer. – **3.** Fernwärmeanschluß, *Energietechnik*

FWD: Flugwetterdienst, *Flugmeteorologie*

F/W-E: Fett/Wasser-Emulsion, *Lebensmitteltechnik*

F-Wert: Fahrenheit-Wert (Sterilisationseffekt in Minuten, bezogen auf 250 °F (121,1 °C), *Lebensmitteltechnik*

FWG: Fensterwaschgerät, *Schienenfahrzeugtechnik*

FWKL: Feuerwiderstandsklasse (bautechnischer Brandschutz)

Fwl: Fernwahlleitung, *Nachrichtentechnik*

FWN: Fernwärmenetz, *Energietechnik*

FWR: Fehlerwortregister, *Datenverarbeitung*

FwS: Fernwählsystem, *Nachrichtentechnik*

FWS: Fernwärmesystem, *Energietechnik*

FWT: Fernwirktechnik (Telemechanik), *Automatisierungstechnik*

F.W.T., Fr.W.Tk.: Frischwassertank, *Schiffstechnik*

FWV: Fernwärmeversorgung, *Energietechnik*

fx: fixiert (Ausführungsart von Chemiefaserstoffen)

FXPU: ⟨engl⟩ fixed-point unit / Festkommaeinheit (Einheit für das Rechnen mit Festkomma), *Datenverarbeitung*

Fz: 1. (Schienen-) Fahrzeug. – **2. Fsch:** Federschienenzunge, *Eisenbahnoberbau*

FZ: 1. Fertigungszelle (automatisch arbeitende Fertigungseinrichtung zur kompletten Bearbeitung von Werkstücken). – **2.** Flugzeit, *Luftfahrtnavigation*

FZA: Fernmeldezentralamt

Fzg: ↑ Fg

FZMP: Fahrzeitmeßpunkt, *Eisenbahnbetriebstechnologie*

Fz-Signal: Signal an den einzelnen Fahrzeugen (Eisenbahnsignal)

Fzt: Fahrzeit

FZ-Verfahren: ⟨engl⟩ floating-zone melting / Zonenschmelzverfahren (zur Kristallzüchtung), *Halbleitertechnologie*

G

G: 1. Garn (Anhängekurzzeichen). – **2.** Gasleitung für Niederdruck (Straßen- und Tiefbau). – **3.** ⟨engl⟩ gate / Gatter, Tor (Feldeffekttransistor), *Elektronik*. – **4.** [Г]: ⟨russ⟩ gazopolnaja lampa [газополная лампа] / gasgefüllte (Glüh-)Lampe. – **5.** geglüht, weichgeglüht, *Werkstofftechnik*. – **6.** Generator, *Elektrotechnik*. – **7.** Gipsbinder (Baustoff). – **8. gl.:** ⟨engl⟩ glass / Glas. – **9.** ↑ GL 6. – **10.** Griff (Teil einer Arbeitsoperation, Arbeitsverrichtung). – **11.** Größtmaß (zulässiges Grenzmaß einer meßbaren Größe). – **12.** Gülle, *Melioration*. – **13.** Guß. – **14.** ↑ Gz 2

Ga: Güterabfertigung

GA: 1. ⟨engl⟩ gate array / Gate-Torschaltung, Gate-Matrix (kundenbeeinflußbarer, mit standardisierten Funktionseinheiten vorgefertigter Universalschaltkreis), *Mikroelektronik*. – **2. GAA:** Gemeinschaftsantenne(nanlage). –

3. Gesamtaminosäuren, *Lebensmittelttechnik*. – 4. [ГА]: ⟨russ⟩ giroskopičeskij agregat [гироскопический агрегат] / Kreiselgerät, *Flugzeugausrüstung*. – 5. Gleisauswechslung. – 6. ⟨engl⟩ glide angle / Gleitwinkel, *Flugmechanik*. – 7. Glutaraldehyd (bei Untersuchung von Enzymen), *Lebensmittelttechnik*. – 8. [ГА]: ⟨russ⟩ graždanskaja aviacija [гражданская авиация] / zivile Luftfahrt, = † GVF. – 9. gußeisernes Abflußrohr, *Bautechnik*

G/A: ⟨engl⟩ ground-to-air communication / Einweg-Boden-Bord-Verkehr, *Flugsicherung*

GAA: ↑ GA 2

GAB: Gefälleausgleichsbremse, *Schienenfahrzeugtechnik*

GABA: ⟨engl⟩ γ-aminobutteracid / Aminosäure im Fruchtsaft (zur Aufdeckung von Verfälschungen und Verdünnungen), *Lebensmittelttechnik*

GÄD: grauäquivalente (optische) Dichte, = END2, *Polygrafie*

GAFOR: ⟨engl⟩ general aviation forecast / Vorhersage für die allgemeine Luftfahrt, *Flugbetrieb*

GAG [ГАГ]: ⟨russ⟩ giroazimutgorizont [гироазимутгоризонт] / Horizontkreisel, (Gyroazimuthorizont), *Flugzeugausrüstung*

G/A/G: ⟨engl⟩ ground-to-air and air-to-ground communication / Boden-Bord- und Bord-Boden-Verkehr, *Flugsicherung*

gal: galvanisch, *Korrosionsschutz*

GAL: ⟨engl⟩ generic array logic / universielle Logikanordnung, *Elektronik*

galv.: galvanisiert

γ: γ-Defektoskopie (zerstörungsfreies Prüfverfahren mit Gammastrahlen), *Werkstoffprüfung*

GAMS [ГАМС]: 1. ⟨russ⟩ Glavnaja aviameteorologičeskaja stancija [Главная авиаметеорологическая станция] / Hauptwetterstation für die Luftfahrt. – **2.** ⟨russ⟩ graždanskaja aviameteorologičeskaja stancija [гражданская авиаметеорологическая станция] / Wetterstation für die zivile Luftfahrt

GAREX: ⟨engl⟩ ground aviation radio exchange system / Boden-Luft-Funkaustauschsystem, *Flugzeugausrüstung*

GARP: ⟨engl⟩ global atmospheric research program / globales Programm zur Erforschung der Atmosphäre (unter Einbeziehung von Satelliten)

GAS: 1. Gabelsatz, *Nachrichtentechnik*. – **2.** geschwindigkeitsabhängiger Steuerkreis (Gleisbremse), *Schienenfahrzeugtechnik*

G.A.S.: ⟨engl⟩ get away special (Gelegenheitsnutzlast für Space Shuttle, USA)

GASFET: ⟨engl⟩ gas-sensitive field-effect transistor / gasempfindlicher Feldeffekttransistor (Sensor), *Mikroelektronik*

GAT: 1. ⟨engl⟩ gate-associated transistor / gategekoppelter Transistor (Halbleiterbauelement), *Elektronik*. – **2.** Gleichstromantriebstechnik, *Elektrotechnik*. –

GATT: ⟨engl⟩ gate-assisted turn-off thyristor / abschaltungsunterstützter Thyristor (Halbleiterbauelement), *Elektronik*

GATV: ⟨engl⟩ Gemini-Agena

target vehicle / Gemini-Agena-Zielflugkörper (USA), *Raumfahrttechnik*

GaU, GAU: größter anzunehmender Unfall, = MCA 1, *Kerntechnik*

GAU: ⟨engl⟩ glucoamylase unit / Glukoamylaseeinheit, *Lebensmitteltechnik*

GAV: Güteraufnahmevorrichtung, *Fördertechnik*

GB: 1. Gasbeton (Baustoff). – 2. Gasbildner (Betonzusatzmittel). – 3. Geräuschboje (Seezeichen)

† gBA: große Brandausbreitung, ↑ mFa (bautechnischer Brandschutz)

GBA: Güterwagen-Bedarfsausbesserung

GBD: Gesamtbezugsdämpfung, *Nachrichtentechnik*

GBE: Gaußsche Bildebene (wird mit den Näherungsgleichungen für den Verlauf von flachen und achsnahen Strahlen erhalten), *technische Optik*

Gbf: Güterbahnhof

GBF: Gurtbandförderer

g.b.h.: ⟨engl⟩ girth (at) breast hight / Brusthöhenumfang, *Holztechnik*

GBk: Gasbetonklasse (Baustoff)

GBM, 1. Gbm: Gebrauchsmuster. – 2. mechanische Geräuschboje (Seezeichen)

GBR, GCBR: ⟨engl⟩ gas-cooled breeder reactor / gasgekühlter Brutreaktor, *Kernkraftwerkstechnik*

GBSR: ⟨engl⟩ graphite moderated boiling and superheating reactor / graphitmoderierter Siede- und Überhitzerreaktor, *Kernkraftwerkstechnik*

Gbstw, GS: Gleisbildstellwerk

GBW: Großlochbohrwagen, *Bergbautechnik*

GC: 1. ⟨engl⟩ gas chromatograph [-graphy] / Gaschromatograf[ie] (Trennung von Vielkomponentengemischen aus gasförmigen Stoffen), *Analysenmeßtechnik*. – 2. ⟨engl⟩ great circle / Großkreis, *Luftfahrtnavigation*. – 3. Großcontainer

GCA: ⟨engl⟩ ground-controlled approach / vom Boden kontrollierter Anflug, *Flugsicherung*

GCbf: Großcontainerbahnhof

GCBR: ↑ GBR

GCE: Großcontainereinheit

GCFBR, GCFR: ⟨engl⟩ gas-cooled fast breeder reactor / gasgekühlter schneller Brutreaktor, *Kernkraftwerkstechnik*

GCHWR: ⟨engl⟩ gas-cooled heavy water reactor / gasgekühlter Schwerwasserreaktor, *Kernkraftwerkstechnik*

GCL: ⟨engl⟩ ground-controlled landing / vom Boden kontrollierte Landung, *Flugsicherung*

GC-MS: ⟨engl⟩ gas chromatography-mass spectrometry / Gaschromatografie-Massenspektrometrie, (s.a. GC 1), *Analysenmeßtechnik*

GCR: 1. ⟨engl⟩ gas cycle reactor / Gaskreislaufreaktor, *Kernkraftwerkstechnik*. – 2. ⟨engl⟩ group code recording / Gruppencodeaufzeichnung (Verfahren zur Datenaufzeichnung auf Disketten), *Datenverarbeitung*

GCS: ⟨engl⟩ gate-controlled switch / gategesteuerter Schalter (Vierschichttriode), *Elektronik*

GCUA: Großcontainer-Umschlaganlage

GCUP: Großcontainer-Umschlagplatz

Gd.: Grund (obere Bodenschicht der Gewässer)

GD: 1. Druckguß. – **2.** Gewölbedurchlaß, *Melioration*

GDD: ⟨engl⟩ gas-discharge display / Gasentladungsanzeige

GDH: Glycerin-3-phosphatdehydrogenase (Untersuchung von Gefrierfleisch), *Lebensmitteltechnik*

GDL: ⟨frz⟩ Grand Duché du Luxembourg / Großherzogtum Luxemburg (Projekt eines Kommunikationssatelliten)

GDP: ⟨engl⟩ geometric[al] data processing / geometrische Datenverarbeitung, = GDV

GDS: 1. ⟨engl⟩ gated diode switch / gattergesteuerter Diodenschalter (Leistungshalbleiterschalter), *Elektronik*. – **2.** ⟨engl⟩ graphic display system / grafisches Bildschirmsystem, *Datenverarbeitung*

GDT: 1. ⟨engl⟩ gas discharge tube / Gasentladungsröhre, *Elektronik*. – **2.** ⟨engl⟩ graphic display terminal / grafisches Bildschirmendgerät, *Datenverarbeitung*

GDR: ⟨engl⟩ group delay response / Gruppenverzögerungsverhalten (Datenübertragung), *Nachrichtentechnik*

GDT: ⟨engl⟩ group delay time / Gruppenlaufzeit (Datenübertragung), *Nachrichtentechnik*

GDU: ⟨engl⟩ graphic display unit / 1. grafisches Bildschirmgerät, 2. Kurvenschreiber, *Datenverarbeitung*

GDV: geometrische [grafische] Datenverarbeitung, ↑ GDP

† **GDVA:** grafische Datenverarbeitungsanlage

Gdw: Gradierwerk, *Stofftrenntechnik*

Ge: Gußeisen

GE: 1. Gasleitung für Erdgas, Erdgasleitung, *Straßen- und Tiefbau*. – **2.** Gebrauchsenergie. – **3.** Gegenstromelektrophorese (qualitatives Nachweisverfahren für Eiweiße), = CIE, *Analysenmeßtechnik*. – **4.** Gleiserneuerung. – **5.** Griffelement (Bestandteil eines Griffes für die Arbeitszeitermittlung). –

Gel: Gelände (Bezeichnung von Kraftfahrzeugreifen für einen Einsatz im Gelände)

Gel.-Fl.: Geleitflottille (Schiffsverband)

GEM: ⟨engl⟩ graphics environment manager / grafischer Umgebungsverwalter (grafikunterstützte Bedienerführung am Rechner)

† **GEMK:** gegenelektromotorische Kraft, *Elektrotechnik*

GEN: ⟨engl⟩ general / allgemein[es], *Luftfahrt*

Gentex, GENTEX: ⟨engl⟩ general telegraph exchange / Telegrammwähldienst (Fernmeldedienst)

GEO: 1. ⟨engl⟩ geographic, † true / geografisch, † rechtweisend, *Luft-*

fahrtnavigation. – 2. ⟨engl⟩ geostationary orbit / geostationäre Umlaufbahn, *Raumfahrttechnik*

GEODESS: ⟨engl⟩ ground-based electrooptical deep space surveillance system / bodengestütztes elektrooptisches System zur weitreichenden Überwachung des Weltraums, *Raumfahrttechnik*

GEOS: ⟨engl⟩ geodetical satellite / geodätischer Satellit (USA-Satelliten aus der Explorer-Reihe)

Gepa: Gepäck- und Expreßgutabfertigung

GES, G.E.S.: ⟨engl⟩ goliath Edison screw / Edisonsockel (Schraubsockel), *Lichttechnik*

GET: ⟨engl⟩ ground elapsed time / bodenbezogene Zeit (ab Startzeitpunkt des Unternehmens gerechnet), *Raumfahrttechnik*

GETOL: ⟨engl⟩ ground effect take-off and landing / Bodeneffekt bei Start und Landung, *Flugbetrieb*

Gew: gewöhnlich (Schriftschnitt, exakt: mager), *Polygrafie*

Gex: Gepäck- und Expreßgutzug

GEZ: Gebühreneinzugszentrale, *Nachrichtentechnik*

GF: 1. Gleisfreimeldeanlage, *Schienenfahrzeugtechnik*. – 2. Große Fahrt (Fahrtbereich), *Schiffahrt*

gFa, † gfa: große Feuerausbreitung (bautechnischer Brandschutz) = † sgBA, = † sgfa

GFA: gegenstandsspezialisierter Fertigungsabschnitt (Zusammenfassung von Werkzeugmaschinen für die Fertigung von bestimmten Teilearten)

GF-EP: glasfaserverstärktes Epoxidharz

GFF: gesamtes freies Fett, *Lebensmitteltechnik*

GFK: glasfaserverstärkter Kunststoff (Duroplast), = GFP 2, = GRP 1

GFK-Werkstoff: Glasfaserkombinationswerkstoff

GFL: Glasfaserlaminat

GFM: 1. gesteuerter Fügemechanismus (zur Positionierung von Montagebauteilen), *Fertigungstechnik*. – 2. Gleislängenfreimesser, *Schienenfahrzeugtechnik*

GFP: 1. glasfaserverstärktes Polyester (Duroplast), = GRP 2 – 2. ⟨engl⟩ glass-fibre plastic / glasfaserverstärkter Kunststoff, ↑ GFK. – 3. Großflächenplatte (für Bahnübergänge)

GF-PP: glasfaserverstärktes Polypropylen

GFR: gegenstandsspezialisierte Fertigungsreihe (Werkzeugmaschinenanordnung nach der Bearbeitungsfolge für bestimmte Teilearten)

GF-UP: glasfaserverstärktes ungesättigtes Polyester

GFZ: 1. Geschoßflächenzahl, *Bautechnik*. – 2. Grenzflächenzustand

GG: Grauguß (†), Gußeisen

GGAA, GGA-Anlage: Großgemeinschaftsantennenanlage

GGB: Gummigleisbremse, *Schienenfahrzeugtechnik*

GGG: 1. Gadolinium-Gallium-Granat (Silikatwerkstoff). – 2. Guß

Graphit (grau) globular (Gußeisen mit Kugelgraphit)

Ggl.: Geräteglas (Silikatwerkstoff)

GGL: Guß Graphit (grau) lamellar (Gußeisen mit Lamellengraphit)

GGR 1. GG-Reaktor: ⟨engl⟩ gas-cooled graphite moderated reactor / gasgekühlter graphitmoderierter Reaktor, *Kernkraftwerkstechnik.* – 2. Güterwagengeneralreparatur

Ggs: Gegenstrom (Medienführung in Übertragungsprozessen), *Verfahrenstechnik*

GGSE: ⟨engl⟩ gravity gradient stabilization experiment / Gravitationsgradienten-Stabilisierungsexperiment (USA), *Raumfahrttechnik*

GGS-Verteilung: Gates-Gaudin-Schuhmann-Verteilung (spezifische Korngrößenverteilungsfunktion), *Bergbautechnik*

GGTS: ⟨engl⟩ gravity gradient test satellite (USA-Satelliten zur Erprobung der Gravitationsgradienten-Stabilisierung bei Raumflugkörpern)

GGV: Guß Graphit (grau) vermicular (Gußeisen mit Vermiculargraphit)

GH: 1. Gasleitung für Hochdruck, Hochdruckgasleitung, *Straßen- und Tiefbau.* – 2. Hartguß

GHA: ⟨engl⟩ Greenwich hour angle / Stundenwinkel von Greenwich, *Luftfahrtnavigation*

GHD: ⟨engl⟩ guest-host dichroic / Flüssigkristalle mit zugesetzten Farbmolekülen (flacher Bildschirm), *Elektronik*

GH-Folie: Grundierfolie auf Harnstoffharzbasis (für pigmentierte Anstrichstoffe), *Holztechnik*

GHK: 1. Gliederheizkörper. – 2. Kokillenhartguß

GHU: Güterwagenhauptuntersuchung

GIL: ⟨engl⟩ green indicating lamp / grünfarbene Anzeigelampe

GIMIC: ⟨engl⟩ guard-ring-isolated monolithic integrated circuit / durch einen Schutzring isolierte monolithische integrierte Schaltung, *Halbleitertechnologie*

GIMOS: ⟨engl⟩ gate injection metal-oxide semiconductor / Gate-injektions-Metall-Oxid-Halbleiter (nichtflüchtiger MOS-Speichertransistor), *Halbleitertechnologie*

GIN: ↑ GRIN

GINO: ⟨engl⟩ graphical input and output / grafische Ein- und Ausgabe, *Datenverarbeitung*

† GIRL: ⟨engl⟩ German infrared laboratory / Deutsches Infrarotlaboratorium (aufgegebenes Satellitenprojekt)

GJP: ⟨engl⟩ graphic job processor / Prozessor für grafische Verarbeitung, *Datenverarbeitung*

GJU: Güterwagenjahresuntersuchung

GJUa: Güterwagenjahresuntersuchung mit Erneuerung des Anstriches

GJV: Gleisjochverlegeeinrichtung, *Schienenfahrzeugtechnik*

GK: 1. Genauigkeitsklasse (Toleranzeinteilung), *Bautechnik.* – 2. geographischer Kurs, *Luftfahrtnavigation.* – 3. **GLK:** Gleitkomma,

↑ FP 9 – 4. Gliederkessel, *Energietechnik*. – 5. Güteklasse (Sortierung z.B. für Schnittholz), *Bautechnik*. – 6. Kokillenguß

GKA: Gebrauchswert-Kosten-Analyse

GKS 1. [ГКС]: ⟨russ⟩ generator kogerentnogo sveta [генератор когерентного света] / Laser. – 2. ⟨engl⟩ graphical kernel system / grafisches Kernsystem (genormtes Rechnerprogrammsystem, Schnittstelle für Grafikbildschirme und Plotter)

GKW 1. GTKW: Gasturbinenkraftwerk. – 2. **Gkw:** Güterkraftwagen

gl: 1. ↑ G 8 – 2. glänzend (Ausführungsart von Chemiefaserstoffen)

Gl: Gleis

GL 1. [ГЛ]: ⟨russ⟩ gazorazrjadnaja lampa [газоразрядная лампа] / Gasentladungslampe. – 2. Germanischer Lloyd (Hamburg) / (BRD-Schiffsklassifikationsgesellschaft). – 3. Glasfaserstoff. – 4. Gleichgewichtslinie (bei der grafischen Modellierung von Stofftrennprozessen), *Verfahrenstechnik*. – 5. Glimmlampe. – 6. **G:** Glühlampe

Glb: 1. Gleisbaubetrieb. – 2. Gleislageberichtigung, *Eisenbahnoberbau*

Glbm: Gleisbaumechanik

Glbs: Gleisbau-Beschaffungsstelle (der DR)

GLC: ⟨engl⟩ gas liquid chromatography / Gas-Flüssigkeits-Chromatografie, *Analysenmeßtechnik*

GLE: 1. Einbauglimmlampe. – 2. gesteuerte Lineareinheit (zur Erzeugung von geradlinigen Bewegungen, Montage), *Werkzeugmaschinen*

GLEEP: ⟨engl⟩ graphite low energy experimental pile / Niedrigenergie-Graphit-Versuchsreaktor, *Kernkraftwerkstechnik*

GLK: ↑ GK 3

Glm: Gleismeßgerät (ÖBB)

GLN [ГЛН]: ⟨russ⟩ galogennaja lampa nakalivanija [галогенная лампа накаливания] / Halogenglühlampe

GLND [ГЛНД]: ⟨russ⟩ gazorazrjadnaja lampa nizkogo davlenija [газоразрядная лампа низкого давления] / Niederdruckentladungslampe

Glp: Gleitplatte für Holzschwelle, *Eisenbahnoberbau*

Glps: Gleitplatte für Stahlschwelle, *Eisenbahnoberbau*

GLR: Röhrenglimmlampe

Gls: Gleichstrom (Medienführung in Übertragungsprozessen), *Verfahrenstechnik*

GLS: Soffittenglimmlampe

GLS-Lampe: ⟨engl⟩ general lighting service lamp / Allgebrauchslampe

glt.: ⟨engl⟩ guide light / Führungslicht, *Lichttechnik*

Gl.Tn.: Glockentonne (Seezeichen)

GLU: Glutaminsäure (Aminosäure in Obstsäften), *Lebensmitteltechnik*

GLVD [ГЛВД] ⟨russ⟩ gazorazrjadnaja lampa vysokogo davlenija [газоразрядная лампа высокого давления] / Hochdruckentladungslampe

GLZ: Großraumlastzug, *Kraftfahrzeugtechnik*

GM: 1. Gasleitung für Mitteldruck, Mitteldruckgasleitung, *Straßen- und Tiefbau*. – 2. Gittermaßstab (Maßverkörperung), *Meßtechnik*. – 3. Gleichstrommaschine, *Elektrotechnik*. – 4. ⟨engl⟩ Greenwich meridian / Nullmeridian, *Luftfahrtnavigation*

GMA: 1. Geschwindigkeitsmeßanlage, *Schienenfahrzeugtechnik*. – 2. Gestaltung manueller Arbeitsprozesse (Arbeitszeitermittlung), *Arbeitsnormung*. – 3. Gipsbinder, modifiziert, Ansetzbinder (Baustoff)

GMB: Gipsbinder, modifiziert, Bodenausgleichmasse (Baustoff)

GMDSS: ⟨engl⟩ global maritime distress and safety system / globales Schiffahrtsnot- und -sicherheitssystem (modernes Notrufsignal statt ↑ SOS 1)

GMF: Gipsbinder, modifiziert, Fugenfüller (Baustoff)

GMK: 1. Gipsbinder, modifiziert, (Fliesen-) Kleber (Baustoff). – 2. [ГМК]: ⟨russ⟩ giromagnitnyj kompas [гиромагнитный компас] / Kreiselmagnetkompaß, *Flugzeugausrüstung*

GMP: Gipsbinder, modifiziert, Preßformengips (Baustoff)

GMR: ⟨engl⟩ ground movement radar / Bodenbewegungskontrollradar, *Flugsicherung*

GMS: ⟨engl⟩ geostationary meteorological satellite / geostationärer meteorologischer Satellit (Japan)

GMSS: ⟨engl⟩ geostationary meteorological satellite system / geostationäres meteorologisches Satellitensystem (Japan)

GMT: glasmattenverstärkte Thermoplaste

† **GMT:** ⟨engl⟩ Greenwich mean time / mittlere Greenwich-Zeit (= WET, = WEZ, = MEZ −1 h), ↑ UT 1

GMW: Gipsbinder, modifiziert, Wabenkleber (Baustoff)

GMZ: Geiger-Müller-Zählrohr, *Strahlenmeßtechnik, Medizintechnik*

GN: Gleisneubau

GND: ⟨engl⟩ ground / 1. Erdung, Masse *Elektrotechnik*. – 2. (Erd-) Oberfläche (Boden oder Wasser), *Luftfahrtnavigation*

GNM: Gleichstromnebenschlußmaschine, *Elektrotechnik*

GN & C: ⟨engl⟩ guidance, navigation and control / Flugleitung, Navigation und Kontrolle, *Raumfahrttechnik*

GO: Grundoperation, = UO 3, *Lebensmitteltechnik*

GOES: ⟨engl⟩ geostationary operational environmental satellite / geostationärer operativer Umweltsatellit (USA-Erdsatellitenserie)

GOS: ⟨engl⟩ grade of service / Verkehrsgüte, *Nachrichtentechnik*

GOST/ГОСТ: ⟨russ⟩ Gosudarstvennyj obščesojuznyj standart / Государственный общесоюзный стандарт (Staatlicher Standard der UdSSR)

Gp: Geräteschaltplan (Schaltplanart, Wartungsunterlage), *Elektrotechnik*

GP: 1. Gesamtporosität (Prüfkennwert für keramische Baustoffe). – 2. ⟨engl⟩ glide path [glide-path beacon] / Gleitweg, = GS 11, [Gleitwegbake], *Flugsicherung*. – 3. Grundprozeß, *Lebensmitteltechnik*

GPC: Gel-Permeations-Chromatografie (Trennung von Stoffgemischen nach der Teilchengröße), *Analysenmeßtechnik*

GPD: Gallium-Phosphor-Diode (Kurzform für GaAsP-Fotodiode), *Optoelektronik*

GPF-Ruß: ⟨engl⟩ general purpose furnace black / allgemein einsetzbarer Ofenruß, *Polymertechnik*

GPG: Grundprimärgruppe, *Nachrichtentechnik*

GPH: ⟨engl⟩ gallons per hour / Gallonen pro Stunde, *Flugbetrieb*

GPI: ⟨engl⟩ ground position indicator / Bodenstandortanzeiger, *Luftfahrtnavigation*

GPIB: ⟨engl⟩ general purpose interface bus / Interface-Anschluß für allgemeine Zwecke (nach internationalem Standard IEEE-488), *Datenverarbeitung*

GPK [ГПК]: ⟨russ⟩ giropolukompas [гирополукомпас] / Kreiselhalbkompaß, *Flugzeugausrüstung*

GPM: Grabenräum- und -profiliermaschine, *Schienenfahrzeugtechnik*

GPO: Propylenoxidkautschuk (Copolymer aus Propylenoxid und Allylglycidether), *Polymertechnik*

GPR: ⟨engl⟩ general purpose register / Mehrzweckregister, *Datenverarbeitung*

GPS: 1. ⟨engl⟩ general purpose simulator / Mehrzwecksimulator, *Automatisierungstechnik*. – 2. ⟨engl⟩ global positioning system / globales System zur Positionsbestimmung (System von USA-Navigationssatelliten)

GP-Schweißen: Gaspreßschweißen (Preßschweißverfahren unter Einsatz von Gasflammen)

GPSS: ⟨engl⟩ general purpose simulation system / Mehrzwecksimulationssystem (Sprache zur Simulation diskreter Prozesse)

GPWS: ⟨engl⟩ ground proximity warning system / Bodenannäherungswarnsystem, *Flugzeugausrüstung*

GQG: Grundquartärgruppe, *Nachrichtentechnik*

Gr: ↑ GR 3

GR: 1. Gestellrahmen, *Nachrichtentechnik*. – 2. Gitterrost, *Bautechnik*. – 3. Gr: Gleichrichter, *Elektrotechnik*. – 4. ⟨engl⟩ group replacement / Gruppenauswechslung, *Lichttechnik*

GRA: Gitterrost mit Antrittsprofil, *Bautechnik*

GRAF-Verfahren: ⟨engl⟩ gas refining arc furnace (Intensivgasspülung der Stahlschmelze in einem konverterähnlichen Gefäß, kombiniert mit einer Lichtbogenbeheizung), *Eisenmetallurgie*

gran.: granuliert (körnig)

Graser, GRASER: ⟨engl⟩ gamma-ray amplification by stimulated emission of radiation / Gammastrahlenverstärkung durch angeregte Emission (Laserart)

GrB: Gruppenvermittlungsbereich, *Nachrichtentechnik*

GRD: Gateringdiode (Halbleiterbauelement), *Elektronik*

GRE: Grabenräumeinheit, *Schienenfahrzeugtechnik*

GRF: Großraumfermenter, *Lebensmitteltechnik*

GRG: Großrundgestrick, *Textiltechnik*

GRh: Gestellreihe, *Nachrichtentechnik*

GRIN, GIN: ⟨engl⟩ graphic[al] input / grafische Eingabe, *Datenverarbeitung*

Grl: Gruppenvermittlungsleitung, *Nachrichtentechnik*

GRM: 1. Gleichstromreihenschlußmaschine, *Elektrotechnik*. – **2.** Gleisrichtmaschine. – **3.** Grabenräummaschine, *Schienenfahrzeugtechnik*

GRO: ⟨engl⟩ gamma ray observatory / Gammastrahlungsobservatorium (USA-Satellitenprojekt)

Growian: große Windenergieanlage

GRP: 1. ⟨engl⟩ glass-fibre reinforced plastic / glasfaserverstärkter Kunststoff, ↑ GFK. – **2.** ⟨engl⟩ glass-fibre reinforced polyester / glasfaserverstärktes Polyester, ↑ GFP 1

GrRG: Grundräumgerät, *Schiffstechnik*

GRS: 1. ⟨engl⟩ German research satellite / deutscher Forschungssatellit (Oberbegriff für die BRD-Satelliten Azur und Aeros 1). – **2.** Gitterroststufe, *Bautechnik*

GrVSt: Gruppenvermittlungsstelle, *Nachrichtentechnik*

Gr.wt., GW, grwt: ⟨engl⟩ gross weight / Bruttogewicht

Gs: 1. Gleissperre, *Eisenbahnsicherungstechnik*. – **2.** ↑ GS 9

GS: 1. Ganzseite, *Polygrafie*. – **2.** ⟨engl⟩ gap shortened / verkürzter (Elektroden-) Abstand, *Lichttechnik*. – **3.** ↑ Gbstw. – **4.** Geleitschiff. – **5.** ⟨engl⟩ geodetic satellite / geodätischer Satellit (Japan). – **6.** Geradstreb (Abbauverfahren), *Bergbautechnologie*. – **7.** Gesamtstärkegehalt, *Lebensmitteltechnik*. – **8.** Gewindespindel. – **9. Gs:** Gleichstrom, Gleichspannung, ↑ DC 7. – **10. Gst:** Gleichstromsteller, *Elektrotechnik*. – **11.** ⟨engl⟩ glide slope / Gleitweg, Gleitneigung (Neigung der Gleitbahn), ↑ GP 2, *Flugmechanik*. – **12. G.S.:** ⟨engl⟩ grain size / Korngröße. – **13.** ⟨engl⟩ ground speed / Geschwindigkeit über Grund, *Luftfahrtnavigation*. – **14.** ⟨engl⟩ group switch / Gruppenkoppler, *Nachrichtentechnik*. – **15.** † StG, † Stg: Stahlguß

G.S.: ↑ GS 12

GSA: Gleichstromantrieb, *Elektrotechnik*

GSB: gasgekühlter schneller Brüter, *Kernkraftwerkstechnik*

G-Schweißen: Gasschweißen (Schmelzschweißverfahren mit Gasgemisch, Autogenschweißen, = A-Schweißen)

GSD: Glasschiebedach, *Kraftfahrzeugtechnik*

GS-DS-Motor: Gleichstrom-Doppelschlußmotor, *Elektrotechnik*

GSE: Gerätesteuereinheit, *Automatisierungstechnik*

GSG: 1. Grundsekundärgruppe, *Nachrichtentechnik*. – 2. Grundwasserschutzgebiet, *Melioration*

GSI: ⟨engl⟩ grand-scale integration / Großintegration, sehr hoher Integrationsgrad (Schaltkreise mit mehr als 10^5 Bauelementefunktionen), *Mikroelektronik*

GSK: Geschwindigkeitssteuerkreis (Gleisbremse), *Rangiertechnik*

GSM: 1. Gleisstopfmaschine, *Eisenbahnoberbau*. – 2. [ГСМ]: ⟨russ⟩ gorjuče-smazočnye materialy [горюче-смазочные материалы] / Kraft- und Schmierstoffe, *Flugtechnik*, s.a. AGSM

GS-NS-Motor: Gleichstrom-Nebenschlußmotor, *Elektrotechnik*

Gsp-Signal: Gleissperrsignal

GS-RS-Motor: Gleichstrom-Reihenschlußmotor, *Elektrotechnik*

GSS: Ganzseitensatz, *Polygrafie*

Gst: ↑ GS 10

GSTDN: ⟨engl⟩ ground space tracking and data acquisition network / Bodenstationennetz (der USA-Luft- und Raumfahrtbehörde NASA) für die Bahnverfolgung und Datenerfassung von Raumflugkörpern

GS-Verfahren: Gleichstrom-Schwefelsäure-Verfahren (zur Oxidation von Aluminium), *Korrosionsschutz*

g.s.w.: ⟨engl⟩ gross shipping weight / Bruttoverladegewicht, *Schiffahrt*

GSW: 1. Geruchsschwellenwert, *Arbeitsschutztechnik*. – 2. Greenwicher Stundenwinkel (Himmelskoordinate, bezogen auf Greenwich)

GSX-Verfahren: Gleichstrom-Schwefelsäure-Oxalsäure-Verfahren (zur Oxidation von Aluminium), *Korrosionsschutz*

gt: Grobtyp (Ausführungsart von Chemiefaserstoffen)

gt., GT: ⟨engl⟩ gastight / gasdicht

G-t: Garn, texturiert (Texturgarn), *Textiltechnik*

GT 1. GTu: Gasturbine. – 2. [ГТ]: ⟨russ⟩ gazovaja turbina [газовая турбина] / Gasturbine, ↑ GT 1. – 3. Gegendruckturbine, *Energietechnik*. – 4. Gemini-Titan (USA-Serie von bemannten Raumflugkörpern). – 5. ⟨engl⟩ glass tube / Glasröhre. – 6. Gleichstromtelegrafie, *Nachrichtentechnik*. – 7. ⟨engl⟩ glow tube / Glimmröhre. – 8. ⟨engl⟩ group technology / Gruppentechnologie (elektronische Kartei). – 9. ↑ gt. – 10. † Te: Temperguß

GTA: Gasturbinenanlage

GT-Anlage: Gefriertrocknungsanlage, *Lebensmitteltechnik*

GTD [ГТД]: ⟨russ⟩ gazoturbinnyj dvigatel' [газотурбинный двигатель] / Gasturbinentriebwerk

GTE: ⟨engl⟩ group translating equipment / Gruppenmodulationsgerät, *Nachrichtentechnik*

GTF: Glucosetoleranzfaktor, *Lebensmitteltechnik*

GTG: Grundtertiärgruppe, *Nachrichtentechnik*

GTKW: ↑ GKW 1

GTL: ⟨engl⟩ gold transistor logic /

Goldtransistorlogik (Logikschaltung in hochintegrierter Technik), *Elektronik*

GTMS: Gasturbinenmotorschiff

GTO: ⟨engl⟩ geostationary transfer orbit / Übergangsbahn zum geostationären Orbit, *Raumfahrttechnik*

GTO-Thyristor: ⟨engl⟩ gate turn off thyristor / abschaltbarer Thyristor (Halbleiterbauelement), *Elektronik*

GTP: Gerätetestprogramm, *Datenverarbeitung*

† **GTP:** perlitischer Temperguß

GTR: ⟨engl⟩ ground test reactor / Boden-Prüfreaktor, *Kernkraftwerkstechnik*

GTS: ⟨engl⟩ global telecommunication system / erdumspannendes Fernmeldesystem, *Raumfahrttechnik*

† **GTS:** schwarzer Temperguß

GTu: ↑ GT 1

GTVD [ГТВД]: ⟨russ⟩ gazoturbinnyj vintovoj dvigatel' [газотурбинный винтовой двигатель] / Gasturbinen-Propeller-Triebwerk, *Luftfahrtantrieb*

† **GTW:** weißer Temperguß

Gu: Gummihalbkupplung (Heizkupplung), *Schienenfahrzeugtechnik*

GU 1. G.U.: Gezeitenunterschied. – **2.** Gleisumbau. – **3.** Gruppenumsetzer, *Nachrichtentechnik*

GÜ: Gebührenüberwachung, *Nachrichtentechnik*

G.U.: ↑ GU 1

GUm: Gemeinschaftsumschalter, *Nachrichtentechnik*

GUP: glasfaserverstärkte ungesättigte Polyester

GV: 1. große Fahrt voraus, *Schiffahrt*. – **2.** Gruppenverbinder, *Nachrichtentechnik*

GVA: 1. Gasversorgungsanlage, *Energietechnik*. – **2.** Großverbundanlage

† **GVF [ГВФ]:** ⟨russ⟩ graždanskij vozdušnyj flot [гражданский воздушный флот] / zivile Luftflotte, ↑ GA 8

GVK: Gleisjochverlegekran, *Schienenfahrzeugtechnik*

Gvp: Gruppenverbindungsplan (Schaltplanart), *Elektrotechnik*

GVP: Großverbraucherpackung, *Lebensmitteltechnik*

GVS [ГВС]: ⟨russ⟩ graždanskoe vozdušnoe sudno [гражданское воздушное судно] / Verkehrsflugzeug

GVT: Gasversorgungstechnik, *Energietechnik*

GW: 1. gewöhnlicher Wasserstand. – **2.** Grenzwertgeber, *Elektrotechnik*. – **3.** Grundwasserspiegel. – **4.** Gruppenwähler, *Nachrichtentechnik*. – **5.** ↑ Gr.wt.

GWA: Gewässerüberwachungsanlage

GWB: Gleiswechselbetrieb (DB)

Gwbr: Gewichtsbremse, *Schienenfahrzeugtechnik*

GWN-Anlage: Großwählnebenstellenanlage, *Nachrichtentechnik*

GWP: ⟨engl⟩ gateway processor (Prozessor für Paketvermittlungsnetze), *Datenverarbeitung*

GWW 1. WW: Gebrauchswarmwasser. – **2.** geografischer Wegwinkel, = IPU 2, *Luftfahrtnavigation*

GWWB, WWB: Gebrauchswarmwasserbereitung, *Energietechnik*

GX-Verfahren: Gleichstrom-Oxalsäure-Verfahren (zur Oxidation von Aluminium), *Korrosionsschutz*

Gz: 1. Gelenkzunge, *Eisenbahnoberbau*. – **2. G:** Güterzug

GZA: Großziffernanzeige, *Automatisierungstechnik*

GZBgr: Gesprächszeitbegrenzer, *Nachrichtentechnik*

GZM: Gesprächszeitmesser, *Nachrichtentechnik*

GZN: Grenzzustand der Nutzungsfähigkeit, *Bautechnik*

GZP: Gips-Zement-Puzzolan (Bindebaustoff)

GZT: Grenzzustand der Tragfähigkeit, *Bautechnik*

GzW: Gelenkzungenwurzel, *Eisenbahnoberbau*

H

h: 1. hängend (vertikale Brennstellung, Sockel oben), *Lichttechnik*. – **2. H:** ⟨engl⟩ horizontal[ly] / horizontal(e Brennstellung), *Lichttechnik*

H: 1. Halbstein (Baustoff). – **2.** Handbremse, *Schienenfahrzeugtechnik*. – **3.** Handeingabe, Handeingriff, *Automatisierungstechnik*. – **4.** Harzsäure (Emulgator), *Polymertechnik*. – **5.** Hauptlastfall, *Baustatik*. – **6.** ⟨engl⟩ heading / Steuerkurs, *Luftfahrtnavigation*. – **7.** ⟨engl⟩ heavy / schwer, *Flugbetrieb*. – **8.** ⟨engl⟩ heavy launch vehicle / (japanische Trägerrakete). – **9.** Heck (Schiffshinterteil). – **10.** Heißluftweichenheizung, *Schienenfahrzeugtechnik*. – **11.** Heizung. – **12.** Helligkeit. – **13.** ⟨engl⟩ high / 1. hoch (Logikpegel), *Datenverarbeitung*. – **2.** Hoch, *Flugmeteorologie*. – **14.** ⟨engl⟩ high speed / für hohe Geschwindigkeiten (Bezeichnung für Kraftfahrzeugreifen). – **15.** Hochlochziegel (Baustoff). – **16.** Höhe der Gezeit. – **17.** höherfeste Baustähle. – **18.** Holzfenster. – **19.** Holzschwelle, *Eisenbahnoberbau*. – **20.** Horizontal-. – **21.** Hydrat (Kalkhydrat, Baustoff)

Ha: Hanf (Pflanzenfaser), *Textiltechnik*

HA: 1. hämatologischer Analysenautomat, *Analysenmeßtechnik*. – **2.** Hauptanlage, *Energietechnik*. – **3.** Hauptarbeitsfläche. – **4.** Hausanschluß, *Elektrotechnik*. – **5.** ⟨engl⟩ high altitude / große Höhe, *Luftfahrtnavigation*. – **6.** ⟨engl⟩ hour angle / Stundenwinkel, *Luftfahrtnavigation*

HAA: ⟨engl⟩ height above airport / Höhe über Flugplatz, *Luftfahrtnavigation*

HAB-Stahl: hochgezogener Automatenblankstahl

HAE-Verfahren: H.-A.-Evangelides-Verfahren (zur elektrochemischen Erzeugung einer Oxidationsschicht auf Magnesium), *Verfahrenstechnik*

HAF-Ruß: ⟨engl⟩ high abrasion furnace black / hochabriebfester Ofenruß, *Polymertechnik*

HAIZY: Hamburger Isochronzyklotron (Teilchenbeschleunigungsanlage), *Kernenergie*

HAKS: Hauptkühlsystem, *Kraftwerkstechnik*

HAL: ⟨engl⟩ hard array logic / Matrixschaltwerk (programmierbare Logik), *Elektronik*

HAO: ⟨engl⟩ high-activity oxide / hochaktives Oxid (durch kernenergetische Prozesse), *Kerntechnik*

HARCO: ⟨engl⟩ hyperbolic area coverage navigation system / Hyperbel-Flächen-Navigationssystem, *Luftfahrtnavigation*

Has: Hauptanschluß, *Nachrichtentechnik*

HAsl: Hauptanschlußleitung, *Nachrichtentechnik*

HASt: Hausanschlußstation, *Elektrotechnik*

HASY: Hamburger Synchrotron-Strahlungslabor (Teilchenuntersuchung aus Beschleunigungsprozessen), *Kernenergie*

HATV: ⟨engl⟩ high altitude test vehicle / Versuchsgerät für große Höhen (frühes Projekt einer USA-Satellitenträgerrakete)

Hav: Hemmschuhauswurfvorrichtung, *Rangiertechnik*

HaW: Hafenwasserstand

HAW: 1. Hawaii (Kennung für die Bodenstation Hawaii), *Raumfahrttechnik*. – 2. ⟨engl⟩ highly active waste / hochradioaktiver Abfall, *Kerntechnik*

HAZEL: ⟨engl⟩ homogeneous assembly zero energy / homogene Nullenergieanordnung (zur Bestimmung von Kernteilstrukturen). *Kernenergie*

hb: halbberuhigt vergossen, *Eisenmetallurgie*

Hb: Hämoglobin (Blutfarbstoff), *Lebensmitteltechnik*

HB: 1. ↑ BH 2. – 2. Heißabfüllung mit anschließendem Bedampfen (Konservierungsmethode), *Lebensmitteltechnik*. – 3. hydrotechnischer Beton (Unterwasserbeton)

H.B.: Hafenbecken

Hbbr: Heberlein-Bremse, *Schienenfahrzeugtechnik*

HBD, H.B.D.: ⟨engl⟩ horizontal to base down / Sockel unten bis horizontal (Brennstellung), *Lichttechnik*

HBE: His-Bündel-Elektrografie (Ableitung des ↑ EKG aus dem Herzinneren), *Medizintechnik*

Hbf: Hauptbahnhof

HBF: Heißbiegefestigkeit (feuerfester Baustoffe), *Silikattechnik*

HB-Garn: Hochbauschgarn, *Textiltechnik*

Hbl: Hohlblockstein (Baustoff)

HBl: Halogen-Metallkurzbogenlampe

Hbl-L: Hohlblockstein aus Leichtbeton (Baustoff)

Hbl-S: Hohlblockstein aus Schwerbeton (Baustoff)

HBN: ⟨engl⟩ hazard beacon / Gefahrenfeuer, *Flugsicherung*

HBO-Lampe: Quecksilber-Kurzbogenlampe (Höchstdrucklampe)

HBR: ⟨engl⟩ high bit rate / hohe Bitrate, *Datenverarbeitung*

HBS: Halbleiterblockschaltung

HBT, HJBT: ⟨engl⟩ heterojunction bipolar transistor / Bipolartransistor mit Heteroübergang, *Mikroelektronik*

HBWR: ⟨engl⟩ heavy-water moderated boiling water reactor / schwerwassermoderierter Siedewasserreaktor (Halden, Norwegen), *Kernkraftwerkstechnik*

HC: 1. ⟨engl⟩ heat coil / 1. Heizspule. – 2. Feinsicherungselement, *Elektrotechnik*. – 2. ⟨engl⟩ home computer / Heimcomputer. – 3. ⟨engl⟩ host computer / Wirtsrechner

HCC: 1. ⟨engl⟩ high carbon coke / kohlenstoffreicher, besonders dichter (Gießerei-) Koks. – 2. ⟨engl⟩ huge crude carrier / riesiger Rohöltanker

HCD: 1. ⟨engl⟩ hollow cathode discharge / Hohlkatodenentladung, *Lichttechnik*. – 2. ⟨engl⟩ hot-carrier diode / Schottky-Diode (Diode auf der Grundlage heißer Ladungsträger), = HED, *Mikroelektronik*

HCE: ⟨engl⟩ hollow cathode effect / Hohlkatodeneffekt, *Lichttechnik*

HC-Gerüst: Hitachi-Walzgerüst, *Walzwerktechnik*

HCMM: ⟨engl⟩ heat capacity mapping mission (Erderkundungssatellit der USA zur Kartografie der Wärmekapazität), *Raumfahrttechnik*

HCMOS: ⟨engl⟩ high-speed complementary metal-oxide semiconductor / Hochgeschwindigkeits-Metall-Oxid-Halbleiter (integrierte Schaltung), *Halbleitertechnologie*

HCMTS: ⟨engl⟩ high-capacity mobile telecommunications system / mobiles Nachrichtensystem hoher Kapazität

h.c.p., HCP: ⟨engl⟩ horizontal candle power / horizontale Lichtstärke, *Lichttechnik*

HCP: ⟨engl⟩ hardcopy printer / Streifendrucker (Papierdrucker), *Datenverarbeitung*

HCR: ⟨engl⟩ high-consistency refining / Hochkonsistenz-Refinerverfahren, *Papiertechnik*

HD: 1. Hämodialyse (Blutwäsche mit künstlicher Niere), *Medizintechnik*. – 2. Hauptdeck. – 3. ↑ HDX. – 4. ⟨engl⟩ heavy duty / hoch beanspruchbar (Schmieröl für besonders beanspruchte Getriebe), *Kraftfahrzeugtechnik*. – 5. ⟨engl⟩ heavy-duty floodlight / Hochleistungs-Flutlichtscheinwerfer. – 6. ⟨engl⟩ high density / hohe (Aufzeichnungs-) Dichte (Datenspeicher), *Datenverarbeitung*. – 7. Hochdruck, = HP 4, = VD 6

HDB-Code: ⟨engl⟩ high-density bipolar code / bipolarer (Datenübertragungs-) Code hoher (Informations-) Dichte, *Datenverarbeitung*

HDD: Hochdruckdampf, *Energietechnik*

HDDH: Hochdruckdampfheizung (Betriebsüberdruck >0,07 MPa), *Energietechnik*

HDDR: ⟨engl⟩ high-density digital recording / Digitalspeicherung mit hoher (Aufzeichnungs-) Dichte (Datenspeicher), *Datenverarbeitung*

HDEP: ⟨engl⟩ high-definition electronic production / elektronische Nachbearbeitung von Filmen und Fernsehprogrammen hoher Auflösung

HDF: 1. ⟨engl⟩ high frequency direction – finding station / Kurzwellenpeilstelle, *Luftfahrtnavigation*. – **2.** ⟨engl⟩ horizontal distributing frame / Verteilerrahmen mit waagerechten Ausgängen, *Nachrichtentechnik*

HDFS: ⟨engl⟩ high-definition film and sound system / Bild- und Tonsystem mit hoher Auflösung (Verfahren zur Verbesserung der Bild- und Tonwiedergabe in Filmtheatern)

HDG: ⟨engl⟩ heading / Steuerkurs, *Luftfahrtnavigation*

HDK: hohe Dielektrizitätskonstante

Hdl: Hauptdispatcherleitung (DR)

HDL: Hochdrucklampe

HDLC: ⟨engl⟩ high-level data link control / Hochpegel-Datenleitungssteuerung (bitorientiertes Datentransfer-Steuerungsverfahren)

HdO-Hörhilfe: Hinter-dem-Ohr-Hörhilfe, *Medizintechnik*

hdP, hex.d P: hexagonal mit dichtester Packung (Gittertyp), *Werkstofftechnik*

HDP: ⟨engl⟩ Hell data processing / Hell-Datenverarbeitung (System zur elektronischen Informationsverarbeitung und Steuerung der Tiefdruckzylinder-Gravur), *Polygrafie*

HDPE, HD-PE: ⟨engl⟩ high density polyethylene / Polyethylen hoher Dichte, *Polymertechnik*

HDR: 1. ⟨engl⟩ head of data record / Datei-Anfang (Kennsatz in Digitalspeichern, Datenbanken u. ä.). – **2.** Heißdampfreaktor, *Kernkraftwerkstechnik*. – **3. HiDen:** ⟨engl⟩ high density recording / Aufzeichnung mit hoher Dichte (Videorecorder, Digitalspeicher)

HDS: hitzebeständiger Dämmbaustein (aus Gasbeton, Baustoff)

HD-Schweißen: Heizdrahtschweißen (Schweißverfahren für Thermoplaste)

HDT: 1. ⟨engl⟩ hardware demonstration test / Hardware-Demonstrationsprüfung, *Datenverarbeitung*. – **2.** Hochdruckteil der Turbine, *Energietechnik*. – **3.** Hochdruckturbine

HD-Trocknung: Heißdampftrocknung, *Holztechnik*

HDTV: ⟨engl⟩ high-definition television / Hochzeilenfernsehen (Fernsehen mit einer erhöhten Zeilenanzahl, z.B. mit 1 125 Zeilen)

HDÜ: Hochspannungs-Drehstromübertragung, *Elektrotechnik*

HDV, HDVW: Hochdruckvorwärmer, *Energietechnik*

HDVS: ⟨engl⟩ high-definition video system / hochauflösendes Fernsehsystem (Komplex von Videogeräten für das ↑ HDTV)

HDVW: ↑ HDV

† HDW: Hebdrehwähler, *Nachrichtentechnik*

hdwd: ⟨engl⟩ hardwood / Hartholz

HDX, HD: ⟨engl⟩ half duplex / Halbduplex (Wechselbetrieb), *Datenverarbeitung*

He: Henequen (Pflanzenfaser), *Textiltechnik*

HE 1. H.E.: ⟨engl⟩ height of eye / Augenhöhe, *Lichttechnik*. – **2.** ⟨engl⟩ highly explosive / hochexplosiv

HEAO: ⟨engl⟩ high-energy astronomical observatory / Observatorium für Hochenergie-Astronomie (USA-Erdsatelliten zur Erforschung der kosmischen Röntgen- und Gammastrahlung)

HeBR: heliumgekühlter Brutreaktor, *Kernkraftwerkstechnik*

HECTOR: ⟨engl⟩ hot enriched carbon-moderated thermal oscillator reactor / thermisch oszillierender, mit heiß angereichertem Kohlenstoff moderierter Reaktor (GB), *Kernkraftwerkstechnik*

HED: ⟨engl⟩ hot-electron diode / Dioden auf der Grundlage heißer Elektronen, ↑ HCD 2

HEED: 1. ⟨engl⟩ high-energy electron diffraction / Beugung mit hochenergetischen Elektronen (zur Untersuchung von Halbleiterstrukturen). – **2.** ⟨engl⟩ home entertainment electronic devices / Heimunterhaltungselektronik

HEF: ⟨engl⟩ high-energy fuel / Hochleistungskraftstoff

HEFET: ↑ HEMFET

HEG: hydrologisches Einzugsgebiet, *Melioration*

Heiko: Heizkondensator, *Energietechnik*

HEK: Haupteichkreis, *Nachrichtentechnik*

HEL: ⟨engl⟩ helicopter / Hubschrauber

HEM: Höchstspannungs-Elektronenmikroskopie

HEMFET, HEFET: ⟨engl⟩ high electron mobility field-effect transistor / Feldeffekttransistor mit hoher Elektronenbeweglichkeit (Halbleiterbauelement), = HMEMT, *Mikroelektronik*

HEMT: ⟨engl⟩ high electron mobility [movement] transistor / Transistor mit hoher Elektronenbeweglichkeit (Halbleiterbauelement), = MODFET, = SDHT = TEGFET, *Mikroelektronik*

HEOS: ⟨engl⟩ highly excentric orbit satellite / (westeuropäischer Forschungs-) Satellit mit stark exzentrischer Erdumlaufbahn

HERA: Hadron-Elektron-Ringanlage (Speicherringanlage zur Teilchenbeschleunigung bei ↑ DESY, Hamburg)

Herkon: hermetischer Kontakt, *Elektrotechnik*

HERO: ⟨engl⟩ hot experimental reactor of zero power / heißer Nullleistungsversuchsreaktor, *Kernkraftwerkstechnik*

HE-Schweißen: Heizelementschweißen (Schweißverfahren für Thermoplaste)

HET: 1. Hauptreihe elektrischer Transformatoren. – **2.** ⟨engl⟩ hot-electron transistor / Transistor auf der Grundlage heißer Elektronen, *Mikroelektronik*

HETP: ⟨engl⟩ height equivalent to one theoretical plate / Höhe, äquivalent einem theoretischen Boden, *Stofftrenntechnik*

hex.: hexagonal (Gittertyp), *Werkstofftechnik*

HEXA: Hexamethylentetramin (Beschleuniger, Formaldehydspender), *Polymertechnik*

hex.d P: ↑ hdP

HEXFET: ⟨engl⟩ hexagonal field-effect transistor / Feldeffekttransistor mit hexagonaler Zellenstruktur, *Mikroelektronik*

HEZ: Haupteinflugzeichen, *Luftfahrtnavigation*

hf: 1. halbfest (Konsistenz z.B. von Erdboden, *Bautechnik*. – **2. h.f., h-f:** ↑ HF 5. – **3.** hochfest (Ausrüstungsart von Chemiefaserstoffen)

h'f: 1. halbfett (Schriftschnitt), *Polygrafie*. – **2.** holzfrei (Papier ohne Holzstoffanteil)

Hf: ↑ HF 5

HF: 1. halbe Fahrt, *Schiffahrt*. – **2.** Harnstofformaldehydharz. – **3.** harte Oberfläche, flammgehärtet, *Werkstofftechnik*. – **4.** Harz-Fettsäure (Emulgatorgemisch), *Polymertechnik*. – **5. Hf, hf, h.f., h-f:** ⟨engl⟩ high frequency / **1.** hohe Frequenz (Hochfrequenz, 3…30 MHz, Dekameterwelle), *Nachrichtentechnik*, s.a. KW 7. – **2.** Hochfrequenz (im Gegensatz zu ↑ NF 2 oberhalb 20 kHz). – **6.** Höhenflosse, *Flugzeugausrüstung*. – **7.** Hydraulikflüssigkeit

HFA: Halogenfotoaufnahmelampe

HFBR: ⟨engl⟩ high flux beam research reactor / Hochflußstrahl-Forschungsreaktor (GB), *Kernkraftwerktechnik*

HFDF: ⟨engl⟩ high frequency direction finder / Kurzwellenpeilstelle, *Flugsicherung*

HFE: ⟨engl⟩ heat flow experiment / Wärmeflußexperiment (innerhalb des Apollo-Programms), *Raumfahrttechnik*

HFEF: ⟨engl⟩ hot fuel examination facility / Untersuchungsanlage für radioaktiven Brennstoff, *Kernenergie*

HFIR: ⟨engl⟩ high flux isotope reactor / Hochflußisotopenreaktor, *Kernkraftwerktechnik*

HFO: ⟨engl⟩ high-frequency oscillator / Hochfrequenzgenerator, *Meßtechnik*

H-Folie: Harnstoffharzfolie, *Holztechnik*

HFP: Hexafluorpropylen, *Polymertechnik*

HFR: 1. Handfließreihe (manuelle Fließfertigung). – **2.** ⟨engl⟩ high flux reactor / Hochflußreaktor (Grenoble), *Kernkraftwerktechnik*

Hf-Signal: Hauptformsignal (Eisenbahnsignal)

HF-Titrimetrie: Hochfrequenz-Titrimetrie (Verfahren der Maßanalyse), *Analysenmeßtechnik*

HFW: Hauptfahrwerk, *Flugzeugausrüstung*

hg: ⟨engl⟩ home-grown / einheimisch, *Holztechnik*

Hg: Höchstgeschwindigkeit

HG 1. HL: Halogenglühlampe,

Halogenlampe. – 2. Hartmetall (für) Guß (für die Bearbeitung kurzspanender Werkstoffe) *Werkstoff-, Fertigungstechnik.* – 3. Hörgerät, *Medizintechnik.* – 4. Hydrolysegrad, *Lebensmitteltechnik*

Hgbk.: Hängebank (Übergabestelle zwischen Schachtröhre und über Tage), *Bergbautechnik*

HG-Brenner: Hochgeschwindigkeitsbrenner, *Metallurgie*

HGC: ⟨engl⟩ hercules graphics card / Hercules-Grafikkarte (Interface zur Funktionserweiterung bei IBM- und kompatiblen ↑ PC 2 für Text und Grafik)

Hgd.: Hangendes (über einer Lagerstätte anstehende Gesteine), *Bergbautechnologie*

Hgl: Hauptgleis

HG-Schweißen: Heizgasschweißen (Schweißverfahren für Thermoplaste)

HGT: ⟨engl⟩ height [height above] / Höhe [Höhe über], *Luftfahrtnavigation*

HGÜ: Hochspannungs-Gleichstromübertragung

Hgw: Hartgewebe, *Werkstofftechnik*

HGW: 1. Hauptgruppenwähler, *Nachrichtentechnik* – 2. höchster Grundwasserstand. – 3. Holzgleichwert (bautechnischer Brandschutz)

HGZ: Hochgeschwindigkeitszug (Schienenschnellverkehr, Projekt für das Jahr 2000)

h'h: holzhaltig (Papier mit Holzstoffanteil)

Hh: Hartholzschwelle, *Eisenbahnoberbau*

HHaW: hoher Hafenwasserstand

HHC: ⟨engl⟩ hand-held computer / Hand-held-Computer, tragbarer Computer, Taschencomputer

HHE: Handhabeeinrichtung (Beschickungseinrichtung)

HHF: Handhabefunktion

HHO: Handhabeobjekt (eines Industrieroboters), *Automatisierungstechnik*

HHS: Handhabungssystem (Werkstückwechselsystem, flexibles Beschickungssystem)

HH-Sicherung: Hochspannungs-Hochleistungssicherung, *Elektrotechnik*

HHT: 1. Handhabetechnik. – 2. Hochtemperaturreaktor mit Heliumturbine, *Kernkraftwerkstechnik*

HHV: Helium-Hochtemperatur-Versuchsanlage (in ↑ HHT 2), *Kernenergie*

HHW: höchstes Hochwasser, höchster Hochwasserstand

Hhz: Hochdruckdampfheizung (Reisezugwagen)

HI: harte Oberfläche, induktionsgehärtet, *Werkstofftechnik*

HIALS: ⟨engl⟩ high-intensity approach lighting system / Hochleistungs-Anflugbefeuerungsanlage, *Flugsicherung*

Hi-Bri-Farbbildröhre: ⟨engl⟩ high brightness colour picture tube / Farbbildröhre hoher Bildhelligkeit (und Farbbrillanz), *Unterhaltungselektronik*

HIB-Verfahren: ⟨engl⟩ high iron briquettes process / Prozeß zur

Erzeugung hocheisenhaltiger Briketts (Direktreduktion), *Eisenmetallurgie*

HIC: ⟨engl⟩ hybrid integrated circuit / integrierte Hybridschaltung, *Mikroelektronik*

HICAT: ⟨engl⟩ high-altitude clear air turbulence / Turbulenz in wolkenfreier Luft in großen Höhen, *Aerodynamik*

Hi-CMOS: ⟨engl⟩ Hitachi complementary metal-oxide semiconductor / komplementärer Metall-Oxid-Halbleiter der (japan.) Fa. Hitachi, *Halbleitertechnologie*

Hi-C-Zelle: ⟨engl⟩ high-capacity cell / Hochkapazitätszelle (Eintransistorspeicherzelle), *Mikroelektronik*

HiDen: ↑ HDR 3

HID-Lampe: ⟨engl⟩ high-intensity discharge lamp / Hochdrucklampe (Gruppenbezeichnung für Quecksilberdampf-Hochdrucklampen, Natriumdampf-Hochdrucklampen und Halogen-Metalldampflampen)

Hi-Fi, HiFi, Hifi, hi-fi, hifi: ⟨engl⟩ high fidelity / hohe Wiedergabequalität (elektroakustischer Übertragungssysteme), *Unterhaltungselektronik*

HIFIT: ⟨engl⟩ high-frequency input transistor / Hochfrequenz-Eingangstransistor (Halbleiterbauelement), *Mikroelektronik*

High Com, HIGH-COM: ⟨engl⟩ high-fidelity compander / Kompander für die ↑ Hi-Fi-Technik (Rauschminderungsverfahren der Fa. Telefunken), *Unterhaltungselektronik*

Hikpbr: Hildebrand-Knorr-(Personenzug-)Bremse

HIL: ⟨engl⟩ high-intensity lighting / 1. Hochleistungsbefeuerung. – 2. Beleuchtung mit hohem Beleuchtungsstärkeniveau. – 3. Beleuchtung mit Hochdrucklampen

HILAT: ⟨engl⟩ high ionospheric research satellite / Satellit zur Untersuchung der Ionosphäre in hohen Breiten (USA)

Hilfslz: Hilfslokomotive

Hilfz: Hilfszug

HINIL, HiNiL, HNIL: ⟨engl⟩ high noise immunity logic / hohe Rauschunempfindlichkeitslogik, *Elektronik*

HIP: ⟨engl⟩ hot isostatic pressing / isostatisches Heißpressen (Verdichten von Pulver- und Gußwerkstoffen bei Erwärmung und hohem Druck)

HIPAR: ⟨engl⟩ high-power acquisition radar / Hochleistungserfassungs-(↑)Radar, *Flugsicherung*

hipen: heißisostatisch pressen, s. a. HIP

HIPERNAS: ⟨engl⟩ high-performance navigation system / Hochleistungsnavigationssystem, *Luftfahrtnavigation*

HIPO: ⟨engl⟩ hierarchy plus input-process-output / hierarchische Ablaufdarstellung mit Ein- und Ausgangsrelationen (Softwareentwurfs- und -dokumentationsmethode)

HIPPARCOS: ⟨engl⟩ high precision parrallax collecting satellite / Satellit zur Messung von Sternparallaxen hoher Präzision [der (West-) Europäischen Weltraumorganisation (ESA)]

HIPSiC: ⟨engl⟩ hot isostatic pressed silicon carbide / heißisostatisch gepreßtes Siliciumcarbid (Keramikwerkstoff)

HIPSN: ⟨engl⟩ hot isostatic pressed silicon nitride / heißisostatisch gepreßtes Siliciumnitrid (Keramikwerkstoff)

HIRL: ⟨engl⟩ high-intensity runway light / Start- und Landebahnbefeuerung hoher Intensität, *Flugsicherung*

HISIL: ⟨engl⟩ Hitachi symmetrical injection logic / (Variante der) Injektionslogik der japan. Fa. Hitachi, *Elektronik*

HJBT: ↑ HBT

HJFET: ⟨engl⟩ heterojunction field-effect transistor / Feldeffekttransistor mit Heteroübergang, *Mikroelektronik*

HK: 1. Hauskorrektur (von Satzprobedrucken in der Druckerei). – **2.** Heizkanal, *Energietechnik*. – **3.** Heizkörper. – **4.** Herzkatheter, *Medizintechnik*. – **5.** ⟨engl⟩ high key (Aufnahmeverfahren beim Fernsehen). – **6.** Hilfskühler, *Energietechnik*. – **7.** Hochspannungskabel

HKE: Hochkurzzeiterhitzung, *Lebensmitteltechnik*

HKL: 1. Hauptkühlmittelleitung, *Kernkraftwerkstechnik*. – **2.** Hohlkatodenlampe, *Lichttechnik*

HKM: Hubkolbenmotor, *Kraftfahrzeugtechnik*

HKP: Hauptkühlmittelpumpe, *Kraftwerkstechnik*

hkr: hochgekräuselt (Ausführungsart von Chemiefaserstoffen)

HKS: homogene Kompostierung und Stabilisierung (Abfallbeseitigungsverfahren), *Umweltschutztechnik*

HKV: Heizkörperventil

HKW: 1. Halb-Kundenwunschentwurf bzw. -schaltkreis (z.B. ↑ GA 1, ↑ STAZ), = SC 2, *Mikroelektronik*. – **2.** Hauptkühlwasser, *Energietechnik*. – **3.** Heizkraftwerk

HKZ: Hochspannungskondensatorzündung

Hl: Hauptvermittlungsleitung, *Nachrichtentechnik*

HL: 1. Halbleiterlaser. – **2.** Haltlichtanlage, *Eisenbahnsicherungstechnik*. – **3.** Handleuchte. – **4.** Hängeleuchte. – **5.** ↑ HG 1. – **6.** hinteres Lot, = AP 3, *Schiffstechnik*

HLB: ⟨engl⟩ hydrophile-lipophile balance / Hydrophil-Lipophil-Gleichgewicht (zur Charakterisierung eines Emulgatortyps), *Lebensmitteltechnik*

HLBT: Halbleiterblocktechnik

HLF-Ruß: ⟨engl⟩ high-loading furnace black / hochfüllbarer Ofenruß, *Polymertechnik*

HLH: ⟨engl⟩ heavy-lift helicopter / Schwerlasthubschrauber

HLK: Heizung – Lüftung – Klimatisierung

HLL: 1. Halogenglühlampe für Lichtakzente. – **2.** ⟨engl⟩ high-level language / höhere Programmiersprache, ↑ HPS 3. – **3.** ⟨engl⟩ high-

level logic / Hochpegellogik, ↑ LSL 2

HLLR: Halogenglühlampe mit Reflektor für Lichtakzente

† HLLV: ⟨engl⟩ heavy-lift launch vehicle / Schwerlastträgerrakete, ↑ HLV

HLLW: ⟨engl⟩ high-level liquid (radioactive) waste / hochaktives Abwasser, *Kernkraftwerkstechnik*

HLM: Herz-Lungen-Maschine, *Medizintechnik*

HLP: Halogenglühlampe für Projektion, Halogen-Projektorlampe

HLP-Perforation: ⟨engl⟩ high liquid pressure perforation / Flüssigkeitshochdruckperforation (Holzschutz)

HLS: Heizungs-Lüftungs-Sanitärtechnik

Hl-Signal: Lichthaupt- und Lichtvorsignal (Eisenbahnsignal)

Hl.Tn.: Heultonne (Seezeichen)

HLTTL, HLT²L: ⟨engl⟩ high-level transistor-transistor logic / Transistor-Transistor-Logik für hohe Pegel, *Elektronik*

HLV: ⟨engl⟩ heavy-lift vehicle / Schwerlastraumtransporter (USA-Projekt), = † HLLV *Raumfahrttechnik*

HLW: 1. Halogenlichtwurflampe. – **2.** ⟨engl⟩ high-level waste / hochradioaktiver Abfall, *Kerntechnik*. – **3.** Höhenleitwerk, *Flugzeugausrüstung*

HM: 1. Hartmetall (gesinterter Werkzeugschneidstoff). – **2.** Heizmittel, *Verfahrenstechnik*. –

3. ⟨engl⟩ hysteresis motor / Hysteresemotor

HMC: ⟨engl⟩ Halley multicolour camera / Halley-Mehrfarbenkamera (Gerät der Kometensonde »Giotto«)

HMF: Hydroximethylfurfural (zur Qualitätsbeurteilung von Lebensmitteln hinsichtlich Hitze- und Lagerungsschäden), *Lebensmitteltechnik*

HMFET: ⟨engl⟩ high mobility field-effect transistor / Feldeffekttransistor mit hoher Beweglichkeit der Ladungsträger, = HEMFET, *Mikroelektronik*

HMF-Ruß: ⟨engl⟩ high modulus furnace black / stark verstrammender Ofenruß, *Polymertechnik*

HMI: ⟨engl⟩ hydrargyrum, medium-arc-length, iodide / Halogen-Metall-Mittelbogenlampe

H-Milch: hocherhitzte Milch (für längere Haltbarkeit), *Lebensmitteltechnik*

HMOS: ⟨engl⟩ high-performance metal-oxide semiconductor / Hochleistungs-Metall-Oxid-Halbleiter (Halbleitertechnologie mit verkleinerten Strukturabmessungen)

HM-PP: hochmolekulares Polypropylen

HM-Verfahren: Hochleistungs-Mittenkugel-Verfahren (Verbrennungsverfahren für Dieselmotoren), *Kraftfahrzeugtechnik*

HN: Halbton-Negativ (-Film), *Polygrafie*

Hnbr: Henry-Bremse, *Schienenfahrzeugtechnik*

HNC: ⟨engl⟩ hand numerical control / numerische Steuerung mit Handeingabe (Programmeingabe über Bedienkonsole bei ↑ NCM), *Automatisierungstechnik*

hnf: hochnaßfest (Ausführungsart von Chemiefaserstoffen)

HNIL: 1. ⟨engl⟩ high noise immunity logic / Logik mit hoher Störsicherheit, ↑ LSL 2. – **2.** ↑ HINIL

H.N.W.: höheres Niedrigwasser

ho: hohl (Ausführungsart von Chemiefaserstoffen)

H.O.: ⟨engl⟩ high output / hohe (Licht-) Ausbeute

HOA: Heißläuferortungsanlage (DB)

HOE: holografisch optische Elemente, *technische Optik*

HOG: Heißläuferortungsgerät, *Schienenfahrzeugtechnik*

HOLOP: holografisches Optiklabor (Experiment bei der Mission ↑ D 9)

† HOMA: Holzmeßanordnung

HOMOCVD: ⟨engl⟩ homogeneous chemical vapour deposition / homogene chemische Dampfphasenabscheidung, *Halbleitertechnologie*, s.a. CVD 1

HOT: ⟨engl⟩ hyperbaric oxygen therapy / Überdruck-Sauerstofftherapie, *Medizintechnik*

HOTCE: ⟨engl⟩ hot critical experiment / heißes kritisches Experiment (mit hoher Radioaktivität), *Kernkraftwerkstechnik*

HOTOL: ⟨engl⟩ horizontal take-off and landing / Horizontalstart und -landung (britisches Raumtransporterprojekt)

HOZ: Hochofenzement (Bindebaustoff)

hp: hohl und profiliert (Ausführungsart von Chemiefaserstoffen)

Hp: 1. Haltepunkt (Bahnanlage der freien Strecke). – **2.** Hartpapier

HP: 1. Halbton-Positiv (-Film), *Polygrafie*. – **2.** ⟨engl⟩ high-pass / Hochpaß[filter], = HPF, *Nachrichtentechnik*. – **3.** ⟨engl⟩ high power / hohe Leistung, Hochleistungs-. – **4.** ⟨engl⟩ high pressure / Hochdruck, ↑ HD 7. – **5.** ⟨engl⟩ holding pattern / Warteschleife, Warteverfahren, *Luftfahrtnavigation*. – **6.** ⟨engl⟩ horizontal polarization / horizontale Polarisation

hpa: hochpillarm (Ausführungsart von Chemiefaserstoffen)

HPA: ⟨engl⟩ hot-pressed alumina / heißgepreßte Aluminium(oxidkeramik)

HPCS: ⟨engl⟩ high-pressure core spray system / Hochdruck-Kernsprühsystem, *Kerntechnik*

HPE: Hochspannungs-Papierelektrophorese (Trennung von Stoffgemischen bei hoher Gleichspannung), *Analysenmeßtechnik*

HPF: ⟨engl⟩ high pass filter / Hochpaßfilter, ↑ HP 2

HPFT: ⟨engl⟩ high-pressure fuel turbopump / Hochdruck-Treibstoffturbopumpe, *Raumfahrttechnik*

HPF-Vorschaltgerät: ⟨engl⟩ high-power factor ballast / Vorschaltgerät mit hohem Leistungsfaktor, *Lichttechnik*

HPI: ⟨engl⟩ high position indicator / Höhenanzeiger, *Luftfahrtnavigation*

HPI-Lampe: ⟨engl⟩ high-pressure iodide lamp / Halogen-Metalldampflampe

HPL: 1. Halophosphatleuchtstoff. – 2. ⟨engl⟩ high-pressure lubricants / Hochdruckschmiermittel, *Kraftfahrzeugtechnik*

HPLC: ⟨engl⟩ high performance [-pressure] liquid chromatography / Hochleistungs- [Hochdruck-] Flüssigkeitschromatografie, *Analysenmeßtechnik*

HPL-Platte: ⟨engl⟩ high pressure laminated board / mit Hochdruck laminierte Schichtpreßstoffplatte, *Holztechnik*

HPM, h.p.m.l., HPML: ⟨engl⟩ high-pressure mercury lamp / Quecksilberdampf-Hochdrucklampe

HPN-Stahl: Hamborner P- und N- (phosphor- und stickstoff-) armer Stahl, *Eisenmetallurgie*

HPO: ⟨engl⟩ hydrogeniumperoxid / Wasserstoffperoxid

HPOT: ⟨engl⟩ high-pressure oxygen turbopump / Hochdruck-Sauerstoffturbopumpe, *Raumfahrttechnik*

HPP: hydrolysierte Pflanzenproteine, *Lebensmitteltechnik*

HPRR: ⟨engl⟩ high performance research reactor / Hochleistungsforschungsreaktor, *Kernkraftwerkstechnik*

HPS: 1. Hefepolysaccharid, *Lebensmitteltechnik.* – 2. h.p.s.l., HPSL: ⟨engl⟩ high-pressure sodium lamp / Natriumdampf-Hochdrucklampe. – 3. höhere Programmiersprache, = HLL 2

HPSiC: ⟨engl⟩ hot-pressed silicon carbide / heißgepreßtes Siliciumcarbid (Keramikwerkstoff)

h.p.s.l., HPSL: ↑ HPS 2

HPSN: ⟨engl⟩ hot-pressed silicon nitride / heißgepreßtes Siliciumnitrid (Keramikwerkstoff)

HPTE: ⟨engl⟩ high-precision tracking experiment / Bahnverfolgungsexperiment mit hoher Präzision (des Space Shuttle, USA)

HQTV: ⟨engl⟩ high quality television / Hochqualitätsfernsehen (= Hi-Fi-TV, Verfahren zur Qualitätsverbesserung der Fernsehbildwiedergabe)

hr: 1. heißgereckt (Ausführungsart von Chemiefaserstoffen). – 2. ↑ HR 4

HR: 1. halbe Kraft rückwärts, *Schiffahrt.* – 2. ⟨engl⟩ high resilient / hochelastisch. – 3. Höhenruder, *Flugzeugausrüstung.* – 4. hr: ⟨engl⟩ hours / Stunden, *Luftfahrt.* – 5. ↑ RH

HRA: Rockwell-Härte nach Skale A

HRAM: ⟨engl⟩ hierarchical random-access memory / stufenweiser Schreib-Lese-Speicher (mit dynamischen und statischen Eigenschaften; Halbleiterspeicher), *Mikroelektronik*

HRB: Rockwell-Härte nach Skale B

HRC: Rockwell-Härte nach Skale C

HR-Diagramm: Henry-Reinhardt-Diagramm (zur Kennzeichnung der

Verwachsungsverhältnisse aufzubereitender Rohstoffe), *Bergbautechnik*

HR-Film: 1. ⟨engl⟩ high-resolution film / hochauflösender (fototechnischer) Film ($10^2...10^3$ Linien/mm). – 2. Hellraumfilm, *Polygrafie*

HRI: ⟨engl⟩ height-range indicator / Höhen- und Reichweiten-Anzeiger, *Luftfahrtnavigation*

HRIR: ⟨engl⟩ high-resolution infrared radiometer / Infrarotradiometer mit hoher Auflösung, *Raumfahrttechnik*

HRL: Hochregallager

HR-Reifen: ⟨engl⟩ high-speed radial tyre / Radialreifen für hohe Geschwindigkeiten, *Kraftfahrzeugtechnik*

HRS: 1. ⟨engl⟩ high-resolution spectrograph / hochauflösender Spektrograf (Gerät von ↑ ST 3), *Raumfahrttechnik*. – 2. Hörrundfunksatellit. – 3. Hybridrechnersystem. – 4. ⟨engl⟩ hydrant refuelling system / Hydrantenbetankungssystem, *Flugbetrieb*

HRT: ⟨engl⟩ homogeneous reactor test / Homogenreaktorversuch (USA), *Kernkraftwerkstechnik*

HRTM: ⟨engl⟩ hardware real-time monitor / Echtzeitmonitor, *Datenverarbeitung*

HRW: Haupttrichtungswähler, *Nachrichtentechnik*

Hs: 1. Hasenhaar, *Textiltechnik*. – 2. Herzstück, *Eisenbahnoberbau*

HS: 1. Halbschrankenanlage, *Schienenfahrzeugtechnik*. – 2. ⟨engl⟩ handset / Handapparat, *Fernmeldetechnik*. – 3. Hartmetall (für) Stahl (für die Bearbeitung langspanender Werkstoffe), *Werkstoff-, Fertigungstechnik*. – 4. Hauptspeicher, *Datenverarbeitung*. – 5. ⟨engl⟩ headset / Kopfhörer. – 6. Hochspannung, = HT 2, = HV 3 (über 1 bzw. 110 kV). – 7. Holzstoff, *Papiertechnik*

HSB: Hochleistungsschnellbahn (DB)

HschW: höchster schiffbarer Wasserstand

HS-CMOS: ⟨engl⟩ high-speed complementary metal-oxide semiconductor / komplementärer Metall-Oxid-Halbleiter mit hoher Geschwindigkeit, *Halbleitertechnologie*

HSD: ⟨engl⟩ horizontal situation display / Kurslageanzeigetafel, *Luftfahrtnavigation*

HSDA: ⟨engl⟩ high-speed data acquisition / schnelle Datenerfassung

HSDL: ⟨engl⟩ high-speed data link / schnelle Datenübertragungsverbindung

HSFS: Hochstromfunkenstrecke

HSG-Verfahren: Hochschergradverfahren, *Lebensmitteltechnik*

HSI: ⟨engl⟩ horizontal situation indicator / Kurslageanzeigegerät, *Luftfahrtnavigation*

HSIC: ⟨engl⟩ high-speed integrated circuit / integrierte Hochgeschwindigkeitsschaltung (für Taktfrequenzen bis 10 MHz), *Mikroelektronik*

HS-I²L, HSI²L: ⟨engl⟩ high-speed integrated injection logic / integrierte Injektionslogik mit hoher Geschwindigkeit, *Elektronik*

HS-Kanal: Herzschallkanal (im Elektrokardiografen), *Medizintechnik*

HSM: 1. Herzschrittmacher, *Medizintechnik*. – 2. Holzschutzmittel

HSP: 1. ⟨engl⟩ high-speed photometer / Hochgeschwindigkeitsphotometer (bei ↑ ST 3), *Raumfahrttechnik*. – 2. ⟨engl⟩ high-speed printer / Schnelldrucker, *Datenverarbeitung*. – 3. Hintergrundspeicher, *Datenverarbeitung*

† **HSPTP:** ⟨engl⟩ high-speed paper tape punch / Hochgeschwindigkeits-Lochstreifenstanzer, *Datenverarbeitung*

† **HSPTR:** ⟨engl⟩ high-speed paper tape reader / Hochgeschwindigkeits-Lochstreifenleser, *Datenverarbeitung*

hsr: hochschrumpffähig (Ausführungsart von Chemiefaserstoffen)

HS-Ruß: ⟨engl⟩ high-structure black, Hochstrukturruß, *Polymertechnik*

HSS: 1. ⟨engl⟩ high-speed steel / Schnellarbeitsstahl, = † SS. – 2. ⟨engl⟩ high-speed storage / Hochgeschwindigkeitsspeicher, *Datenverarbeitung*. – 3. Hochleistungs-Schnellschnittstahl (Schnellarbeitsstahl, Werkzeugschneidstoff)

Hst: Haltestelle (Bahnanlage der freien Strecke, DB)

HST: 1. ⟨engl⟩ high speed train / Hochgeschwindigkeitszug (GB). – 2. hoher Seitentank, Seitenhochtank, *Schiffstechnik*. – 3. ⟨engl⟩ Hubble space telescope / Hubble-Weltraumteleskop (NASA-Projekt eines Astronomiesatelliten)

H-Stahl: höherfester schweißbarer Baustahl

HSÜ: Hochstrom-Supraleitungsübertragung

HSW: 1. Hauptsteuerwarte. – 2. höchster schiffbarer Wasserstand. – 3. höchster Sommerhochwasserstand

HsWS-Sicherung: Hochspannungs-Wechselstromsicherung

HT: 1. ⟨engl⟩ high temperature / hohe Temperatur, Hochtemperatur. – 2. ⟨engl⟩ high tension / Hochspannung, ↑ HS 6. – 3. Hochton. – 4. Horizontalteil, *Fernsehtechnik*. – 5. Hydrotherapie, *Medizintechnik*

H.T.: ⟨engl⟩ high tide / Flut

HTA: Haupttelegrafenamt

HT-Bedingungen: Hochtemperaturbedingungen, *Textiltechnik*

HTC: ⟨engl⟩ heavy triple coil / Dreifachwendel (für Hochleistungs-Leuchtstofflampen)

HTCID: ⟨engl⟩ high-tolerance current injection logic device / Strominjektionslogik mit großer Eingangstoleranz (Josephson-Bauelement), *Elektronik*

HTDC: ⟨engl⟩ high-tension direct current / hochgespannter Gleichstrom, = HVDC, *Elektrotechnik*

HTE: Hüftgelenk-Totalendoprothese (künstliches Hüftgelenk), *Medizintechnik*

HTGR: ⟨engl⟩ high-temperatur gas-cooled reactor / gasgekühlter Hochtemperaturreaktor, *Kernkraftwerkstechnik*

HTH-Verfahren: Hochtemperatur-

Hydrierverfahren, *chemische Technologie*

HTL: 1. Haupttransportleitung, *Energietechnik.* – 2. ⟨engl⟩ high-threshold logic / Logik(schaltung) mit hohem Schwellwert, *Elektronik*

HTMB: hochtemperatur-thermomechanische Behandlung, *Metallurgie*

HTOL: ⟨engl⟩ horizontal take-off and landing / Horizontalstart und -landung, *Flugbetrieb*

HTP: Hochtemperaturpolymerisation, *Polymertechnik*

HTR: 1. ⟨engl⟩ high-temperature reactor / Hochtemperaturreaktor, *Kernkraftwerkstechnik.* – 2. homogener Thoriumreaktor, *Kernkraftwerkstechnik*

HTRB-Test: ⟨engl⟩ high-temperature reverse bias test / Temperatur- und Spannungsbelastungstest (Zuverlässigkeitsprüfung für elektronische Bauelemente)

HTRE: ⟨engl⟩ high-temperature reactor experiment / Hochtemperaturreaktorversuch, *Kernkraftwerkstechnik*

HTS: 1. Hefetrockensubstanz, *Lebensmitteltechnik.* – 2. ⟨engl⟩ high-speed train system / Hochgeschwindigkeitszugsystem (GB)

HTST: ⟨engl⟩ high-temperature short time / Hochtemperatur-Kurzzeit- (Sterilisation oder Extrusion), *Lebensmitteltechnik*

HTTL: ⟨engl⟩ high-speed transistor-transistor logic / Hochgeschwindigkeits-Transistor-Transistor-Logik, *Elektronik*

HTTR: ⟨engl⟩ high-temperature thorium reactor / Hochtemperatur-Thoriumreaktor, *Kernkraftwerkstechnik*

HTTT: ⟨engl⟩ high-temperature turbine technology / Hochtemperatur-Turbinentechnik, *Kernkraftwerkstechnik*

HTU: ⟨engl⟩ height of one transfer unit / Höhe einer Übertragungseinheit, *Stofftrenntechnik*

HTV: Hochtemperaturvorbehandlung, *Nichteisenmetallurgie*

HTWP: Hochtemperaturwärmepumpe, *Energietechnik*

HTZ: hochinduktive Transformatorzündung, *Elektrotechnik*

hü: handelsüblich

Hü: Hülse (Buchse einer Steckerleiste), *Elektrotechnik*

HU: 1. Hartmetall universal (für die Bearbeitung lang- und kurzspanender Werkstoffe), *Werkstoff-, Fertigungstechnik.* – 2. Hauptuntersuchung (Schienenfahrzeug). – 3. unterer Heizwert, *Energietechnik*

H+A: gehärtet und angelassen (Wärmebehandlung von Stahl)

H.ü.M.: Höhe über Meeresspiegel (nicht exakt für ↑ H.ü.NN)

H.ü.NN: Höhe über Normalnull (↑ NN 2)

HUP: Hauptumwälzpumpe (für Kühlwasser im Primärkreislauf eines Reaktors), *Kernkraftwerkstechnik*

Hv: Hochlochziegel, verblendfähig (Baustoff)

HV: 1. Handvermittlung, *Nachrichtentechnik.* – 2. Hauptverteilungsanlage. – 3. ⟨engl⟩ high voltage / Hochspannung, ↑ HS 6. – 4. hochfeste Verbindung, *Stahlbau.* – 5. hochverestert (Pektin), *Lebensmitteltechnik.* – 6. ↑ VH

HVD: ⟨engl⟩ high-voltage discharge / Hochspannungsentladung

HVDC: ⟨engl⟩ high-voltage direct current / hochgespannter Gleichstrom, = HTDC, *Elektrotechnik*

HVDF: ⟨engl⟩ high and very high frequency direction finder / Kurzwellen- und UKW-Funkpeiler, *Flugsicherung*

HVE: ⟨engl⟩ high-voltage electron microscopy / Hochspannungs-Elektronenmikroskopie, *Analysenmeßtechnik*

HVG: Hybridvorschaltgerät, *Lichttechnik*

HVIC: ⟨engl⟩ high-voltage integrated circuit / integrierte Hochspannungsschaltung, *Mikroelektronik*

H 24: ⟨engl⟩ hour 24 / 24 Stunden (ununterbrochener Betrieb bei Tag und Nacht), *Luftfahrt*

HV-I²L: ⟨engl⟩ high-voltage integrated injection logic / integrierte Injektionslogik mit hoher Spannung, *Elektronik*

HVP: ⟨engl⟩ hydrolyzed vegetable protein / pflanzliches Eiweißhydrolysat, *Lebensmitteltechnik*

HVSt: 1. Hauptvermittlungsstelle, *Nachrichtentechnik.* – 2. Hybridvermittlungsstelle, *Nachrichtentechnik*

HVStW: Hauptvermittlungsstelle mit Wählbetrieb, *Nachrichtentechnik*

HVt: Hauptverteiler, *Nachrichtentechnik*

HVT: ⟨engl⟩ high-voltage threshold / hohe Schwellspannung (bei Feldeffekttransistoren), *Mikroelektronik*

HVTEM: ⟨engl⟩ high-voltage transmission electron microscopy / Hochspannungs-Transmissionselektronenmikroskopie, s. a. TEM 3

Hw: Weichholzschwelle, *Eisenbahnoberbau*

HW: 1. Hauptwandler, *Elektrotechnik.* – 2. Heißwasser, *Energietechnik.* – 3. Heißwasserleitung, *Straßen- und Tiefbau.* – 4. Heizwerk. – 5. Höchstwasserstand (in Behältern und Apparaten), *Energietechnik.* – 6. Hochwasser. – 7. Hochwasserstand

HWCTR: ⟨engl⟩ heavy-water components test reactor / Schwerwasser-Komponentenversuchsreaktor, *Kernkraftwerkstechnik*

HWD: 1. Halbwertdosis, *Kerntechnik.* – 2. Hartweizendunst, *Lebensmitteltechnik*

HWD-Prozeß: Hydrowaxer-Prozeß (Entfernung von Paraffinen (Wax) aus Gasöl mit Hilfe von Wasserstoff (Hydrogen)), *Kraftfahrzeugtechnik*

HWE: Heißwassererzeuger, *Energietechnik*

HWGCR: ⟨engl⟩ heavy-water moderated gas-cooled reactor / schwerwassermoderierter gasgekühlter Reaktor, *Kernkraftwerkstechnik*

Hwh: Heißluftweichenheizung, *Schienenfahrzeugtechnik*

HWH: 1. Heißwasserheizung, *Energietechnik*. – 2. Hochwasserhöhe

H.W.I., HWI: Hochwasserintervall

HWL Platte: Holzwolle-Leichtbauplatte

HWM-Faser: ⟨engl⟩ high wet modulus fibre / Hochnaßmodulfaser(stoff)

HWO: Herdwagenofen, *Verfahrenstechnik*

HWP: ⟨engl⟩ Hermes writing process / Hermes-Schreibverfahren (Verfahren zur Tropfenbildung im elektrischen Feld für den Farbstrahldruck), *Polygrafie*

HWR: ⟨engl⟩ heavy-water reactor / Schwerwasserreaktor, *Kernkraftwerkstechnik*

hws: hochweiß (Ausrüstungsart von Chemiefaserstoffen)

HWS: Heißwassersystem, *Energietechnik*

HWSp: Heißwasserspeicher

HWZ: Halbwertszeit, *Kerntechnik*

H.W.Z.: Hochwasserzeit

Hydrofining: ⟨engl⟩ hydrogen refining / hydrierende Raffination (von Erdölprodukten), *chemische Technologie*

HZ: 1. Halbzellstoff, *Papiertechnik*. – 2. Hartbrandziegel (Baustoff). – 3. Haupt- und Zusatzlasten, *Baustatik*

I

i: Inklination (Bahnneigung gegen den Äquator), *Raumfahrttechnik*

I: 1. ⟨engl⟩ illumination / 1. Beleuchtung, Ausleuchtung. – 2. Belichtung. – 3. Beleuchtungsstärke, *Lichttechnik*. – 2. Impulslampe, *Lichttechnik*. – 3. ⟨engl⟩ indication / Anzeige, *Automatisierungstechnik*. – 4. induktionsgehärtet, *Werkstofftechnik*. – 5. ⟨engl⟩ input / Eingabe, *Datenverarbeitung*. – 6. Integral (-Regler), *Automatisierungstechnik*. – 7. ⟨engl⟩ intensity / Intensität (Stärkegrad), *Lichttechnik*. – 8. Istmaß (geometrische Genauigkeit)

IA: 1. ⟨engl⟩ indicated altitude / angezeigte Höhe, *Luftfahrtnavigation*. – 2. Informationsausgabe. – 3. Informationsausgang, *Datenverarbeitung*. – 4. Interfaceadapter. – 5. Interfaceansteuerung, *Datenverarbeitung*

IABP: intraaortale Ballonpumpe (mechanisches Herzentlastungsgerät), *Medizintechnik*

IAE: integrierende Analogeingabe, *Prozeßrechen-, Automatisierungstechnik*

IAGC: ⟨engl⟩ instantaneous automatic gain control / selbsttätige unverzögerte Schwundregelung, *Nachrichtentechnik*

IAH: ⟨engl⟩ implantable artificial heart / implantierbares künstliches Herz, *Medizintechnik*

IAL: 1. inkrementales Auflicht-Längenmeßsystem. – 2. ⟨engl⟩ instrument approach and landing / Instrumentenanflug und -landung, *Luftfahrtnavigation*

IALC: ⟨engl⟩ instrument approach and landing chart / Instrumentenanflug- und -landekarte, *Luftfahrtnavigation*

IAS: ⟨engl⟩ indicated air speed / angezeigte Fluggeschwindigkeit

IB: 1. ↑ IBN. – 2. Informationsbank, *Datenverarbeitung*. – 3. ⟨engl⟩ interface bus / Schnittstellenbus (-verbindungsleitung), *Datenverarbeitung*

IBCN: ⟨engl⟩ integrated broadband communications network / integriertes Breitbandfernmeldenetz, ↑ IBFN

IBEE: ⟨engl⟩ ion-bombardement enhanced etching / durch Ionenbeschuß verstärktes Ätzen (Ionenätzen), *Halbleitertechnologie*

IBFN: integriertes Breitbandfernmeldenetz (letzte Ausbaustufe von ↑ B-ISDN der Deutschen Bundespost), = IBCN

IBK-Tafel: Tafel der Internationalen Beleuchtungskommission (Normfarbtafel zur Farbartenkennzeichnung im rechtwinkligen Koordinatensystem)

IB-MOS: ⟨engl⟩ ion beam metal-oxide semiconductor / Ionenstrahl-Metall-Oxid-Halbleiter (Ionenimplantation direkt in den Wafer), *Halbleitertechnologie*

IBN, IB: ⟨engl⟩ identification beacon / Kennfeuer, *Flugsicherung*

† IBS: Informationsbereitstellungssystem, *Datenverarbeitung*

IBT: ⟨engl⟩ ion-implanted base transistor / Transistor mit ionenimplantierter Basis (Halbleiterbauelement), *Elektronik*

IBW: Innenbogenweiche

IC: 1. ⟨engl⟩ in-containment / Sicherheitshülle (zur Verhinderung des Austritts radioaktiver Stoffe), *Kernkraftwerkstechnik*. – 2. ⟨engl⟩ index correction / Indexkorrektur, *Flugbetrieb*. – 3. ⟨engl⟩ instruction counter / Befehlszähler, *Automatisierungstechnik*. – 4. ⟨engl⟩ integrated circuit / integrierter Schaltkreis, integrierte Schaltung, = IS 2, *Mikroelektronik*. – 5. Intercity (Zuggattung, DB)

ICAM: ⟨engl⟩ integrated computer-aided manufacturing / integrierte rechnerunterstützte Fertigung

ICB: ⟨engl⟩ interrupt control block / Unterbrechungssteuerblock, *Datenverarbeitung*

ICBWR: ⟨engl⟩ improved cycle boiling water reactor / verbesserter Siedewasserreaktor, *Kernkraftwerkstechnik*

ICC: ⟨engl⟩ interrupt controller circuit / Unterbrechungssteuerbaustein, *Automatisierungstechnik*

ICD: ⟨engl⟩ ion-controlled diode / ionengesteuerte (Halbleiter-) Diode, *Mikroelektronik*

ICDH: Isocitratdehydrogenase (Untersuchung der Enzymaktivität von Hefen), *Lebensmitteltechnik*

ICE: 1. ⟨engl⟩ Intercity Experimental (Triebwagenzug der Deutschen Bundesbahn, Vorläufer von ↑ HGZ). – 2. ⟨engl⟩ international cometary Explorer / internationaler Kometen-Explorer (USA-Satellit, vormals ↑ ISEE-3)

ICEM: ⟨engl⟩ integrated computer engineering and management / integrierte rechnerunterstützte Ingenieurs- und Verwaltungstätigkeit (rechnerunterstütztes einheitliches Technik- und Verwaltungsmanagement)

ICEMOS: ⟨engl⟩ ion-implanted complementary enhanced metal-oxide semiconductor / ionenimplantierter, komplementärer, angereicherter Metall-Oxid-Halbleiter, *Halbleitertechnologie*

ICL: Isocitratlyase (Untersuchung der Enzymaktivität von Hefen), *Lebensmitteltechnik*

ICNI: ⟨engl⟩ integrated communication, navigation and identification / integrierte Kommunikation, Navigation und Kennung, *Luftfahrtnavigation*

ICP: ⟨engl⟩ integrated circuit piezoelectric / integrierter piezoelektrischer Schaltkreis, *Mikroelektronik*

ICR: ⟨engl⟩ initially concentrated rubber / anfängliche Kautschukkonzentration, *Polymertechnik*

ICT: 1. ⟨engl⟩ incoming trunk / ankommende Ortsverbindungsleitung, *Nachrichtentechnik*. – **2.** ⟨engl⟩ integrated computer telemetry / rechnerintegrierte Telemetrie (Entfernungsmessung)

ICU: 1. ⟨engl⟩ industrial control unit / industrielle Steuer- bzw. Regeleinheit. – **2.** ⟨engl⟩ integrated control unit / integrierte Steuereinheit, *Automatisierungstechnik*. – **3.** ⟨engl⟩ interface control unit / Interfacesteuereinheit, *Datenverarbeitung*. – **4.** ⟨engl⟩ interrupt control unit / Unterbrechungssteuereinheit, *Automatisierungstechnik*

i.d., ID, I.D.: ⟨engl⟩ inside diameter / Innendurchmesser

ID 1. IDENT: ⟨engl⟩ identification / Kennung, Kennzeichnung. – **2.** Identifizierer, *Nachrichtentechnik*. – **3.** ⟨engl⟩ inductance / Induktivität, *Elektrotechnik*. – **4.** ⟨engl⟩ isotope dilution / Isotopendilution (Herzzeitvolumenmeßverfahren), *Medizintechnik*

IDA: Industriedruckaufnehmer, *Meßtechnik*

IDAL: indirekte Datenadreßliste, *Datenverarbeitung*

IDAW: indirektes Datenadreßwort, *Datenverarbeitung*

IDC: 1. ⟨engl⟩ input display console / Eingabekonsole für Sichtanzeige, *Datenverarbeitung*. – **2.** ⟨engl⟩ instantaneous deviation control / unverzögerte Phasenhubregelung (Phasenmodulation), *Nachrichtentechnik*

IDCS: ⟨engl⟩ integrated data coding system / integriertes Datencodiersystem, *Datenverarbeitung*

IDD: ⟨engl⟩ international direct dialling / internationale Durchwahl, *Nachrichtentechnik*

IDDD: ⟨engl⟩ intercontinental direct distance dialling / interkontinentale Direktfernwahl, *Nachrichtentechnik*

IDEA: interaktives Dateneingabe- und Abfragesystem, *Nachrichtentechnik*

IDEM: ⟨engl⟩ interactive data-exchange modul / interaktives Datenaustauschmodul, *Nachrichtentechnik*

IDENT: ↑ ID 1

IDF: 1. ⟨engl⟩ indicating direction finder / Sichtpeiler, *Flugsicherung*. – **2.** ⟨engl⟩ intermediate distribution frame / Zwischenverteiler, *Nachrichtentechnik*

IDL: inkrementales Durchlicht-Längenmeßsystem

IDLT: ⟨engl⟩ identification light / Kennfeuer, *Flugsicherung*

IDM: 1. Impulsdauermodulation, *Nachrichtentechnik*. – **2.** induktiver Durchflußmesser

IDN: ⟨engl⟩ integrated digital network / integriertes Text- und Datennetz, *Nachrichtentechnik*

IdO-Hörhilfe: In-dem-Ohr-Hörhilfe, *Medizintechnik*

IDP: ⟨engl⟩ integrated data processing / integrierte Datenverarbeitung, = IDV

IDS: 1. ⟨engl⟩ integrated data store [storage] / integrierter [integrierte] Datenspeicher[ung]. – **2.** ⟨engl⟩ integrated data system / integriertes Datensystem

IDT: 1. Indikatordilutionstechnik (Verdünnungsmethoden zur Herzzeitvolumenmessung), *Medizintechnik*. – **2.** integriertes dialogorientiertes Testsystem, *Meßtechnik*. – **3.** ⟨engl⟩ interdigital transducer / Interdigitalwandler (Oberflächenwellenbauelement nach dem piezoelektrischen Prinzip), *Elektronik*

IDTV: ⟨engl⟩ improved definition television / verbesserte Fernsehauflösung (durch Nachbearbeitung im Fernsehempfänger)

IDV: integrierte Datenverarbeitung, ↑ IDP

IDWR: integrierter Druckwasserreaktor, *Kernkraftwerkstechnik*

IE: 1. ↑ IEP 1. – **2.** ⟨engl⟩ index error / Indexfehler, *Luftfahrtnavigation*. – **3.** Informationseingabe. – **4.** Informationseingang, *Datenverarbeitung*. – **5.** ⟨engl⟩ Injun Explorer (USA-Forschungssatelliten aus der Explorer-Reihe für spezielle Ionosphärenuntersuchungen). – **6.** ⟨engl⟩ irradiation effects / Bestrahlungsauswirkungen, *Kernenergie*

IEA: ⟨engl⟩ integrated electronic assembly / integrierte Elektronikeinheit (in Raumflugkörpern)

IEC: 1. ⟨engl⟩ infused emitter coupling / eingegossene Emitterkopplung (Legierungstransistor), *Halbleitertechnologie*. – **2.** ⟨engl⟩ integrated electronic components / integrierte elektronische Bauelemente. – **3.** ⟨engl⟩ ion-exchange chromatography / Ionenaustauschchromatografie (Trennung von Vielkomponentengemischen durch Ionenaustauscher), *Analysenmeßtechnik*

IEC-Bus: ⟨engl⟩ International Electrotechnical Commission bus / Bus nach (Vorschriften) der Internationalen Kommission für Elektrotechnik (Standardschnittstelle), *Datenverarbeitung*

IED: ⟨engl⟩ illuminating engineering design / Projektierung (Entwurf) von Beleuchtungsanlagen

IEF: ⟨engl⟩ isoelectric focussing / isoelektrische Fokussierung (elektrophoretisches Trennverfahren für Eiweiße), *Analysenmeßtechnik*

IEG: Import-Erdgas

IEP 1. IE: Immunelektrophorese (Kombination von ↑ EP 4 und Immundiffusion im Gel), *Analysenmeßtechnik*. – **2.** isoelektrischer Punkt (Ladungsgleichgewicht bei kolloiden Lebensmitteln), *Lebensmitteltechnik*

IF: 1. ⟨engl⟩ inside frosted / innenmattiert (Lampenkolben). – **2.** integrierte Fertigung (Verknüpfung des Bearbeitungsprozesses über den Stoff- und Informationsfluß). – **3.** ⟨engl⟩ intermediate frequency / Zwischenfrequenz, ↑ ZF

IFA 1. IGFA: integrierter Fertigungsabschnitt. – **2.** ⟨engl⟩ intermediate frequency amplifier / Zwischenfrequenzverstärker, *Elektronik*

i.fEKG: indirekte fetale Elektrokardiografie (von der Mutter abgeleitetes ↑ EKG des Feten), *Medizintechnik*

IFF: Impulsfolgefrequenz, *Nachrichtentechnik*

IFL: 1. ⟨engl⟩ integrated fuse logic / integrierte Durchbrennlogik (programmierbare Logik), *Elektronik*. – **2.** ⟨engl⟩ international frequency list / internationale Frequenzliste, *Nachrichtentechnik*

IFOV: ⟨engl⟩ instantaneous field of view / momentanes Gesichtsfeld

IFR: ⟨engl⟩ instrument flight rules / Instrumentenflugregeln, = PPP 2, *Flugsicherung*

IFR-Spektrometer: Infrarot-Fouriertransform-Spektrometer, *Meßtechnik*

IFS: 1. ⟨engl⟩ integrated flight system / integriertes Flugsystem, *Flugsicherung*. – **2.** integriertes Fertigungssystem

IFSS: Interface, sternförmig, seriell (Kommunikationssystem, insbesondere im ↑ SKR), *Datenverarbeitung*

IFT: Immunfluoreszenztechnik (Nachweis von Antigenen mittels fluoreszierender Antikörper), *Analysenmeßtechnik*

IFZ: induktiv geführtes Fahrzeug (in flexiblen Fertigungssystemen, führerlos)

IG: Informationsgewinnung, *Automatisierungstechnik*

IGAR [ИГАР]: ⟨russ⟩ argono-rtutnaja lampa intensivnogo gorenija [аргоно-ртютная лампа интенсивного горения] / Quecksilberdampf-Hochdrucklampe

IGES: ⟨engl⟩ initial graphics exchange specification / Spezifikation für den Austausch grafischer Informationen (genormtes USA-Format zum Austausch von ↑ CAD 1-Daten zwischen Systemen verschiedener Hersteller)

IGFA: 1. ↑ IFA 1. – **2.** integrierter gegenstandspezialisierter Fertigungsabschnitt

IGFET: ⟨engl⟩ insulated-gate field-effect transistor / Feldeffekttransistor mit isolierter Gateelektrode, *Mikroelektronik*

I-Glied: Integrierglied (automatische Steuerung), *Automatisierungstechnik*

IGMOS: ⟨engl⟩ insulated-gate metal-oxide semiconductor / Metall-Oxid-Halbleiter mit isoliertem Gate, *Halbleitertechnologie*

IGR: inkrementaler Geber, rotatorisch (Wegmeßsystem über Drehung einer Impulsscheibe)

IGT: 1. ⟨engl⟩ insulated-gate transistor / Transistor mit isoliertem Gate (Struktur eines Leistungstransistors), *Mikroelektronik*. – **2.** intelligentes Grafikterminal, *Datenverarbeitung*

i.h., I.H.: ⟨engl⟩ inside height, interior height / Innenhöhe

IHE: isomerisierter Hopfenextrakt (Brauereihefeuntersuchungen), *Lebensmitteltechnik*

IHP: ⟨engl⟩ indicated horse power / angezeigte Leistung, *Luftfahrtantriebe*

IHRD: ⟨engl⟩ international hardness degree / internationaler Härtegrad, *Polymertechnik*

IHW: ⟨engl⟩ international Halley watch / internationale Halley-Beobachtung (Kometenforschung)

IIG: ⟨engl⟩ ion implant gettering / Gettern durch Ionenimplantation, *Halbleitertechnologie*

I^{3}L, IIIL: ⟨engl⟩ isoplanar-integrated injection logic / isoplanare integrierte Injektionslogik (Schaltungstechnik), *Elektronik*

I^{2}L, IIL: ⟨engl⟩ integrated injection logic / integrierte Injektionslogik (Schaltungstechnik), = MTL, *Elektronik*

IIOP: ⟨engl⟩ integrated input/output processor / integrierter Eingabe/Ausgabe-Prozessor, *Datenverarbeitung*

IIP: Isotachophorese (zur Untersuchung von Sauerkrautlake), *Lebensmittelindustrie*

IIR: ⟨engl⟩ isobutylene-isoprene rubber / Isobutylen-Isopren-Kautschuk (Butylkautschuk), *Polymertechnik*

IIS: 1. ⟨engl⟩ integrated instruments system / integriertes Instrumentensystem, *Flugzeugausrüstung*. – **2. [ИИС]:** ⟨russ⟩ izmeritel'naja informacionnaja sistema [измерительная информационная система] / Meßinformationssystem, *Datenverarbeitung*

IK 1. [ИК]: ⟨russ⟩ infrakrasnaja lampa, infrakrasnyj izlučatel' [инфракрасная лампа, инфракрасный излучатель] / Infrarotstrahler. – **2. [ИК]:** ⟨russ⟩ infrakrasnoe izlučenie [инфракрасное излучение] / Infrarotstrahlung, ↑ IR 3. – **3.** Interkosmos (Serie von Erdsatelliten ehemaliger sozialistischer Staaten, die durch die UdSSR gestartet werden). – **4.** Isoprenkautschuk, *Polymertechnik*. – **5. [ИК]:** ⟨russ⟩ istinnyj kurs [истинный курс] / geografischer Kurs, Kartenkurs, *Luftfahrtnavigation*

IKG, Ikg: Impedanzkardiograf bzw. -kardiografie (indirekte Herzzeitvolumenbestimmung), *Medizintechnik*

IKO [ИКО]: ⟨russ⟩ indikator krugovogo obzora [индикатор кругового обзора] / Rundsichtgerät, *Flugsicherung*

IKR: Integralkreislaufreaktor, *Reaktionstechnik*

IKW: Industriekraftwerk

IKW-Gerät: Impulskurzwellen-Therapiegerät, *Medizintechnik*

IKZ: 1. Impulskennzeichen, *Nachrichtentechnik*. – **2. [ИКЗ]:** ⟨russ⟩ infrakrasnaja zerkal'naja lampa [инфракрасная зеркальная лампа] / Infrarot-Reflektorstrahler

i.l., I.L.: ⟨engl⟩ inside length [interior length] / Innenlänge

IL 1. [ИЛ]: ⟨russ⟩ illjuminacionnaja lampa [иллюминационная лампа] / Illuminationslampe. – **2.** ⟨engl⟩ indicating lamp / Anzeigelampe. – **3.** ⟨engl⟩ intermediate loop / Zwischenkreislauf, *Kernkraftwerkstechnik*

ILA: ⟨engl⟩ instrument landing approach / Instrumentenlandeanflug, *Luftfahrtnavigation*

ILM: ⟨engl⟩ independent landing monitor / autonomer Landungsmonitor, *Flugsicherung*

ILS: ⟨engl⟩ instrument landing system / Instrumentenlandesystem, *Luftfahrtnavigation*

ILT-Sensor: ⟨engl⟩ interline transfer sensing element / Bildsensor mit Zwischenzeilenübertragung (Festkörperbildsensor, Kamerasensor), *Mikroelektronik*

IM 1. [ИМ]: ⟨russ⟩ impul'snaja moduljacija [импульсная модуляция] / Impulsmodulation, *Nachrichtentechnik*. – **2.** ⟨engl⟩ induction motor / Asynchronmotor, *Elektrotechnik*. – **3.** ⟨engl⟩ inner marker / Platzeinflugzeichen, *Luftfahrtnavigation*. – **4.** ⟨engl⟩ instrument module / Instrumententeil (der USA-Raumstation Skylab). – **5.** Intermodulation, *Nachrichtentechnik*

IMC: 1. ⟨engl⟩ image-motion compensation / Ausgleich der Bildbewegung (Verfahren bei Luftbildaufnahmen). – **2.** ⟨engl⟩ instrument meteorological conditions / Instrumentenflug-Wetterbedingungen, *Flugsicherung*

IMD: ⟨engl⟩ insert mounted devices / Einfügemontagebauelemente (in der Leiterplatte senkrecht angeordnete Bauelemente, ↑ MELF), *Elektronik*

IMEP: ⟨engl⟩ indicated mean effective pressure / angezeigter mittlerer effektiver Druck

IML: ⟨engl⟩ impedance-modified fluorescent lamp / impedanzmodifizierte Leuchtstofflampe (leistungsreduzierte Leuchtstofflampe mit Kryptonfüllung)

IMMA: ⟨engl⟩ ion microprobe mass analysis / Ionen-Massenanalyse, *Analysenmeßtechnik*

IMN: ⟨engl⟩ indicated Mach number / angezeigte Mach-Zahl, *Luftfahrtnavigation*

IMOS, I²MOS: ⟨engl⟩ ion-implanted metal-oxide semiconductor / ionenimplantierter Metall-Oxid-Halbleiter (Herstellungstechnologie für integrierte Schaltungen), *Halbleitertechnologie*

IMOX-S: ⟨engl⟩ ion-implanted oxide-isolated process / ionenimplantierter oxidisolierter Prozeß, *Halbleitertechnologie*

IMP 1. IP: intermetallische Phase (Kristallart), *Werkstofftechnik*. – **2.** ⟨engl⟩ interplanetary monitoring platform (Serie von USA-Raumflugkörpern aus der Explorer-Reihe zur Sonnenforschung)

Impact: ⟨engl⟩ implanted advanced composed technology / implantierte moderne zusammengesetzte (bipolare) Technologie, *Halbleitertechnologie*

IMPATT-Diode: ⟨engl⟩ impact [ionisation by] avalanche [and] transit time diode / [Stoß-] Lawinenlaufzeitdiode (Halbleiterbauelement), *Mikroelektronik*

impr.: imprägniert

IMS: 1. ⟨engl⟩ information management system / Informationsverwaltungssystem, *Datenverarbeitung*. – **2.** Ionenmassen-Spektrometer (Gerät der Kometensonde »Giotto«)

IMSH: Induktions-Mittelfrequenz-Schmelzhaube, *Nichteisenmetallurgie*

IMSK: Induktions-Mittelfrequenz-Schmelzofen mit Kondensatorgruppe, *Nichteisenmetallurgie*

IMT: ⟨engl⟩ immediate [immediately] / sofort, unmittelbar, *Luftfahrt*

IMU: ⟨engl⟩ inertial measurement unit / Trägheitsmeßgerät, *Raumfahrttechnik*

IMW: ⟨engl⟩ International Map of the World / Internationale Weltkarte, *Luftfahrtnavigation*

i.N.: im Normalzustand (0 °C; 101,3 kPa = 760 Torr, bei Volumenangaben von Gasen)

IN: Informationsnutzung, *Automatisierungstechnik*

INA: 1. ⟨engl⟩ initial approach / Anfangsanflug, *Luftfahrtnavigation*. – **2.** ⟨engl⟩ International Normal Atmosphere / Internationale Normalatmosphäre (Temperaturabnahme von 0,65 °C je 100 m Höhe bei 1 013,25 hPa und 15 °C an der Erdoberfläche), = ISA 2

IND: ⟨engl⟩ wind indicator / Windanzeiger, *Flugmechanik*

Indusi: induktive Zugsicherung, *Eisenbahnsicherungstechnik*

INFAR-System: Informations-Funkautomatik-Radiosystem, *Nachrichtentechnik*

INFO, info: ⟨engl⟩ information / Information, *Luftfahrt*

INFONET: ⟨engl⟩ information network / Informationsnetz[werk], *Datenverarbeitung*

INFOSAT: Informationssatellit

ING: Isotopennephrografie bzw. -nephrogramm (Nierenfunktionsprüfung), *Medizintechnik*

INKO: Interferenzkomparator, *Meßtechnik*

INMARSAT: ⟨engl⟩ International Maritime Satellite System / Internationales Satelliten-Seefunksystem

INOHYC: ⟨engl⟩ integrated optical hybrid circuit / integrierte optische Hybridschaltung (integrierte Optik), *Optoelektronik*

INS: 1. ⟨engl⟩ inertial navigation system / Trägheitsnavigationssystem, *Luftfahrtnavigation*. – **2.** ⟨engl⟩ information network system / Informationsnetzsystem (Japan). – **3.** ⟨engl⟩ ion neutralization spectroscopy / Ionenneutralisationsspektroskopie, *Meßtechnik*

INSAT, Insat: ⟨engl⟩ Indian national satellite / nationaler indischer Satellit (Nachrichtensatellitenserie)

INSYS: integriertes System (Softwarepaket aus mehreren Modulen, wie Textverarbeitung, Datenbankverwaltung u. Tabellenkalkulation

INT, int: ⟨engl⟩ intersection / Kreuzung; Einmündung

Intelsat, INTELSAT: ⟨engl⟩ International Telecommunications Satellite Consortium / Internationales Konsortium für Nachrichtensatelliten (geostationäre Fernmeldesatelliten dieser Organisation)

Interpost: ⟨engl⟩ international electronic post / internationale elektronische Post (Bildübertragungssystem für Postsendungen und -dokumente)

INTL, INT'L: ⟨engl⟩ international / international, *Luftfahrt*

INTOR: ⟨engl⟩ international Tokamak reactor / internationaler ↑ Tokamak-Reaktor, *Kernfusionstechnik*

Invar: invariabel (Nickel-Eisen-Legierung mit sehr kleinem linearem Ausdehnungskoeffizienten)

Inwate: ⟨engl⟩ integrating waveguide technology (Herstellungstechnologie für Hohlleiter und integrierte Mikrowellenschaltungen)

INZ: initiale Naßzugfestigkeit, *Papiertechnik*

IO: 1. integrierte Optik. – **2. [ИО]:** ⟨russ⟩ ispolnitel'nyj organ [исполнительный орган] / Stellglied, *Automatisierungstechnik*

I/O, IO: ⟨engl⟩ input/output / Eingabe/Ausgabe, = EA 2, *Datenverarbeitung*

IOA: ⟨engl⟩ input/output adapter / Eingabe-/Ausgabe-Schnittstellenadapter, *Datenverarbeitung*

IOAT: ⟨engl⟩ indicated outside air temperature / angezeigte Außenlufttemperatur, *Flugmechanik*

IOAU: ⟨engl⟩ input/output access unit / Eingabe-/Ausgabe-Zugriffseinheit, *Datenverarbeitung*

IOB: ⟨engl⟩ input/output block / Eingabe-/Ausgabe-Block, *Datenverarbeitung*

IOC: 1. ⟨engl⟩ input/output control / Eingabe-/Ausgabe-Steuerung, *Datenverarbeitung*. – **2.** ⟨engl⟩ integrated optical circuit / integrierte optische Schaltung, = OIC, *Optoelektronik*

IOCh: ⟨engl⟩ input/output channel / Eingabe-/Ausgabe-Kanal, *Datenverarbeitung*

IOCS: ⟨engl⟩ input/output control system / Eingabe-/Ausgabe-Steuersystem, *Datenverarbeitung*

IOEC: ⟨engl⟩ integrated optoelectronic circuit / integrierte optoelektronische Schaltung, = OEIC, *Optoelektronik*

IOM: ⟨engl⟩ input/output multiplexer / Eingabe-/Ausgabe-Multiplexer, *Datenverarbeitung*

IONDS: ⟨engl⟩ integrated onboard nuclear detection system / Bordsystem zur Erkennung und Ortsbestimmung von Kernexplosionen (USA-Satelliten)

IOP: 1. ⟨engl⟩ input/output processor / Eingabe-/Ausgabe-Prozessor, = EAP 2, *Datenverarbeitung*. – **2.** ⟨engl⟩ insulation by oxide and polysilicon / Isolation durch Oxid und Polysilicium, *Halbleitertechnologie*

IOP/MB: ⟨engl⟩ input/output processor for message buffer / Eingabe-/Ausgabe-Prozessor für Nachrichtenverteiler, *Nachrichtentechnik*

IOR: 1. ⟨engl⟩ Indian ocean region / Region Indischer Ozean (Empfangsbereich für geostationäre Kommunikationssatelliten). – **2.** ⟨engl⟩ input/output register /

Eingabe-/Ausgabe-Register, *Datenverarbeitung*

IOS: 1. ⟨engl⟩ input/output system / Eingabe-/Ausgabe-System, ↑ EAS 1. – **2.** ↑ ISO2

IOU: ⟨engl⟩ input/output unit / Eingabe-/Ausgabe-Einheit, *Datenverarbeitung*

IP: 1. ↑ IMP 1. – **2. I.P.:** ⟨engl⟩ induced polarization / induzierte Polarisation. – **3. [ИП]:** ⟨russ⟩ istinnyj peleng [истинный пеленг] / geografische Peilung, *Luftfahrtnavigation*

IPA: 1. ⟨engl⟩ image power amplifier / Bildendverstärker, *Elektronik*. – **2.** Isopropylalkohol

IPC: 1. ⟨engl⟩ industrial process control / industrielle Prozeßsteuerung. – **2.** Isopropylchlorid

IPE: integrierte Produktionseinheit

IPG, Ipg: 1. Impedanzplethysmograf bzw. -plethysmografie (Bestimmung biologischer Volumenänderungen), *Medizintechnik*. – **2.** Impedanzpneumograf bzw. -pneumografie (Bestimmung von Atemvolumenänderungen), *Medizintechnik*

IPL: ⟨engl⟩ information processing language / Sprache für Informationsverarbeitung (Programmiersprache)

ipm, IPM: Impulse pro Minute

IPOS: ⟨engl⟩ isolation by porous oxidized silicon / Isolation durch poröses oxidiertes Silicium (Oxidationsverfahren), *Halbleitertechnologie*

IPPD: N-Isopropyl-N′-phenyl-p-phenylendiamin (Alterungsschutzmittel), *Polymertechnik*

IPR [ИПР]: ⟨russ⟩ istinnyj peleng radiostancii [истинный пеленг радиостанции] / geografische Peilung der Funkstation, *Luftfahrtnavigation*

ips, IPS: 1. Impulse pro Sekunde. – **2.** ⟨engl⟩ inch per second / Zoll pro Sekunde (Maß für die Geschwindigkeit längs der Spur magnetomotorischer Speicher)

IPS 1. [ИПС]: ⟨russ⟩ informacionno-poiskovaja sistema [информационно-поисковая система] / Informationsrecherchesystem, *Datenverarbeitung*. – **2.** ⟨engl⟩ information processing system / Informationsverarbeitungssystem. – **3.** inkrementaler Positionssteller (Schrittmotor), *Elektrotechnik*. – **4.** ⟨engl⟩ instrument pointing system / Instrumentenausrichtungssystem (vor allem für astronomische Geräte auf Satelliten). – **5.** ⟨engl⟩ ion projection system / Ionenprojektionssystem, *Halbleitertechnologie*. – **6.** ↑ ips 1, **2.** – **7. [ИПС]:** ⟨russ⟩ istinnyj peleng samolëta [истинный пеленг самолёта] / geografische Peilung des Flugzeuges, *Luftfahrtnavigation*

IPT: ⟨engl⟩ in-pile tube reactor / Reaktorinnenrohr, *Kernkraftwerkstechnik*

IPTS: ⟨engl⟩ International Practical Temperature Scale / Internationale Praktische Temperaturskale, *Meßtechnik*

IPU: 1. ⟨engl⟩ instruction processor unit / Befehlssteuerwerk, *Datenverarbeitung*. – **2. [ИПУ]:** ⟨russ⟩ istinnyj putevoj ugol [истинный путевой угол] / geografischer Wegwinkel, ↑ GWW 2

I-Punkt: Identifikationspunkt (für eingehende Güter im Lager)

IPWR: ⟨engl⟩ integrated pressurized water reactor / integrierter Druckwasserreaktor, *Kernkraftwerkstechnik*

ir, IR: ⟨engl⟩ internal resistance. − innerer Widerstand, Innenwiderstand

IR: 1. Indexregister. − **2. IRB:** Industrieroboter (flexibel programmierbarer Manipulator oder ↑ HHE) = AM 9. − **3.** ⟨engl⟩ infrared / Infrarot (= † UR Ultrarot, Spektralbereich elektromagnetischer Wellen, 760 nm bis etwa 1 mm), = IK 2. − **4.** ⟨engl⟩ instruction register / Befehlsregister. − **5.** ⟨engl⟩ interrupt register / Unterbrechungsregister, *Datenverarbeitung*. − **6.** ↑ ir. − **7.** ⟨engl⟩ isoprene rubber / Isoprenkautschuk (Synthesekautschuk), *Polymertechnik*

IR-A: Infrarot A (Spektralbereich 0,78…1,4 µm)

IRAM: ⟨engl⟩ integrated random access memory / integrierter Schreib-Lese-Speicher (Halbleiterspeicher), *Mikroelektronik*

IRAS: ⟨engl⟩ infrared astronomical satellite / Infrarotastronomiesatellit (internationales Projekt)

Iraser: ⟨engl⟩ infrared amplification by stimulated emission of radiation / Infrarotverstärkung durch angeregte Strahlungsemission, *Nachrichtentechnik, Meßtechnik*

IRB: ↑ IR 2

IR-B: Infrarot B (Spektralbereich 1,4…3,0 µm)

IRC: ⟨frz⟩ indice de rendu des coleurs / Farbwiedergabeindex, *Lichttechnik*

IR-C: Infrarot C (Spektralbereich 3,0 µ…1 mm)

IR-CCD: ⟨engl⟩ infrared charge-coupled device / infrarotempfindliches ladungsgekoppeltes Bauelement, *Mikroelektronik*, s. a. CCD 1

IRED: ⟨engl⟩ infrared emitting diode / Infrarotemitterdiode (Halbleiterdiode), *Mikroelektronik*

IRF: Infrarot-Fourier-Transformationsspektiometer, *Meßtechnik*

IRFO: ⟨engl⟩ infrared fibre optics / Infrarotfaseroptik, *technische Optik*

IRHD: ⟨engl⟩ international rubber hardness degree / internationales Härtemaß für Gummi

IRIS: 1. ⟨engl⟩ infrared interference spectrometer / Infrarotinterferenzspektrometer (auf USA-Wettersatelliten). − **2.** ⟨engl⟩ infrared interferometer spectrometer / Infrarot-Interferometerspektrometer (Gerät auf der Planetensonde Voyager, USA). − **3.** ⟨engl⟩ international radiation investigation satellite / internationaler Strahlungsforschungssatellit (Westeuropa)

IRM: 1. ⟨engl⟩ image repetition memory / Bildwiederholspeicher, *Datenverarbeitung*. − **2.** ⟨engl⟩ ion-release module / ionenauslösendes Modul (im BRD-Satellit zur Magnetosphärenforschung im Rahmen des ↑ AMPTE-Projektes)

IROM: ⟨engl⟩ ion-implanted read-only memory / ionenimplantierter Nurlesespeicher (Festwertspeicher), *Mikroelektronik*

IRRAD: ⟨engl⟩ infrared ranging

and detecting / Entfernungsmessung und Ortung mit Infrarotstrahlen, Infrarot-(↑) Radar

IRS: 1. ⟨engl⟩ Indian remote sensing satellite / indischer Erdfernerkundungssatellit. – **2.** Industrierobotersteuerung. – **3.** ⟨engl⟩ information retrieval system / Informationsrecherchesystem, *Datenverarbeitung*. – **4.** ⟨engl⟩ inverse Raman scattering / inverse Raman-Streuung, *technische Optik*

IRT: 1. Industrierobotertechnik. – **2.** ⟨engl⟩ inflatable rendezvous target / aufblasbares Rendezvousziel (Ballonsatellit, der als Anflugziel für den Space Shuttle, USA, dienen sollte; Fehlversuch)

IRTS: ⟨engl⟩ infrared telescope on Spacelab / Infraroteleskop des ↑ Spacelab

IS 1. ISt: Inselstation, *Energietechnik*. – **2.** integrierte Schaltung, ↑ IC 4. – **3.** Internsatz, *Nachrichtentechnik*. – **4.** [ИС]: ⟨russ⟩ istočnik sveta [источник света] / Lichtquelle

I.S.: Internationales Signalbuch, *Schiffahrt*

ISA: 1. integrierte Schaltungsanordnung, (Schaltungstechnik), *Mikroelektronik*. – **2.** ⟨engl⟩ International Standard Atmosphere / Internationale Normalatmosphäre, ↑ INA 2

ISAC-Struktur: ⟨engl⟩ ion implantation and self-aligned contact structure / Ionenimplantation und selbstpositionierende Kontaktstruktur, *Halbleitertechnologie*

ISAF-Ruß: ⟨engl⟩ intermediate super abrasion furnace black / mittelabriebfester Ofenruß, *Polymertechnik*

ISAM: ⟨engl⟩ indexed-sequential access method / indexsequentielle Zugriffsmethode, = ISZM, *Datenverarbeitung*

ISB: ⟨engl⟩ independent sideband(s) / (Amplitudenmodulation mit) zwei getrennte(n) Seitenbänder(n) (Rundfunk)

ISBN: ⟨engl⟩ international standard book number / Internationale Standard-Buchnummer (mit Code-Ziffern für Literaturgruppe, Verlag, Titel, Prüfung)

ISC: ⟨engl⟩ international switching centre / internationale Vermittlungsstelle, *Nachrichtentechnik*

i-Schicht: ⟨engl⟩ intrinsic layer/ eigenleitende Schicht, *Halbleitertechnologie*

I-Schweißen: Induktionsschweißen (Preßschweißverfahren unter Einsatz von Wirbelstrom- und Hysteresiswärme)

ISD: ⟨engl⟩ international subscriber dialling / internationaler Selbstwählfernverkehr

ISDN: ⟨engl⟩ integrated services digital network / diensteintegrierendes digitales Nachrichtennetz (digitales Fernmeldenetz integrierter Kommunikationsdienste zur Übertragung von Sprache, Daten, Text, Bildern; im Aufbau)

ISE: ⟨engl⟩ ion selective electrode / ionenselektive Elektrode (Bauelement zur Konzentrationsbestimmung einer oder mehrerer Ionenarten), *Elektronik*

ISEE: ⟨engl⟩ international sunearth Explorer (internationale Forschungssatellitenserie, gestartet von den USA)

ISEP: internationales Standardeinschubprinzip (Baugruppenträgertechnik), *Nachrichtentechnik*

ISFET: ⟨engl⟩ ion-sensitive field-effect transistor / ionenempfindlicher Feldeffekttransistor (Sensor), *Mikroelektronik*

ISIS: ⟨engl⟩ international satellite for ionospheric studies / internationaler Satellit für Ionosphärenforschung (Kanada)

ISL: 1. ⟨engl⟩ injection-coupled synchronous logic / injektionsgekoppelte synchrone Logik, *Elektronik*. – **2.** ⟨engl⟩ integrated Schottky logic / integrierte Schottky-Logik, *Elektronik*. – **3.** ⟨engl⟩ intersatellite link / Nachrichtendirektverbindung zwischen Satelliten. – **4. [ИСЛ]:** ⟨russ⟩ iskusstvennyj sputnik Luny [искусственный спутник Луны] / künstlicher Mondsatellit

ISO: 1. ⟨engl⟩ infrared space observatory / Infrarotweltraumobservatorium (westeuropäischer Satellit). – **2. IOS:** ⟨engl⟩ International Standardizing Organization [International Organization for Standardization / Internationale Organisation für Standardisierung (Bezeichnung für Filmempfindlichkeit)

ISOLDE: ⟨engl⟩ isotopic low weight device (Isotopengenerator), *Kerntechnik*

ISONET: internationales Informationsnetz der ↑ ISO 2

ISR: 1. ⟨engl⟩ intersecting storage ring / Kreuzungsspeicherring (Vorläufer von ↑ LEP). – **2.** Stromrichter mit konstanter Stromstärke (I), *Elektronik*

ISRN: ⟨engl⟩ international standard record number / internationale Standardnummer für Ton- und Bildaufnahmen

ISS: 1. Ionenstreuspektrometrie, *Analysenmeßtechnik*. – **2.** ⟨engl⟩ ionosphere sonding satellite / Satellit zur Sondierung der Ionosphäre (Japan)

ISSN: ⟨engl⟩ international standard serial number / Internationale Standardnummer für Serien (Reihenveröffentlichungen)

ISt: ↑ IS 1

IST: 1. ⟨engl⟩ Indian standard time / indische Normalzeit (= MEZ +4½ h). – **2.** ⟨engl⟩ integrated switching and transmission / integrierte Vermittlungs- und Übertragungstechnik, *Nachrichtentechnik*

ISTRA: integrale Staustrahl-Rakete (Projekt eines Raumfahrtträgersystems)

IST-Verfahren: Impulsstrahlungstrocknungsverfahren, *Holztechnik*

ISW 1. [ИСВ]: ⟨russ⟩ iskusstvennyj sputnik venery [искусственный спутник Венеры] / künstlicher Venussatellit. – **2.** ⟨engl⟩ isolated constant wattage / isoliertes leistungskonstanthaltendes Vorschaltgerät, *Lichttechnik*

ISWTI: Internationales System für wissenschaftlich-technische Information

ISZ [ИСЗ]: ⟨russ⟩ iskusstvennyj sputnik Zemli [искусственный спутник Земли] / künstlicher Erdsatellit

ISZM: indiziert sequentielle Zugriffsmethode, = ISAM, *Datenverarbeitung*

i.T.: 1. in der Trockenmasse. – **2.** innerer Totpunkt (Umkehrpunkt), *Maschinenbau*

IT: 1. Informationstechnik. – **2.** Informationstheorie. – **3.** Informationsträger. – **4.** ⟨engl⟩ interline transfer / Zeilenübertragung (Arbeitsprinzip von Festkörper-Bildaufnahmeeinrichtungen), *Unterhaltungselektronik.* – **5.** Internationale Toleranzreihe (Festlegung von Grundtoleranz in Abhängigkeit von Qualität und Nennmaßbereich), *Fertigungstechnik*

ITAE-Kriterium: ⟨engl⟩ integral of time-multiplied absolute value of error criterion (Integralkriterium, das Betrag und Zeitdauer der Regelabweichung berücksichtigt; regelungstechnisches Gütekriterium), *Automatisierungstechnik*

ITALSAT: ⟨engl⟩ Italian communication satellite / italienischer Fernmeldesatellit

ITC: ⟨engl⟩ integrated thermionic circuit / integrierte glühelektrische Schaltung, *Mikroelektronik*

ITN: Intubationsnarkose, *Medizintechnik*

IT-Netz: ⟨frz⟩ isolée terre de réseau (elektrotechnisches Netz ohne direkt geerdetem Netzpunkt mit Schutzleitungssystem oder Schutzerdung im vollisolierten Netz)

ITOS: ⟨engl⟩ improved TIROS operational satellite / verbesserter operativer Satellit ↑ TIROS bzw. verbesserter ↑ TOS 2 (USA-Wettersatellitenserie; Nachfolger von ITOS-1 ist ↑ NOAA)

ITR: 1. ⟨engl⟩ industrial test[ing] reactor / industrieller Versuchsreaktor, *Kernkraftwerkstechnik.* – **2.** ⟨engl⟩ integrated thyristor rectifier / integrierter Thyristorgleichrichter, *Elektronik*

ITS: 1. integriertes Testsystem, *Meßtechnik.* – **2.** integriertes Transportsteuersystem (DB)

ITSA: integrierte Teilschaltungsanordnung, *Elektronik*

ITT: 1. ⟨engl⟩ incoming trunk terminal / Endgerät für ankommende Verbindungsleitungen (Nachrichtenendgerät), *Nachrichtentechnik.* – **2.** ⟨engl⟩ intertoll trunk / Fernleitung, *Nachrichtentechnik*

ITUL: innerbetrieblicher Transport, Umschlag, Lagerung (von Gütern)

IU: ⟨engl⟩ instrument unit / Instrumenteneinheit (der USA-Raumstation Skylab)

IÜ: Informationsübertragung

IUE: ⟨engl⟩ international ultraviolet Explorer / internationaler Erdsatellit zur Erforschung der ultravioletten Strahlung (USA)

IUS: ⟨engl⟩ inertial upper stage / Trägheitsoberstufe (Antriebssystem für Transporte im Weltraum)

IV: 1. Individualverkehr, *Kraftfahrzeugtechnik.* – **2.** ⟨engl⟩ inertial velocity / Inertialgeschwindigkeit, *Luftfahrtantriebe.* – **3.** Informationsverarbeitung

IVA: ⟨engl⟩ intravehicular activity / Tätigkeit innerhalb des Fahrzeugs, *Raumfahrttechnik*

IVC: ⟨engl⟩ integrated vacuum circuit / integrierte Vakuumschaltung, *Mikroelektronik*

IVCC: ⟨engl⟩ isolation-merged vertical capacitor cell / mit der Isolation verschmolzene vertikale Kondensatorzelle (Halbleiterspeicher), *Mikroelektronik*

IVE: Investitionsvorentscheidung

IVIS [ИВИС]: ⟨russ⟩ istočnik vysokointensivnogo sveta [источник высокоинтенсивного света] / hochintensive Lichtquelle

IVK [ИВК]: ⟨russ⟩ izmeritel'nyj vyčislitel'nyj kompleks [измерительный вычислительный комплекс] / Meßrechnerkomplex

IVP: Informationsverarbeitungsprozeß

IVS [ИВС]: ⟨russ⟩ istinnaja vozdušnaja skorost' [истинная воздушная скорость] / wahre Fluggeschwindigkeit, *Luftfahrtnavigation*

i.w., I.W.: ⟨engl⟩ inside width [interior width] / Innenbreite [Innenweite]

IW: 1. Immissionswert. – 2. Impulswähler, *Nachrichtentechnik*. – 3. ⟨engl⟩ isotope weight / Isotopengewicht

I.W.: ↑ i.w.

IWMS: integriertes Werkzeugmaschinensystem

IWT: Informationssystem Wissenschaft und Technik

IWV: Impulswählverfahren, *Nachrichtentechnik*

IZD: ⟨engl⟩ implanted Zener diode / implantierte Z-Diode (Halbleiterdiode), *Mikroelektronik*

Izett-Glühen: Immer-zäh-glühen (zur Steigerung der Zähigkeit von Stahl), *Werkstofftechnik*

IZT: Informationszwischenträger, *Polygrafie*

IZTH: Informationszwischenträger-Herstellung, *Polygrafie*

J

J: ⟨engl⟩ jet / Strahl, Strahlaustrittsdüse (Düsenflugzeug), *Luftfahrtantriebe*

JAOD [ЯОД]: ⟨russ⟩ jazyk opisanija dannyh [язык описания данных] / Datenbeschreibungssprache

JARD [ЯРД]: ⟨russ⟩ adernyj raketnyj dvigatel' [ядерный ракетный двигатель] / Kernenergie-Raketentriebwerk, *Raumfahrttechnik*

JATO: ⟨engl⟩ jet-assisted take-off / Start mit Düsenstarthilfe, *Flugbetrieb*

JB: ⟨engl⟩ junction box / Abzweigdose, Verteilerdose, *Elektrotechnik*

JC: ⟨engl⟩ jack connection / Steckverbindung, *Elektrotechnik*

JCCD: ⟨engl⟩ junction charge-coupled device / über eine Sperrschicht ladungsgekoppeltes Bauelement, *Mikroelektronik*

JCL: ⟨engl⟩ job control language / Jobsteuersprache, *Datenverarbeitung*

JCMOS: ⟨engl⟩ junction complementary metal-oxide semiconductor / Sperrschicht- und komplementärer Metall-Oxid-Halbleiter, *Halbleitertechnologie*

Jessi, JESSI: ⟨engl⟩ joint European

submicron silicon initiative (europäisches Halbleiterprojekt zur Entwicklung und Produktion von 64-Mbit-Chips), *Mikroelektronik*

JET: ⟨engl⟩ joint European torus (Europäische Kernfusionsanlage mit torusförmigem Gefäß; Culham bei Oxford)

JFET: ⟨engl⟩ junction field-effect transistor / Sperrschicht-Feldeffekttransistor, = SFET 1, *Mikroelektronik*

JMK: Jochmontagekran (für die Gleisvorfertigung)

JMOS: ⟨engl⟩ joint metal-oxide semiconductor (gemeinsamer Metall-Oxid-Halbleiter), *Halbleitertechnologie*

JMP: Jochmontageplatz (Gleisvorfertigung)

JMTR: ⟨engl⟩ Japan materials testing reactor / japanischer Materialprüfreaktor, *Kernkraftwerkstechnik*

j.n.d.: ⟨engl⟩ just noticeable difference / gerade noch wahrnehmbarer Unterschied

JOFET: ⟨engl⟩ Josephson field-effect transistor (Schalttransistor auf der Grundlage des Josephson-Effektes), *Mikroelektronik*

JOP: ⟨engl⟩ Jupiter orbiter with probe / Jupiterorbiter mit Sonde (USA/BRD-Satellitenprojekt zur Jupiterforschung)

JP: ⟨engl⟩ jet pilot (Flugzeugführer eines Düsen- oder Strahlflugzeuges, Düsenpilot)

JR: ⟨jugosl⟩ Jugoslavenski Register Brodova (Split) / Jugoslawische Schiffsklassifikationsgesellschaft)

jt: Jutetyp (Ausführungsart von Chemiefaserstoffen)

JT: Japan-Torus (Kernfusionsanlage, Nachfolger von ↑ JET)

JTE: Josephson-Tunnelelement (Bauelement auf der Basis des Josephson-Effektes), *Mikroelektronik*

JTST: ⟨engl⟩ jet stream / Strahlstrom, *Flugmeteorologie*

Ju: Jute (Pflanzenfaser), *Textiltechnik*

JUB: Justier- und Belichtungseinrichtung, *Halbleitertechnologie*

JUPITER: Jülicher Pilotanlage für Thoriumelement-Reprozessing, *Kernkraftwerkstechnik*

JWM-Lautsprecher: nach dem Erfinder J. W. Manger benannter elektrodynamischer Lautsprecher, *Unterhaltungselektronik*

JZ: Jodzahl, *Lebensmitteltechnik*

K

k: Kette (Aufmachungsart von Chemiefaserstoffen)

K: 1. ⟨engl⟩ cap with flexible connection / Kabelsockel mit flexibler Anschlußleitung, *Lichttechnik*. – 2. Kabel (Herstellungsform von Chemiefaserstoffen). – 3. Kabel, *Elektrotechnik*. – 4. Kalkstein (Baustoff). – 5. Kälteleitung, *Straßen- und Tiefbau*. – 6. kaltgezogen, *Werkstofftechnik*. – 7. kalt nachgewalzt (Blech- und Bandherstellung). – 8. Karbid. – 9. Katode, = CA 4, *Elektrotechnik*. – 10. Kessel, *Energietechnik*. – 11. [K]: ⟨russ⟩ kinoproekcionnaja lampa [кинопроекционная лампа] / Kinolampe. –

12. Kleinstmaß (zulässiges Grenzmaß einer meßbaren Größe). – 13. Klinker (Baustoff). – 14. Knorr-Bremse (einlösig), *Schienenfahrzeugtechnik*. – 15. Kollektor (Transistor), *Elektronik*. – 16. Komponente, *Werkstofftechnik*. – 17. Kontrast. – 18. Köperbindung (Gewebebindung), *Textiltechnik*. – 19. Kron (optisches Glas). – 20. Kurs, *Luftfahrtnavigation*. – 21. ↑ KW 7

K., Kan.: Kanal (Wasserstraße)

Ka, KA: Knotenamt, *Nachrichtentechnik*

KA: 1. Klimaanlage. – 2. [KA]: ⟨russ⟩ kosmičeskij apparat [космический аппарат] / Raumflugkörper

KAF [КАФ]: ⟨russ⟩ korobka avtomatiki forsaža [коробка автоматики форсажа] / Nachbrennerautomatik, *Luftfahrtantriebe*

Kaldo-Verfahren: Kaldo-Domnarvet-Verfahren (Sauerstoff-Aufblasverfahren nach dem Erfinder Kalling und dem Entwicklungsort Domnarvet, Schweden), *Eisenmetallurgie*

Kan.: ↑ K.

KAO: ⟨engl⟩ Kuiper airborne observatory / luftgeschütztes Kuiper-Observatorium, *Raumfahrttechnik*

KAP: Konstruktionsarbeitsplatz

KAPA: Kammer-Papier-Analyseverfahren, *Analysenmeßtechnik*

Kapag-Platte: Platte der Kartonpapierfabriken AG (in Groß Särchen, Kr. Sorau; umgangssprachlich für harte Faserplatte), *Holztechnik*

KAS [КАС]: ⟨russ⟩ kompleksno-avtomatizirovannaja sistema [комплексно-автоматизированная система] / komplex-automatisiertes System

KASA-Verfahren: katalysiertes alkalisches schwefelfreies Aufschlußverfahren (für Zellstoff), *Papiertechnik*

KAT: Kassettenaustrittstemperatur, *Kernkraftwerkstechnik*

KA-Verfahren: Kaltaktivierungsverfahren (bei Schmalflächenbeschichtung, z.B. von Spanplatten), *Holztechnik*

Kaw: Kraftwagenausbesserungswerk (DR)

KB: 1. Kanalbefehl, *Nachrichtentechnik*. – 2. Kernbrennstoff. – 3. Kleinbeleuchtungslampe. – 4. Klimablock, *Energietechnik*. – 5. kombinierte Beleuchtung. – 6. [КБ]: ⟨russ⟩ kosmičeskij buksir [космический буксир] / Raumschlepper, *Raumfahrttechnik*

† **KB:** Kurzzeitbetrieb, *Elektrotechnik*

Kb. B.: Kabelboje (Seezeichen)

KBB: Kleinbelebungsbecken, *Wasserwirtschaft*

Kb-Bk.: Kabelbake (Seezeichen)

KB-Elektroden: kalkbasisch umhüllte Elektroden (Elektroschweißtechnik)

KBF: Kantenbildfunktion (Gütefunktion für die optische Abbildung), *technische Optik*

KBG: Kartenbaugruppe (elektronische Leiterkartenbaugruppe)

KBlg: Kanalbelegung, *Nachrichtentechnik*

KBN: kubisches Bornitrid, = CBN (superharter Scheidstoff für spanabhebende Fertigungsverfahren)

Kb-Tn: Kabeltonne (Seezeichen)

Kbw: Kraftwagenbetriebswerk (DR)

Kc: Kleincontainer (DB)

KC: Kleincomputer

KČH [КЧХ]: ⟨russ⟩ kontrastno-častotnaja charakteristika [контрастно-частотная характеристика] / Kontrastübertragungsfunktion, *Raumfahrttechnik*

KC-Schicht: Kühnle-Coulter-(Kopier) Schicht (aus Cadmiumsulfid-Kristallen), *Polygrafie*

KD 1. **K/D:** ⟨engl⟩ kiln dried / in einer Trocknungsanlage (technisch) getrocknet, *Holztechnik*. – 2. Kraft-Dehnung

KDA: Kompressions-Distraktions-Apparat, *Medizintechnik*

KDF: Kaltdruckfestigkeit (feuerfester Baustoffe), *Silikattechnik*

KDP: 1. Kaliumdihydrogenphosphat (synthetischer Kristall). – 2. [КДП]: ⟨russ⟩ komandno-dispetčerskij punkt [командно-диспетчерский пункт] / Flugleitstelle

KDS: kontinuierliche Drahtstraße, *Metallurgie*

KDV: Kohle-Druckvergasung

KdW: Kurs durchs Wasser, *Schiffahrt*

KE: 1. Karteneinheit, *Datenverarbeitung*. – 2. Keramikfaserstoff. – 3. Kernenergie. – 4. Knorr-Bremse mit Einheitswirkung (mehrlösig), *Schienenfahrzeugtechnik*

KEAS: ⟨engl⟩ knots equivalent airspeed / in Knoten umgerechnete Fluggeschwindigkeit, *Luftfahrtnavigation*

KE-Cu: Katoden-Elektrolytkupfer

KE-GP: selbsttätige Einkammerdruckluftbremse Bauart Knorr mit Einheitswirkung und Umstellvorrichtung für Güter- und Personenzüge

KE-GPR: selbsttätige Einkammerdruckluftbremse Bauart Knorr mit Einheitswirkung und Umstellvorrichtung für Güter-, Personen- und Schnellzüge

Kemafil: Kernmantelfilament (Kernmantelfaden)

KEM-Wert: Koeffizient der Effektivität der Metabolisierung (essentieller Fettsäuren in der Nahrung), *Lebensmitteltechnik*

KEP: konstruktiver Entwicklungsprozeß

Ker.: Keramik

KERR: kontinuierlicher Enzym-Rührkesselreaktor, *Lebensmitteltechnik*

Kettenk.: Kettenkasten (Raum für die Ankerketten), *Schiffstechnik*

KEWB: ⟨engl⟩ kinetic experiments on water boilers / Siedewasserreaktor für kinetische Experimente, *Kernkraftwerkstechnik*

Kf: 1. Kenaf (Pflanzenfaser), *Textiltechnik*. – 2. Kies, fein-; Feinkies (Baustoff)

KF: 1. Kalibrierflüssigkeit (Viskometrie). – 2. Katodenfleck, *Lichttechnik*. – 3. Kernforschung. – 4. kleine Fahrt (Fahrtbereich), *Schiffahrt*. – 5. Korrelationsfunktion (statistische Beziehung zwischen Ereignisfolgen), *Meßtechnik*. – **6.** Kronflint (optisches Glas)

KFK: kohlenstoffaserverstärkter Kunststoff, ↑ CFK

KFO: kleinformatiger Offsetdruck

KFP: Kegelfallpunkt (charakterisiert die Erweichungstemperatur feuerfester Massen), *Silikattechnik*

KF-Platte: kunststoffbeschichtete (dekorative) Flachpreßplatte, *Holztechnik*

KFS: Kugelfunkenstrecke, *Meßtechnik*

K. F. S., KFS: Küstenfunkstelle, *Schiffahrt*

KFT: Kraftfahrzeugtechnik

KFÜ: Kernreaktor-Fernüberwachungssystem

kfz: kubisch-flächenzentriert (Gittertyp), *Werkstofftechnik*

KFZ, Kfz: Kraftfahrzeug

Kg: Kies, grob; Grobkies (Baustoff)

KG: 1. Kellergeschoß, *Bautechnik*. – **2.** Klimagerät. – **3.** Kommandogerät. – **4.** Korngrenze, *Werkstofftechnik*. – **5.** Kristallgemisch, *Werkstofftechnik*. – **6.** Kristallisationsgeschwindigkeit, *Werkstofftechnik*

KGC: Kühlgroßcontainer

KG-Filter: Kieselgur-Filter (Klärung von Fruchtsaft), *Lebensmitteltechnik*

KGST: Koppelgruppensteuerteil, *Nachrichtentechnik*

KGW: Knoten(amts)gruppenwähler, *Nachrichtentechnik*

Kh: Kaninhaar, *Textiltechnik*

KH: 1. Karbidkalkhydrat (Baustoff). – **2.** Kernhärte (nach Oberflächenhärteverfahren), *Werkstofftechnik*. – **3.** Klinker, hart; Hartklinker (Baustoff)

KHE: Kohlenhydrateinheit, *Lebensmitteltechnik*

KHKW: Kernheizkraftwerk

KHW: Kernheizwerk

KI: 1. Kiefer, *Holztechnik*. – **2.** künstliche Intelligenz, = AI 3

KIA [КИА]: ⟨russ⟩ kontrol'no-izmeritel'nyj apparat [контрольно-измерительный аппарат] / Kontroll- und Prüfapparatur, *Raumfahrttechnik*

KIAS: ⟨engl⟩ knots-indicated airspeed / in Knoten angezeigte Fluggeschwindigkeit, *Luftfahrtnavigation*

KIP [КИП]: 1. ⟨russ⟩ kontrol'no-izmeritel'nyj pribor [контрольно-измерительный прибор] / Kontrollmeßgerät. – **2.** ⟨russ⟩ kontrol'no-izmeritel'nyj pul't [контрольно-измерительный пульт] / Steuerpult, *Automatisierungstechnik*

KIPS: 1. Kilo Instruktionen pro Sekunde (Leistungsparameter für Geräte der Datenverarbeitung). – **2.** ⟨engl⟩ knowledge information processing system / wissensverarbeitendes automatisches System, *Datenverarbeitung*

KiSa: Kiefernsulfatzellstoff, *Papiertechnik*

Kk: 1. ↑ KK 4. – **2.** Konstruktionsklinker (Baustoff)

KK: 1. kartesische Koordinate. – 2. Kompaktkassette, ↑ CC 10. – 3. **[KK]:** ⟨russ⟩ kompasnyj kurs [компасный курс] / Kompaßkurs, ↑ KK 4. – 4. **Kk, Kp.K.:** Kompaßkurs, = KK 3, *Schiffahrt, Luftfahrtnavigation*. – 5. **[KK]:** ⟨russ⟩ kosmičeskij korabl' [космический корабль] / Raumschiff

KKB: Kunststoff-Kraftstoffbehälter, *Kraftfahrzeugtechnik*

Kkf: Kabelkanalformstein (Baustoff)

KKF: 1. Kettenkratzerförderer, *Bergbautechnik*. – 2. Kreuzkorrelationsfunktion, *Meßtechnik*, s.a. KF 5

Kkf-t: Kabelkanalformstein, teilbar (Baustoff)

KKM: Kreiskolbenmotor (Wankel-Motor), *Kraftfahrzeugtechnik*

Kkpbr: Kunze-Knorr-Personenzugbremse

KKS: Kraftwerk-Kennzeichensystem

Kksbr: Kunze-Knorr-Schnellbremse (für Schnell- und Eilzüge)

KKT: Kleinkühlturm

Kkv: Konstruktionsklinker, verblendfähig (Baustoff)

KkvH: Konstruktionsklinker, verblendfähig, hart; Konstruktionshartklinker, verblendfähig (Baustoff)

Kkvs: Konstruktionsklinker, verblendfähig, säurebeständig (Baustoff)

KKW: Kernkraftwerk, = APS 5, = NPP

kl: kanallos (unterirdische Verlegungsart von Fernwärmerohrleitungen), *Energietechnik*

Kl: 1. Kleinwagen (Schienenfahrzeug). – 2. Klinke (Steckverbinder), *Nachrichtentechnik*. – 3. Knotenamtsleitung, *Nachrichtentechnik*. – 4. Knotenvermittlungsleitung, *Nachrichtentechnik*

KL: 1. Kaolinleichtstein (Baustoff). – 2. Kartenleser, = LKL, *Datenverarbeitung*. – 3. Katodolumineszenz, *Optoelektronik*. – 4. **[КЛ]:** ⟨russ⟩ kompaktnaja lampa [компактная лампа] / Kompaktlampe. – 5. Kurzschlußläufer(motor), *Elektrotechnik*

KLA [КЛА]: ⟨russ⟩ kosmičeskij letatel'nyj apparat [космический летательный аппарат] / Raumflugkörper

KLA-Schornstein: kombinierter Luft-Abgas-Schornstein, *Energietechnik*

KLI: konfektioniertes Leitungsinstallationssystem, *Lichttechnik*

KLL [КЛЛ]: ⟨russ⟩ kompaktnaja ljuminescentnaja lampa [компактная люминесцентная лампа] / Kompakt-Leuchtstofflampe

Klp: Keilklemmplatte, *Eisenbahnoberbau*

KLTS: kombiniertes Lager- und Transportsystem (steuerbares Transportsystem mit Werkstückein- und -ausgabespeichern)

KLV: kombinierter Ladungsverkehr (DB)

KL-Verfahren: Klingenverfahren (Texturierverfahren), *Textiltechnik*

Km: 1. Kamelhaar, *Textiltechnik.* – **2.** Kies, mittel; Mittelkies (Baustoff)

KM: 1. Kernmantel, *Kerntechnik.* – **2. [KM]:** ⟨russ⟩ kommutatornaâ lampa [коммутаторная лампа] / Telefonlampe (Fernsprechlampe). – **3.** Kreuzmodulation, *Nachrichtentechnik.* – **4.** Kühlmittel, *Verfahrenstechnik*

KMD: Kraftmeßdose, *Meßtechnik*

KMG: Koordinatenmeßgerät

KM-G: Kernmantelgarn, *Textiltechnik*

KML: Kurz-, Mittel-, Langwelle, *Nachrichtentechnik,* s.a. KW 7, MW 6, LW 2

KM-L: Kernmantelflechtfaden, *Textiltechnik*

KM-N: Kernmantelfaden, *Textiltechnik*

KMOS: Kurzkanal-Metall-Oxid-Halbleiter (Kurzkanaltechnik), *Halbleitertechnologie*

Kmps-Bk.: Kompensierbake (Seezeichen)

KMS: Küstenmotorsegler

KMT: Kühlmitteltemperatur

KM-W: Kernmantelwindefaden, *Textiltechnik*

KN: 1. Kartennull (Bezugsfläche zur Tiefenangabe auf Seekarten). – **2.** Kernnotkühlung, *Kernkraftwerkstechnik.* – **3.** Klar- und Nachbrennmaschine, *Lichttechnik.* – **4.** Koppelnetz, *Nachrichtentechnik*

KND 1. [КНД]: ⟨russ⟩ kompressor nizkogo davlenija [компрессор низкого давления] / Niederdruck-Kompressor (ND-Verdichter), *Luftfahrtantrieb.* – **2.** Koppelnetz, digital, *Nachrichtentechnik*

KNK: kompakte natriumgekühlte Kernreaktoranlage, *Kernkraftwerkstechnik*

KNOSPE: kurzzeitige niederohmige Sternpunkterdung, *Elektrotechnik*

KNV: 1. katalytische Nachverbrennung (von Abgasen), *Umweltschutztechnik.* – **2.** Kraftstoffnormverbrauch

Ko: Kokosfaser (Pflanzenfaser), *Textiltechnik*

KO: Kupolofen, *Gießereitechnik*

Kodek: Kodierer-Dekodierer, ↑ Codec

Kogasin: Koks–Gas–Benzin

KOIN: Konstrukteurinformation

Koll.Schott: Kollisionsschott (im vorderen und im achteren Schiffsbereich zur Sicherung gegen Kollisionen), *Schiffstechnik*

KOM: Kraftomnibus

Kompander: Kompressor-Expander (Rauschminderungssystem), *Nachrichtentechnik*

KOMS: Kommunikationsstelle (Prozeßkommunikation), *Automatisierungstechnik*

Kond: Kondensator, *Energietechnik*

KONT: kohärente optische Nachrichtentechnik (Nachrichtenübertragung mittels Lichtwellenleiter)

KOSPAS [КОСПАС]: ⟨russ⟩ kosmičeskaja spasatel'naja sistema [космическая спасательная система] / weltraumgestütztes Rettungssystem, ↑ SARSAT

Kp: 1. Kapok (Pflanzenfaser), *Textiltechnik.* – 2. Klemmplatte, *Eisenbahnoberbau.* – 3. Kochpunkt (Siedetemperatur bei Normaldruck)

KP: 1. Klinkerplatte (Baustoff). – 2. Koinzidenzpunkt (programmierter Sollpunkt), *Werkzeugmaschinen.* – 3. Kommunikationsprozessor (Rechnernetz). – 4. **[КП]:** ⟨russ⟩ kompasnyj peleng [компасный пеленг] / Kompaßpeilung, ↑ KP 5. – 5. Kompaßpeilung, = KP 4, *Schiffahrt, Luftfahrtnavigation.* – 6. Konstruktionsplanung. – 7. Konstruktionsprozeß. – 8. **[КП]:** ⟨russ⟩ kontroliruemyj punkt [контролируемый пункт] / Kontrollpunkt (im automatischen Steuerungssystem), *Flugzeugausrüstung.* – 9. **[КП]:** ⟨russ⟩ kontrol'nyj punkt [контрольный пункт] / Kontrollpunkt, Kontrollstelle, *Flugsicherung*

KPD, kpd [КПД, кпд]: ⟨russ⟩ koèfficient poleznogo dejstvija [коэффициент полезного действия] / Wirkungsgrad (Nutzeffekt)

Kp.K.: ↑ KK 4

KPK [КПК]: ⟨russ⟩ kod perfokart [код перфокарт] / Lochkartencode

KPO: Klinkerplatte, oberflächenveredelt (Baustoff)

KPP: Klinkerplatte, profiliert (Baustoff)

KPS: Klinkerplatte, säure- und laugenbeständig (Baustoff)

KP-Schweißen: Kaltpreßschweißen (Werkstoffverbindung durch hohe Anpreßkräfte)

K-Punkt: Kontrollpunkt (für ausgehende Güter im Lager)

KQ: Koeffizient der Qualität (Standard für Qualitätsbewertung), *Lebensmitteltechnik*

kr: gekräuselt (Ausführungsart von Chemiefaserstoffen)

Kr: Kreuzung, *Eisenbahnoberbau*

KR [КР]: ⟨russ⟩ kosmičeskij raketoplan [космический ракетоплан] / Raumflugzeug

K.R.: Kesselraum, *Schiffstechnik*

KrA: Kreuzungsanfang, *Eisenbahnoberbau*

Krad: Kraftrad (Motorrad, Motorroller)

KRB: Kernreaktorbetrieb

KrE: Kreuzungsende, *Eisenbahnoberbau*

Krk: Konstruktionsradialklinker (Baustoff)

KrK: Kreiselkompaßkurs, *Schiffahrt*

KRK: kontinuierlich betriebener Rührkesselreaktor, *Verfahrenstechnik*

Krkh: Konstruktionsradialklinker, hart; Konstruktions-Radialhartklinker (Baustoff)

KrM: Kreuzungsmitte, *Eisenbahnoberbau*

krp: gekreppt (Ausführungsart von Chemiefaserstoffen)

KrP: Kreiselkompaßpeilung, *Schiffahrt*

KRP [КРП]: ⟨russ⟩ kompasnyj radiopeleng [компасный радиопеленг] / Kompaßfunkpeilung, *Luftfahrtnavigation*

Krs: Kreuzstrom (Medienführung in Übertragungsprozessen), *Verfahrenstechnik*

KRS: 1. Kernresonanzspektrometer, *Meßtechnik*. – 2. Kleinrechnersystem

Krt.: Karte, *Schiffahrt*

KRT [КРТ]: ⟨russ⟩ kosmičeskij radioteleskop [космический радиотелескоп] / Weltraumradioteleskop

KRW: Knotenrichtungswähler, *Nachrichtentechnik*

krz: kubisch-raumzentriert (Gittertyp), *Werkstofftechnik*

Krz: Konstruktionsradialziegel (Baustoff)

Krzh: Konstruktionsradialziegel, hart; Konstruktions-Radialhartbrandziegel (Baustoff)

K/s: Karten je Sekunde (Eingabe- und Ausgabegeschwindigkeit für Lochkartengeräte), *Datenverarbeitung*

KS: 1. Kanalschacht, *Straßen- und Tiefbau*. – 2. Kernschießmaschine, *Gießereitechnik*. – 3. Klarschrift (eines auf maschinenlesbare Datenträger erfaßten Textes), *Polygrafie*. – 4. Klimaschrank. – 5. Koordinatensystem. – 6. KSt: Koppelstation, *Energietechnik*. – 7. [КС]: ⟨russ⟩ kosmičeskij samolët [космический замолёт] / Raumgleiter (Orbitalstufe eines wiederverwendbaren Raumtransporters)

KSBE: Kurzschlußstrom-Begrenzungseinrichtung, *Elektrotechnik*

KS-Boot: Küstenschnellboot

Ksbr: Knorr-Schnellbremse, *Schienenfahrzeugtechnik*

KSCT: Kernspinresonanz-Computertomografie (Abbildungsverfahren für Körperstrukturen), *Medizintechnik*, s.a. CT 6

KSÈS [КСЭС]: ⟨russ⟩ kosmičeskaja solnečnaja èlektrostancija [космическая солнечная электростанция] / Weltraum-Solarkraftwerk

KSE-Verfahren: Klöckner-Stahlerzeugungsverfahren, *Eisenmetallurgie*

KSH: Kalksand-Hohlblockstein (Baustoff)

KSL: 1. Kalksandlochstein (Baustoff). – 2. Kaolinschaumleichtstein (Baustoff)

Ksp: Klemmspurplatte, *Eisenbahnoberbau*

KSP: 1. Kaltlichtspiegel, *Lichttechnik*. – 2. Kegelschmelzpunkt, *Meßtechnik*

KSR: Kleinsteuerrechner

KSS: 1. Kernsprühsystem (bei Kühlmittelverluststörfällen), *Kernkraftwerkstechnik*. – 2. [КСС]: ⟨russ⟩ krivaja sily sveta [кривая силы света] / Licht(stärke)verteilungskurve. – 3. Küstenschutzschiff

Kst: Kuppelstange (Lokomotivenantrieb)

KSt: ↑ KS 6

K-Stufe: Konstruktionsstufe, *Verarbeitungsmaschinen*

KSV: Kalksandvollstein (Baustoff)

KSZ: Kramersche Scherzelle (Texturmessung), *Lebensmitteltechnik*

kt: 1. kantig (Kornform von Lockergestein), *Bautechnik*. – 2. Kordtyp (Ausführungsart von Chemiefaserstoffen)

KT: 1. Klimatruhe. – 2. Konvektortruhe, *Energietechnik*. – 3. Konzentrator, *Nachrichtentechnik.* – **4.** Kühlturm

KTA [КТА]: ⟨russ⟩ komandno-toplivnyj agregat [командно-топливный агрегат] / Kommando-Kraftstoffgerät (mit Kraftstoff arbeitendes Regelaggregat für Strahltriebwerke), *Flugzeugausrüstung*

KTE: komplex-territoriale Energieversorgung

KTG, Ktg, CTG: 1. Kardiotachograf bzw. -tachografie (Aufzeichnung des Herzfrequenzverlaufes), *Medizintechnik.* – **2.** Kardiotokograf bzw. -tokografie (Aufzeichnung der kindlichen Herzfrequenz und der mütterlichen Wehentätigkeit), *Medizintechnik*

KTHL: Konzentratorhauptleitung, *Nachrichtentechnik*

KTP: Kurztaktpresse, *Holztechnik*

KTS: Kühl- und Transportschiff

KT-Stahl, † KTS: korrosionsträger Stahl

KTV: Kabeltelevision, Kabel-TV (Kabelfernsehen), ↑ CATV 1

KTW: Kolbentriebwerk, *Luftfahrtantriebe*

KTZL: Konzentratorzweigleitung, *Nachrichtentechnik*

KU: 1. Kanalumsetzer, *Nachrichtentechnik.* – **2.** Kuoxamfaserstoff (Regeneratcellulosefaserstoff, hergestellt nach dem Kuoxamverfahren). – **3. [КУ]:** ⟨russ⟩ kursovyj ugol [курсовый угол] / Kurswinkel, *Luftfahrtnavigation.* – **4.** Kurzunterbrechung, *Elektrotechnik*

KÜE: Kleinüberwachungseinrichtung, *Automatisierungstechnik*

KÜF: Kontrastübertragungsfunktion, *technische Optik*

KüG: Kurs über Grund

Kühl-MS: Kühlmotorschiff

Kümo, KÜMO: Küstenmotorschiff

K+G: kaltgezogen und geglüht, *Werkstofftechnik*

K+V: kaltgezogen und vergütet, *Werkstofftechnik*

KUR [КУР]: ⟨russ⟩ kursovyj ugol radiostancii [курсовый угол радиостанции] / Kurswinkel der Funkstation, *Luftfahrtnavigation*

KUS [КУС]: ⟨russ⟩ kombinirovannyj ukazatel' skorosti [комбинированный указатель скорости] / kombinierter Fahrtmesser, *Flugzeugausrüstung*

Kusa: Kurzschlußläufer-Sanftanlauf (Schaltung), *Elektrotechnik*

KUV [КУВ]: ⟨russ⟩ kursovyj ugol vetra [курсовый угол ветра] / Angriffswinkel (Einfallswinkel) des Windes, *Luftfahrtnavigation*

Kv: Klinker, verblendfähig (Baustoff)

KV: 1. Kanalverstärker, *Nachrichtentechnik.* – **2.** kleine Fahrt voraus, *Schiffahrt.* – **3.** Kopiervorlage, *Polygrafie*

KVD [КВД]: ⟨russ⟩ kompressor vysokogo davlenija [компрессор высокого давления] / Hochdruckkompressor (Hochdruckverdichter), *Luftfahrtantriebe*

KVG, kVG: konventionelles Vorschaltgerät, *Lichttechnik*

KVM [КВМ]: ⟨russ⟩ klavišnaja vyčislitel'naja mašina [клавишная вычислительная машина] / Tastaturrechner

KVN: Kraftstoffverbrauchsnorm

KVR: Koppelvielfachreihe, *Nachrichtentechnik*

KVRD [КВРД]: ⟨russ⟩ kompressornyj vozdušno-reaktivnyj dvigatel' [компрессорный воздушно-реактивный двигатель] / Luftstrahltriebwerk mit Kompressor, *Luftfahrtantrieb*

Kvs: Klinker, verblendfähig, säurebeständig (Baustoff)

KVSt: Knotenvermittlungsstelle, *Nachrichtentechnik*

Kw: Kurswagen

KW: 1. Kaltwasser (i. allg. Trinkwasser). – 2. (verarbeitungstechnischer) Kennwert, *Verarbeitungsmaschinen*. – 3. Klarwasser, *Melioration*. – 4. Kraftwerk. – 5. Kühlwasser. – 6. Kurbelwinkel, *Kraftfahrzeugtechnik*. – 7. K: Kurzwelle (Dekameterwelle, = dam-Welle, 10...100 m), = SW 5, *Nachrichtentechnik*, s.a. HF 5. – 8. ↑ KWSt

KWA: 1. Kleinwaschanlage (für Reisezugwagen). – 2. Kraftwerksautomatisierung

KWF: Kontrastwiedergabefaktor, *Lichttechnik*

KWIC: ⟨engl⟩ keyword in context / Kennwort im Kontext (Verfahren zur Erzeugung von Registern), *Datenverarbeitung*

KWK: 1. Kleinwasserrohrkessel, *Energietechnik*. – 2. Kraft-Wärme-Kopplung, *Energietechnik*

KWL: Konstruktionswasserlinie, *Schiffstechnik*, ↑ CWL

KWOC: ⟨engl⟩ keyword out of context / Kennwort nicht im Kontext (Verfahren zur Erzeugung von Registern), *Datenverarbeitung*

KWS: Kaltwassersatz, *Energietechnik*

KWSt, KW: Kohlenwasserstoff

KxK: Koaxialkabel, *Nachrichtentechnik*

kxs: kegelige Kreuzspule (Aufmachungsart von Chemiefaserstoffen)

KYS: (Strahlerzeugungsverfahren nach) Klöckner-Werke AG und Youngstown Sheet & Tube Co., USA

Kz: Kaschmirhaar, *Textiltechnik*

KZ: 1. Keimzahl, *Werkstofftechnik*. – 2. Kernzahl, *Metallurgie*. – 3. Koordinationszahl, *Werkstofftechnik*

KZBV: Kurzzeitbedarfsvorhersage (des Elektroenergiebedarfs mit einem Vorgriff auf Minuten bis zu einer Stunde)

KzF: Kurzflint (optisches Glas)

KZS: Kennzahlensystem, *Nachrichtentechnik*

KZU: Kennzeichenumsetzer, *Nachrichtentechnik*

KZW: Kennzahlweg, *Nachrichtentechnik*

L

l, 1. L: ⟨engl⟩ lamp / Lampe. – 2. locker (Gefügezustand, z. B. von Erdboden), *Bautechnik*

L: 1. Lagerung (von Gütern). – 2. ⟨engl⟩ landing / Landung, *Flugbetrieb*. – 3. (geografische) Länge. – 4. Langlochziegel (Baustoff). – 5. Lärmimmission (Schallschutz). – 6. LS: Lautsprecher. – 7. Lautstärke. – 8. Ledeburit (Gefügename), *Werkstofftechnik*. – 9. leichtflüssig (Dieselkraftstoff, Heizöl). – 10. Leichtmetallfenster, *Bautechnik*. – 11. Leinwandbindung (Gewebebindung), *Textiltechnik*. – 12. Leiter, Leitung (beliebiger Außenleiter in Wechsel- und Drehstromsystemen), *Elektrotechnik*. – 13. LL: Leuchtstofflampe, = LF 3. – 14. ⟨engl⟩ level / Füllstand, Pegel, *Meßtechnik*. – 15. ⟨engl⟩ lift / Auftrieb, *Flugmechanik*. – 16. Ltg., ltg.: ⟨engl⟩ lighting / Beleuchtung. – 17. ⟨lat⟩ liquor / Schmelze, Flüssigkeit, *Werkstofftechnik*. – 18. ⟨engl⟩ locator / Landefunkfeuer, *Luftfahrtnavigation*. – 19. Lot, *Werkstofftechnik*. – 20. ⟨engl⟩ low / tief (Logikpegel), *Datenverarbeitung*. – 21. LP: Loxodrompeilung (schneidet alle Meridiankurven unter gleichem Winkel), *Schiffahrt*. – 22. Luft, *Energietechnik*. – 23. ↑ LW 2

La: 1. Lampe, *Nachrichtentechnik*. – 2. (Zusammenstellung der vorübergehend eingerichteten) Langsamfahrstellen (und sonstigen Besonderheiten), *Schienenfahrzeugtechnik*

LA: 1. Laderaum in Aufbauten, *Schiffstechnik*. – 2. Lärche, *Holztechnik*. – 3. ⟨engl⟩ logic array / logisches Feld, *Datenverarbeitung*. – 4. Logikanalysator, *Meßtechnik*. – 5. Lüftungsanlage (Raumlüftung)

LaC: ⟨engl⟩ lanthanium crown / Lanthankron, ↑ LaK

LAC: ⟨engl⟩ lower area control / Bezirkskontrolle, *Flugsicherung*

Ladar, LADAR: ⟨engl⟩ laser detection and ranging / Ortung und Entfernungsmessung mit Laserstrahlen, Laserradar, ↑ Lidar

Lad.R., Lader.: ↑ LR 1

LaF: ⟨engl⟩ lanthanium flint / Lanthanflint (optisches Glas)

LAGEOS: ⟨engl⟩ laser geodynamics satellite (geophysikalischer Forschungssatellit der USA mit Laserortungssystem)

LaK: Lanthankron (optisches Glas), = LaC

Lam.: Laminat

LAM: Lastaufnahmemittel, *Fördertechnik*

† **LAMA:** ⟨engl⟩ language for automatic mechanic assembly (Programmiersprache)

LAMMA: Lasermikrosonden-Massenanalysator, *Meßtechnik*

LAN: 1. ⟨engl⟩ landing aid / Landehilfe, *Flugmechanik*. – 2. ⟨engl⟩ local area network / lokales Netz, örtliches Netzwerk (Kommunikationssystem), *Datenverarbeitung*

LARAM: ⟨engl⟩ line-addressable random access memory / linienadressierter Schreib-Lese-Speicher, *Mikroelektronik*

LA-Rohre: leichte Abflußrohre, *Bautechnik*

LAS: 1. lastabhängiger Steuerkreis (Gleisbremse), *Schienenfahrzeugtechnik*. – 2. [ЛАС]: ⟨russ⟩ lodka aviacionnaja spasatel'naja [лодка авиационная спасательная] / Rettungsboot für Luftfahrzeuge

La-Schweißen: Laserschweißen (Schmelzschweißverfahren mittels ↑ Laser)

Laser, LASER: ⟨engl⟩ light amplification by stimulated emission of radiation / Lichtverstärkung durch angeregte Strahlungsemission, = OKG 2, *Nachrichtentechnik, Meßtechnik*

LaSF: Lanthanschwerflint (optisches Glas)

LASH, L.A.S.H.: ⟨engl⟩ lighters aboard ship / Leichtertransportschiff

LaSK: Lanthanschwerkron (optisches Glas)

LASOS: ⟨engl⟩ laser-annealed silicon on sapphire / mit ↑ Laser ausgeheiltes Silicium auf Saphir, *Halbleitertechnologie*

lat.: latent, *Thermodynamik*

LAT, Lat: ⟨engl⟩ latitude / geografische Breite, *Luftfahrtnavigation*

LATV: ⟨engl⟩ logic and array test vehicle / Logik- und Anordnungstestvorrichtung (zur Prüfung komplexer mikroelektronischer Strukturen)

LA-Verfahren: Lamellenverfahren (Texturierverfahren), *Textiltechnik*

LAW: ⟨engl⟩ lightly active waste / leichtaktiver (radioaktiver) Abfall, *Kerntechnik*

lb: lichtbeständig (Aufführungsart von Chemiefaserstoffen)

LB: 1. ⟨engl⟩ local battery / Ortsbatterie, *Nachrichtentechnik*. – 2. Lochband

LBB: Lichtbandbreite (Maß für die seitlichen Rillenauslenkungen bei Schallplatten)

LB BS [ЛБ БС]: ⟨russ⟩ ljuminescentnaja lampa belogo sveta [люминесцентная лампа белого света] / Leuchtstofflampe mit weißem Licht

LBC: ⟨engl⟩ light barium crown / Baritleichtkron (optisches Glas)

LBD: ⟨engl⟩ logic block diagram / Blockschaltplan, *Automatisierungstechnik*

LBE: 1. Lampenbrennereinbrennmaschine, *Lichttechnik*. – 2. [ЛБЕ]: ⟨russ⟩ ljuminescentnaja lampa belogo estestvennogo sveta [люминесцентная лампа белого естественного света] / Leuchtstofflampe mit naturweißem Licht

LBE-Verfahren: ⟨engl⟩ lance-bubbling equilibrium procedure / blasenlanzenbildendes Gleichgewichtsverfahren (kombiniertes aufblasendes und bodenblasendes Sauerstoffkonverterverfahren), *Metallurgie*

LBF: Lichtbogenfestigkeit, *Elektrotechnik*

LBIC: ⟨engl⟩ laserbeam-induced current / laserstrahlinduzierter Strom (Methode zur Untersuchung von Halbleiterstrukturen), *Halbleitertechnologie*

LBk: Leichtbetonklasse, *Bautechnik*

LBL: Lochbandleser

LBNP: ⟨engl⟩ lower body negative pressure / Unterleibunterdruck (medizinisches Experimentiergerät in der USA-Raumstation Skylab)

LBP [ЛБП]: ⟨russ⟩ ljuminescentnaja lampa bystrogo puska [люминесцентная лампа быстрого пуска] / Schnellstart-Leuchtstofflampe

lbr: leicht brennbar (bautechnischer Brandschutz)

LBS: 1. Leitbahnfördersystem. – 2. Lochbandstanzer

† **LBS:** ⟨engl⟩ local battery switchboard / Ortsbatterievermittlungsschrank, *Nachrichtentechnik*

† **LBSt:** Lochbandstation

LBW: Leitbahnwagen, *Fördertechnik*

LC: 1. ⟨engl⟩ launch complex / Startkomplex, *Raumfahrttechnik*. – 2. ⟨engl⟩ lethal concentration / tödliche Konzentration (eines Stoffes). – 3. ⟨engl⟩ line card / Teilnehmerschaltung, *Nachrichtentechnik*. – 4. ⟨engl⟩ liquid chromatography / Flüssigchromatografie (Trennung von Stoffgemischen), *Analysenmeßtechnik*. – 5. ⟨engl⟩ liquid crystal / Flüssigkristall, = FK 4. – 6. ⟨engl⟩ luminance coefficient / Leuchtdichtekoeffizient, *Lichttechnik*

LCA: ⟨engl⟩ logic cell array / Logikzellenfeld (Halb-Kundenwunschschaltkreis), *Mikroelektronik*

LCC: 1. ⟨engl⟩ launch commit criteria (Testkriterium, ob ein Countdown fortgesetzt werden kann), *Raumfahrttechnik*. – 2. ⟨engl⟩ launch control center / Startkontrollzentrum, *Raumfahrttechnik*

LCCC: ⟨engl⟩ leadless ceramic chip carrier / drahtloser Keramikchipträger (Gehäusebauform), s. a. CCC 2

LCD: ⟨engl⟩ liquid-crystal display / Flüssigkristallanzeige, *Mikroelektronik*

LCDTL: ⟨engl⟩ load-compensated diode transistor logic / lastkompensierte Dioden-Transistor-Logik, *Elektronik*

LCEU: ⟨engl⟩ life cycle energy use / Energiebedarf für die gesamte Nutzbarkeitsdauer, *Kraftfahrzeugtechnik*

LC-50: mittlere letale Konzentration, *Polymertechnik*

Lcht.Bk.: Leuchtbake (Seezeichen)

Lcht.Tm.: Leuchtturm

Lcht.Tn: Leuchttonne (Seezeichen)

LCL: ⟨engl⟩ light center length / 1. Lichtschwerpunktabstand (Lichtquellen). – 2. Lichtpunktabstand (Leuchten)

LCM: ⟨engl⟩ liquid-curing medium / flüssiges Vernetzungsmedium, *Polymertechnik*

LCMOS: ⟨engl⟩ low-threshold metal gate complementary metal-oxide semiconductor / komplementärer Metall-Oxid-Halbleiter mit Metallgate bei niedriger Schwellspannung, *Halbleitertechnologie*

LCN: ⟨engl⟩ local computer network / lokales Rechnernetz (örtlich verteiltes Mehrrechnersystem)

† **LCN:** ⟨engl⟩ load classification number / Tragfähigkeitszahl (charakterisiert die Tragfähigkeit der Flugbetriebsflächen), *Flugbetrieb*

LCO: ⟨engl⟩ low contrast optic (Abschirmung von Leuchten mit sehr geringer Blendung für nahezu blendfreie Raumausleuchtung), *Lichttechnik*

LCP: ⟨engl⟩ liquid-crystal polymer / Flüssigkristallpolymer (Hochleistungswerkstoff)

LCTI: ⟨engl⟩ low-cost teletype interface / kostengünstige Fernschreibschnittstellenschaltung, *Nachrichtentechnik*

LD: 1. ⟨engl⟩ laser diode / Laserdiode (optoelektronisches Bauelement). – 2. Lebensdauer. – 3. Leistungsdichte, *Kerntechnik.* – 4. ⟨engl⟩ lethal dose / tödliche Dosis (eines von Lebewesen aufgenommenen Stoffes). – 5. Leuchtstofflampe in Doppelrohrform. – 6. ⟨engl⟩ light duty / gering beanspruchbar (Schmierölart), *Kraftfahrzeugtechnik*, ↑ HD 4. – 7. Luftdusche, *Energietechnik*

LDA: 1. ⟨engl⟩ landing distance available / verfügbare Landestrecke, *Flugbetrieb.* – 2. Laser-Doppel-Anemometer [-Anemometrie], *Meßtechnik*

LDAC-Verfahren: Linz-Donawitz-ARBED-CNRM-Verfahren [Sauerstoff-Aufblasverfahren nach LD (↑ LD-Verfahren), ARBED (Aciéries Réunies de Burbach Eich-Dudelange) und CNRM (Centre National de Recherches Métallurgiques; BRD/Luxemburg/Belgien)], *Eisenmetallurgie*

LDC: ⟨engl⟩ long-distance call / Ferngespräch, Weitverkehrsverbindung, *Nachrichtentechnik*

LDD: ⟨engl⟩ luminaire dirt depreciation / Verminderungsfaktor für die Verschmutzung von Leuchten

LDD-Prozeß: ⟨engl⟩ low-diffused drain process / geringdiffundierter Drainprozeß, *Halbleitertechnologie*

LD DS [ЛД ДС]: ⟨russ⟩ ljuminescentnaja lampa dnevnogo sveta [люминесцентная лампа дневного света] / Leuchtstofflampe mit der Lichtfarbe »Tageslichtweiß«

LDD-Struktur: ⟨engl⟩ lightly doped drain-structure / leicht dotierte Drainstruktur, *Halbleitertechnologie*

LDEF: ⟨engl⟩ long duration exposure facility (Satellitenplattform, die vom Space Shuttle ausgesetzt und nach längerer Zeit wieder eingesammelt und zurücktransportiert wird)

Ldg, Ldg.: Ladung, *Schiff-, Luftfahrt*

LDG: ⟨engl⟩ landing/Landung, *Flugmeteorologie*

Ldg.Brk.: Landungsbrücke, *Schiffstechnik*

LDI: ⟨engl⟩ landing direction indicator / Landerichtungsanzeiger, *Luftfahrtnavigation*

LDK-Verfahren: Linz-Donawitz-Krupp-Verfahren [Sauerstoff-Aufblasverfahren nach LD (↑ LD-Verfahren) und Fa. Krupp (BRD)], *Eisenmetallurgie*

LDMOS: ⟨engl⟩ lateral planar double-diffused metal-oxide semiconductor / lateral-planarer doppeldiffundierter Metall-Oxid-Halbleiter, *Halbleitertechnologie*

LDP: ⟨engl⟩ laboratory data processor / Laborrechner

LDPE, LD-PE: ⟨engl⟩ low-density polyethylene / Polyethylen niederer Dichte, *Polymertechnik*

LDP-Verfahren: Linz-Donawitz-Pompey-Verfahren [Sauerstoff-Aufblasverfahren nach LD (↑ LD-Verfahren) und Pompeji (Italien)], *Eisenmetallurgie*

LDR: ⟨engl⟩ light-dependent resistor / lichtabhängiger Widerstand (Fotowiderstand), *Elektronik*

LDS: Laser-Doppler-Spektroskopie, *Analysenmeßtechnik*

LDS-Verfahren: Linz-Donawitz-Salzgitter-Verfahren [Sauerstoff-Aufblasverfahren nach LD (↑ LD-Verfahren) und Entwicklungsort Salzgitter (BRD)], *Eisenmetallurgie*

LDV: linguistische Datenverarbeitung

LD-Verfahren: Linz-Donawitz-Verfahren (Sauerstoff-Aufblasverfahren nach Vereinigte Österreichische Eisen- und Stahlwerke Linz und Österreichische Alpine Montangesellschaft Donawitz), *Eisenmetallurgie*

L/D-Verhältnis: ⟨engl⟩ lift to drag ratio / Auftrieb-zu-Widerstand-Verhältnis, *Aerodynamik*

LE: 1. Ladeeinheit, *Fördertechnik*. – 2. Lampeneinbrennmaschine, *Lichttechnik*. – 3. Leitungsentzerrer, *Nachrichtentechnik*. – 4. [ЛЕ]: ⟨russ⟩ ljuminescentnaja lampa estestvennogo sveta [люминесцентная лампа естественного света] / Leuchtstofflampe mit natürlicher Lichtfarbe

Leasat: ⟨engl⟩ leased satellite / gemieteter Satellit (Kommunikationssatellit der USA, der an Nutzer vermietet wird)

LEASS: logisches Eingabe-Ausgabe-Steuersystem, *Datenverarbeitung*

LEC-Prozeß: ⟨engl⟩ liquid-encapsulated Czochralski process (Czochralski-Verfahren für Galliumarsenid-Einkristalle), *Halbleitertechnologie*

LEC-Transistor: ⟨engl⟩ low emitter-doping concentration transistor / Transistor mit geringer Emitterdotierungskonzentration, *Halbleitertechnologie*

LED: ⟨engl⟩ light-emitting diode / lichtausstrahlende Diode (Lichtemitterdiode, Lumineszenzdiode), *Optoelektronik*

LEE: Leitungsendeinrichtung, *Nachrichtentechnik*

LEED: ⟨engl⟩ low-energy electron diffraction / energiearme Elektronenbeugung (zur Untersuchung von Halbleiterstrukturen)

LEF: ⟨engl⟩ lighting effectiveness factor / Wirkungsgrad der Beleuchtungsstärke, *Lichttechnik*

Lefa: Lederfaserstoff, *Textiltechnik*

LEG: Lichteffektgerät

LE/KK: Lebenserhaltungs- und Klimakontrollanlage, *Raumfahrttechnik*

LEM: lichtelektronisches Meßmikroskop

† LEM: ⟨engl⟩ lunar excursion module / Mondlandefahrzeug, ↑ LM 7

LEMP: ⟨engl⟩ lightning electromagnetic pulse / von einer Blitzentladung ausgehender elektromagnetischer Puls

LEO: 1. ⟨engl⟩ low earth orbit /

niedrige Erdumlaufbahn. –
2. ⟨engl⟩ low enrichment ordinary water reactor / Reaktor niedriger Anreicherung mit gewöhnlichem Wasser, *Kernkraftwerkstechnik*

LEP: ⟨engl⟩ large electron positron collider / große Kollisionsmaschine für Elektronen und Positronen (Speicherringbeschleuniger im CERN: ⟨frz⟩ Centre Européenne pour la Recherche Nucléaire / Europäisches Zentrum für Kernforschung, Genf)

LES: 1. ⟨engl⟩ launch escape system / Startrettungssystem, *Raumfahrttechnik*. – **2.** ⟨engl⟩ lilliput Edison screw / kleiner Edisonsockel (Schraubsockel), *Lichttechnik*. – **3.** ⟨engl⟩ Lincoln experimental satellite (Typ experimenteller USA-Erdsatelliten für nachrichtentechnische Zwecke)

LESS: ⟨engl⟩ lateral epitaxy by seeded solidification (Verfahren zur Abscheidung orientierter einkristalliner Schichten auf amorpher Unterlage unter Verwendung eines Impfkeimes), *Halbleitertechnologie*

LEST: Lichtechtheitsstufe, *Oberflächentechnik*

LET: ⟨engl⟩ launch escape tower / Startrettungsturm, *Raumfahrttechnik*

Letterset: ⟨engl⟩ letterpress printing with offsetting / Buchdruck mit Übertragung (des Druckbildes über Gummituch; indirekter Buchdruck)

† LEV: ⟨engl⟩ lunar excursion vehicle / Mondlandekapsel

LF: 1. flutbare Länge, *Schiffstechnik*. – **2.** ⟨engl⟩ laminar flow / laminare (Raumluft-) Strömung, *Energietechnik*. – **3.** ⟨frz⟩ lampe fluorescente [lampe à fluorescence] / Leuchtstofflampe, ↑ L 13. – **4.** langsame Fahrt, *Schiffahrt*. – **5.** Leuchtstofflampe in Flächenform. – **6.** ⟨engl⟩ light flint / Leichtflint (optisches Glas). – **7.** ⟨engl⟩ load factor / Lastfaktor. – **8.** ⟨engl⟩ low frequency / niedrige Frequenz (Niederfrequenz, 30…300 kHz, Kilometerwelle), *Nachrichtentechnik*, s. a. LW 2

lFa: lokale Feuerausbreitung (= † mBa, † mfa), (bautechnischer Brandschutz)

LFBR: ⟨engl⟩ liquid fluidized bed reactor / Flüssigkeits-Wirbelbettreaktor, *Kernkraftwerkstechnik*

LFC: ⟨engl⟩ large format camera / Großformatkamera (hochauflösende Kamera zur Erdbeobachtung, USA)

LFDF: ⟨engl⟩ low-frequency direction finder / Langwellen-Peilgerät, *Luftfahrtnavigation*

lfdm, lfm: laufende Meter

LFF: Landefunkfeuer, *Flugsicherung*

lfm: ↑ lfdm

LFM: ⟨engl⟩ laser force microscope / Laser-Kraftmikroskop, *Meßtechnik*

LFR: 1. ⟨engl⟩ low flux reactor / Niederflußreaktor, *Kernkraftwerkstechnik*. – **2.** ⟨engl⟩ low-frequency range / Langwellenreichweite, *Luftfahrtnavigation*

LFS: 1. ⟨engl⟩ Laborfermentorsysteme, *Meßtechnik*. – **2.** Leberfunktionsszintigrafie (Funktionsprüfung mittels Radioisotopen), *Medizintechnik*. – **3.** Löschfunkenstrecke, *Meßtechnik*

Lf-Signal: Langsamfahrsignal (Eisenbahnsignal)

Lf-Stelle: Langsamfahrstelle (ÖBB)

LF-Verfahren: ⟨engl⟩ ladle furnace process (Pfannenstandentgasung im Vakuumgefäß), *Eisenmetallurgie*

LFZ: Luftfahrzeug

Lg: Lagermetall (Werkstoff für Gleitlager)

LG: 1. ⟨engl⟩ landing gear / Fahrwerk, *Flugzeugausrüstung*. – 2. ⟨engl⟩ landing ground / Landeplatz, *Flugbetrieb*. – 3. leicht geglättet (Blech- und Bandherstellung), *Werkstofftechnik*. – 4. Logikgenerator, *Datenverarbeitung*. – 5. Luftgefäß (i. allg. Entlüftungsgefäß), *Energietechnik*

Lgd.: Liegendes (unter einer Lagerstätte anstehende Gesteine, *Bergbautechnologie*

Lgg: Leerzug aus gedeckten Güterwagen

Lgo: Leerzug aus offenen Güterwagen

Lgr: Logger (Hochseefischereifahrzeug)

LGT: ⟨engl⟩ light [lighting] / Feuer [Befeuerung], (Flughafen)

LGTD: ⟨engl⟩ lighted / befeuert (Flughafen)

LH: Luftheizung

LHA: 1. ⟨engl⟩ local hour angle / örtlicher Stundenwinkel, *Luftfahrtnavigation*. – 2. Unterflurluftheizaggregat (Reisezugwagen)

LHB [ЛХБ]: ⟨russ⟩ ljuminescentnaja lampa holodno-belogo sveta [люминесцентная лампа холодно-белого света] / Leuchtstofflampe mit kaltweißem Licht

LH-Band: ⟨engl⟩ low noise, high output tape / (Magnetton-) Band mit geringem Bandrauschen und besserer Höhenwiedergabe, *Unterhaltungselektronik*

LHC: ⟨engl⟩ large hadron collider / großer Hadronenbeschleuniger (2. Ring im Tunnel von ↑ LEP, Konzept)

LHD: 1. ⟨engl⟩ load – haul – dump / laden – fördern – entladen, *Bergbautechnologie*. – 2. ⟨engl⟩ long hole drilling / Langlochbohren, *Bergbautechnologie*

LH-Gleichungen: Langmuir-Hinshelwood-Gleichungen (für die Reaktionsgeschwindigkeit von Stoffen), *Verfahrenstechnik*

LHT-Sockel: ⟨engl⟩ left-hand threaded base / Sockel mit Linksgewinde, *Lichttechnik*

Lhz: Luftheizung (Reisezugwagen)

LH2, LH$_2$: ⟨engl⟩ liquid hydrogen / Flüssigwasserstoff (Raketentreibstoff)

Li: Litzenleiter, *Elektrotechnik*

LI: 1. ⟨engl⟩ level indicated / Pegelmessung mit Anzeige. – 2. Linde, *Holztechnik*. – 3. ⟨engl⟩ load index / Ladeindex, *Flugbetrieb*

LIA: ⟨engl⟩ luminescence immunoassay / Lumineszenzimmunoassay (Nachweisverfahren für Substanzen), *Analysenmeßtechnik*

LIC: 1. ⟨engl⟩ level indicated controlled / Pegelmessung mit Anzeige und Regelung, *Automatisierungstechnik*. – 2. ⟨engl⟩ linear integrated circuit / lineare integrierte Schaltung, = LIS 2, *Mikroelektronik*

LICA: ⟨engl⟩ level indicated controlled alarmed / Pegelmessung mit Anzeige, Regelung und Alarmierung, *Automatisierungstechnik*

LID: 1. ⟨engl⟩ laser-induced damage / Strahlenschaden durch Laser, *Halbleitertechnologie*. – **2.** ⟨engl⟩ leadless inverted device / drahtlose umgekehrte Anordnung (Gehäuseform der Hybridtechnologie), *Mikroelektronik*. – **3.** lineare Immundiffusion (immunologisches Nachweisverfahren für Eiweiße), *Analysenmeßtechnik*

Lidor, LIDAR: ⟨engl⟩ light detecting and ranging / Ortung und Entfernungsmessung mit Licht, Licht-↑ Radar (vorzugsweise Laserstrahlen, = Ladar), *Meßtechnik*

Lif: Litze aus Feindraht

LIF: ⟨engl⟩ low insertion force (Steckverbinder mit) geringe(r) Steckkraft, *Elektronik*

LIFMOP: ⟨engl⟩ linear-frequency modulated pulse / linear-frequenzmodulierter Impuls, *Nachrichtentechnik*

LIFO: ⟨engl⟩ last-in-first-out (Speicherprinzip, wonach die zuletzt eingegebenen Informationen als erste wieder ausgegeben werden), *Datenverarbeitung*

LifSU: feindrahtige, bewegliche Litze, seidenumsponnen

LIH: ⟨engl⟩ light intensity, high / hochintensive Befeuerung (Flughafen)

LIL: ⟨engl⟩ light intensity, low / niederintensive Befeuerung (Flughafen)

LILAW: ⟨engl⟩ loaded index at landing weight / Ladeindex bei Landemasse, *Flugbetrieb*

LIM: 1. ⟨engl⟩ light intensity, medium / mittelintensive Befeuerung, (Flughafen). – **2.** Linearinduktionsmotor. – **3.** ⟨engl⟩ logic in memory / Speicher mit innerer Logik (Informationsverarbeitung), *Datenverarbeitung*

lin: linear

Lin-CMOS: ⟨engl⟩ linear complementary metal-oxid semiconductor / linearer komplementärer Metall-Oxid-Halbleiter, *Halbleitertechnologie*

LINKOMPEX: ⟨engl⟩ linked compressor expander / gekoppelter Kompressor und Expander, *Elektronik*

Lip: Lichtleiterplatte, *Optoelektronik*

LIPS: ⟨engl⟩ logical interferences per second / logische Schlußfolgerungen je Sekunde (Verarbeitungsleistung bei Rechnern)

LIR: ⟨engl⟩ level indicated registrated / Pegelmessung mit Anzeige und Registrierung, *Automatisierungstechnik*

LIRL: ⟨engl⟩ low intensity runway lighting / Start- und Landebahnbefeuerung niederer Intensität, *Flugsicherung*

LIS: 1. Laborinformationssystem. – **2.** lineare integrierte Schaltung, ↑ LIC 2

LISA: 1. laserinduzierte selektive Anregung (Laserchemie). – **2.** Leit- und Informationssystem für den

Autofahrer, ↑ ALI. – 3. ⟨engl⟩ light-switching array / lichtschaltende Anordnung, *Elektronik*

LISP: ⟨engl⟩ list processing / Listenverarbeitung (höhere Programmiersprache, insbesondere zu Problemen der ↑ KI 2)

LITOW: ⟨engl⟩ loaded index at take-of weight / Ladeindex bei Startmasse, *Flugbetrieb*

LITR: ⟨engl⟩ low intensity test reactor / Versuchsreaktor niedriger Intensität, *Kernkraftwerkstechnik*

LITVC: ⟨engl⟩ liquid injection thrust vector control system / System zur Schubkontrolle mittels Flüssigkeitseinspritzung (in die Brennkammer von Raketentriebwerken), *Raumfahrttechnik*

LIZFW: ⟨engl⟩ loaded index at zero fuel weight / Ladeindex bei Leertankmasse, *Flugbetrieb*

LJ: ⟨engl⟩ Little Joe (Trägerrakete der USA), *Raumfahrttechnik*

LK: 1. Kühlladeraum, *Schiffstechnik*. – 2. Landeklappe, *Flugzeugausrüstung*. – 3. Lichtkette, *Lichttechnik*. – 4. Lochkarte. – 5. Luftkühlung. – 6. [ЛК]: ⟨russ⟩ lunnaja kabina [лунная кабина] / Mondlandeeinheit (eines bemannten Mondraumschiffes)

LKA: Lochkartenausgabe

LKE: Lochkarteneingabe

LKF: Luftkissenfahrzeug, ↑ BEG

LKL: Lochkartenleser

† **LKSt, LKS:** Lochkartenstanzer

LKW, Lkw: Lastkraftwagen

L_{KWL}: Länge in der Konstruktionswasserlinie, *Schiffstechnik*

L_L: ↑ LL 2

Ll: Legeliste (Schaltplanart, Fertigungsunterlage), *Elektronik*

LL: 1. ↑ L 13. – 2. L_zL, L_L: Länge zwischen den Loten, *Schiffstechnik*. – 3. Lichtleiter, = LWL, *Nachrichtentechnik*. – 4. Linkslenkung, *Kraftfahrzeugtechnik*. – 5. [ЛЛ]: ⟨russ⟩ ljuminescentnaja lampa [люминесцентная лампа] / Leuchtstofflampe

LLA: leichtlöslicher Anteil (bei Proteinisolaten), *Lebensmitteltechnik*

LLC: 1. ⟨engl⟩ liquid-liquid chromatography / Flüssig-Flüssig-Chromatografie, *Analysenmeßtechnik*. – 2. ⟨engl⟩ logical link control / logische Verbindungssteuerung, *Datenverarbeitung*

LLD: 1. ⟨engl⟩ lamp lumen depreciation / (Verminderungsfaktor für die) Lichtstromabnahme von Lampen. – 2. ⟨engl⟩ low-leakage diode / Diode mit geringem Reststrom, *Elektronik*

LLF: 1. Lichtleitfaser, *Nachrichtentechnik*. – 2. ⟨engl⟩ light loss factor / (Gesamt-) Verminderungsfaktor einer Beleuchtungsanlage. – 3. Doppelleichtflint (optisches Glas)

L^2FET: ⟨engl⟩ logic-level field-effect transistor / Feldeffekttransistor mit logischer Stufe, *Mikroelektronik*

LLKÜ: Lichtleiterkurzstreckenübertragung

LLKW: Leichtlastkraftwagen

LLL: ⟨engl⟩ low-level logic / Niederpegellogik, leistungsarme Logik, *Elektronik*

LLLTV: ⟨engl⟩ low light level television / Restlichtfernsehen (Nachtsichtgeräte), *Nachrichtentechnik*

L²-MOSFET: ⟨engl⟩ logic-level metal-oxide semiconductor field-effect transistor / Metall-Oxid-Halbleiter-Feldeffekttransistor mit logischer Stufe, *Mikroelektronik*

LLNÜ: Lichtleiternachrichtenübertragung (Lichtleiterlangstreckenübertragung)

LLRV: ⟨engl⟩ lunar landing research vehicle / Mondlandeforschungsfahrzeug

† LLS: ⟨engl⟩ lunar logistics system / Mondlogistiksystem

LLT: Lichtleitertechnik, *Nachrichten*

LLTV: ⟨engl⟩ lunar landing training vehicle / Mondlandetrainingsfahrzeug

LLÜ: Lichtleiterübertragung, *Nachrichtentechnik*

Llv: Lokomotivleistungs- und Verbrauchstafel

† LLV: ⟨engl⟩ lunar logistics vehicle / Mondnachschubtransporter

LLWP: Luft-Luft-Wärmepumpe, *Energietechnik*

LLZ: ↑ LOC 3

LLZI: Lichtwellenleiter-Zwischenblockinterface, *Automatisierungstechnik*

Lm: Lamawolle, *Textiltechnik*

LM: 1. Lackmaß, *Halbleitertechnologie*. – 2. ⟨engl⟩ language manipulator / Sprache für Manipulatoren, (Programmiersprache). – 3. Lichtmikroskop [-skopie], *Analysenmeßtechnik*. – 4. ⟨engl⟩ locator, middle / mittleres Landefunkfeuer, *Luftfahrtnavigation*. – 5. Lösungsmittel, *Verfahrenstechnik*. – 6. ⟨engl⟩ low mass / leicht, geringe Masse (Tragarmart von Schallplattenabspielgeräten). – 7. ⟨engl⟩ lunar module / Mondlandefahrzeug, = † LEM

LMA: 1. Lagerung mittelaktiver Abfälle, *Kerntechnik*. – 2. Laser-Mikroskop-Spektralanalyse, *Analysenmeßtechnik*

LMB: ⟨engl⟩ (subscriber) line measuring board / (Teilnehmer-) Leitungsmeßplatz, *Meß-, Nachrichtentechnik*

LMC: 1. ⟨engl⟩ last minute change / Änderung in letzter Minute, *Flugbetrieb*. – 2. ⟨engl⟩ (subscriber) line measuring circuit / (Teilnehmer-) Leitungsmeßsatz, *Meß-, Nachrichtentechnik*

LMF: Leichtmetallfelge, *Kraftfahrzeugtechnik*

LMFR: ⟨engl⟩ liquid metal fuel reactor / Reaktor mit Flüssigmetallbrennstoff, *Kernkraftwerkstechnik*

LMFSR: ⟨engl⟩ liquid metal fuel suspension reactor / Reaktor mit Flüssigmetallbrennstoff in Suspension, *Kernkraftwerkstechnik*

LMK: Lang-, Mittel-, Kurzwelle, ↑ LW 2, ↑ MW 6, ↑ KW 7

LMOS: ⟨engl⟩ low-power metal-oxide semiconductor / Metall-Oxid-Halbleiter mit geringem Leistungsverbrauch, *Halbleitertechnologie*

LMR: Lichtmeßroboter

LMS: 1. Lasermassenspektrometrie, *Meßtechnik.* – **2.** Lasermeßsystem. – **3.** ⟨engl⟩ lunar mass spectrometer / Mondmassenspektrometer (für Forschungen innerhalb des Apollo-Programms)

LMT: 1. Lichtmeßtechnik. – **2.** ⟨engl⟩ local mean time / mittlere Ortszeit

LN 1. [ЛН]: ⟨russ⟩ lampa nakalivanija [лампа накаливания] / Glühlampe. – **2.** Lasernephelometrie (auf Streulichtmessung beruhende quantitative Eiweißbestimmung), *Analysenmeßtechnik.* – **3.** ⟨engl⟩ low noise / rauscharm (Tonband). – **4.** nutzbarer Laderaum, *Schiffstechnik*

LNA: ⟨engl⟩ low-noise amplifier / Verstärker mit geringem Rauschpegel, *Elektronik*

LNG: ⟨engl⟩ liquefied natural gas / verflüssigtes Erdgas

LO: ⟨engl⟩ locator, outer / äußeres Landefunkfeuer, *Luftfahrtnavigation*

L_{oa}, LOA, L.O.A.: ⟨engl⟩ length overall / Länge über alles, ↑ Lüa

LOC: 1. ⟨engl⟩ large optical cavity / breiter optischer Resonator (Halbleiterlaser mit besonderer Schichtstruktur), *technische Optik.* – **2.** ⟨engl⟩ letterpress-to-offset-conversion / Buchdruck-Offsetdruck-Umwandlung (der Druckform), *Polygrafie.* – **3. LLZ:** ⟨engl⟩ localizer / Landekurssender, *Luftfahrtnavigation*

LOCA: ⟨engl⟩ loss-of-coolant accident / Kühlmittelverlustunfall, *Kernkraftwerkstechnik*

LOCEP: ⟨engl⟩ local epitaxy / lokal begrenzte(r) Epitaxie(-Prozeßschritt), *Halbleitertechnologie*

LOCMOS: ⟨engl⟩ local oxidation of complementary metal-oxide semiconductor / lokal begrenzte Oxidation komplementärer Metall-Oxid-Halbleiter, *Halbleitertechnologie*

LocNet: lokales optisches Kommunikationsnetz, *Nachrichtentechnik*

LOCOS: ⟨engl⟩ local oxidation of silicon / lokal begrenzte Oxidation auf Silicium, *Halbleitertechnologie*

LOFT-Reaktor: ⟨engl⟩ loss-of-fluid test reactor / Kühlmittelverlust-Testreaktor, *Kernkraftwerkstechnik*

LOHET: ⟨engl⟩ linear output Hall-effect transducer / linearer Hall-Effekt-Sensor, *Elektronik*

LOI: ⟨engl⟩ lunar orbit insertion / Eintritt in die Mondumlaufbahn (Bahnmanöver)

LONG, Long: ⟨engl⟩ longitude / geografische Länge, *Luftfahrtnavigation*

LOP: ⟨engl⟩ line of position / Positionslinie

LOR: 1. ⟨engl⟩ laser optical reflective / optische Laserabtastung im Reflexionsbetrieb (optische Speicherplatte). – **2.** ⟨engl⟩ light output ratio / Lichtausbeuteverhältnis. – **3.** ⟨engl⟩ lunar orbit rendezvous / Rendevous(manöver) im Mondorbit

Loran, LORAN: ⟨engl⟩ long-range navigation / Langstreckennavigation, *Luftfahrtnavigation*

LORL: ⟨engl⟩ light output ratio luminaire / Leuchtenwirkungsgrad, *Lichttechnik*

LORW: ⟨engl⟩ light output ratio working / Leuchtenwirkungsgrad unter Betriebsbedingungen, *Lichttechnik*

LOS: 1. ⟨engl⟩ local operating system / örtliches Betriebssystem (Rechnernetz). – **2.** ⟨engl⟩ loss of signal / Signalverlust (Funkunterbrechung bei Raumflugkörpern)

Lö-Schweißen: Lösungsschweißen (Rohrschweißverfahren)

LOSOS: ⟨engl⟩ local oxidation of silicon on sapphire / lokal begrenzte Oxidation von Silicium auf Saphir, *Halbleitertechnologie*

LOT: ⟨engl⟩ laser optical transmission / optische Laserabtastung im Transmissionsbetrieb (optische Speicherplatte)

LOTOS: ⟨engl⟩ language of temporal ordering specification (formale Beschreibungstechnik; ISO-Spezifikationssprache für verteilte Kommunikationssysteme)

LOX: ⟨engl⟩ liquid oxygen / Flüssigsauerstoff (Raketentreibstoff)

lp: 1. gelappt (Ausführungsart von Chemiefaserstoffen). – **2. LP:** ⟨engl⟩ line pair / Linienpaar (Element einer eindimensionalen periodischen Gitterstruktur), *technische Optik*

LP: 1. ↑ L 21. – **2.** Ladeprogramm, *Datenverarbeitung*. – **3.** Lampe. – **4.** Langspielplatte. – **5.** Leiterplatte. – **6.** ⟨engl⟩ licence programme / Lizenzprogramm, *Datenverarbeitung*. – **7.** Lichtpause (Kopie einer Originalzeichnung). – **8.** Linearprogrammierung, *Datenverarbeitung*. – **9.** ⟨engl⟩ list processing / Listenbearbeitung, *Datenverarbeitung*. – **10.** ⟨engl⟩ long play / Langspiel (-Tonband, -Schallplatte). – **11.** ⟨engl⟩ low pass / Tiefpaß[filter], = LPF, ↑ TP 7. – **12.** ⟨engl⟩ low power / niedrige Leistung, Niederleistungs-. – **13.** ⟨engl⟩ low pressure / Niederdruck, ↑ ND 3. – **14.** Luftporenbildner (Betonzusatzmittel)

LPA: Lichtpunktabstand, *Lichttechnik*

LPC: ⟨engl⟩ linear predictive coding / lineare Prädiktionscodierung (Synthese von Sprachsignalen)

LPCS: ⟨engl⟩ low-pressure core spray(system) / Niederdruck-Kernsprühsystem, *Kerntechnik*, s. a. KSS 1

LPCVD: ⟨engl⟩ low-pressure chemical vapour deposition / chemisches Dampfabscheiden unter niedrigem Druck (Aufdampfverfahren), *Halbleitertechnologie*

LPD: ⟨engl⟩ low-power diode / Diode geringer Leistung, *Elektronik*

LPE: 1. ⟨engl⟩ lightning-pulse environment / Blitzimpulsumgebung (Blitzpulsparameter). – **2.** ⟨engl⟩ liquid-phase epitaxy / Flüssigphasenepitaxie (Verfahren zur Herstellung epitaktischer Schichten), *Halbleitertechnologie*

LPF: ⟨engl⟩ low-pass filter / Tiefpaßfilter, ↑ LP 11

LPFL: ⟨engl⟩ low pinchoff-voltage field-effect logic / Feldeffektlogik mit niedriger Abschnürspannung, *Elektronik*

LPFT: ⟨engl⟩ low-pressure fuel transducer / Niederdruck-Treibstoffübertragungssystem, *Raumfahrttechnik*

LPF-Verfahren: ⟨engl⟩ leaching – precipitation – floatation / Auslaugung – Ausfällung – Flotation, *Bergbautechnik*

LPF-Vorschaltgerät: ⟨engl⟩ low-power factor ballast / Vorschaltgerät mit niedrigem Leistungsfaktor, *Lichttechnik*

LPG: 1. ⟨engl⟩ liquefied petroleum gas / Flüssiggas (Propan, Butan und Gemische). – **2.** Listenprogrammgenerator, *Datenverarbeitung*

LPH: Lichtpunkthöhe, *Lichttechnik*

lpi, LPI: ⟨engl⟩ lines per inches / Zeilen pro Zoll, *Datenverarbeitung*

LPL: ⟨engl⟩ low-power logic / Logik mit geringer (Verlust-) Leistung, ↑ LPTTL

lpm, LPM: 1. ⟨engl⟩ lines per milimetre / Zeilen je Millimeter (Parameter für die Informationsdichte bei Geräten der Druck- und Schreibtechnik. – **2.** ⟨engl⟩ lines per minute / Linien je Minute (Geschwindigkeitsparameter bei Geräten der Druck- und Schreibtechnik

LPMOCVD: ⟨engl⟩ low-pressure metal-organic chemical vapour deposition / chemische Abscheidung aus der Dampfphase einer metallorganischen Verbindung mit niedrigem Druck, s.a. CVD 1

LP-MO-VPE: ⟨engl⟩ low-pressure metal-organic vapour-phase epitaxy / metallorganische Niederdruck-Gasphasenepitaxie, *Halbleitertechnologie*

LPO: ⟨engl⟩ lunar parking orbit / Mondparkbahn

LPOT: ⟨engl⟩ low-pressure oxygen transducer / Niederdruck-Sauerstoffübertragungssystem, *Raumfahrttechnik*

lps, LPS: ⟨engl⟩ lines per second / Zeilen pro Sekunde (Geschwindigkeitsparameter bei Geräten der Druck- und Schreibtechnik)

LPS, l.p.s.l., LPSL: ⟨engl⟩ low-pressure sodium lamp / Natriumdampf-Niederdrucklampe

LP-Schweißen: Lichtbogenpreßschweißen

LPSEI: ⟨engl⟩ low-pressure selective epitaxial isolation / selektive Epitaxie-Isolation bei niedrigem Druck, *Halbleitertechnologie*

l.p.s.l., LPSL: ↑ LPS

LPS-TTL: ↑ LSTTL

LPTTL: ⟨engl⟩ low-power transistor-transistor logic / Niederleistungs-Transistor-Transistor-Logik (Schaltungstechnik mit niedriger Leistungsaufnahme), = LPL, *Elektronik*

LPV: luftporenbildender Verflüssiger (Betonzusatzmittel)

LPVD: ⟨engl⟩ long play video disk / Langspielvideoplatte (optisches Bildplattensystem)

LQ: 1. ⟨engl⟩ letter quality / Druckzeichenqualität, *Datenverarbeitung*, s. a. NLQ. – **2.** Lichtquelle

LR 1. Lad.R., Lader.: Laderaum, *Schiffbau*. – **2.** Leuchtstofflampe in Ringform. – **3. LRS:** ⟨engl⟩ Lloyd's Register of Shipping (London) / (Britische Schiffsklassifikationsgesellschaft. – **4.** ⟨engl⟩ longitudinal recording / Longitudinalaufzeichnung (bei Speichern), *Datenverarbeitung*. – **5.** ↑ LRG

LRA [ЛРА]: ⟨russ⟩ linija ravnyh azimutov [линия равных азимутов] / Linie gleicher Seitenwinkel (Standlinie), *Luftfahrtnavigation*

LRC: ⟨engl⟩ longitudinal redundancy check / Längenredundanzprüfung (Blockprüfung bei Magnetbandbeschriftung), *Datenverarbeitung*

LRF: ⟨engl⟩ lumber recovery factor / Holzausnutzungsgrad

LRG, LR: ⟨engl⟩ long range / Langstrecke, *Luftfahrtnavigation*

LRL: ⟨engl⟩ longitudinal roadway lines (Linien der Lichtstärkeverteilungskurve von Straßenleuchten, Anordnung der Leuchten längs der Fahrbahn), *Lichttechnik*

LRR [ЛРР]: ⟨russ⟩ linija ravnyh rasstojanij [линия равных расстояний] / Linie gleicher Entfernungen (Standlinie), *Luftfahrtnavigation*

LRS: 1. Lichtrohrsystem (Leuchtenart mit rohrförmigen Montageelementen nach dem Baukastenprinzip). – 2. ↑ LR 3. – 3. Lurgi-Ruhrchemie-Sandcracken (thermisches Cracken von Erdöl), *Verfahrenstechnik*

LRV: ⟨engl⟩ lunar roving vehicle (bemanntes Fahrzeug zur Fortbewegung auf der Mondoberfläche, Apollo-Programm)

LS: 1. ↑ L 6. – 2. Leistungsschalter, *Elektrotechnik*. – 3. Leitersystem (bei ↑ FWN), *Energietechnik*. – 4. Leitungssatz, *Nachrichtentechnik*. – 5. Leitungsschaltung, *Nachrichtentechnik*. – 6. Leitungsschutz. – 7. Leuchtstoff. – 8. Leuchtstofflampe in Stabform. – 9. ⟨engl⟩ light ship / leeres Schiff, Schiff leer. – 10. Lochstreifen, = PT 5. – 11. ⟨engl⟩ low speed / geringe Geschwindigkeit, *Luftfahrtnavigation*. – 12. Luftschraube, *Luftfahrtantriebe*

L-S.: Lotsenstation

LSA: 1. Lichtschwerpunktabstand, *Lichttechnik*. – 2. Lichtsignalanlage. – 3. ⟨engl⟩ limited space-charge accumulation / begrenzte Raumladungsanreicherung (Betriebsmodus für GaAs-Mikrowellendioden), *Mikroelektronik*. – 4. † Lochstreifenausgabe. – 5. (ohne) Löten, Schrauben, Abisolieren (Verbindungstechnik), *Nachrichtentechnik*

L-Sat: ⟨engl⟩ large satellite (westeuropäisches Nachrichtensatellitenprojekt für Rundfunk- und Fernsehdirektempfang)

LSB: 1. Lagersichtbehälter. – 2. ⟨engl⟩ least significant bit / niedrigstwertiges Bit (eines Datenwortes), *Datenverarbeitung*. – 3. ⟨engl⟩ lower sideband / unteres Seitenband, = USB 1, *Nachrichtentechnik*

L.Sch.: Linienschiff

LSD: 1. ⟨engl⟩ large-screen display / Großbildschirm, *Datenverarbeitung*. – 2. ⟨engl⟩ least significant digit / niedrigstwertige Ziffer einer Zahl, *Datenverarbeitung*. – 3. ⟨engl⟩ limited saturation device / Bauelement mit begrenzter Sättigung, *Elektronik*. – 4. ⟨engl⟩ luminaire surface depreciation (Verminderungsfaktor durch Rückgang des Transmissionsgrades von Leuchtenbauteilen), *Lichttechnik*

LSDI: ⟨engl⟩ large-scale display integration / integrierter Bildschirm mit vielen Bildpunkten (Flüssigkristallbildschirm mit großem Integrationsgrad)

LSE: 1. Langschienentransporteinheit. – 2. Lochstreifeneingabe

LSF: ⟨engl⟩ line-spread function / Linienverwaschungsfunktion (Gütefunktion für die optische Abbildung), *technische Optik*

LSG: Lichtsteuergerät

LSI: ⟨engl⟩ large-scale integration / Großintegration (Schaltkreise mit mehr als 10^3 Bauelementefunktionen), *Mikroelektronik*

LSIC: ⟨engl⟩ low-speed integrated circuit / integrierte Schaltung mit niedriger Schaltgeschwindigkeit, *Mikroelektronik*

LSK: kältefeste Leuchtstofflampe in Stabform

LSL: 1. † Lochstreifenleser, = PTR 6, *Informationstechnik*. – 2. ⟨engl⟩ low-speed logic / langsame störsichere Logik (Schaltungsfamilie mit hoher Störsicherheit gegen äußere Störsignale), = HLL 3, = HNIL 1, *Elektronik*

LSM: 1. ⟨engl⟩ last station memory / Speicher für den zuletzt eingestellten Sender (Rundfunkempfänger). – 2. Linearschrittmotor. – 3. ⟨engl⟩ low-speed modem / Modem für niedrige (Daten-) Geschwindigkeiten, *Datenverarbeitung*

LSP: ⟨engl⟩ lunar seismic profiling experiment / Experiment zur Bestimmung des seismischen Mondprofils (Apollo-Programm)

Lsp-Signal: Lichtsperrsignal, *Schienenfahrzeugtechnik*

LSQ: ⟨engl⟩ squall line / Böenlinie, *Flugmeteorologie*

LSR: ⟨engl⟩ large ship reactor / großer Schiffsreaktor, *Kernkraftwerkstechnik*

LS-Ruß: ⟨engl⟩ low-structure black / niedrigstrukturierter Ruß, *Polymertechnik*

LSS: ↑ LSST

LSSD: ⟨engl⟩ level sensitive scan design / niveauempfindlicher Abtastentwurf (Prüfverfahren für integrierte Schaltungen), *Halbleitertechnologie*

† LSST, LSS: Lochstreifenstanzer, = PTP 1

LSt: Leitstelle (Nachrichtenanlage), *Nachrichtentechnik*

LST: Leistungsschalttransistor (Halbleiterbauelement), *Elektronik*

† LST: ⟨engl⟩ large space telescope / großes Weltraumteleskop, ↑ ST 3

LSTTL, LST²L, LPS-TTL: ⟨engl⟩ low-power Schottky-transistor-transistor logic / Niederleistungs-Schottky-Transistor-Transistor-Logik, *Elektronik*

† LSÜ: Lochstreifenübersetzer

LS-Verfahren: Lichtschnittverfahren (Prüfverfahren für Schweißverbindungen und Oberflächenrauheiten), *Werkstoffprüfung*

LSY: Leitungssystem, *Nachrichtentechnik*

LSZ: Laserschmelzzone, *Metallurgie*

lt: Leinentyp (Ausführungsart von Chemiefasern)

Lt.: ⟨engl⟩ light / 1. Licht. – 2. Feuer, Leuchtfeuer (Signalbeleuchtung)

LT: 1. Labortechnik. – 2. Langlochziegel für Trennwände (Baustoff). – 3. Lasttrennschalter, *Elektrotechnik*. – 4. Lebensmitteltechnik. – 5. Lebensmitteltechnologie. – 6. Leichttransporter, *Kraftfahrzeugtechnik*. – 7. Lichttechnik. – 8. ⟨engl⟩ line telegraphy / Drahttelegrafie. – 9. ⟨engl⟩ line telephony / Leitungstelefonie. – 10. ⟨engl⟩ line termination / Leitungsabschluß, *Nachrichtentechnik*. – 11. ⟨engl⟩ local time / Ortszeit. – 12. (Verbindungskupplung zwischen) Lokomotive und Tender. – 13. ⟨engl⟩ low temperature / niedrige Temperatur, Niedrigtemperatur-. – 14. ⟨engl⟩ low tension / Niederspannung, = LV 5, ↑ NS 1. – 15. Lufttransport. – 16. Tankladeraum, *Schiffstechnik*

L.T.: ⟨engl⟩ low tide / Ebbe

LTA: 1. lichttechnische Anlage. – 2. lüftungstechnische Anlage

LTB TBS [ЛТБ ТБС]: ⟨russ⟩ ljuminescentnaja lampa tëplo-belogo sveta [люминесцентная лампа тёпло-белого света] / Leuchtstofflampe mit warmweißem Licht

LTC: ⟨engl⟩ longitudinal time code / Längsaufzeichnung des Zeitcodes (Videorecorder)

LTD: ⟨engl⟩ limited / begrenzt, *Luftfahrt*

LTE: ⟨engl⟩ local thermodynamic[al] equilibrium / lokales thermodynamisches Gleichgewicht, ↑ LTG 2

Lt.F.: Leitfeuer (Seezeichen)

LTF: Ladetransportfahrzeug, *Bergbautechnik*

LT-Filter: Leje-Thurner-Filter (zur Faserstoffrückgewinnung in Papier- und Faserplattenanlagen), *Papier-, Holztechnik*

Ltg., ltg.: ↑ L 16

LTG: 1. ⟨engl⟩ line trunk group / Anschlußgruppe, *Nachrichtentechnik*. – 2. lokales thermodynamisches Gleichgewicht, = LTE

LTO: ⟨engl⟩ low-temperature oxide (Oxidationsverfahren für Siliciumdioxid bei Temperaturen von etwa 450 °C), *Halbleitertechnologie*

LTR: leitliniengeführter Transportroboter

LTS: Lager- und Transportsystem

LT-Sensor: ⟨engl⟩ line transfer sensor / (Bild-) Sensor mit Zeilenübertragung (Festkörperbildsensor), *Mikroelektronik*

LTT: ⟨engl⟩ long tank Thor / Thor mit langem Tank (schubverstärkte USA-Trägerrakete)

LTTAT: ⟨engl⟩ long tank thrust augmented Thor (USA-Trägerrakete Thor, die mit Hilfe von Feststoffstartstufen schubverstärkt wurde)

L. u.: Leitung, unsichere Lage oder lageunsichere Leitung, *Straßen- und Tiefbau*

LU: 1. Leuchtstofflampe in U-Form. – 2. ⟨engl⟩ line unit / Anschlußeinheit, *Nachrichtentechnik*. – 3. Luke (Öffnung im Schiffdeck)

LÜ: Lademaßüberschreitung

Lüa, L.ü.a., LüA, L_{üa}: Länge über alles (Gesamtlänge), = L_{oa} *Schiffstechnik*

LUB: löschbare unsymmetrische Brücke, *Elektrotechnik*

LUGS: ⟨engl⟩ layered ultrathin coherent structure / kohärente Struktur mit ultradünnem Schichtaufbau (neuartiges Widerstandsmaterial), *Halbleitertechnologie*

LüK: Länge über Kupplung, *Schienenfahrzeugtechnik*

Luko: Luftkondensator, *Energietechnik*

Lunochod [Луноход]: ⟨russ⟩ lunnyj samohodnyj apparat [лунный самоходный аппарат] / selbstfahrendes Mondfahrzeug

LüP: Länge über Puffer, *Schienenfahrzeugtechnik*

LUT: ⟨engl⟩ local user terminal / örtliches Nutzerterminal (im System ↑ SARSAT), *Raumfahrttechnik*

lutro: lufttrocken

Luvo: Luftvorwärmer

LuW: Leitumspannwerk

LV: 1. landwirtschaftlicher Vorfluter, *Melioration*. – 2. langsame Fahrt voraus, *Schiffahrt*. – 3. Laser Vision (optisches Bildplattensystem von Philips zur Bild- und Tonwiedergabe), *Unterhaltungselektronik*. – 4. ⟨engl⟩ low viscosity / niedrige Viskosität, *Polymertechnik*. – 5. ⟨engl⟩ low voltage / Niederspannung, = LT 14, ↑ NS 1. – 6. Luftverkehr

LVDT: ⟨engl⟩ linear variable differential transformer / linear veränderlicher Differentialtransformator (Sensorprinzip), *Elektronik*

LVI-Logik: ⟨engl⟩ low-voltage inverter logic / Inverterlogik mit niedriger Spannung, *Elektronik*

LVK: Lichtstärkeverteilungskurve, Lichtverteilungskurve

LVMOS: ⟨engl⟩ lateral v-groove metal-oxide semiconductor / Metall-Oxid-Halbleiter mit lateralen V-Gräben, *Halbleitertechnologie*

LVR: ⟨engl⟩ longitudinal video recording / Längsspurvideoaufzeichnung, *Fernsehtechnik*

LVS: ⟨engl⟩ light value system / Lichtwertsystem, *technische Optik*

LVT: Leichtverbrennungstriebwagen

LVz: Linienverzweiger (Schaltungseinrichtung), *Elektronik*

LW: 1. ⟨engl⟩ landing weight / Landemasse, *Flugbetrieb*. – 2. L: Langwelle (Kilometerwelle, 1…10 km), *Nachrichtentechnik*, s. a. LF 8. – 3. Leckwasser (durch Schiffslecks eingedrungenes Wasser). – 4. Leitungswähler, *Nachrichtentechnik*. – 5. Leitungsweiche (Fahrleitung). – 6. Leitwerk, *Flugzeugausrüstung*

LWBR: ⟨engl⟩ light-water breeder reactor / Leichtwasser-Brutreaktor, *Kernkraftwerkstechnik*

LWC: 1. ⟨engl⟩ lightweight concrete / Leichtbeton. – 2. ⟨engl⟩ longitudinal wind component / Längswindkomponente, *Flugmechanik/ Luftfahrtnavigation*

LWC-Papier: ⟨engl⟩ light-weight

coated paper / gestrichenes Papier geringer Flächenmasse

LWGR: ⟨engl⟩ lightwater cooled, graphite moderated reactor / leichtwassergekühlter, graphitmoderierter Reaktor, *Kernkraftwerkstechnik*

LWIR: ⟨engl⟩ long-wave infrared / langwelliges Infrarot, ↑ FIR 1

L$_{WL}$: Länge in der Wasserlinie, *Schiffstechnik*

LWL: Lichtwellenleiter, = LL 3 (Glasfaserleitung), *Nachrichtentechnik*

LW-Papier: ⟨engl⟩ light-weight paper / Papier geringer Flächenmasse

LWR: ⟨engl⟩ light-water reactor / Leichtwasserreaktor, *Kernkraftwerkstechnik*

LWS-Verfahren: Loire-Wendel-Sidelor-Verfahren [Sauerstofffrischverfahren nach Compagnie des Ateliers et Forges de la Loire und Société Wendel-Sidélor (Frankreich)], *Eisenmetallurgie*

LWWP: Luft-Wasser-Wärmepumpe, *Energietechnik*

Lz: einzeln fahrende Lokomotive

LZ: 1. ⟨engl⟩ landing zone / Landezone, *Flugbetrieb*. – 2. Leerzeichen, *Datenverarbeitung*

LZB: 1. Laufzielbremse, *Schienenfahrzeugtechnik*. – 2. Linienzugbeeinflussung

LzL: ↑ LL 2.

M

m: 1. matt (Ausführungsart von Chemiefaserstoffen). – 2. mitteldicht (Gefügezustand z. B. von Erdboden), *Bautechnik*

M: 1. Marine. – 2. ⟨engl⟩ marker beacon / Markierungsfunkfeuer, *Luftfahrtnavigation*. – 3. Martensit (Gefügename), *Werkstofftechnik*. – 4. Maßstab. – 5. Material. – 6. Metazentrum (Schnittpunkt zwischen Auftriebsrichtung und Mittschiffsebene), *Schiffstechnik*. – 7. metrisches Gewinde (Angabe des Gewindes und des Gewindenenndurchmessers). – 8. Minensucher. – 9. mittelflüssig (Dieselkraftstoff, Heizöl). – 10. Mittelleiter ohne Schutzleiterfunktion, *Elektrotechnik*. – 11. Mittelpunktschaltung, *Elektrotechnik*. – 12. Montage. – 13. Morsespruch. – 14. Motor. – 15. Motorschiff. – 16. ↑ MW 6

M.: Meereshöhe

Ma: Manilahanf (Pflanzenfaser), *Textiltechnik*

MA 1. [МА]: ⟨russ⟩ magnitnyj azimut [магнитный азимут] / magnetischer Seitenwinkel, *Luftfahrtnavigation*. – 2. Makroanfang, *Datenverarbeitung*. – 3. ⟨engl⟩ Mercury-Atlas (USA-Programm für Raumflüge mit Mercury-Raumkapseln und Atlas-Trägerraketen)

MAB: mittelfristige Arbeitsplatzbelegung (Fertigungssteuerung, Arbeitsvorbereitung)

MABS: Makrobedienstruktur (hierarchische Beschaffenheit der Ziele und des Prozesses der ↑ MMK 2), *Automatisierungstechnik*

MAC: 1. ⟨engl⟩ magnetic account card / Magnetkontenkarte, ↑ MKK. – 2. ⟨engl⟩ maximum / allowable concentration / maximal zulässige Konzentration, = MPC 1, = MZK 1. – 3. ⟨engl⟩ mean aerodynamic chord / mittlere aerodynamische Flügeltiefe, *Aerodynamik.* – 4. ⟨engl⟩ medium access control / Medienzugriffssteuerung, *Datenverarbeitung.* – 5. ⟨engl⟩ memory access control / Speicherzugriffssteuerung, *Datenverarbeitung.* – 6. ⟨engl⟩ metal-oxide semiconductor-associated circuitry / einem Metall-Oxid-Halbleiter zugeordnete Schaltungstechnik, *Mikroelektronik.* – 7. ⟨engl⟩ multiple-access computer / Mehrfachzugriffsrechner, Rechner mit Vielfachzugriff. – 8. ⟨engl⟩ multiple address code / Mehradreßcode, *Datenverarbeitung.* – 9. ⟨engl⟩ multiplex[ed] analog[ue] components / Multiplex analoger Komponenten (Satellitenübertragungsverfahren mit erhöhter Bildqualität), *Fernsehtechnik*

Madar, MADAR: ⟨engl⟩ magnetic detecting and ranging / magnetische Ermittlung und Entfernungsmessung (Unterwassersensor, magnetischer ↑ Radar), *Nachrichtentechnik*

MAD-Logik: ⟨engl⟩ multiaperture device logic / Mehrlochelementlogik, *Elektronik*

MADOK: maschinelle Austauschformate für die Dokumentation, *Datenverarbeitung*

MADOS: ⟨engl⟩ magnetic domain storage / magnetischer Domänenspeicher (Magnetblasenspeicher), *Datenverarbeitung*

MADT: ⟨engl⟩ micro alloy diffused-base transistor / mikrolegierter Transistor mit diffundierter Basis, *Halbleitertechnologie*

MAF: ⟨engl⟩ multiple access facility / Mehrfachzugriffsmöglichkeit, *Nachrichtentechnik*

MAFLIR: ⟨engl⟩ modified advanced forward looking infrared radar / modifiziertes verbessertes vorausschauendes Infrarot-(↑) Radar, *Flugsicherung*

MAG: 1. ⟨engl⟩ magnetic / magnetisch (oder mißweisend), *Luftfahrtnavigation.* – **2.** Magnetometer (Gerät der Kometensonde »Giotto«)

MAGC-Schweißen: Metall-Aktivgas-Schweißen mit Kohlensäure (CO_2), s. a. MAG-Schweißen

MAGCI-Schweißen: Metall-Aktivgas-Schweißen mit Kohlendioxid und Inertgas, s. a. MAG-Schweißen

MAGE: ⟨frz⟩ moteur apogee geostationaire / Apogäumstriebwerk für geostationäre Bahn, *Raumfahrttechnik*

MAGFET: ⟨engl⟩ magneto field-effect transistor / magnetfeldabhängiger Feldeffekttransistor, *Mikroelektronik*

Magion: ⟨tsch⟩ magnestosphera, ionosphera (erster tschechischer Forschungssatellit)

MAGM-Schweißen: Metall-Aktivgas-Schweißen, mechanisiert, s. a. MAG-Schweißen

Magnalium: Magnesium-Aluminium (Aluminium-Magnesium-Legierungen), *Werkstofftechnik*

MAG-Schweißen: Metall-Aktivgas-Schweißen (Schutzgas-Lichtbogenschweißverfahren mit abschmelzender Metallelektrode)

MAII: ⟨engl⟩ magnetically-coupled asymmetric interferometer logic / magnetisch gekoppelte asymmetrische Interferometerlogik, *Elektronik*

Mailgram: ⟨engl⟩ mail telegram / elektronischer Brief, *Nachrichtentechnik*

MAINT: ⟨engl⟩ maintenance / Wartung, *Luftfahrt*

MAJIC-FET: ⟨engl⟩ modulated admittance junction injection-controlled field-effect transistor / mit modulierter Admittanz-Sperrschicht-Injektion gesteuerter Feldeffekttransistor, *Elektronik*

MAK: maximale Arbeitsplatzkonzentration (an Schadstoffen in der Luft)

MAL: ⟨engl⟩ multipurpose assembly language / Mehrzweckmontagesprache, (Programmiersprache)

Malifol: Mauersberger, Limbach, Folie (Folie-Fadenlagen-Nähgewirke nach dem Erfinder Mauersberger und dem Entwicklungsort Limbach-Oberfrohna)

Malimo: Mauerberger, Limbach, Molton (Nähwirkverfahren bzw. Fadenlagen-Nähgewirke nach dem Erfinder Mauersberger und dem Entwicklungsort Limbach-Oberfrohna)

Malipol: Mauersberger, Limbach, Polfaden (Polfaden-Nähgewirke nach dem Erfinder Mauersberger und dem Entwicklungsort Limbach-Oberfrohna)

Malivlies: Mauersberger, Limbach, Vlies (Vlies-Nähgewirke nach dem Erfinder Mauersberger und dem Entwicklungsort Limbach-Oberfrohna)

Maliwatt: Mauersberger, Limbach, Watte (Vlies-Faden-Nähgewirke nach dem Erfinder Mauersberger und dem Entwicklungsort Limbach-Oberfrohna)

MALS: ⟨engl⟩ medium intensity approach light system / Anflugsbefeuerungssystem mittlerer Intensität, *Flugsicherung*

man.: manuell

Ma.N.: 1. magnetische Neigung. – 2. magnetisch Nord

Man-Air-Ox-System: ⟨engl⟩ manifold air oxydation system / (amerikanisches System der Abgasentgiftung), *Kraftfahrzeugtechnik*

M & R: ⟨engl⟩ maintenance and repairs / Wartung und Instandsetzung, *Flugbetrieb*

M & S: ⟨engl⟩ maintenance and supply / Wartung und Versorgung, *Flugbetrieb*

M+S-Reifen: ⟨engl⟩ mud and snow tyre / Matsch- und Schneereifen (mit grobstolligem Profil), *Kraftfahrzeugtechnik*

MANOS: ⟨engl⟩ metal-aluminanitride-oxide semiconductor / Metall-Aluminium-Nitridoxid-Halbleiter (Struktur eines nichtflüchtigen Halbleiterspeichers), *Mikroelektronik*

MAOS: 1. ↑ MAOSFET. – 2. ⟨engl⟩ multiaccess on-line system / Mehrfachzugriff-on-line-System, *Datenverarbeitung*

MAOSFET, MAOS: ⟨engl⟩ metal-aluminium-oxide semiconductor [field-effect transistor] / Metall-Aluminiumoxid-Halbleiter[-FET] (Struktur eines Feldeffekttransistors), *Mikroelektronik*

MAP: 1. ⟨engl⟩ aeronautical maps and charts / Luftfahrtkarten, *Luftfahrtnavigation*. – **2.** ⟨engl⟩ macro arithmetic processor / Makro-Arithmetikprozessor (parallel arbeitende und hochspezialisierte Rechnereinheit der Fa. CSPI, USA). – **3.** ⟨engl⟩ manufacturing automation protocol / (Netzwerk-) Vereinbarung für die Industrieautomatisierung (Schnittstellenauslegung für ein Kommunikationsnetzwerk zur Fertigungsautomatisierung, Kommunikationsstandard). – **4.** ⟨engl⟩ missed approach point / Fehlanflugpunkt (von dem ein Fehlanflugverhalten einzuleiten ist, wenn die Landebedingungen nicht erfüllt sind), *Luftfahrtnavigation*

MAPS: ⟨engl⟩ measurement of pollution from satellite / Messung der (Umwelt-) Verschmutzung von Satelliten aus (Experimenteserie des Space Shuttle, USA)

MARECS: ⟨engl⟩ maritime European communications satellite / maritimer europäischer Kommunikationssatellit, =†MAROTS

MARISAT: ⟨engl⟩ maritime satellite / Satellit für Seefunk

marit.: maritim (Schiffahrt, Meer oder Seewesen betreffend)

† MAROTS: ⟨engl⟩ maritime orbital test satellite / Orbitaltestsatellit für den Seeverkehr, ↑ MARECS

MARS [МАРС]: ⟨russ⟩ malaja retranslacionnaja stancija [малая ретрансляционная станция] / kleine Rückübertragungsstation (transportable Erdefunkstelle im sowjetischen Satellitenkommunikationssystem Molnija)

MAS: 1. ↑ MASFET. – **2.** ⟨engl⟩ microprogram automation system / mikroprogrammiertes Automatisierungssystem

Mascon: ⟨engl⟩ mass concentration / Massekonzentration (im Mondinneren), *Raumfahrttechnik*

Maser, MASER: ⟨engl⟩ microwave amplification by stimulated emission of radiation / Mikrowellenverstärkung durch stimulierte Strahlungsemission (Mikrowellenquelle), *Nachrichtentechnik*

MASFET, MAS: ⟨engl⟩ metal-aluminium semiconductor [field-effect transistor] / Metall-Aluminium-Halbleiter[-Feldeffekttransistor] (Speicherfeldeffekttransistor), *Mikroelektronik*

MASTIF: ⟨engl⟩ multiple axis space test inertial facility / Testeinrichtung (für Astronautenkandidaten) zur Simulierung der Trägheit (bei Beschleunigungen) in mehreren Achsen (USA)

MAT 1. Mat: ⟨engl⟩ mechanical assembly technique / Baukastentechnik. – **2.** ⟨engl⟩ micro alloy transistor / Mikrolegierungstransistor, *Halbleitertechnologie*

MATS: ⟨engl⟩ maintenance and traffic simulator / Wartung und Verkehrssimulator, *Nachrichtentechnik*

Mavica, MAVICA: ⟨engl⟩ magnetic video camera / magnetische Videokamera (Kleinbildkamera mit magnetischer Bildspeicherung auf einer kleinen Magnetplatte)

MAZ: magnetische Aufzeichnung (von Videosignalen auf Magnetband)

Mb: Myoglobin (Muskelfarbstoff), *Lebensmitteltechnik*

MB: 1. Magnetband, = ML 1. – **2.** ⟨engl⟩ magnetic bearing / magnetische Peilung oder mißweisende Peilung, *Luftfahrtnavigation*. – **3.** ⟨engl⟩ message buffer / Nachrichtenverteiler, *Nachrichtentechnik*. – **4.** Metallbindung. – **5.** Mischbinder (Baustoff). – **6. MtBt:** Motorboot

M$_B$: Breitenmetazentrum, *Schiffstechnik*, s. a. M 6

† **M$_B$:** Beginn der Martensitbildung, ↑ M$_S$

† **mBA:** mäßige Brandausbreitung, ↑ lFa, (bautechnischer Brandschutz)

MBD: ⟨engl⟩ magnetic bubble device / Magnetblasen(speicher)element, *Datenverarbeitung*

MBE: ⟨engl⟩ molecular beam epitaxy / Molekularstrahlepitaxie, *Halbleitertechnologie*

MBG: 1. Magnetbandgerät, = MTU. – **2.** ⟨engl⟩ message buffer group / Nachrichtenverteilergruppe, *Nachrichtentechnik*

MBI: 2-Mercaptobenzimidazol (Vulkanisationsbeschleuniger), *Polymertechnik*

MBL-H-Schweißen: Schweißen mit magnetisch bewegtem Lichtbogen und Hilfselektrode (Schmelzschweißverfahren)

MBL-Schweißen: Schweißen mit magnetisch bewegtem Lichtbogen (Schmelzschweißverfahren)

MB-Öl: Mehrbereichsöl, *Kraftfahrzeugtechnik*

M-Boot: 1. Minensuchboot. – **2.** Minenräumboot

MBP-Lampe: ⟨frz⟩ lampe à (vapeur de) mercure à basse-pression / Quecksilberdampf-Niederdrucklampe

mbr: mäßig brennbar (bautechnischer Brandschutz)

Mbr: Mindestbremshundertstel (Bremsberechnung der Züge)

MBR: ⟨engl⟩ memory buffer register / Speicherpufferregister, *Datenverarbeitung*

MBS 1. MBSp: Magnetbandspeicher, = MTS 1, = NML. – **2.** Methacrylonitril-Butadien-Styren (Thermoplast)

MBSp: ↑ MBS 1

MBSS: Dimorpholyldisulfid (Vulkanisiermittel), *Polymertechnik*

MBST: Magnetbandsteuerung

MBT: 1. ⟨engl⟩ metal base transistor / Metallbasistransistor, *Halbleitertechnologie*. – **2. mbt:** ⟨engl⟩ minimum for best torque / geringster Wert für das beste Drehmoment (beim Einstellen der Vorzündung von Otto-Motoren), *Kraftfahrzeugtechnik*. – **3.** 2-Mercaptobenzothiazol (Vulkanisationsmittel), *Polymertechnik*

MBTS: Dibenzthiazoldisulfid (Vulkanisationsbeschleuniger), Polymertechnik

MBU: 1. ⟨engl⟩ microprocessor

buffer unit / Mikroprozessorspeichereinheit, *Datenverarbeitung.* – 2. ⟨engl⟩ message buffer unit / Nachrichtenverteilereinheit, *Nachrichtentechnik*

MC: 1. ⟨engl⟩ machine code / Maschinencode, *Datenverarbeitung.* – **2.** ⟨engl⟩ magnetic course / Magnetkurs, *Luftfahrtnavigation.* – **3.** Methylcellulose, *Lebensmitteltechnik.* – **4.** ⟨engl⟩ micro cassette / Mikrokassette. – **5.** µC: ⟨engl⟩ microcomputer / Mikrorechner, = MR 5, = µR. – **6.** Mittelcontainer. – **7.** ⟨engl⟩ multicoating / Mehrfachbelag, Mehrfachbeschichtung (auf optischen Bauelementen zur Entspiegelung der Oberflächen), *technische Optik*

MCA: 1. ⟨engl⟩ maximum credible accident / größter anzunehmender Unfall, ↑ GaU. – **2.** ⟨engl⟩ microchannel architecture / Mikrokanalarchitektur (Bussystem bei 32-bit-Computern). – **3.** ⟨frz⟩ moyens complèmentaire Ariane (periphere Bodenanlagen für die westeuropäische Trägerrakete Ariane), *Raumfahrttechnik*

MCAE: ⟨engl⟩ mechanical computer-aided engineering / mechanische rechnerunterstützte Ingenieurtätigkeit (Prozeß, das physikalische Modell eines Entwurfs im Rechner abzubilden)

MCBF: ⟨engl⟩ mean cycles between failure / mittlerer Fehlerabstand

MCC: 1. ⟨engl⟩ main combustion chamber / Hauptbrennkammer (eines Raketentriebwerks), *Raumfahrttechnik.* – **2.** ⟨engl⟩ microcomputer-controlled / gesteuert über Mikrorechner. – **3.** ⟨engl⟩ microcristalline cellulose / mikrokristalline Cellulose, *Lebensmitteltechnik.* – **4.** ⟨engl⟩ mid-course correction / Kurskorrektur im mittleren Flugbahnabschnitt, *Raumfahrttechnik.* – **5.** ⟨engl⟩ mission control center / Flugleitzentrum, *Raumfahrttechnik.* – **6.** ⟨engl⟩ modulated continuous carrier / modulierter ungedämpfter Träger, *Nachrichtentechnik*

MCCD: ⟨engl⟩ meander charge-coupled device / (ladungsgekoppeltes Bauelement mit mäanderförmigen Kanalstrukturen), *Mikroelektronik*

MCE: Mittelcontainereinheit

MCF: ⟨engl⟩ mean carrier frequency / mittlere Trägerfrequenz, *Nachrichtentechnik*

MCG: ↑ MKG

MCGW: ⟨engl⟩ maximum certificated gross weight / zulässiges maximales Gesamtfluggewicht, *Flugbetrieb*

MCL: 1. ⟨engl⟩ manufacturing control language / Fertigungssteuerungssprache (Programmiersprache). – **2.** ⟨engl⟩ multicollector logic / Mehrfachkollektorlogik(struktur), *Elektronik*

MCM: 1. ⟨engl⟩ magnetic card memory / Magnetkartenspeicher, *Datenverarbeitung.* – **2.** ⟨engl⟩ merged cell memory / »verschmolzene« Speicherzelle (Halbleiterspeicher), *Mikroelektronik.* – **3.** ⟨engl⟩ microcomputer memory / Mikrorechnerspeicher

MCP: 1. ⟨engl⟩ master control program / Hauptsteuerprogramm,

Datenverarbeitung. – **2.** ⟨engl⟩ microchannel plate / Mikrokanalplatte (fotoelektrischer Bildwandler und -verstärker)

MCS: 1. ⟨engl⟩ main control station / Hauptsteuerstation, *Automatisierungstechnik.* – **2.** ⟨engl⟩ microcomputer system / Mikrorechnersystem. – **3.** ⟨engl⟩ microwave carrier supply / Mikrowellenträgerversorgung, *Nachrichtentechnik.* – **4.** ⟨engl⟩ modular computer system / modulares Rechnersystem

MC-System: ⟨engl⟩ moving coil system (dynamisches Schallplattenabtastsystem)

MCT: 1. ⟨engl⟩ memory cycle time / Speicherzykluszeit, *Datenverarbeitung.* – **2.** ↑ Mercatel. – **3.** ⟨engl⟩ multicollector transistor / Mehrfachkollektor-Transistor, *Halbleitertechnologie*

MCU: ⟨engl⟩ microprogram control unit / Mikroprogrammsteuereinheit, *Datenverarbeitung*

MCV: ⟨engl⟩ manual volume control / manuelle Lautstärkeregelung, *Unterhaltungselektronik*

MCVD: ⟨engl⟩ modified chemical vapour deposition / modifizierte chemische Dampfabscheidung, s. a. CVD 1

MCW: 1. ⟨engl⟩ modulated carrier wave / modulierte Trägerwelle, *Nachrichtentechnik.* – **2.** ⟨engl⟩ modulated continuous wave / modulierte ungedämpfte Welle, *Nachrichtentechnik*

MCZ: ⟨engl⟩ magnetic field Czochralski / Czochralski-Magnetfeld (Verfahren der Kristallzüchtung), *Halbleitertechnologie*

MD: 1. ⟨engl⟩ medium duty / mittelmäßig beanspruchbar (Schmierölart), *Kraftfahrzeugtechnik*, s. a. HD 4. – **2.** Mikrodensitometer (zur Geofernerkundung), *Raumfahrttechnik.* – **3.** ⟨engl⟩ mini disk / Mini-Platte (Digitalschallplatte), *Unterhaltungselektronik.* – **4.** Mitteldruck, mittlerer Druck, = MP 5,9. – **5.** Modalfaserstoffe, *Textiltechnik.* – **6.** ⟨engl⟩ multiple data / Mehrfachdaten, *Datenverarbeitung*

MDA: 1. ⟨engl⟩ minimum descend altitude / Mindestsinkhöhe, *Flugmechanik.* – **2.** ⟨engl⟩ monochrome display adapter / Monochromadapter (Interface für Funktionserweiterung bei IBM- und kompatiblen ↑ PC 2 für Textverarbeitung). – **3.** ⟨engl⟩ multiple docking adapter / Mehrfachkopplungsadapter (USA-Raumstation Skylab)

MDCTS: ⟨engl⟩ meteorological data collection and transmission system / meteorologisches Datensammel- und Datenübertragungssystem, *Raumfahrttechnik*

MdF: ↑ MDF 3

MDF: 1. ⟨engl⟩ main distribution frame / Hauptverteiler, *Nachrichtentechnik.* – **2.** ⟨engl⟩ marine diesel fuel / Dieselkraftstoff für Schiffsmotoren. – **3. MdF:** mitteldichte Faserplatte, *Holztechnik*

MDI: 1. ⟨engl⟩ manual data input / Dateneingabe von Hand. – **2.** 4,4-Diphenylmethandiisocyanat, *Polymertechnik*

MDK: Mobildrehkran

Mdl.: Mundloch (Tagesöffnung eines Stollens), *Bergbautechnik*

MDL: 1. Mehrdrahtleiterplatte. –

2. ⟨engl⟩ miniature display light / Miniaturanzeigelampe, *Lichttechnik*

MDO: ⟨engl⟩ magnetooptical disk / (löschbare) magnetooptische Speicherplatte (der Fa. Thomson)

MDPE, MD-PE: ⟨engl⟩ medium density polyethylene / Polyethylen mittlerer Dichte, = M-PE, *Polymertechnik*

MDR: 1. ⟨engl⟩ magnetic-disk record[ing] / Magnetplattenspeicher[ung] (Bildplattensystem zur Aufzeichnung und Wiedergabe von Bild- und Toninformationen). – 2. ⟨engl⟩ magnetic field-dependent resistor / magnetfeldabhängiger Widerstand, *Elektronik*. – 3. ⟨engl⟩ mark document reader / Markierungsleser, *Datenverarbeitung*. – 4. ⟨engl⟩ memory data register / Speicherdatenregister, *Datenverarbeitung*

MDS: 1. ⟨engl⟩ magnetic disk store / Magnetplattenspeicher, *Datenverarbeitung*. – 2. ⟨engl⟩ mass digital storage / digitaler Massenspeicher, *Datenverarbeitung*. – 3. ⟨engl⟩ memory disk system / Plattenspeichersystem, *Datenverarbeitung*. – 4. ⟨engl⟩ microcomputer development system / Mikrorechnerentwicklungssystem. – 5. Mikroliterdosierspritze, *Medizintechnik*

MDSD: ⟨engl⟩ magnetic disk storage device / Magnetplattenspeicherbaustein, *Datenverarbeitung*

MDT: 1. Mitteldruckteil der Turbine, *Energietechnik*. – 2. Mitteldruckturbine

MDTS: ⟨engl⟩ modular data transmission system / modulares Datenübertragungssystem

ME: 1. ⟨engl⟩ main engine / Haupttriebwerk, *Raumfahrttechnik*. – 2. ⟨engl⟩ message / Mitteilung, ↑ DK 9. – 3. Montageeinheit. – 4. ⟨engl⟩ multi-engine / mehrmotorig, *Luftfahrzeug*

MEA: ⟨engl⟩ material experiment assembly / Einrichtung für Werkstoffexperimente (Space Shuttle, USA)

MeB: Meßbereich

MEBES: ⟨engl⟩ manufacturing electron beam exposure system / Herstellungs-Elektronenbelichtungssystem, *Halbleitertechnologie*

Me-Bk.: Meilenbake (Seezeichen)

mech.: mechanisch, mechanisiert

MECL: ⟨engl⟩ multi-emitter-coupled logic / mehrfachemittergekoppelte Logik, *Elektronik*

MECO: ⟨engl⟩ main engine cut-off / Brennschluß des Haupttriebwerkes, *Raumfahrttechnik*

MECTL: ⟨engl⟩ multi-emitter-coupled transistor logic / mehrfachemittergekoppelte Transistorlogik, *Elektronik*

MED: 1. ⟨engl⟩ minimum effective dose / wirksame Mindestdosis. – 2. ⟨engl⟩ molecular electronic device / molekular-elektronisches Bauelement (Schalt- und Speicherelement), *Mikroelektronik*. – 3. ⟨engl⟩ multiple-effect distillation / Mehrfacheffektverdampfung (Gewinnung von Trink- und Nutzwasser aus Salz- und Brackwasser), *Lebensmitteltechnik*

MEDEA: Materialwissenschaftliche Experimente in einem Doppelschrank für Einzelversuche und Anlagen (deutsches Experiment an Bord von Space Shuttle)

MEE: Meßwerterfassungseinrichtung

MEK: maximale Emissionskonzentration (von Schadstoffen)

MEL: ⟨engl⟩ microenergy logic / Logik mit äußerst niedriger Leistungsaufnahme, *Elektronik*

MELF: ⟨engl⟩ metal electrode face (Bauelement mit metallischen Stirnseiten), *Elektronik*

Memistor: ⟨engl⟩ memory resistor / Speicherwiderstand, *Elektronik*

MEMO: ⟨engl⟩ memory / Speicher (für Belichtungswerte), *Fototechnik*

† **MEN:** Materialeinsatznorm

MEP: 1. ⟨engl⟩ mean effective pressure / mittlerer Arbeitsdruck (mittlerer wirkender Druck). – **2.** ⟨engl⟩ minimum entry point / minimaler Eintrittspunkt (auf die Erde projizierter Punkt der Flugbahn des Space Shuttle, bei dem ein Anflug mit Kurve noch möglich ist)

Mer.: Meridian (Mittagskreis)

Mercatel, MCT: ⟨engl⟩ mercury cadmium telluride / Quecksilber-Cadmium-Tellurid

MES: 1. magnetischer Eigenschutz. – **2.** ⟨engl⟩ miniature Edison screw / Miniatur-Edison-Sockel (Schraubsockel), *Lichttechnik*

MESA: mobile Eisenbahn-Streckenfunkanlage

MESFET: ⟨engl⟩ metal semiconductor field-effect transistor / Metall-Halbleiter-Feldeffekttransistor, = † SB-FET, *Mikroelektronik*

MESZ: mitteleuropäische Sommerzeit (MEZ +1 h)

MET: 1. ⟨engl⟩ meteorological [meteorology] / meteorologisch [Meteorologie]. – **2.** Multiemittertransistor, *Halbleitertechnologie*

Meteosat: ⟨engl⟩ meteorological satellite (geostationärer westeuropäischer Wettersatellitentyp)

METL: ⟨engl⟩ multiple emitter transistor logic / Mehrfachemitter-Transistorlogik, *Elektronik*

Me-Tn.: Meilentonne (Seezeichen)

METR: ⟨engl⟩ materials engineering test reactor / Versuchsreaktor für Materialprüfungen, *Kerntechnik*

Metroc: ⟨engl⟩ meteorological rocket / meteorologische Rakete (kleine Höhenforschungsrakete der USA)

MEÜ: Mikrowellenenergieübertragung

MEZ: mitteleuropäische Zeit (bez. auf 15° ö. L.)

M_F, M_f: ⟨engl⟩ martensite finished / Martensit beendet (Temperatur, bei der die Martensitbildung beendet ist), *Werkstofftechnik*

MF: 1. ⟨engl⟩ magnetic field / magnetisches Feld. – **2.** ⟨engl⟩ maintenance factor / Verminderungsfaktor. – **3.** ⟨engl⟩ mass fragmentography / Massenfragmentografie (Stofftrennverfahren), *Analysenmeßtechnik*. – **4.** ⟨engl⟩ matrix fibrils / Matrixfibrillen (Typ von Bikomponentenfaserstoffen). – **5.** ⟨engl⟩ medium frequency / mittlere Frequenz (Mittelfrequenz,

300...3000 kHz, Hektometerwelle), *Nachrichtentechnik*, s. a. MW 6. –
6. Melamin-Formaldehyd(harz) (Duroplast). – **7.** Mikrofilm. – **8.** Mikrofolie (Dünnschichtfolie), *Holztechnik*. – **9. M.Fr.Sch.:** Motorfrachtschiff

M.F.: Motorfähre

† **mfa:** mäßige Feuerausbreitung, ↑ lFa (bautechnischer Brandschutz)

mFa: mäßige Feuerausbreitung (= † gBA, † gfa), (bautechnischer Brandschutz)

MFA: 1. Mikrofilmausgabe, ↑ COM 2. – **2.** mikrorechnergesteuerter Fahrkartenverkaufsautomat

MFB: ⟨engl⟩ motional feedback / Bewegungsrückkopplung (Tonwiedergabeanlagen)

MFC: 1. ⟨engl⟩ multifrequency code / Mehrfrequenzcode, *Nachrichtentechnik*. – **2.** ⟨engl⟩ multifunctional device / Mehrfunktionsbauelement (keramisches Bauelement, das als Kondensator und Varistor wirkt), *Elektronik*

MFD: magnetofluidodynamisch, Magnetofluidodynamik, ↑ MHD 1

MFDF: ⟨engl⟩ medium frequency direction finder / Mittelwellenpeilgerät, *Luftfahrtnavigation*

MFE: Methode finiter Elemente, ↑ FEM 3

MFG: 1. Maschinenfunktionsgenauigkeit (Arbeitsgenauigkeit), *Werkzeugmaschinen*. – **2.** Meßfrequenzgenerator

MFK: Motorfischkutter

† **MFKE:** Mehrfunktionskarteneinheit, *Datenverarbeitung*

MFL: 1. ⟨engl⟩ medium flood / 1. mittlerer Ausstrahlungswinkel (Reflektorglühlampe). – **2.** Mittelstrahler (Breitstrahler mit mittlerem Ausstrahlungswinkel, Reflektorglühlampe), *Lichttechnik*. – **2.** Motorfischlogger

MFLOPS: ⟨engl⟩ mega [millions] floating-point operations per second / Mega-[Millionen] Gleitkommaoperationen je Sekunde, *Datenverarbeitung*

MFM: 1. ⟨engl⟩ magnetic force microscope / Magnetkraftmikroskop, *Meßtechnik*. – **2.** ⟨engl⟩ modified frequency modulation / modifizierte Frequenzmodulation, *Nachrichtentechnik*. – **3.** ⟨engl⟩ multifunctional memory / multifunktionaler Speicher (mit Verarbeitungs-, Lese- und Schreibzyklus), *Datenverarbeitung*

M.F.P.: Marinefährprahm (Schleppkahn)

MFQ: Siliconkautschuk (Siliconkautschuk mit Methyl- und Fluorgruppen), *Polymertechnik*

MFR: Maschinenfließreihe

M.Fr.Sch.: ↑ MF 9

MFS: 1. Marinefunkstelle. – **2.** Motorfährschiff. – **3.** ⟨engl⟩ multifunction system / Mehrfunktionssystem, *Automatisierungstechnik*

MFSFET: ⟨engl⟩ metal ferroelectric semiconductor field-effect transistor / ferroelektrischer Metall-Halbleiter-Feldeffekttransistor, *Mikroelektronik*

MFSK: ⟨engl⟩ multiple frequency shift keying / Mehrfachfrequenzumtastung, *Nachrichtentechnik*

MFSp: Magnetfilmspeicher, *Datenverarbeitung*

MFT: ⟨engl⟩ maintenance function test / Wartungsfunktionstest, *Datenverarbeitung*

MFTF: ⟨engl⟩ magnetic fusion test facility / Anlage zur magnetischen Fusionsforschung, *Kerntechnik*

MFUE: Mehrfrequenzübertragung, *Nachrichtentechnik*

MFV: Mehrfrequenzwählverfahren, *Nachrichtentechnik*

mg., Mg., mog., Mog.: ⟨engl⟩ mogul base / Goliath-Sockel (Schraubsockel), *Lichttechnik*

MG: 1. ⟨engl⟩ metal glass / Metallglas. – 2. Modellgips (Baustoff). – 3. Mörtelgruppe, *Bautechnik*

MGC: ⟨engl⟩ manual gain control / Verstärkungsregelung von Hand, *Automatisierungstechnik*

MGCR: ⟨engl⟩ marine gas-cooled reactor / gasgekühlter Reaktor für Seefahrtszwecke, *Kerntechnik*

MGCS: ⟨engl⟩ Meteosat ground computer system / Bodencomputersystem für ↑ Meteosat

MGD: magnetogasdynamisch, Magnetogasdynamik, ↑ MHD 1

MGL: 1. Maschinen- und Geräteliste. – 2. [МГЛ]: ⟨russ⟩ metallogalogennaja lampa [металлогалогенная лампа] / Halogen-Metalldampflampe

MGR: Mehrgrößenregler, *Automatisierungstechnik*

M.G.R.: ⟨engl⟩ Malayan Grading Rules / Malaysische Bewertungsvorschriften (Sortierbestimmungen für malaysisches Exportholz)

MGS: Mikrorechnergerätesystem

MGT: ⟨engl⟩ metal gate technology / Metallgatetechnologie, *Halbleitertechnologie*

MGZ, M.G.Z.: mittlere Greenwich-Zeit, ↑ † GMT

MH: 1. ⟨engl⟩ magnetic heading / mißweisender Steuerkurs, *Luftfahrtnavigation*. – 2. mittleres Herzstück, *Eisenbahnoberbau*. – 3. ⟨engl⟩ mounting height / 1. Nutzhöhe, Montagehöhe (Innenbeleuchtung).. – 2. Lichtpunkthöhe(Außenbeleuchtung)

MHaW: mittlerer Hafenwasserstand

mhc: ⟨engl⟩ mean horizontal candles / mittlere horizontale Lichtstärke

mhcp: ⟨engl⟩ mean horizontal candle-power / mittlere horizontale Lichtstärke

MHD: 1. magnetohydrodynamisch, Magnetohydrodynamik, = MFD, = MGD, = MPD 1 (Strömungsvorgänge in elektrisch leitenden Flüssigkeiten und Plasmen). – 2. ⟨engl⟩ moving head disk / Wechselplattenspeicher, *Datenverarbeitung*

MHDF: ⟨engl⟩ medium and high-frequency direction finding station / Mittel- und Kurzwellen-Funkpeilstelle, *Nachrichtentechnik*

MHD-Scheidung: Magnetohydrodynamische Scheidung (Trennprozeß), *Bergbautechnik*

MHET: ⟨engl⟩ monolithic hot electron transistor / monolithischer Transistor auf der Basis heißer Elektronen, *Mikroelektronik*

M.H.H.W.: mittleres höheres Hochwasser

MHI: Montage, Handhabung, Industrieroboter

MHKW-Verfahren: Midvale-Heppenstall-Klöckner-Werke-Verfahren (zur Herstellung qualitativ hochwertiger Schmiedeblöcke), *Eisenmetallurgie*

MHL: mikrorechnergesteuerte Haltlichtanlage, *Eisenbahnsicherungstechnik*

MH-Lampe, M-Lampe: ⟨engl⟩ metal halide lamp / Halogenmetalldampflampe

M.H.N.W.: mittleres höheres Niedrigwasser

MHP: ⟨frz⟩ lampe à (vapeur de) mercure à haute pression / Quecksilberdampf-Hochdrucklampe

mHS: mechanische Halbschrankenanlage, *Eisenbahnsichrungstechnik*

MHS: ⟨engl⟩ message handling system / Mitteilungs-Übermittlungs-System (Kommunikationstechnologie)

MHS-Scheidung: magnetohydrostatische Scheidung (Trennprozeß), *Bergbautechnik*

MHVDF: ⟨engl⟩ medium high and very high-frequency direction finding station / Mittel-, Kurz- und Ultrakurzwellen-Funkpeilstellen, *Nachrichtentechnik*

MHW: mittlerer Hochwasserstand

Mi: ↑ mw.

Mi.: Mischfeuer (Seezeichen)

MI: ⟨engl⟩ multiple instruction / Mehrfachbefehl, *Datenverarbeitung*

MIA: ⟨engl⟩ metal interface amplifier / Metallzwischenschichtverstärker, *Elektronik*

MIBL: ⟨engl⟩ masced ion-beam lithography / Masken-Ionenstrahllithografie, *Halbleitertechnologie*

MIBS: Mikrobedienstruktur (Bedingungen für die Ausführung einer Tätigkeit in einer bestimmten Phase der ↑ MMK 2), *Automatisierungstechnik*

MIC: 1. ⟨engl⟩ microphone / Mikrofon. – 2. ⟨engl⟩ microwave-integrated circuit / integrierte Mikrowellenschaltung, *Mikroelektronik*

MICR: ⟨engl⟩ magnetic ink character recognition / Magnetschrifterkennung, *Datenverarbeitung*

MIDI: ⟨engl⟩ musical instrument digital interface / digitale Schnittstelle für Musikinstrumente, *Unterhaltungselektronik*

MIE: ⟨engl⟩ magnetron ion etching / Magnetron-Ionenätzen, *Halbleitertechnologie*

MIG-Schweißen: Metall-Inertgas-Schweißen (Schutzgas-Lichtbogenschweißverfahren mit nicht chemisch reagierendem Schutzgas), = SIGMA-Schweißen

MIIS: ⟨engl⟩ metal-insulator-insulator semiconductor / Metall-Isolator-Isolator-Halbleiter (Halbleiterspeicher), *Mikroelektronik*

MIK: 1. maximale Immissionskonzentration (von Schadstoffen). – 2. [МИК]: ⟨russ⟩ montažno-ispytatel'nyj korpus [монтажно-испытательный корпус] / Montage- und Testgebäude, *Raumfahrttechnik*

Miko: Mischkondensator, *Energietechnik*

MIM: ⟨engl⟩ metal insulator metal / Metall-Isolator-Metall(-Struktur), *Halbleitertechnologie*

MIMD: ⟨engl⟩ multiple instruction multiple dato (Computerarchitektur, bei der mit mehreren Befehlen mehrere Daten parallel bearbeitet werden)

(MI)²L: ⟨engl⟩ multiinput-multi-output-integrated injection logic / integrierte Injektionslogik mit Mehrfach-Eingang und -Ausgang, *Elektronik*

MIOS: ⟨engl⟩ metal-insulator oxide silicon / Metall-Isolator-Oxid-Silicium (nichtflüchtige Speicherstruktur), *Mikroelektronik*

MIP: ⟨engl⟩ mean indicated pressure / mittlerer indizierter Druck

MIPS: ⟨engl⟩ million instructions per second / Millionen Instruktionen je Sekunde (Verarbeitungsleistung eines Rechners)

MIR: mittleres Infrarot (etwa 3…6 µm Wellenlänge), = MWIR

MIRL: ⟨engl⟩ medium intensity runway lighting / Start- und Landebahnbefeuerung mittlerer Intensität, *Flugsicherung*

MIS: 1. ⟨engl⟩ management information system / Verwaltungs- (Leitungs-)Informationssystem. – **2.** ⟨engl⟩ metal-insulator semiconductor / Metall-Isolator-Halbleiter (-Struktur), *Halbleitertechnologie*

MISC: ⟨engl⟩ metal-insulator-semiconductor capacitor (integrierter Sperrschichtkondensator), *Halbleitertechnologie*

MISD: ⟨engl⟩ multiple instruction single data (Computerarchitektur, bei der mit mehreren Befehlen ein Datenwort abgearbeitet wird)

MISFET: ⟨engl⟩ metal-insulator-semiconductor field-effect transistor / Feldeffekttransistor mit Metall-Isolator-Halbleiter (FET mit isoliertem Gate), *Mikroelektronik*

MISIM: ⟨engl⟩ metal-insulator-semiconductor insulator metal / Metall-Isolator-Halbleiter-Isolator-Metall (MIS-Varaktoren in Parallelschaltung), *Halbleitertechnologie*

MISS: ⟨engl⟩ man in space soonest (frühes USA-Projekt zur baldmöglichsten Durchführung eines bemannten Raumfluges)

Mißw.: ↑ mw.

MIX: ⟨engl⟩ mixer / Mischer (Mischstufe), *Elektronik*

MJT: ⟨engl⟩ mean Japan time / mittlere japanische Zeit (= MEZ +8 h)

MK 1. magnetischer Kurs, *Luftfahrtnavigation*. – **2.** Magnetkarte, *Datenverarbeitung*. – **3.** Magnetkurs, = MK 4, *Luftfahrtnavigation*. – **4. [MK]:** ⟨russ⟩ magnitnyj kurs [магнитный курс] / Magnetkurs, ↑ MK 3. – **5.** Marinekabel. – **6.** Mischgüte-Kenngröße, *Verfahrenstechnik*. – **7. Mkr:** Mischkristall, *Werkstofftechnik*. – **8.** Multiplexkanal, *Datenverarbeitung*

MKA [MKA]: ⟨russ⟩ mežplanetnyj kosmičeskij apparat [межпланетный космический аппарат] / interplanetarer Flugkörper

M-Kautschuke: Mono-Olefin-Kautschuke, *Polymertechnik*

MKC: mikrokristalline Cellulose

MKF [МКФ]: ⟨russ⟩ mnogozonal'nyj kosmičeskij fotoapparat [многозональный космический фотоаппарат] / kosmische Multispektralkamera, *Erdfernerkundung*

MKG, MCG: Mechanokardiografie (Aufzeichnung durch die Herztätigkeit hervorgerufener Körperbewegungen), *Medizintechnik*

MKK: Magnetkontenkarte, = MC 1

MKM: Meßkoordinatenmeßmaschine

MKP [МКП]: ⟨russ⟩ mikroprocessor [микропроцессор] / Mikroprozessor, ↑ MP 10

MKQ: Methode der kleinsten Quadrate (Fehlerrechnung)

Mkr: ↑ MK 7

MKR: 1. magnetische Kernresonanz. – 2. ⟨engl⟩ marker radio beacon / Markierungsfunkfeuer, *Luftfahrtnavigation*

MKS: 1. Magnetbandkassettenspeicher. – 2. MKSp: Magnetkartenspeicher. – 3. Mehrkanalspektrometer (zur Erdfernerkundung)

MKSp: ↑ MKS 2

MKT: mittelkettige Triglyceride (bei diätischer Behandlung), *Lebensmitteltechnik*

M-Kurven-Diagramm: Mayer-Kurven-Diagramm (zur Kennzeichnung der Verwachsungsverhältnisse aufzubereitender Rohstoffe), *Bergbautechnik*

Mkw: Mehrwalzenkaltwalzmaschine, *Walzwerktechnik*

MKW: mikrokristallines Wachs

MKZ: 1. mechanische Kreidereliefzurichtung, *Polygrafie*. – 2. Montagekranzug

Ml: Meldeleitung, *Nachrichtentechnik*

M_L: Längenmetrazentrum, *Schiffstechnik*, s. a. M 6

ML 1. [МЛ]: ⟨russ⟩ magnitnaja lenta [магнитная лента] / Magnetband, ↑ MB 1. – 2. ⟨engl.⟩ manipulator language / Manipulatorsprache (Programmiersprache für Industrieroboter), =AML 1. – 3. Markierungsleser, *Datenverarbeitung*. – 4. Mithörlautsprecher, *Nachrichtentechnik*. – 5. mobile Landfunkstelle, *Nachrichtentechnik*. – 6. ⟨engl⟩ mobile low-power reactor / mobiler Reaktor niedriger Leistung, *Kernkraftwerkstechnik*

M-Lampe: ↑ MH-Lampe

MLCB: ⟨engl⟩ multilayer circuit board / Mehrschichtleiterplatte, *Elektronik*

MLD: ⟨engl⟩ medium lethal dose / mittlere tödliche Dosis, s. a. LD 4

MLE: Mikrolegierungselement, *Werkstofftechnik*

MLI: ⟨engl⟩ marker light indicator / Positionslampe

MLIPS: Millionen logische Interferenzen pro Sekunde, *Datenverarbeitung*

MLIS: ⟨engl⟩ molecular laser isotope separation / Molekularlaser-Isotopentrennung

† **MLK:** Maschinenlochkarte, *Datenverarbeitung*

MLL: Mehrlagenleiterplatte

MLM: ⟨engl⟩ multilayer metallization / Mehrlagenmetallisierung, *Elektronik*

MLP: 1. ⟨engl⟩ machine language program / Programm in Maschinensprache, *Datenverarbeitung*. – **2.** ⟨engl⟩ mobile launch platform / transportable Startplattform, *Raumfahrttechnik*

MLS: ⟨engl⟩ microwave (instrument) landing system / Mikrowellen- (Instrumenten-) Landesystem, *Flugsicherung*

MLW: ⟨engl⟩ mean low water / mittleres Niedrigwasser, ↑ MNW

mm: mit Mattierungsmittel (Ausführungsart von Chemiefaserstoffen)

MM: ⟨engl⟩ middle marker / Haupteinflugzeichen, *Luftfahrtnavigation*

MMB: Mehrmaschinenbedienung

MMC: ⟨engl⟩ man-machine communication / Mensch-Maschine-Kommunikation, ↑ MMK 2

MMCS: ⟨engl⟩ multiple microcomputer system / Mehrmikrorechnersystem

MMF: ⟨engl⟩ magnetomotive force / magnetomotorische Kraft, ↑ MMK 1

MM-Faser: ⟨engl⟩ multimodes fibre / Multimodenfaser, Mehrfachmodenfaser (Lichtwellenleitertyp), *Nachrichtentechnik*

MMH: ⟨engl⟩ monomethyl hydrazine / Monomethylhydrazin (Raketentreibstoff)

MMI: ⟨engl⟩ man-machine interface / Mensch-Maschine-Interface, *Datenverarbeitung*

MMIC: ⟨engl⟩ monolithic microwave integrated circuit / monolithisch integrierte Mikrowellenschaltung, *Mikroelektronik*

MMK: 1. magnetomotorische Kraft, = MMF, *Elektrotechnik*. – **2.** Mensch-Maschine-Kommunikation (technologisch bedingte Wechselwirkung zwischen Mensch und technischer Umgebung), = MMC, *Automatisierungstechnik*

MMM: Maximum-Minimum-Methode (zur Berechnung von Maß- und Toleranzketten bei vollständiger Austauschbarkeit von Teilen), *Konstruktion*

MMO: ⟨engl⟩ main meteorological office / Hauptflugwetterwarte, *Flugmeteorologie*

MMPS: ⟨engl⟩ multiple microprocessor system / Mehrmikroprozessorsystem

MMR: ⟨engl⟩ Mach meter reading / Mach-Meteranzeige, *Luftfahrtnavigation*

MMS: 1. ⟨engl⟩ multimission modular spacecraft / modulares Mehrzweck-Raumfahrzeug. – **2.** ⟨engl⟩ multimusic search / Musiksuchlauf (in Kassettenrecordern)

MM-System: ⟨engl⟩ moving magnet system / System mit bewegten Magneten (magnetisches Schallplattenabtastsystem)

MMT: ⟨engl⟩ mean maintenance

time / mittlere Wartungszeit, *Datenverarbeitung*

MMU: 1. ⟨engl⟩ manned man[o]euvring unit / bemannte Manövriereinheit, *Raumfahrttechnik*. – **2.** ⟨engl⟩ memory management unit / Speicherverwaltungseinheit, *Datenverarbeitung*

† **mmW:** Millimeterwelle (1 mm...1 cm), *Nachrichtentechnik*, s. a. EHF

MMZ: Multimoment-Zeitmeßverfahren (Arbeitszeitbestimmung)

MMZG: mehrgeschossiges Mehrzweckgebäude, *Bautechnik*

MN [MH]: ⟨russ⟩ miniatjurnaja lampa nakalivanija [миниатюрная лампа накаливания] / Zwerglampe

MnBz: Manganbronze (Kupfer-Mangan-Legierung)

MNC: ⟨engl⟩ multiple numerical control / numerische Mehrfachsteuerung (Programmierzentrum mit mehreren ↑ CNC), *Automatisierungstechnik*

MNCS: ⟨engl⟩ multipoint network control system / Steuersystem für Mehrpunktverbindung, *Automatisierungstechnik*

MNM [MHM]: ⟨russ⟩ miniatjurnaja migajuščaja lampa nakalivanija [миниатюрная мигающая лампа накаливания] / Zwergblinklampe

MNOSFET, MNOS: ⟨engl⟩ metal-nitride-oxide semiconductor [field-effect transistor] / Metall-Nitrid-Oxid-Halbleiter[-Feldeffekttransistor], *Mikroelektronik*

M.Np.H.W.: mittleres Nipphochwasser

M.Np.N.W.: mittleres Nippniedrigwasser

MNS: 1. ⟨engl⟩ metal-nitride semiconductor / Metall-Nitrid-Halbleiter (unipolare Halbleiterstruktur), *Halbleitertechnologie*. – **2.** ⟨engl⟩ metal-nitride silicon / Metallnitridsilicium (Halbleiterwerkstoff)

MNS-System: modulares Niederspannungs-Schaltanlagensystem, *Elektrotechnik*

MnSt: Manganstahl (mit Mangan legierter Stahl)

MNW: mittlerer Niedrigwasserstand, = MLW

Mo: Mohär, Mohair (Tierfaserstoff), *Textiltechnik*

MO [MO]: ⟨russ⟩ lampa dlja mestnogo osveščenija [лампа для местного освещения] / Allgebrauchslampe für Arbeitsplatzbeleuchtung

MOA: ⟨engl⟩ metal-oxide arrester / Metalloxidableiter, *Elektronik*

MOB: 1. ⟨engl⟩ mobile / beweglich, *Flugsicherung*. – **2.** ⟨engl⟩ mobile object block (Sprite, Folge von Bitwerten für bewegliche grafische Symbole auf dem Bildschirm)

MOCA: ⟨engl⟩ minimum obstruction clearance area / minimal hindernisfreies Gebiet, *Flugsicherung*

MO-CVD, MOCVD: ⟨engl⟩ metal-organic chemical vapour deposition / metallorganisches Dampfabscheiden, *Halbleitertechnologie*

MODACOM-System: ⟨engl⟩ modular data communication system / modulares Datenübertragungssystem

Modem, MODEM: Modulator –

Demodulator (Signalumsetzer), *Nachrichtentechnik*

MODFET: ⟨engl⟩ modulation-doped field-effect transistor / modulationsdotierter Feldeffekttransistor, ↑ HEMT, *Mikroelektronik*

Modula, MODULA: ⟨engl⟩ modular language / modulare Sprache (höhere, universell anwendbare Programmiersprache)

MO-Epitaxy: ⟨engl⟩ metal-organic epitaxy / Epitaxie aus metallorganischen Verbindungen, *Halbleitertechnologie*

MOF: ⟨engl⟩ manned orbital facility / bemannte Umlaufeinheit (USA-Studie zur Vorbereitung modularer Raumstationen)

Mofa: Motorfahrrad

MOFA: modernisierter Fahrausweisverkauf (DB)

Mofex-Verfahren: Monomethylformamid-Extraktionsverfahren (zur Abtrennung von Aromaten), *chemische Technologie*

mog., Mog.: ↑ mg.

MOJ: ⟨engl⟩ metering-overjunction / Zählung über Verbindungsleitungen, *Nachrichtentechnik*

MOKA: Methylen-bis-chloranilin (Kettenverlängerer), *Polymertechnik*

Mokick: (Zweirad mit) Motor und Kickstarter

MOL: 1. ⟨engl⟩ manned orbiting laboratory / bemanntes erdumkreisendes Laboratorium (frühes USA-Projekt). – **2. M.O.L.:** ⟨engl⟩ maximal overall length / maximale Gesamtlänge. – **3.** ⟨engl⟩ maximum output level / maximaler Ausgangspegel (NF-Verstärker), *Elektronik*

MOM: ⟨engl⟩ metal oxide metal / Metall-Oxid-Metall (Struktur einer Mischdiode), *Halbleitertechnologie*

MOMS: modularer optoelektronischer Multispektralscanner (hochauflösende Spezialkamera auf ↑ SPAS-01), *Raumfahrttechnik*

Moped: (Zweirad mit) Motor und Pedalen

MOPS: 1. ⟨engl⟩ magnetic-optic-photoconductor sandwich / magnetisch-optische Fotoleiter-Sandwichstruktur (zur Informationsspeicherung), *Mikroelektronik*. – **2.** maschinenorientiertes Programmsystem, *Datenverarbeitung*. – **3.** Millionen Operationen pro Sekunde, *Datenverarbeitung*

MORL: ⟨engl⟩ manned orbital research laboratory / bemanntes Forschungslaboratorium in der Umlaufbahn (frühes Projekt einer USA-Raumstation)

MOS: 1. ⟨engl⟩ maritime observation satellite / Satellit zur Meeresbeobachtung (Japan). – **2.** maschinenorientierte Systemunterlage, *Datenverarbeitung*. – **3.** ⟨engl⟩ metal-oxide semiconductor / Metall-Oxid-Halbleiter (Feldeffekttransistor mit isoliertem Gate), *Halbleitertechnologie*. – **4.** ⟨engl⟩ modular operating system / modulares Betriebssystem, *Datenverarbeitung*. – **5.** ⟨engl⟩ multicomputer operating system / Mehrrechnerbetriebssystem, *Datenverarbeitung*

MOSAIC: ⟨engl⟩ metal-oxide semiconductor advanced integrated circuit / moderne integrierte Schal-

MOSBI

tung mit Metall-Oxid-Halbleiter, *Mikroelektronik*

MOSBI, MOSBi: ↑ BIMOS

MOSFET: ⟨engl⟩ metal-oxide semiconductor field-effect transistor / Feldeffekttransistor mit Metall-Oxid-Halbleiter (FET mit isoliertem Gate), *Mikroelektronik*

MOSI: ⟨engl⟩ microprocessor operating systems interface / Schnittstelle für Betriebssysteme von Mikroprozessoren, *Datenverarbeitung*

MOSKZ: ↑ MZ 2

MOST: ⟨engl⟩ metal-oxide semiconductor transistor / Metall-Oxid-Halbleiter-Transistor (MOS-Transistor), *Mikroelektronik*

MOTNE: ⟨engl⟩ Meteorological Operational Telecommunications Network Europe / Europäisches Flugwetter-Fernmeldenetz (verbunden mit SOAS 2)

MOUSE: ⟨engl⟩ minimal orbit unmanned satellite experiment / unbemanntes Satellitenexperiment auf minimaler Umlaufbahn (frühes USA-Projekt)

MOV: ⟨engl⟩ metal-oxide varistor / Metall-Oxid-Varistor (Halbleiterbauelement), *Elektronik*

Moxie: ⟨engl⟩ metal-oxide device / Metall-Oxid-Bauelement, *Elektronik*

MOZ 1. M.O.Z.: mittlere Ortszeit. – **2.** Motor-Oktanzahl (nach Motormethode ermittelte ↑ OZ 1), *Kraftfahrzeugtechnik*

mp, MP: ⟨engl⟩ melting point / Schmelzpunkt, = fup, = Smp, *Metallurgie*

Mp: Mischungsplan (Schaltplanart), *Elektrotechnik*

MP: 1. Magnetpeilung, = MP 2, *Luftfahrtnavigation*. – **2. MPL:** Magnetplatte, *Datenverarbeitung*. – **3. [МП]:** ⟨russ⟩ magnitnyj peleng [магнитный пеленг] / Magnetpeilung, ↑ MP 1. – **4.** ⟨engl⟩ medium power / mittlere Leistung. – **5.** ⟨engl⟩ medium pressure / mittlerer Druck, Mitteldruck, ↑ MD 4. – **6.** Mehrfachprüfplan. – **7.** Meßprojektor. – **8.** ⟨engl⟩ metal powder / Metallpulver. – **9.** ⟨engl⟩ middle pressure / Mitteldruck, ↑ MD 4. – **10.** µP: Mikroprozessor, = MKP, *Datenverarbeitung*. – **11.** Mischpolymerisat. – **12.** Molkenprotein, *Lebensmitteltechnik*. – **13.** Montageplan. – **14.** ⟨engl⟩ mounting panel / 1. Montagefläche. – 2. Leuchtenebene, *Lichttechnik*. – **15.** ↑ mp

M.P., MP: ⟨engl⟩ magnifying power / Vergrößerung, *technische Optik*

MPBB: ⟨engl⟩ maximum permissible body burden / höchstzulässige Körperbelastung (durch Strahlung)

MPC: 1. ⟨engl⟩ maximum permissible concentration / maximal zulässige Konzentration (an Schadstoffen), ↑ MAC 2. – **2. MP-Steuerung:** ⟨engl⟩ multipoint control / Mehrpunktsteuerung, *Automatisierungstechnik*

MPCD: ⟨engl⟩ minimum perceptible colour difference / kleinster wahrnehmbarer Farbunterschied

MP/CS: ⟨engl⟩ manufacturing planning and control system / System für die Produktionsplanung und Fertigungssteuerung, ↑ PPS 3

MPD: 1. magnetoplasmadynamisch, Magnetoplasmadynamik, ↑ MHD 1. – **2. [МПД]:** ⟨russ⟩ mul'tipleksor peredači dannyh [мультиплексор передачи данных] / Datenübertragungsmultiplexer, *Datenverarbeitung*

MPDE: ⟨engl⟩ maximum permissible dose equivalent / maximal zulässiges Dosisäquivalent (Strahlungsbegrenzung), *Kerntechnik*

MPDS: ⟨engl⟩ microprocessor development system / Mikroprozessorentwicklungssystem, *Datenverarbeitung*

MPE: ⟨engl⟩ maximum permissible exposure (of radiation) / maximal zulässige (Strahlen-)Einwirkung

M-PE: ⟨engl⟩ median polyethylene / Polyethylen mittlerer Dichte, ↑ MD-PE

MPF-Ruß: ⟨engl⟩ multi-purpose furnace black / Mehrzweckofenruß, *Polymertechnik*

mph, MPH: ⟨engl⟩ miles per hour / Meilen pro Stunde

MPI: Molkenproteinindex (Qualitätsprüfung), *Lebensmitteltechnik*

MPK: Multiplexkarton (mehrlagiger Karton)

MP-Kondensator: Metallpapierkondensator, *Elektrotechnik*

MPL: 1. ⟨engl⟩ mnemonic programming language / mnemonische Programmiersprache. – **2.** ⟨engl⟩ molecular pattern lithography / Molekularmusterlithografie (für Submikrometerstrukturen), *Halbleitertechnologie*. – **3.** ↑ MP 3

MPLA: ⟨engl⟩ mask-programmable logic array / maskenprogrammierbare logische Anordnung, *Elektronik*

MPM: ⟨engl⟩ metra-potential method / Metra-Potential-Methode (Verfahren der Netzplantechnik)

MPO: ⟨engl⟩ music power output / Musikleistung (beim NF-Verstärker auf Klirrfaktor von 5 % bezogen), *Unterhaltungselektronik*

MPOS: ⟨engl⟩ metal-phosphorsilicate-glass-oxide semiconductor / (Feldeffekttransistor mit Phosphorsilicatglasstabilisierung der Gateoxidschicht), *Halbleitertechnologie*

MPP: 1. mikroprozessorgesteuerter Plotter (Zeichenmaschine). – **2.** ⟨engl⟩ most probable position / Standort größter Wahrscheinlichkeit, *Luftfahrtnavigation*

MPQ: Siliconkautschuk (Siliconkautschuk mit Methyl- und Phenylgruppen), *Polymertechnik*

MPR 1. [МПР]: ⟨russ⟩ magnitnyj peleng radiostancii [магнитный пеленг радиостанции] / Magnetpeilung der Funkstation, *Luftfahrtnavigation*. – **2.** Mikroprozessorregler, *Automatisierungstechnik*. – **3.** Mikroprozeßrechner

MPRE: Mikroprozessor-Reglereinrichtung, *Automatisierungstechnik*

MPS: 1. ⟨engl⟩ machine program system / Maschinenprogrammsystem, *Datenverarbeitung*. – **2. MPSp:** Magnetplattenspeicher, *Datenverarbeitung*. – **3. [МПС]:** ⟨russ⟩ magnitnyj peleng samolëta [магнитный пеленг замолёта] / Magnetpeilung des Flugzeugs, *Luftfahrtnavigation*. – **4.** ⟨engl⟩ main propulsion system / Hauptantriebs-

system, *Raumfahrttechnik.* –
5. Mehrprozessorsystem, *Datenverarbeitung, Automatisierungstechnik.* –
6. Mikroprogrammspeicher, *Datenverarbeitung.* – 7. Mikroprozessorsystem

MPSC: ⟨engl⟩ mobile phone service center / mobile Fernsprechdienstzentrale, *Nachrichtentechnik*

MPSp: ↑ MPS 2

MPST: Mehrprozessorsteuerung (anpaßbare Steuerung mit mehreren gekoppelten Prozessoren), *Datenverarbeitung*

MP-Steuerung: ↑ MPC 2

MPTD: Dimethyl-diphenyl-thiuram-disulfid (Vulkanisationsbeschleuniger), *Polymertechnik*

MPU 1. [МПУ]: ⟨russ⟩ magnitnyj putevoj ugol [магнитный путевой угол] / magnetischer Wegwinkel, ↑ MWW. – 2. ⟨engl⟩ measurement processing unit / Meßdatenverarbeitungseinheit. – 3. ⟨engl⟩ microprocessing unit / Mikroprozessoreinheit, ↑ CPU, *Datenverarbeitung*

MPÜR: Maskenprojektions-Überdeckungsrepeater, *Halbleitertechnologie*

MPVQ: Siliconkautschuk (Siliconkautschuk mit Methyl-, Phenyl- und Vinylgruppen), *Polymertechnik*

MPW: ⟨engl⟩ multiproduct wafer / Mehrprodukt-Halbleiterscheibe, *Halbleitertechnologie*

MPX: ⟨engl⟩ multiplex[er] / Multiplex[er] (Mehrfachkoppler, -kopplung), *Nachrichtentechnik*

MQ: Siliconkautschuk (Siliconkautschuk mit Methylgruppen), *Polymertechnik*

MQW: ⟨engl⟩ multiple quantum well / Mehrfachquantenmulden (elektronische Bauelemente mit aktiven Gebieten aus Supergittern), *Mikroelektronik*

MR 1. M.R.: Maschinenraum, *Schiffstechnik.* – 2. mechanische Rauhung (von Offsetdruckformenrohlingen), *Polygrafie.* – 3. ⟨engl⟩ Mercury-Redstone (USA-Programm unbemannter und bemannter ballistischer Testflüge mit Mercury-Raumkapseln und Redstone-Trägerraketen). – 4. ⟨engl⟩ microridge / Mikrokante (Nadelschliff bei Schallplattenabtastsystemen). –
5. µR: Mikrorechner, ↑ MC 5. –
6. ↑ MWR 3

M.R.: ↑ MR 1

MRESS: Mikrorechnerentwicklungssystem

MRG: ⟨engl⟩ medium range / Mittelstrecke, *Luftfahrtnavigation*

MRH: ⟨engl⟩ magnetoresistive head / Magnetowiderstandskopf (Dünnfilmmagnetkopf bei Magnetbandgeräten)

MRIR: ⟨engl⟩ medium resolution infrared radiometer / Infrarotradiometer mit mittlerer Auflösung, *Raumfahrttechnik*

MRK: 1. maximale Raumkonzentration (von Schadstoffen, ↑ MAK), *Energietechnik.* – 2. Multireedkontakt (Mehrfachschutzrohrkontakt), *Elektrotechnik*

MRM [PM]: ⟨russ⟩ markernyj radiomajak [маркерный радиомаяк] / Markierungsfunkfeuer, *Flugsicherung*

MRPS: ⟨engl⟩ manufacturing resource planning system / Planungssystem für Produktionsressourcen

MRR: 1. ⟨engl⟩ medical research reactor / medizinischer Forschungsreaktor, *Kerntechnik.* – 2. Mikrorechnerregler, *Automatisierungstechnik*

MRS: 1. magnetoresistiver Sensor (Magnetowiderstandsfühler), *Meßtechnik.* – 2. Mehrrechnersystem. – 3. Mikrorechnersystem

MRT: ⟨engl⟩ mean radiant temperature / mittlere Strahlungstemp.

MRTD: ⟨engl⟩ minimum resolvable temperature difference / kleinste auflösbare Temperaturdifferenz

MRW: Maßreduzierwalzwerk, *Walzwerktechnik*

m. s.: ↑ MS 4

Ms: 1. Mauritiusfaser (Pflanzenfaser), ↑ Fi, *Textiltechnik.* – 2. Messing (Kupfer-Zink-Legierung)

M$_S$: Start der Martensitbildung (Martensitpunkt, Temperatur des Starts), = † M$_B$, *Werkstofftechnik*

MS: 1. Magnetstreifen, *Datenverarbeitung.* – 2. ⟨engl⟩ main storage / Hauptspeicher, *Datenverarbeitung.* – 3. Mann-Schicht (als Bezugsgröße für die Angabe von Leistungen), *Bergbautechnologie.* – 4. m. s.: ⟨engl⟩ margin of safety / Sicherheitskoeffizient. – 5. Massenspektrometer. – 6. ⟨engl⟩ mass spectrometry / Massenspektrometrie, *Analysenmeßtechnik.* – 7. [MC]: ⟨russ⟩ mesto samolëta [место самолёта] / Standort des Flugzeugs, *Luftfahrtnavigation.* – 8. [MC]: ⟨russ⟩ mesto stojanki samolëtov [место стоянки самолётов] / Standplatz für Flugzeuge (Flughafen). – 9. M. S.: ⟨engl⟩ miniature screw / Miniatursockel (Edisonsockel), *Lichttechnik.* – 10. Mittelspannung (1...30 kV). – 11. M.S.: Mitte Schiff. – 12. ⟨engl⟩ mobile station / Mobilstation. – 13. Montagesystem. – 14. M.S.: Motorschiff

M.S.: ↑ MS 9, 11, 14

MSA: ⟨engl⟩ minimum safe altitude / Mindestsicherheitsflughöhe, *Luftfahrtnavigation*

MSAT: ⟨engl⟩ mirror satellite / Spiegelsatellit (USA-Projekt zur Nutzung des Laser-Effekts der Marsatmosphäre)

MSA-Technik: ⟨engl⟩ multiple-wall self-aligned technique / selbstjustierende Vielfachwandtechnik (Elektronenstrahlstrukturierung unter Nutzung selbstjustierender Maskierungstechniken), *Halbleitertechnologie*

MSB: ⟨engl⟩ most significant bit / höchstwertiges Bit (eines Datenwortes), *Datenverarbeitung*

MSBR: ⟨engl⟩ molten salt breeder reactor / Salzschmelzen-Brutreaktor, *Kernkraftwerkstechnik*

M-Scan: ↑ TM-Scan

MSCE: ⟨engl⟩ main store control element / Hauptspeichersteuereinheit, *Datenverarbeitung*

M.Sch.: Maschinenschacht, *Schiffstechnik*

MSD: 1. mikrorechnergesteuerter Schalterdrucker, (Fahrkartenverkaufsautomat). – 2. ⟨engl⟩ most significant digit / höchstwertige Ziffer (einer Zahl), *Datenverarbeitung*

MS-DOS: ⟨engl⟩ Microsoft disk operating system / diskettenorientiertes Betriebssystem der Fa. Microsoft (USA), (für IBM-kompatible 16-bit-Personalcomputer), = PC-DOS

MSDR: ⟨engl⟩ material science double rack / Doppelpaket für Werkstoffwissenschaft (Spacelab, USA)

M/SDUS: ⟨engl⟩ medium/small scale data utilization station (Station zum Empfang von Wettersatellitenbildern hoher und mittlerer Auflösung), *Raumfahrttechnik*

MSE: ⟨engl⟩ minimum-size effect / Effekt minimaler (Struktur-)Abmessungen, *Mikroelektronik*

M.S.E., MSE: ⟨engl⟩ mean square error / mittlerer quadratischer Fehler

MSFET: ⟨engl⟩ metal semiconductor field-effect transistor / Metall-Halbleiter-Feldeffekttransistor, *Mikroelektronik*

MSG: 1. Mehrscheibensicherheitsglas. – 2. Mehrschichtensicherheitsglas

MSG-Schweißen: Metall-Schutzgas-Schweißen

MSI: ⟨engl⟩ medium-scale integration / mittlerer Integrationsgrad (Schaltkreise mit $10^2...10^3$ Bauelementefunktionen), *Mikroelektronik*

MSIC: ⟨engl⟩ medium-speed integrated circuit / mittelschnelle integrierte Schaltung, *Mikroelektronik*

MSL: 1. ⟨engl⟩ manned space laboratory / bemanntes Weltraumlabor. – 2. ⟨engl⟩ maximum service life / maximale Betriebsdauer. – 3. ⟨engl⟩ mean sea level / Normalnull, ↑ NN 2, *Luftfahrt*. – 4. Mehrschichtleiterplatte

MSM: ⟨engl⟩ master slave manipulator / Master-Slave-Manipulator (Synchronmanipulator, Industrieroboter)

MSO: ⟨engl⟩ mobile switching office / mobiles Vermittlungsamt, *Nachrichtentechnik*

M-Sonde: Magensonde, *Medizintechnik*

MSOS [МСОС]: ⟨russ⟩ mnogospektral'naja sistema optičeskogo skandirovanija [многоспектральная система оптического сканирования] / Multispektralscanner, *Erdfernerkundung*, s. a. MSS 4

MS-OS2: ↑ OS/2

MSP [МСП]: ⟨russ⟩ mnogokamernyj sintezirujuščij projektor [многокамерный синтезирующий проектор] / Multispektralprojektor, *Erdfernerkundung*

M.Sp.H.W.: mittleres Springhochwasser

MSpThb: mittlerer Springtidenhub

MSR-Technik: Meß-, Steuerungs- und Regelungstechnik, = † BMSR-Technik

MSS: 1. Marinesignalstelle. – 2. ⟨engl⟩ mass storage system / Massenspeichersystem, *Datenverarbeitung*. – 3. ⟨engl⟩ multiple satellite start / Start mehrerer Raumflugkörper (mit einer Trägerrakete). – 4. ⟨engl⟩ multispectral scanner / Multispektralscanner (an Bord von USA-Erderkundungssatelliten). – 5. Musiksuchsystem (Kassettenrecorder)

MSSR: ⟨engl⟩ mars surface sample return mission / Rückkehrmission mit Marsbodenproben (USA-Projekt für ein unbemanntes Marsunternehmen)

MST: 1. ⟨engl⟩ monolithic system technology / Technologie für monolithische Systeme, *Halbleitertechnologie.* – **2.** ⟨engl⟩ mountain standard time / Gebirgsnormalzeit (USA-Zeitzone, = MEZ −8 h, = MTZ)

MS-T: ⟨engl⟩ My-satellite test module / Testmodul für den My-Satelliten (Japan)

M-Stahl: ↑ SM-Stahl

MSU: Meßstellenumschalter, *Automatisierungstechnik*

MSW: mechanisierter Schüttgutwagen (Schienenfahrzeug)

MSW-Bauelement: ⟨engl⟩ magnetostatic wave device (Bauelement, dessen Funktion mit magnetostatischen Wellen erfolgt), *Elektronik*

MSX: ⟨engl⟩ Microsoft extended basic (erweitertes ↑ Basic der Fa. Microsoft, USA)

MS-Z: Millisekundenzünder, *Bergbautechnik*

MT: 1. ⟨engl⟩ magnetic track / mißweisender Kurs (über Grund), *Luftfahrtnavigation.* – **2.** Maschinentransformator. – **3.** metallischer Faserstoff. – **4.** Mithörtaste, *Nachrichtentechnik.* – **5.** Mittelfrequenztelegrafie, *Nachrichtentechnik.* – **6. M.T.:** Motortanker. – **7.** ⟨engl⟩ mountain time / Gebirgszeit, ↑ MST 2

MTA [МТА]: ⟨russ⟩ mežorbital'nyj transportnyj apparat [межорбитальный транспортный аппарат] / Transportmittel für Nutzlasten zwischen verschiedenen Umlaufbahnen, *Raumfahrttechnik*

MTBE: ⟨engl⟩ mean time between errors / mittlere Zeit zwischen (2) Fehlern

MTBF: ⟨engl⟩ mean time between failures / mittlere Zeit zwischen Ausfällen, mittlerer Ausfallabstand (mittlere Lebensdauer), = MTTF, = SVMO

M-TBI-Verfahren: ⟨engl⟩ Mannesmann top-blown inert-gas stirred process (Sauerstoffblasverfahren mit Inertgasbodenspülung), *Eisenmetallurgie*

MTBM: ⟨engl⟩ mean time between maintenance / mittlere Zeit zwischen Wartungen, mittlerer Wartungsabstand

MTBR: ⟨engl⟩ mean time between repairs / mittlere Zeit zwischen Reparaturen, mittlerer Reparaturzeit, = MTTR

MtBt: ↑ MB 6

MTBUF: ⟨engl⟩ mean time between undetected failures / mittlerer Zeitabstand zwischen unentdeckten Fehlern

MTC: 1. ⟨engl⟩ magnetic tape cassette / Magnetbandkassette. – **2.** ⟨engl⟩ magnetic tape controller / Magnetbandsteuereinheit. – **3.** ⟨engl⟩ mission and traffic control system / Einsatz- und Verkehrskontrollsystem, *Flugsicherung*

MTF: ⟨engl⟩ modulation transfer function / Modulationsübertragungsfunktion, ↑ MÜF

MTG: Magnettonbandgerät

MTGS: modulares taktiles Greifersensorsystem, (Industrieroboter), *Automatisierungstechnik*

MTH-Verfahren: Mitteltemperatur-Hydrierverfahren, *chemische Technologie*

MTI: ⟨engl⟩ moving target indication / Festzeichenlöschung (Radar), *Flugsicherung*

MTIE: ⟨engl⟩ maximal time intervall error / maximaler Zeitintervallfehler, *Nachrichtentechnik*

MTK: Moderatortemperaturkoeffizient (des Mediums zur Bremsung von Neutronen), *Kerntechnik*

MTKK [МТКК]: ⟨russ⟩ mnogorazowyj transportnyj kosmičeskij korabl' [многоразовый транспортный космический корабль] / wiederverwendbares Transportraumschiff

MTKS [МТКС]: ⟨russ⟩ mnogorazowaja transportnaja kosmičeskaja sistema / [многоразовая транспортная космическая система] / wiederverwendbares Raumtransportsystem

MTL: ⟨engl⟩ merged transistor logic / gemischte Transistorlogik, ↑ I²L, *Elektronik*

MTM: ⟨engl⟩ method of time measurement / Methode der Zeitmessung, (Verfahren vorbestimmter Zeiten, Arbeitszeitbestimmung), *Arbeitsnormung*

MTNS: ⟨engl⟩ metal thick-nitride semiconductor / Metall-Dicknitrid-Halbleiter (Nitrid außerhalb der Gate-Zonen besonders dick ausgebildet), *Halbleitertechnologie*

MTOS: 1. ⟨engl⟩ metal-tantalum-oxide silicon-oxide silicon / Metall-Tantaloxid-Siliciumoxid-Silicium (Halbleiterstruktur als nichtflüchtiges Speicherelement), *Halbleitertechnologie.* – 2. ⟨engl⟩ metal thick-oxide semiconductor / Metall-Dickoxid-Halbleiter (Oxid zur Gateisolation besonders dick ausgebildet), *Halbleitertechnologie*

MTR: ⟨engl⟩ materials test[ing] reactor / Materialprüfreaktor (USA), *Kerntechnik*

MT-Ruß: ⟨engl⟩ medium thermal black / mittlerer Thermalruß, *Polymertechnik*

MTS: 1. ⟨engl⟩ magnetic tape store / Magnetbandspeicher, ↑ MBS 1. – 2. ⟨engl⟩ meteorite technology satellite (USA-Forschungssatellit aus der Explorer-Reihe für die Untersuchung von Mikrometeoriten). – 3. ⟨engl⟩ module testing system / Baugruppenprüfsystem, *Meßtechnik.* – 4. ⟨engl⟩ multichannel television sound / Mehrkanalfernsehen (Stereofernsehtonsystem in den USA)

MTSO: ⟨engl⟩ mobile telephone switching office / mobiles Fernsprechvermittlungsamt, *Nachrichtentechnik*

MTTF: ⟨engl⟩ mean time to failure / mittlere Zeit bis zum Ausfall, mittlere Lebensdauer, = MTBF

MTTFF: ⟨engl⟩ mean time to first failure / mittlere Zeit bis zum ersten Fehler

MTTR: ⟨engl⟩ mean time to repair / mittlere Zeit bis zur Reparatur, mittlere Reparaturzeit, = MTBR

MTU: ⟨engl⟩ magnetic tape unit / Magnetbandgerät, ↑ MBG 1

MTVC: ⟨engl⟩ manual thrust vector control / manuelle Schubvektorkontrolle, *Raumfahrttechnik*

MTW: 1. Marschtriebwerk, *Raumfahrttechnik.* – **2.** ⟨engl⟩ mountain waves / Gebirgswellen, Leewellen, *Flugmeteorologie*

MU: Meßumformer, *Meßtechnik*

MÜ: Mischstromübertragung, *Elektrotechnik*

MUF: ⟨engl⟩ maximal usable frequency / maximal nutzbare Frequenz (Grenzfrequenz), *Nachrichtentechnik*

MÜF: 1. Modulationsübertragungsfaktor. – **2.** Modulationsübertragungsfunktion, = MTF, *Nachrichtentechnik*

Muldex: Multiplexer – Demultiplexer, *Nachrichtentechnik*

MUM: ⟨engl⟩ methodology for unmanned machineshop / (japanische) Entwicklungsmethoden für die bedienungslose Fertigungsstätte

MUP: ⟨engl⟩ mobile user part / Mobilfunkbenutzerteil, *Nachrichtentechnik*

MUR: ⟨engl⟩ mock-up reactor / Modellreaktor (der NASA), *Kerntechnik*

MUSAMOST: ⟨engl⟩ multiple self-aligned-metal-oxide semiconductor technology / mehrfach selbstjustierende Metall-Oxid-Halbleitertechnologie

MUX: ⟨engl⟩ multiplexer / Multiplexer (Mehrfachkoppler), *Nachrichtentechnik, Datenverarbeitung*

m.v.: ⟨engl⟩ mercury vapour / Quecksilberdampf

MV: 1. Magnetventil. – **2.** Mischungsverhältnis, *Bautechnik*

MVDF: ⟨engl⟩ medium and very high-frequency direction finding station / Mittel- und Ultrakurzwellen-Funkpeilstelle, *Nachrichtentechnik*

MVE: Mikroverarbeitungseinheit, *Datenverarbeitung*

M-Verfahren: Mittenkugel-Verfahren (Verbrennungsverfahren mit Kraftstoffdirekteinspritzung und Luftrotation), *Kraftfahrzeugtechnik*

MVN: Materialverbrauchsnorm (technisch-ökonomisch begründeter Materialeinsatz)

MVQ: Siliconkautschuk (Siliconkautschuk mit Methyl- und Vinylgruppen), *Polymertechnik*

MVR: ⟨engl⟩ magnetic video recording / magnetische Bildaufzeichnung

MVT: 1. mechanische Verfahrenstechnik. – **2.** ⟨engl⟩ multiprogramming with a variable number of tasks / Multiprogrammierung mit einer variablen Anzahl von Aufgaben, *Datenverarbeitung*

MVW: Mischvorwärmer, *Energietechnik*

mw., MW, Mw, Mi, Mißw.: Mißweisung (Deklination, Abweichung der Magnetnadel von der geografischen Nordsüdrichtung)

MW: 1. Maschinenwort, *Datenverarbeitung.* – **2.** Mischwandler, *Elektrotechnik.* – **3.** Mischwasser. – **4.** Mittelwasser. – **5.** Mittelwasserstand. – **6. M:** Mittelwelle (Hektometerwelle, 100 m...1 km), *Nachrichtentechnik*, s.a. MF 5. – 7. ↑ mw.

MWAR: ⟨engl⟩ major world air route / Hauptstrecke des Weltluftverkehrs, *Flugbetrieb*

MWARA: ⟨engl⟩ major world air route area / Hauptstreckengebiet des Weltluftverkehrs, *Flugbetrieb*

MWD: ⟨engl⟩ measuring while drilling / Messen während des Bohrens, Meßbohren, *Bergbautechnologie*

MWFR: Montagewechselfließreihe

MWG: Massenwirkungsgesetz, *Verfahrenstechnik*

MWIR: ⟨engl⟩ medium-wave infrared / mittleres Infrarot, ↑ MIR

m.w. K.: mißweisender Kurs, s.a. mw.

mw. N.: mißweisend Nord, s.a. mw.

MWO: ⟨engl⟩ meteorological watch office / Flugwetterüberwachungsstelle, *Flugmeteorologie*

mw. P.: mißweisende Peilung, s.a. mw.

MWR: 1. Meßwertrechner. – 2. Meßwertregler. – 3. **MR:** ⟨engl⟩ microwave radiometer / Mikrowellenradiometer, *Raumfahrtechnik*

MWW: magnetischer Wegwinkel, = MPU 1, *Luftfahrtnavigation*

MX, mX: multiplex, Vielfach-

μC: ↑ MC 5

μE: Mikroelektronik

μP: ↑ MP 10

μR: ↑ MR 5

MZ: 1. Mauerziegel oder Mauervollziegel (Baustoff). – 2. **MOSKZ:** Moskauer Zeit (MEZ + 2 h, bez. auf 45° ö. L.)

MZA: maximal zulässige Aktivität (Begrenzung radioaktiver Strahlung in einem Medium), *Kerntechnik*

MZD: maximal zulässige Dosis

MZFR: Mehrzweckforschungsreaktor (BRD), *Kernkraftwerkstechnik*

MZK: 1. maximal zulässige Konzentration, ↑ MAC 2. – 2. Mehrzweckkammerofen, *Silikattechnik*

MZU [МЗУ]: ⟨russ⟩ magnitnoe zapominajuščee ustrojstvo [магнитное запоминающее устройство] / Magnetspeicher, *Datenverarbeitung*

N

N: 1. Nahgüterzug. – 2. Nahverkehrszug (DB). – 3. Naturfaserstoff, *Textiltechnik*. – 4. Nennmaß (geometrische Genauigkeit), *Bautechnik*. – 5. ⟨engl⟩ neutral / Neutralleiter ohne Schutzfunktion, *Elektrotechnik*. – 6. **N.:** Nord, Norden, = N 9. – 7. normalgeglüht, *Werkstofftechnik*. – 8. Normalstein (Baustoff). – 9. ⟨engl⟩ north [northern latitude] / Nord [nördliche Breite], ↑ N 6

na: genarbt oder geschuppt (Ausführungsart von Chemiefaserstoffen)

NA 1. NAH, NA-Lampe: Natriumdampf-Hochdrucklampe, = SHP 1. – 2. **[HA]:** ⟨russ⟩ nazemnaja stancija [наземная станция] / Bodenstation, *Raumfahrttechnik*. – 3. Nebenanlage, *Energietechnik*. – 4. Nebenanschluß, *Nachrichtentechnik*

N. A., NA: ⟨engl⟩ numerical aperture / numerische Apertur (Maß für den Öffnungswinkel optischer Systeme), *technische Optik*

NAA: ⟨engl⟩ neutron activation analysis / Neutronenaktivierungsanalyse (physikalisches Oberflächenanalyseverfahren)

NaDMC: Natrium-dimethyldithiocarbamat (Vulkanisationsbeschleuniger), *Polymertechnik*

NAH: ↑ NA 4

NaHTR, NHTR: natriumgekühlter Hochtemperaturreaktor, *Kerntechnik*

NaIX: Natrium-isopropylxanthogenat (Vulkanisationsbeschleuniger), *Polymertechnik*

NA-Lampe: ↑ NA 4

NAN: Natriumdampf-Niederdrucklampe

NAND: ⟨engl⟩ NOT AND / NICHT UND (logische Verknüpfung)

NANSIM: ⟨engl⟩ nonlinear active network simulation / nichtlineare, aktive Netzwerksimulation

NAP: nichtarbeitender Wagenpark (Kennziffer des Dispatcherdienstes), *Eisenbahnbetriebstechnologie*

NaSB: natriumgekühlter schneller Brüter, *Kernkraftwerkstechnik*

NASCOM: ⟨engl⟩ NASA communications network / NASA-Nachrichtennetz, *mit* NASA: National Aeronautics and Space Administration, *Raumfahrttechnik*

NAsl: Nebenanschlußleitung, *Nachrichtentechnik*

NAT: ⟨engl⟩ North Atlantic / Nordatlantik, *Flugbetrieb*

N.a.T.-Druck: Naß-auf-Trocken-Druck (in Einfarben- oder Zweifarben-Druckmaschinen)

NATEL: nationales Autotelefonnetz

NATS: ⟨engl⟩ national air traffic centre / nationales Luftverkehrszentrum

Nav., Navig.: Navigation

NAV: 1. ⟨engl⟩ navigation / (Luftfahrt-) Navigation. – 2. Navigator, *Flugbetrieb*

NAVAIDS: ⟨engl⟩ navigational aids / Navigationshilfen, *Luftfahrtnavigation*

NAVAR: ⟨engl⟩ navigation air radar / Navigations- (↑) Radar, *Luftfahrtnavigation*

NAVEX: Navigationsexperiment (bei ↑ D 9)

Navig.: ↑ Nav.

NAWI-Membran: nichtabwickelbare Membran (beim elektrodynamischen Lautsprecher), *Unterhaltungselektronik*

NaZrH: natriumgekühlter zirkonhydridmoderierter Reaktor, *Kernkraftwerkstechnik*

n. B.: nördliche Breite

Nb: Nahbedienungsbezirk, *Eisenbahnsicherungstechnik*

NB 1. [НБ]: ⟨russ⟩ bispiral'naja lampa nakalivanija [биспиральная лампа накаливания] / Doppelwendellampe. – 2. Netzbetrieb, *Elektronik*. – 3. Normalbedingung

NBFM: ⟨engl⟩ narrow band frequency modulation / Schmalbandfrequenzmodulation, *Nachrichtentechnik*

NBG: niederohmig begrabenes Gebiet (Halbleitergebiet mit geringem Bahnwiderstand), *Halbleitertechnologie*

NBH: Normbrennholz (bautechnischer Brandschutz)

NBK: Acrylonitril-Butadien-Kautschuk, *Polymertechnik*

NBP: Nebenbedienungsplatz, *Nachrichtentechnik*

NBR: ⟨engl⟩ acrylonitrile-butadiene rubber / Acrylonitril-Butadien-Kautschuk (Nitrilkautschuk), *Polymertechnik*

NBS: 1. Neubaustrecke (DB). – 2. Normbrennspäne (bautechnischer Brandschutz)

NBU: Nachbestrahlungsuntersuchung, ↑ PIE

NC: 1. Nitrocellulose, *Polymertechnik.* – 2. ⟨engl⟩ numerical[ly] control[led] / numerische Steuerung [numerisch gesteuert] (durch alphanumerische Zeichen; vorwiegend Werkzeugmaschinensteuerung), *Automatisierungstechnik*

NC-Akkumulator: Nickel-Cadmium-Akkumulator

NCC: ⟨engl⟩ normally closed contact / Ruhekontakt, *Elektronik*

NCL: ⟨engl⟩ network control language / Netzwerksteuersprache, Sprache für (Rechner-) Netzwerksteuerung

NCM: ⟨engl⟩ numerically controlled machine / numerisch gesteuerte Maschine, NC-Maschine (vorwiegend Werkzeugmaschine), *Automatisierungstechnik*

NCMC: ⟨engl⟩ numerically controlled machine center / numerisch gesteuertes Maschinenzentrum (Bearbeitungszentrum, s. a. BZ 1)

NCMS: ⟨engl⟩ numerically controlled machine system / numerisch gesteuertes Maschinensystem

NCO: ⟨engl⟩ number-controlled oscillator / digital einstellbarer Signalgenerator, *Elektronik*

NCO-Leuchte: ⟨engl⟩ non-cut-off lamp / nicht abgeschirmte Leuchte

n. c. p.: ⟨engl⟩ net caloric power / Nettoheizwert

NCP: ⟨engl⟩ network control program / Netzwerksteuerprogramm, *Datenverarbeitung*

NCR: ⟨engl⟩ acrylonitrile-chlorbutadiene rubber / Acrylonitril-Chlorbutadien-Kautschuk, *Polymertechnik*

NCS: 1. ⟨engl⟩ net control station / Leitstelle eines Netzes, *Nachrichtentechnik.* – 2. ⟨engl⟩ network control system / Netzwerksteuersystem, *Datenverarbeitung*

NCU: ⟨engl⟩ navigation computer unit / Navigationsrechnereinheit, *Luftfahrtnavigation*

ND [НД]: 1. ⟨russ⟩ lampa nizkogo davlenija [лампа низкого давления] / Niederdrucklampe, ↑ NDL. – 2. Nenndruck. – 3. Niederdruck, = LP 13

NDB: ⟨engl⟩ non-directional radio beacon / ungerichtetes Funkfeuer, *Luftfahrtnavigation*

NDCR: ⟨engl⟩ noise distortion

clearance range / geräusch- und klirrfreier Bereich, *Elektronik*

NDD: Niederdruckdampf, *Energietechnik*

NDDH: Niederdruckdampfheizung (max. Betriebsüberdruck ≤0,07 MPa), *Energietechnik*

NDE: ⟨engl⟩ non-destructive evaluation / nichtzerstörende Auswertung, *Datenverarbeitung*

NDEA: nukleare Dampferzeugungsanlage

NDES: nukleares Dampferzeugungssystem

NDIR: ⟨engl⟩ non-dispersive infrared radiation / nichtdispersive Infrarotstrahlung (Meßverfahren zur Gasanalyse), *Umweltschutztechnik*

NDKL: nicht durchkontaktierte Leiterplatte

NDL: Niederdrucklampe, = ND 1

NDPA: N-Nitrosodiphenylamin (Vulkanisationsverzögerer), *Polymertechnik*

NDPE, ND-PE: Niederdruck-Polyethylen

NDRO: ⟨engl⟩ non-destructive read-out / zerstörungsfreies Lesen (von Speichern), *Datenverarbeitung*

NDS: neutronendotiertes Silicium, *Halbleitertechnologie*

NDT: 1. Niederdruckteil der Turbine, *Energietechnik*. – **2.** Niederdruckturbine. – **3.** ⟨engl⟩ non-destructive testing / zerstörungsfreies Prüfverfahren, *Werkstoffprüfung*

NDV, NDVW: Niederdruckvorwärmer, *Energietechnik*

NE: 1. Nichteisen. – **2. NE.:** northeast / Nordost, ↑ NO 2. – **3.** Nutzenergie

NEA: 1. ⟨engl⟩ negative electron affinity / negative Elektronenaffinität (Prinzip für eine Fotokatode mit herabgesetzter Austrittsarbeit), *technische Optik*. – **2.** Netzersatzanlage, *Nachrichtentechnik*

NEC: ⟨engl⟩ nuclear energy center / Kernenergiezentrum

NEFAR: ⟨engl⟩ near-earth asteroid rendezvous / Asteroiden-Rendezvous nahe der Erde (USA-Projekt)

NEGIT: ⟨engl⟩ negative impedance transistor (Transistor mit negativer Widerstandscharakteristik), *Elektronik*

NEMI: ⟨engl⟩ nuclear electromagnetic interference / nukleare elektromagnetische Störung

NEMP: ⟨engl⟩ nuclear electromagnetic pulse / nuklearer elektromagnetischer Puls (bei Kernexplosionen)

NEMS: ⟨engl⟩ nimbus E microwave spectrometer / Mikrowellenspektrometer (für den USA-Wettersatelliten) Nimbus E

NEN: neue Eiweißnahrungsmittel, *Lebensmitteltechnik*

NEP: 1. ⟨engl⟩ noise equivalent power / Rauschäquivalentleistung, *Nachrichtentechnik*. – **2.** ⟨engl⟩ nominal entry point / nomineller Eintrittspunkt (Wiedereintritt von Raumflugkörpern in die Erdatmosphäre)

NERFET: ⟨engl⟩ negative resistance field-effect transistor / Feldeffekttransistor mit negativem Widerstand, *Mikroelektronik*

NERVA: ⟨engl⟩ nuclear engine for rocket vehicle application / Nuklearantrieb zur Anwendung in Raketenfahrzeugen, *Raumfahrttechnik*

NES, N.E.S.: Nachterkennungssignal (Seezeichen)

NET: ⟨engl⟩ next European torus / nächster europäischer Ring (Kernfusionsanlage)

NETF: ⟨engl⟩ nuclear engineering test facility / nukleartechnische Versuchsanlage

NETR: ⟨engl⟩ nuclear engineering test reactor / nukleartechnischer Versuchsreaktor

NF: 1. nautisches Funkfeuer. – **2. Nf:** Niederfrequenz (i. w. S. Frequenzbereich von 0 Hz…20 kHz), ↑ AF 4, *Nachrichtentechnik*. – **3.** ⟨engl⟩ noise figure [factor] / Rauschzahl, Rauschmaß, Rauschfaktor, *Nachrichtentechnik*. – **4.** Normalformat (Ziegelformat), Bautechnik

NFA: Nachtfahrtanzeiger, *Schiffstechnik*

NFd: Netzschaltfeld, *Nachrichtentechnik*

NFD: 1. ⟨engl⟩ noise free device / geräuschfreies Gerät (Verfahren zur Rauschunterdrückung), *Unterhaltungselektronik*. – **2.** Normal-Fahrzustands-Diagramm, *Kraftfahrzeugtechnik*

NFE: ⟨engl⟩ neutron flux experiment / Neutronenflußexperiment (Apollo-Programm), *Raumfahrttechnik*

NFF: Nahfunkfeuer, = BPRM 1, *Flugsicherung*

NFPS: ⟨engl⟩ nuclear flight propulsion system / Kernantriebssystem für Luftfahrzeuge, *Kerntechnik*

NFS: Nierenfunktionsszintigrafie (Funktionsprüfung mittels Radioisotopen), *Medizintechnik*

Nfz: schweres Nebenfahrzeug (Schienenfahrzeug)

NG [НГ]: ⟨russ⟩ gazopolnaja lampa nakalivanija [газополная лампа накаливания] / gasgefüllte Glühlampe

NGL: ⟨engl⟩ natural gas liquid / flüssiges Erdgas

NGW: Nahrungsgüterwirtschaft

NHaW: niedriger Hafenwasserstand

N.H.G.: Navigationshorchgerät, *Schiffstechnik*

Nhhz: vereinigte Nieder- und Hochdruckdampfheizung, *Schienenfahrzeugtechnik*

NH-Sicherung: Niederspannungs-Hochleistungssicherung, *Elektrotechnik*

NHT: Nitrierhärtetiefe, *Eisenmetallurgie*

NHTR: ↑ NaHTR

Nhz: Niederdruckdampfheizung, *Schienenfahrzeugtechnik*

NI [НИ]: ⟨russ⟩ navigacionnyj indikator [навигационный индикатор] / Navigationsanzeigegerät, *Flugzeugausrüstung*

NiBz: Nickelbronze (Kupfer-Nickel-Legierung)

NIC: ⟨engl⟩ negative impedance converter / negativer Impedanzwandler, *Elektronik*

Nichrom: Nickel-Chrom-Legierung (Widerstandswerkstoff)

Nicorros: nicht korrodierend (Nickel-Kupfer-Legierung)

Nicrosil: Nickel-Chrom-Silicium-Eisen-Legierung

NiCrSt: Nickel-Chrom-Stahl

Nife: Nickel, ⟨lat⟩ ferrum / Eisen (Nickeleisenkern der Erde)

N.i.N.-Druck: Naß-in-Naß-Druck (in Mehrfarben-Druckmaschinen)

NIP: ⟨engl⟩ non-impact printer / nichtmechanischer Drucker, *Datenverarbeitung*

NIR: nahes Infrarot, (bis etwa 3 μm Wellenlänge), = SWIR

Nirosta: nichtrostender Stahl

NiSt: Nickelstahl

NIU: ⟨engl⟩ network interface unit / Netzwerkinterfaceeinheit (Rechnernetze)

Nivarox: nicht variabel und nicht oxidierend (Federwerkstoff)

NK: 1. Naturkautschuk, = NR 1, *Polymertechnik*. – **2.** Niederspannungskabel

N-Kautschuke: Kautschuke mit Stickstoffatomen in der Polymerkette, *Polymertechnik*

NKK: ⟨jap⟩ Nippon Kaiji Kyokai (Tokio) / (Japanische Schiffsklassifikationsgesellschaft)

N-Kokille: normalkonische Kokille, *Metallurgie*

NKT: Naturzug-Kühlturm, *Energietechnik*

NKU [НКУ]: ⟨russ⟩ nazemnyj kompleks upravlenija [наземный комплекс управления] / Bodenleitkomplex, *Raumfahrttechnik*

NKW: Nutzkraftwagen

NL 1. [НЛ]: ⟨russ⟩ navigacionnaja linejka [навигационная линейка] / Navigations-Rechenschieber, *Luftfahrtnavigation*. – **2.** ⟨engl⟩ noise limiter / Störbegrenzer, *Nachrichtentechnik*. – **3.** Nutzlänge, *Eisenbahnoberbau*

NLG: ⟨engl⟩ nose landing gear / Bugradfahrwerk, *Flugzeugausrüstung*

NLGC: ⟨engl⟩ noise level gain control / Lärmpegelkontrolle, *Flugbetrieb*

NLND, NND [НЛНД, ННД]: ⟨russ⟩ natrievaja lampa nizkogo davlenija [натриевая лампа низкого давления] / Natriumdampf-Niederdrucklampe

NLO: nichtlineare Optik

NLP: ⟨engl⟩ non-linear programming / nichtlineare Programmierung, *Datenverarbeitung*

NLQ: ⟨engl⟩ near-letter quality / fast Druckzeichenqualität (Gütekennzeichnung des Schriftbildes von Datendruckern), *Datenverarbeitung*

NLR, NR: ⟨engl⟩ non-linear resistor / nichtlinearer Widerstand, *Elektronik*

NLVD, NVD [НЛВД, НВД]: ⟨russ⟩ natrievaja lampa vysokogo

davlenija [натриевая лампа высокого давления] / Natriumdampf-Hochdrucklampe

Nm: Nummer metrisch (Feinheitsbezeichnung)

NM: Netzmodell

NMD: nichtmechanische Druckverfahren (exakt: nichtfestkörpermechanische Druckverfahren)

N. M. f. S.: Nautische Mitteilungen für Seefahrer

NML [НМЛ]: ⟨russ⟩ nakopitel' na magnitnyh lentah [накопитель на магнитных лентах] / Magnetbandspeicher, ↑ MBS 1

NMOS, n-MOS: ⟨engl⟩ n-channel metal-oxide semiconductor / n-Kanal-Metall-Oxid-Halbleiter, *Halbleitertechnologie*

NMR: 1. ⟨engl⟩ normal mode rejection (Gegentaktunterdrückung), *Elektronik*. – 2. ⟨engl⟩ nuclear-magnetic resonance / kernmagnetische Resonanz

NMR-CT: ⟨engl⟩ nuclear magnetic resonance computer tomography / nuklearmagnetische Resonanzcomputertomografie (Abbildungsverfahren für Körperstrukturen), *Medizintechnik*

NMS: ⟨engl⟩ nuclear medical system / nuklearmedizinisches System, *Medizintechnik*

NMV: ⟨engl⟩ normal mode voltage (Gegentaktspannung), *Elektronik*

NN: 1. ⟨engl⟩ national number / nationale Nummer, *Nachrichtentechnik*. – 2. N.N.: Normalnull (Bezugsnullpunkt für amtliche Höhenangaben)

NNB: Netznachbildung

NNC: ⟨engl⟩ non-numerical control / nichtnumerische Steuerung, *Automatisierungstechnik*

NND: 1. ↑ NLND. – 2. normative Nutzungsdauer (Kennwert z.B. für Baumaschinen oder Gebäude)

NNE: ⟨engl⟩ north-northeast / Nordnordost, ↑ NNO

NNO, NNO.: Nordnordost, = NNE

NNTnW: niedrigster Stand der Tiden

NNW: 1. niedrigster Niedrigwasserstand. – 2. NNW.: ⟨engl⟩ north-northwest / Nordnordwest

NO 1. [НО]: ⟨russ⟩ naružnoe osveščenie [наружное освещение] / Außenbeleuchtung. – 2. NO.: Nordost, = NE 2. – 3. [НО]: ⟨russ⟩ normal'no-otkrytyj [нормально-открытый] / normal(erweise) offen, (Arbeitszustand), *Automatisierungstechnik*

NOAA: ⟨engl⟩ National Oceanic and Atmospheric Administration / Nationale Ozean- und Atmosphärenbehörde (Bezeichnung für ↑ TIROS-Wettersatellitenserie der USA, NOAA = ↑ ITOS)

nöbL, NÖBL, nöbl: nichtöffentlicher beweglicher Landfunk (DBP)

NOC: ⟨engl⟩ normally open contact / Arbeitskontakt (Schließer), *Elektrotechnik*

NOF: ⟨engl⟩ (International) NOTAM Office (Internationales) ↑ NOTAM-Büro, *Flugsicherung*

NOL [НОЛ]: ⟨russ⟩ normal'no-osvetitel'naja lampa [нормальноосветительная лампа] / Allgebrauchslampe

NONEL-System: ⟨engl⟩ non-electric system / stromloses Verfahren (zum Zünden von Sprengladungen), *Bergbautechnologie*

NOP: ⟨engl⟩ North Pacific / Nordpazifik, *Flugbetrieb*

NOR: ⟨engl⟩ NOT OR / NICHT-ODER (logische Verknüpfung)

NOS: ⟨engl⟩ network operating system / Netzwerkbetriebssystem, *Datenerarbeitung*

NOSPE: niederohmige Sternpunkterdung, *Elektrotechnik*

NOSS: ⟨engl⟩ national oceanic satellite system / nationales Ozean-Satellitensystem (USA)

NOT: ⟨engl⟩ number of turns / Windungszahl, *Elektrotechnik*

NOTAM: ⟨engl⟩ notice to airmen / Nachricht für Luftfahrer (wichtige Informationen über Änderungen und Abweichungen von der üblichen Sicherstellung des Fluges), *Flugsicherung*

Not.F.: Notfeuer (Seezeichen)

NOVRAM: ↑ NVRAM

NÖWV: nichtöffentliche Wärmeversorgung, *Energietechnik*

NOzN, NOzN.: Nordost zu Nord

NOzO, NOzO.: Nordost zu Ost

NP: 1. Naturfaserstoff, pflanzlich (Pflanzenfaser), *Textiltechnik.* – **2.** Netzplan, *Datenverarbeitung*

NPC: ⟨engl⟩ non-printing character / nichtdruckbares Zeichen, *Datenverarbeitung*

Np.H.W.: Nipphochwasser

npn: ⟨engl⟩ negative positive negative / negativ, positiv, negativ (Zonenfolge bei Halbleiterstrukturen aus zwei n-leitenden Schichten und einer p-leitenden Schicht)

NPN: Nichtproteinstickstoff, *Lebensmitteltechnik*

Np.N.W.: Nippniedrigwasser

NPP: ⟨engl⟩ nuclear power plant / Kernkraftwerk, ↑ KKW

NPR: 1. ⟨engl⟩ new production reactor / Kernreaktor für Plutoniumproduktion), *Kernkraftwerkstechnik.* – **2.** ⟨engl⟩ noise power ratio / Rausch-Leistungs-Verhältnis, *Nachrichtentechnik*

NPS: neutrale Polysaccharide, *Lebensmitteltechnik*

NPSW: neues Programmstatuswort, *Datenverarbeitung*

NPT: 1. Netzplantechnik. – **2.** ⟨engl⟩ noise protection transformer (Netztransformator mit hohen Dämpfungseigenschaften gegenüber Netzstörspannungen), *Elektrotechnik.* – **3.** ⟨engl⟩ normal pressure and temperature / Normaldruck und -temperatur

NPTF: ⟨engl⟩ nuclear proof test facility / Versuchseinrichtung für kerntechnische Prüfungen, *Kerntechnik*

Np.T.H.: Nipptidenhub

NPU: ⟨engl⟩ net protein utilization / Nettoproteinverwertung, *Lebensmitteltechnik*

NPV: Normalproben der Viskosität (Viskometrie), *Lebensmitteltechnik*

NR: 1. ⟨engl⟩ natural rubber / Naturkautschuk, ↑ NK 1. –
2. ⟨engl⟩ negative resistance / negativer Widerstand. – **3.** ↑ NLR. –
4. ⟨engl⟩ noise ratio / Rauschverhältnis, *Nachrichtentechnik*. –
5. ⟨engl⟩ noise reduction / Geräuschunterdrückung (Reduzierung von Funkstörungen). –
6. ⟨engl⟩ nuclear reactor / Kernreaktor, *Kernkraftwerkstechnik*. –
7. ⟨engl⟩ number / Nummer, *Luftfahrt*

NRMS-Wert: ⟨engl⟩ nominal root mean square value / Nenneffektivwert

NRTL: ⟨engl⟩ non random two liquids / keine zufällige Verteilung zweier Flüssigkeiten (Gleichung zur Beschreibung von Gleichgewichtswerten) *Stofftrenntechnik*

NRZ: ⟨engl⟩ non-return-to-zero / Ohne-Rückkehr-zu-Null (Aufzeichnungsverfahren magnetischer Speicher), *Datenverarbeitung*

NRZI: ⟨engl⟩ non-return-to-zero inverted / Ohne-Rückkehr-zu-Null, invertiert (Aufzeichnungsverfahren magnetischer Speicher), *Datenverarbeitung*

NRZL: ⟨engl⟩ non-return-to-zero level / Ohne-Rückkehr-zu-Nullpegel (Aufzeichnungsverfahren magnetischer Speicher), *Datenverarbeitung*

Ns: Neusilber (Kupfer-Nickel-Zink-Legierung)

NS: 1. Niederspannung, = BT 2, = LT 14, = LV 5 (bis 1 kV). –
2. Nierenszintigrafie (Abbildung der Niere mittels Radioisotopentechnik), *Medizintechnik*. –
3. ⟨engl⟩ nonstaining / nicht verfärbend, = NV 1, *Polymertechnik*. –
4. N.S.: ⟨engl⟩ nuclear ship / Kernenergieschiff, Atomschiff

N.S.: Nebelsignalstelle

NSA: Nachtsignalanlage, *Schiffstechnik*

NSC: ⟨engl⟩ noise suppression circuit / Schaltung zur Geräuschunterdrückung, *Nachrichtentechnik*

NSCR: ⟨engl⟩ nuclear science center reactor / Reaktor des wissenschaftlichen Zentrums für Kerntechnik

NSD: ⟨engl⟩ noise-free device / rauschfreies Bauelement, *Nachrichtentechnik*

NSGT: ⟨engl⟩ n-silicon gate technology / n-Silicium-Gatetechnologie (Grundverfahren zur Herstellung von Metall-Oxid-Halbleiterbauelementen), *Halbleitertechnologie*

NSI: ⟨engl⟩ nitrogen solubility index / Stickstofflöslichkeitsindex, *Lebensmitteltechnik*

NSK-Motor: Nebenschlußkommutatormotor

NSM [НСМ]: ⟨russ⟩ sverhminiatjurnaja lampa nakalivanija [сверхминиатюрная лампа накаливания] / Mikrominiaturlampe

NSP 1. [НСП]: ⟨russ⟩ nakopitel' standartnyh podprogramm [накопитель стандартных подпрограмм] / Speicher der Standardunterprogramme, *Datenverarbeitung*. –
2. ⟨engl⟩ narrow spot / 1. sehr kleiner Ausstrahlungswinkel (Reflektorglühlampe). – 2. Punktstrahler, Engstrahler mit kleinem

Ausstrahlungswinkel (Reflektorglühlampe)

NSPP: ⟨engl⟩ nuclear safety pilot plant / Pilotanlage zur Untersuchung der nuklearen Sicherheit, *Kernkraftwerkstechnik*

NSR: ⟨engl⟩ neutron source reactor / Neutronenquellenreaktor, *Kerntechnik*

NSSC-Stoff: ⟨engl⟩ neutral sulfite semichemical pulp / Neutralsulfit-Halbzellstoff

NSSS: ⟨engl⟩ nuclear steam supply system / nukleares Dampferzeugungssystem (im Druckwasserreaktor), *Kernkraftwerkstechnik*

NSt: Nebenstelle, *Nachrichtentechnik*

NSTP: Nummernstellpult (DB), *Eisenbahnsicherungstechnik*

NT: 1. Naturfaserstoff, tierisch (Tierfaserstoff), *Textiltechnik*. – **2.** nitriert, *Werkstofftechnik*. – **3. [HT]:** ⟨russ⟩ normal'naja temperatura [нормальная температура] / Bezugstemperatur, *Flugmeteorologie*

N.T.: ⟨engl⟩ normal temperature / Normaltemperatur

NTC-Widerstand: ⟨engl⟩ negative temperature coefficient resistor / Widerstand mit negativem Temperaturkoeffizienten (Heißleiter), *Elektronik*

NTD: ⟨engl⟩ neutron transmutation doping / Neutronendotierung, *Halbleitertechnologie*

NTH: Niedertemperaturheizung

NTI: ⟨engl⟩ noise transmission impairment / Minderung der Übertragungsgüte durch Leitungsgeräusche, *Nachrichtentechnik*

NTL: ⟨engl⟩ non-threshold logic / schwellenwertfreie Logik, *Elektronik*

NTMB: niedertemperaturthermomechanische Behandlung, *Metallurgie*

NTN: ⟨engl⟩ neutralized twisted nematic / neutralisiert verdrilltnematisch (Flüssigkristallanzeige mit 2., komplementär arbeitender Schicht ↑ LC 5 und exakterer Bilddarstellung), *Elektronik*, s. a. TN 2

NTOL: ⟨engl⟩ normal take-off and landing / Normalstart und -landung, *Flugbetrieb*

NTP: ⟨engl⟩ normal temperature, pressure / Normaltemperatur und -druck, *Flugbetrieb*

NTR: ⟨engl⟩ nuclear test reactor / Versuchskernreaktor, *Kernkraftwerkstechnik*

NTSC-Farbfernsehsystem: ⟨engl⟩ National Television System Committee colour television system / Farbfernsehsystem des Nationalen (US-amerikanischen) Fernsehausschusses

NTU: ⟨engl⟩ number of transfer units / Zahl der Übertragungseinheiten (Wärme- und Stoffübertragungszahl), *Energietechnik*

NTZ: Niedertarifzeit, *Energietechnik*

Ntzl: Nutzlast

Nu: Nummernschalter (Fernsprechendgerät)

NUDAC: ⟨engl⟩ nuclear data center / Zentrum für nukleare Daten, *Kerntechnik*

Nuhz: Niederdruckumlaufheizung, *Schienenfahrzeugtechnik*

Nusat: ⟨engl⟩ northern Utah satellite (Kleinsatellit für Radar- und C-Band-Versuche mit Flugzeugen)

NV: 1. nicht verfärbend, = NS 3, *Polymertechnik*. – 2. Niederfrequenzverstärker, *Elektronik*. – 3. niederverestert (Pektin), *Lebensmitteltechnik*. – 4. [HB]: ⟨russ⟩ vakuumnaja lampa nakalivanija [вакуумная лампа накаливания] / Vakuum[glüh]lampe

NVD: ↑ NLVD

NVK: Nabelvenenkatheter, *Medizintechnik*

NVM: ⟨engl⟩ non-volatile memory / leistungsunabhängiger (nichtflüchtiger) Speicher, *Datenverarbeitung*

NVRAM, NOVRAM: ⟨engl⟩ non-volatile random access memory / nichtflüchtiger Speicher mit wahlfreiem Zugriff, *Mikroelektronik*

nw: neutralweiß (Lichtfarbe bei Leuchtstofflampen)

NW: 1. Neigungswechsel, *Eisenbahnoberbau*. – 2. Nennweite. – 3. Niedrigwasserstand. – 4. Normalwasserstand (in Behältern und Apparaten), *Energietechnik*. – 5. NW.: ⟨engl⟩ northwest / Nordwest. – 6. Nullphasenwinkelmodulation, *Nachrichtentechnik*

NWE: ⟨engl⟩ narrow width effect / Effekt schmaler Übergangszonen (beim Transistor), *Halbleitertechnologie*

N.W.I.: Niedrigwasserintervall

NWS: nukleares Wärmeerzeugungssystem

N.W.T.: ⟨engl⟩ non-watertight / nicht wasserdicht

N.W.Z.: Niedrigwasserzeit

NWzN, NWzN.: Nordwest zu Nord

NWzW, NWzW.: Nordwest zu West

NZ [H3]: 1. ⟨russ⟩ normal'nozakrytyj [нормально-закрытый] / normal(erweise) geschlossen, Ruhezustand, *Automatisierungstechnik*. – 2. ↑ ZN

NzO, NzO.: Nord zu Ost

NZT: ⟨engl⟩ non-zero test / Nicht-Null-Test, *Datenverarbeitung*

NzW, NzW.: Nord zu West

O

O: 1. Folie (Anhängekurzzeichen). – 2. O.: Ost, Osten, = E 1

oa: optisch aufgehellt (Ausführungsart von Chemiefaserstoffen)

OA: Ortsamt, *Nachrichtentechnik*

o.a.d.: ⟨engl⟩ overall dimension / Außenmaß, Außenabmessung, Gesamtmaß

OAMS: ⟨engl⟩ orbital altitude and man[o]euvre system / Höhenänderungs- und Manövriersystem in der Umlaufbahn, *Raumfahrttechnik*

O & M: ⟨engl⟩ operation and maintenance / Bedienung und Wartung, *Nachrichtentechnik*

OAO: ⟨engl⟩ orbiting astronomical observatory / erdumkreisendes astronomisches Observatorium (USA-Erdsatellitenserie)

OAS: oberflächenaktive Substanz

(z. B. Emulgator), *Lebensmitteltechnik*

OAsl: Ortsanschlußleitung, *Nachrichtentechnik*

OAST: ⟨engl⟩ Office of Aeronautics and Space Technology / Büro für Luft- und Raumfahrttechnologie (Experimentepaket des Space Shuttle, USA)

OAT: 1. ⟨engl⟩ operating ambient temperature / Betriebsumgebungstemperatur. – **2.** ⟨engl⟩ outside air temperature / Außenlufttemperatur, *Flugbetrieb*. – **3.** ⟨engl⟩ oxide-aligned transistor / oxidjustierter Transistor, *Halbleitertechnologie*

ÖB: Öffnungsblende, *technische Optik*

† **OB:** Ortsbatterie, *Nachrichtentechnik*

† **oBA:** ohne Brandausbreitung, ↑ oFa, (bautechnischer Brandschutz)

ÖBB: Österreichische Bundesbahnen

OBC: ⟨engl⟩ ore bulk carrier / Erz-Schüttgut-Transportschiff

OBC-Schiff: 1. ⟨engl⟩ ore bulk container ship / Erz-Schüttgut-Containerschiff (wahlweise für die Beförderung von Erz, Schüttgut und Containern)

OBD: ⟨engl⟩ omnibearing distance / Azimutentfernung (Entfernung zur angepeilten Rundstrahlbake), *Luftfahrtnavigation*

OBI: ⟨engl⟩ omnibearing indicator / Azimutanzeiger, Rundsichtpeilanzeiger, *Luftfahrtnavigation*

OBIC: ⟨engl⟩ optical beam induced contrast (optische Untersuchungsmethode für Halbleitermaterialien und elektronische Bauelemente), *Halbleitertechnologie*

öbL, ÖBL, öbl: öffentlich beweglicher Landfunkdienst, (DBP), *Nachrichtentechnik*

OBL: optischer Belegleser, *Datenverarbeitung*

OBM: ⟨engl⟩ oxygen bottom Maxhütte (Sauerstoff-Aufblasverfahren von Maxhütte bei der Stahlerzeugung; Sauerstoff (O) wird durch den Boden (B) des Konverters geblasen), *Eisenmetallurgie*

OBO-Schiff: ⟨engl⟩ ore bulk oil ship / Erz-Schüttgut-Öl-Transportschiff

OBR: ⟨engl⟩ optical barcode reader / optischer Strichcodeleser, *Datenverarbeitung*

OBS: ⟨engl⟩ omnibearing selector / Azimutwähler (Gerät zum Vorprüfen der Richtwerte einer angepeilten Rundstrahlbake), *Luftfahrtnavigation*

OBST: ⟨engl⟩ obstruction / Hindernis, *Flugsicherung*

† **OB-Ue:** Ortsbatterieübertragung, *Nachrichtentechnik*

Obus: Oberleitungs-Omnibus

Obw: Oberbauwerk (Technische Dienststelle für den Eisenbahnoberbau)

OC: 1. ⟨engl⟩ open circuit / offener Stromkreis, *Elektrotechnik*. – **2.** ⟨engl⟩ oxygenation capacity / Sauerstoffeintragsvermögen, *Umweltschutztechnik*

OCC: ⟨engl⟩ operation control

center / Operationskontrollzentrum (Raumsegment und Küsten-Erde-Funkstellen), *Raumfahrttechnik*

OCDRE: ⟨engl⟩ organic-cooled deuterium-moderated reactor / organisch gekühlter, deuteriummoderierter Reaktor, *Kernkraftwerkstechnik*

OCE: ⟨engl⟩ ocean colour experiment / Experiment Ozeanfarbe (Space Shuttle, USA)

OCe-Verfahren: ohne Cementation/ohne Aufkohlung (Härteverfahren für OCe-Stähle), *Werkstofftechnik*

OČK [ОЧК]: ⟨russ⟩ ot"ëmnaja čast' kryla [отъёмная часть крыла] / abnehmbarer Teil der Tragfläche, ↑ TFA

OCL: ⟨engl⟩ obstacle clearance limit / Hindernisfreigrenze, *Flugsicherung*

OCMCU: ⟨engl⟩ one-chip microcomputer unit / Einchipmikrorechnerbaustein

OCR: 1. ⟨engl⟩ optical character recognition [reading, reader] / optische [-s, -r] Zeichenerkennung [-lesen, -leser], = OMR 1, = OZL, *Datenverarbeitung*. – **2.** ⟨engl⟩ optical code reader / optischer Codeleser, *Datenverarbeitung*

OCS: ⟨engl⟩ obstacle clearance surface / Hindernisfreifläche, *Flugsicherung*

od, o.d., OD, O.D.: 1. ⟨engl⟩ outside diameter / Außendurchmesser. – **2.** ⟨engl⟩ outside dimension / Außenabmessung

öd.: öldicht

OD: 1. ⟨engl⟩ optical density / optische Dichte (Schwärzung). – **2.** ⟨engl⟩ original design / Originalkonstruktion (Originalentwurf)

ODG: Ophtalmodynamografie (Bestimmung der Durchblutung des Auges), *Medizintechnik*

ODGW: Ortsdienstgruppenwähler, *Nachrichtentechnik*

ODL: Ortsdosisleistung, *Kerntechnik*

ODPA: octyliertes Diphenylamin (Alterungsschutzmittel), *Polymertechnik*

ODR: ⟨engl⟩ omnidirectional range / Drehfunkfeuer, *Flugsicherung*

ODU: ⟨engl⟩ output display unit / Ausgabeanzeigeeinheit, *Datenverarbeitung*

OE-BR: ⟨engl⟩ oil-extended butadiene rubber / ölgestreckter Butadienkautschuk, *Polymertechnik*

OED: ⟨engl⟩ oxidation-enhanced diffusion / oxidationsgesteigerte Diffusion, *Halbleitertechnologie*

OE-Garn: Offenendgarn (Rotorgarn), *Textiltechnik*

OEIC: ⟨engl⟩ optoelectronic integrated circuit / optoelektronische integrierte Schaltung, ↑ IOEC

OEl: örtliche Endamtsleitung, *Nachrichtentechnik*

OelHz: Oelheizung, *Schienenfahrzeugtechnik*

OEM: ⟨engl⟩ original equipment manufacturer / Originalgerätehersteller (von Produkten, die andere Hersteller mit oder ohne Veränderungen vertreiben bzw. die sie in ihre Anlagen und Geräte einbauen)

OEP [ОЭП]: ⟨russ⟩ optoèlektronnyj pribor [оптоэлектронный прибор] / optoelektronisches Bauelement

OER: ⟨engl⟩ oil-extended rubber / ölgestreckter Kautschuk, *Polymertechnik*

OEZ: osteuropäische Zeit, = EET (= MEZ + 1 h, bez. auf 30° ö. L.)

OEZU [ОЭЗУ]: ⟨russ⟩ optoèlektronnoe zapominajuščee ustrojstvo [оптоэлектронное запоминающее устройство] / optoelektronischer Speicher

o. F.: ohne Forderung (bautechnischer Brandschutz)

OF: 1. Oberfläche. – 2. ⟨engl⟩ oxygen-free / sauerstofffrei

oFa, † ofa: ohne Feuerausbreitung, = † oBA, bautechnischer Brandschutz

OFC: ⟨engl⟩ optical fibre communication / Lichtleitkabelkommunikation, *Nachrichtentechnik*

OFF: Oberfläche Fußboden, *Bautechnik*

OFG: Oberfläche Gelände, *Bautechnik*

OFHC-Kupfer: ⟨engl⟩ oxygen-free high conductivity copper / sauerstoffarmes Kupfer hoher elektrischer Leitfähigkeit

OFI: ⟨engl⟩ operational flight instrumentation / Instrumentierung für die Betriebsflüge (Space Shuttle, USA)

OFLW: Orts- und Fernleitungswähler, *Nachrichtentechnik*

OFM: optischer Frequenzmultiplexbetrieb, *Nachrichtentechnik*

OFN: Ortsfernsprechnetz

OFO: ⟨engl⟩ orbiting frog otholit (USA-Erdsatellit zur Erforschung des Gleichgewichtssystems in der Schwerelosigkeit)

OFPL: ⟨engl⟩ operational flight plan / Flugdurchführungsplan, *Luftfahrtnavigation*

OFR: ⟨engl⟩ ozonefree / ozonfrei (ozonfreie Ausführung), *Lichttechnik*

OFW-Bauelement: Oberflächenwellenbauelement, (akustoelektronisches Bauelement), = Bauelement SAW 2

OFZ: Oberflächenzustand

OG: Obergeschoß, *Bautechnik*

OGA: Ortsgemeinschaftsantennenanlage

OGO: ⟨engl⟩ orbiting geophysical observatory / erdumkreisendes geophysikalisches Observatorium (USA-Erdsatellitenserie)

OGS: Obst, Gemüse, Speisekartoffeln (Industriezweig), *Lebensmitteltechnik*

OGW: Ortsamtsgruppenwähler, Ortsgruppenwähler, *Nachrichtentechnik*

OHC: ⟨engl⟩ overhead camshaft / oben angeordnete Nockenwelle (im Zylinderkopf), *Kraftfahrzeugtechnik*

OHV: ⟨engl⟩ overhead valves / oben befindliche Ventile, *Kraftfahrzeugtechnik*

Ohz: Ofenheizung, *Schienenfahrzeugtechnik*

OI [ОИ]: ⟨russ⟩ optičeskoe izlučenie [оптическое излучение] / optische Strahlung

O/I, OI: ⟨engl⟩ output/input /Ausgabe/Eingabe, = AE 10, *Datenverarbeitung*

OIC: ⟨engl⟩ optical integrated circuit / optische integrierte Schaltung, ↑ IOC 2

OIL: ⟨engl⟩ orange indicating lamp / orangefarbene Anzeigelampe

OIP [ОИП]: ⟨russ⟩ otsčët istinnogo pelenga [отсчёт истинного пеленга] / Anzeige der wahren Peilung, *Luftfahrtnavigation*

OIRP [ОИРП]: ⟨russ⟩ obratnyj istinnyj radiopeleng [обратный истинный радиопеленг] / geografische Funkrückpeilung, *Luftfahrtnavigation*

OISF: ⟨engl⟩ oxidation-induced stacking faults / durch Oxidation induzierte Stapelfehler (Kristalldefekt), *Halbleitertechnologie*

OK: 1. ⟨engl⟩ all correct / in Ordnung, *Flugbetrieb*. – **2.** Oberkante. – **3.** ohne Kopframpe (Bahnanlage). – **4. [OK]:** ⟨russ⟩ orbital'nyj korabl' [орбитальный корабль] / Orbitalschiff (Orbitaleinheit eines wiederverwendbaren Raumtransporters). – **5.** Otto-Kraftstoff

O-Kautschuke: Kautschuke mit Sauerstoffatomen in der Polymerkette, *Polymertechnik*

OKB: Oberkante Befestigung, *Straßenbau*

OKD: Oberkante Deckel oder Deckelhöhe, *Straßenbau*

OKE: Oberkante Einlauf oder Einlaufhöhe, *Straßenbau*

OKF: Oberkante Fundament

OKG: 1. Oberkante Gelände, *Straßen- und Tiefbau*. – **2. [ОКГ]:** ⟨russ⟩ optičeskij kvantovyj generator [оптический квантовый генератор] / Laser

OKK: Oberkante Kiel, *Schiffstechnik*

OKS: 1. Oberkante Schienenkopf. – **2.** Oberkante Sohle oder Sohlhöhe, *Straßenbau*. – **3. [ОКС]:** ⟨russ⟩ orbital'naja kosmičeskaja stancija [орбитальная космическая станция] / Orbitalstation, ↑ OS 4

ö. L.: östliche Länge

OL: 1. Ortsverbindungsleitung, *Nachrichtentechnik*. – **2.** ⟨engl⟩ overhead line / Freileitung, = OW 3, *Elektrotechnik*. – **3.** ⟨engl⟩ overload / Überlast, *Elektrotechnik*

OLL: optischer Lochstreifenleser, *Datenverarbeitung*

OLM: ⟨engl⟩ one-line measurement / direkte Messung (mit elektrischer Kopplung zum Rechner)

OLP-Verfahren: ⟨frz⟩ oxygène-lance-poudre-procédé / Sauerstoff-Lanzen-Pulver-Verfahren (Sauerstoff-Aufblasverfahren), *Eisenmetallurgie*

OLRT: ⟨engl⟩ on-line real time / Echtzeitdirektanschluß, *Datenverarbeitung*

OLTP: ⟨engl⟩ on-line transaction processing / On-line-Verarbeitung (direkt prozeßgekoppelt, rechnerabhängig), *Datenverarbeitung*

OLTS: ⟨engl⟩ on-line test system / On-line-Testsystem (rechnerabhängig), *Datenverarbeitung*

OLW: Leitungswähler für Ortsverkehr, *Nachrichtentechnik*

Om: ohne Mattierungsmittel (Ausführungsart von Chemiefaserstoffen)

OM: 1. Oberbaumängel, *Eisenbahnoberbau*. – **2.** ⟨engl⟩ outer marker / Voreinflugzeichen, = VEZ, *Luftfahrtnavigation*

O.M.: Ortsmißweisung, s. a. mw.

OMA: ⟨engl⟩ optical multichannel analysis/optische Vielkanalanalyse, ↑ OVA

OMB: oberflächenmontierbares Bauelement, ↑ SMD 2

OMCT: ⟨engl⟩ operation and maintenance center / Bedienungs- und Wartungszentrum, *Nachrichtentechnik*

OMCVD: ⟨engl⟩ organometallic chemical vapour deposition (chemische Abscheidung aus der Dampfphase einer organisch-metallischen Verbindung), *Halbleitertechnologie*

OMFBR: ⟨engl⟩ organic moderated fluidized-bed reactor / organisch moderierter Wirbelbettreaktor, *Kernkraftwerkstechnik*

OMPU [ОМПУ]: ⟨russ⟩ ortodromičeskij magnitnyj putevoj ugol [ортодромический магнитный путевой угол] / orthodromer magnetischer Wegwinkel, *Luftfahrtnavigation*

OMR: 1. ⟨engl⟩ optical mark recognition [reading, reader] / optische[-s, -r] Markierungserkennung [-lesen, -leser], ↑ OCR 1. – **2.** ⟨engl⟩ organic moderated reactor / organisch moderierter Reaktor, *Kernkraftwerkstechnik*

OMRP [ОМРП]: ⟨russ⟩ obratnyj magnitnyj radiopeleng [обратный магнитный радиопеленг] / magnetische Funk-Rückpeilung, *Luftfahrtnavigation*

OMS: 1. optoelektronisches Meß- und Sensorsystem. – **2.** optoelektronisches Multisensor-System, *Elektronik*. – **3.** ⟨engl⟩ orbital man[o]euvering stage / Raketenstufe für Bahnmanöver, *Raumfahrttechnik*. – **4.** ⟨engl⟩ orbital man[o]euvering system / System für das Manövrieren in der Umlaufbahn, *Raumfahrttechnik*

OMSS: Operationelles Meteorologisches Satellitensystem (Westeuropa)

OMV: ⟨engl⟩ orbital man[o]euvering vehicle / orbitales Manövriergerät, *Raumfahrttechnik*

OMW: Oberbaumeßwagen (Schienenfahrzeug)

ON: 1. ⟨engl⟩ octane number / Oktanzahl, *Luftfahrtantriebe*. – **2.** Ortsnetz, *Nachrichtentechnik*

ONB: Ortsnetzbereich, *Nachrichtentechnik*

ONERA-Verfahren: ⟨frz⟩ Office National d'Étude et des Recherches Aéronautiques procédé (Inchromierverfahren), *Oberflächentechnik*

ONKz: Ortsnetzkennzahl, *Nachrichtentechnik*

ONO, ONO.: Ostnordost, = ENE

ONR: ⟨engl⟩ octane number requirement / Oktanzahlbedarf (von Otto-Motoren), *Kraftfahrzeugtechnik*

ONW: Ortsnetz mit Wählbetrieb, *Nachrichtentechnik*

OOO: ⟨engl⟩ out of order / außer Betrieb, gestört

Op: ⟨engl⟩ oil-pelleted / ölpelletisiert, *Polymertechnik*

OP: 1. Objektprogramm, *Datenverarbeitung.* – **2.** offene Porosität (Prüfkennwert für keramische Baustoffe). – **3.** ⟨engl⟩ operation / Arbeitsgang, ↑ AG 2. – **4. [ОП]:** ⟨russ⟩ operativnaja pamjat' [оперативная память] / Operativspeicher, = OZU 1, *Datenverarbeitung.* – **5.** Orientierungspunkt, *Luftfahrtnavigation.* – **6. [ОП]:** ⟨russ⟩ osvetitel'nyj pribor [осветительный прибор] / Leuchte für Beleuchtungszwecke

OPC: ⟨engl⟩ originating point code / Code der Ursprungsvermittlungsstelle, *Nachrichtentechnik*

OPD: ⟨engl⟩ optical path difference / optischer Gangunterschied (optische Wegdifferenz zwischen zwei Wellen), *technische Optik*

Opdar, OPDAR: ⟨engl⟩ optical detecting and ranging / optische Ortung und Entfernungsmessung, optisches ↑ Radar, *Nachrichtentechnik*

OPF: ⟨engl⟩ orbiter processing facility (Montagegebäude für den Orbiter des Space Shuttle, USA)

OPFET: ⟨engl⟩ optical field-effect transistor / optischer Feldeffekttransistor, *Optoelektronik*

opm, OPM: Operationen pro Minute

OPM: Operationsmikroskop, *Medizintechnik*

ÖPNV: öffentlicher Personennahverkehr

OPOS: optoelektronisches Positionssystem, *Automatisierungs-, Meßtechnik*

O-POS-Schicht: ⟨engl⟩ oxygen-doped polysilicon film / sauerstoffdotierte Polysiliciumschicht (ein Prozeßschritt der Technologie ↑ MOS 3), *Halbleitertechnologie*

OPR: 1. ⟨engl⟩ open pool reactor / Offenbeckenreaktor, *Kernkraftwerkstechnik.* – **2.** ⟨engl⟩ optical page reader / optischer Seitenleser, *Datenverarbeitung*

OPS, Oprn: ⟨engl⟩ operations / Betrieb, in Betrieb befindlich, *Luftfahrt*

opt.: optisch

OPU [ОПУ]: ⟨russ⟩ ortodromičeskij putevoj ugol [ортодромический путевой угол] / orthodromer (geradläufiger) Wegwinkel, *Luftfahrtnavigation*

OPV: 1. Oberflächenpreßvergütung (z. B. von Spanplatten mit Dekorpapieren), *Holztechnik.* – **2.** ↑ OV 1

OR: 1. ohne Rampe (Bahnanlage). – **2.** ⟨engl⟩ operations research / Operationsforschung, *Datenverarbeitung*

O/R: ⟨engl⟩ on request / auf Anforderung, *Luftfahrt*

Oracle, ORACLE: ⟨engl⟩ operational reception of announcements by coded line electronics / Informationsempfang über eine codierte Fernsehzeile (britisches Videotextsystem)

ORB: ⟨engl⟩ omnidirectional radio beacon / Drehfunkfeuer, *Flugsicherung*

ORDIR: ⟨engl⟩ omnirange digital

radar / rundumlaufendes digitales ↑ Radar, *Flugsicherung*

ORI: ⟨engl⟩ octane requirement increase / Anstieg des Oktanzahlbedarfs, *Kraftfahrzeugtechnik*

ORK [ОРК]: ⟨russ⟩ otsčet radiokompasa [отсчёт радиокомпаса] / Anzeige des Funkkompasses, *Luftfahrtnavigation*

ORP [ОРП]: ⟨russ⟩ obratnyj radiopeleng [обратный радиопеленг] / Funkrückpeilung, *Luftfahrtnavigation*

ORS: 1. ⟨engl⟩ octahedral research satellite / oktaedrischer Forschungssatellit (USA-Erdsatellitenserie, später ↑ ERS 2). – **2.** ⟨engl⟩ official relay station / offizielle Relaisstation, *Nachrichtentechnik*

ORT: Oberleitungs-Revisionstriebwagen

ORZ: Organisations- und Rechenzentrum

OS: 1. Obersäule (in Stofftrennkolonne), *Verfahrenstechnik*. – **2.** Oberspannung, *Elektrotechnik*. – **3.** ⟨engl⟩ operating system / Betriebssystem, = BS 8, *Datenverarbeitung*. – **4. [ОС]:** ⟨russ⟩ orbital'naja stancija [орбитальная станция] / Orbitalstation, = OKS 3

OSB: oberes Seitenband, ↑ USB 2

OSC: ⟨engl⟩ ocean colour scanner / Ozeanfarben-Scanner (Multispektralscanner für spezielle ozeanologische Untersuchungen), *Raumfahrttechnik*

OSCAR, Oscar: ⟨engl⟩ orbiting satellite carrying amateur radio / Erdsatelliten(serie) für Amateurfunkverbindungen

OSI: ⟨engl⟩ open systems interconnection / offene Systemverbindung (Standard der ↑ ISO 2 zur Rechnerkommunikation)

ÖSL, öSL: örtliche Schnellverkehrsleitung, *Nachrichtentechnik*

ÖSl-m: örtliche Schnellverkehrsmeldeleitung, *Nachrichtentechnik*

ÖSl-v: örtliche Schnellverkehrsvermittlungsleitung, *Nachrichtentechnik*

OSO: 1. ⟨engl⟩ orbiting solar observatory / erdumkreisendes Sonnenobservatorium (USA-Erdsatellitenserie). – **2. OSO.:** Ostsüdost, = ESE 1

OSO-Schiff: ⟨engl⟩ ore slurry oil ship / Erz-Slurry-Öl-Schiff, (Erz-Erzschlamm-Öl-Transportschiff)

OSP 1. [ОСП]: ⟨russ⟩ oborudovanie slepoj posadki [оборудование слепой посадки] / Blindlandeausrüstung (Flugplatzausrüstung für den Landeanflug nach Funkfeuer), *Flugsicherung*. – **2.** ⟨engl⟩ optoelectronic signal processor / optoelektronischer Signalprozessor (Konzept für ein integriertes Signalverarbeitungssystem), *Nachrichtentechnik*

OSR: ⟨engl⟩ optical scanning recognition / optische Abtasterkennung, *Datenverarbeitung*

Osram: Osmium-Wolfram(-Legierung) (Glühlampenzeichen)

OSS-Technik: optimale Stereosignaltechnik (Aufnahmeverfahren), *Unterhaltungselektronik*

OST: 1. ⟨engl⟩ operational suitability test / Betriebseignungsprüfung, *Meßtechnik*. – **2.** ⟨engl⟩ operational system test / Betriebssystemprüfung, *Meßtechnik*

OSTA: ⟨engl⟩ Office of Space and Terrestrial Applications / Büro für Anwendungen im Weltraum und auf der Erde (Experimentepaket des Space Shuttle, USA)

OSU [ОСУ]: ⟨russ⟩ oblučatel'naja svetotehničeskaja ustanovka [облучательная светотехническая установка] / Bestrahlungsanlage (Bestrahlungseinrichtung)

OSW: Ortsstundenwinkel (Himmelskoordinate, bezogen auf den Beobachtungsort)

OS/2, MS-OS/2: ⟨engl⟩ Microsoft operating System (Betriebssystem der Fa. Microsoft für Computer mit den Prozessoren 80 286 und 80 386)

OT, o.T.: oberer Totpunkt (Umkehrpunkt), = PMH, *Maschinenbau*

OTA: 1. ⟨engl⟩ operational transconductance amplifier / Operationsverstärker, ↑ OV 1. – **2.** ⟨engl⟩ optical telescope assembly / optische Teleskopeinrichtung (für das ↑ ST 3), *Raumfahrttechnik*

OTBG: o-Tolylbiguanid (Vulkanisationsbeschleuniger), *Polymertechnik*

OTF: ⟨engl⟩ optical transfer function / optische Übertragungsfunktion, ↑ OÜF

OT-Konversion: Offsetdruck-Tiefdruck-Konversion (Verwendung von gerasterten Offsetdruck-Kopiervorlagen für den tiefenvariablen oder tiefen-/flächenvariablen Tiefdruck), *Polygrafie*

OTOS: N-Oxydiethylendithiocarbamyl-N'-oxydiethylensulfenamid (Vulkanisationsbeschleuniger), *Polymertechnik*

otro: ofentrocken, *Papiertechnik*

OTS: ⟨engl⟩ orbital test satellite / Testsatellit auf Erdumlaufbahn (westeuropäischer experimenteller Nachrichtensatellit, Satellitenfunk)

OTV: ⟨engl⟩ orbital transfer vehicle (Transportmittel für Nutzlasten zwischen verschiedenen Umlaufbahnen), *Raumfahrttechnik*

OTW: Oberflächentransversalwelle

OU [ОУ]: ⟨russ⟩ osvetitel'naja ustanovka [осветительная установка] / Beleuchtungsanlage

OÜF: optische Übertragungsfunktion (Gütefunktion für die optische Abbildung), = OTF, *technische Optik*

OV, 1. OPV: Operationsverstärker, = OTA 1, *Elektronik*. – **2.** ⟨engl⟩ orbiter vehicle / Fahrzeug auf Erdumlaufbahn (Space-Shuttle-Orbiter, USA)

OVA: optische Vielkanalanalyse (parallele Abtastung mehrerer Bildelemente), = OMA, *technische Optik*

OVI [ОВИ]: ⟨russ⟩ ogni vysokoj intensivnosti [огни высокой интенсивности] / hochintensive Befeuerung, *Flughafen*

OVl: Ortsverbindungsleitung, *Nachrichtentechnik*

OVLBI: ⟨engl⟩ optical very long baseline interferometry (satellitengestütztes Michelson-Interferometer), *Raumfahrttechnik*

Ovonics: ⟨engl⟩ Ovshinsky electronics / Ovshinski-Elektronik (Schaltelemente aus amorphem Halbleitermaterial), *Elektronik*

OVSt: Ortsvermittlungsstelle, *Nachrichtentechnik*

OVW: Oberflächenvorwärmer, *Energietechnik*

OW: 1. obere Wasserstraße. – **2.** Oberwasser. – **3.** ⟨engl⟩ open wire / Freileitung, = O2, *Elektrotechnik*. – **4.** ⟨engl⟩ operating weight / Betriebsmasse, *Flugbetrieb*. – **5.** ⟨engl⟩ order-wire (circuit) / Dienstleitung, *Nachrichtentechnik*

Owala: Oberwagenlaterne (bei Schienenfahrzeug)

OWF: Oberflächenwellenfilter, *Nachrichtentechnik*

OWS: 1. ⟨engl⟩ Ocean weather station / Ozeanwetterstelle, *Flugmeteorologie*. – **2.** ⟨engl⟩ orbital workshop / Orbitalwerkstatt (Haupttrakt der USA-Raumstation Skylab mit Wohn- und Arbeitsräumen)

ÖWV: öffentliche Wärmeversorgung, *Energietechnik*

OXIL: ⟨engl⟩ oxide-insulated logic / Oxidisolationslogik (eine bipolare Höchstintegrationstechnologie), *Halbleitertechnologie*

OXIM: ⟨engl⟩ oxide-insulated monolith / monolithische, oxidisolierte Schaltung, *Halbleitertechnologie*

OXIS-Technologie: ⟨engl⟩ oxide insulation technology / Oxidisolationstechnologie, *Halbleitertechnologie*

OZ: 1. Oktanzahl (Maß für die Klopffestigkeit von Otto-Kraftstoffen), *Kraftfahrzeugtechnik*. – **2.** Ortszeit. – **3.** Ortszentrale, *Nachrichtentechnik*

Ozl, OZL: Oberzugleitung (DB)

OZL: optischer Zeichenleser, ↑ OCR 1

OzN, OzN.: Ost zu Nord

OZP: oberer Zündpunkt, *Energietechnik*

OzS, OzS.: Ost zu Süd

OZU [ОЗУ]: 1. ⟨russ⟩ operativnoe zapominajuščee ustrojstvo [оперативное запоминающее устройство] / Operativspeicher, = OP 4, *Datenverarbeitung*. – **2.** ⟨russ⟩ optičeskoe zapominajuščee ustrojstvo [оптическое запоминающее устройство] / optischer Speicher, *Datenverarbeitung*

P

P: 1. Packung, *Verpackungstechnik*. – **2.** Panamabindung (Gewebebindung), *Textiltechnik*. – **3.** Perigäum (erdnächster Punkt einer Erdumlaufbahn). – **4.** Perlit (Gefügename), *Werkstofftechnik*. – **5.** Personenzug. – **6.** Phase, *Werkstofftechnik*. – **7.** ⟨engl⟩ power / Leistung, *Luftfahrtantriebe*. – **8.** ⟨engl⟩ prefocus cap / Prefokussockel, (Einstellsockel), *Lichttechnik*. – **9.** ⟨engl⟩ priority / Priorität, *Flugsicherung*. – **10.** Privatwagen (Schienenfahrzeug). – **11.** ⟨engl⟩ prohibited area / Flugsperrgebiet, *Flugsicherung*. – **12. Pwhz:** Propanweichenheizung, *Schienenfahrzeugtechnik*. – **13.** Proportional (-Regler), *Automatisierungstechnik*. – **14.** Pumpe, *Energietechnik*. – **15.** Pumpmaschine, *Lichttechnik*

pa: pillarm (Ausführungsart von Chemiefaserstoffen)

p. A.: ⟨lat⟩ pro analysi / für die Analyse, *Meßtechnik*

PA: 1. Pappel, *Holztechnik*. – 2. Polyamid (Thermoplast). – 3. Potentialausgleichsleitung, *Elektrotechnik*. – 4. ⟨engl⟩ power amplifier / Leistungsverstärker, *Elektronik*. – 5. ⟨engl⟩ pressure altitude / barometrische Höhe, *Luftfahrtnavigation*. – 6. program address / Programmadresse, *Datenverarbeitung*. – 7. ⟨engl⟩ public address / Lautsprecher (Anlage für große Zuhörermengen), ↑ PAS 4. – 8. ⟨engl⟩ pulse amplifier / Impulsverstärker, *Nachrichtentechnik*

P.A.: ⟨engl⟩ pulsating arc / pulsierender Bogen, gepulster Bogen, *Lichttechnik*

PAAGE: ↑ PAGE

PAb: Postanschlußbahn

PABX: ⟨engl⟩ private automatic branch exchange / Hausnebenstellenanlage mit Wählbetrieb, = PAX, *Nachrichtentechnik*

PAC: Polyacrylat, *Polymertechnik*

PAD: 1. ⟨engl⟩ package assembler disassembler / Paketersteller und -zerleger (elektronische Baugruppe an einer Teilnehmerschnittstelle), *Nachrichtentechnik*. – 2. ⟨engl⟩ post alloy diffusion / Diffusion nach Einlegieren (Transistorherstellungsverfahren), s. a. PADT

Padar, PADAR: ⟨engl⟩ passive detecting and ranging / passive Ortung und Entfernungsmessung, passives ↑ Radar, *Nachrichtentechnik*

PADLOC: ⟨engl⟩ passive-active detection and location / passiv-aktive Erfassung und Ortung, *Flugsicherung*

PADT, PAD-Transistor: ⟨engl⟩ post alloy diffused transistor (Transistor, bei dem nach dem Einlegieren des Emittermaterials die Basisdotierung eindiffundiert wird), *Halbleitertechnologie*

paes: permanent antielektrostatisch (Ausführungsart von Chemiefaserstoffen)

PA-F: Polyamidfaser (Dederon)

PAG: Programmablaufgraph (Steuerungsablauf), *Automatisierungstechnik*

PAGE, PAAGE: ⟨engl⟩ polyacrylamide gel electrophoresis / Polyacrylamidgel-Elektrophorese (Trennung von Stoffgemischen im elektrischen Feld mit Hilfe von Polyacrylamidgel), *Analysenmeßtechnik*

Pageos: ⟨engl⟩ passive geodetic earth-orbiting satellite / passiver geodätischer erdumkreisender Satellit (Ballonsatellit der USA zur Erdvermessung)

PAK: 1. ⟨engl⟩ peritoneal artificial kidney / künstliches System zur peritonealen Blutwäsche, *Medizintechnik*. – 2. polyzyklische aromatische Kohlenwasserstoffe, *Lebensmitteltechnik*

PAKF: Polaritätsautokorrelationsfunktion, *Meßtechnik*, s. a. KF 5

PAL: 1. ⟨engl⟩ phase alternating line / zeilenweiser Phasenwechsel (Farbfernsehsystem der Fa. AEG-Telefunken). – 2. ⟨engl⟩ programmable array logic / programmierbare Logikmatrix (mit programmierbarer AND- und fester OR-Matrix), *Mikroelektronik*

PALS: ⟨engl⟩ precision approach

PAM: 1. ⟨engl⟩ payload assist module (USA-Typenserie von Zusatzantrieben zum Transport von Nutzlasten auf geostationäre Umlaufbahnen), *Raumfahrttechnik*. – **2.** Polyacrylnitril, modifiziert (Modacrylfaserstoff, BRD), = PANM. – **3.** ⟨engl⟩ pulse-amplitude modulation / Pulsamplitudenmodulation, *Nachrichtentechnik*

PAMELA: Pilotanlage Mol zur Erzeugung lagerfähiger Abfallprodukte (Verglasung hochradioaktiver Abfälle, in Mol, Belgien)

PAM-FM: ⟨engl⟩ pulse amplitude modulation – frequency modulation / Pulsamplitudenmodulation – Frequenzmodulation, *Nachrichtentechnik*

PAN: 1. Phenyl-α-naphthylamin (Alterungsschutzmittel), *Polymertechnik*. – **2.** Polyacrylnitril (faserbildendes Polymer, † Wolpryla)

PANM: Polyacrylnitril, modifiziert (Modacrylfaserstoff), ↑ PAM 2

PANS: ⟨engl⟩ procedures for air navigation service / Flugsicherungsverfahren

PAP: Programmablaufplan, *Datenverarbeitung*

PAPM: ⟨engl⟩ pulse-amplitude and phase modulation / Pulsamplituden- und Phasenmodulation, *Nachrichtentechnik*

PAR: 1. ⟨engl⟩ parabolic aluminized reflector / verspiegelter Parabolkolben (Preßglasausführung), *Lichttechnik*. – **2.** ⟨engl⟩ photosynthetically active radiation / photosynthetisch wirksame Strahlung. – **3.** ⟨engl⟩ precision approach radar / Präzisionsanflug-↑ Radar, *Luftfahrtnavigation*

Parex-Verfahren: Paraffin-Extraktionsverfahren, *chemische Technologie*

PAS: 1. Perigäum-Apogäum-System (Antriebssystem zur Beförderung von Raumflugkörpern von einer Übergangsbahn auf eine geostationäre Umlaufbahn). – **2.** Potentialausgleichsschiene, *Elektrotechnik*. – **3.** Prozeßautomatisierungssystem. – **4.** ⟨engl⟩ public address system / Lautsprechersystem, Großbeschallungsanlage (für Säle oder Plätze)

PA-S: Polyamidseide († Dederon)

PASEM-System: ⟨engl⟩ partial analysis by scannig electron microscopy system / partielle Analyse (von nichtmetallischen Einschlüssen) durch ein Elektronenstrahlmikroskopiesystem, *Metallurgie*

PAX: ⟨engl⟩ private automatic exchange / Hausnebenstellenanlage mit Wählbetrieb, = PABX, *Nachrichtentechnik*

p.b.: ⟨engl⟩ push-button / Betätigungsdruckknopf

PB: 1. Polybuten, *Polymertechnik*. – Polydienfaserstoff, = PD 3. – **2.** Programmbibliothek, *Datenverarbeitung*. – **3.** Puzzolanbinder (Baustoff)

PBA: Preß- und Bindeanlagen, *Metallurgie*

PbBz: Bleibronze (Kupfer-Blei-Legierung)

PbDMC: Blei-dimethyldithiocarbamat (Vulkanisationsbeschleuniger), *Polymertechnik*

PBE: ⟨engl⟩ proof before etching / Andruck vor dem Ätzen (z. B. bei ↑ OT-Konversion), *Polygrafie*

Pbf: Personenbahnhof

PBN: Phenyl-β-naphthylamin (Alterungsschutzmittel), *Polymertechnik*

PBR: 1. Programmbasisregister, *Datenverarbeitung*. – 2. ⟨engl⟩ pyridine-butadiene rubber / Pyridin-Butadien-Kautschuk, *Polymertechnik*

PBS: 1. Plattenbetriebssystem, ↑ DOS 1. – 2. Polybutadienstyren (synthetischer Kautschuk). – 3. ⟨engl⟩ program buffer storage / Programmpufferspeicher, *Datenverarbeitung*. – 4. Prozeßrechnerbetriebssystem

PBT: 1. ⟨engl⟩ permeable base transistor / »durchlässiger« Basistransistor, *Mikroelektronik*. – 2. ⟨engl⟩ push-button dial telephone / Tastwahltelefon

PBX: ⟨engl⟩ private branch exchange / Hausnebenstellenanlage, *Nachrichtentechnik*

PC: 1. Papierchromatografie (Trennung von Stoffgemischen), *Analysenmeßtechnik*. – 2. ⟨engl⟩ personal computer / Personalcomputer, persönlicher Rechner. – 3. ⟨engl⟩ perspective control / Perspektive-Kontrolle, *Fototechnik*. – 4. ⟨engl⟩ phosphate crown / Phosphatkron (optisches Glas). – 5. ⟨engl⟩ photocell / Fotozelle. – 6. Polycarbonat (Thermoplast). – 7. ⟨engl⟩ power control / Leistungsregelung, *Luftfahrtantriebe*. – 8. ⟨engl⟩ printed circuit / gedruckte Schaltung, *Elektronik*. – 9. ⟨engl⟩ process control / Prozeßsteuerung, *Automatisierungstechnik*. – 10. ⟨engl⟩ production control / Fertigungssteuerung. – 11. ⟨engl⟩ program counter / Befehlszähler, *Datenverarbeitung*. – 12. ⟨engl⟩ programmable control / (frei) programmierbare Steuerung, = PS 6, *Automatisierungstechnik*. – 13. Pseudocode, *Datenverarbeitung*. – 14. ⟨engl⟩ pulse code / Pulscode, *Nachrichtentechnik*. – 15. ⟨engl⟩ punched card / Lochkarte

PCA: 1. Polycarbamidfaserstoff. – 2. ⟨engl⟩ polycristalline alumina (polykristalline Aluminiumoxidkeramik). – 3. ⟨engl⟩ pool critical assembly / kritische Beckenanordnung (im Reaktor), *Kernkraftwerkstechnik*

PCB: 1. Polychlorbutadien (Synthesekautschuk). – 2. P.C.B.: ⟨engl⟩ printed circuit board / gedruckte Schaltung, Leiterplatte, = PWB, *Elektronik*

PCC: 1. ⟨engl⟩ phase correction circuit / Phasenkorrekturschaltung, *Nachrichtentechnik*. – 2. ⟨engl⟩ process control computer / Prozeßrechner, ↑ PR 9

PCCD: ⟨engl⟩ peristaltic charge-coupled device / Bauelement mit peristaltischer Ladungsverschiebung, *Mikroelektronik*, s. a. CCD 1

PCD: ⟨engl⟩ plasma-coupled device / plasmagekoppeltes Bauelement, *Mikroelektronik*

PC-DOS: ⟨engl⟩ personal computer disk operating system / diskettenorientiertes Betriebssystem für Personalcomputer, ↑ MS-DOS

PCE: ⟨engl⟩ process control element / Prozeßsteuerelement, *Automatisierungstechnik*

PCG: ↑ PKG

PCI: 1. ⟨engl⟩ pellet-cladding interaction / Brennstofftablette-Hülle-Wechselwirkung (in den Reaktorbrennstäben), *Kernkraftwerkstechnik*. – **2.** ⟨engl⟩ programmable communication interface / programmierbares Kommunikationsinterface (Baustein für die synchrone und asynchrone Datenübertragung). – **3.** ⟨engl⟩ program[me] comparison and identification / Programmvergleich und Identifikation (Autorundfunkempfang)

PCIL: ⟨engl⟩ programmable current-injection logic / programmierbare Strominjektionslogik, *Elektronik*

PCIV: ⟨engl⟩ prestressed cast iron pressure vessel / vorgespannter Graugußdruckbehälter, *Kernkraftwerkstechnik*

PCM: 1. ⟨engl⟩ plug-compatible (devices) manufacturer / Produzent steckerkompatibler Geräte, *Elektronik*. – **2.** ⟨engl⟩ pulse-code modulation / Pulscodemodulation, *Nachrichtentechnik*. – **3.** ⟨engl⟩ pulse-count modulation / Pulszählmodulation, = PRM 2, *Nachrichtentechnik*

PCM-FM: ⟨engl⟩ pulse-code modulation – frequency modulation / Pulscodemodulation – Frequenzmodulation, *Nachrichtentechnik*

PCMK: Pulscode-Multiplexkanal, *Nachrichtentechnik*

PCN: ⟨frz⟩ photographie du ciel nocturne / Fotografie des nächtlichen Sternenhimmels (französische Fotoapparatur an Bord der sowjetischen Raumstation Salut 7)

PCP: 1. ⟨engl⟩ primary control program / primäres Steuerprogramm, *Datenverarbeitung*. – **2.** ⟨engl⟩ process control processor / Prozeßrechner, ↑ PR 9

PCR: ⟨engl⟩ programmed colour removal / programmierte Farbrücknahme (gesteuerter Unbuntaufbau von Vierfarbendruckformen), *Polygrafie*

PCRV: ⟨engl⟩ prestressed concrete reactor pressure vessel / Kernreaktordruckbehälter aus vorgespanntem Beton, *Kernkraftwerkstechnik*

PCS: 1. ⟨engl⟩ peripheral computer system / peripheres Rechnersystem. – **2.** ⟨engl⟩ personal computing system / Personalcomputersystem. – **3.** ⟨engl⟩ plastic-coated silica / plastebeschichteter Quarz (Quarzkernfaser). – **4.** ⟨engl⟩ position control system / Positionssteuersystem (für ↑ NCM), *Automatisierungstechnik*. – **5.** ⟨engl⟩ power conditioning system / Leistungsregelungssystem, *Luftfahrtantriebe*. – **6.** ⟨engl⟩ primary coolant system / Primärkühlmittelsystem, *Kernkraftwerkstechnik*. – **7.** ⟨engl⟩ print contrast signal / Druckkontrast-Signal (zur Bewertung von ↑ OCR 1-Manuskripten), *Polygrafie*. – **8.** ⟨engl⟩ process control system / Prozeßsteuerungssystem

PCTFE: Polychlortrifluorethylen (Duroplast)

PCTP: Pentachlorthiophenol (Abbaumittel), *Polymertechnik*

PCTR: ⟨engl⟩ physical constants test reactor / Versuchsreaktor für physikalische Konstanten, *Kernkraftwerkstechnik*

PCVD: ⟨engl⟩ plasma activated chemical vapour deposition / plasmaaktiviertes chemisches Aufdampfen, s. a. CVD 1

PD: 1. ⟨engl⟩ photodiode / Fotodiode. – **2.** Plattendurchlaß, *Melioration*. – **3.** Polydienfaserstoff, ↑ PB 1. – **4. [ПД]:** ⟨russ⟩ poršnevoj dvigatel' [поршневой двигатель] / Kolbenmotor, Kolbentriebwerk, *Luftfahrtantriebe*. – **5.** Potentialdifferenz, *Elektrotechnik*. – **6.** Proportional-Differential (-Regler), *Automatisierungstechnik*. – **7.** Proteinrohstoffdispersion, *Lebensmitteltechnik*. – **8.** Prüfdruck, *Meßtechnik*. – **9.** ⟨engl⟩ pulse duration / Impulsdauer, Pulsdauer, *Nachrichtentechnik*

P.D.: Pupillendistanz, *technische Optik*

PDA: ⟨engl⟩ production data acquisition / Betriebsdatenerfassung, *Automatisierungstechnik*

PDAP: Polydiallylphthalat (Harz)

PDB: ⟨engl⟩ planar-doped barrier / planar dotierte Sperrschicht, *Halbleitertechnologie*

PDC: ⟨engl⟩ pure direct current / reiner Gleichstrom, *Elektrotechnik*

PDI-Wert: ⟨engl⟩ potential daily intake value / potentieller (theoretischer) täglicher Aufnahmewert (von Konservierungsmitteln durch den Menschen), *Lebensmitteltechnik*

PDL: ⟨engl⟩ page description language / Seitenbeschreibungssprache (spezielle Programmiersprache zur Umbruchherstellung)

PDM: ⟨engl⟩ pulse-duration modulation / Pulsdauer-, [Pulslängen-, Pulsbreiten-] Modulation, = PLM, = PWM, *Nachrichtentechnik*

PDM-PSK: ⟨engl⟩ pulse-duration modulation – phase-shift keying / Pulsbreitenmodulation mit phasenumgetastetem Träger, *Nachrichtentechnik*

PDMS: Polydimethylsiloxane (Resist für die Elektronenstrahllithografie), *Halbleitertechnologie*

PDN: ⟨engl⟩ public data network / öffentliches Datennetz

PDOS: ⟨engl⟩ process disk operating system / Plattenbetriebssystem für Prozeßsteuerung (für 32-bit-Computer)

PDP: 1. ⟨engl⟩ plasma diagnostics package (Kleinsatellit zur Plasmauntersuchung, USA). – **2.** ⟨engl⟩ plasma display panel / Plasmasichtgerät, *Elektronik*. – **3.** ⟨engl⟩ power delay time product / Verlustleistungs-Verzögerungszeit-Produkt, *Elektronik*. – **4.** ⟨engl⟩ power distribution panel / Stromverteilertafel, *Nachrichtentechnik*. – **5. [ПДП]:** ⟨russ⟩ prjamoj dostup k pamjati [прямой доступ к памяти] / direkter Speicherzugriff, *Datenverarbeitung*. – **6.** ⟨engl⟩ process data processing / Prozeßdatenverarbeitung. – **7.** ⟨engl⟩ programmed data processing [processor] / programmierte[r] Datenverarbeitung [-prozessor]

P3FE: Polytrifluorethylen (Duroplast)

PDS: 1. ⟨engl⟩ pallet design

system / Palettenentwurfssystem (rechnergesteuert). – 2. ⟨engl⟩ product data sheet / Erzeugnisdatenblatt

PDSN: ⟨engl⟩ plasma-deposited silicon nitride / als Plasma abgeschiedenes Siliciumnitrid, *Halbleitertechnologie*

PDSW: pneumatisches Druckspeicherkraftwerk, *Energietechnik*

PDT: Prozeßdatentechnik

PDV: Prozeßdatenverarbeitung

PDVA: Prozeßdaten-Verarbeitungsanlage

pe: ⟨engl⟩ photoelectron / Fotoelektron

PE 1. P.E.: ⟨engl⟩ electric power / elektrische Leistung. – 2. Papierelektrophorese (Trennung von Stoffgemischen bei Gleichspannung), *Analysenmeßtechnik*. – 3. Pasteurisationseinheit, = P-Wert, *Lebensmitteltechnik*. – 4. Penetrometereinheit, *Lebensmitteltechnik*. – 5. ⟨engl⟩ phase encoding / Phasencodierung (Verfahren zur Magnetbandaufzeichnung oder Datenfernübertragung). – 6. ⟨engl⟩ photoelectric / fotoelektrisch. – 7. Platteneinheit, *Bautechnik*. – 8. Polyethylen (Thermoplast). – 9. Polyfluorethylenfaserstoff. – 10. Preemphases, Vorverzerrung, *Nachrichtentechnik*. – 11. Primärenergie. – 12. ⟨engl⟩ protection earth / Schutzleiter, geerdet, *Elektrotechnik*. – 13. Prozeßeinheit, *Automatisierungstechnik*. – 14. Prüfeinrichtung, *Nachrichtentechnik*

PEA: Prozeßeingabe- und Prozeßausgabeeinheit (Koppeleinheit zwischen Prozeßrechner und Prozeß), *Automatisierungstechnik*

PEACESAT: ⟨engl⟩ Pan-Pacific education and communication experiment by satellite / Panpazifisches Bildungs- und Kommunikationsexperiment mit Hilfe von Satelliten (Demonstrationsprogramm für bildungsmedizinische und kommunale Zwecke)

PEARL: ⟨engl⟩ process and experiment automation real-time language / Echtzeitprogrammiersprache für die Prozeß- und Versuchsautomatisierung

PEASS: physisches Eingabe-Ausgabe-Steuersystem, *Datenverarbeitung*

PEBL: programmable electron-beam lithography / programmgesteuerte Elektronenstrahllithografie, *Halbleitertechnologie*

pec, p.e.c., PEC, P.E.C.: ⟨engl⟩ photoelectric cell / Fotozelle

PECVD: ⟨engl⟩ plasma-enhanced chemical vapour deposition / mit Plasma angereicherte chemische Dampfabscheidung, s. a. CVD 1

PEC-Verfahren: ⟨frz⟩ (Societé) Potasse et Engrais Chimique procedure (Verfahren zum Aufschluß von Phosphaten mit Nitrocarbonaten), *chemische Technologie*

PED: ⟨engl⟩ proton-excited diffusion / protonengeförderte Diffusion, *Halbleitertechnologie*

PEE: ⟨engl⟩ polycrystalline electrode with epitaxy / polykristalline Elektrode mit Epitaxieschicht, *Halbleitertechnologie*

† PE-F: ↑ PES-F

PE-HD: Polyethylen, bei hohem Druck polymerisiert, *Polymertechnik*

Peil.Kp.: Peilkompaß

Pel: ⟨engl⟩ picture element / Bildelement, *Polygrafie*

PEM: Photoelektronenemissionsmikroskop, *Analysenmeßtechnik*

PEM-Effekt: ⟨engl⟩ photoelectromagnetic effect / fotoelektromagnetischer Effekt, = PME-Effekt

PEN: ⟨engl⟩ protection earth neutral / Schutzleiter, geerdet, mit Neutralleiterfunktion, *Elektrotechnik*

PE-ND: Polyethylen, bei niedrigem Druck polymerisiert, *Polymertechnik*

PENG: Photoelektronystagmografie (Aufzeichnung des Augenzitterns), *Medizintechnik*

PEO, PEOX: Polyethylenoxid, *Polymertechnik*

Péole: ⟨frz⟩ préliminaire Eole / Vorläufer von Eole (frz. Testsatellit)

PEP: 1. ⟨engl⟩ peak envelope power / Spitzenleistung, *Nachrichtentechnik*. – 2. Planarepitaxietechnik mit Passivierung, (Transistorherstellungsverfahren), *Halbleitertechnologie*. – 3. Polyethylenpolyamin. – 4. Proton-Elektron-Positron (Speicherringanlage in Berkeley, Calif., USA). – 5. ⟨engl⟩ pulse effective power / effektive Impulsleistung

PER: 1. paramagnetische Elektronenresonanz. – 2. ⟨engl⟩ protein efficiency ratio / Proteinwirksamkeitsverhältnis, *Lebensmitteltechnik*

PERT: ⟨engl⟩ program evaluation [evolution] and review technique / Technik der Programmbewertung und -prüfung (Programmentwicklung mit stochastischen Zeitangaben, Netzplantechnik), *Datenverarbeitung*

PES: 1. ⟨engl⟩ photoelectron spectroscopy / Fotoelektronenspektroskopie, *Meßtechnik*. – 2. Polyesterfaserstoff

PES-F, † PE-F: Polyesterfaser (Grisuten)

PES-S, † PE-S: Polyesterseide (Grisuten

PES-S-t, † PE-S-t: Polyesterseide textur (Grisuten, Faden mit größerer Masse, größerem Volumen und höherer Dehnungsfähigkeit)

PETP: Polyethylenterephthalat (Thermoplast)

PETRA: Positron-Elektron-Tandem-Ringbeschleuniger-Anlage (beim ↑ DESY, Hamburg), *Kerntechnik*

PEV: Primärenergieverbrauch

pf 1. **p.f., PF, P.F.:** ⟨engl⟩ power factor / Leistungsfaktor, *Elektrotechnik*. – 2. profiliert (Ausführungsart von Chemiefaserstoffen)

PF: 1. Phenolformaldehyd(harz). – 2. Polyfluorethylenfaserstoff. – 3. **PFA:** Polyformaldehyd (Thermoplast). – 4. ↑ pf 1. – 5. ⟨engl⟩ pulse frequency / Pulsfrequenz, *Nachrichtentechnik*

P.F.: Personenfähre

PFA: 1. ↑ PF 3. – 2. pneumatische Förderanlage

PFBR: ⟨engl⟩ plutonium fast breeder reactor / schneller Plutoniumbrutreaktor, *Kernkraftwerkstechnik*

PFCS: ⟨engl⟩ public facsimile communication system / öffentliches Faksimileübertragungssystem, *Nachrichtentechnik*

PFLL: ⟨engl⟩ phase and frequency-locked loop / Phasen- und Frequenzregelkreis, *Elektronik*

PFM: 1. ⟨engl⟩ power factor meter / Leistungsfaktormesser, *Meßtechnik*. – **2.** ⟨engl⟩ pulse-frequency modulation / Pulsfrequenzmodulation, *Nachrichtentechnik*

PFN: ⟨engl⟩ pulse-forming network / impulsformendes Netzwerk (Schaltung), *Elektronik*

PFS: 1. Paraffinfettsäure, *Polymertechnik*. – **2. P.F.S.:** Peilfunkstelle. – **3.** ⟨engl⟩ power-failure signal / Netzausfallsignal, *Elektronik*

Pf-Signal: Aufforderungssignal zum Pfeifen (Eisenbahnsignal)

PFTA: ⟨engl⟩ payload flight test article / Testgerät zur Simulation von Nutzlasten (die im Weltraum schweben, Space-Shuttle-Anflugexperiment, USA)

PG: 1. Primärgruppe, *Nachrichtentechnik*. – **2.** Programmgenerator, *Elektronik*. – **3.** Pulsgenerator, *Elektronik*. – **4. [ПГ]:** ⟨russ⟩ puskovoj generator [пусковой генератор] / Anlaßgenerator, *Flugzeugausrüstung*

PGA: 1. ⟨engl⟩ professional graphics adapter / professioneller Grafikadapter (Interface für Funktionserweiterung bei IBM- und kompatiblen ↑ PC 2). – **2.** ⟨engl⟩ programmable amplifier / programmierbarer Verstärker, *Elektronik*. – **3.** ⟨engl⟩ programmable gate array / programmierbare Gatteranordnung (anwenderprogrammierbare Logik), *Elektronik*

PGCR: ⟨engl⟩ portable gas-cooled reactor / verfahrbarer gasgekühlter Reaktor, *Kernkraftwerkstechnik*

PGEFS: Polyglycerinester-Fettsäuren, *Lebensmitteltechnik*

Pgl.: Pegel (Wasserstand)

PGP [ПГП]: ⟨russ⟩ peč' gornevaja plavil'naja [печь горневая плавильная] / Herdschmelzofen, *Metallurgie*

PGU: Primärgruppenumsetzer, *Nachrichtentechnik*

PGW: ⟨engl⟩ pressure groundwood / Druckschliff (Holzstofferzeugung), *Papiertechnik*

PhBz: Phosphorbronze (Kupferlegierung, mit Phosphor desoxidiert)

PHI: ⟨engl⟩ position and homing indicator / Positions- und Zielfluganzeiger, *Luftfahrtnavigation*

PHIGS: ⟨engl⟩ programmers hierarchical interactive graphics standard (zu ↑ GKS 2 kompatible grafische Schnittstelle für die Verarbeitung hierarchischer Strukturen grafischer Daten und deren interaktive Manipulation), *Datenverarbeitung*

PHK: Plattenheizkörper

PHOTO: (Verfahren zur) Phosphatglasverfestigung (bei der Wiederaufarbeitung) von Thoriumabfällen, *Kerntechnik*

phr: phosphatiert (Phosphatschutzschicht), *Korrosionsschutz*

PHT: ⟨engl⟩ phototube / Fotoröhre, Fotozelle

pH-Wert: ⟨lat⟩ pondus hydrogenii / Wasserstoffgewicht (Wasserstoffionenkonzentration

PHWR: ⟨engl⟩ pressurized heavy-water reactor / Schwerwasser-Druckreaktor, = SDWR, *Kernkraftwerkstechnik*

PI: 1. ⟨engl⟩ performance index / Leistungsindex, *Luftfahrtantriebe*. – 2. Polyimid (Thermoplast). – 3. ⟨engl⟩ pressure indicated / Druckmessung mit Anzeige, *Automatisierungstechnik*. – 4. ⟨engl⟩ process interface / Prozeßschnittstelle, *Automatisierungstechnik*. – 5. ⟨engl⟩ program interrupt[ion] / Programmunterbrechung, = PU 7, *Datenverarbeitung*. – 6. Proportional-Integral (-Regler), *Automatisierungstechnik*

PIA: 1. ⟨engl⟩ particle impact analyzer / Analysator für Teilchenaufschläge (Gerät der Kometensonde »Giotto«). – 2. ⟨engl⟩ peripheral interface adapter / peripherer Interfaceadapter (Eingabe-Ausgabe-Baustein), *Datenverarbeitung*

PIB: Polyisobutylen (Thermoplast)

PIBAL: ⟨engl⟩ pilot balloon / Pilotballon, *Flugmeteorologie*

PIC: 1. ⟨engl⟩ power integrated circuit / integrierte Leistungsschaltung, *Elektronik*. – 2. ⟨engl⟩ pressure indicated controlled / Druckmessung mit Anzeige und Regelung, *Automatisierungstechnik*. – 3. ⟨engl⟩ program[mable] interrupt control[ler] / Programmunterbrechungssteuerung [-steuereinheit], *Datenverarbeitung*

PICA: ⟨engl⟩ pressure indicated controlled alarmed / Druckmessung mit Anzeige, Regelung und Alarmierung, *Automatisierungstechnik*

PICLED, PIC-LED: ⟨engl⟩ picture light-emitting diode / Bildlichtemitterdiode (spezielle ↑ LED zur bildhaften Informationsdarstellung), *Optoelektronik*

PID: Proportional-Integral-Differential (-Regler), *Automatisierungstechnik*

PIE: ⟨engl⟩ post irradiation examination / Nachbestrahlungsuntersuchung, = NBU, *Kerntechnik*

Pi-FET: ⟨engl⟩ piezoelectric field-effect transistor / Feldeffekttransistor mit piezoelektrischem Gateisolator, *Mikroelektronik*

PIGFET: ⟨engl⟩ p-channel-isolated gate field-effect transistor / p-Kanal-Feldeffekttransistor mit isoliertem Gate, *Mikroelektronik*

PIL: ⟨engl⟩ precision in-line / genau in einer Ebene angeordnet(es Elektronenstrahlsystem; Farbbildröhrenaufbau)

PILOT: ⟨engl⟩ piloted lowspeed test (USA-Programm zur Entwicklung bemannter Rückkehrkörper), *Raumfahrttechnik*, ↑ START

PIM: 1. Prozeßinterfacemodul, *Datenverarbeitung*. – 2. ⟨engl⟩ pulse-interval modulation / Pulsintervallmodulation, *Nachrichtentechnik*

PIN: persönliche Identifikationsnummer, *Datenverarbeitung*

PIND: ⟨engl⟩ particle impact noise detection (Prüfverfahren für die Ausfallrate von elektronischen Bauelementen)

PIN-Diode, pin-Diode: ⟨engl⟩

p-intrinsic-n-diode (↑ pn-Diode mit Eigenleitungsschicht), *Elektronik*

PIO: 1. ⟨engl⟩ parallel input-output / parallele Ein- und Ausgabe (peripherer Schaltkreis eines Mikroprozessorsystems), *Datenverarbeitung*. – **2.** ⟨engl⟩ peripheral input-output / periphere Eingabe und Ausgabe, *Datenverarbeitung*

PIP: ⟨engl⟩ programmed interconnection process / programmierter Verbindungsprozeß (Verdrahtungsverfahren), *Elektronik*

PIPO: ⟨engl⟩ parallel in – parallel out / parallele Eingabe, parallele Ausgabe (Schaltungsart), *Datenverarbeitung*

PIR: ⟨engl⟩ pressure indicated registrated / Druckmessung mit Anzeige und Registrierung, *Automatisierungstechnik*

PISO: ⟨engl⟩ parallel in – serial out / parallele Eingabe, serielle Ausgabe (Schaltungsart), *Datenverarbeitung*

PISW: ⟨engl⟩ process interrupt status word / Prozeßunterbrechungsstatuswort, *Datenverarbeitung*

PIT: ⟨engl⟩ pole interpolation technique (bei Schrittmotoren Auflösung eines Schrittes in z. B. 64 Mikroschritte)

PIV: 1. patientenbezogenes Informationssystem, *Medizintechnik*. – **2.** ⟨engl⟩ peak inverse voltage / Spitzensperrspannung, = PRV, *Elektrotechnik*

PIVER: ⟨frz⟩ construction pilote pour la vitrification des résidus extrêment radio-actifs (Pilotanlage zur Verglasung hochradioaktiver Abfälle in Marcoule, Frankreich)

PIV-Getriebe: ⟨engl⟩ positive infinitely variable transmission / stufenlos einstellbares Getriebe

Piw: Personenzug im Wendezugbetrieb

PJE: ⟨engl⟩ parachute jumping exercise / Fallschirmabsprung, *Luftfahrt*

PK: 1. Phosphatkron (optisches Glas). – **2.** Polarkoordinaten (zur Ortsbestimmung im Polarkoordinatensystem). – **3.** [ПК]: ⟨russ⟩ požarnyj kran / пожарный кран / Brandhahn, *Flugzeugausrüstung*. – **4.** Pyrometerkegel (Brennkegel zur Temperaturkontrolle keramischer Brennprozesse), *Silikattechnik*

PKB: polykristalliner Bornitrid (superharter Scheidstoff)

PKD: polykristalliner Diamant (superharter Schneidstoff)

PKE: 1. Peripheriekopplungseinheit, *Automatisierungstechnik*. – **2.** Prozeßkontrolleinrichtung, *Automatisierungstechnik*

PKG, Pkg, PCG: Phonokardiograf, -kardiogramm bzw. -kardiografie (Herzschallaufzeichnung), *Medizintechnik*

PKKF: Polaritätskreuzkorrelationsfunktion, *Meßtechnik*, s. a. KF 5

PKL: 1. Positiv-Kopierlack (für die ↑ DFRB), *Polygrafie*. – **2.** Primärkühlmittelleitung, *Kernkraftwerkstechnik*

Pkm: Passagier-/Personenkilometer, *Luftverkehr*

PKM: 1. Phasenkontrastmikroskop, *Analysenmeßtechnik*. – **2.** Primärkühlmittel, *Kernkraftwerkstechnik*

PKP: 1. Papier, Karton, Pappe. − **2.** Prozeß mit konzentrierten Parametern, *Verfahrenstechnik*

PKR: programmierbarer Kleinrechner

PKV: Pro-Kopf-Verbrauch, *Lebensmitteltechnik*

PKW, Pkw: Personenkraftwagen

pl: plattig (Kornform von Lockergestein)

Pl: 1. (Vermittlungs-) Platz, *Nachrichtentechnik*. − **2.** Potentialliste (Schaltplanart in Listenform zur Funktionskontrolle), *Elektronik*

PL: 1. ⟨engl⟩ payload / Nutzlast, *Raumfahrttechnik*. − **2.** ⟨engl⟩ photoluminescence / Fotolumineszenz. − **3.** Phospholipide (bei Emulgatoren), *Lebensmitteltechnik*. − **4.** Plotter (Schreiber, Kurvenschreiber), *Datenverarbeitung*. − **5.** ⟨engl⟩ programming language / Programmiersprache

PLA: ⟨engl⟩ programmable logic[al] array / programmierbare Logikanordnung (-matrix), [logisches Feld], (mit programmierbarer AND- und OR-Matrix), *Mikroelektronik*

Planistor: ⟨engl⟩ planar resistor / Planarwiderstand (Metallfilmwiderstand), *Mikroelektronik*

Planox, PLANOX: ⟨engl⟩ plane oxide / ebenes Oxid (Verfahren zur Erzeugung extrem ebener Oxidschichten auf Silicium), *Halbleitertechnologie*

Platforming-Verfahren: platinkatalysiertes Reforming-Verfahren (zur Aromatenerzeugung), *chemische Technologie*

PLATMOS: ⟨engl⟩ platinium-diffused metal-oxide semiconductor / platindiffundierte Metall-Oxid-Halbleiterstruktur, *Halbleitertechnologie*

† **PLAW:** ⟨engl⟩ programming language for arc welding / Programmiersprache für Lichtbogenschweißen

PLC: ⟨engl⟩ programmable logic control[ler] / programmierbare logische Steuerung [Steuereinheit], *Automatisierungstechnik*

PLCC: ⟨engl⟩ plastic-leaded chip carrier / in Plast geführter Chipträger, s. a. CCC 2

PLD: 1. ⟨engl⟩ phase-locked demodulator / phasenverketteter Modulator, *Elektronik*. − **2.** ⟨engl⟩ programmable logic device / programmierbarer Logikbaustein (Sammelbegriff für vom Anwender programmierbare ↑ ASIC geringer Komplexität), *Mikroelektronik*

PlD G: planmäßige Durcharbeitung in Gleisen, *Schienenfahrzeugtechnik*

PlD W: planmäßige Durcharbeitung in Weichen, *Schienenfahrzeugtechnik*

PLE: ⟨engl⟩ programmable logic element / programmierbares Logikelement, *Elektronik*

PL/1: ⟨engl⟩ programming language 1 / Programmiersprache 1 (problemorientierte Programmiersprache für kommerzielle und technisch-wissenschaftliche Probleme)

Plg.: Peilung

PLHR: ⟨engl⟩ power-line harmonic radiation / Störstrahlung von Starkstromleitungen

PLkm: Platzkilometer, *Luftverkehr*

PLL: ⟨engl⟩ phase-locked loop / Phasenregelkreis, = PRK, *Elektronik*

PLM: ⟨engl⟩ pulse-length modulation / Pulslängen-, [Pulsbreiten-, Pulsdauer-] Modulation, = PDM, = PWM, *Nachrichtentechnik*

PL/M: ⟨engl⟩ programming language for microprocessors / Programmiersprache für Mikroprozessoren (für Probleme in Naturwissenschaft und Technik)

PLN: ⟨engl⟩ flight plan / Flugplan, *Flugbetrieb*

PLO: ⟨engl⟩ phase-locked oscillator / phasengeregelter Oszillator, *Meßtechnik*

PLPS: ⟨engl⟩ pulse-locked power supply / pulsbreitengesteuertes Schaltnetzteil, *Elektronik*

PL-Reaktor: ⟨engl⟩ portable low power reactor / verfahrbarer Reaktor niedriger Leistung, *Kernkraftwerkstechnik*

PLS: 1. Photolumineszenzspektroskopie, *Meßtechnik*. – **2.** [ПЛС]: ⟨russ⟩ potočnaja linija sborki [поточная линия сборки] / Montagefließstraße. – **3.** Prozeßleitsystem, *Automatisierungstechnik*

Pl-Schweißen: Plasmaschweißen (Schmelzschweißverfahren, Lichtbogen wird durch Plasmadüse auf die Fügestelle gebündelt)

PLSS: ⟨engl⟩ portable life support system / transportables Lebenserhaltungssystem (für Astronauten)

PLT: ⟨engl⟩ Princeton large torus (Fusionsforschungsanlage; Princeton, Calif., USA)

PLU: Platzumschalter, *Nachrichtentechnik*

PL-Verfahren: Phönix-Lanzen-Verfahren (Kombination des Thomas- und Aufblasverfahrens), *Eisenmetallurgie*

PLZ: ⟨engl⟩ programming language of Zilog / Programmiersprache der Fa. Zilog (für Probleme in Naturwissenschaft und Technik)

PLZT: Plumbum-(Blei-)Lanthan-Zirkonat-Titanat (ferroelektrischer Keramikwerkstoff)

PM: 1. ⟨engl⟩ phase modulation / Phasenmodulation, *Nachrichtentechnik*. – **2. P/M:** ⟨engl⟩ powder metallurgy / Pulvermetallurgie. – **3.** Prüfmotor, *Kraftfahrzeugtechnik*. – **4.** ⟨engl⟩ pulse modulation / Pulsmodulation, *Nachrichtentechnik*

PmA: Projektierung manueller Arbeitsprozesse (Arbeitszeitermittlung), *Arbeitsnormung*

PMA: Pfannenmetallurgie-Anlage, *Eisenmetallurgie*

PMC: ⟨engl⟩ programmable machine control / programmierbare Maschinensteuerung

PME: Projektionsmikroskop, elektronisch fokussiert, *Feingerätetechnik*

PME-Effekt: ⟨engl⟩ photomagnetoelectric effect / fotomagnetoelektrischer Effekt, = PEM-Effekt

Pmg: Personenzug mit Güterbeförderung

PMH: ⟨frz⟩ point mort haut / oberer Totpunkt, ↑ OT

PMI: ⟨engl⟩ powder metallurgy industry / Pulvermetallurgieindustrie

PMMA: Polymethylmethacrylat (Thermoplast)

p-MOS, PMOS: ⟨engl⟩ p-channel metal-oxide semiconductor / p-Kanal-Metall-Oxid-Halbleiter, *Halbleitertechnologie*

PMPO: ⟨engl⟩ peak music power output / Spitzenmusikausgangsleistung, *Unterhaltungselektronik*

PMS: 1. Permanentmagnetschwebesystem. – **2.** Präzisionsmeßstreifen (für die Kontrolle der Druckformenherstellung und des Druckes)

PMT: ⟨engl⟩ photomultiplier tube / Photovervielfacherröhre (Fotoelektronenvervielfacher), *technische Optik*

PMUX: ⟨engl⟩ programmable multiplexer / programmierbarer Mehrfachkoppler, *Elektronik*

PM-Verfahren: ⟨engl⟩ pulsating mixing procedure / pulsierendes Rührverfahren (Rührbewegung im flüssigen Stahl durch abwechselnde Vakuum- und Druckbeaufschlagung), *Eisenmetallurgie*

PMX: ⟨engl⟩ private manual exchange / teilnehmereigene Fernsprechhandvermittlung, *Nachrichtentechnik*

PM-Zahl: Permanganatzahl, *Polymertechnik*

pn: ⟨engl⟩ positive negative / positiv, negativ (Zonenfolge einer Halbleiterstruktur mit p-leitender und n-leitender Schicht)

PN 1. P/N: ⟨engl⟩ part number / Teilnummer. – **2.** ⟨engl⟩ performance number / Leistungszahl, *Luftfahrtantriebe*. – **3.** Petri-Netz (Automatentheorie)

PNL: ⟨engl⟩ perceived noise level / Lästigkeitspegel (der Lärmbelastung)

PNM: ⟨engl⟩ pulse-numbered modulation / Pulszahlmodulation, *Nachrichtentechnik*

pnp: ⟨engl⟩ positive negative positive / positiv, negativ, positiv (Zonenfolge bei Halbleiterstrukturen aus zwei p-leitenden Schichten und einer n-leitenden Schicht)

PNP: Prototypanlage Nukleare Prozesswärme (Kohlevergasung durch Nuklearwärme, Jülich)

PNR: 1. ⟨engl⟩ point of no return / Umkehrgrenzpunkt, *Luftfahrtnavigation*. – **2.** ⟨engl⟩ polynorbornene rubber / Polynorbornenkautschuk, *Polymertechnik*

PO: 1. ⟨engl⟩ polyolefine / Polyolefin, *Polymertechnik*. – **2.** Polypropylenoxid (Synthesekautschuk). – **3.** ⟨engl⟩ power output / Leistungsabgabe (Ausgangsleistung). – **4. [ПО]** ⟨russ⟩ preobrazovatel' [преобразователь] / Umformer, *Flugzeugausrüstung*

POB: ⟨engl⟩ push-out base (kombiniertes Diffusions- und Legierungsverfahren für Transistoren), *Halbleitertechnologie*

POCC: ⟨engl⟩ payload operations control centre / Nutzlastbetriebs- und Kontrollzentrum, *Raumfahrttechnik*

POF: ⟨engl⟩ plastic optical fibre / Plastlichtleitfaser, *Nachrichtentechnik*

POGO: ⟨engl⟩ preoxydation gettering on the backside of the wafer

(Variante eines Getterprozesses), *Halbleitertechnologie*

POK [ПОК]: ⟨russ⟩ problemno-orientirovannyj kompleks [проблемно-ориентированный комплекс] / problemorientierte Systemunterlage, = POM 2, *Datenverarbeitung*

pol.: polar (auf Polarkoordinaten bezogen)

POL: 1. ⟨engl⟩ petroleum, oil and lubricants / Petroleum, Öl und Schmierstoffe (Kraft- und Schmierstoffe). – **2.** ⟨engl⟩ problem-oriented language / problemorientierte (Programmier-) Sprache

POLMI: Polarisationsmikroskop

POM: 1. Polyoxymethylen (Thermoplast). – **2. [ПОМ]:** ⟨russ⟩ problemno-orientirovannoe matobespečenie [проблемно-ориентированное матобеспечение] / problemorientierte Systemunterlage, = POK, *Datenverarbeitung*

Pont.: Ponton (Schwimmkörper)

POPSAT: ⟨engl⟩ precise orbit positioning satellite / exakt in der Umlaufbahn positionierter Satellit [geodätischer Hochleistungssatellit der (West-)Europäischen Weltraumorganisation (ESA) zur Überwachung tektonischer Vorgänge]

POR: 1. ⟨engl⟩ Pacific ocean region / Region Pazifischer Ozean (Empfangsbereich für geostationäre Kommunikationssatelliten). – **2.** ⟨engl⟩ peripheral output register / peripheres Ausgaberegister (eines Mikrorechners)

POS 1. [ПОС]: ⟨russ⟩ pilotiruemaja orbital'naja stancija [пилотируемая орбитальная станция] / bemannte Orbitalstation. – **2.** ⟨engl⟩ primary operating system / primäres Betriebssystem, *Datenverarbeitung*. – **3.** ⟨engl⟩ problem-oriented software / problemorientierte Software, *Datenverarbeitung*. – **4.** problemorientierte Systemunterlagen (für Prozeßrechner)

POSA MOS: ⟨engl⟩ polysilicon oxidation self-aligned metal-oxide semiconductor / Metall-Oxid-Halbleiter in selbstjustierender Polysilicium-Oxidation, *Halbleitertechnologie*

POSFET: ⟨engl⟩ piezoelectric oxide semiconductor field-effect transistor / piezoelektrischer Oxidhalbleiter-Feldeffekttransistor, *Mikroelektronik*

POSI: ⟨engl⟩ portable operating system interface / Schnittstelle eines übertragbaren Betriebssystems, *Datenverarbeitung*

POSIX: ⟨engl⟩ portable operating system interface for UNIX-like computer environments / übertragbare Betriebssystemstelle für UNIX-artige Rechnerumgebung (weitgehend standardisiertes System)

posn: ↑ PSN

POSS: ⟨engl⟩ polyimide on silicon mask substrates / Polyimidschablonen für Silicium (in der Röntgenlithographie), *Halbleitertechnologie*

POS-Terminal: ⟨engl⟩ point of sales terminal / Datenendgerät für den Handel

Postfax: ⟨engl⟩ post facsimile / elektronischer Brief

POZ: Peroxidzahl (bei Untersuchungen zur Haltbarkeit von Pflanzenölen), *Lebensmitteltechnik*

p-p: ⟨engl⟩ peak-to-peak (Spitzenwert einer physikalischen Größe)

PP 1. [ПП]: ⟨russ⟩ paket programm [пакет программ] / Programmpaket, *Datenverarbeitung*. – **2.** ⟨engl⟩ peak power / Spitzenleistung (Maximalleistung). – **3.** ⟨engl⟩ peripheral processor / peripherer Prozessor, *Datenverarbeitung*. – **4. [ПП]**: ⟨russ⟩ poluprovodnikovaja lampa [полупроводниковая лампа] / Lumineszenzdiode (Halbleiterbauelement), *Elektronik*. – **5. [ПП]**: ⟨russ⟩ poluprovodnikovyj diod [полупроводниковый диод] / Halbleiterdiode, *Elektronik*. – **6.** Polypropylen (Thermoplast). – **7. [ПП]**: ⟨russ⟩ posadočnaja polosa [посадочная полоса] / Landegebiet, *Raumfahrttechnik*. – **8.** ⟨engl⟩ power plant / Triebwerksanlage, *Luftfahrtantriebe*. – **9.** Pseudoprogramm, *Datenverarbeitung*

PPC: 1. Piperidin-pentamethylendithiocarbamat (Vulkanisationsbeschleuniger), *Polymertechnik*. – **2.** ⟨engl⟩ plain paper copier / Normalkopierer (xerografischer Druck auf normales Papier). – **3.** ⟨engl⟩ portable personal computer / transportabler Personalcomputer

P²CCD: ⟨engl⟩ profiled peristaltic charge-coupled device / profiliertes fortschreitendes ladungsgekoppeltes Bauelement (Speicherelement), *Mikroelektronik*

P²CIL: ⟨engl⟩ powered programmable current-injection logic / verstärkende programmierbare Strominjektionslogik, *Elektronik*

P²CMOS: ⟨engl⟩ double polysilicon complementary metal-oxide semiconductor / Doppelpolysilicium eines komplementären Metall-Oxid-Halbleiters, *Halbleitertechnologie*

PPF: ⟨engl⟩ permanent power fuse / Hochleistungspermanentsicherung, *Elektrotechnik*

PPI: 1. ⟨engl⟩ plan position indicator / Rundsichtanzeigegerät (Radar), *Flugzeugausrüstung*. – **2.** ⟨engl⟩ programmable peripheral interface / programmierbare periphere Schnittstelle (Baustein), *Datenverarbeitung*

PPIZU [ППИЗУ]: ⟨russ⟩ poluprovodnikovoe integral'noe zapominajuščee ustrojstvo [полупроводниковое интегральное запоминающее устройство] / Halbleiterspeicher, = PPZU, *Mikroelektronik*

PPM: 1. ⟨engl⟩ peak programme meter / Spitzenwertmesser (Aussteuerungskontrolle), *Elektronik*. – **2.** ⟨engl⟩ pulse-phase modulation / Pulsphasenmodulation, *Nachrichtentechnik*. – **3.** ⟨engl⟩ pulse-position modulation / Pulslagenmodulation, *Nachrichtentechnik*

PPO: 1. Polyphenylenoxid (Thermoplast). – **2. [ППО]**: ⟨russ⟩ protivopožarnoe oborudovanie [противопожарное оборудование] / Feuerlöschausrüstung, *Flugzeugausrüstung*

PPP [ПППП] 1. ⟨russ⟩ paket prikladnyh programm [пакет прикладных программ] / Anwenderprogrammpaket, *Datenverarbei-*

tung. – **2.** ⟨russ⟩ pravila polëta po priboram [правила полёта по приборам] / Instrumentenflugregeln, ↑ IFR

PPPA: ↑ PPP-Verstärker

PPPI: ⟨engl⟩ precision plan position indicator / Präzisionsrundsichtanzeigegerät (Radar), *Flugzeugausrüstung*

PPP-Verstärker, PPPA: ⟨engl⟩ parallel push-pull amplifier / Gegentaktparallelverstärker, *Elektronik*

pps, PPS: ⟨engl⟩ pulses per second / Impulse pro Sekunde, *Nachrichtentechnik*

PPS: 1. ⟨engl⟩ parallel processing system / Parallelverarbeitungssystem, *Datenverarbeitung*. – **2.** ⟨engl⟩ point-to-point system / Punktsteuerungssystem (für ↑ NCM), = PTPC, *Automatisierungstechnik*. – **3.** Produktionsplanungs- und Steuerungssystem, = MP/CS

PPU: ⟨engl⟩ peripheral processor unit / periphere Prozessoreinheit, *Datenverarbeitung*

PPZU [ППЗУ]: ⟨russ⟩ poluprovodnikovoe zapominajuščee ustrojstvo [полупроводниковое запоминающее устройство] / Halbleiterspeicher, = PPIZU, *Mikroelektronik*

PQC: ⟨engl⟩ production quality control / Qualitätskontrolle der Produktion

PQ-Wert: Profilanalysequalitätswert (quantitativer Ausdruck der mittels Profilanalyse ermittelten Qualität), *Lebensmitteltechnik*

Pr: Zungenprüfer, *Eisenbahnsicherungstechnik*

PR: 1. Pallringe (Füllmaterial für Stofftrennkolonnen), *Verfahrenstechnik*. – **2.** paramagnetische Resonanzspektroskopie, *Analysenmeßtechnik*. – **3.** ⟨engl⟩ pattern recognition / Mustererkennung, *Datenverarbeitung*. – **4.** ⟨engl⟩ primary radar / Primärradar, *Flugsicherung*. – **5.** ⟨engl⟩ printer / Drucker. – **6.** ⟨engl⟩ program register / Programmregister, *Datenverarbeitung*. – **7.** Proteinfaserstoff. – **8.** Prozessor, *Datenverarbeitung*. – **9.** Prozeßrechner, = PCC 2, = PCP 2, = UVM. – **10.** Pulverrakete

PRA [ПРА]: ⟨russ⟩ puskoregulirujuščij apparat [puskoregulirujuščaja apparatura], [пускорегулирующий аппарат, пускорегулирующая аппаратура] / Vorschaltgerät, *Lichttechnik*

PRAM: ⟨engl⟩ programmable random access memory / programmierbarer Speicher mit wahlfreiem Zugriff (Halbleiterspeicher), *Mikroelektronik*

PRD [ПРД]: ⟨russ⟩ porochovoj reaktivnyj dvigatel' [пороховой реактивный двигатель] / Feststoffraketentriebwerk, ↑ RDT

Preceiver: ⟨engl⟩ preamplifier receiver / Vorverstärker-Rundfunkempfänger-Kombination

Prepreg: ⟨engl⟩ preimpregnated / vorimprägniert (z.B. Matten und Gewebe)

PRF: ⟨engl⟩ pulse-repition frequency / Pulsfolgefrequenz, *Nachrichtentechnik*

PRG: 1. Preßglasreflektorglühlampe. – **2.** ⟨engl⟩ repord program generator / Listenprogrammgenerator (zur Massendatenverarbeitung)

PRIME, Prime: ⟨engl⟩ precision recovery including man[o]euvering entry (Foschungs- und Testprogramm der USA für die Entwicklung unbemannter Raumgleiter), ↑ START

PRK: Phasenregelkreis, ↑ PLL

PRL: ⟨engl⟩ pull-down resistor logic / Pull-down-Widerstandslogik (bipolare Logik), *Elektronik*

PRM [ПРМ]: 1. ⟨russ⟩ privodnoj radiomajak [приводной радиомаяк] / Ansteuerungsfunkfeuer, *Flugsicherung.* – **2.** ⟨engl⟩ pulse-rate modulation / Pulszählmodulation, = PCM 3, *Nachrichtentechnik*

PRO: Prolin (Aminosäure im Fruchtsaft zur Aufdeckung von Verfälschungen und Verdünnungen), *Lebensmitteltechnik*

Proco: ⟨engl⟩ programmed combustion / programmierte Verbrennung (Otto-Motor), *Kraftfahrzeugtechnik*

PROLAMAT: ⟨engl⟩ programming language for numerically controlled machine tools / Programmiersprache für numerisch gesteuerte Werkzeugmaschinen (für maschinelle Programmierung)

Prolog, PROLOG: ⟨engl⟩ programming in logic / Programmieren in Logik (höhere Programmiersprache, besonders für Expertensysteme)

PROM: ⟨engl⟩ programmable read-only memory / programmierbarer Nurlesespeicher (Festwertspeicher), *Mikroelektronik*

PRPR: ⟨engl⟩ plutonium recycle programm reactor / Reaktor für das Plutoniumrückführungsprogramm (USA), *Kernkraftwerkstechnik*

PRR: ⟨engl⟩ pulse repetition rate / Pulsfolgefrequenz (Impulse je Sekunde)

PRS: 1. ⟨engl⟩ pattern recognition system / Mustererkennungssystem, *Datenverarbeitung.* – **2.** ⟨poln⟩ Polski Rejestr Statków (Gdansk) / (Polnische Schiffsklassifikationsgesellschaft). – **3.** Prozeßrechnersystem

PRSB: ⟨engl⟩ pseudorandom binary signal / pseudostochastisches Binärsignal, *Datenverarbeitung*

PrSW: Prüfsuchwähler, *Nachrichtentechnik*

PRT: Platzreservierungsterminal

PR-Technik: Prozeßrechentechnik

PRTR: ⟨engl⟩ plutonium recycle test reactor / Versuchsreaktor für die Plutoniumrückführung (USA), *Kernkraftwerkstechnik*

PRV: ⟨engl⟩ peak reverse voltage / Spitzensperrspannung, = PIV 2, *Elektrotechnik*

Prw: Werkstätten-Probezug

PR-Zahl: ⟨engl⟩ ply rating number / Anzahl der Gewebeeinlagen (in einem Reifen zur Kennzeichnung der Tragfähigkeit), *Kraftfahrzeugtechnik*

Ps: Stadtschnellbahn-Personenzug

PS: 1. ⟨engl⟩ phase shift / Phasenverschiebung, *Nachrichtentechnik.* – **2.** Plattenspeicher, = DS 7, *Datenverarbeitung.* – **3.** Polystyren (Thermoplast). – **4.** ⟨engl⟩ power supply / Netzteil, Stromversor-

gung. – **5.** Produktionssystem. –
6. programmierbare Steuerung,
↑ PC 12. – **7.** Programmsystem,
Datenverarbeitung

PSAL: ⟨engl⟩ permanent supplementary artificial lighting / Tageslicht-Ergänzungsbeleuchtung,
↑ TEB

PSALI: ⟨engl.⟩ permanent supplementary artificial lighting for interiors / Tageslicht-Ergänzungsbeleuchtung für Innenräume

PSA-Prozeß: ⟨engl⟩ polysilicon self-aligned process / selbstjustierender Polysiliciumprozeß, *Halbleitertechnologie*

PSAR: ⟨engl⟩ preliminary safety analysis report / vorläufiger Sicherheitsbericht, *Kerntechnik*

PSD 1. [ПСД]: ⟨russ⟩ pamjat' na smennyh diskah [память на сменных дисках] / Wechselplattenspeicher, *Datenverarbeitung*. –
2. ⟨engl⟩ position sensitive detector / lageempfindlicher Detektor (optoelektronischer Positionssensor), *Elektronik*. – **3.** ⟨engl⟩ power spectral density / spektrale Energiedichte

PSE: 1. Periodensystem der Elemente. – **2.** programmierbare Steuerung

PSER: ⟨engl⟩ pyridine-styrene-butadiene rubber / Pyridin-Styren-Butadien-Kautschuk, *Polymertechnik*

PSG 1. [ПСГ]: ⟨russ⟩ panel' starter-generatora [панель стартер-генератора] / Schalter für Starter-Generator, *Flugzeugausrüstung*. –
2. ⟨engl⟩ phosphorsilicate glass / Phosphorsilicatglas

PSI: ⟨engl⟩ plan shear indicator / Scherungsanzeigegerät, *Flugzeugausrüstung*

PSIFET: ⟨engl⟩ power silicon field-effect transistor / Silicium-Leistungsfeldeffekttransistor, *Mikroelektronik*

PSI-Maschine: ⟨engl⟩ personal sequential inference machine / arbeitsplatzbezogene sequentielle Inferenzmaschine (Prozessor für
↑ Prolog zur Entwicklung der 5.Rechnergeneration)

Psiw: Stadtschnellbahn-Personenzug im Wendezugbetrieb

PSK: 1. ⟨engl⟩ phase-shift keying / Phasenumtastung, *Nachrichtentechnik*. – **2.** Phosphatschwerkron (optisches Glas)

PSL: ⟨engl⟩ polycrystalline silicon layer / polykristalline Siliciumschicht, *Halbleitertechnologie*

PSMD: ⟨engl⟩ photoselective metal deposition / photoselektive Metallabscheidung, *Galvanotechnik*

PSN, posn: ⟨engl⟩ position / Standort, *Luftfahrtnavigation*

PSP: 1. ⟨engl⟩ packet switching processor / Paketvermittlungsprozessor, *Nachrichtentechnik*. –
2. ⟨engl⟩ pierced steel planking / Lochplattenbelag (Startbahn), *Flughafen*

PSPDN: ⟨engl⟩ packet-switched public data network / öffentliches Datennetz mit Paketvermittlung

PSR: 1. ⟨engl⟩ point of safe return / sicherer Rückkehrpunkt, *Luftfahrtnavigation*. – **2.** Pultsteuerrechner, *Automatisierungstechnik*

PSRAM: ⟨engl⟩ pseudostatic

random-access memory / pseudostatischer Schreib-Lese-Speicher, *Mikroelektronik*

PST: ⟨engl⟩ Pacific standard time / pazifische Normalzeit (USA-Zeitzone, = MEZ −9 h, = PT 1)

PSTN: ⟨engl⟩ public-switched telephone network / öffentlich geschaltetes Fernsprechnetz

PSU 1. p. s. u.: ⟨engl⟩ power supply unit / Netz[anschluß]gerät, Stromversorgungsgerät. − **2.** ⟨engl⟩ program storage unit / Programmspeichereinheit, *Datenverarbeitung.* − **3.** Prüfsystemunterlagen

PSW: 1. ⟨engl⟩ program status word / Programmstatuswort, *Datenverarbeitung.* − **2.** Pumpspeicherkraftwerk

PSZ: partiell stabilisiertes Zirkoniumoxid (Keramikwerkstoff)

pt: Pelztyp (Ausführungsart von Chemiefaserstoffen)

PT: 1. ⟨engl⟩ Pacific time / Pazifikzeit, ↑ PST. − **2.** ⟨engl⟩ picture transmission / Bildübertragung. − **3.** Polyethylenfaserstoff. − **4.** programmierbares Terminal, *Datenverarbeitung.* − **5.** ⟨engl⟩ punched tape / Lochstreifen, ↑ LS 10

PTA: ⟨engl⟩ phase-to-amplitude modulation / Phasen-Amplituden-Modulation, *Nachrichtentechnik*

PTC: 1. ⟨engl⟩ passive thermal control / passive Temperaturkontrolle, *Raumfahrttechnik.* − **2.** ⟨engl⟩ preheat triple coil / Dreifachwendel (für Leuchtstofflampen mit Starterbetrieb)

PTC-Widerstand: ⟨engl⟩ positive temperature coefficient resistor / Widerstand mit positivem Temperaturkoeffizienten (Kaltleiter), *Elektronik*

PTD [ПТД]: ⟨russ⟩ processor teleobrabotki dannyh [процессор телеобработки данных] / Datenfernverarbeitungsprozessor

PTFE: Polytetrafuorethylen (Duroplast)

PTG, Ptg: Pneumotachograf, -tachografie bzw. -tachogramm (Atemstrom-Geschwindigkeitsmessung), *Medizintechnik*

PTL: ⟨engl⟩ phase tracking loop (Phasennachlaufdemodulator), *Nachrichtentechnik*

PTL-Triebwerk: Propellerturbinen-Luftstrahltriebwerk, = TP 10, = TPE 2, *Luftfahrtantriebe*

PTM: ⟨engl⟩ pulse-time modulation / Pulszeit-, Pulswinkelmodulation, *Nachrichtentechnik*

PTN: ⟨engl⟩ procedure turn / Verfahrenskurve, *Luftfahrtnavigation*

PTO [ПТО]: ⟨russ⟩ podvesnoj toplivnyj otsek [подвесной топливный отсек] / äußerer Treibstofftank, *Raumfahrttechnik*

PTP: 1. † ⟨engl⟩ paper tape punch / Lochstreifenstanzer, ↑ LSST. − **2.** ⟨engl⟩ programmed text processing / programmierte Textverarbeitung, = PTV 2, *Datenverarbeitung*

PTPC, PTP-Steuerung: ⟨engl⟩ point-to-point control / Punkt-zu-Punkt-Steuerung, (Einzelpunktsteuerung), ↑ PPS 2

PTR: 1. ⟨engl⟩ pool test reactor / Beckenversuchsreaktor, *Kernkraftwerkstechnik.* − **2.** ⟨engl⟩ pool thermal reactor / Beckenthermal-

reaktor, *Kernkraftwerkstechnik.* –
3. ⟨engl⟩ pressurized tube reactor / Druckrohrreaktor, *Kernkraftwerkstechnik.* – **4.** ⟨engl⟩ proof test reactor / Versuchsreaktor für technische Verfahrensprüfung, *Kerntechnik.* – **5.** ⟨engl⟩ pulse transient recorder / Aufzeichnungsgerät für das Impulsübergangsverhalten, *Meßtechnik.* – **6.** ⟨engl⟩ punched tape reader / Lochstreifenleser, ↑ LSL 1

PTS: ⟨engl⟩ permanent threshold shift / dauernde (Hör-) Schwellenverschiebung (dauernder Hörverlust)

PTT: ⟨engl⟩ press-[push-]to-talk / Sprechtaste, *Nachrichtentechnik*

PTV: 1. Planarturbulenzverstärker (pneumatisches Logikelement), *Automatisierungstechnik.* – **2.** programmierte Textverarbeitung, ↑ PTP 2. – **3.** ⟨engl⟩ projection television / Projektionsfernsehen (Einsatz von Farbfernseh-Großbildprojektoren)

PU 1. [ПУ]: ⟨russ⟩ pečatajuščee ustrojstvo [печатающее устройство] / Drucker, *Datenverarbeitung.* – **2.** ⟨engl⟩ pick up (Schallplattenabtastsystem). – **3. P.U.:** ⟨engl⟩ power unit / **1.** Antriebsgruppe. – **2.** Leistungseinheit. – **3.** Leistungsteil, Leistungsverstärker. – **4.** Netzgerät, Netzteil. – **4.** ⟨engl⟩ processing unit / Verarbeitungseinheit, ↑ VE 1. – **5.** programmierter Unterricht. – **6. [ПУ]:** ⟨russ⟩ programmnoe upravlenie [программное управление] / Programmsteuerung, *Datenverarbeitung.* – **7.** Programmunterbrechung, ↑ PI 5. – **8.** ⟨engl⟩ protection unearthed / Schutzleiter, ungeerdet. –
9. [ПУ]: ⟨russ⟩ pul't upravlenija [пульт управления] / Schaltpult, Steuerpult, Bedienpult. – **10. [ПУ]:** ⟨russ⟩ putevoj ugol [путевой угол] / Wegwinkel, *Luftfahrtnavigation*

PÜF: Phasenübertragungsfunktion, *technische Optik*

PUR: Polyurethan, *Polymertechnik*

PUREX: Plutonium-Uran-Reduktions-Extraktion (Wiederaufbereitungsverfahren), *Kerntechnik*

Purufer-Verfahren: ⟨engl⟩ purus-ferrum process / Reineisen-Verfahren (zur Erzeugung von Eisenschwamm), *Eisenmetallurgie*

PUT: ⟨engl⟩ programmable unijunction transistor / programmierbarer Unijunction-Transistor (Doppelbasisdiode), *Elektronik*

PuVRD [ПуВРД]: ⟨russ⟩ pul'sirujuščij vozdušnoreaktivnyj dvigatel' [пульсирующий воздушно-реактивный двигатель] / Pulsostrahltriebwerk, *Luftfahrtantrieb*

pv: Plastpulver (-Schutzschicht), *Korrosionsschutz*

PV: 1. Polyvinylfaserstoff. – **2.** proteolytisches Vermögen (Bewertung von Enzympräparaten zur Backwarenherstellung), *Lebensmitteltechnik*

PVAC: Polyvinylacetat (Thermoplast)

PVAL: Polyvinylalkohol (Polymer)

PVB: Polyvinylbutyral (Thermoplast)

PVC: Polyvinylchlorid (Thermoplast)

PVCA: Polyvinylchloridacetat (Thermoplast)

PVC-Cl: Polyvinylchlorid, chloriert (Thermoplast)

PVC-H: Polyvinylchlorid, hart, *Polymertechnik*

PVC-W: Polyvinylchlorid, weich, *Polymertechnik*

PVD: 1. ⟨engl⟩ physical vapour deposition / physikalische Dampfabscheidung, physikalische Aufdampfung (Oberflächenbeschichtungsverfahren). – **2. [ПВД]:** ⟨russ⟩ priëmnik vozdušnogo davlenija [приёмник воздушного давления] / Stau(druck)rohr, *Flugzeugausrüstung*

PVDC: Polyvinylidenchlorid (Thermoplast)

PVDF: Polyvinylidenfluorid (Thermoplast)

PV-Diagramm: ⟨engl⟩ pressure volume diagram / Druck-Volumen-Diagramm (Indikatordiagramm), *Kraftfahrzeugtechnik*

P-Verfahren: (biologisches Abwasserreinigungsverfahren mit Zusatz phosphorhaltiger Salze)

PVF: Polyvinylfluorid (Thermoplast)

PVFM: Polyvinylformal (Thermoplast)

PVI: planmäßige vorbeugende Instandhaltung

PVK: Pigmentvolumenkonzentration, *Polymertechnik*

PVP 1. [ПВП]: ⟨russ⟩ pravila visual'nogo polëta [правила визуального полёта] / Sichtflugregeln, ↑ VFR. – **2.** Prozeß mit verteilten Parametern, *Verfahrenstechnik*

PVPP: Polyvinylpolypyrrolidon

PVRD [ПВРД]: ⟨russ⟩ prjamotočnyj vozdušno-reaktivnyj dvigatel' [прямоточный воздушно-реактивный двигатель] / Staustrahltriebwerk, *Luftfahrtantrieb*

PVS: Probenverteilsystem, *Analysenmeßtechnik*

PVT: ⟨engl⟩ pressure – volume – temperature/Druck – Volumen – Temperatur

PVU [ПВУ]: ⟨russ⟩ peregovorno-vyzyvnoe ustrojstvo [переговорно-вызывное устройство] / Sprech- und Rufanlage, *Flugzeugausrüstung*

PVW: Plattenvorwärmer, *Energietechnik*

pw: ⟨engl⟩ pulse wave / Impuls(betrieb), *Nachrichtentechnik*

PW: 1. Probenwechsler, *Analysenmeßtechnik*. – **2.** Programmwelle, *Verarbeitungsmaschinen*. – **3.** ⟨engl⟩ pulse width / Impulsbreite, Impulsdauer

PWB: ⟨engl⟩ printed wiring board / Platte mit gedruckter Verdrahtung, Leiterplatte, = PCB 2, *Elektronik*

P-Wert: Pasteurisationswert, = PE 3, *Lebensmitteltechnik*

Pwhz: ↑ P 12

PWI: ⟨engl⟩ proximity warning indicator / Annäherungswarnanzeiger, *Luftfahrtnavigation*

PWL: ⟨engl⟩ power level / (Schall-)Leistungspegel

PWM: ⟨engl⟩ pulse-width modulation / Pulsbreiten-, [Pulsdauer-] Modulation, = PDM, = PLM, *Nachrichtentechnik*

PWR: 1. ⟨engl⟩ pressurized water reactor / Druckwasserreaktor,

↑ DWR. – **2.** Pulswechselrichter, *Elektrotechnik*

PWS: Programmwarteschlange, *Datenverarbeitung*

PWÜ: Plattenwärmeübertrager, *Lebensmitteltechnik, chemische Technologie*

PWWH: Pumpenwarmwasserheizung

PWZ: Palettenwechselzeit

PXA: ⟨engl⟩ pulsed xenon arc / gepulster Xenonbogen, *Lichttechnik*

PXA-Lampe: ⟨engl⟩ pulsed xenon arc lamp / Xenonimpulslampe, *Lichttechnik*

PXE: ⟨engl⟩ piezooxide / Piezooxid (keramischer piezoelektrischer Werkstoff)

PZ: 1. Papierzellstoff. – **2.** Portlandzement (Bindebaustoff). – **3.** Primärzementit (Gefügename), *Werkstofftechnik*

PŽ [ПЖ]: ⟨russ⟩ prožektornaja lampa [прожекторная лампа] / Scheinwerferlampe

PZB: punktförmige Zugbeeinflussung

PZR: Programmzustandsregister, *Datenverarbeitung*

PZT: Plumbum- (Blei-) Zirkonat-Titanat (Keramikwerkstoff)

PZU [ПЗУ]: ⟨russ⟩ postojannoe zapominajuščee ustrojstvo [постоянное запоминающее устройство] / Festwertspeicher (↑ ROM), *Datenverarbeitung*

Q

Q: 1. Qualität. – **2.** Qualitätsgröße (Analyse, Stoffdaten), *Meßtechnik*. – **3. QD:** Quarterdeck, Quarterdecker, Quarterdeckschiff (Frachter mit hohem Oberdeck)

QAM: Quadraturamplitudenmodulation, *Nachrichtentechnik*

Q-BOP: ⟨engl⟩ quiet basic oxygen process / Sauerstofffrischverfahren bei der Stahlerzeugung, = OBM

QC: 1. ⟨engl⟩ quality control / Qualitätskontrolle, Qualitätssteuerung, ↑ QK. – **2.** ⟨engl⟩ quartz crystal / Quarzkristall, Bergkristall. – **3.** ⟨engl⟩ quick change / Schnellwechsel, *Flugbetrieb*

QCD: ⟨engl⟩ quantum-coupled device / quantengekoppeltes Bauelement, *Mikroelektronik*

QCR: ⟨engl⟩ quality control reliability / Qualitätskontrolle/Zuverlässigkeit

QD: ↑ Q 3

QEK-Verfahren: Verfahren des Qualitäts- und Edelstahlkombinates (Sauerstofffrischverfahren, *Eisenmetallurgie*

qeVSt: quasielektronische Vermittlungsstelle, *Nachrichtentechnik*

QF: ⟨engl⟩ quality factor / Qualitätsfaktor, Gütefaktor

QFD: ⟨engl⟩ quad flat pack / Viererflachgehäuse (für ↑ IC 4 mit beiderseits je zwei Anschlußreihen)

QG: Quartärgruppe, *Nachrichtentechnik*

QGU: Quartärgruppenumsetzer, *Nachrichtentechnik*

QI: ⟨engl⟩ quality indicated / Messung der (Produkt-) Qualität mit Anzeige, *Automatisierungstechnik*

QIL-Gehäuse: ↑ QUIL-Gehäuse

QIR: ⟨engl⟩ quality indicated registrated / Messung der (Produkt-) Qualität mit Anzeige und Registrierung, *Automatisierungstechnik*

QIS: ⟨engl⟩ quality insurance system / Qualitätssicherungssystem

QISAM: ⟨engl⟩ queued indexed sequential access method / erweiterte indexsequentielle Zugriffsmethode, *Datenverarbeitung*

QK: Qualitätskontrolle, = QC 1

QP: ⟨engl⟩ quadruple play / Vierfachspiel (-Tonband)

QPT-Verfahren: Quasiparalleltonverfahren (zur Tonsignalgewinnung), *Fernsehtechnik*

QR: 1. Querruder, *Flugzeugkonstruktion.* − 2. ⟨engl⟩ quick release / schnelles Abheben (des bedruckten Papiers vom Offset-Gummidrucktuch), *Polygrafie*

QS: 1. Qualitätssicherung. − 2. Quecksilbersäule

† QS: ⟨engl⟩ quadrosonic / quadrofon (Quadrofonieverfahren bei Tonwiedergabeanlagen)

QSAM: ⟨engl⟩ queued sequential access method / erweiterte sequentielle Zugriffsmethode, *Datenverarbeitung*

QSA MOS: ⟨engl⟩ quadruply self-aligned metal-oxide semiconductor / vierfach selbstjustierender Metall-Oxid-Halbleiter (Kurzkanal-MOS), *Halbleitertechnologie*

Q-Schalter: ⟨engl⟩ quality-switch / Güteschalter (optische Einrichtung in gütegesteuerten Lasern zur Erzeugung hoher Intensitäten und kurzer Impulse), *technische Optik*

QSE: ⟨engl⟩ quantum-size effect / Effekt kleinster Strukturabmessungen, *Mikroelektronik*

QSM: Querstrom-Mischzylinder-System (Konstruktionsprinzip von Extrudern), *Polymertechnik*

QSRA: ⟨engl⟩ quiet short-haul research aircraft (NASA-Flugzeugtyp zur Erprobung extrem kurzer Landepisten bei relativ ruhigem Flugverhalten)

QSS: Qualitätssicherungssystem

QTAM: ⟨engl⟩ queued teleprocessing access method / Zugriffsmethode für Warteschlangenfernverarbeitung, *Datenverarbeitung*

qtd: ⟨engl⟩ quarter / Quarter (Viertel)

QTOL: ⟨engl⟩ quiet take-off and landing / lärmgeminderter Start und Landung, *Flugbetrieb*

QTS: ⟨engl⟩ quartz tuning system / quarzgesteuertes Abstimmsystem (Hör- und Fernsehrundfunkempfänger)

Qu: Quelle, *Melioration*

Qu.: Querschlag (Grubenhohlraum quer zur Lagerstätte), *Bergbautechnik*

Quasar: quasistellare Radioquelle

QUIL-Gehäuse, QIL-Gehäuse, QUIP: ⟨engl⟩ quad-in-line package / Viererreihengehäuse (Gehäuseausführung für ↑ IC 4 mit beiderseits je zwei Anschlußreihen), *Mikroelektronik*

QUM: ⟨engl⟩ quadrature amplitude modulation / Quadraturamplitudenmodulation, *Nachrichtentechnik*

QVL: Querverbindungsleitung, *Nachrichtentechnik*

QVS: Querverbindungssatz, *Nachrichtentechnik*

QVUs: Querverbindungsumsetzer, *Nachrichtentechnik*

QWA: 1. ⟨engl⟩ quarter wave antenna / Viertelwellenantenne, *Nachrichtentechnik*. – **2.** Quarzrohrwaschautomat, *Lichttechnik*

R

r: gereckt (Ausführungsart von Chemiefaserstoffen)

R: 1. radikal (Atomgruppe als Teil chemischer Verbindungen). – **2.** ⟨engl⟩ radio / Funk, *Flugzeugausrüstung*. – **3.** Radioaktivität, *Meßtechnik*. – **4.** Randstein (Baustoff). – **5.** Rangierstellwerk, *Schienenfahrzeugtechnik*. – **6.** Registrierung, *Automatisierungstechnik*. – **7.** ⟨engl⟩ restricted area / Gebiet mit Flugbeschränkung, *Flugsicherung*. – **8.** ⟨frz⟩ retard / verzögern (Bezeichnung an Regulierorganen von Schwingsystemen), *Meßtechnik*. – **9.** ⟨engl⟩ ribbon filament / Wolframbandleuchtkörper, *Lichttechnik*. – **10.** ⟨engl⟩ right / rechts (Start- und Landebahnkennung), *Flughafen*. – **11.** Rohr (Erzeugnis mit konstantem Kreisquerschnitt). – **12.** Rostschutz. – **13.** Rotation (Drehung, Drehbewegung). – **14.** Rücklauf, *Energietechnik*. – **15. [P]:** ⟨russ⟩ rudničnaja lampa [рудничная лампа] / Grubenlampe, *Lichttechnik*. – **16.** ⟨engl⟩ runway lighting / Start- und Landebahnbefeuerung, *Flugsicherung*

ra: Ruhearbeitskontakt, *Nachrichtentechnik*

Ra: Ramie (Pflanzenfaser), *Textiltechnik*

RA: 1. ⟨engl⟩ radio altimeter / Funkhöhenmesser, *Flugzeugausrüstung*. – **2.** Rampenanfang, *Eisenbahnoberbau*. – **3.** relative Adresse, *Datenverarbeitung*. – **4.** Rettungsausrüstung, *Flugbetrieb*. – **5.** ⟨engl⟩ runway approach / Start- und Landebahnanflug, *Luftfahrtnavigation*

Rabt: Rangierabteilung

RAC 1. rac: ⟨engl⟩ rectified alternating current / gleichgerichteter Wechselstrom, *Elektrotechnik*. – **2.** ⟨engl⟩ rules of the air and air traffic services / Regeln für Luftverkehr und Flugsicherungsdienste

RACE: ⟨engl⟩ research and development in advanced communications in Europe / Forschung und Entwicklung in der modernen Nachrichtentechnik in Europa (Projektprogramm zur integrierten Breitbandkommunikation in der Europäischen Gemeinschaft)

Racon, RACON: ⟨engl⟩ radar beacon / Radarfunkfeuer, *Luftfahrtnavigation*

rad, RAD: ⟨engl⟩ radiator / Radiator (Strahlungsheizer, Gliederheizkörper)

RAD: 1. ⟨engl⟩ radiation detector / Strahlungsempfänger, Strahlungsdetektor. – **2.** Radio

Radar, RADAR: ⟨engl⟩ radio detecting and ranging / Funkortung und -entfernungsmessung (Rückstrahlortung, unexakt: Funkmeßtechnik), *Nachrichtentechnik*

RADAR: ⟨engl⟩ random-access dump and reload / Sichern und Wiederherstellen von Großspeicherinhalten, *Datenverarbeitung*

Radd.: Raddampfer

RADINT: ⟨engl⟩ radar intelligence (USA-Erdsatellitenserie zur Radaraufklärung)

RADIST: ⟨engl⟩ radar distance indicator / Entfernungsanzeiger für ↑ Radar, *Nachrichtentechnik*

Radom: ⟨engl⟩ radio dome / Radiokuppel (über Radioteleskopen)

RADOT: ⟨engl⟩ real-time automatic digital optical radar / automatisches, optisches Digitalechtzeit-(↑)Radar, *Flugzeugausrüstung*

RADSAT: ⟨engl⟩ radiation satellite / Strahlungsmeßsatellit (USA)

RAE: ⟨engl⟩ radio astronomy Explorer (USA-Forschungssatelliten aus der Explorer-Reihe für radioastronomische Untersuchungen)

RAG: 1. ⟨engl⟩ region adjacency graph / Zusammenhangsgraph, *Bildverarbeitung*. – **2.** Röntgenaufnahmegerät, *Medizintechnik*

Rahm.Spt.: ↑ R.Spt. 1

RAILS: 1. ⟨engl⟩ remote area instrument landing system / Ferngebiets-Instrumentenlandesystem, *Flugzeugausrüstung*. – **2.** ⟨engl⟩ runway alignment indicator lighting system / Luftfahrtbefeuerungsanlage zur Anzeige eines Zufahrtplatzes, *Flugsicherung*

Rak: Rakete

RALU: ⟨engl⟩ register [and] arithmetic-logic unit / Register-Arithmetik-Logikeinheit [Register und arithmetisch-logische Einheit], *Datenverarbeitung*

RAM: 1. ⟨engl⟩ radio attenuation measurement / Funkdämpfungsmessung, *Nachrichtentechnik*. – **2.** ⟨engl⟩ random-access memory / Speicher mit wahlfreiem Zugriff, Schreib-Lese-Speicher (Halbleiterspeicher), *Mikroelektronik*. – **3.** ⟨engl⟩ research and applications module / Forschungs- und Anwendungsmodul (Baustein für eine modulare Raumstation)

Ramark: ⟨engl⟩ radar marker / ↑ Radar-Markierungsfunkbake, *Schiffstechnik*

RAN: ⟨engl⟩ regional air navigation / regionale Luftfahrtnavigation

RAP: rechnerunterstützter Arbeitsplatz für Projektierung

RAPPI: ⟨engl⟩ random access plan position indicator / Rundsichtanzeigegerät (Radar) für zufällige Zugänge, *Flugsicherung*

† RAPT: ⟨engl⟩ robot automatically programmed tools / (an ↑ APT 3 angelehnte Programmiersprache für Roboter)

RAS: 1. ⟨engl⟩ random access stor[ag]e / Speicherung mit beliebigem Zugriff, *Datenverarbeitung*. – **2.** ⟨engl⟩ rectified air speed / berichtigte Fluggeschwindigkeit. – **3.** ⟨engl⟩ row address strobe / Zeilenadressierungssignal (Steuersignal bei ↑ RAM 2), *Datenverarbeitung*

Ra-Signal: Signal für den Rangierdienst (Eisenbahnsignal)

Ratan, RATAN: ⟨engl⟩ radar and television aid to navigation / Navigationshilfe durch ↑ Radar und Fernsehen, *Nachrichtentechnik*

RATT: ⟨engl⟩ radio teletypewriter / drahtloser Fernschreiber, Funkfernschreiber

Raw: Reichsbahnausbesserungswerk

RAW: ⟨engl⟩ read after write (Lesekontrolle nach der Informationsaufzeichnung in Speichern), *Datenverarbeitung*

RAX: ⟨engl⟩ rural automatic exchange / automatische Landzentrale (kleines Wählamt), *Nachrichtentechnik*

Rb: Raphiabast (Pflanzenfaser), *Textiltechnik*

RB: 1. ⟨engl⟩ rated boost / Nennladedruck, *Luftfahrtantriebe*. – **2.** ⟨engl⟩ relative bearing / Funkseitenpeilung, *Luftfahrtnavigation*

RBA: 1. Reisezugwagen-Bedarfsausbesserung. – **2.** Röntgenbelichtungsautomat, *Medizintechnik*

RBD: Rückhörbezugsdämpfung, *Nachrichtentechnik*

RBE: ⟨engl⟩ relative biological effectiveness / relative biologische Wirksamkeit, ↑ RBW

RBES: Röntgenbilderzeugungssystem, *Medizintechnik*

Rbf: Rangierbahnhof

† RBG: Regalbediengerät, ↑ RFZ

RBK: Rohbraunkohle

RBK-F: Rohbraunförderkohle

RBK-K: Rohbraunklarkohle

RBK-S: Rohbraunsiebkohle

RBM: Rotationsblasmaschine für Hohlglas), *Silikattechnik*

RBS: 1. Roboterbetriebssystem. – **2.** ⟨engl⟩ Rutherford backscattering / Rutherfordsche Rückstreuung (Methode der Oberflächenanalyse)

RBSiC: ⟨engl⟩ reaction bonded silicon carbide / reaktionsgebundenes Siliciumcarbid (Keramikwerkstoff)

RBSN: ⟨engl⟩ reaction bonded silicon nitride / reaktionsgebundenes Siliciumnitrid (Keramikwerkstoff)

RBT: Rundfunkbetriebstechnik

RBV: 1. ⟨engl⟩ return beam vidicon / Vidicon für reflektierte Strahlen (Kamera auf USA-Raumflugkörpern). – **2.** Röntgenbildverstärker

RBVF: Röntgenbildverstärker-Fernsehkette, *Medizin-, Werkstoffprüftechnik*

RBW: relative biologische Wirksamkeit, = EBR 1, = RBE, *Kerntechnik*

RC: 1. ⟨engl⟩ radio-controlled / funkgeleitet, *Flugsicherung*. – **2.** Radiogaschromatografie (Analyseverfahren zur Ermittlung der Verteilung von Radiopharmaka), *Analysenmeßtechnik*. – **3.** Regeneratcellulosefaserstoff. – **4.** ⟨engl⟩ remote control / Fernsteuerung. – **5.** ⟨engl⟩ robot control / Robotersteuerung. – **6.** Widerstands-Kondensator(-Anordnung, -Beschaltung), *Elektrotechnik*

RCA Satcom: ⟨engl⟩ Radio Corporation of America Satellite Communications / Satellitenkommunikation der Radio Corporation of America (USA-Satellitentyp)

RCC: ⟨engl⟩ rescue coordination center / Rettungskoordinierungszentrum, *Flugsicherung, Raumfahrttechnik*

RCCM: ⟨engl⟩ rotary continuous casting machine / rotierende kontinuierliche Gießmaschine, stetig arbeitendes Gießkarussell, *Metallurgie*

RCD: Widerstands-Kondensator-Dioden(-Anordnung, -Beschaltung), *Elektrotechnik*

RCE: ⟨engl⟩ remote control equipment / Fernsteuereinheit, Fernsteuerausrüstung, *Automatisierungstechnik*

Rcht.Bk.: Richtbake (Seezeichen aus zwei Baken hintereinander)

Rcht.F.: Richtfeuer (Seezeichen aus befeuerten Richtbaken)

RCI: ⟨engl⟩ remote controlled inking / ferngesteuerte Farbgebung (an Druckmaschinen)

RCIC-System: ⟨engl⟩ reactor core isolation cooling system / Kernisolationskühlsystem, *Kerntechnik*

RCJL: ⟨engl⟩ resistor-coupled Josephson logic / widerstandsgekoppelte Josephson-Logik, *Elektronik*

RCLM: ⟨engl⟩ runway center line marking / Start- und Landebahn-Mittellinienmarkierung, *Flugsicherung*

RCLS: ⟨engl⟩ runway center line light system / Start- und Landebahn-Mittellinienbefeuerungssystem, *Flugsicherung*

RCO: ⟨engl⟩ resistance-controlled oscillator / widerstandsgesteuerter Oszillator, *Elektronik*

RC-Papier: ⟨engl⟩ resin-coated paper / harzbeschichtetes Papier (für die fotografische Papierausgabe in der polygrafischen Text- oder Bildverarbeitung)

RCR: ⟨engl⟩ room cavity ratio (Raumindex für den Raumbereich zwischen Lichtaustrittsebene und Nutzebene), *Lichttechnik*

RCS: 1. ⟨engl⟩ reentry control system / Wiedereintrittskontrollsystem (für den Wiedereintritt des Gemini-Raumschiffes in die Atmosphäre, USA). – **2.** ⟨engl⟩ relative contrast sensitivity / relative Kontrastempfindlichkeit, *Lichttechnik*

RCT: 1. ⟨engl⟩ reverse conducting thyristor / rückwärts leitender Thyristor, *Elektronik*. – **2.** ⟨engl⟩ ring crush test / Ringstauchversuch, *Verpackungs-, Papiertechnik*

RCTL: ⟨engl⟩ resistor-capacitor-transistor logic / Widerstands-Kondensator-Transistor-Logik, *Elektronik*

R-Cu: Raffinadekupfer, *Werkstofftechnik*

RCU: ⟨engl⟩ remote control unit / Fernsteuereinheit, *Automatisierungstechnik*

RCVR: ⟨engl⟩ receiver / Empfänger (Hörrundfunkempfänger)

RCW: ⟨engl⟩ recirculated cooling water / Zwischenkühlwasser, *Kernkraftwerkstechnik*

rd, Rd: rund

Rd.: Reede (geschützter Ankerplatz vor dem Hafen)

RD 1. [РД]: ⟨russ⟩ raketnyj dvigatel' [ракетный двигатель] / Raketentriebwerk, *Luftfahrtantrieb, Raumfahrttechnik.* – **2.** Rohrdurchlaß, *Melioration.* – **3. [РД]:** ⟨russ⟩ rulëžnaja dorožka [рулёжная дорожка] / Rollweg, *Flughafen.* – **4.** Widerstands-Dioden(-Anordnung, -Beschaltung), *Elektrotechnik*

RDA [РДА]: ⟨russ⟩ reguljator davlenija avtomatičeskij [регулятор давления автоматический] / automatischer Druckregler, *Flugzeugausrüstung*

RDAR: ⟨engl⟩ regional and domestic air route / regionale und Inlandflugstrecke, *Luftfahrtnavigation*

RDARA: ⟨engl⟩ regional and domestic air route area / Regional- und Inlandflugstreckengebiet, *Luftfahrtnavigation*

R-DAT: ⟨engl⟩ rota[to]ry head digital audio taperecording / digitale Tonkassettenaufzeichnung mit rotierendem Magnetkopf (Kassettenrecorder)

RDB: Reaktordruckbehälter, *Kernkraftwerkstechnik*

RDC: 1. ⟨engl⟩ remote data collection / Datenfernerfassung. – **2.** ⟨engl⟩ rotating-disk contactor / Rührscheibenkolonne, *Hydrometallurgie*

RD3D: ⟨engl⟩ resist development in three dimensions (Mehrebenen-Resistentwicklung), *Halbleitertechnologie*

RDF: 1. ⟨engl⟩ radial distribution function / radiale Verteilungsfunktion. – **2.** ⟨engl⟩ radio direction finder / Funkpeilgerät, *Luftfahrtnavigation.* – **3.** rechnergestützte Diagnosefindung, *Medizintechnik.* – **4.** ⟨engl⟩ repeater distribution frame / Verteiler für Verstärkerämter, *Nachrichtentechnik*

RDK: Raupendrehkran

RDL: ⟨engl⟩ replaceable lamp display light / Anzeigeleuchte mit auswechselbarer Lampe, *Lichttechnik*

Rdm.: ↑ RM 4

RD-Mittel: Reinigungs- und Desinfektionsmittel, *Lebensmitteltechnik*

RDO: ⟨engl⟩ radio / Funk-, *Luftfahrt*

RDS: 1. Radiodatensystem (Hörrundfunkdienst; zusätzliche digitale Signale zum Radioprogramm). – **2. [РДС]:** ⟨russ⟩ rajon dispetčerskoj služby [район диспетчерской службы] / Bezirkskontrolldienst (↑ ACC 2), *Flugsicherung*

RDT [РДТ]: ⟨russ⟩ raketnyj dvigatel' na tvërdom toplive (auch PRD) [ракетный двигатель на твёрдом топливе] / Feststoff-Raketentriebwerk, = RDTT, *Luftfahrtantrieb*

RDTL: ⟨engl⟩ resistor-diode-transistor logic / Widerstands-Dioden-Transistor-Logik, *Elektronik*

RDTT [РДТТ]: ⟨russ⟩ raketnyj dvigatel' tvërdogo topliva [ракетный двигатель твёрдого топлива, р.д. на твёрдом топливе] / Feststoff-Raketentriebwerk, = RDT, *Raumfahrttechnik*

RDV: Rotationsdünnschichtverdampfer, *thermische Verfahrenstechnik*

RDZ: rechnerunterstützte Dispatcherzentrale

Re: Roheisen

RE: 1. Rampenende, *Eisenbahnoberbau*. – 2. Reaktorentwicklung, *Kernkraftwerkstechnik*. – 3. Rückwandecho (Ultraschallprüfung), *Werkstoffprüfung*

REA: Röntgenfilmentwicklungsautomat, *Medizintechnik*

REA-Gips: Gips aus Rauchgas-Entschwefelungsanlagen, *Verfahrenstechnik*

REC: ⟨engl⟩ receive [receiver] / Empfang, [Empfänger], *Flugzeugausrüstung*

RECL: rückgekoppelte ↑ ECL 2, *Elektronik*

RED: ⟨engl⟩ reflexion electron diffraction / Reflexionselektronenbeugung, *Meßtechnik*

Redabas, REDABAS: relationales Datenbankbetriebssystem (Standardsoftware zur Datenverwaltung mit 8- und 16-bit-Rechnern)

Redta: Reduktionstachymeter, *Geodäsie*

REILS: ⟨engl⟩ runway end identifier light system / Start- und Landebahnendfeuer, *Flugsicherung*

REINS: ⟨engl⟩ radar-equipped inertial navigation system / mit ↑ Radar ausgerüstetes Inertialnavigationssystem, *Luftfahrtnavigation*

Reku: Rekuperator (Wärmeübertrager), *Silikattechnik, Ofenbau*

rel, REL: ⟨engl⟩ rate of energy loss / spezifischer Energieverlust (spezifische Ionisation)

REL: ⟨engl⟩ runway edge lights / Start- und Landebahnrandfeuer, *Flugsicherung*

REM: 1. Randelementemethode (numerisches Verfahren zur Analyse von Randwertproblemen). – 2. Rasterelektronenmikroskop [-skopie], = SEM 1, *Analysenmeßtechnik*

REMSA: Röntgenemissionsmikrospektralanalyse (zur Bestimmung der chemischen Zusammensetzung von Stoffen)

REOX: ⟨engl⟩ reverse etching of oxide / rückseitige Oxidätzung, *Halbleitertechnologie*

REP: ⟨engl⟩ reporting point / Meldepunkt, *Flugsicherung*

Repro: Reproduktionstechnik, reproduktionstechnisch, *Polygrafie*

RePROM: ↑ RPROM

REPROM: ⟨engl⟩ reprogrammable read-only memory / umprogrammierbarer Nurlesespeicher, *Mikroelektronik*

RER: ⟨engl⟩ radiation effects reactor / Reaktor zur Erforschung der Auswirkungen von Strahlen, *Kerntechnik*

RES: Rapsextraktionsschrot, *Lebensmitteltechnik*

RESA: ↑ RSA 1

RE-Übertrager: Regenerativ-Enthalpie-Übertrager, *Energietechnik*

REX: ⟨engl⟩ reed electronic exchange / quasielektronische Versuchsanlage, *Nachrichtentechnik*

REXS: ⟨engl⟩ radio exploration satellite (japanischer Satellit zur Erforschung der Ionosphäre und der kosmischen Strahlung)

Rf: Rangierfahrt

RF 1. rf: ⟨engl⟩ radio frequency / Radiofrequenz, Hochfrequenz, Funkfrequenz (im Mikrowellen- und Dezimeterwellenbereich). – **2.** ⟨engl⟩ range finder / Entfernungsmesser. – **3.** Rückwärtsfahrt (eines Schiffes). – **4.** Rundfunk

R.F.: ⟨engl⟩ resorcinol and formaldehyde resin / Resorcin-Formaldehydharz

RFA: 1. Röntgenfernsehanlage, *Medizintechnik, Werkstoffprüfung*. – **2.** Röntgenfluoreszenzanalyse, *Werkstoffprüfung*. –

RFC: 1. ⟨engl⟩ radio facility chart / Karte der Funkeinrichtungen, *Luftfahrtnavigation*. – **2.** ⟨engl⟩ radio frequency choke / Hochfrequenzdrossel, *Elektrotechnik*

RFe: Relaiseisen, Relaisstahl

† RFE: rechnergesteuerte Fahrausweiserstellung (DB)

RFI: ⟨engl⟩ radio frequency interference / Hochfrequenzstörung, *Nachrichtentechnik*

RFK: 1. Raumflugkörper. – **2.** Röntgenfernsehkamera, *Medizintechnik*

RFL: 1. ⟨engl⟩ reflector / 1. Reflektor. – **2.** Reflektorausführung (Lampe), *Lichttechnik*. – **2.** Resorcin-Formaldehyd-Latex (Haftsystem), *Polymertechnik*

RFM: Rechteckfrequenzmodulation, *Nachrichtentechnik*

RFT: ⟨engl⟩ radio frequency transmitter / Rundfunksender

RF-Transistor: ⟨engl⟩ radio frequency transistor / Hochfrequenztransistor, *Nachrichtentechnik*

Rfw: Rückfallweiche, *Schienenfahrzeugtechnik*

RFZ: Regalförderzeug, = † RBG

Rg: Rotguß (Kupferlegierung mit Zinn, Zink und Blei)

RG, RGL: Reflektorglühlampe

RGB: Richtungsgleisbremse, *Schienenfahrzeugtechnik*

RGB-Signal: Rot-, Grün- und Blausignal, *Fernsehtechnik*

RGL: ↑ RG

RGR: 1. rechnergeführte Regelung (automatische Steuerung). – **2.** Reisezugwagen-Generalreparatur

RGU: rechnergesteuerter Unterricht, ↑ CAI 4

rh: ⟨engl⟩ relative humidity / relative (Luft-) Feuchtigkeit

RH, HR: Rockwell-Härte, = R.H.N., *Werkstofftechnik*

RHEED: ⟨engl⟩ reflected high-energy electron diffraction / Reflexionsbeugung energiereicher Elektronen (zur Untersuchung von Halbleiterstrukturen)

Rhgbk.: Rasenhängebank (im Niveau der Tagesoberfläche), *Bergbautechnik*, s.a. Hgbk.

RHI: ⟨engl⟩ range-height indicator / Radaranzeigegerät für Entfernung und Höhe, *Nachrichtentechnik*

R.H.N., Rhn: ⟨engl⟩ Rockwell

hardness number / Rockwell-Härtezahl, ↑ RH

RHU: Reisezugwagen-Hauptuntersuchung

RH-Verfahren: Ruhrstahl-Heraeus-Verfahren (zur Vakuumbehandlung von flüssigem Stahl), *Eisenmetallurgie*

Ri: Rinderhaar, *Textiltechnik*

RI: 1. Registerindex, *Datenverarbeitung*. – 2. ⟨engl⟩ room index / Raumindex, *Lichttechnik*

RIA: 1. ⟨engl⟩ radioimmunoassay / Radioimmunoassay (Nachweisverfahren für Substanzen), *Analysenmeßtechnik*. – 2. ⟨engl⟩ reactivity-initiated accident / durch Reaktivität ausgelöster Störfall, *Kernkraftwerkstechnik*

RIBE: ⟨engl⟩ reactive ion-beam etching / reaktives Ionenstrahlätzen, *Halbleitertechnologie*

RID: radiale Immundiffusion (immunologisches Nachweisverfahren für Eiweiße), *Analysenmeßtechnik*

RIE: ⟨engl⟩ reactive ion etching / reaktives Ionenätzen, *Halbleitertechnologie*

RIF: ⟨engl⟩ radio interference filter / Rundfunk-Interferenzfilter (Löschfrequenzumschaltung beim Magnetbandgerät)

RIGFET: ⟨engl⟩ resistive-insulated gate field-effect transistor / Feldeffekttransistor mit widerstandsisoliertem Gate, *Mikroelektronik*

RIKE: ⟨engl⟩ Raman induced Kerr effect / Raman-induzierter Kerr-Effekt (Effekt der nichtlinearen Optik zur Laserspektroskopie)

RIL, RL: ⟨engl⟩ red indicating lamp / rotfarbene Anzeigelampe, *Lichttechnik*

RIM: ⟨engl⟩ reaction injection moulding / Reaktionsspritzguß, *Polymertechnik*

RINa: ⟨ital⟩ Registro Italiano Navale (Genua, Rom) / Italienische Schiffsklassifikationsgesellschaft)

RIP: 1. ⟨engl⟩ rapid isothermal process / schneller isothermer Prozeß, *Halbleitertechnologie*. – 2. ⟨engl⟩ raster image processor / Scanbildgenerator (insbesondere für die gemeinsame elektronische Verarbeitung von Text und Bild bei der Druckformenherstellung), *Polygrafie*

RIPS: ⟨engl⟩ rule invocations per second / Regelaufrufe pro Sekunde, *Datenverarbeitung*

RIS: ⟨engl⟩ resistor-insulator semiconductor / Widerstands-Isolator-Halbleiter (dreipoliger HF-Leistungshalbleiter), *Elektronik*

RISC: ⟨engl⟩ reduced instruction set computer / Rechner mit eingeschränktem Befehlssatz (Computerarchitektur)

RISMU: rechnergesteuertes Informationssystem Mukran (im Fährhafen Mukran)

RJE: ⟨engl⟩ remote job entry / Auftragsferneingabe, *Datenverarbeitung*

RJU: Reisezugwagen-Jahresuntersuchung

RK [PK]: ⟨russ⟩ radiokompas [радиокомпас] / Funkkompaß, *Flugzeugausrüstung*

RKE: Rechnerkopplungseinheit

RKK [PKK]: ⟨russ⟩ raketno-kosmičeskij kompleks [ракетно-космический комплекс] / Raumfahrtkomplex

RKL: 1. Reinheitsklasse (Reinraumtechnik), *Energietechnik*. – **2. [РКЛ]:** ⟨russ⟩ rtutnaja kapilljarnaja lampa [ртутная капиллярная лампа] / Quecksilber-Kapillarlampe *Lichttechnik*. – **3.** Rufkontrollampe, *Nachrichtentechnik*

Rkm: Reißkilometer (Festigkeitsbezeichnung), *Textiltechnik*

RKM: 1. Radialkolbenmotor (Hydromotor, Druckstromverbraucher). – **2.** Röntgenkontrastmittel, *Medizintechnik*

RKP: Radialkolbenpumpe (Hydraulikpumpe, Druckstromerzeuger)

RKS [РКС]: ⟨russ⟩ raketno-kosmičeskaja sistema [ракетно-космическая система] / Raumfahrtsystem (System Rakete-Raumflugkörper)

RKW: Rückkühlwasser, *Verfahrenstechnik*

RKY: Röntgenkymografie (Darstellung von Organbewegungen), *Medizintechnik*

RK-Zahl: Rapid-Köthen-Zahl (Maß für Entwässerungswiderstand von Papierfaserstoffen)

Rl: Radlenker, *Eisenbahnoberbau*

RL: 1. Rechtslenkung, *Kraftfahrzeugtechnik*. – **2.** ⟨engl⟩ rhumb line/Loxodrome (Linie, die die Meridiane unter gleichen Winkeln schneidet), *Luftfahrtnavigation*. – **3.** Rohrleitung, *Energietechnik*. – **4.** Rücklaufleitung, *Energietechnik*. – **5.** Rückwärtslesen, *Datenverarbeitung*. – **6.** ⟨engl⟩ runway lights / Start- und Landebahnfeuer, *Flugsicherung*

RLA: Rohrlagerungsart, *Straßenbau*

R-Lampe: ⟨engl⟩ reflector lamp / **1.** Reflektorlampe. – **2.** Reflektorglühlampe (mit geblasenem Kolben)

RLÈ [РЛЭ]: ⟨russ⟩ rukovodstvo po lëtnoj èkspluatacii [Руководство по лётной эксплуатации] / Flugzeughandbuch, *Flugbetrieb*

RLK: Randlochkarte, *Datenverarbeitung*

RL-Maschenware: Rechts-Links-Maschenware, *Textiltechnik*

RLND, RND [РЛНД, РНД]: ⟨russ⟩ rtutnaja lampa nizkogo davlenija [ртутная лампа низкого давления] / Quecksilberdampf-Niederdrucklampe

RLP: ⟨engl⟩ reactive liquid polymer / reaktionsfähiges Flüssigpolymer (Flüssigkautschuk), *Polymertechnik*

RLS [РЛС]: ⟨russ⟩ radiolokacionnaja stancija [радиолокационная станция] / Funkmeßstation, *Flugsicherung, Raumfahrttechnik*

RLT: rückwärtsleitender Thyristor, *Elektronik*

Rlü: Radlenker, überhöht, *Eisenbahnoberbau*

RLVD, RVD [РЛВД, РВД]: ⟨russ⟩ rtutnaja lampa vysokogo davlenija [ртутная лампа высокого давления] / Quecksilberdampf-Hochdrucklampe

Rm: Rotmetall (Kupferknetlegierung mit Zinn und Zink)

RM: 1. ⟨engl⟩ radiation measurement / Strahlungsmessung. – 2. Reaktionsmilieu, *Lebensmitteltechnik.* – 3. Restseitenbandmodulation, *Nachrichtentechnik.* – 4. **Rdm.**: Rudermaschine

RME: Radkraftmeßeinrichtung (Gleisbremse), *Schienenfahrzeugtechnik*

RMIS: ⟨engl⟩ refractory metal-insulator semiconductor / hochschmelzender Metall-Isolator-Halbleiter, *Halbleitertechnologie*

RMK: 1. Radmittenkontaktstrecke (Gleisbremse), *Schienenfahrzeugtechnik.* – 2. robotermontagegerechte Konstruktion

RMLL: Rückverdrahtungs-Mehrlagenleiterplatte, *Elektronik*

RMM: ⟨engl⟩ read-mostly memory / Meistlesespeicher (elektrisch löschbarer Speicher, der meist im Lesebetrieb arbeitet), *Mikroelektronik*

RMOS: ⟨engl⟩ refractory metal-oxide semiconductor / hochschmelzender Metall-Oxid-Halbleiter, *Halbleitertechnologie*

RMP: 1. ⟨engl⟩ ramp / Vorfeld, Abstellfläche, *Flugbetrieb.* – 2. ⟨engl⟩ refiner mechanical pulp (Refinerholzstoff), *Papiertechnik*

RMPr [РМПр]: ⟨russ⟩ rabočee mesto proektirovanija [рабочее место проектирования] / Projektierungsarbeitsplatz, *Datenverarbeitung*

R_m-R_c-Diagramm: ⟨engl⟩ recovery mass-recovery concent diagram / Masseausbringen-Wertstoffausbringen-Diagramm, *Bergbautechnik*

rms: 1. ⟨engl⟩ relative mixture strength / relatives Mischungsverhältnis (Kehrwert des Luftverhältnisses), Kraftfahrzeugtechnik. – 2. **r.m.s., RMS:** ⟨engl⟩ root mean square / quadratischer Mittelwert (Effektivwert), = rss

RMS: 1. Rauschminderungssystem, *Nachrichtentechnik.* – 2. ⟨engl⟩ remote manipulation system / Fernmanipulationssystem (Manipulatorarm des Space Shuttle mit dazugehöriger Steuerung, USA)

RMT: Rumpfmittelteil, *Flugzeugausrüstung*

RN 1. [РН]: ⟨russ⟩ lampa različnogo naznačenija [лампа различного назначения] / Mehrzwecklampe. – 2. **[РН]:** ⟨russ⟩ raketanositel' [ракета-носитель] / Trägerrakete, *Raumfahrttechnik.* – 3. Rasternegativ (-Film) *Polygrafie.* – 4. ⟨engl⟩ reference noise / Bezugsrauschwert, *Nachrichtentechnik*

RNA: Radionuklidangiografie (Herz- und Gefäßdarstellung mittels Radioisotopen), *Medizintechnik*

RND: ↑ RLND

RNG: ⟨engl⟩ radio range / (Vier-)Kursfunkfeuer, *Luftfahrtnavigation*

RNi: Relaisnickelstahl

RNR: ⟨rumän⟩ Registrul Naval Român (Bukarest) / Rumänische Schiffsklassifikationsgesellschaft)

RN-Verfahren: Verfahren nach Republic Steel Corporation und National Lead Industries Corporation, USA (zur Roheisengewinnung im Drehofen), *Eisenmetallurgie*

RNW: Rechnernetzwerk (netzartiger Verband mehrerer Rechner über geringe oder große Entfernungen)

RNZ [РНЗ]: ⟨russ⟩ zerkal'naja lampa različnogo naznačenija [зеркальная лампа различного назначения] / Reflektorglühlampe für verschiedene Verwendungszwecke

ro: rohweiß (Ausführungsart von Chemiefaserstoffen)

Ro: Rosella (Pflanzenfaser), *Textiltechnik*

Rö: Röntgenprüfung, *Werkstoffprüfung*

RO 1. [PO]: ⟨russ⟩ regulirujuščij organ [регулирующий орган] / Stellglied, *Automatisierungstechnik*. – **2.** Rollenoffsetdruck

ROA: ⟨engl⟩ rules of the air / Luftverkehrsregeln

ROBEX: ⟨engl⟩ robot exapt (Roboterprogrammiersprache)

Rockoon: ⟨engl⟩ tocket balloon / Raketenballon (Höhenballon, von dem aus Raketen gestartet werden können)

ROCOL: ⟨engl⟩ robots control language / Sprache für Robotersteuerung

Rodar, RODAR: ⟨engl⟩ road radar / Straßen-(↑)Radar (zur Untersuchung von Unregelmäßigkeiten im Oberflächen- und Untergrundbereich von Straßen und Autobahnen), *Meßtechnik*

ROE: Rohöleinheit

ROFOR: ⟨engl⟩ route forecast / Flugstrecken-Wettervorhersage (verschlüsselt nach internationalem Wetterschlüssel)

ROI: ⟨engl⟩ recessed oxide isolation / Isolation durch versenktes Oxid (Oxidationsverfahren), *Halbleitertechnologie*

ROK: reißbrettorientierter Konstruktionsarbeitsplatz

ROM: ⟨engl⟩ read-only memory / Nurlesespeicher (Festwertspeicher), = ROS 1, *Mikroelektronik*

ROP: ⟨engl⟩ run-off-paper (gleichzeitiger Text- und Mehrfarbenbilderdruck, insbesondere beim Zeitungsdruck)

ROR: ⟨engl⟩ range-only radar / ↑ Radar nur zum Entfernungsmessen, *Nachrichtentechnik*

Ro-Ro, Ro Ro, ro-ro, Ro/Ro, RORO: ⟨engl⟩ roll-on-roll-off / fahr auf – fahr ab (horizontaler Umschlag von Transport- und Ladeeinheiten auf Rädern), *Schiffstechnik*

ROS: 1. ⟨engl⟩ read-only storage / Nurlesespeicher, ↑ ROM. – **2.** ⟨engl⟩ resistors on sapphire / Widerstandstrukturen auf Saphir, *Halbleitertechnologie*

ROSAT: Röntgensatellit (deutsches Projekt)

ROTS: ⟨engl⟩ rotary out-trunk switch / Ausgangsdrehwähler, *Nachrichtentechnik*

Rowa: Rottenwarnanlage (DB; Meldeanlage für Arbeiten im Gefahrenbereich der Gleise)

ROX: ⟨engl⟩ recessed oxide / versenktes Oxid, *Halbleitertechnologie*

ROZ: Research-Oktanzahl (nach Research-Methode ermittelte ↑ OZ 1), *Kraftfahrzeugtechnik*

Rp: 1. Raupenfaserstoff, *Textiltechnik.* – **2.** Rippenplatte (für Weichen auf Holzschwellen), *Eisenbahnoberbau*

RP 1. [РП]: ⟨russ⟩ radiopelengator; radiopeleng (radiopelengacija) [радиопеленгатор; радиопеленг (радиопеленгация)] Funkpeilgerät; Funkpeilung, *Flugsicherung.* – **2.** Radiophotografie (Aufnahme von Strahlenbildern), *Medizintechnik.* – **3.** Rasterpositiv (-Film). – **4.** Rasterpunkt, *Polygrafie.* – **5.** ⟨engl⟩ relative performance / relative Sehleistung. – **6.** Rückprojektion (Bildwiedergabe). – **7. R.P./[РП, Р.П.]:** ⟨russ⟩ rul' povorota [руль поворота] / Seitenruder, *Flugzeugausrüstung*

R.P., RP: ⟨engl⟩ resolving power / Auflösungsvermögen (Bildqualität), *technische Optik*

RPA: Regelstabprüfanlage (der Steuerung des Reaktorkerns), *Kernkraftwerkstechnik*

RPC, R.P.C.: ⟨engl⟩ remote position control / Fernsteuerung (Fernbedienung)

RPE: ⟨engl⟩ reduced-pressure epitaxy / Epitaxie unter verringertem Druck, *Halbleitertechnologie*

Rpg: Rippenplatte mit Gleitstuhl (für Weichen auf Holzschwellen), *Eisenbahnoberbau*

RPG: ⟨engl⟩ report program generator / Listenprogrammgenerator (Programmiersprache)

rph, RPH: ⟨engl⟩ revolutions per hour / Umdrehungen pro Stunde

RPK [РПК]: ⟨russ⟩ radiopolukompas [радиополукомпас] / Funkhalbkompaß, *Flugzeugausrüstung*

RPL: ⟨engl⟩ robot programming language / Roboterprogrammiersprache

RPL-Dosimeter: Radiophotolumineszenzdosimeter, *Meßtechnik*

rpm, RPM: ⟨engl⟩ revolutions per minute / Umdrehungen je Minute (Drehzahl)

RPM: ⟨engl⟩ room position multiplier / Raumpositionsmultiplikator, *Lichttechnik*

RPN: ⟨engl⟩ reversed polish notation / umgekehrte polnische Notation, ↑ UPN

RPROM, RePROM: ⟨engl⟩ reprogrammable read-only memory / wiederholt programmierbarer Nurlesespeicher, *Mikroelektronik*

rps, RPS: ⟨engl⟩ revolutions per second / Umdrehungen pro Sekunde

RPS: ⟨engl⟩ reactor protection system / Reaktorschutzsystem, *Kernkraftwerkstechnik*

RPSS: ⟨engl⟩ random programme search system / Programmsuchsystem (Kassettenrecorder)

RPU [РПУ]: ⟨russ⟩ rezervnyj pul't upravlenija [резервный пульт управления] / Reservebedienpult, *Raumfahrttechnik*

RPV: ⟨engl⟩ reactor pressure vessel / Reaktordruckgefäß, ↑ RDB

rr: reduziert gereckt (Ausführungsart von Chemiefaserstoffen)

RR: 1. Raschig-Ringe (Füllkörper in Stofftrennkolonnen), *Verfahrenstechnik.* – **2.** Register-Register,

Datenverarbeitung. – 3. Rührreaktor, *Verfahrenstechnik*

RRC: 1. ⟨engl⟩ reflected radiation coefficient / Koeffizient für die reflektierte Strahlung, *Lichttechnik*. – **2.** ⟨engl⟩ reverse roll coater (Kunstlederbeschichtungseinrichtung)

R²DTL: ⟨engl⟩ radiation-resistant diode-transistorlogic / strahlungsresistente Dioden-Transistor-Logik, *Elektronik*

RR-Maschenware: Rechts-Rechts-Maschenware, *Textiltechnik*

RRÖ: Röntgenröhre, *Medizintechnik, Werkstoffprüfung*

rrrv: ⟨engl⟩ rate of rise of restriking voltage / Steilheit der Wiederkehrspannung (Hochspannungsschalter), *Elektrotechnik*

RRS: Rosin-Rammler-Sperling-Verteilung, *Verfahrenstechnik*

RRSB-Verteilung: Rosin-Rammler-Sperling-Bennett-Verteilung (spezifische Korngrößenverteilungsfunktion), *Bergbautechnik*

rs: Reckspule (Aufmachungsart von Chemiefaserstoffen), *Textiltechnik*

r.s.: ⟨engl⟩ rotary sawn / mit Kreissäge geschnitten, *Holztechnik*

RS 1. [PC]: ⟨russ⟩ radioljubitel'skij sputnik [радиолюбительский спутник] / Amateurfunksatellit. – **2.** ⟨engl⟩ rapid start / Rapidstart, Schnellstart, *Lichttechnik*. – **3.** ⟨engl⟩ resistor / Widerstand, *Elektrotechnik*. – **4.** ⟨engl⟩ Rohini satellite (Serie indischer Forschungssatelliten). – **5.** ⟨engl⟩ rough service / stoßfeste Ausführung (Lampe). – **6.** Rufsatz, *Nachrichtentechnik*. – **7.** Rufschalter, *Nachrichtentechnik*

RSA, 1. RESA: Reaktorschnellabschaltung, *Kernkraftwerkstechnik*. – **2.** roboterspezifischer Antrieb. – **3.** Rundstapelanleger, *Polygrafie*

RSC: ⟨engl⟩ rescue subcentre / Hilfsstelle des Such- und Rettungsdienstes, *Flugsicherung*

R-Schweißen: Reibschweißen (Preßschweißverfahren bei gleichzeitig gleitender Bewegung der Werkstückflächen)

RSD: 1. ⟨engl⟩ reflecting surface depreciation / Verminderungsfaktor durch Rückgang des Reflexionsgrades der Raumbegrenzungsflächen, *Lichttechnik*. – **2.** Rotationsschablonendruck, *Textiltechnik*

RSDD: ⟨engl⟩ room surface dirt depreciation / Verminderungsfaktor für die Verschmutzung der Raumbegrenzungsflächen, *Lichttechnik*

RSE: 1. Rechnerstatuseinheit, *Datenverarbeitung*. – **2.** Reisestromermittlung, *Eisenbahnbetriebstechnologie*

RS-FF: ⟨engl⟩ reset set flip flop / Flipflop mit Setz- und Rücksetzeingang, *Elektronik*

RSK-Werte: Richt- und Schwankungsbreitenwerte (bei Qualitätsbewertung von Lebensmitteln), *Lebensmitteltechnik*

RS-Lampe: ⟨engl⟩ rapid start lamp / Rapidstart-Leuchtstofflampe

RSM: 1. ⟨engl⟩ remote switching module / Fernschaltmodul, *Automatisierungstechnik*. – **2.** Restseitenbandmodulation, *Nachrichtentechnik*. – **3.** roboterspezifischer

Motor. – **4.** Rotationsschrittmotor. – **5.** Ruf- und Signalmaschine, *Nachrichtentechnik*

RSON [PCOH]: ⟨russ⟩ radiolokacionnaja stancija obnaruženija i navedenija [радиолокационная станция обнаружения и наведения] / Funkmeßstation zur Ortung und Leitung, *Flugsicherung*

RSP: ⟨engl⟩ responder beacon / Antwortsenderbake, *Luftfahrtnavigation*

RSPE: Resonanzsternpunkterdung, *Elektrotechnik*

R.Spt. 1. Rahm.Spt.: Rahmenspant, *Schiffstechnik*. – **2.** Raumspant, *Schiffstechnik*

RSR: ⟨engl⟩ en-route surveillance radar / Rundsicht-(↑)Radar für Streckenkontrolle, *Flugsicherung*

rss, r.s.s., RSS: ⟨engl⟩ root sum square / quadratischer Mittelwert (Effektivwert), ↑ rms 2

RSS: 1. Reaktorsicherheitssystem, *Kernkraftwerkstechnik*. – **2.** ⟨engl⟩ ribbed smoked sheets / geriffelte, geräucherte (Naturkautschuk-)Folie, *Polymertechnik*. – **3.** ⟨engl⟩ robot servo system (Sprache für sensorgeführte Robotersysteme)

RSV: relatives Sedimentvolumen, *Papiertechnik*

RSVD: Rad-Schiene-Versuchs- und Demonstrationsfahrzeug (Kombinationssystem, ↑ HGZ bis 500 km/h)

RSW: Relaissuchwähler, *Nachrichtentechnik*

rt: recktexturiert (Ausführungsart von Chemiefaserstoffen)

RT: 1. Radioisotopentechnik. – **2.** ⟨engl⟩ radio telegraph[y] / Funktelegraf[ie], *Nachrichtentechnik*. – **3.** ⟨engl⟩ radio telephone / Funktelefon, *Nachrichtentechnik*, = STAR 4. – **4.** Rammtiefe, *Schiffstechnik*. – **5.** Rauhtiefe. – **6.** Raumteil (Volumenbezeichnung für Beton- und Mörtelmischungen). – **7.** ⟨engl⟩ reaction time / Reaktionszeit. – **8.** Reaktortechnik, *Kernkraftwerkstechnik*. – **9.** ⟨engl⟩ real-time / Echtzeit. – **10.** Rechentechnik. – **11.** Reservetransformator, *Elektrotechnik*. – **12.** Rohrtunnel, *Schiffstechnik*. – **13.** Rohteil, *Fertigungstechnik*. – **14.** Röntgentherapiegerät, *Medizintechnik*. – **15.** ⟨engl⟩ room temperature / Raumtemperatur. – **16.** Ruftaste, *Nachrichtentechnik*

R/T: ↑ RTF

RTC: 1. ⟨engl⟩ real-time clock / Echtzeituhr. – **2.** ⟨engl⟩ real-time computer / Echtzeitrechner. – **3.** ⟨engl⟩ remote terminal controller / Steuerung für Fernterminal, *Datenverarbeitung*

RTCS: ⟨engl⟩ real-time computer system / Echtzeitrechnersystem

RTD: 1. ⟨engl⟩ real-time display / Echtzeitanzeige. – **2.** ⟨engl⟩ resistance temperature detector / Widerstandstemperaturfühler (Widerstandsthermometer), *Meßtechnik*. – **3.** ⟨engl⟩ retention time distribution / Verweilzeitverteilung, *Bergbautechnik*

RTE[S]: ⟨engl⟩ real-time executive [system] / Echtzeitausführung[ssystem], *Datenverarbeitung*

RTF, R/T: ⟨engl⟩ radiotelephony / Sprechfunk, *Luftfahrt*

RTG: 1. ⟨engl⟩ radioisotope thermoelectric generator / thermoelektrischer Radioisotopengenerator (zur Stromerzeugung), *Raumfahrttechnik*. – **2.** ⟨engl⟩ radiotelegraphy / Funktelegrafie, *Luftfahrt*

RTIRS: ⟨engl⟩ real-time information retrieval system / Echtzeit-Informationswiederfindungssystem, *Datenverarbeitung*

RTL: 1. ⟨engl⟩ real-time language / Echtzeit- (Programmier-) Sprache. – **2.** ⟨engl⟩ resistor-transistor logic / Widerstands-Transistor-Logik, *Elektronik*

RTM: Rastertunnelmikroskop, ↑ STM

RTO: ⟨engl⟩ rapid thermal oxidation / schnelle thermische Oxidation, *Halbleitertechnologie*

RTOL: ⟨engl⟩ reduced take-off and landing / verkürzter Start und Landung, *Flugbetrieb*

RTO NP [РТО НП]: ⟨russ⟩ radiotehničeskoe navigacionno-posadočnoe oborudovanie [радиотехническое навигационно-посадочное оборудование] / funktechnische Navigations- und Landeausrüstung, *Flugzeugausrüstung*

RTOS: ⟨engl⟩ real-time operating system / Echtzeitbetriebssystem, *Datenverarbeitung*

RTP: 1. ⟨engl⟩ real-time processing / Echtzeitverarbeitung, *Datenverarbeitung*. – **2.** ⟨engl⟩ reference telephone power / Fernsprechbezugsleistung, *Meß-, Nachrichtentechnik*

RTS: 1. radiotelemetrisches System, *Medizin-, Raumfahrttechnik*. – **2.** ⟨engl⟩ radio tuning system / Rundfunkabstimmsystem. – **3.** ⟨engl⟩ real-time system / Echtzeitsystem, *Datenverarbeitung*

RTT 1. RTTY: ⟨engl⟩ radio teletype / drahtloses Fernschreiben, Funkfernschreiben. – **2.** ⟨engl⟩ radio teletypewriter / Funkfernschreiber, *Flugsicherung*. – **3. [РТТ]:** ⟨russ⟩ raketa na tvërdom toplive [ракета на твёрдом топливе] / Feststoffrakete, *Raumfahrttechnik*

RTTS: ⟨engl⟩ real-time transmission system / Echtzeitübertragungssystem, *Datenverarbeitung*

RTTY: ↑ RTT 1

RTU: ⟨engl⟩ remote terminal unit / Datenfernstation

RTV: rechnerunterstützte Textverarbeitung, ↑ CATP

RTW: Raketentriebwerk, *Luftfahrtantriebe*

RTZ, RZ: ⟨engl⟩ return-to-zero / Zurück-zu-Null (Aufzeichnungsverfahren magnetischer Speicher), *Datenverarbeitung*

RU 1. [РУ]: ⟨russ⟩ rasčëtnyj ugol [расчётный угол] / errechneter Winkel, *Luftfahrtnavigation*. – **2.** Reisezugwagen-Betriebsuntersuchung. – **3.** Rufumsetzer, *Nachrichtentechnik*. – **4.** Rüster, *Holztechnik*

RUD [РУД]: ⟨russ⟩ ručag upravlenija dvigatelem [рычаг управления двигателем] / Triebwerksbedienhebel, *Flugzeugausrüstung*

Rug: Rippenunterlagsplatte mit Gleitstuhl (für Weichen auf Stahlschwellen), *Eisenbahnoberbau*

Rus: Rippenunterlagsplatte für Weichen auf Stahlschwellen, *Eisenbahnoberbau*

RV: 1. Radialventilator, *Energietechnik*. – 2. **[PB]:** ⟨russ⟩ radiovysotomer [радиовысотомер] / Funkhöhenmesser, *Flugzeugausrüstung*. – 3. ⟨engl⟩ research vessel / Forschungsschiff. – 4. **R.V.:** ⟨engl⟩ restriking voltage / Wiederzündspannung. – 5. **[PB]:** ⟨russ⟩ rtutnovol'framovaja lampa [ртутно-вольфрамовая лампа] / Mischlichtlampe (Verbundlampe), *Lichttechnik*. – 6. Rückverdrahtung. – 7. Rückvermischung, *Stofftrenntechnik*. – 8. **R.V. [PB, P.B.]:** ⟨russ⟩ rul' vysoty [руль высоты] / Höhenruder, *Flugzeugausrüstung*

RVD: 1. ↑ RLVD. – 2. **[РВД]:** ⟨russ⟩ rotor vysokogo davlenija [ротор высокого давления] / Hochdruckrotor, *Luftfahrtantrieb*

RVK: Reflexionsverteilungskurve, *Lichttechnik*

RVLR, R.V.L.R.: ⟨engl⟩ road vehicles light regulations / Lichtsteuerung für Straßenfahrzeuge

RVLSI: ⟨engl⟩ restructurable very large-scale integration / umstrukturierbare Höchstintegration, *Mikroelektronik*, s.a. VLSI

RVM: Röhrenvoltmeter, *Meßtechnik*

RVP: ⟨engl⟩ relative visual performance / relative Sehleistung, *Lichttechnik*

RVR: ⟨engl⟩ runway visual range / Landebahnsichtweite, *Flugmeteorologie*

RVS: Rechnerverbundsystem

RVV: ⟨engl⟩ runway visibility value / Start- und Landebahn-Sichtweitenwert, *Flugsicherung*

rw.: rechtweisend

Rw: Rollwagen (Schienenfahrzeug)

RW: 1. Rechenwert. – 2. Reflexionswechsel (standardisierte Oberflächenveränderung in optischen Digitalspeichern). – 3. Regelwiderstand, *Elektrotechnik*. – 4. Regenerativ-Wärme-Übertrager, *Energietechnik*. – 5. Richtungswähler, *Nachrichtentechnik*. – 6. Rumpfwerk, *Flugzeugausrüstung*

R/W: ↑ RWY

RWE: ⟨engl⟩ runway end / Start- und Landebahnendfeuer, *Flugsicherung*

rw.K.: rechtweisender Kurs (Kurs nach dem geografischen, nicht nach dem magnetischen Nordpol)

RWM: ⟨engl⟩ read-write memory / Lese-Schreib-Speicher, *Datenverarbeitung*

rw.N.: rechtweisend Nord, s.a. rw.K.

rw.P.: rechtweisende Peilung, s.a. rw.K.

RWS: Rangierwechselsprechanlage

RWÜ: Röhrenbündel-Wärmeübertrager, *Verfahrenstechnik*

RWY, R/W: ⟨engl⟩ runway / Start- und Landebahn (Flughafen)

Rz: Reisezug

RZ: 1. Rechenzentrum, = ADSC, = CC 13, ↑ DVZ, = VC 3. – 2. ↑ RTZ. – 3. Rußzahl, *Energietechnik*

rza: Ruhezwillingsarbeitskontakt, *Nachrichtentechnik*

Rzgl: Reisezuggleis

RZ-System: rekuperatives Zirkulations-System (Abluft-Wärmerückgewinnungssystem mit Zwischenwärmeträger), *Energietechnik*

RZU: Reisezugwagen-Zwischenuntersuchung

RZÜ: rechnerunterstützte Zugüberwachung (DB)

S

s: Spule (Aufmachungsform von Chemiefaserstoffen)

S: 1. Saturn (Großraketenserie der USA, speziell für das Apollo-Programm). – **2.** Schaltfunktion, *Automatisierungstechnik*. – **3.** Schiene. – **4.** Schmelze, *Werkstofftechnik*. – **5.** Schub, *Luftfahrtantriebe*. – **6.** Schwärzung, *Polygrafie*. – **7.** schwerflüssig (Dieselkraftstoff, **9.** Seide, *Textiltechnik*. – **10.** Selbstkühlung, *Elektrotechnik*. – **11.** ⟨engl⟩ shell cap / Hülsensockel (zylindrisch, ohne Führunsstifte), *Lichttechnik*. – **12.** Sicherheit. – **13.** ⟨engl⟩ slow / langsam (Bezeichnung an Regulierorganen von Schwingsystemen), *Meßtechnik*. – **14.** Sockelmaschine, *Lichttechnik*. – **15.** ⟨engl⟩ sodium lamp / Natriumdampf-Hochdrucklampe. – **16.** Sollwert, Sollmaß (Nennwert). – **17.** Sonderlasten, *Baustatik*. – **18.** Sondierung (Baugrunduntersuchung). – **19.** ⟨engl⟩ source / Quelle (Feldeffekttransistor), *Elektronik*. – **20.** ⟨engl⟩ south [southern latitude] / Süd [südliche Breite], ↑ S 26. – **21.** spannungsarm geglüht, *Werkstofftechnik*. – **22.** ⟨engl⟩ speed / Geschwindigkeit, *Meßtechnik*. – **23.** Spiel (Differenz der Maße von Bohrung und Welle), *Konstruktion*. – **24.** Stahlfenster, *Bautechnik*. – **25.** Sternschaltung, *Elektrotechnik*. – **26. S.:** Süd, Süden, = S 20. – **27. [C]:** ⟨russ⟩ sudovaja lampa [судовая лампа] / Schiffslampe. – **28.** ⟨engl⟩ surface / Oberfläche. – **29.** ⟨engl⟩ switch / Schalter

S.: Segelschiff

sa: schmutzabweisend (Ausführungsart von Chemiefaserstoffen)

SA: 1. Saturn-Apollo (Raumfahrtprogramm der USA). – **2.** Seitenabweichung, *Luftfahrtnavigation*. – **3.** ⟨engl⟩ single access / Einfachzugriff (bei Nachrichtensatelliten). – **4.** ⟨engl⟩ speech amplifier / Mikrofonverstärker, *Elektronik*. – **5. [CA]:** ⟨russ⟩ spuskaemyj apparat [спускаемый аппарат] / Landeapparat, *Raumfahrttechnik*. – **6.** ⟨engl⟩ switching assembly / Schalter (Schaltmittel), *Nachrichtentechnik*

SAB-Verfahren: ⟨engl⟩ sealed argon bubbling / abgeschlossenes Argonblasen (pfannenmetallurgisches Verfahren unter Einsatz von synthetischer Schlacke und Argonspülung), *Eisenmetallurgie*

SAC: ⟨engl⟩ scientific applications satellite / Satellit für wissenschaftliche Zwecke (argentinisches Projekt)

SACMOS: ⟨engl⟩ self-aligned contact complementary metal-oxide semiconductor / komplementärer Metall-Oxid-Halbleiter mit selbstpositionierendem Kontakt, *Halbleitertechnologie*

SAD: ⟨engl⟩ self-annealing diode / selbstausgeheilte (Halbleiter-) Diode, *Mikroelektronik*

SADA: ⟨engl⟩ semiautomatic data

acquisition / halbautomatische Datenerfassung

SADAS: ⟨engl⟩ semiautomatic data acquisition system / halbautomatisches Datenerfassungssystem

SADT: ⟨engl⟩ structured analysis design technique / strukturierte Analyse für den Entwurf technischer Systeme (besonders komplexer Softwarelösungen), *Datenverarbeitung*

SAE, S.A.E.: ⟨engl⟩ Society of Automotive Engineers Inc. / Vereinigung der Automobilingenieure (amerik. Kraftfahrzeugnorm)

SAF-Ruß: ⟨engl⟩ super abrasion furnace black / höchst abriebfester Ofenruß, *Polymertechnik*

SAG: ⟨engl⟩ self-aligned gate / selbstjustierendes Gate, *Halbleitertechnologie*

SAGE: ⟨engl⟩ stratospheric aerosol and gas experiment / Experiment zur Erforschung von Aerosol und Gas in der Stratosphäre (USA-Satellitentyp)

SAGMOS: ⟨engl⟩ self-aligning gate metal-oxid semiconductor / Metall-Oxid-Halbleiter mit selbstjustierendem Gate, *Halbleitertechnologie*

SAH [САХ]: ⟨russ⟩ srednja aèrodinamičeskaja horda [средняя аэродинамическая хорда] / mittlere aerodynamische Flügeltiefe, *Aerodynamik*

SAILS: ⟨engl⟩ simplified aircraft instrument landing system / vereinfachtes Flugzeuginstrumentenlandesystem, *Flugzeugausrüstung*

SAINT: ⟨engl⟩ self-aligning implantation for n$^+$-layer technology / selbstpositionierende Implantation für n-Schichttechnologie, *Halbleitertechnologie*

SAJI-Technologie: ⟨engl⟩ self-aligning junction isolated technology / selbstpositionierende sperrschichtisolierte Technologie, *Halbleitertechnologie*

SALS: 1. ⟨engl⟩ short approach light system / Kurzanflugsbefeuerungssystem, *Flugsicherung*. – 2. störgeräuschabhängige Lautstärkesteuerung (Schaltung im Autoradio)

SAM: 1. ⟨engl⟩ scanning acoustic microscope / akustisches Rastermikroskop (Ultraschallmikroskop). – 2. ⟨engl⟩ scanning auger microprobe / Abtast-Auger-Mikrosonde (Diagnostik-Methode). – 3. ⟨engl⟩ selective automatic monitoring / selektive automatische Überwachung, *Automatisierungstechnik*. – 4. Sensorsystem für Automation und Meßtechnik. – 5. ⟨engl⟩ sequential access memory / Speicher mit sequentiellem Zugriff, *Datenverarbeitung*. – 6. ⟨engl⟩ serial access memory / Speicher mit seriellem Zugriff, *Datenverarbeitung*

SAMNOS: ⟨engl⟩ self-aligning metal-nitride-oxide semiconductor / Metall-Nitrid-Oxid-Halbleiter mit selbstjustierendem Gate, *Halbleitertechnologie*

SAMOS: ⟨engl⟩ self-aligning metal-oxide semiconductor / selbstjustierender Metall-Oxid-Halbleiter, *Halbleitertechnologie*

SAN: Styren-Acrylonitril (Thermoplast)

SAO [САО]: ⟨russ⟩ sistema avtomatičeskoj optimizacii [система автоматической оптимизации] / selbstoptimierendes System, *Automatisierungstechnik*

SAP: 1. schnittholzanaloge Profile, *Holztechnik*. – **2.** ⟨engl⟩ second audio program / zweites Tonprogramm (im ↑ MTS 4), *Unterhaltungselektronik*. – **3.** Sinter-Aluminium-Produkt, Sinter-Aluminium-Pulver, *Pulvermetallurgie*. – **4.** [САП]: ⟨russ⟩ sistema avtomatizacii programmirovanija [система автоматизации программирования] / automatisiertes Programmiersystem

SAPH: styrenisiertes-alkyliertes Phenol (Phenolharz), *Polymertechnik*

SAPr: System der automatisierten Projektierung

SAR: 1. ⟨engl⟩ search and rescue / Such- und Rettungsdienst, *Flugsicherung*. – **2.** [САР]: ⟨russ⟩ sistema avtomatičeskogo regulirovanija [система автоматического регулирования] / automatisches Regelungssystem. – **3.** ⟨engl⟩ synthetic aperture radar / ↑ Radar mit synthetischer Öffnung, *Raumfahrttechnik*

SARAH: ⟨engl⟩ search and rescue and homing / Such- und Rettungsdienst und Zielflug, *Flugsicherung*

SARBE: ⟨engl⟩ search and rescue beacon / Such- und Rettungsfunkfeuer, *Flugsicherung*

SARP: ⟨engl⟩ small autonomous research package / kleines autonomes Forschungspaket (Space-Shuttle-Nutzlast, USA)

SARSAT, Sarsat: ⟨engl⟩ search and rescue satellite / Such- und Rettungssatellit (internationales Satellitensystem zur Auffindung verunglückter Schiffe und Flugzeuge)

SAS 1. [САС]: ⟨russ⟩ sistema avarijnogo spasenija [система аварийного спасения] / Havarierettungssystem, *Raumfahrttechnik*. – **2.** ⟨engl⟩ small astronomy satellite / kleiner astronomischer Satellit (spezieller USA-Meßsatellit innerhalb der Explorer-Reihe). – **3.** ⟨engl⟩ statistical analysis system / Programmsystem zur statistischen Datenanalyse

SATCOL: ⟨engl⟩ Columbian communications satellite / kolumbianischer Fernmeldesatellit

SATCOM: ⟨engl⟩ satellite communication / Satellitenkommunikation

SATO: ⟨engl⟩ self-aligning thick-oxide / selbstjustierende Dickoxidschicht, *Halbleitertechnologie*

SATP: Sojus-Apollo-Testprojekt (gemeinsames bemanntes Raumfahrtunternehmen UdSSR – USA)

SATRAC: ⟨engl⟩ satellite automatic terminal rendevous and coupling / automatische Rendevous- und Kopplungsvorrichtung für Satelliten

SAU [САУ]: 1. ⟨russ⟩ sistema avtomatičeskogo upravlenija [система автоматического управления] / System der automatischen Steuerung, *Automatisierungstechnik*. – **2.** ⟨russ⟩ sistema avtomatičeskogo upravlenija polëtom [система автоматического управления полётом] / Flugregelsystem, *Flugzeugausrüstung*

SAW: 1. ⟨engl⟩ solid active waste /

fester radioaktiver Abfall, *Kerntechnik*. – **2.** ⟨engl⟩ surface acoustic wave / akustische Oberflächenwelle, ↑ AOW

SAX: ⟨engl⟩ satellite X-ray / Röntgenstrahlungssatellit [vom Space Shuttle (USA) ausgesetzter kleiner astronomischer Satellit]

s.B.: südliche Breite

SB: 1. Schaumbildner (Betonzusatzmittel). – **2.** Schlammbelastung, *Umweltschutztechnik*. – **3.** Schraubenbremse (Gleisbremse), *Schienenfahrzeugtechnik*. – **4. SHB:** Sicherheitsbehälter (Verhinderung des Austritts radioaktiver Stoffe), *Kernkraftwerkstechnik*. – **5.** ⟨engl⟩ silver[ed] bowl / kuppenverspiegelte (Allgebrauchs-) Lampe. – **6.** Sohlbank [Sohlbankplatte], (Baustoff). – **7.** [СБ]: ⟨russ⟩ solnečnaja batareja [солнечная батарея] / Sonnenbatterie, *Raumfahrttechnik*. – **8.** Sortierbegriff, *Datenverarbeitung*. – **9.** Sperrbereich (von Filtern), *Elektronik*. – **10.** Styren-Butadien (Thermoplast). – **11. swbd:** ⟨engl⟩ switchboard / Schalttafel. – **12.** Systembreite

† **SB:** Signalbatterie, *Nachrichtentechnik*

S.B.: ↑ St.B.

S/B: ⟨engl⟩ stand by / Bereitschaft, *Flugbetrieb*

S-Bahn: Stadtschnellbahn

SBB: Spannbetonbehälter (für Kernkraftreaktoren)

SBC: 1. ⟨engl⟩ single-board computer / Einkartenrechner (Mikrocomputer auf einer Leiterplatte), = SCC 2. – **2. s.b.c.:** ⟨engl⟩ small bayonet cap / kleiner Bajonettsockel, *Lichttechnik*. – **3.** ⟨engl⟩ standard buried collector / Standardtechnologie zur Herstellung integrierter Halbleiterspeicher mit vergrabenem Kollektor, *Halbleitertechnologie*

SBD: 1. ⟨engl⟩ Schottky-barrier diode / Schottky-Diode, *Elektronik*. – **2.** Sendebezugsdämpfung, *Nachrichtentechnik*

SB-Druckform: selbstbeschichtete Druckform, *Polygrafie*

SBD-TTL: ⟨engl⟩ Schottky barrier diode-transistor-transistor logic / Schottky-Dioden-Transistor-Transistor-Logik, *Elektronik*

† **SB-FET:** ⟨engl⟩ Schottky barrier gate field-effect transistor / Schottky-Sperrschichtfeldeffekttransistor, Schottky-Gate-Feldeffekttransistor, ↑ MESFET, *Mikroelektronik*

SBIF: ⟨engl⟩ inside frosted silver bowl / innenmattierte kuppenverspiegelte (Allgebrauchs-) Lampe

Sbk: Selbstblock, *Eisenbahnsicherungstechnik*

SBK: Styren-Butadien-Kautschuk, ↑ SBR 3

SBP: ⟨frz⟩ lampe à (vapeur de) sodium à basse pression / Natriumdampf-Niederdrucklampe

SBR: 1. schneller Brutreaktor, *Kernkraftwerkstechnik*. – **2.** Schotterbett-Reinigungsmaschine, *Eisenbahnoberbau*. – **3.** ⟨engl⟩ styrene-butadiene rubber / Styren-Butadien-Kautschuk, = SBK, *Polymertechnik*

SBS: 1. ⟨engl⟩ Satellite Business System (Serie geostationärer USA-Fernmeldesatelliten, benannt nach der betreibenden Firma). – **2.** Styren-Butadien-Styren (Blockpolymer), *Polymertechnik*

SBT: 1. ⟨engl⟩ Schottky-barrier transistor / Schottky-Transistor, *Elektronik*. – **2.** ⟨engl⟩ surface barrier transistor / Oberflächensperrschichttransistor, *Elektronik*

SBW: Sprenglochbohrwagen, *Bergbautechnik*

SBWR: ⟨engl⟩ superheat boiling water reactor / Heißdampfreaktor, *Kernkraftwerkstechnik*

Sc: Scanner (nuklearmedizinisches Abtastgerät), *Medizintechnik*

SC: 1. Säulenchromatografie (Trennung von Stoffgemischen), *Analysenmeßtechnik*. – **2.** ⟨engl⟩ semicustom / Halb-Kundenwunschentwurf bzw. -schaltkreis, ↑ HKW 1. – **3.** ⟨engl⟩ service ceiling / Dienstgipfelhöhe, *Flugmechanik*. – **4.** ⟨engl⟩ shielded coil / Wendel mit Abschirmung, *Lichttechnik*. – **5.** ⟨engl⟩ short circuit / Kurzschluß, *Elektrotechnik*. – **6.** ⟨engl⟩ single contact / 1. einpoliger Kontakt, *Nachrichtentechnik*. – 2. **S.C.:** (Bajonettsockel mit) Einfachkontakt, *Lichttechnik*. – **7.** ⟨engl⟩ solar cell / Solarzelle (Halbleiterbauelement), *Elektronik*. – **8.** [СЦ]: ⟨russ⟩ special 'naja lampa [специальная лампа] / Speziallampe, *Lichttechnik*. – **9.** ⟨engl⟩ spectra coating (Einfachschicht zur Entspiegelung von Fotoobjektiven), *technische Optik*. – **10.** ⟨engl⟩ speech communication / Sprechverbindung, *Nachrichtentechnik*. – **11.** Strichcode (Barcode, Balkencode, z.B. auf Produkten des Einzelhandels als Träger einer Artikel-Nr.). – **12.** subjektive Colorimetrie (sensorische Bewertung der Farbe von Lebensmitteln). – **13.** ⟨engl⟩ superconduction / Supraleitung. – **14.** ⟨engl⟩ suppressed carrier / unterdrückter Träger, *Nachrichtentechnik*

SCAM: ⟨engl⟩ subcarrier amplitude modulation / Zwischenträger-Amplitudenmodulation, *Nachrichtentechnik*

SCART-Steckverbinder: ⟨frz⟩ Syndicat des Constructeurs d'Appareils Radio Récepteurs et Téléviseurs liason du type arbre creux / vom (frz.) Fachverband für Unterhaltungselektronik entwickelter Steckverbinder (für Videogeräte)

SCAT: 1. ⟨engl⟩ speed control approach and take-off / Geschwindigkeitsregelung beim Anflug und Start, *Flugbetrieb*. – **2.** ⟨engl⟩ surface-controlled avalanche transistor / oberflächengesteuerter Lawinentransistor, *Mikroelektronik*

SCB: ⟨engl⟩ sample collection bag / Sammeltasche für (Mondboden-)Proben (Apollo-Programm)

SCC: 1. ⟨engl⟩ serial communication controller / serieller Kommunikationsschaltkreis, *Mikroelektronik*. – **2.** ⟨engl⟩ single-card computer / Einkartenrechner, ↑ SBC 1. – **3.** ⟨engl⟩ single-chip computer / Einchiprechner, = EMR, = SMC 1. – **4.** ⟨engl⟩ small centre contact (Bajonett-Autosockel), *Lichttechnik*

SCCD: ⟨engl⟩ surface charge coupled device / oberflächenladungsgekoppeltes Bauelement (elektronischer Halbleiterempfänger mit bilderfassendem Nachweis), *Mikroelektronik*, s.a. CCD 1

SCCS: ⟨engl⟩ straight-cut control system / Streckensteuerungssystem (für ↑ NCM), *Automatisierungstechnik*

SCD: 1. ⟨engl⟩ side cargo door / Seitenfrachttür, *Flugzeugausrüstung.* – **2.** ⟨engl⟩ solid-state ceramic display / Festkörperkeramikdisplay, *Elektronik*

SCE: 1. ⟨engl⟩ short channel effect / Kurzkanaleffekt, *Halbleitertechnologie.* – **2.** ⟨engl⟩ Stiles-Crawford effect / Stiles-Crawford-Effekt, *Lichttechnik*

SCERT: ⟨engl⟩ system and computer evaluation and review technique / Verfahren zur Beurteilung und Auswahl von EDV-Anlagen (Simulationsprogramm)

SCFL: ⟨engl⟩ source-coupled field-effect logic / sourcegekoppelte Feldeffektlogik, *Elektronik*

SCFM: ⟨engl⟩ subcarrier frequency modulation / Zwischenträger-Frequenzmodulation, *Nachrichtentechnik*

Sch: 1. Schleppschiff. – **2.** Schotter (für Gleise). – **3.** Schurf (Baugrunduntersuchung)

Sch.: Schiffsort (Position nach Länge und Breite)

Sch.Bt.: Schlauchboot

Sch.-H.: Schiffahrtshindernis

Schl.: Schlepper (Spezialschiff)

SchL: Schleifringläufer, *Elektrotechnik*

Schls., Schl.: Schleuse

Schlz: Schiebelokomotive

Scho: Schott (Querwand zur wasserdichten Abtrennung), *Schiffstechnik*

Schr.: Schrägverkippung, *Melioration*

Schrp: Schrankenposten (Bahnübergang)

Scht.: Schacht, *Bergbautechnologie*

Schw.-Dock: Schwimmdock (Reparaturanlage), *Schiffstechnik*

Schww: Schwellenwerk, *Schienenfahrzeugtechnik*

SCIM: ⟨engl⟩ silicon coating by inverted meniscus / Siliciumbeschichten durch umgekehrten Meniskus (einfaches Herstellungsverfahren für Polysiliciumschichten), *Halbleitertechnologie*

SCL: ⟨engl⟩ Schottky-coupled logic / gekoppelte Logik nach Schottky, *Elektronik*

SCL-Transistor: ⟨engl⟩ space-charge limited transistor / raumladungsbegrenzter Transistor, *Mikroelektronik*

SCM: 1. ⟨engl⟩ scratch-pad memory / Zwischenspeicher (schneller, kurzzeitig benutzter Schreib-Lese-Speicher), *Datenverarbeitung.* – **2.** ⟨engl⟩ stratified-charge memory / Speicher mit geschichteter Ladung (dynamischer ↑ RAM 2), *Datenverarbeitung*

SCMC: ↑ SMC 1

SCMOSFET: ⟨engl⟩ Schottky-clamped metal-oxide field-effect transistor / Schottky-Metall-Oxid-Feldeffekttransistor, *Mikroelektronik*

SCO: ⟨engl⟩ semi-cut-off / teilabgeschirmt (Leuchte), *Lichttechnik*

scp: ⟨engl⟩ spherical candle power / sphärische Lichtstärke

SCP: 1. ⟨engl⟩ single-user control program / Einzelnutzer-Steuerprogramm (Betriebssystem für 8- und 16-bit-Rechner, kompatibel zu ↑ CP/M). – **2.** ⟨engl⟩ system control program / Systemsteuerprogramm, *Datenverarbeitung*

SCR: 1. ⟨engl⟩ semiconductor-controlled rectifier / gesteuerter Halbleitergleichrichter, *Elektronik.* – **2.** ⟨engl⟩ short circuit ratio / Leerlauf-Kurzschluß-Verhältnis, *Elektrotechnik.* – **3.** ⟨engl⟩ silicon-controlled rectifier / gesteuerter Siliciumgleichrichter (Thyristor), *Elektronik.* – **4.** ⟨engl⟩ styrene-chloroprene rubber / Styren-Chlorpren-Kautschuk, *Polymertechnik*

SCR-Regler: ⟨engl⟩ silicon-controlled rectifier dimmer / Thyristorhelligkeitsregler, *Lichttechnik*

SCS: 1. ⟨engl⟩ silicon-controlled switch / gesteuerter Siliciumschalter *(Thyristortetrode), Elektronik.* – **2.** ⟨engl⟩ speed control system / Geschwindigkeitsregelungssystem, *Flugzeugausrüstung*

SCT: 1. ⟨engl⟩ Schottky-clamped transistor / Schottky-Transistor, *Mikroelektronik.* – **2.** ⟨engl⟩ self-controlled terminal / intelligentes Terminal, *Datenverarbeitung.* – **3.** ⟨engl⟩ surface charge transistor / Oberflächenladungstransistor (Sonderform von ↑ CCD 1), *Mikroelektronik.* – **4.** ⟨engl⟩ surface-controlled transistor / oberflächengesteuerter Transistor, *Elektronik*

SCU: ⟨engl⟩ system control unit / Systemsteuereinheit, *Automatisierungstechnik*

SD 1. [СД]: ⟨russ⟩ samolëtnyj dal'nomer [самолётный дальномер] / Entfernungsmeßgerät, ↑ DME 2. – **2.** Saugdrossel, *Elektrotechnik.* – **3.** Schiebedach, *Kraftfahrzeugtechnik.* – **4.** Schneiddiamant (superharter Schneidstoff). – **5.** Schottky-Diode, *Elektronik.* – **6.** Schubdüse, *Luftfahrtantriebe.* – **7.** ⟨engl⟩ signed digit / vorzeichenbehaftete Ziffer. – **8.** ⟨engl⟩ single data / Einzeldaten, *Datenverarbeitung.* – **9.** ⟨engl⟩ single density / einfache Aufzeichnungsdichte (bei Speichern), *Datenverarbeitung.* – **10.** Stoffdichte, *Papiertechnik.* – **11. [СД]:** ⟨russ⟩ svetovoj diod [световой диод] / Lumineszenzdiode

S-DAT: ⟨engl⟩ stationary head digital audio taperecording / digitale Tonkassettenaufzeichnung mit feststehendem Magnetkopf (Kassettenrecorder)

SDC: ⟨engl⟩ secondary digital carrier / Sekundärmultiplexleitung, *Nachrichtentechnik*

SDF: Satellitendirektfernsehen

SDFL: ⟨engl⟩ Schottky-diode field-effect transistor logic / Feldeffekttransistorlogik mit Schottky-Diode, *Elektronik*

SDH: Saugdruckhaltung, *Energietechnik*

SDHT: ⟨engl⟩ selectively doped heterostructure transistor / Transistor mit selektiv dotierter Heterostruktur, ↑ HEMT, *Halbleitertechnologie*

SDL: 1. ⟨engl⟩ specification and description language / Spezifikations- und Beschreibungssprache für Dienst-, Protokoll- und Schnittstellenbeschreibung von Telekommunikationssystemen. – **2.** ⟨engl⟩ structured design laguage / strukturierte Entwurfssprache (Programmiersprache). – **3.** ⟨engl⟩ system descriptive [describing] language / systembeschreibende Sprache [Systembeschreibungssprache] (Programmiersprache für Softwareerstellung von Nachrichtenvermittlungs- und -übertragungssystemen)

SDLC: ⟨engl⟩ synchronous data link control / synchrone Datenleitungssteuerung (Übertragungsverfahren), *Datenverarbeitung*

SDM: ⟨engl⟩ space-division multiplex / raumgeteiltes Multiplex, *Nachrichtentechnik*

SDMA: ⟨engl⟩ space division multiple access / Vielfachzugriff im Raummultiplex, Raumaufteilungsvielfachzugriff, *Nachrichtentechnik*

SDPA: styrenisiertes Diphenylamin (Alterungsschutzmittel), *Polymertechnik*

SDR: ⟨engl⟩ storage data register / Speicherdatenregister, *Datenverarbeitung*

SDWR: Schwerwasser-Druckwasserreaktor, = PHWR, *Kernkraftwerkstechnik*

SDX: ⟨engl⟩ satellite data exchange / Datenaustausch über Satellit

SDz: Spannkeramik-Deckenziegel (Baustoff)

se: schwer entflammbar (Ausführungsart von Chemiefaserstoffen)

s.e.: ↑ S/E

SE: 1. ⟨engl⟩ single-ended / 1. einseitig. – 2. einseitg gesockelt (Lampe), *Lichttechnik*. – **2.** ⟨engl⟩ single engine / Einzeltriebwerk, *Luftfahrtantriebe*. – **3.** ⟨engl⟩ solar Explorer (USA-Forschungssatelliten aus der Explorer-Reihe zur Untersuchung der solaren Ultraviolett- und Röntgenstrahlung). – **4. SE.:** ⟨engl⟩ southeast / Südost, ↑ SO 3. – **5.** Speichereinheit, *Datenverarbeitung.* – **6.** ⟨engl⟩ starter electrode / Zündelektrode, *Lichttechnik.* – **7.** Steuereinheit, *Datenverarbeitung.* – **8.** ⟨engl⟩ switching element / Schaltelement. – **9.** ⟨engl⟩ system engineering / Systemtechnik, *Automatisierungstechnik*

S/E, s.e.: ⟨engl⟩ square-edged / besäumt, *Holztechnik*

SEA: Schwellenschraubenein- und -ausdrehmaschine, *Schienenfahrzeugtechnik*

SEASAT: ⟨engl⟩ seasatellite / Seesatellit (USA-Satellit zur Erkundung von Wasserflächen)

SEBL: ⟨engl⟩ scanning electron-beam lithography / Rasterelektronenstrahllithographie, *Halbleitertechnologie*

SEC: ⟨engl⟩ secondary electron conduction / Sekundärelektronenleitung, *Elektronik*

Secam, SECAM: ⟨frz⟩ séquence de couleurs avec mémoire / sequentielle Farbübertragung mit Speicherung (frz. Farbfernsehsystem)

6kt, Skt.: Sechskant (Erzeugnis mit konstantem Sechskantquerschnitt)

SECL: ⟨engl⟩ symmetrical emitter-coupled logic / symmetrische emittergekoppelte Logik, *Elektronik*

SECT: ⟨engl⟩ sector / Sektor, *Luftfahrt*

S.E.D., SED: ⟨engl⟩ spectral energy distribution / spektrale Energieverteilung, *technische Optik*

SEDMC: Selen-Dimethyldithiocarbamat (Vulkanisationsbeschleuniger), *Polymertechnik*

SEE: 1. Sekundärelektronenemission, *Elektrotechnik*. – 2. ⟨engl⟩ software engineering environment / programmierungstechnische Umgebung, *Datenverarbeitung*

SEED: ⟨engl⟩ self-electro-optic effect device (bistabiles Bauelement mit inhärentem elektrooptischem Effekt), *Elektronik*

Seez.-S.: Seezeichen-Signalstelle

SEF-Lampe: ⟨engl⟩ selenoidal electrodeless fluorescent lamp / elektrodenlose Leuchtstofflampe (für Hochfrequenzbetrieb)

SEG: ⟨engl⟩ selective epitaxial growth / selektives epitaxiales Aufwachsen, *Halbleitertechnologie*

S/E-Gerät: Sende-/Empfangsgerät (Sprechfunk)

SE-Kupfer: sauerstofffreies Elektrolytkupfer

SEL: Sonderentladungslampe

SELAM: solarelektrisches Antriebsmodul

SELCAL: ⟨engl⟩ selective calling (system) / Selektivruf(system), *Flugsicherung*

SELCOS: ⟨engl⟩ selective oxide coating of silicon gates / begrenzte Oxidschichten für Siliciumgates, *Halbleitertechnologie*

SEM: 1. ⟨engl⟩ scanning electron microscope [-scopy] / Rasterelektronenmikroskop [-skopie], ↑ REM 2. – 2. stochastisch-ergodische Meßtechnik

Semicap: Semiconductor capacitor / Halbleiter-Kondensator (Varaktordiode), *Elektronik*

Semi-EV: ⟨engl⟩ semiefficient vulcanisation / schwefelarme Vulkanisation, *Polymertechnik*

SEMI ROX: ⟨engl⟩ semi-recessed oxide / halbversenktes Oxid, *Halbleitertechnologie*

SEP: 1. ⟨frz⟩ séparation / Stufentrennung, *Raumfahrttechnik*. – 2. Softwareentwicklungsplatz. – 3. ⟨engl⟩ specific excess power / spezifischer Leistungsüberschuß, *Luftfahrtantriebe*

SÈP]СЭП]: ⟨russ⟩ sistema èlektropitanija [система электропитания] / Stromversorgungssystem, *Raumfahrttechnik*

SEPOX: ⟨engl⟩ selective polysilicon oxidation / selektive Polysiliciumoxidation, *Halbleitertechnologie*

SEPS: ⟨engl⟩ solar electric propulsion system / solarelektrisches Antriebssystem, *Raumfahrttechnik*

SER: ⟨engl⟩ soft error rate / Programmierfehlerrate, *Datenverarbeitung*

SERT: ⟨engl⟩ space electric rocket test / Weltraumtest von elektrischen Raumfahrtantrieben (USA-Versuchsprogramm)

SES: 1. ⟨engl⟩ small Edison screw / kleiner Edison-Sockel (Schraubsockel), *Lichttechnik*. – 2. Softwareentwicklungssystem

SET: 1. Sonderreihe elektrischer Transformatoren. – 2. ⟨engl⟩ stepped electrode transistor / Transistor mit treppenförmiger Elektrodenstruktur, *Halbleitertechnologie*

SEU: Sende-Empfangs-Umsetzer, *Nachrichtentechnik*

SEV: 1. ⟨engl⟩ Scout evolution vehicle (weiterentwickelte Version der USA-Satellitenträgerrakete Scout). – 2. Sekundärelektronenvervielfacher, *Meßtechnik*. – 3. spezifischer Energieverbrauch

Sf: 1. Samenfaser, *Textiltechnik*. – 2. Sand, fein, Feinsand, (Baustoff)

SF: 1. Schwerflint (optisches Glas). – 2. Seefunk, *Nachrichtentechnik*. – 3. Seitenflosse, *Flugzeugkonstruktion*. – 4. Sicherheitsfaktor. – 5. ⟨engl⟩ signal frequency / Zeichen-, Signalfrequenz, *Nachrichtentechnik*. – 6. [СФ]: ⟨russ⟩ sofitnaja lampa [софитная лампа] / Soffittenlampe, *Lichttechnik*. – 7. ⟨engl⟩ standard form / Standardausführung, *Lichttechnik*. – 8. Streufeld (geometrische Genauigkeit), *Bautechnik*

sfb: spinngefärbt (Ausführungsart von Chemiefaserstoffen)

SFB: signalisierter Falschfahrbetrieb (DB)

sfc: ⟨engl⟩ specific fuel consumption / spezifischer Kraftstoffverbrauch

SFC: ⟨engl⟩ surface / Oberfläche, Decke (Flughafen)

SFD: 1. (Holzspanplatte aus) Schneidspänen mit Feindeckschicht, dreischichtig, *Holztechnik*. – 2. ⟨engl⟩ sudden frequency deviation / Frequenzabweichung, *Nachrichtentechnik*

SFET: 1. Sperrschicht-Feldeffekttransistor, ↑ JFET. – 2. ⟨engl⟩ surface field-effect transistor / Oberflächen-Feldeffekttransistor, *Mikroelektronik*

SFK, SpFK: Spaltstoffflußkontrolle (im Reaktor), *Kernkraftwerkstechnik*

SFL: 1. Schaufelfahrlader, = † TFL (Lade- und Fördermaschine), *Bergbautechnik*. – 2. ⟨engl⟩ sequences flash lights / Blitzfeuer, *Flugsicherung*. – 3. ⟨engl⟩ substrate-fed logic / substratgespeiste Logik, (↑ I²L-Struktur), *Elektronik*

† Sfm, sfm: Schichtfestmeter (Volumen, daß bei lockerer Stapelung, z.B. von Rundholz, 1 m³ Holzsubstanz enthält), *Holztechnik*

SFPL: ⟨engl⟩ stored flight plan / abgespeicherter Flugplan, *Flugbetrieb*

SFR: Sichtflugregeln, ↑ VFR

SFS: Schutzfunkenstrecke

SFU: ⟨engl⟩ space flyer unit / Raumflugeinheit (japanische freifliegende Plattform für den Aufbau von Astronomiesatelliten)

SFV: 1. (Holzspanplatte aus) Schneidspänen mit Feindeckschicht, vielschichtig, *Holztechnik*. – 2. Schwellenfachverdichter, *Eisenbahnoberbau*

SF-Verfahren: Strickfixierverfahren (Texturierverfahren), *Textiltechnik*

Sfz: Schienenfahrzeug

SFZ: schienengebundenes Fahrzeug (für automatischen Werkstücktransport in flexiblen Fertigungssystemen)

Sg: Sand, grob, Grobsand, (Baustoff)

SG: 1. Schenkelpolgenerator, *Elektrotechnik.* – 2. Sekundärgruppe, *Nachrichtentechnik.* – 3. ↑ SL 6. – 4. Spannglied, *Bautechnik.* – 5. Stuckgips (Baustoff). – 6. ⟨engl⟩ symbol generator / Zeichengenerator

SG.: (Bergbau) Schutzgebiet

SGA: Stranggießanlagen, *Metallurgie*

† **sgBA:** sehr große Brandausbreitung, ↑ gFa

SGC: ⟨engl⟩ switch group control / Koppelgruppensteuerung, *Nachrichtentechnik*

SGE: Sammelgesprächseinrichtung (Konferenzschaltung), *Nachrichtentechnik*

† **sgfa:** sehr große Feuerausbreitung, ↑ gFa

Sgnmst.: Signalmast, *Schiffstechnik*

SGO: subjektive Gustometrie und Olfaktometrie (sensorische Geschmacks- und Geruchsbewertung von Lebensmitteln)

SGOS: ⟨engl⟩ silicon-gate oxide semiconductor / Siliciumgate-Oxid-Halbleiter, *Halbleitertechnologie*

SGR: ⟨engl⟩ sodium graphite reactor / Natriumgraphitreaktor, *Kernkraftwerkstechnik*

SG-Schweißen: Schutzgas-Schweißen

SG-Stein: schmelzflüssig gegossener feuerfester Stein, *Silikattechnik*

SGT: ⟨engl⟩ silicon gate technology / Siliciumgatetechnologie, *Halbleitertechnologie*

SGU [СГУ]: ⟨russ⟩ samolëtnoe gromkogovoritel'noe ustrojstvo [самолётное громкоговорительное устройство] / Passagiersprechanlage, *Flugzeugausrüstung*

SGW: Schnellamtsgruppenwähler, *Nachrichtentechnik*

SH: 1. selbsthärtend (Lacke). – 2. Starthilfe, *Raumfahrttechnik.* – 3. Systemhöhe

SHB: ↑ SB 4

SHC RAM: ⟨engl⟩ stacked high-capacity random-access memory / Speicher mit wahlfreiem Zugriff mit geschichteter hoher Speicherkapazität, *Mikroelektronik*

SHF: ⟨engl⟩ superhigh frequency / Superhochfrequenz (3...30 GHz, Zentimeterwelle), *Nachrichtentechnik*

SHG: ⟨engl⟩ second-harmonic generation / Erzeugung der zweiten Harmonischen (Effekt der nichtlinearen Optik zur Verdoppelung der Lichtfrequenz), *technische Optik*

SHIP: ⟨engl⟩ sinter hot isostatic pressing / istostatisches Sinterheißpressen

SH-Lack: säurehärtender Lack

SH-Laser: ⟨engl⟩ single hetero laser / Halbleiterlaser mit einem Heteroübergang

Shoran, SHORAN: ⟨engl⟩ short-range navigation / Kurzstreckennavigation, *Luftfahrtnavigation*

shp: ⟨engl⟩ shaft horse-power / Wellenpferdestärke, = WPS 3, *Schiffstechnik*

SHP: 1. ⟨frz⟩ lampe à (vapeur de) sodium à haute pression / Natriumdampf-Hochdrucklampe, ↑ NA 4. – **2.** Stärkehydrolyseprodukte, *Lebensmitteltechnik*

SHS: superharte Schneidstoffe

SHSIC: ⟨engl⟩ superhigh speed-integrated circuit / integrierte Schaltung mit höchster Arbeitsgeschwindigkeit (Taktfrequenz 10 GHz), *Mikroelektronik*

Sh-Signal: Schutzhaltesignal (Eisenbahnsignal)

SHSS: ⟨engl⟩ superhigh speed steel / Hochleistungs-Schnellarbeitsstahl

shw, sh.w.: ↑ SW 5

Si: 1. Silicon (Polymer). – **2.** Sisal (Pflanzenfaser), *Textiltechnik*

SI: 1. Silitone (elektrische Isolierstoffe). – **2.** ⟨engl⟩ single instruction / einfacher Befehl, *Datenverarbeitung*. – **3.** ⟨engl⟩ standard interface / Standardinterface, Standardschnittstelle, ↑ SIF. – **4. [СИ]:** ⟨russ⟩ svetoizmeritel'naja lampa [светоизмерительная лампа] / Meßlampe (Fotometerlampe), *Lichttechnik*. – **5.** ⟨frz⟩ Système International d'Unités / Internationales Einheitensystem, *Meßtechnik*

SiA: Schienenauswechselung

SIA: ⟨engl⟩ spinimmunoassay / Spinimmunoassay (immunologisches Nachweisverfahren unter Verwendung des Elektronenspinresonanzspektrums), *Analysenmeßtechnik*

Sial: Silicium und Aluminium (Hauptbestandteile des oberen Teils der Erdkruste), s. a. Sima

Sialon: Keramikwerkstoff auf der Basis von Silicium (Si), Aluminium (Al), Sauerstoff (O) und Stickstoff (N)

SIC: 1. ⟨engl⟩ solar-induced currents / durch Sonnenenergie induzierte Ströme. – **2.** ⟨engl⟩ specific inductive capacity [capacitance] / (relative) Dielektrizitätskonstante, *Elektrotechnik*

Sichromal: ↑ Sicromal

SICM: ⟨engl⟩ scanning ion conductance microscope / Raster-Ionenleitfähigkeitsmikroskop, *Meßtechnik*

SICOS: ⟨engl⟩ sidewall base contact structure / »seitliche« Basiskontaktstruktur (Bipolartechnik), *Halbleitertechnologie*

Sicromal, Sichromal: Silicium-Chrom-Aluminium-Stahl (hitzebeständiger Stahl)

SID: 1. ⟨engl⟩ silicon imaging device / Siliciumbildaufnahmeelement (zweidimensionale optoelektronische Sensoranordnung nach Prinzip ↑ CCD 1). – **2.** ⟨engl⟩ standard instrument departure / Standardinstrumentenabflug, *Flugsicherung*. – **3.** Strahlungsionisationsdetektor, *Meßtechnik*

SIDAB: simultane Diffusion von Arsen und Bor, *Halbleitertechnologie*

SiE: Schienenerneuerung

SIF: Standardinterface, = SI 3, *Automatisierungstechnik*

Sifa: Sicherheitsfahrschaltung, *Schienenfahrzeugtechnik*

SIFE: (Legierung aus) Silicium (Si) und Eisen (Fe), *Korrosionsschutz*

SIFIC-Verfahren: ⟨frz⟩ Société Industrielle et Financiére pour l'Industrie Chimique Soc. procédure / Verfahren der Gesellschaft der Industriellen und Finanziers für die Chemieindustrievereinigung (Schweiz; Holzverkohlungsverfahren der Fa. Lambiotte Cie.), *Holztechnik*

Sig: Signal, *Eisenbahnsicherungstechnik*

SIGBIP: ⟨engl⟩ silicon gate bipolar / Siliciumgate bipolar (Mischtechnologie mit Metall-Oxid-Halbleitern und bipolaren Strukturen), *Halbleitertechnologie*

SIGFET: ⟨engl⟩ semi-insulated gate field-effect transistor / Feldeffekttransistor mit halbisoliertem Gate, *Mikroelektronik*

SIGINT: ⟨engl⟩ signal intelligence (geostationärer Aufklärungssatellit der USA)

SIGMA-Schweißen, Sigma-Schweißen: ⟨engl⟩ shielded intert-gas metal arc welding / Schutzinertgas-Metall-Lichtbogenschweißen, ↑ MIG-Schweißen

SIGMET: ⟨engl⟩ significant meteorological information / bedeutsame Wettererscheinungsmeldung, *Flugmeteorologie*

SIGMOS: ⟨engl⟩ silicon gigabit-per-second metal-oxide-semiconductor / Höchstgeschwindigkeits-Metall-Oxid-Halbleiter in Silicium-Technik, *Halbleitertechnologie*

SIGNE: ⟨engl⟩ solar interplanetary gamma neutron experiment / Experiment zur Erforschung der Gamma- und Neutronenstrahlung der Sonne im interplanetaren Raum (französischer Forschungssatellit)

SiK: Siliconkautschuk, *Polymertechnik*

Sil: Silicatleichtstein (Baustoff)

SIL-Gehäuse, SIP: ⟨engl⟩ single-in-line package / Gehäuse (für ↑ IC 4) mit Anschlüssen in einer Reihe, *Mikroelektronik*

Silumin: Aluminium-Silicium-Guß

Silundum: Silicium-Carborundum / Siliciumcarbid (Widerstandsmaterial)

Sima: Silicium und Magnesium (Hauptbestandteile der unter dem ↑ Sial befindlichen Erdschicht)

SIMD: ⟨engl⟩ single instruction multiple data (Computerarchitektur, bei der mit einem Befehl mehrere Daten gleichzeitig bearbeitet werden)

SIMOS: ⟨engl⟩ stacked gate injection metal-oxide semiconductor / Metall-Oxid-Halbleiter mit Injektion durch geschichtetes Gate (Speicherzellenstruktur), *Halbleitertechnologie*

SIMOX: ⟨engl⟩ separation by implanted oxygen / Abtrennung durch implantierten Sauerstoff (Siliciumabscheidung auf SiO_2), *Halbleitertechnologie*

SIMS: ⟨engl⟩ secondary ion mass spectroscopy / Sekundärionen-Massenspektroskopie, *Werkstoffprüfung*

Simula, SIMULA: ⟨engl⟩ simulation language / Simulationssprache (Programmiersprache, Anwendung in Naturwissenschaft und Technik)

SINAD: ⟨engl⟩ signal, noise and distortion / Signal, Rauschen und Verzerrung (Klirrfaktor), *Meßtechnik*

SINPO [SINFO]: ⟨engl⟩ strength, interference, noise, propagation disturbance [fading], overall merit / Lautstärke, Interferenz, Nebengeräusche (atmosphärische Störungen), Störung durch Schwund [Schwund], Gesamtbewertung (Code zur Kennzeichnung der Güte von Funksendungen), *Nachrichtentechnik*

SIO: 1. ⟨engl⟩ serial input-output / serielle Ein- und Ausgabe (peripherer Schaltkreis eines Mikroprozessorsystems), *Datenverarbeitung*. – **2.** ⟨engl⟩ strength, interference, overall merit / Lautstärke, Interferenz, Gesamtbewertung (Code zur Kennzeichnung der Güte von Funksendungen), *Nachrichtentechnik*

SIOS: ⟨engl⟩ simultaneous operating system / simultanes Betriebssystem (für 8-bit-Personalcomputer)

SIP: 1. ↑ SIL-Gehäuse. – **2.** ⟨engl⟩ submerged injection process (Schmelzprozeß, bei dem vom Ofenboden aus Sauerstoff eingeblasen wird), *Eisenmetallurgie*

SIPMOS: ⟨engl⟩ Siemens power metal-oxide semiconductor / Leistungs-Metall-Oxid-Halbleiter von Siemens, *Halbleitertechnologie*

SIPO: ⟨engl⟩ serial in – parallel out / serielle Eingabe, parallele Ausgabe (Schaltungsart), *Datenverarbeitung*

SIPOS: ⟨engl⟩ semi-insulating polycrystalline silicon / halbisolierendes polykristallines Silicium, *Halbleitertechnologie*

SIR: 1. ⟨engl⟩ Shuttle imaging radar / Abbildungs-(↑)Radar des Shuttle (Erderkundungseinrichtung des Space Shuttle, USA). – **2.** ⟨engl⟩ Standard Indonesian Rubber / Standardisierter Indonesischer Naturkautschuk, *Polymertechnik*. – **3.** ⟨engl⟩ styrene-isoprene rubber / Styren-Isopren-Kautschuk, *Polymertechnik*. – **4.** ⟨engl⟩ submarine intermediate reactor / mittelschneller Reaktor für Unterwasserfahrzeuge, *Kerntechnik*

SIRS: ⟨engl⟩ satellite infrared spectrometer / Infrarotspektrometer auf Satelliten (USA-Wettersatelliten)

SIRTF: ⟨engl⟩ Shuttle infrared telescope facility / Infrarotteleskopsystem des Shuttle (im Space Shuttle USA, zum Studium astronomischer Objekte eingesetzt)

SIS: 1. ⟨engl⟩ safety injection system / Sicherheits-Einspeisesystem, *Kernkraftwerkstechnik*. – **2.** ⟨engl⟩ semiconductor-insulator-semiconductor / Halbleiter-Isolator-Halbleiter (-Struktur für Solarzellen), *Halbleitertechnologie*. – **3.** ⟨engl⟩ sound in synchronisation / Tonübertragung im Synchronsignal, *Fernsehtechnik*. – **4.** Styren-Isopren-Styren (Blockpolymer)

SIŠ [СИШ]: ⟨russ⟩ širokodiapazonnaja svetoizmeritel'naja lampa [широкодиапазонная светоизмерительная лампа] / Meßlampe mit breitem Meßbereich, *Lichttechnik*

SISD: ⟨engl⟩ single instruction single data (Computerarchitektur, bei der nacheinander mit einem

Befehl immer ein Datenwort abgearbeitet wird)

S-ISDN: Schmalband-(↑)ISDN

SISO: ⟨engl⟩ serial in – serial out / serielle Eingabe, serielle Ausgabe (Schaltungsart), *Datenverarbeitung*

SIT: 1. ⟨engl⟩ silicon intensified target / Target mit elektronenempfindlicher Siliciumschicht, (lichtempfindliches Bauelement), *Optoelektronik*. – **2.** ⟨engl⟩ static induction transistor / statischer Influenztransistor (spezieller ↑ FET), *Mikroelektronik*

Sitall: Silicatglas, kristallisiert, (Silicatwerkstoff)

SITE: ⟨engl⟩ satellite instructional television experiment / (USA-) Satellitenexperiment Bildungsfernsehen (für die indische Bevölkerung)

SITL: ⟨engl⟩ static induction transistor logic / statische Influenztransistorlogik, *Elektronik*

SITVC: ⟨engl⟩ secondary fluid injection thrust vector control / sekundäre Schubkontrolle mittels Flüssigkeitseinspritzung (in die Brennkammer von Raketentriebwerken), *Raumfahrttechnik*

SiU: Schienenumbau, *Schienenfahrzeugtechnik*

SIV: selektive Informationsverarbeitung

SJFET: ⟨engl⟩ subsurface junction field-effect transistor / Feldeffekttransistor mit Sperrschicht unter der Oberfläche, *Mikroelektronik*

Sk: 1. Sendekontakte (am Fernschreiber), *Nachrichtentechnik*. – **2.** Stützknagge, *Eisenbahnoberbau*

SK: 1. Schaltkontakt, *Elektronik*. – **2.** Schienenkontakt, *Eisenbahnsicherungstechnik*. – **3.** Schneidkeramik (Schneidstoff). – **4.** Schwerkron (optisches Glas). – **5.** Seger-Kegel (von Seger entwickelter Pyrometerkegel, Temperaturmeßkörper). – **6.** Selektorkanal, *Nachrichtentechnik*. – **7.** Senderkennung (Verkehrsfunk). – **8.** Skelettbau, *Bautechnik*. – **9.** Sonnenkollektor. – **10.** sphärische Koordinaten (zur Ortsbestimmung auf einer Kugel). – **11.** Steinkohle. – **12.** Synthesekautschuk, *Polymertechnik*

ŠK [ШК]: ⟨russ⟩ šljusovaja kamera [шлюзовая камера] / Schleusenkammer, *Raumfahrttechnik*

SKE: Steinkohleneinheit

SK-Koks: Steinkohlenkoks

SKL: 1. Schaumkunstleder, **2.** Schienenkleinwagen (Gleiskraftwagen)

SKOI [СКОИ]: ⟨russ⟩ sistema kontrolâ i obrabotki informacii [система контроля и обработки информации] / Überwachungs- und Informationsverarbeitungssystem

SKP: Sichtkontrollplatz

† SKR: System der Kleinrechner (gemeinsames Rechnersystem der osteuropäischen Länder)

Skt: Skalenteil, *Meßtechnik*

Skt.: ↑ 6kt

SKVP [СКВП]: ⟨russ⟩ samolët s korotkim vzlëtom i posadkoj [самолёт с коротким взлётом и посадкой] / Kurzstarter, ↑ STOL, (Luftfahrzeug)

SKW: 1. selbsttätige Kontrollwaage,

Lebensmitteltechnik. – **2.** Steinkohlenkraftwerk

Skylab, SL: ⟨engl⟩ laboratory in the sky / Himmelslabor (USA-Raumstation)

sl: 1. geschlichtet (Ausführungsart von Chemiefaserstoffen). – **2.** ↑ SL 5

Sl: 1. Schaltteileliste (Schaltplanart in Listenform), *Elektrotechnik.* – **2.** Schnellverkehrsleitung, *Nachrichtentechnik*

SL: 1. Schamotteleichtstein (Baustoff). – **2.** Schlackenfaserstoff, *Textiltechnik.* – **3.** Schutzleiter, *Elektrotechnik.* – **4.** ⟨engl⟩ sea level / Meereshöhe, -spiegel, *Luftfahrtnavigation.* – **5.** S/L, sl, SLT, slt: ⟨engl⟩ search light / (Such-) Scheinwerfer, Leuchtfeuer. – **6.** SG [СЛ, СГ]: ⟨russ⟩ signal'naja lampa [сигнальная лампа] / Signallampe, Anzeigelampe. – **7.** ↑ Skylab. – **8.** ⟨engl⟩ soft landing / weiche Landung, *Flugbetrieb.* – **9.** ⟨engl⟩ source language / Quellensprache, Originalsprache (Programmiersprache). – **10.** Straßenleuchte, *Lichttechnik.* – **11.** Supraleitung. – **12.** Systemlänge

S/L: ↑ SL 5

SLA: 1. schwerlöslicher Anteil (bei Proteinisolaten), *Lebensmitteltechnik.* – **2.** selbstleuchtende Anzeige

SLAC: ⟨engl⟩ Standford linear accelerator center / Linearbeschleuniger der Universität Standford (Kalifornien)

SLAR: ⟨engl⟩ side-looking airborne radar / Seitensichtbord-(↑)Radar, *Flugzeugausrüstung*

SLB: Start- und Landebahn

SLC: 1. ⟨engl⟩ search-light control / Suchscheinwerfersteuerung (Scheinwerferleitung durch ↑ Radar). – **2.** ⟨engl⟩ Stanford linear collider / Standforder Linearbeschleuniger (Teilchenbeschleuniger am ↑ SLAC). – **3.** ⟨engl⟩ subscriber line circuit / Teilnehmersatz, *Nachrichtentechnik*

SLDPF: ⟨engl⟩ Spacelab data processing facility / Datenverarbeitungseinrichtung des ↑ Spacelab (Montage- und Prüfkomplex für das USA-Raumlabor Spacelab)

SLG: Sprengstoffladegerät, *Bergbautechnologie*

SLIC: ⟨engl⟩ subscriber-line interface chip [circuit] / Teilnehmeranschlußschaltkreis [-schaltung], *Nachrichtentechnik*

SLID: 1. ⟨engl⟩ solid leadless inverted device / festes drahtloses umgekehrtes Bauelement, *Elektronik.* – **2.** ⟨engl⟩ subscriber-line interface digital / digitales Teilnehmerleitungsinterface, *Nachrichtentechnik*

† **SLK:** Sichtlochkarte, *Datenverarbeitung*

SLKW: Schwerlastkraftwagen

SLM: ⟨engl⟩ subscriber-line module / Teilnehmeranschlußbaugruppe, *Nachrichtentechnik*

SLP: 1. ⟨engl⟩ single layer polysilicon / einfache Polysiliciumschicht (Einlagentechnik), *Halbleitertechnologie.* – **2.** Stromlaufplan, *Elektrotechnik*

SLR: ⟨engl⟩ side[ways]-looking

radar / Seitensichtradar (Impuls- ↑ Radar), *Nachrichtentechnik*

SLR-Kamera: ⟨engl⟩ single-lens reflex camera / einäugige Spiegelreflexkamera, *Fototechnik*

SL-RN-Verfahren: Verfahren nach Steel Company of Canada, Lurgi Gesellschaft für Chemie und Hüttenwesen, Republic Steel Corporation und National Lead Industries Corporation (zur Direktreduktion von Eisenerz), *Eisenmetallurgie*

SLS: 1. Sonnenlichtsystem. – **2.** ⟨engl⟩ strainded-layer superlattice / schichtverformtes Übergitter, *Halbleitertechnologie*. – **3.** Straßenleuchtensystem

SLSI: ⟨engl⟩ superlarge-scale integration / Super-Großintegration (Schaltkreise mit mehr als 10^5 Bauelementefunktionen) = V^2LSI, *Mikroelektronik*

SLT 1. slt: ↑ SL 5. – **2.** ⟨engl⟩ solid logic technology / Festkörperlogiktechnik (Verfahren zur Herstellung von Hybridschaltungen), *Halbleitertechnologie*. – **3.** ⟨engl⟩ standard[ized] light source / Norm[al]lichtquelle

SLV: 1. ⟨engl⟩ satellite launch vehicle / Satellitenstartrakete (indische Trägerrakete), *Raumfahrttechnik*. – **2.** ⟨engl⟩ standard atlas launch vehicle / Atlas-Standardträgerrakete, *Raumfahrttechnik*

SLV-Methode: ⟨engl⟩ solid-liquid-vapour method / Fest-, Flüssig-, Dampfformmethode (Ätzverfahren)

SLW: 1. Sammelanschlußleitungswähler, *Nachrichtentechnik*. – **2.** Schwerlastwagen, *Kraftfahrzeugtechnik*. – **3.** Seitenleitwerk, *Flugzeugausrüstung*

Slz: Schlußlokomotive

Sm: 1. Sand, mittel, Mittelsand, (Baustoff). – **2.** Schmalspurheizkupplung, *Schienenfahrzeugtechnik*

SM 1. [CM]: ⟨russ⟩ samolëtnaja lampa [самолётная лампа] / Flugzeuglampe. – **2.** San Marco (italienischer Satellitentyp). – **3. [CM]:** ⟨russ⟩ sčëtnaja mašina [счётная машина] / Rechner. – **4.** Schrittmacher, *Medizintechnik*. – **5.** Schrittmotor. – **6.** ⟨engl⟩ service modul / Serviceeinheit (des Apollo-Raumschiffes). – **7.** Sondermaschine (Werkzeugmaschine). – **8.** ⟨engl⟩ spectrometry / Spektrometrie, *Analysenmeßtechnik*. – **9.** Staumanschette (für Blutdruckmesser), *Medizintechnik*. – **10.** Stereomikroskop [-skopie], *Analysenmeßtechnik*. – **11.** Synchronmaschine [-motor]

SMA: ⟨engl⟩ surface-mounted assembly / oberflächenmontierte Baugruppe (Leiterplatte in ↑ SMT 2), *Elektronik*

SMAC: ⟨engl⟩ sequential multiple analyzer with computer / sequentieller Mehrkanalanalysator mit Rechner, *Analysenmeßtechnik*

S-MAC: ⟨engl⟩ studio-multiplex analog[ue] components / Studiokomplex analoger Komponenten (Fernsehübertragungsverfahren ↑ MAC 9, Einsatz im Fernsehstudio)

SMC 1. SCMC: ⟨engl⟩ single-chip microcomputer / Einchipmikrorechner, = EMR, = SCC 3. – **2.** ⟨engl⟩ surface-mounted components / Bauelemente für Oberflächenmontage, = SMD 2, *Elek-*

tronik. – **3.** ⟨engl⟩ surface movement control / Bodenkontrolle, *Flugsicherung*

SMD: 1. ⟨engl⟩ Sony magnetic diode / Magnetdiode der (japan.) Fa.Sony, *Elektronik*. – **2.** ⟨engl⟩ surface-mounted device / oberflächenmontiertes Bauelement, = OMB, *Elektronik*, s. a. SMT 2

SME: 1. ⟨engl⟩ solar mesosphere Explorer (USA-Satellitentyp aus der Explorer-Reihe zur Erforschung der Mesosphäre der Sonne). – **2.** ⟨engl⟩ surface-mounting equipment (Geräte für die Fertigung von Leiterplatten in ↑ SMT 2), *Elektronik*

SM-Faser, SMF: ⟨engl⟩ single mode fibre / Monomodenfaser (Monomodenlichtwellenleiter), *Nachrichtentechnik*

SmH: 1. Schiff mit Hilfsantrieb. – **2.** Segelschiff mit Hilfsmotor

S/MH-Verhältnis: ⟨engl⟩ spacing-to-mounting-height ratio / Abstands-Nutzhöhen-Verhältnis (Verhältnis zwischen dem Leuchtenabstand und der Nutzhöhe), *Lichttechnik*

SMI: ⟨engl⟩ series-mode interference / Gegentaktstörung, Serienstörspannung, *Meßtechnik*

SMIS: ⟨engl⟩ surface metal-insulator semiconductor / Oberflächen-Metall-Isolator-Halbleiter, *Halbleitertechnologie*

SM-Kassette: ⟨engl⟩ special mechanism cassette / Kassette mit Spezialmechanik (Kassettenrecorder)

† **SML:** synthetisches Material mit lederähnlichen Eigenschaften, *Textiltechnik*

SmM: Segelschiff mit Motor

SMM, † **Solmax:** ⟨engl⟩ solar maximum mission (USA-Satellit zur Erforschung des Strahlungsmaximums der Sonne)

SMO: ⟨engl⟩ supplementary meteorological office / Flugwetternebenstelle, *Flugmeteorologie*

SMOS: ⟨engl⟩ small metal-oxide semiconductor / schmaler Metall-Oxid-Halbleiter (Kurzkanal-Halbleiterbauelement, $\leq 1\ \mu m$), *Mikroelektronik*

Smp: Schmelzpunkt, ↑ mp

SMP: ⟨engl⟩ surface-mounted packages (Oberbegriff für alle Gehäuseformen von oberflächenmontierten Bauelementen), *Elektronik*, s. a. SMT 2

SMPS: ⟨engl⟩ switched-mode power supply / Schaltnetzteil, *Elektronik*

SMR: 1. ⟨engl⟩ series mode rejection / Gegentaktunterdrückung, *Meßtechnik*. – **2.** ⟨engl⟩ Standard Malaysian Rubber / Standardisierter Malaysischer Naturkautschuk, *Polymertechnik*. – **3.** ⟨engl⟩ surface movement radar / Rollfeld-(↑) Radar, *Flugsicherung*

SM-RCS: ⟨engl⟩ service module reaction control system / Antriebskontrollsystem der Serviceeinheit (des Apollo-Raumschiffes)

SMS: 1. Styren-Methylstyren (Thermoplast). – **2.** ⟨engl⟩ syncronous meteorological satellite / meteorologischer Synchronsatellit (Prototypen der ↑ GOES-Serie, teilweise auch für nachfolgende operationelle Satelliten)

SMS-Struktur: ⟨engl⟩ semiconductor-metal-semiconductor structure / Halbleiter-Metall-Halbleiter-Struktur, *Halbleitertechnologie*

SM-Stahl, M-Stahl: Siemens-Martin-Stahl, *Eisenmetallurgie*

SMT: 1. Strahlungsmeßtechnik. – **2.** ⟨engl⟩ surface-mounting technology / Oberflächenmontagetechnik (Aufsetztechnik, spezielle Montagetechnik für Bauelemente auf einen gemeinsamen Träger, *Elektronik*

SMU [СМУ]: ⟨russ⟩ složnye meteorologičeskie uslovija [сложные метеорологические условия] / komplizierte meteorologische Bedingungen, *Flugmeteorologie*

SMV: ⟨engl⟩ series mode voltage / Gegentaktstörspannung, *Meßtechnik*

SM-Verfahren: Siemens-Martin-Verfahren, *Eisenmetallurgie*

SN: 1. ↑ SNR 2. – **2.** ⟨engl⟩ switching network / Koppelnetz (Koppelanordnung), *Nachrichtentechnik*

SNA: ⟨engl⟩ system network architecture / Netzwerkarchitektur (Konzept der Fa.IBM), *Datenverarbeitung*

SNAP: 1. ⟨engl⟩ selective niobium anodization process / selektiver Niob-Anodisierungsprozeß, *Halbleitertechnologie*. – **3.** ⟨engl⟩ system for nuclear auxiliary power / Kernenergiehilfssystem (der NASA), *Raumfahrttechnik*

SNB: Schienenbohrmaschine, *Schienenfahrzeugtechnik*

SNC: ⟨engl⟩ stored-program numerical control / speicherprogrammierte numerische Steuerung, *Automatisierungstechnik*, s. a. NC 2

SND: Holzspanplatte aus Schneidspänen mit Normalspandeckschicht, dreischichtig, *Holztechnik*

SNG: ⟨engl⟩ substitute natural gas / (synthetisches) Erdgas

SNM: ⟨engl⟩ special nuclear material / spezielles Kernmaterial, *Kerntechnik*

SNMS: ⟨engl⟩ sputtered neutral mass spectrometry / zerstäubte neutrale Massenspektrometrie, *Meßtechnik*

SNR: 1. schneller natriumgekühlter (Brut-) Reaktor, *Kernkraftwerkstechnik*. – **2. SN-Verhältnis, SN:** ⟨engl⟩ signal-to-noise ratio / Signal/Rausch-Verhältnis, Störabstand, Rauschabstand, *Nachrichtentechnik*

SNT: Schaltnetzteil, *Elektronik*

SNUPPS: ⟨engl⟩ standardized nuclear unit power plant / standardisierte Kernkraftwerksanlage

SNV: Holzspanplatte aus Schneidspänen mit Normalspandeckschicht, vielschichtig, *Holztechnik*

SN-Verhältnis: ↑ SNR 2

SO: 1. Schienenoberkante. – **2.** subjektive Olfaktometrie, *Lebensmitteltechnik*, s. a. SGO. – **3. SO.:** Südost, = SE 4

SOAR, SOA: ⟨engl⟩ safe operating area / **1.** sicherer Arbeitsbereich (von Halbleiterbauelementen), *Elektronik*. – **2.** sicheres Betriebsgebiet, *Luftfahrtnavigation*

SOAS: 1. ⟨engl⟩ silicon on amorphous substrates / Silicium auf amorphen Substraten, *Halbleitertechnologie*. – **2. [СОАС]:** ⟨russ⟩ sistema obmena aviacionnymi svedenijami [система обмена авиационными сведениями] / Flugwetterfernmeldenetz, s. a. MOTNE

SoBz: Sonderbronze (Kupfer-Zinn-Legierung)

SOC: 1. ⟨engl⟩ separated orbit cyclotron / Zyklotron mit getrennten Umlaufbahnen (Teilchenbeschleunigung), *Kerntechnik*. – **2.** ⟨engl⟩ socket / Fassung (Lampenfassung). – **3.** ⟨engl⟩ space operations center / Weltraum-Operationszentrum (Projekt einer USA-Raumstation)

SOCMOS: ⟨engl⟩ selective oxidation complementary metal-oxide semiconductor / komplementärer Metall-Oxid-Halbleiter mit selektiver Oxidation, *Halbleitertechnologie*

SOD: 1. ⟨engl⟩ silicon on diamond / Silicium auf Diamand (*Halbleitertechnologie* für integrierte Schaltungen). – **2. [СОД]:** ⟨russ⟩ sistema obrabotki dannyh [система обработки данных] / Datenverarbeitungssystem. – **3.** ⟨engl⟩ small outline diode / Diode kleiner Abmessungen, *Elektronik*

Sofar, SOFAR: ⟨engl⟩ sound fixing and ranging / Ultraschallortung (-fixierung) und -entfernungsmessung, *Nachrichtentechnik*

SO-Gehäuse, SOP: ⟨engl⟩ small outline package / Gehäuse mit geringen Außenabmessungen (miniaturisierte Bauformen), *Mikroelektronik*

SOGICON: ⟨engl⟩ semiconductor oscillation generation by injection and constriction / Halbleiterschwingungserzeugung durch Injektion und Einschnürung, *Mikroelektronik*

SOHC: ⟨engl⟩ single overhead camshaft / eine oben angeordnete Nockenwelle, *Kraftfahrzeugtechnik*, s. a. OHC

SOI: ⟨engl⟩ silicon on insulator / Silicium auf einem Isolatorwerkstoff (andere Bezeichnung für ↑ ESFI), *Halbleitertechnologie*

SOIC: ⟨engl⟩ small outline integrated circuit / integrierte Schaltung mit geringen Außenabmessungen (↑ SO-Gehäuse für ↑ IC 4), *Mikroelektronik*

SOIS: ⟨engl⟩ silicon on insulating substrate / Silicium auf isolierendem Substrat, *Halbleitertechnologie*

SOK: Schienenoberkante (Bezugsmaß in untertägigen Hohlräumen), *Bergbautechnik*

SOL: ⟨engl⟩ simulation-oriented language / simulationsorientierte Programmiersprache

† Solmax: ↑ SMM

Solrad, SR: ⟨engl⟩ solar radiation / 1. (USA-Forschungssatellit aus der Explorer-Reihe zur Untersuchung der Sonnenstrahlung). – 2. (USA-Satellitenserie zur Erforschung der Sonnen- und Röntgenstrahlung)

SOM 1. [COM]: ⟨russ⟩ samolëtnyj otvetčik [самолётный ответчик] / Flugzeug-Antwortgeber, Kennungsgeber, Transponder, = SRO 2, *Flugzeugausrüstung*. – **2.** ⟨engl⟩ scanning optical microscope / abtastendes optisches Mikroskop (Lasermikroskop)

SoMs: Sondermessing (Kupfer–Zink-Legierung)

Sonar, SONAR: ⟨engl⟩ sound navigation and ranging / Ultraschallortung und -entfernungsmessung (Unterwassernavigation), *Nachrichtentechnik*

SOP: 1. ⟨engl⟩ Saturn orbiter probe / Saturn-Orbitersonde (USA-Projekt). – **2.** ⟨engl⟩ selective oxidation process / selektiver Oxidations-Prozeß, *Halbleitertechnologie*. – **3.** ↑ SO-Gehäuse

SOPD [СОПД]: ⟨russ⟩ signalizator opasnogo perepada davlenija [сигнализатор опасного перепада давления] / Signalisator für gefährlichen Druckabfall, *Flugzeugausrüstung*

SOPS: 1. sachgebietsorientiertes Programmiersystem. – **2.** Speicheroperationssteuerung, *Datenverarbeitung*

SOS: 1. (international festgelegtes Seenotzeichen, später mit dem Text) ⟨engl⟩ save our souls [our ship] / rettet unsere Seelen [unser Schiff] (gedeutet). – **2.** ⟨engl⟩ silicon on sapphire / Silicium auf Saphir (für hochintegrierte Halbleiterschaltungen), ↑ ESFI, *Halbleitertechnologie*

So-Signal: sonstiges Signal (Eisenbahnsignal)

SOT: 1. ⟨engl⟩ small outline [of] transistor / Transistor mit geringen Außenabmessungen (↑ Transistoren für SO-Gehäuse), *Mikroelektronik*. – **2.** ⟨engl⟩ solar optical telescope / optisches Sonnenteleskop (USA-Programm (Projekt) zur optischen Beobachtung der Sonne mit terrestrischen und raumfahrttechnischen Mitteln)

SOTR [СОТР]: ⟨russ⟩ sistema obespečenija teplovogo režima [система обеспечения теплового режима] / Versorgungssystem für das Wärmeregime, *Raumfahrttechnik*

SOZ: Straßen-Oktanzahl (nach Modified-Union-Town-Methode ermittelte ↑ OZ 1), *Kraftfahrzeugtechnik*

SOŽ [СОЖ]: ⟨russ⟩ sistema obespečenija žiznedejatel'nosti [система обеспечения жизнедеятельности] / Lebenserhaltungssystem, *Raumfahrttechnik*

SOzO, SOzO.: Südost zu Ost

SOzS, SOzS.: Südost zu Süd

Sp: 1. gespalten (Ausführungsart von Chemiefaserstoffen). – **2.** Stromlaufplan (Schaltplanart), *Elektrotechnik*

SP: 1. Schiffspeilung. – **2.** ⟨engl⟩ single pole / einpolig. – **3.** ⟨engl⟩ source program / Quellenprogramm, *Datenverarbeitung*. – **4.** ⟨engl⟩ spot / 1. kleiner Ausstrahlungswinkel, Engstrahlcharakteristik (Reflektorglühlampe). – 2. Engstrahler (Reflektorglühlampe). – **5.** ⟨engl⟩ spotlight / 1. Engstrahler (Leuchte), Strahlerleuchte, Spotlight. – 2. Spotscheinwerfer. – 3. Punktlicht. – **6.** ↑ Spt. – **7.** ⟨engl⟩ stack pointer / Stapelzeiger (Register im Mikroprozessor), *Datenverarbeitung*. – **8. [СП]:** ⟨russ⟩ standartnaja podprogramma [стандартная подпрограмма] / Standardunterprogramm, *Datenverarbeitung*. – **9. [СП]:** ⟨russ⟩ startovaja pozicija [стартовая позиция] / Startposition, *Raumfahrttechnik*. – **10.** Startpunkt (geografischer Ort), *Raumfahrttechnik*. – **11.** Steinzeugplatte (Baustoff). –

12. Sternpunkt, *Elektrotechnik.* –
13. ⟨engl⟩ supercharge pressure / Ladedruck, *Luftfahrtantriebe.* –
14. [СП]: ⟨russ⟩ svetovoj pribor [световой прибор] / Leuchte, *Lichttechnik.* – **15.** ⟨engl⟩ synchronizing poll / Synchronisationsaufruf (bei Mehrrechnersystemen), *Automatisierungstechnik.* – **16.** ⟨engl⟩ system processor / Systemprozessor, *Datenverarbeitung*

S.P., SP: ⟨engl⟩ strain point / Spannungspunkt (untere Kühltemperatur von Glas), *technische Optik*

Spacelab: ⟨engl⟩ space laboratory / Weltraumlabor (bemannbare Nutzlast für den Space Shuttle, USA)

SPARTAN: ⟨engl⟩ Shuttle pointed autonomous research tool for astronomy / auf den Space Shuttle zugeschnittenes Forschungsinstrument für Astronomie

SPAS: ⟨engl⟩ Shuttle pallet satellite / (BRD-) Palettensatellit für Space Shuttle

SPC: 1. ⟨engl⟩ set-point control / Festwertregelung (automatische Steuerung), *Automatisierungstechnik.* – **2.** ⟨engl⟩ static power converter / statischer Umrichter, *Elektrotechnik.* – **3.** ⟨engl⟩ stored-program control / speicherprogrammierbare Steuerung, ↑ SPS 5. – **4.** ⟨engl⟩ system control processor / Systemsteuerprozessor, *Datenverarbeitung*

SPD: ⟨engl⟩ spectral power distribution / spektrale Energieverteilung

SpDrS: Spurplan-Drucktastenstellwerk (DB)

SPDt: ⟨engl⟩ single-pole double-throw switch / / einpoliger Umschalter, *Elektronik*

SPE: 1. ⟨engl⟩ solid-phase epitaxy / Festphasenepitaxie, *Halbleitertechnologie.* – **2.** Sternpunkterdung, *Elektrotechnik*

SPECI: ⟨engl⟩ aviation selected special weather report / ausgewählte spezielle Flugplatzwettermeldung (in verschlüsselter Form), *Flugmeteorologie*

SPERT: ⟨engl⟩ special power excursion reactor test / spezieller Reaktorversuch zur Untersuchung von Leistungsexkursionen (USA), *Kernkraftwerkstechnik*

SpFK: ↑ SFK

Spfl.: Sicherheitspfeiler, *Bergbautechnologie*

Spg: ↑ SPG 2

SPG: 1. ⟨engl⟩ single-point ground / Einpunkterdung, *Elektrotechnik.* – **2. Spg:** Sphygmograf [-mografie, -mogramm] (Aufzeichnung der Pulskurve), *Medizintechnik*

SPH: styrenisiertes Phenol (Phenolharz), *Polymertechnik*

Sp.H.W.: Springhochwasser

SPI: ⟨engl⟩ station and programme identification / Sender- und Programmidentifizierung, *Unterhaltungselektronik*

SPI-Verhalten: ⟨engl⟩ spectrophotometric process ink response / druckfarbenangepaßtes spektralfotometrisches Verhalten (von Geräten zur Messung der optischen Dichte mehrfarbiger Drucke), *Polygrafie*

SPK: 1. Schneepflug Bauart Klima

(Schienenfahrzeug). – 2. Sojaphosphatidkonzentrat, *Lebensmitteltechnik*

SP-Kautschuk: ⟨engl⟩ superior processing rubber / besser verarbeitbarer Kautschuk, Perfektkautschuk, = SP-NR, *Polymertechnik*

SPL: 1. ⟨engl⟩ sample / Probe (beim Apollo-Programm untersuchte Mondbodenprobe). – **2.** ⟨engl⟩ sound pressure level / Schalldruckpegel. – **3.** ⟨engl⟩ symbolic programming language / symbolische Programmiersprache

Spm: ↑ SPM 3

SPM: 1. Schneepflug Bauart Meiningen (Schienenfahrzeug). – **2.** ⟨engl⟩ scratch-pad memory / (schneller) Hilfsspeicher, Zwischenspeicher, *Datenverarbeitung*. – **3. Spm:** Spannmittel, *Fertigungstechnik*

SP-NR: ⟨engl⟩ superior processing natural rubber / besser verarbeitbarer Naturkautschuk, Perfektkautschuk, = SP-Kautschuk, *Polymertechnik*

Sp.N.W.: Springniedrigwasser

SPO [СПО]: ⟨russ⟩ sistema programmnogo obespečeniâ [система программного обеспечения] / Software-Systemunterlagen

Spool, SPOOL: ⟨engl⟩ simultaneous peripheral operations on line / simultaner peripherer Direktbetrieb (Programmsteuersystem für gleichzeitige Ein- und Ausgabe während anderer rechenintensiver Programmabläufe), *Datenverarbeitung*

SPOT: ⟨frz⟩ système probatoire d'observation de la terre / Nachweissystem zur Erdbeobachtung (französischer Erdsatellit)

SpP: Speisewasserpumpe, *Energietechnik*

SPP: 1. Sauerstoff-Produktionspotential, *Umweltschutztechnik*. – **2.** ⟨engl⟩ signal processing peripheral / periphere Signalverarbeitung, *Nachrichtentechnik*

SPPS: ⟨engl⟩ space polar power station / Energiestation auf polarer Umlaufbahn (USA-Projekt zur Energieversorgung aus dem Weltraum)

SPR: ⟨engl⟩ swimming-pool reactor / Schwimmbadreaktor, *Kernkraftwerkstechnik*

SPRITE, Sprite: ⟨engl⟩ signal processing in the element / Signalverarbeitung im Element (Bildsensor), *Meßtechnik*

spritz: Spritzmetallschutzschicht, *Korrosionsschutz*

spritz fla: flammgespritzt, *Korrosionsschutz*

spritz libo: lichtbogengespritzt, *Korrosionsschutz*

SPs: Steinzeugplatte, säurebeständig (Baustoff)

SPS: 1. eiweißsaures Polysaccharid, *Lebensmitteltechnik*. – **2.** Schneepflug, starr (Schienenfahrzeug). – **3.** Schubpferdestärke. – **4. [СПС]:** ⟨russ⟩ sduv pograničnogo sloâ [сдув пограничного слоя] / Grenzschichtabblasung, Grenzschichtbeeinflussung, *Aerodynamik*. – **5.** ⟨engl⟩ service propulsion system / Antriebssystem der Serviceeinheit (des Apollo-Raumschiffes). – **6.** speicherprogrammierte Steuerung, speicherprogrammierbare Steuerung (Programm wird im internen Speicher abgelegt) = SPC 3, *Automatisierungstechnik*. – 7. Spektralphotometersystem, *Analysenmeßtechnik*. – 8. Super-Protonen-Synchrotron (Teilchenbeschleunigungsanlage), *Kerntechnik*. – 9. symbolprogrammierbare Steuerung (Programmierung und Programmeingabe mit Symbolen), *Werkzeugmaschinen*

Sp-Signal: Signal für Schiebelokomotiven und für Züge auf falschem Gleis

SPSS: ⟨engl⟩ statistical package for the social sciences / Programmsystem zur statistischen Datenanalyse

SPSW: steuerndes Programmstatuswort, *Datenverarbeitung*

Spt., SP: Spant, *Schiffstechnik*

SP-Telefon: ⟨engl⟩ sound-powered telephone / dynamisches Telefon (batterieloser Fernsprecher)

Sp.T.H.: Springtidenhub

SPTR [СПТР]: ⟨russ⟩ sredstva passivnogo termoregulirovanija [средства пассивного терморегулирования] / passive Wärmeregulierungsmittel, *Raumfahrttechnik*

SPU 1. [СПУ]: ⟨russ⟩ samolëtnoe peregovornoe ustrojstvo [самолётное переговорное устройство] / Bordsprechanlage, = EiV-Anlage, *Flugzeugausrüstung*. – 2. Softwareproduktionsumgebung, *Datenverarbeitung*

SPUR: ⟨engl⟩ space power unit reactor / Raumschiffreaktor, *Kerntechnik*

SPV: ⟨engl⟩ surface photovoltaic technique / Oberflächen-Fotospannungstechnik (Meßmethode für die Lebensdauer von Ladungsträgern)

SpW: Speisewasser, *Energietechnik*

Sp-W: Spannungswandler, *Elektrotechnik*

SPW: Speicherwerk, *Datenverarbeitung*

SpWB: Speisewasserbehälter, *Energietechnik*

sq.: ⟨lat⟩ square / quadratisch, viereckig; Quadrat

SQ: 1. ⟨engl⟩ squall / Bö, *Flugmeteorologie*. – 2. Stereo-Quadrofonie (Übertragungsverfahren zur quadrofonen, d. h. vierkanaligen Tonwiedergabe), *Unterhaltungselektronik*

SQID: ↑ Squid

SQK: statistische Qualitätskontrolle (mathematisch-statistische Stichprobenprüfung)

SQL: ⟨engl⟩ structured query language / strukturierte Rückfragesprache (zur Verwaltung relationaler Datenbanksysteme)

Squid, SQUID, SQID: ⟨engl⟩ superconducting quantum interference device / supraleitendes Quanteninterferometer, *Meßtechnik*

SQW: ⟨engl⟩ single quantum well / Einfachquantenmulden (Bauelementevariante von ↑ MQW), *Mikroelektronik*

sr: 1. schrumpffähig (Ausführungsart von Chemiefaserstoffen). – 2. ⟨engl⟩ shallow relief / flaches Relief (Hochdruck), *Polygrafie*

SR: 1. schneller Reaktor, *Kernkraftwerkstechnik*. – 2. Schotterräummaschine, *Schienenfahrzeugtechnik*. – 3. ⟨engl⟩ secondary radar / Sekundär-(↑) Radar, *Flugsicherung*. – 4. Seitenruder, *Flugzeugkonstruktion*. – 5. Selektivruf, *Nachrichtentechnik*. – 6. ⟨engl⟩ shift register / Schieberegister, *Datenverarbeitung*. – 7. ⟨engl⟩ short range / geringe Reichweite, Nahbereich, *Nachrichtentechnik*. – 8. Sicherheitsrücklauf, *Energietechnik*. – 9. sicherheitstechnische Regel, *Kerntechnik*. – 10. ⟨engl⟩ slow running / Langsamlauf, Leerlauf. – 11. ⟨engl⟩ soil release / Schmutz- und Fleckenauswaschbarkeit, *Textiltechnik*. – 12. ↑ Solrad. – 13. Sonderraffinat (Schmierstoff). – 14. ⟨engl⟩ special regulations / Sonderbestimmungen, *Luftverkehr*. – 15. ⟨engl⟩ storage register / Speicherregister, *Datenverarbeitung*. – 16. Stromrichter, *Elektrotechnik*. – 17. ⟨engl⟩ structure return / Erd- bzw. Masserückleitung (Erdungs- bzw. Massungskonzept), *Elektrotechnik*. – 18. ⟨engl⟩ sunrise / Sonnenaufgang, *Luftfahrtnavigation*. – 19. ⟨engl⟩ synthetic rubber / Synthesekautschuk, *Polymertechnik*

SRA: Seilrangieranlage, *Schienenfahrzeugtechnik*

SRAM: ⟨engl⟩ static random-access memory / statischer Speicher mit wahlfreiem Zugriff, *Mikroelektronik*

SRATS: ⟨engl⟩ solar radiation and thermospheric satellite / (japan.) Satellit zur Erforschung der Strahlung und Temperatur der Sonne

SRB: ⟨engl⟩ solid rocket booster / Feststoff-Raketentriebwerk (zusätzliche Antriebseinheit zur Schubverstärkung in der Startphase), *Raumfahrttechnik*

SRBSIC: ⟨engl⟩ sintered reaction bonded silicon carbide / gesintertes reaktionsgebundenes Siliciumcarbid (Keramikwerkstoff)

SRBSN: ⟨engl⟩ sintered reaction bonded silicon nitride / gesintertes reaktionsgebundenes Siliciumnitrid (Keramikwerkstoff)

SRC: 1. ⟨engl⟩ sample return container / Container zur Rückführung von (Mondboden-) Proben (Apollo-Programm). – 2. ⟨engl⟩ self-registering contact / selbstableitender Kontakt, *Halbleitertechnologie*

SRD: 1. ⟨engl⟩ spectral reflectance distribution / spektrale Verteilung des Reflexionsgrades. – 2. ⟨engl⟩ step recovery diode / Ladungsspeicherdiode, Speicherschaltdiode, *Elektronik*

SRE: 1. Schneeräumeinheit (Schienenfahrzeug). – 2. ⟨engl⟩ surveillance radar element / Rundsicht-(↑) Radar, *Flugsicherung*

SRET: ⟨frz⟩ satellite des recherches et etudes technologiques / (französischer) Satellit für technische Forschungen und Studien

SRF-Ruß: ⟨engl⟩ semireinforcing furnace black / halbverstärkender Ofenruß, *Polymertechnik*

SRG: ⟨engl⟩ short range / Kurzstrecke, *Flugbetrieb*

SRK: Schutzrohrkontakt, *Elektrotechnik*

SRL: ⟨engl⟩ structured robot language / strukturierte Robotersprache (Programmiersprache)

SR-NRW: Stromrichter-Netzrückwirkung, *Elektrotechnik*

SRO: 1. [CPO]: ⟨russ⟩ samolëtnyj radiolokacionnyj otvetčik [самолётный радиолокационный ответчик] / Flugzeugerkennungsgeber (Bordantwortgerät), ↑ SOM 1. – **2.** ⟨engl⟩ singly resonant optical parametric oscillator / einfachresonanter optischer parametrischer Oszillator (Laserresonator mit nichtlinearen optischen Elementen)

Srp: Schutzrelaisplan (Schaltplanart zur Energieversorgung)

SRP: ⟨engl⟩ speech recognition processor / Spracherkennungsprozessor, *Datenverarbeitung*

SRQ: ⟨engl⟩ service request / Bedien-, Serviceanforderung

SRs: Schaufelradbagger mit Raupenfahrwerk, schwenkbar

SRS: 1. Sekundärrohstoff. – **2.** ⟨engl⟩ send-receive switch / Sende-Empfangs-Schalter, *Nachrichtentechnik*. – **3.** ⟨engl⟩ stimulated Raman spectroscopy / induzierte Raman-Spektroskopie (Spektroskopie unter Nutzung eines Effektes der nichtlinearen Optik), *technische Optik*. – **4.** ⟨engl⟩ submarine reactor-small / kleiner U-Bootsreaktor, *Kerntechnik*

SRT: ⟨engl⟩ submarine thermal reactor / thermischer Reaktor für Unterwasserfahrzeuge, *Kerntechnik*

SRTW-Verfahren: Spinn-Reck-Texturier-Winde-Verfahren (Texturseidenherstellung)

SRV [CPB]: ⟨russ⟩ sistema razdelenija vremeni [система разделения времени] / Teilnehmerunterstützung, *Datenverarbeitung*

SRW: Streckreduzierwalzwerk, *Walzwerktechnik*

SR-Wert: Schopper-Riegler-Wert (Maß für den Entwässerungswiderstand von Papierfaserstoffen)

SRW-Verfahren: Spinn-Reck-Winde-Verfahren (Syntheseseidenherstellung)

ss: Spinnspule (Aufmachungsart von Chemiefaserstoffen)

s.s.: ↑ S.S. 1, 2

SS: 1. Sammelschiene, *Elektrotechnik*. – **2.** ⟨engl⟩ satellite system / Satellitensystem, *Raumfahrttechnik*. – **3. [CC]:** ⟨russ⟩ sčëtnaja shema [счётная схема] / Zählschaltung, *Elektronik*. – **4.** ⟨engl⟩ single-side / einseitig(e Aufzeichnung bei Magnetplatten), *Datenverarbeitung*. – **5.** ⟨engl⟩ single signal / Einzelsignal, *Nachrichtentechnik*. – **6.** ⟨engl⟩ smoked sheets / geräucherte (Naturkautschuk-) Folie, *Polymertechnik*. – **7.** ⟨engl⟩ Space Shuttle (wiederverwendbarer Raumtransporter der USA). – **8.** ⟨engl⟩ stainless steel / rostfreier Stahl, Edelstahl. – **9. [CC]:** ⟨russ⟩ stancija sleženija [станция слежения] / Bahnverfolgungsstation, *Raumfahrttechnik*. – **10.** ⟨engl⟩ sunset / Sonnenuntergang, *Luftfahrtnavigation*

† **SS:** Schnell[arbeits]stahl (Schneidstoff), ↑ HSS 1

S.S., SS, s.s.: 1. ⟨engl⟩ screw steamer / Schraubenschiff, -dampfer. – **2.** ⟨engl⟩ steam ship / Dampfschiff, ↑ D 2

SS. and Sc. Drehbank: ⟨engl⟩ sliding, surfacing and screw-cutting lathe / Leit- und Zugspindeldrehbank

SSB: ⟨engl⟩ single sideband / Einseitenband, = ESB, *Nachrichtentechnik*

SSC: 1. ⟨engl⟩ superconducting super collider / supraleitender Großbeschleuniger (Dallas, Tex., USA; Konzept). – **2.** ⟨engl⟩ super spectra coating (Mehrfachschichtsystem zur Entspiegelung von Fotoobjektiven), *technische Optik*

SSD: 1. ⟨engl⟩ source-skin distance / Strahlenquelle-Haut-Abstand. – **2.** Stahlschiebedach, *Kraftfahrzeugtechnik*

SS/DD: ⟨engl⟩ single-sided/double density / einseitig, doppelte Dichte (Diskettenformat), *Datenverarbeitung*

SSD-Technik: ⟨engl⟩ synthesis solute diffusion techniques / Synthese-Verfahren der Diffusion des gelösten Stoffes (Herstellung von Einkristallen), *Halbleitertechnologie*

SSE, SSE.: ⟨engl⟩ south-southeast / Südsüdost, ↑ SSO

SSF: ⟨engl⟩ supersonic frequency / Ultraschallfrequenz

SSFE: Steuerstabführungseinsatz (im Reaktorsteuerungssystem), *Kernkraftwerkstechnik*

SS-FM, SSFM: ⟨engl⟩ single-sideband frequency modulation / Einseitenband-Frequenzmodulation, *Nachrichtentechnik*

SSG: Sauerstoffschutzgerät, *Medizintechnik*

SSH: Schneeschleuder Bauart Henschel (Schienenfahrzeug)

SSI: ⟨engl⟩ small-scale integration / kleiner Integrationsgrad (Schaltkreis mit bis zu 100 Bauelementefunktionen), *Mikroelektronik*

SSiC: ⟨engl⟩ sintered silicon carbide / gesintertes Siliciumcarbid (Keramikwerkstoff)

S-Signal: Synchronsignal, *Fernsehtechnik*

SSK: 1. Schwerstkron (optisches Glas). – **2. [ССК]:** ⟨russ⟩ slovo sostojanija kanala [слово состояния канала] / Kanalstatuswort, *Datenverarbeitung*

S²L, SSL: ⟨engl⟩ self-aligning superinjection logic / selbstpositionierende Logik mit sehr hoher Injektion, *Elektronik*

SSLT: ⟨engl⟩ starboard side light / Steuerbordseitenbeleuchtung, *Flugzeugausrüstung*

SSM: ⟨engl⟩ single-sideband modulation / / Einseitenbandmodulation, *Nachrichtentechnik*

SSME: ⟨engl⟩ Space Shuttle main engine / Haupttriebwerk des Space Shuttle (USA)

SSN: ⟨engl⟩ sintered silicon nitride / gesintertes Siliciumnitrid (Keramikwerkstoff)

SSO, SSO.: Südsüdost, = SSE

SSP: 1. ⟨engl⟩ shelf stable products / lagerfähige Produkte, *Lebensmitteltechnik*. – **2. [ССП]:** ⟨russ⟩ slovo sostojanija programmy [слово состояния программы] / Programmstatuswort, *Datenverarbeitung*. – **3. [ССП]:** ⟨russ⟩ svetosignal'nyj pribor [светосигнальный прибор] / Signalleuchte

SSPD: ⟨engl⟩ self-scanning photodiode / selbstabtastende Fotodiode (Sensor), *Meßtechnik*

SS-PM, SSPM: ⟨engl⟩ single-sideband phase modulation / Einseitenband-Phasenmodulation, *Nachrichtentechnik*

SSR: 1. ⟨engl⟩ secondary surveillance radar / Sekundärrundsicht- (↑) Radar, *Flugsicherung*. – 2. ⟨engl⟩ solid-state relay / Festkörperrelais (Halbleiterschaltverstärker), *Elektronik*. – 3. ⟨engl⟩ stretched surface recording (Speicherverfahren), *Datenverarbeitung*

SSRC: ⟨engl⟩ single-sideband reduced carrier / Einseitenband mit vermindertem Träger, *Nachrichtentechnik*

SSRW-Verfahren: Schnellspinn-Reck-Winde-Verfahren (Syntheseseidenherstellung)

SSS: 1. Segelschulschiff. – 2. Sicherheitsbehälter-Sprühsystem (zum Druckabbau bei Reaktorkühlmittelverlusten durch Störfälle), *Kernkraftwerkstechnik*. – 3. ⟨engl⟩ small scientific satellite / kleiner wissenschaftlicher Satellit (USA-Forschungssatellit aus der Explorer-Reihe zur Untersuchung des Magnetfeldes und des Strahlungsgürtels der Erde)

SSSB: Schälschrapperstrebbau (Abbauverfahren), *Bergbautechnologie*

SSSC: ⟨engl⟩ single-sideband suppressed carrier / Einseitenband mit unterdrücktem Träger, *Nachrichtentechnik*

SS/SD: ⟨engl⟩ single-sided/single density / einseitig, einfache Dichte (Diskettenformat), *Datenverarbeitung*

S³x: ⟨engl⟩ solid-state switch with zero crossing / Festkörperschalter ohne Kreuzung, *Elektronik*

SSTC: ⟨engl⟩ single-sideband transmitted carrier / Einseitenband mit übertragenem (vollem) Träger, *Nachrichtentechnik*

SSTV: ⟨engl⟩ slow-scan television / Fernsehen mit langsamer Abtastung (Schmalbandfernsehen)

SSUS: ⟨engl⟩ solid spinning upper stage (Feststoffantriebsstufe zum Transport von Raumflugkörpern auf höhere Umlaufbahnen)

SSV: Schnellschlußventil, *Energietechnik*

SS-Verfahren: Schwimm-Sink-Verfahren, *Bergbautechnik*

SSW, SSW.: 1. ⟨engl⟩ south-southwest / Südsüdwest. – 2. Sternstundenwinkel (Himmelskoordinate, bezogen auf den Widderpunkt)

SSW-Verfahren: Schnellspinn-Winde-Verfahren (Syntheseseidenherstellung)

SSZ: Span-zu-Span-Zeit (Werkzeugwechselzeit), *Fertigungstechnik*

st: 1. steif (Konsistenz z. B. von Erdboden), *Bautechnik*. – 2. Strang (Aufmachungsart von Chemiefaserstoffen)

St: 1. Stahl. – 2. Stahlschwelle für Weichen, *Eisenbahnoberbau*. – 3. Stecker. – 4. Stengelfaser, *Textiltechnik*

S-t: Seide, texturiert, *Textiltechnik*

ST: 1. Gesteinsfaserstoffe, *Textiltechnik*. – 2. Schmitt-Trigger, *Elek-*

tronik. – **3.** ⟨engl⟩ space telescope / Weltraumteleskop († LST, Projekt USA-Westeuropa). – **4. S.T.:** ⟨engl⟩ standard temperature / Normal-, Standardtemperatur. – **5.** ⟨engl⟩ standard time / Standardzeit. – **6.** Starter, *Lichttechnik*

STA: 1. ⟨engl⟩ standard array / (Halbkundenwunsch-Schaltung mit standardisierter Abmessung), *Mikroelektronik.* – **2.** ⟨engl⟩ straight-in approach / Geradeausanflug, *Luftfahrtnavigation*

STAB: ⟨engl⟩ stabilizer trim setting / Höhenflossentrimmeinstellung, *Flugmechanik*

STABLA: ⟨engl⟩ stabilizer trim setting at landing / Höhenflossentrimmeinstellung bei der Landung, *Flugmechanik*

STABTO: ⟨engl⟩ stabilizer trim setting at take-off / Höhenflossentrimmeinstellung beim Start, *Flugmechanik*

STALO: ⟨engl⟩ stable local oscillator / frequenzkonstanter Oszillator, *Elektronik*

STAR: 1. ⟨frz⟩ satellite technologique a application et de relais (französischer Anwendungs- und Relaissatellit). – **2.** ⟨engl⟩ self-testing and repairing / Selbstprüfung und Reparatur, *Meßtechnik.* – **3.** ⟨engl⟩ standard instrument arrival / Standardinstrumentenanflug, *Flugsicherung.* – **4.** ⟨engl⟩ standard telephone advanced radio / Radiotelefon (mobiles Funkgerät), ↑ RT 3

START: ⟨engl⟩ spacecraft technology and advanced re-entry test (USA-Forschungs- und Testprogramm zur Entwicklung wiederverwendbarer Raumflugkörper), umfaßt ↑ ASSET, ↑ PILOT, ↑ PRIME

STAS: sicherheitstechnisches Auslösesystem (bei Reaktorstörfall), *Kernkraftwerkstechnik*

stat.: statisch

STAT: ⟨engl⟩ solder transfer application technique (verbessertes Verfahren zur Lötbarkeit von Bauelementen), *Elektronik*

STAZ: Standardzellenentwurf bzw. -schaltkreis (mit standardisierten Funktionseinheiten vorgefertigter Halb-Kundenwunschschaltkreis), *Mikroelektronik*

St.B., Stb, Stbd, S.B.: steuerbord (rechte Schiffsseite, vom Heck zum Bug)

STC: 1. ⟨engl⟩ sensitivity-time control / zeitabhängige Empfindlichkeitsregelung, Nachechodämpfung, *Nachrichtentechnik.* – **2.** ⟨engl⟩ shielded triple coil / Dreifachwendel mit Abschirmung, *Lichttechnik.* – **3. S.T.C.:** ⟨engl⟩ short-time current / Kurzzeitstrom, *Elektrotechnik.* – **4.** ⟨engl⟩ standard transmission code / Standardübertragungscode, *Nachrichtentechnik*

ST-CMOS: ⟨engl⟩ stacked transistors complementary metal-oxide semiconductor / komplementärer Metall-Oxid-Halbleiter mit geschichteten Transistoren, *Halbleitertechnologie*

STD: 1. ⟨engl⟩ semiconductor on thermoplastic as dielectric / Halbleiter auf Thermoplast als Dielektrikum (Bondverfahren), *Halbleitertechnologie.* – **2. Std:** ⟨engl⟩ standard / Standard (Kurzbezeichnung für Standardhöhenmessereinstellung), *Luftfahrtnavigation*. – 3. Standarddruck, *Flugmeteorologie*

STDP-Schalter: ⟨engl⟩ single-throw douple-pole switch / zweipoliger Ausschalter, *Elektrotechnik*

STE: Steuereinheit, *Automatisierungstechnik*

STEM: 1. ⟨engl⟩ scanning transmission electron microscope [-scopy] / Rastertransmissionselektronenmikroskop [-skopie], *Analysenmeßtechnik*. – **2.** ⟨engl⟩ storable tubular extendible member (Hilfsvorrichtung für den Wechsel von Filmkassetten im Sonnenteleskop der USA-Raumstation Skylab)

STEP: 1. ⟨engl⟩ satellite telecommunications experimental project / experimentelles Projekt für Satellitentelekommunikation (Indien). – **2.** ⟨engl⟩ (ISO-) Standard for the Exchange of Product Model Data / (ISO-) Standard für den Produktdatenaustausch

Stereo: Stereotypische (durch Bleiguß hergestellte) Hochdruckform, *Polygrafie*

STEREOSAT: ⟨engl⟩ stereo satellite (USA-Projekt eines modifizierten ↑ ERTS-Satelliten zur Übertragung dreidimensionaler Bilder)

Steuerkp.: Steuerkompaß, *Schiffahrt*

STF: Schwerlasttransportfahrzeug, *Bergbautechnik*

StG: 1. Stahl, Grundgüte (Feinblech). – **2.** Steuergerät

† **StG,** † **Stg:** ↑ GS 15

STG [СТГ]: ⟨russ⟩ starter-generator [стартер-генератор] / Starter-Generator, *Flugzeugausrüstung*

Sti: Schienenstoß, isoliert, *Eisenbahnsicherungstechnik*

STIC: ⟨engl⟩ silicon tantalum integrated circuits / integrierte Schaltungen auf der Basis von Silicium und Tantal, *Halbleitertechnologie*

Stk: 1. Schienenstoß, geklebt, *Eisenbahnoberbau*. – **2.** Steinkohle

STL: ⟨engl⟩ Schottky transistor logic / Schottky-Transistorlogik, *Elektronik*

St. Ltg.: ⟨engl⟩ street lighting / Straßenbeleuchtung

Stm: Starkstrommeisterei

STM: ⟨engl⟩ scanning tunneling microscope / Rastertunnelmikroskop (zur Sichtbarmachung von Oberflächenstrukturen), = RTM

STN: ⟨engl⟩ super-twisted nematic / hochverdrillt-nematisch (Flüssigkristallanzeige für hochauflösende Punktmatrixanzeigen), *Elektronik*, s. a. TN 2

STOL: ⟨engl⟩ short take-off and landing / Kurzstart und -landung, *Flugbetrieb*

Str: Strecke, *Eisenbahnoberbau*

Str.: 1. Strecke (horizontaler Grubenhohlraum), *Bergbautechnik*. – **2.** Streichen (horizontaler Verlauf einer Lagerstätte, bezogen auf Norden), *Bergbau*. – **3. Strg.:** Stringer (Längsfertigkeitsbauteil im Schiffsrumpf)

STR [СТР]: ⟨russ⟩ sistema termoregulirovanija [система терморегулирования] / Wärmeregulierungssystem, *Raumfahrttechnik*

STRACS: ⟨engl⟩ surface traffic control system / Bodenverkehrskontrollsystem, *Flugsicherung*

Strg.: ↑ Str. 3

Strm.-S.: Sturmsignalstelle, *Schiffahrt*

Sts: Schienenstoß, schwebend, *Eisenbahnoberbau*

STS: 1. ⟨engl⟩ space transportation system / Weltraumtransportsystem (Space Shuttle, USA). – **2. [СТС]:** ⟨russ⟩ sverhzvukovoj transportnyj samolët [сверхзвуковой транспортный самолёт] / Überschall-Verkehrsflugzeug

St-Schalter: ⟨engl⟩ single-throw switch / Ausschalter (Schalter mit einer Stellung), *Elektrotechnik*

StSi: Siliciumstahl

StSZ: Stahl, Sonderziehgüte (Feinblech)

StTZ: Stahl, Tiefziehgüte (Feinblech)

StV, SV: Steckverbinder, *Elektrotechnik*

STV: ⟨engl⟩ spectral tristimulus value / Spektralwert

ST-Verfahren: Stauchverfahren (Texturierverfahren), *Textiltechnik*

Stw: Stellwerk

St-W: Stromwandler, *Elektrotechnik*

STW: Steuerwerk, *Automatisierungstechnik*

StZ: Stahl, Ziehgüte (Feinblech)

Su: Sunn (Pflanzenfaser), *Textiltechnik*

SU: 1. ⟨engl⟩ signalling unit / Signaleinheit, Rufmaschine, *Nachrichtentechnik*. – **2. [СУ]:** ⟨russ⟩ sistema upravlenija [система управления] / Leitungssystem, *Datenverarbeitung*. – **3. [СУ]:** ⟨russ⟩ svetovoj ukazatel' [световой указатель] / Hinweisleuchte (Kennzeichenleuchte)

SÜ: Sicherheitsüberlauf, *Energietechnik*

SUBD [СУБД]: ⟨russ⟩ sistema upravlenija bankom dannyh [система управления банком данных] / Steuerungssystem für Datenbanken, *Datenverarbeitung*

SUBLATE: ⟨engl⟩ subscriber's line automatic test equipment / automatisches Prüfgerät für Teilnehmerleitungen, *Nachrichtentechnik*

† **SUL:** Systemunterlage, *Datenverarbeitung*

SULIM: ⟨engl⟩ subscriber's line measuring system / Meßsystem für Teilnehmerleitungen, *Meßtechnik, Nachrichtentechnik*

S + G-Profil: Straßen- und Geländeprofil (Kompromiß-Reifenprofil für Sonderzwecke), *Kraftfahrzeugtechnik*

SUPERHET, Superhet: Superheterodyne-Empfänger, Überlagerungsempfänger (Rundfunk)

SUPPS: ⟨engl⟩ supplementary procedures / Ergänzungsverfahren, *Flugbetrieb*

SURANO: ⟨engl⟩ survace radar and navigation operation / Bodenradar- und Navigationsoperation, *Flugsicherung*

SUS [СУС]: ⟨russ⟩ sistema upravlenija steržnem [система управления стержнем] / Reaktorstabsteuerungssystem, *Kernkraftwerkstechnik*

SV: 1. Sicherheitsventil, *Energietechnik*. – **2.** Sicherheitsvorlauf, *Energietechnik*. – **3.** Silbenverständlichkeit, *Nachrichtentechnik*. – **4.** ↑ StV

SVC: ⟨engl⟩ stroboscopic voltage contrast / stroboskopischer Spannungskontrast (elektronenmikroskopisches Verfahren zur Untersuchung von Halbleitern)

SVD [СВД]: ⟨russ⟩ lampa sverhvysokogo davlenija [лампа сверхвысокого давления] / Höchstdrucklampe

SVE: Schienenverholeinrichtung, *Eisenbahnoberbau*

SVG: Stromversorgungsgerät, *Elektrotechnik*

SVI: Schlammvolumenindex (Dichte von Schlämmen bei Abwasserreinigung), *Umweltschutztechnik*

SVMO [СВМО]: ⟨russ⟩ srednee vremja meždu otkazami [среднее время между отказами] / mittlere Zeit zwischen (zwei) Ausfällen (Zuverlässigkeitskenngröße), ↑ MTBF

SVP: 1. Softwareverarbeitungsprozessor (Bilderkennung), *Datenverarbeitung*. – **2.** ⟨engl⟩ structured vegetable protein / strukturiertes Pflanzeneiweiß, *Lebensmitteltechnik*. – **3.** ⟨engl⟩ surge voltage protector / Überspannungsableiter (Stoßspannungsschutzeinrichtung), *Elektrotechnik*

SVR: 1. ⟨engl⟩ slant visual range / Schrägsichtweite, *Flugmeteorologie*. – **2.** ⟨engl⟩ super video recording [recorder] / Supervideoaufzeichnung [Supervideorecorder] (Videospeichersystem)

Sv-Signal: Signalverbindungen der Berliner ↑ S-Bahn (als Lichtsignal, Eisenbahnsignal)

SVT: Schnellverbrennungstriebwagen

S/VTOL: ⟨engl⟩ short/vertical take-off and landing / Kurz-/Vertikalstart und -landung, *Flugbetrieb*

SVVP [СВВП]: ⟨russ⟩ samolët s vertikal'nym vzlëtom i posadkoj [самолёт с вертикальным взлётом и посадкой] / Senkrechtstarter (↑ VTOL), *Luftfahrzeug*

SvZ: System vorbestimmter Zeiten (Arbeitszeitermittlung), *Arbeitsnormung*

sw: sehr weich (Konsistenz z. B. von Erdboden), *Bautechnik*

Sw: 1. Signalwerkstatt. – **2.** Stahlschwelle

SW: 1. Sättigungswandler, *Elektrotechnik*. – **2.** Schlüsselweite (Maulweite, Abstand zweier paralleler Flächen), *Konstruktionstechnik*. – **3.** Schön- und Widerdruck, *Polygrafie*. – **4.** Schwarzweiß, *Fernsehtechnik*. – **5. shw, sh.w.:** ⟨engl⟩ short wave / Kurzwelle, ↑ KW 7. – **6. SW.:** ⟨engl⟩ southwest / Südwest. – **7.** Stabilisierungswandler, *Elektrotechnik*. – **8.** Suchwähler, *Nachrichtentechnik*. – **9.** Systemtrennweiche, *Nachrichtentechnik*

SWAMI: ⟨engl⟩ sidewall-masked isolation / seitenwandmaskierte Isolation (modifiziertes Isolationsverfahren), *Halbleitertechnologie*

swbd: ↑ SB 11

SWC: 1. ⟨engl⟩ significant weather

chart / Karte signifikanter Wettererscheinungen, *Flugmeteorologie.* – **2.** ⟨engl⟩ surge withstand capability / Überspannungsfestigkeit, *Elektronik*

SWFV: Selbstwählfernverkehr

SWI: ⟨engl⟩ short-wave interference / Kurzwellenstörung, *Nachrichtentechnik*

SWIR: ⟨engl⟩ short-wave infrared / kurzwelliges Infrarot, ↑ NIR

SWP: ⟨engl⟩ synthetic wood pulp / künstlicher Holzstoff, *Papiertechnik*

SWR: 1. Schienenwechselroller, *Schienenfahrzeugtechnik.* – **2.** Siedewasserreaktor, ↑ BWR. – **3.** ⟨engl⟩ standing wave ratio / Stehwellenverhältnis, *Nachrichtentechnik*

SWS: ⟨engl⟩ still picture with sound / Standbild mit Ton (Betriebsart von Bildplattenabspielgeräten)

SWTL: ⟨engl⟩ surface wave transmission line / Oberflächenwellenleitung

SWV: Sicherheitswechselventil, *Energietechnik*

SWWH: Schwerkraft-Warmwasserheizung

SWY: ⟨engl⟩ stopway / Stoppfläche (Flughafen)

SWzS, SWzS.: Südwest zu Süd

SWzW, SWzW.: Südwest zu West

SYLDA: ⟨frz⟩ système de lancement double Ariane (System für den gleichzeitigen Start von zwei Raumflugkörpern mit der westeuropäischen Trägerrakete Ariane)

Sym ABW: symmetrische Außenbogenweiche, *Schienenfahrzeugtechnik*

SYMAP: symbolische maschinelle Programmierung, *Werkzeugmaschinen*

Syncom: ⟨engl⟩ syncronous communication (USA-Kommunikationssatellitenserie, die sich auf Synchronbahnen befinden)

Sz: Spannziegel (Baustoff)

SZ: 1. Säurezahl, *Lebensmitteltechnik.* – **2.** Sekundärzementit (Gefügename), *Werkstofftechnik*

SZL: störsichere und zerstörsichere Logik (spezielle, in der Automatisierungstechnik eingesetzte elektronische Bauelemente und Baugruppen)

SzO, SzO.: Süd zu Ost

SŽO [СЖО]: ⟨russ⟩ sistema žizneobespečenija [система жизнеобеспечения] / Lebenserhaltungssystem, *Raumfahrttechnik*

SzW, SzW.: Süd zu West

T

t: texturiert (Ausführungsart von Chemieseiden)

T: 1. Tageslichtquotient, *Lichttechnik.* – **2.** Tank. – **3.** Tauchtiefe. – **4.** ⟨engl⟩ teletype / Fernschreiben, *Flugsicherung.* – **5.** Thyristor, *Elektronik.* – **6. Tfg.:** Tiefgang (über Basislinie eines Schiffes), s. dagegen Tg 1. – **7.** Toleranz. – **8.** Transformator, *Elektrotechnik.* – **9.** Transistor, *Elektronik.* – **10.** Translation (geradlinige Bewegung, Verschiebung). – **11.** Transport (von Gütern). – **12.** Trenner

(Schalterart), *Elektrotechnik.* –
13. Triebwagen (Schienenfahrzeug)

T.: Tankschiff

TA: 1. maschinentechnische und starkstromtechnische Anlagen (DR). – 2. Tanne, *Holztechnik.* – 3. Tastatur. – 4. Textausgabe (bei der Satzherstellung), *Polygrafie.* – 5. Thermoanalyse, *Analysenmeßtechnik.* – 6. Tiefenablesung (am Echolot), *Schiffahrt.* – 7. Tonabnehmer. – 8. Transportarbeit, *Flugbetrieb.* – 9. Triacetatfaserstoff, ↑ CT 7. – 10. ⟨engl⟩ true altitude / wahre Höhe über ↑ NN 2, *Luftfahrtnavigation*

TAB: 1. Tabulator, *Datenverarbeitung.* – 2. ⟨engl⟩ tape-automated bonding / automatisches Filmbonden, *Halbleitertechnologie*, s.a. ATCB. – 3. technische Anschlußbedingungen (für Starkstromanlagen), *Elektrotechnik*

TAC: 1. ⟨engl⟩ transistorized arc control / transistorisierte Lichtbogensteuerung, *Lichttechnik.* – 2. Triallylcyanurat (Vernetzungsaktivator), *Polymertechnik*

TACAN, Tacan: ⟨engl⟩ tactical air navigation (system) / taktische(s) Flugnavigation(ssystem), *Luftfahrtnavigation*

TACC: ⟨engl⟩ technical air control centre / technische Flugsicherungszentrale, *Flugsicherung*

TACS: 1. ⟨engl⟩ technical air control system / technisches Flugsicherungssystem, *Flugsicherung.* – 2. ⟨engl⟩ tracking and control station / Bahnverfolgungs- und Kontrollstation, *Raumfahrttechnik*

TAD: ⟨engl⟩ thrust augmented Delta / schubverstärkte Delta(-Trägerrakete, USA)

TAE: 1. Teilnehmeramtseinheit, *Nachrichtentechnik.* – 2. Trennarbeitseinheit, (Isotopengewinnung für Spaltprozeß), *Kerntechnik*

TAf: 1. ⟨engl⟩ aerodrome forecast / Flugplatzwettervorhersage (verschlüsselt lt. internationalem Wetterschlüssel) *Flugmeteorologie.* – 2. ⟨engl⟩ transient adaptations factor / Sofortadaptationsfaktor, *Lichttechnik*

TAG: Teilnehmeranschlußgerät, *Nachrichtentechnik*

TAL: ⟨engl⟩ task/ambient lighting / Arbeitsplatz- und Umgebungsbeleuchtung

Talar, TALAR: ⟨engl⟩ tactical approach and landing radar / taktisches Anflug- und Lande-(↑) Radar, *Flugsicherung*

TAM: 1. Teilnehmeranschlußmodul, *Nachrichtentechnik.* – 2. Triallyltrimellithat (Vernetzungsaktivator), *Polymertechnik*

TAN: Transaktionsnummer, *Datenverarbeitung*

TANDEL: ⟨engl⟩ temperature autostabilizing nonlinear dielectric element / nichtlineares dielektrisches Element mit Temperatureigenstabilisierung, *Elektronik*

TAO: ⟨engl⟩ trunk automatic observation / automatische Fernleitungsbeobachtung, *Nachrichtentechnik*

TAP: 1. Technologenarbeitsplatz. – 2. Triallylphosphat (Weichmacher), *Polymertechnik*

TAR: 1. ⟨engl⟩ terminal area surveillance radar / Nahverkehrsbereichs-(↑)Radar, *Flugsicherung*. – 2. ⟨engl⟩ terrain avoidance radar / Bodenausweich-(↑)Radar, *Luftfahrtnavigation*

TARGET: ⟨engl⟩ thermal advanced reactor gas-cooled exploiting thorium / moderner gasgekühlter thermischer Reaktor mit Thoirumausbeute, *Kernkraftwerkstechnik*

TARS: 1. ⟨engl⟩ terrain avoidance radar system / Bodenausweich-(↑)Radar-System, *Luftfahrtnavigation*. – **2.** ⟨engl⟩ turn around ranging station (Bodeneinrichtung zur Positionsbestimmung japan. Erdsatelliten)

TAS: ⟨engl⟩ true air speed / wahre Fluggeschwindigkeit, *Aerodynamik*

TASI: ⟨engl⟩ time assignment speech interpolation / Zeitverteilungs-Sprachinterpolation (Mehrfachtelefonie über einen Kanal), *Nachrichtentechnik*

TASU [ТАСУ]: ⟨russ⟩ territorial'naja avtomatičeskaja sistema upravlenija [территориальная автоматическая система управления] / territoriales Leitungsinformationssystem, *Datenverarbeitung*

TAT: 1. ⟨engl⟩ thrust augmented Thor / schubverstärkte Thor(-Trägerrakete, USA). – **2.** ⟨engl⟩ transatlantic trunk / Transatlantikkabel (Telefonkabel)

TAV: 1. ⟨engl⟩ transatmospheric vehicle (USA-Projekt eines Überschallflugzeuges, das zwischen der Stratosphäre und der Mesosphäre mit großer Geschwindigkeit fliegen soll). – **2.** Trockenadditivverfahren (Braunkohlenentschwefelung), *Verfahrenstechnik*

TAZ [ТАЗ]: ⟨russ⟩ toplivnyj avtomat zapuska [топливный автомат запуска] / Kraftstoffanlaßautomat, *Luftfahrtantriebe*

TAZ-Diode: ⟨engl⟩ transient-absorbing Zener-diode / (spezielle) Z-Diode zur Ableitung transienter Überspannungen, *Elektronik*

Tb: 1. Temperaturbereich, *Korrosionsschutz*. – **2.** Triebfahrzeugbetrieb

TB: 1. Talbremse (Gleisbremse), *Rangiertechnik*. – **2.** Talbremsstaffel (Gleisbremsen), *Rangiertechnik*. – **3.** Telegrafenbatterie, *Nachrichtentechnik*. – **4.** Tonband. – **5.** Transportbehälter. – **6.** ⟨engl⟩ true bearing / rechtweisende Richtung, *Luftfahrtnavigation*

TBBS: N-tert-Butyl-2-benzothiazylsulfenamid (Vulkanisationsbeschleuniger), *Polymertechnik*

TBC: ⟨engl⟩ time base corrector / Zeitfehlerausgleicher (Videorecorder)

TBE: Türblockiereinrichtung (Reisezugwagen)

T-Belag: Transmissionsbelag (dünne Schicht auf optischen Bauelementen zur Entspiegelung), *technische Optik*

Tbg.: Tübbinge (Elemente für die Auskleidung einer Schachtröhre), *Bergbautechnologie*

T.-Bk.: Telegrafenbake (Seezeichen)

TBN: ⟨engl⟩ total base number / Kennzahl für die alkalische Reserve (des Motorenöls), *Kraftfahrzeugtechnik*

TBO: ⟨engl⟩ time between overhauling / Zeit zwischen Überholungen (einer Anlage)

TBP: ⟨engl⟩ tru boiling point / wirklicher Siedepunkt

TBR: ⟨engl⟩ thorium breeder reactor / Thoriumbrutreaktor, *Kernkraftwerkstechnik*

TBS: 1. Teilnehmerbetriebssystem, = TSOS, *Datenverarbeitung.* – **2.** Thiobarbitursäurefärbung (Qualitätsbestimmung von Fleischerzeugnissen), *Lebensmitteltechnik*

TBW: Temperaturwechselbeständigkeit, *Werkstoffprüfung*

TC: 1. ⟨engl⟩ technically classified / technisch klassifiziert, *Polymertechnik.* – **2.** ⟨engl⟩ telegraph central (office) – Fernschreibvermittlung. – **3.** ⟨engl⟩ telephone central (office) / Fernsprechvermittlung. – **4.** ⟨engl⟩ temperature coefficient / Temperaturkoeffizient, ↑ TK 2. – **5.** ⟨engl⟩ temperature compensation / Temperaturkompensation.– **6.** ⟨engl⟩ toll center / Überweisungsvermittlung, Fernamt, *Nachrichtentechnik.* – **7.** ⟨engl⟩ tone control / Klangeinsteller (Tonwiedergabeanlagen). – **8.** ⟨engl⟩ tool changer / Werkzeugwechsler, *Werkzeugmaschinen.* – **9.** ⟨engl⟩ triple coil / Dreifachwendel, *Lichttechnik.* – **10.** ⟨engl⟩ true course / wahrer Kurs, *Luftfahrtnavigation*

TCAM: ⟨engl⟩ telecommunications access method / Zugriffsmethode der Datenübertragung, *Datenverarbeitung*

TC-Bonden: ⟨engl⟩ thermocompression bonding / Thermokompressionsbonden, *Halbleitertechnologie*

TCC: ⟨engl⟩ thermofor catalytic cracking (katalytisches Spaltverfahren zur Benzinherstellung), *Verfahrenstechnik*

TCE: Trichloressigsäure (Fällung von Proteinen), *Lebensmitteltechnik*

TCF: 1. ⟨engl⟩ technical control facility / technische Steuer- und Regeleinrichtung. – **2.** Trikresylphosphat (Weichmacher), *Polymertechnik*

TCG: ⟨engl⟩ time-controlled gain / zeitgeregelte Verstärkung, *Elektronik*

TCI: 1. ⟨engl⟩ terrain clearance indicator / Bodenfreiheitsanzeiger, *Flugzeugausrüstung.* – **2.** ⟨engl⟩ trunk circuit incoming / kommender Leitungssatz, *Nachrichtentechnik*

TCL: ⟨engl⟩ transistor-coupled logic / transistorgekoppelte Logik, *Elektronik*

TCM: ⟨engl⟩ thermal conduction module / thermischer Leitungsmodul (Mehrschichtkeramik), *Halbleitertechnologie*

TCM-Methode: (Natrium-)Tetrachloromerkurat-Methode (zur Bestimmung von SO_2 in der Luft), *Umweltschutztechnik*

TCO: ⟨engl⟩ trunk circuit outgoing / gehender Leitungssatz, *Nachrichtentechnik*

TCT: 1. ⟨engl⟩ transient carrier transport / nichtstationärer Ladungsträgertransport (Halbleitermechanismus), *Mikroelektronik.* –

2. Tricrotonylidentetramin (Vulkanisationsbeschleuniger), *Polymertechnik*. – **3.** ⟨engl⟩ tungsten carbide-tipped / hartmetallbestückt

TCU: 1. ⟨engl⟩ tape control unit / Bandsteuereinheit (Magnetbandgerät). – **2.** ⟨engl⟩ telecommunication control unit / Fernzugriffssteuereinheit, *Nachrichtentechnik*

Td: Triebfahrzeugdienst

TD: 1. Tankdampfer. – **2.** ⟨engl⟩ tape drive / Bandantrieb, *Datenverarbeitung*. – **3.** ⟨engl⟩ technical data / technische Daten. – **4.** Telegrafendienst, *Nachrichtentechnik*. – **5.** [ТД]: ⟨russ⟩ teleobrabotka dannyh [телеобработка данных] / Datenfernverarbeitung, ↑ DFV. – **6.** ⟨engl⟩ test data / Prüfdaten. – **7.** ⟨engl⟩ Thor-Delta (westeuropäischer Forschungssatellit, benannt nach seiner USA-Trägerrakete). – **8.** Tiefdruck, *Polygrafie*. – **9.** ⟨engl⟩ time device / Zeitgeber

TDA: ⟨engl⟩ target docking adapter / Zielkopplungsadapter (Rendezvousziel für Gemini-Raumschiffe, USA)

TDC: ⟨engl⟩ time closing contact / Zeitkontakt, *Nachrichtentechnik*

TDF: 1. ⟨engl⟩ task difficulty factor / Schwierigkeitsfaktor der Sehaufgabe, *Lichttechnik*. – **2.** ⟨frz⟩ télévision directe Française / französisches Direktfernsehen (frz. Nachrichtensatellitenserie). – **3.** ⟨engl⟩ trunk distribution frame / Fernleitungshauptverteiler, Hauptverteiler, *Nachrichtentechnik*

TDG: ⟨engl⟩ test data generator / Prüfdatengenerator, *Meßtechnik*

TDI: Toluylendiisocyanat, *Polymertechnik*

TDK: Turmdrehkran

TDL: ⟨engl⟩ tunnel diode logic / Tunneldiodenlogik, *Elektronik*

TDM: 1. ⟨engl⟩ telemetric data monitor / Überwachungsmonitor für Fernmeßdaten. – **2.** ⟨engl⟩ time division multiplex / Zeitmultiplex, (Zeitschachtelung), = ZMX, *Nachrichtentechnik*

TDMA: ⟨engl⟩ time division multiple access / Vielfachzugriff im Zeitmultiplex, *Nachrichtentechnik*

TDMS: 1. ⟨engl⟩ telegraph distortion measurement set / Verzerrungsmesser für Telegrafiezeichen, *Meß-, Nachrichtentechnik*. – **2.** ⟨engl⟩ transmission distortion measuring set / Verzerrungsmesser für Übertragungstechnik, *Nachrichtentechnik*

TDOS: ⟨engl⟩ tape-disk operating system / Band-Platte-Betriebssystem, = BPBS, *Datenverarbeitung*

TDR: ⟨engl⟩ time delay relay / Zeitverzögerungsrelais (Zeitrelais), *Elektrotechnik*

TDRSS; TDRS-System: ⟨engl⟩ tracking and data relay satellite system (USA-Satellitensystem zur Bahnverfolgung und Datenübertragung von Raumflugkörpern)

TDS: thermische Desorptionsspektrometrie, *Meßtechnik*

TDU [ТДУ]: ⟨russ⟩ tormoznaja dvigatel'naja ustanovka [тормозная двигательная установка] / Bremstriebwerk, *Raumfahrttechnik*

tdw, TDW: ⟨engl⟩ tons dead

weight / Tragfähigkeit in Tonnen, = dwt, *Schiffstechnik*

TDZ: ⟨engl⟩ touch-down zone / Aufsetzzone (Flughafen)

TDZL: ⟨engl⟩ touch-down zone lights / Aufsetzzonenbefeuerung, *Flugsicherung*

† **Te:** ↑ GT 10

TE: 1. störungsfreie Erdungsleitung, *Elektrotechnik*. – **2.** technologische Einheit (Zusammenfassung von Bearbeitungsmaschine, Industrieroboter und peripheren Einrichtungen), *Fertigungstechnik*. – **3.** Texterfassung (bei der Satzherstellung), *Polygrafie*. – **4.** Trägerfrequenzerzeuger, = CFO, *Nachrichtentechnik*. – **5.** ⟨engl⟩ trailing edge / Flügelhinterkante (Luftfahrzeug)

TEA: ⟨engl⟩ tunnel emission amplifier / Tunnelemissionsverstärker, *Elektronik*

TEA-Laser: Laser mit transversaler elektrischer Anregung

TEB: Tageslicht-Ergänzungsbeleuchtung, = PSAL, *Lichttechnik*

TEC: ⟨engl⟩ tons of equivalent coal (spezifisches Energieäquivalent)

TED: 1. ⟨engl⟩ televisdion disk / (mechanische) Bildplatte, *Unterhaltungselektronik*. – **2.** ⟨engl⟩ total energy demand / Gesamtenergiebedarf. – **3.** ⟨engl⟩ transfered electron device / Bauelement mit Elektronenübertragung, Elektronentransferelement, = TELD, *Mikroelektronik*

TEE: Trans-Europ-Express (internationales Schnellzugnetz)

TEEM: Trans-Europ-Express Marchandises (internationales Güterschnellzugnetz)

TEG: 1. thermoelektrischer Generator. – **2.** Thrombelastografie [-gramm] (Ermittlung und Aufzeichnung des Blutgerinnungsverlaufs), *Analysenmeßtechnik*. – **3.** ⟨engl⟩ two-dimensional electron gas / zweidimensionales Elektronengas (quantenmechanisch lokalisierte Zustände von Halbleitern), *Mikroelektronik*

TEGFET: ⟨engl⟩ two-dimensional electron gas field-effect transistor / Feldeffekttransistor mit zweidimensionalem Elektronengas, ↑ HEMT, *Mikroelektronik*

TEH: ⟨engl⟩ twin-engine helicopter / zweimotoriger Hubschrauber

TEI: ⟨engl⟩ transearth injection / Eintritt in die Flugbahn zur Erde

TEL: 1. ⟨engl⟩ telecommunications / Fernmeldeverkehr, *Flugsicherung*. – **2.** ⟨engl⟩ tetra ethyl lead / Bleitetraethyl (Kraftstoffzusatz zur Verbesserung der Klopffestigkeit), *Kraftfahrzeugtechnik*. – **3.** ⟨engl⟩ total energy loss / Gesamtenergieverlust

TELD: ⟨engl⟩ transfered electron logic device / elektronenübertragendes Logikbauelement, Elektronentransferlogikelement, ↑ TED 3

Telecine: ⟨engl⟩ television cinematograph / Fernsehfilmabtaster

Telecon, TELECON: ⟨engl⟩ teletypewriter conference / Fernschreibkonferenzschaltung

Telematik: Telekommunikation und Informatik (Kommunikationsdienst)

Teleran, TELERAN: ⟨engl⟩ television and radar navigation (Navigation mit ↑ Radar und Fernsehkursanweisung vom Boden), *Nachrichtentechnik*

TELESAT: ⟨engl⟩ telecommunication satellite system / Satellitensystem für Telekommunikationszwecke (regionales Nachrichtensatellitensystem Kanadas)

Telex, TELEX, Tx: ⟨engl⟩ teleprinter exchange / Fernschreiberaustausch, Fernschreibdienst (Telekommunikationsverfahren, Teilnehmerwähl-Fernschreibverkehr)

Telpic: ⟨engl⟩ telephone picture / Bildtelephon (finnisches Bildübertragungssystem)

TEM: 1. thermische Entgrat-Methode, *Fertigungstechnik*. – **2.** ⟨engl⟩ total energy management / Planung des Gesamtenergieverbrauchs. – **3.** ⟨engl⟩ transmission electron microscope [-scopy] / Transmissionselektronenmikroskop [-skopie], *Analysenmeßtechnik*

Temex: ⟨engl⟩ telemetry exchange / Fernübertragung von Meßdaten (Telekommunikationsverfahren, Fernwirksystem, Dienst der DBP)

TEM-Mode: ⟨engl⟩ transverse electromagnetic mode / transversaler elektromagnetischer Schwingungszustand, *technische Optik*

TE-Mode: ⟨engl⟩ transverse electric mode / transversale elektrische Schwingung, *technische Optik*

temp: temporär (temporärer Korrosionsschutz)

TEMPO: ⟨engl⟩ temporary / zeitweilig, vorübergehend, *Luftfahrt*

TEN: Trans-Europ-Nacht (internationaler Schnellzug mit Schlafwagen)

TEND: ⟨engl⟩ trend [tending to] / Tendenz [tendieren zu], *Luftfahrt*

TENS: ↑ TNS

TEOS: Tetraethylen-Oxisilan (Komponenten im Hochtemperaturprozeß), *Halbleitertechnologie*

TEP: 1. technologischer Entwicklungsprozeß. – **2.** Totalendoprothese (Ersatzstück für Körperteile), *Medizintechnik*

TES, Est: Triebfahrzeugeinsatzstelle (im Gegensatz zu ↑ Bw 1)

TESS: ⟨engl⟩ thermal expansion shear separation / thermische Ausdehnungsschertrennung (Technologie zur Herstellung dünner Siliciumschichten bei Solarzellen), *Halbleitertechnologie*

TETD: Tetraethylthiuramdisulfid (Vulkanisationsbeschleuniger), *Polymertechnik*

tetr.: tetragonal (Gittertyp), *Werkstofftechnik*

tetr.-rz: tetragonal-raumzentriert (Gittertyp), *Werkstofftechnik*

TEÜ: technische Eigenüberwachung (für Betreiber von Produktionsanlagen)

TEU: ⟨engl⟩ twenty-feet equivalent unit (Vergleichsmaß für Container von 20 engl. Fuß Länge; Bezeichnung für Transcontainer)

TEXTOR: ⟨engl⟩ Tokamak experiment for technology oriented research / ↑ Tokamak-Experiment für technologisch orientierten Versuch, *Kernfusionstechnik*

TEXUS: technische Experimente unter Schwerelosigkeit (BRD-Programm für materialwissenschaftliche Untersuchungen)

TÈZ [ТЭЦ]: ⟨russ⟩ teploèlektrocentral' [теплоэлектроцентраль] / Heizkraftwerk, *Energietechnik*

TF: 1. Tiefflint (optisches Glas). – 2. Toleranzfeld (geometrische Genauigkeit), *Bautechnik.* – 3. Tonfrequenz, ↑ AF 4. – 4. Trägerfrequenz, *Nachrichtentechnik.* – 5. Tragfläche, *Flugzeugausrüstung.* – 6. Tragflügel, *Flugzeugausrüstung.* – 7. ⟨engl⟩ transmission factor / Transmissions-, Durchlässigkeitsfaktor, *Lichttechnik*

T.F.: Tidenfall

TFA: Tragflügelaußenstück, = OČK, *Flugzeugausrüstung*

Tfb.: Tiefbau, *Bergbautechnik*

TFB, TF-Boot: Tragflächenboot

TFC: ⟨engl⟩ traffic / Verkehr, *Flugsicherung*

TFE: 1. Tetrafluorethylen, *Polymertechnik.* – 2. Trägerfrequenzübertragung auf Erdseilen (Hochspannungsleitungen), *Nachrichtentechnik*

TFEL: ⟨engl⟩ thin-film electroluminescence / Dünnschichtelektrolumineszenz (Flachbildschirm)

TFET: ⟨engl⟩ thin-film field-effect transistor / Dünnschichtfeldeffekttransistor, *Mikroelektronik*

Tfg.: ↑ T 6

TFH: 1. Trägerfrequenz-Hochspannungstelefonie, *Nachrichtentechnik.* – 2. Trägerfrequenzübertragung über Hochspannungsleitungen, *Nachrichtentechnik*

TFI-Schutzschaltung: Trennfehlerstromschutzschaltung, *Elektrotechnik*

† **TFL:** Tiefschaufelfahrlader, ↑ SFL 1

TFM: Tragflügelmittelstück, *Flugzeugausrüstung*

TFR: ⟨engl⟩ transfer-of-control message / Kontrollübergabemeldung, *Flugsicherung*

TFS: 1. Trägerfrequenzsatz, *Nachrichtentechnik.* – 2. Trennfunkenstrecke. – 3. Turbinenfährschiff

TFT: 1. ⟨engl⟩ thin-film technology / Dünnschichttechnik, *Halbleitertechnologie.* – 2. ⟨engl⟩ thin-film transistor / Dünnschichttransistor, *Halbleitertechnologie*

TFTR: ⟨engl⟩ Tokamak fusion test reactor (Fusionsreaktor für Versuche nach dem ↑ Tokamak-Prinzip, Nachfolger von ↑ PLT; Princeton/Calif., USA)

TFU: technologische Fertigungsunterlagen (zur Organisation, Durchführung und Kontrolle des Fertigungsprozesses)

TFV, tFV: technologische Fertigungsvorbereitung (Fertigungsprozeßgestaltung)

Tfz: Triebfahrzeug (Schienenfahrzeug)

TFZ: ⟨engl⟩ traffic zone / Verkehrszone, *Flugsicherung*

Tg: 1. Tiefgang (über Unterkante Kiel eines Schiffes), s.a. T 6. – 2. Transformationstemperatur des Glases, *Silikattechnik*

TG: 1. Tachogenerator. – 2. Tauchgerät. – 3. Tertiärgruppe, *Nachrich-*

tentechnik. – **4.** ↑ TGA 2. – **5.** Trockengehalt, *Papiertechnik.* – **6.** Turbogenerator

TGA: 1. technische Gebäudeausrüstung. – **2. TG:** Thermogravimetrie (Bestimmung von Masseänderungen), *Meßtechnik*

Tgb.: Tagebau

† **TGL: 1.** Technische Normen, Gütevorschriften und Lieferbedingungen (Symbol für Standards und Fachbereichsstandards der ehemaligen DDR). – **2.** ⟨engl⟩ thermal gradient lamp / thermische Gradientenlampe, *Lichttechnik.* – **3.** ⟨engl⟩ touch-and-go landing / Landung mit Aufsetzen und Durchstarten, *Flugbetrieb*

TGS-Element: Triglycinsulfat-Element (nichtlineare Kapazität mit Temperatureigenstabilisierung)

TGT: ⟨engl⟩ turbine gas temperature / Abgastemperatur, *Luftfahrtantriebe*

TGU: Tertiärgruppenumsetzer, *Nachrichtentechnik*

TGV: ⟨frz⟩ train à grande vitesse / Hochgeschwindigkeitszug (zwischen Paris und Lyon)

TH: 1. Hauptthyristor (Antriebssteuerung), *Automatisierungstechnik.* – **2.** Tauchheber, *Analysenmeßtechnik.* – **3.** ⟨engl⟩ terrain height / Geländehöhe, *Luftfahrtnavigation.* – **4.** ⟨engl⟩ true heading / rechtweisender Steuerkurs, *Luftfahrtnavigation.* – **5.** ⟨engl⟩ tungsten halogen lamp / Wolfram-Halogenglühlampe

T.H.: Tidenhub

TH-Ausbau: Toussaint-Heintzmann-Ausbau (rinnenförmiges Stahlprofil für den Streckenausbau), *Bergbautechnik*

THD, thd: ⟨engl⟩ total harmonic distortions / gesamte harmonische Verzerrungen (Klirrfaktor), *Elektronik*

THE: Totalherzersatz, *Medizintechnik*

Thermistor: ⟨engl⟩ thermally sensitive resistor / temperaturempfindlicher Widerstand, *Elektronik*

THIR: ⟨engl⟩ temperature and humidity infrared radiometer / Infrarotradiometer zur Temperatur- und Feuchtigkeitsmessung, *Raumfahrttechnik*

THP: ⟨engl⟩ thrust horsepower / Schubleistung, *Luftfahrtantriebe*

THR: ⟨engl⟩ threshold / Schwelle (Flughafen)

Th-Stahl, T-Stahl: Thomas-Stahl, *Eisenmetallurgie*

THT: ⟨frz⟩ très haute tension / Höchstspannung, *Elektrotechnik*

THTR: Thorium-Hochtemperaturreaktor, *Kernkraftwerkstechnik*

THUD-Reaktor: ⟨engl⟩ thorium-uranium-deuterium-reactor / Thorium-Uran-Schwerwasserreaktor, *Kernkraftwerkstechnik*

Th-Verfahren: Thomas-Verfahren, *Eisenmetallurgie*

Thyristor: † Thyratrontransistor

TI 1. [ТИ]: ⟨russ⟩ teleizmerenie [телеизмерение] / Fernmessung. – **2.** ⟨engl⟩ temperature indicated / Temperaturmessung mit Anzeige, *Automatisierungstechnik.* – **3.** ⟨engl⟩

threshold increment / Schwellenwertzunahme

TIB: ⟨engl⟩ Turville infinity balance / Turville-Ausgleichsbegrenzung (Verfahren zur Untersuchung des Sehgleichgewichts der Augen), *technische Optik*

TIC: ⟨engl⟩ temperature indicated controlled / Temperaturmessung mit Anzeige und Regelung, *Automatisierungstechnik*

TICA: ⟨engl⟩ temperature indicated controlled alarmed / Temperaturmessung mit Anzeige, Regelung und Alarmierung, *Automatisierungstechnik*

TID: ⟨engl⟩ transient intermodulation distortion / Laufzeit-Intermodulationsverzerrung, *Elektronik*

TIF: ⟨engl⟩ telephone influence factor / Fernsprechstörfaktor, *Nachrichtentechnik*

TIK: Taschenionisationskammer (zur Messung der Strahlendosis), *Kerntechnik*

TILL: ⟨engl⟩ total inital lamp lumen / Gesamtanfangslichtstrom einer Lampe

TIM: ⟨engl⟩ transient intermodulation / flüchtige Intermodulation (nach steilen Impulsen in Leistungsverstärkern), *Elektronik*

TIMOS: ⟨engl⟩ total implanted metal-oxide semiconductor / total implantierter Metall-Oxid-Halbleiter, *Halbleitertechnologie*

TIP: ⟨engl⟩ technical information processing / technische Informationsverarbeitung

TIR: 1. ⟨engl⟩ temperature indicated registrated / Temperaturmessung mit Anzeige und Registrierung, *Automatisierungstechnik*. – **2.** ⟨engl⟩ total internal reflection / innere Totalreflexion, *technische Optik*

TIROS: ⟨engl⟩ television and infrared radiation observation satellite / Fernseh- und Infrarot-Beobachtungssatellit (USA-Wettersatellitenserie)

Titan: ⟨frz⟩ teletexte interactif avec terminal à appel de numerotation (Textübertragung über das Fernsprechnetz in Frankreich)

TITUS: Textile Information Treatment Users Service / Internationales Textil-Dokumentations- und Übersetzungssystem

TJ: ⟨engl⟩ turbojet / Turbinenluftstrahltriebwerk, ↑ TL-Triebwerk

TJE: ⟨engl⟩ turbojet encine / Turbinenluftstrahltriebwerk, ↑ TL-Triebwerk

tk: Teilkette (Aufmachungsart von Chemieseiden)

TK: 1. ⟨engl⟩ tank/Tank, *Flugzeugausrüstung*. – **2.** Temperaturkoeffizient, = CT 3, = TC 4. – **3.** Transportkoeffizient (bei der Modellierung von Übertragungsprozessen), *Verfahrenstechnik*. – **4. [TK]:** ⟨russ⟩ transportnyj korabl' [транспортный корабль] / Transportraumschiff. – **5.** Trimmklappe, *Flugzeugausrüstung*. – **6. [TK]:** ⟨russ⟩ turbokompressor [турбокомпрессор] / Turbokompressor, *Flugzeugausrüstung*

TKA: 1. Teilnehmerkoppelanordnung, *Nachrichtentechnik*. – **2. [TKA]:** ⟨russ⟩ transportnyj kosmičeskij apparat [транспортный космический аппарат] / Raumtransportfahrzeug oder Raumtransporter

TKB: Teilkettbaum, *Textiltechnik*

TKD: Tokodynamometer (Wehendruckmesser), *Medizintechnik*

TKED: Teilkoppeleinheit, digital, *Nachrichtentechnik*

TKF: Trogkettenförderer

Tkg: ↑ TKG 2

TKG: 1. Teilnehmerkoppelgruppe, *Nachrichtentechnik*. – **2. Tkg:** Tokodynamograf [-dynamografie, -dynamogramm], (Aufzeichnung der Wehentätigkeit), *Medizintechnik*

TKGD: Teilkoppelgruppe, digital, *Nachrichtentechnik*

tkm: Tonnenkilometer, *Flugbetrieb*

TKND: Teilkoppelnetz, digital, *Nachrichtentechnik*

TKOF: ⟨engl⟩ take-off / Start, *Flugmechanik*

TKRD [ТКРД]: ⟨russ⟩ turbo-kompressornyj reaktivnyj dvigatel' [турбо-компрессорный реактивный двигатель] / Turbokompressor-Luftstrahltriebwerk, *Luftfahrtantriebe*

TKS [ТКС]: ⟨russ⟩ transportnaja kosmičeskaja sistema [транспортная космическая система] / Raumtransportsystem, *Raumfahrttechnik*

TKT: Trockenkühlturm, *Energietechnik*

T-Kurve: Tromp-Kurve (Trennfunktion), *Bergbautechnik*

TK-Verfahren: Thermokompressionsverfahren (Kontaktierverfahren), *Halbleitertechnologie*

TKW, Tkw: Tankkraftwagen

TK-Ware: Tiefkühlware, *Lebensmitteltechnik*

Tl: Teilvermittlungsleitung, *Nachrichtentechnik*

TL: 1. Löschthyristor (Antriebssteuerung), *Automatisierungstechnik*. – **2. [ТЛ]:** ⟨russ⟩ ljuminescentnaja lampa tlejuščego razrjada [люминесцентная лампа тлеющего разряда] / Leuchtstoff-Glimmlampe. – **3.** Taschenleuchte. – **4.** Tischleuchte. – **5.** ⟨engl⟩ transmission level / Übertragungspegel, *Nachrichtentechnik*. – **6.** ⟨engl⟩ transmission line / Übertragungsleitung, *Nachrichtentechnik*. – **7.** Tonerdeleichtstein (Baustoff)

TLC: 1. ⟨engl⟩ thin-layer chromatography / Dünnschichtchromatografie, ↑ DC 13. – **2.** ⟨engl⟩ translunar coast (Bereich des Übergangs in das Mondgravitationsfeld bei Raumflügen)

TLD: Thermolumineszenzdosimetrie, *Analysenmeßtechnik*

TLHM: Transport- und Lagerungshilfsmittel

TLI: ⟨engl⟩ translunar injection / Eintritt in die Flugbahn zum Mond

TLM: 1. ⟨engl⟩ telemetry / Telemetrie, Meßwertfernübertragung, *Raumfahrttechnik*. – **2.** ⟨engl⟩ transmission line method / Methode der Übertragungsleitung (Methode für den Kontaktwiderstand), *Elektronik*

Tln: Teilnehmer, *Nachrichtentechnik*

TLR-Kamera: ⟨engl⟩ twin-lens reflex camera / zweiäugige Spiegelreflexkamera, *Fototechnik*

TLS: ⟨engl⟩ test line signal / Prüfleitungssignal, *Meßtechnik*

TL-Triebwerk, TL-TW: Turbinenluftstrahl-Triebwerk, = TJ, = TJE, = TRD, *Luftfahrtantriebe*

tm: tiefmatt (Ausführungsart von Chemiefaserstoffen)

TM 1. T.M.: Tankmotorschiff. – **2.** ⟨engl⟩ thematic mapper / thematisches Kartografiegerät (auf USA-Erderkundungssatelliten). – **3.** ⟨engl⟩ time modulation / Zeitmodulation, = DTM 2, *Nachrichtentechnik*. – **4.** Tunnelmängel, *Schienenfahrzeugtechnik*

T.M.: ↑ TM 1

TMA: 1. ⟨engl⟩ terminal control area / Nahverkehrsbereich, *Flugsicherung*. – **2.** ⟨engl⟩ terminal man[o]euvring area / Flugplatzrollfeld, *Flugsicherung*. – **3.** thermomechanische Analyse, *Polymertechnik*. – **4.** Triebfahrzeugmeldeanlage

TMB: thermomechanische Behandlung, *Metallurgie*

Tm.-Bk.: Turmbake (Seezeichen)

TMG: thermomagnetischer Generator

TMIS: ⟨engl⟩ transmission impairment measuring set / Störpegelmeßplatz, *Meßtechnik*

TM-Mode: ⟨engl⟩ transverse magnetic mode / transversale magnetische Schwingung, *technische Optik*

TMO: ⟨engl⟩ thermomagnetic optics (löschbare optische Speicherplatte, die optisches und magnetisches Prinzip vereint), *Optoelektronik*

TMP: 1. ⟨engl⟩ thermomechanical processing / thermomechanisches Verfahren, *Metallurgie*. – **2.** ⟨engl⟩ thermomechanical pulp (Refinerholzstoff mit thermischer Vorbehandlung), *Papiertechnik*

TMS: 1. Temperaturmeßstreifen. – **2.** ⟨engl⟩ text management system / Textverwaltungssystem, *Datenverarbeitung*. – **3.** Transportmotorschiff. – **4.** Turbinenmotorschiff

TM-Scan, M-Scan: ⟨engl⟩ time motion scan / Abtasten zeitlicher Bewegungen (Ultraschall-Abbildungsverfahren), *Medizintechnik*

TM/TC: ⟨engl⟩ telemetry telecommand / Telemetrie und Fernbedienung, *Raumfahrttechnik*

TMTD: Tetramethylthiuramdisulfid (Vulkanisationsbeschleuniger), *Polymertechnik*

TMTM: Tetramethylthiurammonosulfid (Vulkanisationsbeschleuniger), *Polymertechnik*

TmV: Teilsohlenbau mit Versatz (Abbauverfahren), *Bergbautechnologie*

Tn.: Tonne (verankertes schwimmendes Seezeichen)

TN 1. [TH]: ⟨russ⟩ neonovaja lampa tlejuščego razrjada [неоновая лампа тлеющего разряда] / Neon-Glimmlampe. – **2.** ⟨engl⟩ twisted nematic / verdrilltnematisch (konventionelle Flüssigkristallanzeige mit Dreheffekt der Schwingungsebene polarisiertem Lichts), *Elektronik*

TN-C-Netz: ⟨frz⟩ terre neutre combiné réseau (elektrotechnisches Netz mit betriebsmäßig direkt geerdetem Netzpunkt und kombiniertem Neutral- und Schutzleiter)

TN-C-S-Netz: ⟨frz⟩ terre neutre combiné separé réseau (elektrotechnisches Netz mit betriebsmäßig direkt geerdetem Netzpunkt mit teils kombiniertem, teils separatem Neutral- und Schutzleiter)

TND [ТНД]: ⟨russ⟩ turbina nizkogo davlenija [турбина низкого давления] / Niederdruckturbine, *Luftfahrtantriebe*

TN-Netz: ⟨frz⟩ terre neutre réseau (elektrotechnisches Netz mit betriebsmäßig direkt geerdetem Netzpunkt und Neutral- bzw. Schutzleiter im gesamten Netz)

TNS, TENS: transcutane elektrische Nervenstimulation, *Medizintechnik*

TN-S-Netz: ⟨frz⟩ terre neutre separé réseau (elektrotechnisches Netz mit betriebsmäßig direkt geerdetem Netzpunkt und separatem Neutral- und Schutzleiter)

TNT-Sprengstoff: Trinitrotoluol-Sprengstoff

TNV: thermische Nachverbrennung (von Abgasen), *Umweltschutztechnik*

TO: 1. ⟨engl⟩ tandem outlet / Verteilfernwählamt, *Nachrichtentechnik*. – **2.** ⟨engl⟩ telegraph office / Telegrafenamt. – **3.** ⟨engl⟩ telephone office / Fernsprechamt. – **4.** ⟨engl⟩ transistor outlines (Rundgehäuse für ↑ IC 4), *Mikroelektronik*

TOAT: ⟨engl⟩ true outside air temperature / wahre Außenlufttemperatur, *Flugbetrieb*

TOB: ⟨engl⟩ take-off boost / Startladedruck, *Luftfahrtantriebe*

TOC: ⟨engl⟩ total organic carbon / Gesamtgehalt organischen Kohlenstoffs (Kenngröße für die Abwasserbelastung mit organischen Schadstoffen)

TODA: ⟨engl⟩ take-off distance available / verfügbare Startstrecke (Flughafen)

Tokamak [Токамак]: ⟨russ⟩ toroidal'naja kamera-maket [тороидальная камера-макет] / ringförmige Versuchsanordnung, *Kernfusion*

TOMAC: ⟨engl⟩ % mac at take-off weight / Prozent der mittleren aerodynamischen Flügeltiefe bei Startmasse, *Aerodynamik*

TOO: ⟨engl⟩ time of origin / Ausgangszeit, Anfangszeit, *Flugbetrieb*

TOP: ⟨engl⟩ technical and office protocols / Kommunikationsarchitektur für technische und Verwaltungsbüros

TOR: 1. ⟨engl⟩ time of receipt / Eingangszeit, Empfangszeit, *Flugbetrieb*. – **2.** ⟨engl⟩ trans-octenamer rubber, (übliche Bezeichnung:) trans-polyoctenamer / trans Octenamerkautschuk, *Polymertechnik*

TORA: ⟨engl⟩ take-off run available / verfügbare Startanlaufstrecke (Flughafen)

TOS: 1. ⟨engl⟩ tape operating system / Bandbetriebssystem, = BBS 1, *Datenverarbeitung*. – **2.** ⟨engl⟩ TIROS operational satellite / operativer Satellit ↑ TIROS (USA-Wettersatelliten der Serie ↑ ESSA 1). – **3.** ⟨engl⟩ transfer orbit stage (Transportstufe für die Überführung zu anderen Erdumlaufbahnen), *Raumfahrttechnik*

TOT: ⟨engl⟩ turbine outlet temperature / Turbinenaustrittstemperatur, *Luftfahrtantriebe*

TOW: ⟨engl⟩ take-off weight / Startmasse, *Flugbetrieb*

TP: 1. Taupunkt, ↑ dp 1. – **2.** technologischer Prozeß. – **3.** ⟨engl⟩ teleprinter / Fernschreiber. – **4.** ⟨engl⟩ teleprocessing / Datenfernverarbeitung, ↑ DFV. – **5.** ⟨engl⟩ text processing / Textverarbeitung, ↑ TV 5. – **6.** ⟨engl⟩ threaded pin base / Sockel mit Gewindestift, *Lichttechnik.* – **7.** Tiefpaß (Filter), = LP 11, *Nachrichtentechnik.* – **8.** trigonometrischer Punkt. – **9.** ⟨engl⟩ triple play / Dreifachspiel (-Tonband). – **10.** ⟨engl⟩ turboprop / Propellerturbinen-Luftstrahltriebwerk, ↑ PTL-Triebwerk

TPA: 1. trans-Polypentenamer (Synthesekautschuk), *Polymertechnik.* – **2.** ⟨engl⟩ two-photon absorption / Zweiphotonenabsorption (Effekt der nichtlinearen Optik)

tpc, TPC: ⟨engl⟩ turns per coil / Windungszahl je Spule, *Elektrotechnik*

TPC: ⟨engl⟩ thermofor pyrolytic cracking (thermisches Spaltverfahren zur Benzinherstellung), *Verfahrenstechnik*

TPD: ⟨engl⟩ transient protective device / Überspannungsbegrenzer, *Elektronik*

TPE: 1. thermoplastisches Elastomer, *Polymertechnik.* – **2.** ⟨engl⟩ turboprop engine / Propellerturbinen-Luftstrahltriebwerk, ↑ PTL-Triebwerk

TPF: 1. Triphenylphosphat (Weichmacher), *Polymertechnik.* – **2.** ⟨engl⟩ two-photon fluorescence / Zweiphotonenfluoreszenz (Effekt der nichtlinearen Optik)

tpi, TPI: ⟨engl⟩ tracks per inch / Spuren je Zoll, *Datenverarbeitung*

TPL/CLS: ⟨engl⟩ Transpacific landing/contingency landing site / Transpazifische Landung/möglicher Landeplatz (Osterinsel), *Raumfahrttechnik*

TPR: ⟨engl⟩ thermoplastic rubber / thermoplastischer Kautschuk, *Polymertechnik*

TPS: 1. ⟨engl⟩ text processing system / Textverarbeitungssystem, ↑ TVS 1. – **2.** Therapieplanungssystem (rechnergestützte Strahlentherapieplanung), *Medizintechnik*

TPSS: ⟨engl⟩ tape program search system / System zur automatischen Bandstellenfindung (Kassettenrecorder)

TPTA: Trimethylolpropantrimethacrylat (Vernetzungsaktivator), *Polymertechnik*

TPU: ⟨engl⟩ terminal processing unit / Terminalzentraleinheit, *Datenverarbeitung*

TPV-Effekt: ⟨engl⟩ thermophotovoltaic effect / thermofotoelektrischer Effekt

tr: teilgereckt (Ausführungsart von Chemiefaserstoffen)

Tr: Trimm (Schiffsneigung in Längsrichtung)

TR: 1. Teigresistenz (Untersuchung der Konsistenz von Teigen), *Lebensmitteltechnik.* – **2.** Temperaturregler. – **3.** Toprückstand (aus der atmosphärischen Destillation des Erdöls), *Verfahrenstechnik.* – **4.** ⟨engl⟩ track / Kurs, *Luftfahrtnavigation.* – **5.** ⟨engl⟩ transition / Übergang, *Flugmeteorologie.* – **6.** ⟨engl⟩ transmit-receive / Sende-Empfangs-. – **7.** Trimmruder, *Flugzeugausrüstung*

TRAAC: ⟨engl⟩ transit research and attitude control / Durchgangsuntersuchung und Lagekontrolle (Testsatellit der USA)

Trafo: Transformator, *Elektrotechnik*

Transceiver: ⟨engl⟩ transmitter receiver / Sender-Empfänger-Kombination, Sende-Empfangs-Gerät, *Nachrichtentechnik*

Transistor: ⟨engl⟩ transfer resistor / »Übertragungswiderstand« (steuerbares Halbleiterbauelement), *Elektronik*

Translaser: ⟨engl⟩ transistor laser (integrierte Baugruppe), *Optoelektronik*

Transphasor: ⟨engl⟩ transistor phasor / »Transistoranzeiger« (optischer Transistor, Grundelement für optische Computer)

Transponder: ⟨engl⟩ transmitter responder / Antwortsender, *Nachrichtentechnik*

Transputer: ⟨engl⟩ transistor computer (16- und 32-bit-Mikrorechner mit ↑ RISC-ähnlicher Prozessorarchitektur für Parallelverarbeitungssysteme)

TRAPATT: ⟨engl⟩ trapped plasma avalanche triggered transit / mit eingefangenem Plasma lawinengesteuerter Laufzeitbetrieb (spezielle ↑ IMPATT-Diode), *Mikroelektronik*

TRAS: ⟨engl⟩ temporary reserved airs spaces / zeitweilig belegte Lufträume, *Flugsicherung*

TRD [ТРД]: ⟨russ⟩ turboreaktivnyj dvigatel' [турбореактивный двигатель] / Turbinenluftstrahl-Triebwerk, ↑ TL-Triebwerk

TRDF [ТРДФ]: ⟨russ⟩ turboreaktivnyj dvigatel' s forsažnoj kameroj [турбореактивный двигатель с форсажной камерой] / Turbinenluftstrahl-Triebwerk mit Nachbrennkammer, *Luftfahrtantriebe*

Tr.-Dock: Trockendock, *Schiffstechnik*

TRE: ⟨engl⟩ two region critical experiment / kritisches Zweizonenexperiment (Reaktorforschung), *Kernkraftwerkstechnik*

TREAT: ⟨engl⟩ transient reactor test facility / Prüfanlage für das Reaktorverhalten unter Übergangsbedingungen, *Kerntechnik*

Trgf.: Tragfähigkeit

Triac, TRIAC: ⟨engl⟩ triode alternating current switch / Wechselstrom-Schalttriode (Vollwegthyristor), *Elektronik*

TRIM: ⟨engl⟩ tri-mask insulation process / Dreimaskenisolationsverfahren, *Halbleitertechnologie*

TRIMOS: ⟨engl⟩ triac metal-oxide semiconductor (Integration eines ↑ Triac in einen Metall-Oxid-Halbleiter), *Halbleitertechnologie*

TRK: 1. technische Richtkonzentration (für gefährliche Arbeitsstoffe). – **2.** ⟨engl⟩ track / Kurs über Grund, *Luftfahrtnavigation*

TRL: 1. ⟨engl⟩ transistor-resistor logic / Transistor-Widerstands-

Logik, *Elektronik*. – 2. ⟨engl⟩ transverse roadway lines / Linien (der Lichtstärkeverteilungskurve) von quer (zur Fahrbahn) angeordneten Straßenleuchten, *Lichttechnik*

TRON: ⟨engl⟩ the real-time operating system nucleus / der Echtzeitbetriebssystemkern, *Datenverarbeitung*

TRP [ТРП]: ⟨russ⟩ tablica raspredelenija pamjati [таблица распределения памяти] / Speicherbelegungsplan, *Datenverarbeitung*

TRR: ⟨engl⟩ thermal research reactor / thermischer Forschungsreaktor, *Kernkraftwerkstechnik*

TRS: 1. ⟨engl⟩ teleoperator retrieval satellite (rückführbarer Satellit für ferngesteuerte Operationen, USA). – 2. ⟨engl⟩ tetrahedral research satellite / tetraedischer Forschungssatellit (USA-Erdsatellitenserie, später ↑ ERS 2)

TRSA: ⟨engl⟩ terminal radar service area / Nahradarversorgungsgebiet, *Flugsicherung*

TRSR: ⟨engl⟩ taxi- and runway surveilance radar / Rollbahn- und Start- und Landebahn-Rundsicht-(↑)Radar, *Flugsicherung*

TRV: Thermostat-Regelventil, *Energietechnik*

Ts: Tussahseide (Tierfaserstoff), *Textiltechnik*

TS 1. T.S.: Tankschiff. – 2. Taucherstation. – 3. Teilnehmersatz, *Nachrichtentechnik*. – 4. Teilnehmerschaltung, *Nachrichtentechnik*. – 5. Teilstrecke (Rohrnetzabschnitt), *Energietechnik*. – 6. **[TC]:** ⟨russ⟩ televizionnaja sistema / [телевизионная система] / Fernsehsystem, *Raumfahrttechnik*. – 7. ⟨engl⟩ tensile strength / Zugfestigkeit. – 8. ⟨engl⟩ test system / Prüfsystem. – 9. ⟨engl⟩ thunderstorm / Gewitter, *Flugmeteorologie*. – 10. ⟨engl⟩ time sharing / Zeitteilung, *Nachrichtentechnik, Datenverarbeitung*. – 11. ⟨engl⟩ transverse section / Querschnitt. – 12. Trockensubstanz. – 13. T.S.: Turbinenschiff. – 14. Turbosatz

T.S.: 1. Tidenstieg. – 2. ↑ TS 1, 13.

TSA: 1. technologische Spezialausrüstung (für die Fertigung von Halbleiterbauelementen). – 2. Totalspannungsausfall, *Energietechnik*

TSBB: Teilsohlenbruchbau (Abbauverfahren), *Bergbautechnologie*

TS-Bonden: ⟨engl⟩ thermosonic bonding / (kombiniertes) Thermokompressions- und Ultraschallbonden, *Halbleitertechnologie*

TSC: ⟨engl⟩ thermally stimulated current / thermisch angeregter Strom (Untersuchungsmethode für Kristalldefekte)

TSCAP: ⟨engl⟩ thermally stimulated capacitance / thermisch angeregte Kapazität (Defektuntersuchungsmethode), *Halbleitertechnologie*

TSE: 1. Transportschutzeinrichtung, *Schienenfahrzeugtechnik*. – 2. Türschließeinrichtung (Reisezugwagen)

TSE-Beschaltung: Trägerstaueffektbeschaltung, *Elektrotechnik*

TSI: ⟨engl⟩ titanic-scale integration / extrem hoher Integrationsgrad (Schaltkreise mit mehr als 10^5

Bauelementefunktionen), *Mikroelektronik*

TSL: 1. Tonerdeschaumleichtstein (Baustoff). – **2.** Transitleitstelle (DR). – **3.** ⟨engl⟩ tri-state logic / Dreizustandslogik (mit drei Ausgangszuständen: high, low, hochohmig), *Elektronik*

TSM: 1. Teilschnittmaschine (Gewinnungsmaschine), *Bergbautechnik*. – **2.** ⟨engl⟩ thermally stimulated current and capacitance measurement / thermisch angeregte Strom- und Kapazitätsmessung (Halbleiteruntersuchungsmethode)

TSN-LED: ⟨engl⟩ transparent substrate nitrogen light-emitting diode / Stickstoff-Lichtemitterdiode mit lichtdurchlässigem Substrat, *Elektronik*

TSO: ⟨engl⟩ time-sharing option / Zeitteilungsvariante, *Datenverarbeitung*

TSOS: ⟨engl⟩ time-sharing operating system / Betriebssystem mit Zeitteilung (für mehrere Teilnehmer), = TBS 1, *Datenverarbeitung*

TSP: ⟨engl⟩ transponder / automatisches Antwortgerät, *Flugzeugausrüstung*

tsr: teilgeschrumpft (Ausführungsart von Chemiefaserstoffen)

TSS: 1. ⟨engl⟩ telecommunications switching system / Nachrichtenvermittlungsnetz. – **2.** ⟨engl⟩ tethered satellite system / geschlepptes Satellitensystem (USA-Satellit, der an einer Verbindungsleine vom Space Shuttle geschleppt wird). – **3.** ⟨engl⟩ time-sharing system / zeitgeteiltes System (Teilnehmersystem für zeitgeteilte Rechnernutzung)

TSt: Telegrafenstelle, *Nachrichtentechnik*

TST: Teigstabilität (Untersuchung der Konsistenz von Teigen), *Lebensmitteltechnik*

T-Stahl: ↑ Th-Stahl

TSU: ⟨engl⟩ trunk switching unit / Fernverbindungseinheit, *Nachrichtentechnik*

TS-Verfahren: thermische Spritzverfahren, *Korrosionsschutz*

TSZ: Tonerdeschmelzzement (Bindebaustoff)

tt: Teppichtyp (Ausführungsart von Chemiefaserstoffen)

Tt: Titer tex (Feinheitsbezeichnung von Faserstoffen und Fäden), *Textiltechnik*

TT 1. T.T.: ⟨engl⟩ technical terms / technische Bedingungen. – **2.** ⟨engl⟩ technical test / technische Prüfung. – **3.** ⟨engl⟩ testing time / Prüfzeit. – **4.** Tonträger, *Rundfunk- und Fernsehtechnik*. – **5.** ⟨engl⟩ true track / wahrer Kurs über Grund, *Luftfahrtnavigation*

T.T: 1. ↑ TT 1. – **2. TT:** Turbinentanker

TT & C: ⟨engl⟩ telemetry, tracking and command / Telemetrie, Bahnverfolgung und Fernbedienung (System zur Steuerung von Satelliten)

TT-Destillation: Tieftemperatur-Destillation, *Verfahrenstechnik*

TTE: 1. ⟨engl⟩ text terminal equipment / Textendeinrichtung, *Daten-*

verarbeitung. – **2.** Transport thermischer Energie, *Energietechnik*

TTH-Verfahren: Tieftemperatur-Hydrierverfahren, *chemische Technologie*

TTL: 1. ⟨engl⟩ through the lens (Belichtungsmessung durch das Aufnahmeobjektiv, Innenmessung), *technische Optik.* – **2.** T²L: ⟨engl⟩ transistor-transistor logic / Transistor-Transistor-Logik, *Elektronik*

TTMB: tieftemperaturthermomechanische Behandlung, *Metallurgie*

TTM-Etikett: ⟨engl⟩ time-temperature-monitor label / Zeit-Temperatur-Anzeigeetikett, *Lebensmitteltechnik*

TTML: ⟨engl⟩ transistor-transistor micrologic / Transistor-Transistor-Mikrologik, *Elektronik*

T-Tn.: Telegrafentonne (Seezeichen)

TT-Netz: ⟨frz⟩ terre terre réseau (elektrotechnisches Netz mit betriebsmäßig direkt geerdetem Netzpunkt und Schutzerdung über Einzelerder)

TTP: Typung technologischer Prozesse (Vereinheitlichung)

TTR: ⟨engl⟩ thermal test reactor / thermischer Versuchsreaktor, *Kernkraftwerkstechnik*

TTS: † **1.** ⟨engl⟩ teletype setting / Fern-Schriftsatz (Bleisatzherstellung mittels Datenfernübertragung), *Polygrafie.* – **2.** ⟨engl⟩ temporary threshold shift / zeitweise (Hör-)Schwellenverschiebung (zeitweiser Hörverlust). – **3.** Turbinentankschiff

TTT-Diode: ⟨engl⟩ tunnel transit-time diode / Tunnellaufzeitdiode (Mikrowellenbauelement), *Mikroelektronik*

TTTN: ⟨engl⟩ tandem-tie trunk network / Fernübertragungs(leitungs)netz mit Durchschaltung, *Nachrichtentechnik*

TTU [ТТУ]: ⟨russ⟩ tverdotoplivnyj uskoritel' [твердотопливный ускоритель] / Feststoff-Zusatztriebwerk (Booster), *Raumfahrttechnik*

Ttx: Teletex (Bürofernschreiben, Telekommunikationsverfahren)

TTY: ⟨engl⟩ teletype [writer] / Fernschreiber, Fernschreibmaschine

TU 1. [ТУ]: ⟨russ⟩ teleupravlenie [телеуправление] / Fernsteuerung, Fernbedienung. – **2.** ⟨engl⟩ thermal unit / Wärmeeinheit. – **3.** ⟨engl⟩ traffic unit / Verkehrseinheit, *Nachrichtentechnik.* – **4.** ⟨engl⟩ transmission unit / Übertragungseinheit, *Nachrichtentechnik.* – **5.** Triebfahrzeugunterhaltung, *Schienenfahrzeugtechnik*

TÜ: technische Überwachung

TUL: Transport, Umschlag, Lagerung (von Gütern)

TU – TS – TI [ТУ – ТС – ТИ]: ⟨russ⟩ teleupravlenie – telesignalizacija – teleizmerenie [телеуправление – телесигнализация – телеизмерение] / Fernsteuerung, Fernsignalisierung, Fernmessung (Fernwirktechnik), *Automatisierungstechnik*

tv: ↑ TV 2

TV: 1. Teilnehmerverbinder, *Nachrichtentechnik.* – **2. tv:** ⟨engl⟩ television / Fernsehen, = FS 5. – **3.** ⟨engl⟩ terminal velocity / Endgeschwindigkeit, Flugmechanik. – 4. ⟨engl⟩ test voltage / Prüfspannung, *Elektrotechnik*. – 5. Textverarbeitung, = TP 5, = WP 6, *Datenverarbeitung, Polygrafie*. – 6. ⟨engl⟩ total volume / Gesamtvolumen

TVA-Verfahren: ⟨engl⟩ Tennessee Valley Authority procedure / Verfahren der Tennesseetalverwaltung (zur Phosphorsäureherstellung), *chemische Technologie*

TVC: 1. ⟨engl⟩ thermal voltage converter / Thermospannungsumformer, *Elektrotechnik*. – 2. ⟨engl⟩ thrust-vector control / Schubvektorkontrolle, *Raumfahrttechnik*

TVD [ТВД]: 1. ⟨russ⟩ turbina vysokogo davlenija [турбина высокого давления] / Hochdruckturbine, *Luftfahrtantriebe*. – 2. ⟨russ⟩ turbovintovoj dvigatel' [турбовинтовой двигатель] / Propellerturbinen-Luftstrahltriebwerk, *Luftfahrtantriebe*

TVE: Transrapid Versuchsanlage Emsland (Magnetbahn)

t.v.F.: Tonne(n) verwertbare Förderung, *Bergbautechnologie*

TVM: Tunnelvortriebsmaschine, *Bergbautechnik*

TVOR: ⟨engl⟩ terminal visual omnirange / Flugplatzdrehfunkfeuer, *Luftfahrtnavigation*

TVS: 1. Textverarbeitungssystem, = DPS 5, = TPS 1, *Datenverarbeitung*. – 2. Transport- und Verarbeitungsschiff (Fischerei)

TV-Sat, TV-SAT: ⟨engl⟩ television satellite / Fernsehsatellit (deutsch-französisches Projekt)

TVT: thermische Verfahrenstechnik

tw: Tageslichtweiß (Lichtfarbe bei Leuchtstofflampen)

TW: 1. Telegrafie mit Wählbetrieb, *Nachrichtentechnik*. – 2. (optischer) Tonwert, *Polygrafie*. – 3. T.W., t. wt.: ⟨engl⟩ total weight / Gesamtgewicht. – 4. Tragwerk, *Flugzeugausrüstung*. – 5. ⟨engl⟩ travelling wave / Wanderwelle, *Nachrichtentechnik*. – 6. Triebwerk, *Raumfahrttechnik*. – 7. Trinkwasser, *Melioration*

T.W.: ↑ TW 3

TWA: 1. thermische Wasseraufbereitung, *Energietechnik*. – 2. transportable Fensterwaschanlage, *Schienenfahrzeugtechnik*. – 3. ⟨engl⟩ travelling-wave amplifier / Wanderfeld(röhren)verstärker, *Nachrichtentechnik*

TWIN: ⟨engl⟩ test ware instrument (Entwicklungssystem für Mikrorechnersysteme)

Twin Cam: ⟨engl⟩ twin overhead camshaft / zwei oben angeordnete Nockenwellen, = DOHC, s.a. OHC, *Kraftfahrzeugtechnik*

TWK-System: Telegrafie-Wählvermittlungssystem in Koppeltechnik, *Nachrichtentechnik*

TWL: tatsächliche Weglinie, *Luftfahrtnavigation*

TWR, Twr: ⟨engl⟩ aerodrome control tower, aerodrome control / Flughafenkontrollturm, Flughafenkontrolle, *Flugsicherung*

TWS: ⟨engl⟩ teletypewriter exchange service / Fernschreibvermittlungsdienst (Teilnehmertelegrafie)

t. wt.: ↑ TW 3

TWT: ⟨engl⟩ travelling-wave tube /

Wanderwellenröhre, *Nachrichtentechnik*

TWW: tatsächlicher Wegwinkel, *Luftfahrtnavigation*

TWX: ⟨engl⟩ teletypewriter exchange / Fernschreibamt

TWY: ⟨engl⟩ taxiway / Rollbahn, Rollweg (Flughafen)

TWZ: Tonwertzunahme, *Polygrafie*

Tx: ↑ Telex

TX, Tx: ⟨engl⟩ transmitter (auch Xmitter) / Sender

TXC: ⟨engl⟩ taxiway centre [center] (line lights) / Rollbahnmitte(-mittellinienfeuer), *Flugsicherung*

TXE: 1. ⟨engl⟩ taxiway edge (lights) / Rollbahnrand(feuer), *Flugsicherung*. – 2. ⟨engl⟩ telephone exchange electronics / elektronische Fernsprechvermittlungsanlage

TXL: ⟨engl⟩ taxiway lights / Rollbahnfeuer, *Flugsicherung*

Tz: Tibethaar (Tierfaserstoff), *Textiltechnik*

TZ: 1. Tertiärzementit (Gefügename), *Werkstofftechnik*. – 2. Textilzellstoff. – 3. Tonerdezement (Bindebaustoff)

U

u: unberuhigt vergossen, *Eisenmetallurgie*, s. a. b 1, hb

U: 1. Uferschutzpflanzung, *Melioration*. – 2. Umschalter, *Elektrotechnik*. – 3. Umschlag (von Gütern). – 4. Umschlaggleis. – 5. unbehandelt, *Werkstofftechnik*. – 6. ⟨engl⟩ universal burning / beliebige Brennstellung, *Lichttechnik*. – 7. wagentechnische Untersuchung, *Schienenfahrzeugtechnik*

Ü: Überlauf, *Energietechnik*

UA: 1. Umschlaganlage. – 2. ⟨engl⟩ user agent / Endsystemkomponente, *Datenverarbeitung*

ÜA: Übergangsbogenanfang (Gleisgeometrie)

UAC: ⟨engl⟩ upper airspace control / Flugsicherung (Kontrolle) für den oberen Luftraum, *Flugsicherung*

UACC: ⟨engl⟩ upper area control centre / Bezirkskontrollstelle für den oberen Luftraum, *Flugsicherung*

ÜAM: (vorläufige) Übersicht über die zulässigen Achs- und Meterlasten, *Schienenfahrzeugtechnik*

UAR: ⟨engl⟩ upper air route / obere Luftraumstraße, *Flugsicherung*

UART: ⟨engl⟩ universal asynchronous receiver-transmitter / universeller (programmierbarer) Empfangs- und Sendebaustein für asynchrone serielle Datenübertragung, *Automatisierungstechnik*

UAX: ⟨engl⟩ unit automatic exchange / Landzentrale (kleines Fernsprechwählamt)

UB: 1. Universalbagger – 2. universeller Bitterwert (Bier), *Lebensmitteltechnik*. – 3. ununterbrochener Betrieb

U-Bahn: Untergrundbahn

Übh.: Überhauen (Grubenhohlraum nach oben), *Bergbautechnik*

U-Boot: Unterseeboot

UC: 1. ⟨engl⟩ ultracentrifugation / Ultrazentrifugierung, *Analysenmeßtechnik*. – 2. ⟨engl⟩ upward coefficient / Koeffizient für den nach oben abgestrahlten Lichtstrom, *Lichttechnik*

U/C: ⟨engl⟩ undercarriage / Fahrwerk (Luftfahrzeug)

UCA: ⟨engl⟩ upper control area / oberer Kontrollbezirk, *Flugsicherung*

UCIC: ⟨engl⟩ user-configurable integrated circuit / vom Anwender lösch- und programmierbarer Logikbaustein, *Elektronik*

UCP: ⟨engl⟩ units construction practice / Baukastensystem (Erzeugnisaufbauvariation durch vereinheitlichte selbständige Baugruppen und -teile)

UCR: ⟨engl⟩ under colour removal / Unterfarbrücknahme (bei der Herstellung von Vierfarbendruckformen), *Polygrafie*

UDAR: ⟨engl⟩ unidirectional auto reserve (System zum automatischen Wenden der Kassette in Kassettenrecordern)

UDC: ⟨engl⟩ universal decimal classification / allgemeingültige Dezimalklassifikation

u.d.M.: unter dem Meeresspiegel

ü.d.M.: über dem Meeresspiegel

UDMH: unsymmetrisches Dimethylhydrazin (flüssiger Raketentreibstoff)

UDOS: ⟨engl⟩ universally development operating system / universelles Entwicklungsbetriebssystem, *Datenverarbeitung*

UE: 1. ⟨engl⟩ U-economical / ökonomisches U-Profil. – **2.** Unterschiedsempfindlichkeit, *Lichttechnik*

ÜE: 1. Übergangsbogenende (Gleisgeometrie). – **2.** Übertragungseinheit (bei der Modellierung von Stofftrennprozessen). – **3.** ÜEP, ÜWE: Überwanderungselektrophorese (qualitatives Nachweisverfahren für Eiweiße), *Analysenmeßtechnik*

UED: Ultrarotemissionsdiagnostik (diagnostische Nutzung der Wärmeverteilung der Körperoberfläche), *Medizintechnik*

UEG: Ultraschallechoenzephalografie (Ultraschalluntersuchung des Schädelinneren), *Medizintechnik*

ÜEP, ÜEW: ↑ ÜE 3

UF: 1. Harnstoff-Formaldehyd (Duroplast). – **2. [УФ]:** ⟨russ⟩ ul'trafioletovaja lampa, ul'trafioletovyj izlučatel' [ультрафиолетовая лампа, ультрафиолетовый излучатель] / Ultraviolettstrahler. – **3. [УФ]:** ⟨russ⟩ ul'trafioletovoe izlučenie [ультрафиолетовое излучение] / Ultraviolettstrahlung

ÜF: Überweisungsfernamt, *Nachrichtentechnik*

ufa: ungefaltet (Ausführungsart von Chemiefaserstoffen

ufbk: ungefärbt, konvertierbar (Ausführungsart von Chemiefaserstoffen)

ÜFEST: Überseefunkempfangsstelle

UFM: ungesteuerter Fügemechanismus, *Fertigungstechnik*

UF-Milch: ultrafiltrierte Milch, *Lebensmitteltechnik*

UFN: ⟨engl⟩ until further notice / bis auf weitere Bekanntgabe, *Flugsicherung*

UFO 1. [ЦФО]: ⟨russ⟩ lampa ultrafioletovogo oblučenija [лампа ультрафиолетового облучения] / Ultraviolettstrahler (mit Leuchtstoffbelag), *Lichttechnik*. – **2.** ⟨engl⟩ unidentified [unknown] flying object / nichtidentifiziertes [oder unbekanntes] Flugobjekt

UFR: Universalflankenreiniger, *Eisenbahnoberbau*

Ufw: Umformwerk

ufx: unfixiert (Ausführungsart von Chemiefaserstoffen)

UG 1. [УГ]: ⟨russ⟩ ukazatel' gorizonta [указатель горицонта] / Fluglagenanzeiger, *Flugzeugausrüstung*. – **2.** Untergrundgasspeicher, *Bergbautechnologie*

ugp: ungelappt (Ausführungsart von Chemiefaserstoffen)

UHE-Lampe: ⟨engl⟩ ultrahigh efficacy lamp / Lampe mit sehr hoher Lichtausbeute

UHF: ⟨engl⟩ ultrahigh frequency / Ultrahochfrequenz (300...3 000 MHz, Dezimeterwelle), *Nachrichtentechnik*

UHP: ⟨engl⟩ ultrahigh power / extrem hohe Leistung

UHP-Ofen: ⟨engl⟩ ultrahigh-power furnace / Hochleistungsofen, *Metallurgie*

UHSIC: ⟨engl⟩ ultrahigh speed integrated circuit / integrierte Schaltung mit sehr hoher Arbeitsgeschwindigkeit, *Mikroelektronik*

UHT-Milch: ultrahocherhitzte Milch, *Lebensmitteltechnik*

UHV: 1. ⟨engl⟩ ultrahigh vacuum / ultrahohes Vakuum. – **2.** ⟨engl⟩ ultrahigh voltage / Höchstspannung, *Elektrotechnik*

UI, U.I.: ⟨engl⟩ uniformity of illumination / Gleichmäßigkeit der Beleuchtung, *Lichttechnik*

UIC: ⟨engl⟩ upper information centre / Fluginformationszentrale für den oberen Luftraum, *Flugsicherung*

UIR: ⟨engl⟩ upper flight information region / oberes Fluginformationsgebiet, = UTA, *Flugsicherung*

UJT: ⟨engl⟩ unijunction transistor / Unijunctionstransistor, Doppelbasisdiode (Transistor mit einem ↑ pn-Übergang), *Elektronik*

UK: 1. ⟨engl⟩ United Kingdom / Vereinigtes Königreich (britische Meßsatellitenserie). – **2.** Unterkante. – **3. [УК]:** ⟨russ⟩ upravljajuščij kompleks [управляющий комплекс] / Steuerungskomplex, *Automatisierungstechnik*. – **4.** Ureterkatheter (Harnröhrenkatheter), *Medizintechnik*

UKF: Unterkante Fundament, *Bautechnik*

UKG, Ukg: Ultraschallkardiograf [-kardiografie, -kardiogramm] (Registrierung der Herzbewegung und Ermittlung der Herzfrequenz), *Medizintechnik*

UKK: Unterkante Kiel, *Schiffstechnik*

UKM: Ultrakurz-, Kurz- und Mittelwellen(bereich)

UKML: Ultrakurz-, Kurz-, Mittel- und Langwellen(bereich)

UKS: 1. Ultrakurzzeitspektroskopie, *Analysenmeßtechnik*. – **2.** ⟨engl⟩ United Kingdom subsatellite / Subsatellit des Vereinigten Königreiches (britischer Satellit zur Magnetosphärenforschung innerhalb des ↑ AMPTE-Projektes)

UKÜ: Unterkante Überbau (Brückenbau)

UKW: Ultrakurzwelle (Meterwelle, 1...10 m), = USW, = VSW, *Nachrichtentechnik,*, s.a. VHF

ULA: 1. ⟨engl⟩ uncommitted logic array / nicht festgelegte (freie) Logikanordnung (Verdrahtung nach Kundenwunsch), *Mikroelektronik.* – **2.** ⟨engl⟩ universal logic array / universelle Logikanordnung, *Elektronik*

ÜLB: Überladebrücke (Güterumschlag)

ULC: ⟨engl⟩ universal logic circuit / universelle logische Schaltung, *Elektronik*

ULCC: ⟨engl⟩ ultra large crude carrier / übergroßer Rohöltanker (300 000...800 000 tdw)

ULE: ungesteuerte Lineareinheit, *Werkzeugmaschinen*

ÜLE: 1. Überladeeisen (Güterumschlag). – **2.** Überleitungseinrichtung, *Nachrichtentechnik*

ULF: ⟨engl⟩ ultralow frequency / ultratiefe Frequenz (300 Hz...3 kHz), *Nachrichtentechnik*

ULM: 1. ⟨engl⟩ ultralow mass / sehr leicht, sehr geringmassig (Tonarmart von Schallplattenabspielgeräten). – **2.** Universallängenmesser. – **3.** Universallängenmeßmaschine. – **4.** [УЛМ]: ⟨russ⟩ universal'nyj logičeskij modul' [универсальный логический модуль] / universeller logischer Modul, *Elektronik*

ULSI: ⟨engl⟩ ultralarge-scale integration / ultrahoher Integrationsgrad (Schaltkreise mit etwa 10^5 Bauelementefunktionen), *Mikroelektronik*

ÜLSt: Überleitstelle, *Nachrichtentechnik*

ÜLVSt: Überleitvermittlungsstelle, *Nachrichtentechnik*

u.M.: unter Meeresspiegel

ü.M.: über Meeresspiegel

UM: 1. Umbauverfahren (DB, Gleisumbau). – **2.** Unterbaumängel, *Eisenbahnbau*

UMI: Universalmeßinstrument

UMK: Universalmeßkammer

UMM: 1. Universalmeßmaschine. – **2.** Universalmeßmikroskop

UMOS: ⟨engl⟩ U-groove metaloxide semiconductor / Metall-Oxid-Halbleiter mit U-förmigem Gräben, *Halbleitertechnologie*

Umpl: Umplattung, *Eisenbahnoberbau*

UMZ: unabhängiger Maximalstromzeitschutz (beim Überstromrelais), *Elektrotechnik*

UNCOL: ⟨engl⟩ universal computer-oriented language / universelle rechnerorientierte Sprache

Unifac-Koeffizienten: ⟨engl⟩ Uniquac functional group activity coefficients / ↑ Uniquac-Funktionalgruppen-Aktivitätskoeffizienten (zur Beschreibung von Gleichgewichtswerten flüssig – gasförmig)

UNILAC: ⟨engl⟩ universal linear accelerator / universeller linearer Beschleuniger (deutscher Schwerionenbeschleuniger)

Uniquac-Koeffizienten: ⟨engl⟩ universal quasi-chemical coefficients / universelle quasichemische Koeffizienten (zur Beschreibung von Gleichgewichtswerten flüssig – gasförmig), s.a. Unifac-Koeffizienten

UNIVAC: ⟨engl⟩ universal automatic computer / universeller automatischer Rechner

UNL: ⟨engl⟩ unlimited / unbegrenzt, *Flugsicherung*

Unt., Untf.: Untiefe (flache Stelle), *Schiffahrt*

UO: 1. Umkehrosmose (z.B. zur Konzentrationsveränderung von Milch, Molke usw.), *Lebensmitteltechnik*. – 2. Umschaltbetrieb ohne Unterbrechung, *Elektrotechnik*. – 3. ⟨engl⟩ unit operation / Grundoperation, ↑ GO

UOS: ⟨engl⟩ universal operating system / universelles Betriebssystem (prozessorunabhängig), *Datenverarbeitung*

Üp: Übersichtsschaltplan, *Elektronik*

UP 1. [УП]: ⟨russ⟩ ukazatel' povorota [указатель поворота] / Wendezeiger, *Flugzeugausrüstung*. – 2. UWP: Umwälzpumpe, *Energietechnik*. – 3. ungesättigte Polyester (Duroplaste). – 4. Unterprogramm, *Datenverarbeitung*. – 5. Unter-Putz(-Leitung), *Elektrotechnik*. – 6. [УП]: ⟨russ⟩ upravljajuščaja pamjat' [управляющая память] / Steuerspeicher, *Automatisierungstechnik*

UPC: 1. ⟨engl⟩ universal peripheral controller / universeller peripherer Kontroller, *Datenverarbeitung*. – 2. ⟨engl⟩ universal product code / universeller Erzeugniscode (Strichcode für automatische Leseeinrichtungen)

UPD [УПД]: ⟨russ⟩ ustrojstvo podgotovki dannyh [устройство подготовки данных] / Anlage zur Datenaufbereitung

UPE: parallelflanschiges U-Profil

UPI: ⟨engl⟩ universal peripheral interface / uiverselles peripheres Interface, *Datenverarbeitung*

UPL: ⟨engl⟩ universal programming language / universelle Programmiersprache

† upm, UPM, UpM: Umdrehungen pro Minute (Zähleinheit für die Drehzahl)

UPN: umgekehrte polnische Notation (Eingabeverfahren in Rechnern), = RPN

UPP [УПП]: ⟨russ⟩ ustrojstvo podgotovki perfokart [устройство подготовки перфокарт] / Anlage zur Lochkartenaufbereitung

UPS: 1. ⟨engl⟩ ultraviolet photoelectron spectroscopy / Ultraviolett-Fotoelektronenspektroskopie, *Meßtechnik*. – 2. UPSt: Umwälzpumpstation, *Energietechnik*. – 3. ⟨engl⟩ uninterruptable power supply / nichtunterbrechbare Stromversorgung, *Elektrotechnik*. – 4. ↑ UP-Schweißen

UP-Schweißen, UPS: Unterpulverschweißen (Schmelzschweißverfahren, Lichtbogen brennt unter Pulver)

UPSt: ↑ UPS 2

UPWR: ungesteuerter Pulswechselrichter, *Elektrotechnik*

ur: ungereckt (Ausführungsart von Chemiefaserstoffen)

Ur: Urena, Kongojute (Pflanzenfaser), *Textiltechnik*

UR 1. [УР]: ⟨russ⟩ ugol razvorota [угол разворота] / Kurvenwinkel, *Luftfahrtnavigation*. – **2.** Umrichter, *Elektrotechnik*

† UR: Ultrarot, ↑ IR 3

URAS: Ultrarotabsorptionsschreiber (zur Auswertung von Absorptionsspektren), *Analysenmeßtechnik*

URM: Universalreinigungsmaschine (Schienenfahrzeug)

† URS: unifiziertes Regelungssystem, *Automatisierungstechnik*

UR-Stahl: ultrareiner Stahl

US 1. [УС]: ⟨russ⟩ ugol snosa [угол сноса] / Abdriftwinkel, = Aus, *Luftfahrtnavigation*. – **2. [УС]:** ⟨russ⟩ ukazatel' skorosti [указатель скорости] / Fahrtmesser, *Flugzeugausrüstung*. – **3.** Ultraschall (Schall oberhalb 20 kHz). – **4.** ⟨engl⟩ ultrasonic / Ultraschall, = US 3 – **5.** Umschlagspur (Containerbahnhof). – **6.** Untersäule (in Stofftrennkolonne), *Verfahrenstechnik*. – **7.** Unterspannung, *Elektrotechnik*

U/S: ⟨engl⟩ unserviceable / unbenutzbar, außer Betrieb, *Flugsicherung*

ÜsAg: Überspannungsableiter (gasgefüllt), *Elektrotechnik*

USART: ⟨engl⟩ universal synchronous-/asynchronous receiver-transmitter / (programmierbarer) universeller Eingabe- und Ausgabebaustein für asynchrone und synchrone serielle Datenübertragung, *Automatisierungstechnik*

USASCII: USA-Standard code for information interchange / (genormter) Code der USA für den Informationsaustausch, ↑ ASCII

USB: 1. unteres Seitenband, ↑ LSB 3. – **2.** ⟨engl⟩ upper sideband / oberes Seitenband, = OSB, *Nachrichtentechnik*

USC-Diagramm: ⟨engl⟩ uniform chromaticity-scale diagram / gleichförmige Farbtafel

USD: Ultraschall-Dopplertechnik, *Meßtechnik*

USG: Ultraschallgerät

USIC: ⟨engl⟩ user specific integrated circuit / integrierte Kundenwunschschaltung, *Mikroelektronik*

USK: untersynchrone Stromrichterkaskade, *Elektrotechnik*

usl: ungeschlichtet (Ausführungsart von Chemiefaserstoffen)

USM: Universalstopfmaschine, *Eisenbahnoberbau*

USP: Universal-Schotterplaniermaschine

USRT: ⟨engl⟩ universal synchronous receiver-transmitter / universeller Eingabe- und Ausgabebaustein für synchrone serielle Datenübertragung, *Automatisierungstechnik*

† USS: unifiziertes Softwaresystem, *Datenverarbeitung*

US-Schweißen: Ultraschallschweißen (Preßschweißverfahren unter Einsatz von Ultraschall)

UST: 1. Umspannstation, *Elektrotechnik*. – 2. Umweltschutztechnik

USV: unterbrechungsfreie Stromversorgung, *Elektrotechnik*

USVM [УСВМ]: ⟨russ⟩ ustrojstvo svjazi s vyčislitel'noj mašinoj [устройство связи с вычислительной машиной] / Anschlußsteuerung, *Automatisierungstechnik*

USW: ⟨engl⟩ ultrashort wave / Ultrakurzwelle, ↑ UKW

USZU [УСЗУ]: ⟨russ⟩ ustrojstvo svjazi s zapominajuščim ustrojstvom [устройство связи с запоминающим устройством] / Speichervermittlung, *Datenverarbeitung*

u.T. 1. **utg:** unter Tage, *Bergbautechnik*. – 2. ↑ UT 2.

ü.T., ütg: über Tage, *Bergbautechnik*

UT: 1. ⟨engl⟩ universal time / Weltzeit (= UTC, WZ 1; Zonenzeit des Meridians Null von Greenwich, = WEZ, = MEZ −1 h; neue Bezeichnung für † GMT). – 2. **u.T.:** unterer Totpunkt (Umkehrpunkt), *Maschinenbau*. – 3. Unterlagerungstelegrafie, *Nachrichtentechnik*. – 4. Unterwassertelegrafie.

ÜT: Überlagerungstelegrafie, *Nachrichtentechnik*

UTA: ⟨engl⟩ upper control area / oberer Kontrollbezirk, = UIR, *Flugsicherung*

UTC: ⟨engl⟩ universal time coordinated / koordinierte Weltzeit, s.a. UT 1

ÜTF: Übertragungsfunktion (zur Beschreibung des Zeitverhaltens von Übertragungsgliedern), *Nachrichtentechnik*

utg: ↑ u.T. 1

ütg.: ↑ ü.T.

utkm: umgerechnete Tonnenkilometer, *Luftverkehr*

UTMA: ⟨engl⟩ upper terminal control area / oberer Nahverkehrsbereich, *Flugsicherung*

UU [УУ]: ⟨russ⟩ ustrojstvo upravlenija [устройство управления] / Steuereinheit, *Datenverarbeitung*

UUF: ⟨engl⟩ upward-utilization factor / Wirkungsgrad (Ausnutzungsfaktor) des nach oben abgestrahlten Lichtstromes, *Lichttechnik*

UUPSD [УУПСД]: ⟨russ⟩ ustrojstvo upravlenija pamjat'ju na smennyh diskah [устройство управления памятью на сменных дисказ] / Steuergerät für Wechselplattenspeicher, *Datenverarbeitung*

UUT: ⟨engl⟩ unit under test / Einheit (Baugruppe) unter Prüfbedingungen, *Meßtechnik*

uv, UV, U.V.: ⟨engl⟩ under voltage / Unterspannung, *Elektrotechnik*

UV: 1. Ultraviolett (Spektralbereich elektromagnetischer Wellen, etwa 400…3 nm). – 2. Unterverteilung, *Elektrotechnik*. – 3. **U.V.:** ↑ uv

UVA: unbemanntes Verstärkeramt, = VAU, *Nachrichtentechnik*

UVD [УВД]: ⟨russ⟩ upravlenie vozdušnym dviženiem [управление воздушным движением] / Flugleitung, *Flugsicherung*

UVFO: ⟨engl⟩ ultraviolett fibre optics / Ultraviolett-Faseroptik, *technische Optik*

UVK [УВК]: ⟨russ⟩ upravljajuščij vyčislitel'nyj kompleks [управляющий вычислительный комплекс] / steuernder Rechnerkomplex

UVM [УВМ]: ⟨russ⟩ upravljajuščaja vyčislitel'naja mašina [управляющая вычислительная машина] / Prozeßrechner, ↑ PR 9

UVS: 1. ⟨engl⟩ ultraviolet spectrometer / Ultraviolettspektrometer. – **2.** Universalverstärkersystem (Antennenanlage)

UVV [УВВ]: ⟨russ⟩ ustrojstvo vvoda/vyvoda, [устройство ввода/вывода] / Eingabe/Ausgabe-Gerät, *Datenverarbeitung*

Uw: Unterwerk (Bahnstromversorgung, DB)

UW: 1. Umspannwerk, *Elektrotechnik.* – **2.** ⟨engl⟩ universal white / Universalweiß, Weiß-Universal (Lichtfarbe bei Leuchtstofflampen). – **3.** untere Wasserstraße. – **4.** unterirdische Wand, *Bautechnik.* – **5.** unterster Wasserstand (in Behältern und Apparaten), *Energietechnik.* – **6.** Unterwasser.

uwa: ungewaschen (Ausführungsart von Chemiefaserstoffen)

Ü-Wagen: Übertragungswagen (für Rundfunk- und Fernsehübertragung)

UWL: Unterwasserlaboratorium

UWM: Unterwasserdruckstrahlmassage, *Medizintechnik*

UWM-Pumpe: Unterwasser-Motorpumpe, *Bergbautechnik*

UWP: ↑ UP 2

UZ: 1. Ultrazentrifuge, *Analysenmeßtechnik.* – **2. [УЗ]:** ⟨russ⟩ usilitel' zapisi [усилитель записи] / Schreibverstärker, *Datenverarbeitung*

UZP: unterster Zündpunkt, *Energietechnik*

V

v: 1. verfärbend, *Polymertechnik.* – **2. V:** ⟨engl⟩ vertical[ly] / vertikal(e) Brennstellung (Sockel oben), = BU 1, *Lichttechnik*

V: 1. Vakuum. – **2. [В]:** ⟨russ⟩ vakuumnaja lampa [вакуумная лампа] / Vakuum(glüh)lampe, *Lichttechnik.* – **3.** (technische) Variante, Version. – **4.** ↑ Varistor. – **5.** ⟨engl⟩ velocity / Geschwindigkeit, *Flugmechanik.* – **6.** Ventil, *Energietechnik.* – **7.** Verarbeitungsgrad. – **8.** vergütet (Wärmebehandlung von Stahl). – **9.** Verpackung. – **10.** Verstellung (Stellfunktion), *Automatisierungstechnik.* – **11.** Vertikal-. – **12.** Vorlauf, *Energietechnik*

VA: 1. Absperrventil. – **2.** Ventilableiter (Überspannungsschutz), *Elektrotechnik*

† VA [ВА]: ⟨russ⟩ vysotomer avtomatičeskij [высотомер автоматический] / automatischer Höhenmesser, *Flugzeugausrüstung*

VAB: ⟨engl⟩ vehicle assembly building (Montagegebäude für den Space Shuttle auf Cape Canaveral, USA). –

† VAB: ⟨engl⟩ vertical assembly building (Montagegebäude für den vertikalen Aufbau von Startraketen), *Raumfahrttechnik*

VAD: ⟨engl⟩ vapour-phase axial deposition / Dampfphasen-Axialbeschichtung (Verfahren zur Herstellung von Lichtleitern)

VAD-Verfahren: ⟨engl⟩ vacuum arc degassing procedure / Vakuumlichtbogen-Entgasung (Vakuumbehandlung bei gleichzeitiger Beheizung des flüssigen Stahles), *Eisenmetallurgie*

VAH [BAX]: ⟨russ⟩ vol't-ampernaja harakteristika [вольт-амперная характеристика] / Strom/Spannungs-Kennlinie (Strom-Spannungs-Diagramm)

VAKUVIT: Vakuumfrischen Vitkovice, *Eisenmetallurgie*

VAL: 1. ⟨engl⟩ variable assembly language / variable Montagesprache (für Roboter). – 2. ⟨engl⟩ visual approach and landing chart / Sichtanflugkarte, *Luftfahrtnavigation*

VAN: 1. ⟨engl⟩ value added network / (Servicedatennetz des Mailboxdienstes), *Datenverarbeitung*. – 2. ⟨engl⟩ runway control van / Start- und Landebahnkontrollfahrzeug, *Flugsicherung*

VAPI: ⟨engl⟩ visual approach path indicator / Sichtanflugsweganzeiger, *Luftfahrtnavigation*

VAR: 1. ⟨engl⟩ magnetic variation / Ortsmißweisung, Deklination, *Luftfahrtnavigation*. – 2. ⟨engl⟩ visual-aural radio range / (Vierkurs-) Funkfeuer mit optisch-akustischer Anzeige, *Luftfahrtnavigation*

Variac: ⟨engl⟩ variable capacitor / veränderlicher (regelbarer) Kondensator, ↑ Drehko

Varicap: ⟨engl⟩ variable capacity element / Bauelement mit veränderlicher Kapazität, *Elektronik*

Varispeech, VSC: ⟨engl⟩ variable speech control / veränderbare Sprachsteuerung (Magnetbandgeräte)

Varistor, V: ⟨engl⟩ variable resistor / veränderlicher Widerstand, = VDR, *Elektronik*

VASI: ⟨engl⟩ visual approach system / Sichtanflugsystem, *Luftfahrtnavigation*

VASIS: ⟨engl⟩ visual approach slope indicator system / optisches Anflugwinkelanzeigesystem, *Luftfahrtnavigation*

VAT: 1. variable Ausblendtechnik (Magnetbandgerät). – 2. Verarbeitungstechnik. – 3. ⟨engl⟩ voice-activated typewriter / sprachgesteuerte Schreibmaschine

VATE: ⟨engl⟩ versatile automatic test equipment / Universalprüfautomat, *Meßtechnik*

V-ATE: ⟨engl⟩ vertical anisotropic etching / vertikales anisotropes Ätzen, *Halbleitertechnologie*

VATW: vollautomatische Teigteil- und -wirkmaschine, *Lebensmitteltechnik*

VAU: Verstärkeramt, unbemannt, ↑ UVA

V-Bahn: Verbindungsbahn

VBD: 1. ⟨engl⟩ vee belt drive / Keilriementrieb. – 2. ⟨engl⟩ vertical, base down / Brennstellung stehend (vertikale Brennstellung, Sockel unten), *Lichttechnik*

Vbf: Verschiebebahnhof

VBK: Vorwärtsbewegungskompensation (bei ↑ MKF), *Raumfahrttechnik*

VbS, VS: Verbindungssatz, *Nachrichtentechnik*

VC: 1. ⟨engl⟩ video cassette / Videokassette. – **2.** ⟨engl⟩ vitreous china (Halbporzellan) (Silikatwerkstoff). – **3. [ВЦ]:** ⟨russ⟩ vyčislitel'nyj centr [вычислительный центр] / Rechenzentrum, ↑ RZ 1

VCA: ⟨engl⟩ voltage-controlled amplifier / spannungsgesteuerter Verstärker, *Elektronik*

VCC: 1. ⟨engl⟩ video compact cassette / Videokompaktkassette. – **2.** ⟨engl⟩ voice-controlled carrier / sprachgesteuerter Träger (Hörrundfunkempfänger).

VCD: ⟨engl⟩ variable capacitance diode / Kapazitätsdiode (Diode mit veränderlicher Kapazität, *Elektronik*

VCF: ⟨engl⟩ voltage-controlled filter / spannungsgesteuertes Filter, *Elektronik*

VCG: ↑ VKG

VCO: 1. ↑ Voder. – **2.** ⟨engl⟩ voltage-controlled oscillator / spannungsgesteuerter Oszillator, *Elektronik*

VCP: ⟨engl⟩ visual comfort probability / Sehkomfortwahrscheinlichkeit

VCR: ⟨engl⟩ video cassette recorder / Videokassettenrecorder(system)

VCU 1. V.C.U.: ⟨engl⟩ variable correction unit / Tonblende (Hörrundfunkempfänger). – **2.** ⟨engl⟩ vertical coefficient of utilization / vertikaler Beleuchtungswirkungsgrad, *Lichttechnik*. – **3.** ⟨engl⟩ voice control unit / verbales (Sprach-)Steuergerät, *Automatisierungstechnik*

V.C.U.: ↑ VCU 1

VC-Verfahren: ⟨engl⟩ vapour compression procedure / Dampf-Kompressionsverfahren (Gewinnung von Trink- und Nutzwasser aus Salz- und Brackwasser), *Lebensmitteltechnik*

VD: 1. Druckbegrenzungsventil (Überström-, Sicherheitsventil). – **2. [ВД]:** ⟨russ⟩ lampa vysokogo davlenija [лампа высокого давления] / Hochdrucklampe. – **3.** Vakuumdestillat (aus der Verarbeitung von Erdölrückständen), *Verfahrenstechnik*. – **4.** ⟨engl⟩ vapour density / Dampfdichte. – **5.** Vordruck, *Energietechnik*. – **6. [ВД]:** ⟨russ⟩ vysokoe davlenie [высокое давление] / Hochdruck, ↑ HD 7

VDF, VHF/DF: ⟨engl⟩ very high frequency direction-finding station / UKW-Peilstelle, *Luftfahrtnavigation*

VDI: vollständige dielektrische Isolation (Isolationsverfahren), *Halbleitertechnologie*

† **VDI:** ⟨engl⟩ virtual device interface / virtueller Gerätetreiber (Programmteile eines Betriebssystems), ↑ CGI

VDK: Viskositäts-Dichte-Konstante

† **VDM:** ⟨engl⟩ virtual device metafile / virtuelle Geräteschnittstelle, ↑ CGM

VDMOS: ⟨engl⟩ vertical planar double-diffused metal-oxide semiconductor / vertikaler planarer Doppeldiffusions-Metall-Oxid-Halbleiter, *Halbleitertechnologie*

VDr: Drosselventil (Stromventil)

VDR: ⟨engl⟩ voltage-dependent resistor / spannungsabhängiger Widerstand, ↑ Varistor

VDS: ⟨engl⟩ video display system / Sichtanzeigesystem, *Automatisierungstechnik*

VDT: ⟨engl⟩ video display terminal / Bildschirmterminal, *Datenverarbeitung*

VDU: ⟨engl⟩ visual display unit / Bildschirmgerät (Bezeichnung für Monitor)

VD-Verfahren: ⟨engl⟩ vacuum degassing procedure / Vakuumentgasung (von flüssigem Stahl), *Eisenmetallurgie*

VE: 1. Verarbeitungseinheit, = PU 4, *Datenverarbeitung*. – 2. Veresterungsgrad, *Lebensmitteltechnik* – 3. Verpackungseinheit.

VEB: ⟨engl⟩ vehicle equipment bay (Ausrüstungs- oder Meßgeräteraum in Raumflugkörpern)

VEGA, WEGA [ВЕГА]: ⟨russ⟩ Venera-Gallej [Венера-Галлей] / Venus-Halley (sowjetisches Raumflugunternehmen mit internationaler Beteiligung)

VEP: visuell evoziertes Potential (durch Lichtreize erzeugtes Hirnaktionspotential), *Medizintechnik*

VERNAV: ⟨engl⟩ vertical navigation system / vertikales Navigationssystem, *Luftfahrtnavigation*

Vers.: Versalien, *Polygrafie*

VES: vollelektrische Schmelze, *Silikattechnik*

VEZ: Voreinflugzeichen, *Luftfahrtnavigation*, ↑ OM 2

VF: 1. ⟨engl⟩ variable frequency / variable Frequenz, *Nachrichtentechnik*. – 2. Verkehrsflug, *Luftverkehr*. – 3. Verkehrsfunk. – 4. Verteilfernamt, *Nachrichtentechnik*. – 5. ⟨engl⟩ video frequency / Videofrequenz (0 Hz bis mehrere MHz. – 6. ⟨engl⟩ voise frequency / Sprachfrequenz (300...3 400 Hz). – 7. Vorflügel, *Flugzeugausrüstung*

VFD: Vakuumfluoreszenzdisplay, *Elektronik*

VFO: ⟨engl⟩ variable frequency oscillator / Oszillator mit variabler Frequenz, *Elektronik*

VFP: ⟨engl⟩ volatile fission product / flüchtiges Spaltprodukt, *Kerntechnik*

VFR: ⟨engl⟩ visual flight rules / Sichtflugregeln, = CFR 2, = PVP 1, = SFR *Flugsicherung*

Vf-Signal: Formvorsignal (Eisenbahnsignal)

VFT: ⟨engl⟩ voice frequency telegraphy / Wechselstromtelegrafie, *Nachrichtentechnik*

VFT-Gleichung: Vogel-Fuller-Tammann-Gleichung (Temperaturabhängigkeit der Viskosität von Schmelzen), *Silikattechnik*

VFV: Vakuumformverfahren (zur Gießformherstellung), *Fertigungstechnik*

VG: 1. Verarbeitungsgut, *Verarbeitungstechnik*. – 2. ⟨engl⟩ voltage gain / Spannungsverstärkung, *Elektronik*. – 3. Vorschaltgerät, *Lichttechnik*

VGA: ⟨engl⟩ video graphics array / Farbgrafikkarte (Interface zur Funktionserweiterung bei IBM- und kompatiblen ↑ PC 2 unter Betriebssystem OS/2; Grafiknorm)

VGB: vereinheitlichter Geschoßbau, *Bautechnik*

VGH: ⟨engl⟩ velocity, gust, height / Geschwindigkeit, Böe, Höhe, *Luftfahrtnavigation*

VGS: vakuumgalvanisches Schichtverfahren, *Halbleitertechnologie*

VH, HV.: Vickers-Härte, = V.H.N., *Werkstofftechnik*

VHD: ⟨engl⟩ video high density / hochdichte Bildspeicherung (kapazitiv abgetastete Digitalschallplatte, System der japanischen Fa. JVC), *Unterhaltungselektronik*

VHF: ⟨engl⟩ very high frequency / Höchstfrequenz (30...300 MHz, Meterwelle), *Nachrichtentechnik*

VHF/DF: ↑ VDF

VHIC: ↑ VHSIC

VHM: Verpackungshilfsmittel

V.H.N., Vhn: ⟨engl⟩ Vickers hardness number / Vickers-Härtezahl, ↑ VH

VHO: ⟨engl⟩ very high output / sehr hohe (Licht-) Ausbeute

VHRR: ⟨engl⟩ very high resolution radiometer / Radiometer (Strahlungsmeßgerät) mit sehr hoher Auflösung, *Raumfahrttechnik*

VHS: 1. ⟨engl⟩ very high speed / sehr hohe Geschwindigkeit (Bezeichnung von Kraftfahrzeugreifen), *Kraftfahrzeugtechnik*. – **2.** ⟨engl⟩ video home system / Videoheimsystem (Videorecordersystem der japanischen Fa. JVC)

VHS-C: ⟨engl⟩ video home system – compact / Kompakt-Videoheimsystem (mit einer sehr kleinen Videokassette arbeitendes Videorecordersystem)

VHS-HQ: ⟨engl⟩ video home system – high quality / Videoheimsystem mit verbesserter (Bild-) Qualität

VHSIC, VHIC, VHSI-Schaltung: ⟨engl⟩ very high-speed integrated circuit / integrierte Hochgeschwindigkeitsschaltung, *Mikroelektronik*

VHS-S: ⟨engl⟩ video home system – standard / Standard-Videoheimsystem (1/2-Zoll-Videokassettensystem für den Heimgebrauch)

VHTR: ⟨engl⟩ very high-temperature (gas-cooled) reactor / (gasgekühlter) Höchsttemperaturreaktor, *Kernkraftwerkstechnik*

VI: 1. ⟨engl⟩ viscosity index / Viskositätsindex (von Motor- und Getriebeölen), *Kraftfahrzeugtechnik*. – **2.** Viskosefaserstoff, ↑ CV 4

VIA: ⟨engl⟩ visibility interruption apparatus / Meßgerät zur Wahrnehmung visueller Informationen

VID: Video

VIE: ⟨engl⟩ visual indicator equipment / Sichtanzeigeausrüstung, *Flugzeugausrüstung*

Viewdata: ⟨engl⟩ view data / Datensehen (Bildschirmtextsystem aus Großbritannien)

VI-F: Viskosefaser (Regan)

VIL: ⟨engl⟩ vertical injection logic / vertikale Injektionslogik (hochintegrierte Bipolartechnologie), *Halbleitertechnologie*

VI-(M)-F: Viskose-Modal-Faser

VIP: ⟨engl⟩ V-insulation with polysilicon backfill / V-Isolation mit Polysilicium, *Halbleitertechnologie*

vis.: 1. ⟨engl⟩ visible / sichtbar. – 2. ⟨engl⟩ visual / visuell, sichtbar

vis: ↑ VIS 2

VIS: 1. Video-Informationssystem. – 2. **vis:** ⟨engl⟩ visibility / Sicht(weite), *Flugmeteorologie*. – 3. ⟨engl⟩ visible spectrum / sichtbares Spektrum (400...780 nm). – 4. vollisolierte Schaltanlage, *Elektrotechnik*. – 5. ⟨engl⟩ voltage inverter switch / Spannungsumkehrschalter, *Elektrotechnik*

VIŠ [ВИШ]: ⟨russ⟩ vint izmenjaemogo šaga [винт изменяемого шага] / Verstelluftschraube, Verstellpropeller, *Flugzeugausrüstung*

VI-S: Viskoseseide (Regan)

VISSR: ⟨engl⟩ visible and infrared spin-scan radiometer / abtastendes Strahlungsmeßgerät für bildmäßig darstellbare Messungen (auf USA-Anwendungssatelliten)

VIST: ⟨engl⟩ vertically isolated self-aligning transistor / vertikal isolierter selbstjustierender Transistor, *Halbleitertechnologie*

VITC: ⟨engl⟩ vertical interval time code / vertikaler Intervallzeitcode (Aufzeichnung des Zeitcodes in der vertikalen Austastlücke des Videosignals), *Unterhaltungselektronik*

vk: Vorkonservierung, *Korrosionsschutz*

Vk: Verblendklinker (Baustoff)

VK: 1. Verarbeitungsknoten, *Datenverarbeitung*. – 2. Vergaserkraftstoff

VKA: Vielkanalanalysator, *Analysenmeßtechnik*

VKG, Vkg, VCG: Vektorelektrokardiograf [-kardiografie, -kardiogramm] (dreidimensionale Darstellung der Herzaktionsspannung), *Medizintechnik*

Vkh: Verblendklinker, hart oder Verblendhartklinker (Baustoff)

Vkl: Verschlußklammer, *Eisenbahnoberbau*

VKT: Ventilatorkühlturm, *Energietechnik*

VK-Verbindungen: vorgespannte Verbindungen (Spannbetonbau)

VKW: Voll-Kundenwunschentwurf bzw. -schaltkreis, = FC 4, *Mikroelektronik*

VL: 1. luftvergütet (Wärmebehandlung von Stahl). – 2. Vakuumleistungsschalter. – 3. ⟨engl⟩ visibility level / Sehniveau, Sichtbarkeitsniveau. – 4. vorderes Lot, *Schiffstechnik*. – 5. Vorlaufleitung, *Energietechnik*

VLA: ⟨engl⟩ very low altitude / sehr geringe Höhe, *Luftfahrtnavigation*

VLCC: ⟨engl⟩ very large crude carrier / sehr großer Rohöltanker (150 000...300 000 tdw)

VLE: Verladeeisen (Güterumschlag)

VLF: ⟨engl⟩ very low frequency / sehr tiefe Frequenz (3...30 kHz, Längstwellen: 10...100 km), *Nachrichtentechnik*

VLM: ⟨engl⟩ visibility level multiplier / Multiplikator des Sehniveaus

VLN-Verfahren: ⟨engl⟩ very low nitrogen process / Verfahren (zur

Erzeugung von Stahl) mit sehr geringem Stickstoffgehalt, *Eisenmetallurgie*

VLP: ⟨engl⟩ video long play / Videolangspiel (Bildplattensystem mit optoelektronischer Abtastung, Vorläufer von ↑ LV 3), *Unterhaltungselektronik*

VLR: ⟨engl⟩ very long range / Größtreichweite, *Luftfahrtnavigation*

VLS: ⟨engl⟩ video lilliput system / Video-Liliputsystem (Videokassettenrecordersystem mit 1/2 Zoll breitem Videoband)

VLSI: ⟨engl⟩ very large-scale integration / sehr hoher Integrationsgrad, Höchstintegration (Schaltkreise mit $10^4 \ldots 10^5$ Bauelementefunktionen), *Mikroelektronik*

VLS-Methode: ⟨engl⟩ vapour-liquid-solid-methode / Gas-Flüssigkeits-Feststoff-Methode (zur Stoffabscheidung), *Halbleitertechnologie*

VM: 1. Druckminderventil (Druckreduzierventil). – 2. ⟨engl⟩ velocity modulation / Laufzeitmodulation, Geschwindigkeitsmodulation, *Nachrichtentechnik*. – 3. Verarbeitungsmaschine. – 4. Verkettungsmittel (Werkstückweitergabe-, Transporteinrichtung). – 5. Verpackungsmittel. – 6. **[BM]:** ⟨russ⟩ voločil'naja mašina [волочильная машина] / Ziehmaschine, *Metallurgie*. – 7. **[BM]:** ⟨russ⟩ vyčislitel'naja mašina [вычислительная машина] / Rechner

VMC: 1. ⟨engl⟩ video mini cassette / Videominikassette. – 2. ⟨engl⟩ visual meteorological conditions / Sichtflugwetterbedingungen, *Flugsicherung*

VME: Verstärkungsmeßeinrichtung, *Elektronik*

VME-Bus: ⟨engl⟩ VERSAmodule Europe bus (versatile: vielfältig; universelles offenes Buskonzept für den Mikroprozessor MC 68000, als Steckkarte ausgeführt), *Datenverarbeitung*

VMG [ВМГ]: ⟨russ⟩ vintomotornaja gruppa [винтомоторная группа] / Triebwerksanlage (bei Kolben- und ↑ PTL-Triebwerken), Aggregat Motor – Luftschraube, *Luftfahrtantrieb*

VMOS 1. V-MOS: ⟨engl⟩ vertical metal-oxide semiconductor / senkrechter Metall-Oxid-Halbleiter (dreidimensionale Struktur, = VMOS 2), *Halbleitertechnologie*. – 2. **V-MOS:** ⟨engl⟩ V-groove metal-oxide semiconductor / Metall-Oxid-Halbleiter mit V-förmigen Gräben, = VMOS 1, *Halbleitertechnologie*. – 3. ⟨engl⟩ virtual memory operating system / Betriebssystem für virtuelle Speichertechnik, *Datenverarbeitung*

VMS: ⟨engl⟩ virtual memory system (Multitask-Mehrnutzer-Betriebssystem für VAX-Computer der Fa. Digital Equipment Corp.)

Vmt: Vermittlungstechnik, *Nachrichtentechnik*

VM-Verfahren: ⟨engl⟩ vacuum metallurgical process / vakuummetallurgisches Verfahren (zur Behandlung von flüssigem Stahl), *Eisenmetallurgie*

VNL: ⟨engl⟩ via net loss / Durchgangsdämpfung, *Nachrichtentechnik*

VNSP-Lampe: ⟨engl⟩ very narrow

spot lamp / Punktlichtstrahler (Reflektorglühlampe)

vo: vororientiert (Ausführungsart von Chemiefaserstoffen)

VÖ: ölvergütet (Wärmebehandlung von Stahl)

Vocoder: ↑ Voder

VOD: ⟨engl⟩ vacuum oxygen decarburization / Vakuum-Sauerstoff-Entkohlung, *Eisenmetallurgie*

VODAT: ⟨engl⟩ voice-operated device for automatic transmission / sprachgesteuerte Einrichtung für automatische Übertragung, *Nachrichtentechnik*

Voder, VODER, VCO, Vocoder: ⟨engl⟩ voice coder / Sprachcodierer, *Nachrichtentechnik*

VODK: ⟨engl⟩ vacuum oxygen decarburization converter / Vakuum-Sauerstoff-Entkohlungskonverter, *Eisenmetallurgie*

VOIR: ⟨engl⟩ Venus orbiting imaging radar / venusumkreisendes Abbildungsradar (USA-Satellitenprojekt zur Venuserforschung)

VOL, VU: ⟨engl⟩ volume / 1. Lautstärke. – 2. Volumen, Rauminhalt. –

Voltex: voluminöse Textilien (Polvlies-Nähgewirke)

VOR: ⟨engl⟩ very high frequency omnidirectional range / UKW-Drehfunkfeuer, *Luftfahrtnavigation*

v.p.: ↑ VP 6

VP: 1. ⟨engl⟩ variable pitch / verstellbare Steigung, *Luftfahrtantriebe*. – 2. Vierpol. – 3. Vinylpyridin. – 4. Vollpappe. – 5. Vorpiek (vor dem vorderen Kollisionsschott gelegener Raum), *Schiffstechnik*. – 6. **v.p.** [ВП, в.п.]: ⟨russ⟩ vozdušnaja počta [воздушная почта] / Luftpost

Vp.-Boot: Vorpostenboot

VPE: 1. ⟨engl⟩ vapour-phase epitaxy / Gasphasenepitaxie, *Halbleitertechnologie*. – 2. vernetztes Polyethylen, *Polymertechnik*

VPI: ⟨engl⟩ vapour phase inhibitor / Dampfphaseninhibitor, *Korrosionsschutz*

VPP [ВПП]: ⟨russ⟩ vzlëtno-posadočnaja polosa [взлётно-посадочная полоса] / Start- und Landebahn, *Flughafen*

VPS: 1. ⟨engl⟩ vapour-phase soldering / Dampfphasenlöten. – 2. verbindungsprogrammierte Steuerung, *Automatisierungstechnik*. – 3. ⟨engl⟩ video playback system / Videowiedergabesystem (Videospeicherverfahren), *Fernsehtechnik*. – 4. Videoprogrammsystem (Fernsehkennungssystem zur Steuerung von Videorecordern), = ZPS

VP-Verfahren: Verfahren nach VÖEST (Vereinigte Österreichische Eisen- und Stahlwerke) und Metallwerk Plansee AG (zum Messen der Badtemperatur von Stahlschmelzen), *Eisenmetallurgie*

VR: 1. Rückschlagventil (Durchfluß nur in einer Richtung). – 2. Vakuumrückstand (aus der Vakuumdestillation des ↑ TR 3 von Erdöl), *Verfahrenstechnik*. – 3. ⟨engl⟩ video recording / Videoaufzeichnung, *Fernsehtechnik*. – 4. ⟨engl⟩ voltage regulator / Spannungsstabilisator, *Elektrotechnik*. – 5. Vorflutrohrleitung, *Melioration*

VRb: Rohrbruchventil

VRC: ⟨engl⟩ vertical redundancy check[ing] / Vertikalprüfung, Prüfung auf vertikale Redundanz (zur Datensicherung), *Datenverarbeitung*

VRD [ВРД]: ⟨russ⟩ vozdušno-reaktivnyj dvigatel' [воздушно-реактивный двигатель] / Luftstrahltriebwerk, *Luftfahrtantrieb*

V-Regelung: Verdichtungsregelung, *Kraftfahrzeugtechnik*

VRG: Verschlußrheograf [-rheografie], (Feststellung von Gefäßverschlüssen), *Medizintechnik*

V-Riemen: ⟨engl⟩ vee belt / Keilriemen

Vrk: Verblendradialklinker (Baustoff)

Vrkh: Verblendradialklinker, hart; Verblendradialhartklinker (Baustoff)

VRM: ⟨engl⟩ Venus radar mapper / Radarkartografiesatellit der Venus (USA)

VRR: Vollraumreaktor, *Verfahrenstechnik*

VRU: ⟨engl⟩ voice responce unit / Sprachausgabeeinheit, *Datenverarbeitung*

VRV: Vorwärts-Rückwärts-Verhältnis (Antennendiagramm)

Vrz: Verblendradialziegel (Baustoff)

Vrzh: Verblendradialziegel, hart; Verblendradialhartziegel (Baustoff)

VS: 1. Sicherheitsventil (Maximaldruckventil). – **2.** ↑ VbS. – **3.** vergütet aus der Schiedshitze (Wärmebehandlung von Stahl). – **4.** ⟨engl⟩ vibration service / stoßgeschützt, stoßsichere Ausführung. – **5.** ⟨engl⟩ virtual storage / virtueller Speicher, *Datenverarbeitung*. – **6. V.S.:** ⟨engl⟩ visual signal / Sichtsignal, optisches Signal. – **7. V/S:** ⟨engl⟩ visual signalling / Lichtsignalisation, -anzeige. – **8. [BC]:** ⟨russ⟩ vodorodnaja spektral'naja lampa [водородная спектральная лампа] / Wasserstoff-Spektrallampe, *Lichttechnik*. – **9.** Vollschrankenanlage, *Eisenbahnsicherungstechnik*. – **10. [BC]:** ⟨russ⟩ vyčislitel'naja sistema [вычислительная система] / Rechensystem

V.S.: ↑ VS 6

V/S: ↑ VS 7

VSA: vollelektronische Störaustastung, *Unterhaltungselektronik*

V.S.A., VSA, VS-Antrieb: Voith-Schneider-Antrieb, ↑ V.S.P. 2, *Schiffstechnik*

VSAM: ⟨engl⟩ virtual storage access method / Zugriffsmethode für virtuelle Speicher, *Datenverarbeitung*

VS-Antrieb: ↑ V.S.A.

VSB: ⟨engl⟩ vestigial sideband / Restseitenband, *Nachrichtentechnik*

VSC: ↑ Varispeech

VSD: ⟨engl⟩ very small device / Bauelement mit sehr kleinen Abmessungen, *Mikroelektronik*

VSE: verdrahtungsprogrammierte Steuereinrichtung, *Automatisierungstechnik*

VSG: 1. Verbundsicherheitsglas. – **2.** Videospeichergerät (zum Aufzeichnen und Wiedergeben von Fernsehbild und -ton)

VSI: ⟨engl⟩ vertical speed indicator / Variometer, *Flugzeugausrüstung*

VSL: Verkehrssignallampe

V-slide: ⟨engl⟩ ves slide / Prismaschlitten

VSM: 1. ⟨engl⟩ vestigial sideband modulation / Restseitenbandmodulation, *Nachrichtentechnik*. – **2.** Vollschnittmaschine (Gewinnungsmaschine), *Bergbautechnik*

VSO: ⟨engl⟩ voltage-sensitive oscillator / spannungsabhängiger Signalgenerator, *Meßtechnik*

V.S.P., VSP: 1. Verstellpropeller. – **2.** Voith-Schneider-Propeller (Vortriebs- und Steuereinrichtung), *Schiffstechnik*

VSR: 1. Vanillin-Schwefelsäure-Reagenz (Untersuchung von Extraktionssäften), *Lebensmitteltechnik*. – **2.** ⟨engl⟩ vector switch register / Vektorschaltregister (-speicher), *Datenverarbeitung*. – **3.** ⟨engl⟩ very short range / Nahbereich, *Nachrichtentechnik*

Vst.: Vorsteven (äußerste Abgrenzung des Schiffsrumpfes nach vorn)

VSt: Vermittlungsstelle, *Nachrichtentechnik*

VST: Verbundschalttafel (Betonbau)

VSt Hand: Vermittlungsstelle mit Handbetrieb, *Nachrichtentechnik*

V/STOL: ⟨engl⟩ vertical/short take-off and landing / Vertikal-/Kurzstart und -landung, *Flugbetrieb*

V-Stufe: Verfahrensentwicklungsstufe

VStW: Vermittlungsstelle mit Wählbetrieb, *Nachrichtentechnik*

VStWoF: Vermittlungsstelle mit Wählbetrieb in Ortsnetzen ohne Fernamt, *Nachrichtentechnik*

VSW: ⟨engl⟩ very short wave / Ultrakurzwelle, ↑ UKW

VT: 1. Verbrennungstriebwagen. – **2.** Verfahrenstechnik. – **3.** Vertikalteil, *Fernsehtechnik*. – **4.** ⟨engl⟩ video terminal / Videoterminal (Datensichtgerät). – **5. VTX, Vtx:** Videotext, Videotex (Fernsehtextsystem)

VTAM: ⟨engl⟩ virtual telecommunications access method / virtuelle Fernzugriffsmethode, *Datenverarbeitung*

VtE: Verteileinrichtung, *Nachrichtentechnik*

VTE: ⟨engl⟩ visual task evaluator (Sichtmeßgerät zur Ermittlung des Kontrastwiedergabefaktors), = VTP *Lichttechnik*

VT-Falte: (Dachelement mit faltförmiger Querschnittsform aus V und T), *Bautechnik*

VTL: ⟨engl⟩ variable threshold logic / Logik mit variablen Schwellwert, *Elektronik*

VTO: ⟨engl⟩ vertical take-off / Vertikalstart, *Flugbetrieb*

VTOHL: ⟨engl⟩ vertical take-off and horizontal landing / Vertikalstart und horizontale Landung, *Flugbetrieb*

VTOL: ⟨engl⟩ vertical take-off and landing / Vertikalstart und -landung, *Flugbetrieb*

vtorcermet [вторчермет]: ⟨russ⟩

vtoričnyj čërnyj metall [вторичный чёрный металл] / sekundär erschmolzenes Eisen, Schwarzmetall, *Eisenmetallurgie*

vtorcvetmet [вторцветмет]: ⟨russ⟩ vtoričnyj svetnoj metall [вторичный цветной металл] / sekundär erschmolzenes Nichteisenmetall, *Nichteisenmetallurgie*

VTP: ⟨engl⟩ visual task photometer (Sichtmeßgerät zur Ermittlung des Kontrastwiedergabefaktors), = VTE, *Lichttechnik*

VTR: ⟨engl⟩ video tape recorder / Videobandrecorder (↑ VSG 2 mit magnetischer Bildaufzeichnung)

VTS: ⟨engl⟩ video tuning system / Abstimmsystem für Fernsehempfänger

VTX, Vtx: ↑ VT 5

VTX-Z: Videotextzentrale (Informationsbank)

VU 1. [ВУ]: ⟨russ⟩ vnešnee ustrojstvo [внешнее устройство] / externe Einheit, *Datenverarbeitung*. – **2.** ↑ VOL. – **3.** ⟨engl⟩ volume unit / Lautstärkemaß. – **4.** [ВУ]: ⟨russ⟩ vyčislitel'noe ustrojstvo [вычислительное устройство] / Rechenanlage

VUV: Vakuumultraviolett

VUW: vereinfachtes Umspannwerk, *Elektrotechnik*

VV: 1. ⟨engl⟩ vertical visibility / Vertikalsicht(weite), *Flugmeteorologie*. – **2.** Verzuckerungsvermögen (Bewertung von Enzympräparaten zur Backwarenherstellung), *Lebensmitteltechnik*. – **3.** volle Kraft voraus, *Schiffahrt*

V/V [В/В]: ⟨russ⟩ vvod/vyvod [ввод/вывод] / Eingabe/Ausgabe, ↑ EA 2

VVC: ⟨engl⟩ voltage-variable capacitor / spannungsabhängige Kapazität (Varaktor), *Elektronik*

VVER [ВВЭР]: ⟨russ⟩ voda-vodjanoj ėnergetičeskij reaktor [водо-водяной энергетический реактор] / Wasser-Wasser-Reaktor (Kühlung und Neutronenbremsung mit Wasser), *Kernkraftwerkstechnik*

VVG: verlustarmes Vorschaltgerät, *Lichttechnik*

V²LSI, VVLSI: ⟨engl⟩ very very large-scale integration / Ultrahöchstintegration, ultrahoher Integrationsgrad (Schaltkreise mit mehr als 10^5 Bauelementefunktionen), = SLS, *Mikroelektronik*

VVMOS: ⟨engl⟩ vertical V-groove metal-oxide semiconductor / Metalloxid-Halbleiter mit vertikalen V-Gräben, *Halbleitertechnologie*

VVP: Venenverschlußplethysmograf [-plethysmografie], (Feststellung von Venenverschlüssen), *Medizintechnik*

VW: 1. Vorwähler, *Nachrichtentechnik*. – **2.** Vorwärmer, *Energietechnik*. – **3.** Wegeventil (zur Steuerung der Strömungsrichtung)

VWA: Verweilzeitanalyse, *Verfahrenstechnik*

VWFL: ⟨engl⟩ very wide flood lamp / Breitstrahler mit sehr breitem Ausstrahlungswinkel (Reflektorglühlampe)

VWL: Vorrichtungen, Werkzeuge, Lehren (Fertigungsmittel)

VWP: Vorrichtungen, Werkzeuge, Prüfmittel (Fertigungsmittel)

VWS: 1. ⟨engl⟩ vertical wind sheer / Vertikalwindscherung, *Flugmeteorologie*. – **2.** Vorwärmsäule, *Energietechnik*. –

VWZ: Verweilzeit, *Verfahrenstechnik*

VZ: 1. Valorimeterzahl (Untersuchung der Konsistenz von Teig), *Lebensmitteltechnik*. – **2.** Verschäumungszahl (Vervielfachung des Volumens), *Arbeitsschutztechnik*. – **3.** Verseifungszahl, *Lebensmitteltechnik*. – **4.** Verzögerer (Betonzusatzmittel)

VZU [ВЗУ]: ⟨russ⟩ vnešnee zapominajuščee ustrojstvo [внешнее запоминающее устройство] / externer Speicher, *Datenverarbeitung*

W

w: Brennstellung waagerecht, *Lichttechnik*

W: 1. Wasser, *Energietechnik*. – **2.** Weiche. – **3.** ⟨engl⟩ weight / Masse, *Meßtechnik*. – **4.** ⟨engl⟩ west [western longitude] / West [westliche Länge], = W 5. – **5. W.:** West, Westen, ↑ W 4. – **6.** ⟨engl⟩ white / weiß (Kolbenausführung bei Allgebrauchslampen, Lichtfarbe bei Leuchtstofflampen oder Quecksilberdampf-Hochdrucklampen). – **7.** Widerstand, *Aerodynamik*. – **8.** Windschutzpflanzung, *Melioration*. – **9.** Windwinkel, *Luftfahrtnavigation*. – **10.** ⟨engl⟩ wire / Draht. – **11.** Wort, *Datenverarbeitung*. – **12.** ↑ WStw

wa: gewaschen (Ausführungsart von Chemiefaserstoffen)

Wä: 1. (Behandlung in der) Wagenwäsche, *Schienenfahrzeugtechnik*. – **2.** Wäsche, *Textiltechnik*

Wa: 1. Wacholder, *Holztechnik*. – **2.** Wahlabruf, *Nachrichtentechnik*. – **3.** Warenausgang. – **4.** Wärmeabgabe, *Energietechnik*. – **5.** Wasserabsorption, Wasseraufnahme, *Lebensmitteltechnik*. – **6.** Wasseraufbereitung, *Energietechnik*. – **7.** Wasseraufnahme (Prüfkennwert für keramische Baustoffe). – **8.** Weichenanfang, *Eisenbahnoberbau*. – **9.** Weichenantrieb, *Eisenbahnsicherungstechnik*. – **10.** Weichenauswechslung, *Eisenbahnoberbau*. – **11.** Wellrohr-Dehnungsausgleicher, *Energietechnik*. – **12.** Wiederaufarbeitung (des abgebrannten Kernbrennstoffs), *Kerntechnik*

WAA: 1. Wasseraufbereitungsanlage, *Energietechnik*. – **2.** Wiederaufarbeitungsanlage (für abgebrannten Kernbrennstoff), *Kerntechnik*

WAb: Weichenausbau, *Eisenbahnoberbau*

WAC: 1. ⟨engl⟩ work area coverage / Arbeitsflächenbedeckungsgrad (prozentualer Anteil der Arbeitsfläche), *Lichttechnik*. – **2.** ⟨engl⟩ world aeronautical chart / Weltluftkarte, *Luftfahrtnavigation*

WAC-Korporal: ⟨engl⟩ without any control-corporal (ungelenkte USA-Höhenrakete), *Raumfahrttechnik*

WAK: Wasseradsorptionskapazität, *Lebensmitteltechnik*

WAN: ⟨engl⟩ wide area network / Rechner- (Daten-) Netz mit Fernübertragung

Warn.F.: Warnfeuer (Seezeichen)

Was: Wagenausbesserungsstelle

WAS: Wagenabnahmestelle

WA-Schweißen: Widerstands-Abbrennstumpfschweißen (Preßschweißverfahren mit elektrischer Widerstandserwärmung und äußerem Druck)

Wa-Signal: Warnsignal (bei Arbeiten im Gefahrenbereich der Gleise; Eisenbahnsignal)

WA-Solarzelle: ⟨engl⟩ wrap-around solar cell / »rundgewickelte« Solarzelle (mit zur Rückseite geführtem Frontkontakt)

WAT: ⟨engl⟩ weight appropriate to the altitude and temperature / Masse entsprechend der Höhe und Temperatur, *Flugmechanik*

WAZ: Wagenaufenthaltszeit

wb: wärmebeständig (Ausführungsart von Chemiefaserstoffen)

Wb: Weichenbolzen, *Eisenbahnoberbau*

WB: 1. Wartenbereich, *Automatisierungstechnik*. – 2. **W.B.:** Wasserballast, *Schiffstechnik*. – 3. Wasserleitung für Brauchwasser; Brauchwasserleitung, *Straßen- und Tiefbau*. – 4. Weißbuche, *Holztechnik*. – 5. ⟨engl⟩ white bowl / weiße Kolbenkuppe (Allgebrauchslampen)

† **WB:** Wählbatterie, *Nachrichtentechnik*

W.B.: ↑ WB 2

WBE: Werkzeugbrucherkennung

W-Beize: Wachsbeize, *Holztechnik*

WBK: 1. Wasserbeständigkeitsklasse, *Silikattechnik*. – 2. Weichenbaukran

WBNS: ⟨engl⟩ water boiler neutron source / Neutronenquelle im Siedewasserreaktor, *Kernkraftwerkstechnik*

Wbo: Weichenbock, *Schienenfahrzeugtechnik*

Wbr: Westinghouse-Bremse, *Schienenfahrzeugtechnik*

WBS: 1. Wagenbetriebsstelle. – 2. Wetterbeobachtungsschiff. – † 3. Wohnungsbauserie

WB-Schweißen: Widerstandsbukkelschweißen (Preßschweißverfahren, Sonderform des ↑ WP-Schweißens)

W.B.Tk.: Wasserballasttank, *Schiffbau*

WBV: Wasserbindevermögen (Fleisch, Teig), *Lebensmitteltechnik*

WBz: Walzbronze

w.c.: ⟨engl⟩ water-cooled / wassergekühlt

WCA: ⟨engl⟩ wind correction angle / Luvwinkel, *Luftfahrtnavigation*

WCT: ⟨engl⟩ water-cooled tube / wassergekühlte Entladungsröhre, *Nachrichtentechnik*

WCU: ⟨engl⟩ wall coefficient of utilization / Beleuchtungswirkungsgrad der Wandflächen, *Lichttechnik*

wd.: wasserdicht, = wt 1

WDD: 1. Wasserdampfdurchgang, *Verpackungs-, Papiertechnik*. – 2. Wasserdampfdurchlässigkeit, *Verpackungstechnik*

WDG: Wärmedämmgebiet (bautechnischer Wärmeschutz)

WDI: ⟨engl⟩ wind direction indicator / Windrichtungsanzeiger, *Flugmeteorologie*

WDKP: Wasserdampf-Kreisprozeß, *Energietechnik*

WDM: ⟨engl⟩ wavelength division multiplex / Wellenlängenmultiplex, *Nachrichtentechnik*

WDRC: ⟨engl⟩ wall direct radiation coefficient / Koeffizient für den Anteil des Lichtstromes, der direkt auf die Wandflächen fällt, *Lichttechnik*

WDS: 1. ⟨engl⟩ waste disposal system / Abfallentsorgungsanlage, *Kerntechnik*. – 2. wellenlängendispersive (Röntgen-) Spektroskopie, *Meßtechnik*

we: weich (Konsistenz z. B. von Erdboden), *Bautechnik*

WE: 1. Wareneingang. – 2. Wärmeerzeuger, *Energietechnik*. – 3. Wassererwärmer, *Energietechnik*. – 4. Weicheneinheit. – 5. Weichenende, *Eisenbahnoberbau*. – 6. Weide, *Holztechnik*. – 7. Weidenhagen-Einheiten (Untersuchung der Invertaseaktivität von Brauereihefe), *Lebensmitteltechnik*. – † 8. Wohnungseinheit

WEB: wechselweise ein- und zweigleisiger Betrieb (DB)

Wefax, WEFAX: ⟨engl⟩ weather facsimile / Wetterfaxmile (Funkübermittlungssystem für Satellitenbilder und Wetterkarten)

WEGA: ↑ VEGA

WEK: Wellpappenkarten

WEMI: Werkzeugmikroskop, *Meßtechnik*

WEr: Weichenerneuerung, *Eisenbahnoberbau*

WES: Wetterbildempfangsstation, *Raumfahrttechnik*

WET: ⟨engl⟩ western European time / westeuropäische Zeit (= † GMT, = WEZ)

WEZ: westeuropäische Zeit (= † GMT, = WET; = MEZ − 1 h, bez. auf Meridian Null)

WF: 1. Wartungsfeld, *Nachrichtentechnik*. – 2. Wiederholfaktor (Ermittlung der Leistungsfähigkeit und Urteilstreue von sensorischen Gutachtern zur Qualitätskontrolle). – 3. ⟨engl⟩ work factor / Arbeitsfaktor (Verfahren vorbestimmter Zeiten, Zeitermittlungsverfahren für Arbeitsplanung)

WFA: Wählerfernamt, *Nachrichtentechnik*

WFH: Wendeflughafen

WFL: ⟨engl⟩ wide flood lamp / Breitstrahler (Reflektorglühlampe)

WF-Verfahren: ⟨engl⟩ wire feeder process (Pfannenstandentgasung im Vakuumgefäß), *Eisenmetallurgie*

WFZ: Werkstückfolgezeit (zwischen der Bearbeitung zweier Werkstücke)

Wg: Wagen (Schienenfahrzeug)

WG: Weißgrad, *Papiertechnik*

WGB: wissenschaftlicher Gerätebau

Wgu: wagentechnische Untersuchung (ÖBB)

WH: Wasserheizung

WHIP: ⟨engl⟩ wafer hyper interconnection package (Verbindungstechnik in der integrierten Schaltungstechnik), *Halbleitertechnologie*

WhZ: Warmwasserheizung, *Schienenfahrzeugtechnik*

Whzkd: Warmwasserheizung mit Kohle- oder Dampfheizung, *Schienenfahrzeugtechnik*

Whzö: Warmwasserheizung mit Ölfeuerung, *Schienenfahrzeugtechnik*

Whzöde: Warmwasserheizung mit Öl-, Dampf- oder elektrischer Heizung, *Schienenfahrzeugtechnik*

Whzöd-f: Warmwasserheizung mit Öl- oder Dampfheizung mit Frostschutzmittel, *Schienenfahrzeugtechnik*

Whzv: Warmwasser-(Kühlwasser) und Abgaszusatzheizung in Verbrennungstriebwagen, *Schienenfahrzeugtechnik*

wi: Wickel (Aufmachungsform von Chemiefaserstoffen)

W_I: Wiederholbarkeitsindex (Prüfung von sensorischen Gutachten zur Qualitätskontrolle)

WID: ⟨engl⟩ width / Breite, *Luftfahrt*

Widia: wie Diamant (Hartmetall)

WIG-Schweißen: Wolfram-Inertgas-Schweißen (Schutzgas-Lichtbogenschweißverfahren mit nichtabschmelzender Wolframelektrode)

WIK: Wickelkarton

WIL: ⟨engl⟩ white indicating lamp / weißfarbene Anzeigelampe

WIP: ⟨engl⟩ work in progress / Arbeit[en] im Gange, *Flugsicherung*

Wipla: wie Platin (korrosionsfester Stahl)

Wi/Wa-Anlage: (Scheinwerfer-) Wisch-Wasch-Anlage, *Kraftfahrzeugtechnik*

Wk-Bk.: Winkbake (Seezeichen)

Wkg: Wirkungsgrad

WKK: Wärme-Kraft-Kopplung, *Energietechnik*

WKS: Werkstatt-Kommunikations-System

WK-Schweißen: Wärmekontaktschweißen (Thermoplastfolien-Schweißverfahren)

WKW: Wasserkraftwerk

wl: gewellt (Ausführungsart von Chemiefaserstoffen)

w.l.: ↑ WL 4

w. L.: westliche Länge

Wl: Weichenlasche, *Schienenfahrzeugtechnik*

WL: 1. Wandleuchte. – 2. ⟨engl⟩ warning light / Lichtsignal. – 3. Wartelampe, *Nachrichtentechnik*. – 4. W.L., w.l., WVL: ⟨engl⟩ wavelength / Wellenlänge. – 5. ⟨engl⟩ white lamp / Lampe mit weißer Lichtfarbe. – 6. ⟨engl⟩ word length / Wortlänge, *Datenverarbeitung*. – 7. ⟨engl⟩ work light / 1. Arbeitsplatzleuchte. – 2. Arbeitslicht

W.L.: ↑ WL 4

Wlb: Lageberichtigung in Weichen, *Eisenbahnoberbau*

WLC: ⟨engl⟩ wall luminance coefficient / Leuchtdichtekoeffizient der Wandflächen, *Lichttechnik*

WLD: Wärmeleitfähigkeitsdetektor, *Meßtechnik*

WLF: Wärmeleitfähigkeit

WLH: Wandluftheizer

WLZ: Wärmeleitfähigkeitszelle, *Meßtechnik*

W.L.Z.: Werftliegezeit

Wm: Wagenmeisterei

WM: 1. Weichenmitte, *Eisenbahnoberbau*. – **2.** Weißmetall (Gleitlagerwerkstoff, Legierung aus Zinn, Blei, Antimon). – **3.** Widerstandsmaterial. – **4.** ↑ WZM

WMM: Werkstattmeßmikroskop

WMS: 1. Wegmeßsystem (zur Istpositionserfassung bewegter Maschinenteile). – **2.** Winkelmeßsystem

WNG: Wind-Niederschlags-Gebiet (bautechnischer Wärmeschutz)

WNI: Wind-Niederschlags-Index (bautechnischer Wärmeschutz)

WNS: Wahlnachsendesatz, *Nachrichtentechnik*

Wn-Signal: Weichensignal (Eisenbahnsignal)

WNW.: 1. Westnordwest. – **2.** ⟨engl⟩ west-northwest / Westnordwest

Wo, WO: Wolle, *Textiltechnik*

WOP: ⟨engl⟩ web offset printing / Rollenoffsetdruck

WORM: ⟨engl⟩ write once read many / einmal schreiben, oft lesen (optische Speicherplatte, die eine einmalige Abspeicherung erlaubt), *Datenverarbeitung*

wp 1. w.p., WP, W.P., W/P: ⟨engl⟩ weatherproof / wetterbeständig, wetterfest, witterungsgeschützt. – **2.** ⟨engl⟩ working pressure / Arbeitsdruck

Wp: 1. Wagenmeisterposten. – **2.** Wirkungsplan (Schaltplanart), *Elektrotechnik*

WP: 1. Wärmepumpe, *Energietechnik*. – **2.** Wellpappe. – **3.** Wendepunkt, *Luftfahrtnavigation*. – **4.** Werkstoffprüfung. – **5.** Wirkpaar, Wirkpaarung, *Verarbeitungsmaschinen*. – **6.** ⟨engl⟩ word processing / Wortverarbeitung, ↑ TV 5. – **7. w.P., W/P:** ↑ wp 1, 2

wpm, WpM, WPM: ⟨engl⟩ words per minute / Wörter pro Minute (Datenübertragungsgeschwindigkeit)

WPS: 1. ⟨engl⟩ waste processing system / Abfallaufbereitungssystem, *Kerntechnik*. – **2.** Wechselplattenspeicher, *Datenverarbeitung*. – **3.** Wellenpferdestärke, ↑ shp

WP-Schweißen: Widerstandspunktschweißen (Preßschweißverfahren, punktweise zwischen Elektroden)

Wr: Wrack (technisch unbrauchbar gewordenes Schiff)

WR: 1. Wärmerohr, *Energietechnik*. – **2.** Wartenrechner, *Automatisierungstechnik*. – **3.** Wechselrichter, *Elektrotechnik*

WRE, WRGE: Wärmerückgewinnungseinrichtung, *Energietechnik*

WRG: 1. Wärmerückgewinnung, *Energietechnik*. – **2.** Weissenberg-Rheogoniometer (Spezialrotationsviskosimeter für visko-elastische Fluide), *Meßtechnik*

WRGA: Wärmerückgewinnungsanlage, *Energietechnik*

WRGE: ↑ WRE

WRK: Woodwards Reagenz K (Untersuchung von Enzymen), *Lebensmitteltechnik*

WRL: Wohnraumleuchte

WRM: Weichenbettreinigungsmaschine

WRRC: ⟨engl⟩ wall reflected radiation coefficient / Koeffizient für den Anteil des Lichtstromes, der von den Wandflächen reflektiert wird, *Lichttechnik*

WR-Schweißen: Widerstands-Rollennahtschweißen (Preßschweißverfahren mit rollenförmigen Elektroden)

Wr-Tn.: Wracktonne

WRV: Wasserrückhaltevermögen, *Papiertechnik*

ws: weiß (Ausführungsart von Chemiefaserstoffen)

Ws: ↑ WS 4

WS: 1. Wahlsatz, *Nachrichtentechnik*. – 2. Wandbaustein (Baustoff). – 3. Wassersäule. – 4. Ws: Wechselstrom, Wechselspannung, ↑ AC 8. – 5. Wechselstromsatz, *Nachrichtentechnik*. – 6. Weltraumstation. – 7. Wst, WST: Werkstück. – 8. Werkzeugstahl (Schneidstoff). – 9. ⟨engl⟩ wide spectrum / breiter Spektralbereich. – 10. Wirbelschicht, *Verfahrenstechnik*. – 11. W.S.: ⟨engl⟩ working surface / Arbeitsfläche

WSA: 1. Weichenstellautomatik, *Eisenbahnsicherungstechnik*. – 2. werkzeugmaschinenspezifischer Antrieb

WSA-Glas: Wärmestrahlung absorbierendes Glas (Silikatwerkstoff)

Wsbr: Westinghouse-Schnellbremse, *Schienenfahrzeugtechnik*

WSD: ⟨engl⟩ wind speed and direction / Wind nach Richtung und Stärke, *Luftfahrtnavigation*

WSG-Schweißen: Wolframschutzgas-Schweißen, = WIG-Schweißen

WSI: ⟨engl⟩ wafer scale integration / Scheibenintegration, *Halbleitertechnologie*

WSK: Wärmeschutzklasse (bautechnischer Wärmeschutz)

WSM: werkzeugmaschinenspezifischer Motor

WSp: Wahlspeicher, *Nachrichtentechnik*

W.Sp.: Wasserspiegel

WSP: Wendeschneidplatte, *Fertigungstechnik*

WSR-Glas: Wärmestrahlung reflektierendes Glas (Silikatwerkstoff)

Wst: 1. ↑ WS 7. – 2. ↑ WSt 2

WSt: 1. Wechselstromsteller, *Elektrotechnik*. – 2. Wst: Werkzeugstahl

WST 1. WT: Wälzschraubtrieb (Verstell- und Meßelement), *Werkzeugmaschinen*. – 2. ↑ WS 7

WstAs: Wählsternanschluß, *Nachrichtentechnik*

WstE: Wählsterneinrichtung, *Nachrichtentechnik*

W.Str.: Wasserstraße

WStw, W: Wärterstellwerk, *Schienenfahrzeugtechnik*

WSW: 1. ⟨engl⟩ west-southwest / Westsüdwest. – **2. WSW.:** Westsüdwest

wt 1. w.t.: ⟨engl⟩ watertight / wasserdicht, ↑ wd. – **2. W-Typ:** Wolltyp (Ausführungsart von Chemiefaserstoffen)

WT: 1. Wärmetauscher (= WÜ 1), *Energietechnik*. – **2.** Wasserleitung für Trinkwasser; Trinkwasserleitung, *Straßen- und Tiefbau*. – **3.** Wassertiefe. – **4.** Wechselstromtelegrafie, *Nachrichtentechnik*. – **5.** Wellentunnel (Gang, zwischen Maschinenraum und Achterpiekschott), *Schiffstechnik*. – **6.** Werkstofftechnik. – **7. W/T:** ⟨engl⟩ wireless telegraphy / drahtlose Telegrafie. – **8.** ↑ WST 1

W.T.: ⟨engl⟩ water tank / Wassertank, *Schiffstechnik*

W/T: ↑ WT 7

W.Tr.: Wassertransport

W-Typ: ↑ wt 2

WTZ: Wechselstrom-Zweitontelegrafie, *Nachrichtentechnik*

WÜ: 1. Wärmeübertrager (= WT 1), *Energietechnik*. – **2.** Wärmeübertragung. – **3.** Wegübergang, *Eisenbahnsicherungstechnik*

WÜS: Wegübergangs-Sicherungsanlage, *Eisenbahnsicherungstechnik*

WÜSt: Wärmeübertragerstation, *Energietechnik*

WÜST: Wagenübergabestelle

WÜ-Tafel: Wegübergangstafel

WV: 1. Wählvermittlung, *Nachrichtentechnik*. – **2.** Wärmeversorgung, *Energietechnik*. – **3.** ⟨engl⟩ working voltage / Betriebsspannung, *Elektrotechnik*

WVE: Werkzeugverschleißerkennung

WVG: Wärmeversorgungsgebiet, *Energietechnik*

WVL: ↑ WL 4

WVS: Werkzeugverschleißschätzung

WW: 1. ↑ GWW 1. – **2.** Warmwasser. – **3.** Warmwasserleitung, *Straßen- und Tiefbau*. – **4.** ⟨engl⟩ warm white / Warmweiß, Warmton (Lichtfarbe bei Leuchtstofflampen). – **5.** Wegwinkel, *Luftfahrtnavigation*

WWB: 1. ↑ GWWB. – **2.** Warmwasserbereiter, *Energietechnik*

WWH: Warmwasserheizung

WWT: Walzwerktechnik

WWWP: Wasser-Wasser-Wärmepumpe, *Energietechnik*

WWX: ⟨engl⟩ deluxe warm white / Warmweiß de Luxe, Warmton de Luxe (Lichtfarbe bei Leuchtstofflampen)

WXR: ⟨engl⟩ weather radar / Wetterradar, *Flugmeteorologie*

WZ: 1. Weltzeit (↑ UT 1). – **2.** Werkzeug

† W/Z-Faktor: ↑ W/Z-Wert

WZM, WM: Werkzeugmaschine

WzN, WzN.: West zu Nord

WzS, WzS.: West zu Süd

W/Z-Wert, † W/Z-Faktor: Wasser/Zement-Wert, *Bautechnik*

X

X: 1. Achse (Schienenfahrzeug). – 2. Xenonlampe

XCF-Ruß: ⟨engl⟩ extra conductive furnace black / besonders leitfähiger Ofenruß, *Polymertechnik*

XL: ⟨engl⟩ existing light / vorhandenes Licht (bei Aufnahme), *Fototechnik*

XMTR, XMT: ⟨engl⟩ transmitter [Xmitter] / Sender

XP: ⟨engl⟩ sixdouble play / Sechsfachspiel (-Tonband)

XPS: ⟨engl⟩ X-ray photoelectron spectroscopy / Röntgenstrahl-Fotoelektronenspektroskopie

XR: Xeroradiografie (elektrografische Röntgenbilderzeugung), *Medizintechnik*

XRASER: ⟨engl⟩ X-ray laser / Röntgenstrahllaser

XRCD-Methode: ⟨engl⟩ X-ray crystal density method (Röntgenstrahluntersuchungsmethode in der Kristallografie)

XRL: ⟨engl⟩ X-ray lithography / Röntgenstrahllithographie

XT: ⟨engl⟩ extended technology (Bezeichnung für IBM-Personalcomputer XT)

XUV: ↑ EUV

XYP: *x-y*-Plotter, *Datenverarbeitung*

Y

YAG: ⟨engl⟩ yttrium aluminate garnet / Yttrium-Aluminium-Granat (Laserwerkstoff)

YEG: Yttrium-Eisen-Granat, ↑ YIG

YIG: ⟨engl⟩ yttrium iron garnet / Yttrium-Eisen-Granat (Schichtmaterial), = YEG

YIL: ⟨engl⟩ yellow indicating lamp / gelbe Anzeigelampe

YMOS: ⟨engl⟩ Y-metal-oxide semiconductor / Y-Metall-Oxid-Halbleiter (Transistor mit nach unten sich verjüngendem Querschnitt), *Halbleitertechnologie*

YVP: ⟨engl⟩ yttrium vanadate phosphor / Yttrium-Vanadat-Phosphor (Leuchtstoff)

Z

Z: 1. ⟨engl⟩ Greenwich mean time / mittlere Greenwich-Zeit, *Luftfahrtnavigation*. – 2. zähgeglüht, *Werkstofftechnik*. – 3. Zahnstange. – 4. ↑ ZD. – 5. (Schrift-) Zeichen, *Polygrafie*. – 6. Zeichen, *Datenverarbeitung*. – 7. Zeile (bei Druckern), *Datenverarbeitung*. – 8. Zelle, *Flugzeugausrüstung*. – 9. Zement. – 10. Zementit (Gefügename), *Werkstofftechnik*. – 11. Zenit (Himmelsscheitelpunkt). – 12. ZM: ⟨engl⟩ zero marker / O-Markierungsfunkfeuer, *Luftfahrtnavigation*. – 13. Zug. – 14. Zwischenring, *Bautechnik*

za: Zwillingsarbeitskontakt, *Nachrichtentechnik*

Za: Zusatzanlage (Bahnanlage)

ZA: 1. Ziffernanzeige. – 2. Zwischenring mit Ablauf, *Bautechnik*

Zabf: Zugauflösebahnhof

ZAÈR [ЗАЭР]: ⟨russ⟩ zapasnyj aèrodrom [запасный аэродром] / Ausweichflughafen, Ausweichflugplatz

† **ZAK:** zentraler Artikelkatalog

ZAM: Zweiseitenband-Amplitudenmodulation, *Nachrichtentechnik*

Zamaklegierung: Zink-Aluminium-Magnesium-Kupfer-Legierung (Zinklegierung)

ZARO: zentrale ausgewählte Reparaturvorhaben des Fachbereiches Oberbau und Strecken, *Schienenfahrzeugtechnik*

ZB: 1. Zentralbatterie, *Nachrichtentechnik*, = CB 1, = CB 5. –2. Zwischenbremse (Gleisbremse), *Schienenfahrzeugtechnik*. – 3. Zwischenbremsstaffel, *Schienenfahrzeugtechnik*

Zbbf: Zugbildungsbahnhof

ZBEC: Zink-Dibenzyldithiocarbamat (Vulkanisationsbeschleuniger), *Polymertechnik*

ZBF: Zugbahnfunk (DB)

ZBX: Zink-Dibuthylxanthogenat (Vulkanisationsbeschleuniger), *Polymertechnik*

ZD, Z, Zw.D.: Zwischendeck

ZDBC: Zink-Dibuthyldithiocarbamat (Vulkanisationsbeschleuniger), *Polymertechnik*

Z-Diode: Zener-Diode, *Elektronik*

ZDMC: Zink-Dimethyldithiocarbamat (Vulkanisationsbeschleuniger), *Polymertechnik*

ZDP: Zeitungsdruckpapier

Z-Drehung: Drehungsrichtung von Fäden (Faser-, Fadenverlauf wie beim Buchstaben Z von links unten nach rechts oben), *Textiltechnik*

ZE: 1. Zeiteinheit (Fertigungszeitraum), *Fertigungsvorbereitung*. –

2. Zentraleinheit (zentrale Funktionseinheit eines Rechners), = CP 2, = CPE 1

ZEB: zeitweise eingleisiger Betrieb (DB)

ZEEP: ⟨engl⟩ zero energy experimental pile / Nulleistungs-Versuchsreaktor (Kanada), *Kernkraftwerkstechnik*

ZEL: Zweiebenenleiterplatte

ZENITH: ⟨engl⟩ zero energy nitrogen heated thermal reactor / thermischer Nulleistungsreaktor mit Stickstofferhitzung, *Kernkraftwerkstechnik*

ZEPC: Zink-Ethylphenyldithiocarbamat (Vulkanisationsbeschleuniger), *Polymertechnik*

ZER: Zentraleinrichtung, *Automatisierungstechnik*

ZERLINA: ⟨engl⟩ zero energy reactor for lattice investigation and new assemblies / Nullenergiereaktor für Gitteruntersuchungen und neue (Spaltmaterial-) Anordnungen (USA), *Kernkraftwerkstechnik*

ZETR: ⟨engl⟩ zero energy thermal reactor / thermischer Nullenergiereaktor (GB), *Kernkraftwerkstechnik*

ZEV: zentrale Energieversorgung, *Schienenfahrzeugtechnik*

ZEWAk: zentrale elektronische Wagenkartei für Güterwagen

Zf: Zugfunk

ZF: Zwischenfrequenz (fester Frequenzbereich der Funkempfangstechnik), = IF 3, *Nachrichtentechnik*

ZFA: Zonenfloatinganlage (Kristallzüchtungsanlage), *Halbleitertechnologie*

ZfH: zweifaches Herzstück, *Eisenbahnoberbau*

ZFl: Zubringerfernleitung, *Nachrichtentechnik*

ZFS-Filter: Zentrifugalscheibendruckfilter (Zuckerherstellung), *Lebensmitteltechnik*

Zfst: Zugfolgestelle (Bahnanlage)

ZFW: ⟨engl⟩ zero fuel weight / Leertankmasse, *Flugbetrieb*

ZG: 1. Zeichengenerator, *Meßtechnik*. – 2. Zündgerät, *Lichttechnik*

Z-Grat: Rechtsgrat bei Köperbindung (Fadenverlauf im Gewebe ähnlich dem Buchstaben Z von links unten nach rechts oben), *Textiltechnik*

Zg-Signal: Signal an Zügen und Kleinwagen

ZGW: Zentralamtsgruppenwähler, *Nachrichtentechnik*

Zh: Zugstangenhebel (an der Rückfallweiche), *Schienenfahrzeugtechnik*

Zi: Ziegenhaar, *Textiltechnik*

ZI: Zwischenblockinterface (Koppelungsbaustein für Hard- und Software), *Automatisierungstechnik*

ZIE: zweidimensionale Immunelektrophorese (zwei zeitlich aufeinander, im rechten Winkel zueinander durchgeführte ↑ EP 4), *Analysenmeßtechnik*

ZIPU [ЗИПУ]: ⟨russ⟩ zadannyj istinnyj putevoj ugol [заданный истинный путевой угол] / beabsichtigter geografischer Wegwinkel (Sollkurs), *Luftfahrtnavigation*

ZIX: Zink-Isopropylxanthogenat (Vulkanisationsbeschleuniger), *Polymertechnik*

ZK: Zinkkron (optisches Glas)

ZKL: Zwischenkreislauf, *Kraftwerkstechnik*

ZKM: Zweikoordinatenmeßmaschine

Zl: 1. Zeile(n) (für Umfangs- und Kapazitätsangaben), *Polygrafie*. – 2. Zentralamtsleitung, *Nachrichtentechnik*. – 3. Zentralvermittlungsleitung, *Nachrichtentechnik*

ZL: 1. Zuglenkung (DB). – 2. Zweckleuchte

ZLT: 1. zentrale Leittechnik. – 2. ZTL-TW: Zweistromturbinenluftstrahl-Triebwerk, *Luftfahrtantriebe*

ZLTV: zentrale Leittechnik für Verkehrsüberwachungsanlagen

ZLV: Zuglaufverfolgung (DB)

ZM: 1. ↑ Z 12. – 2. Zahnradmotor (Hydraulikmotor, Druckstromverbraucher). – 3. Zellenmodell (zur Beschreibung der Rückvermischung von Stoffen), *Stofftrenntechnik*. – 4. ↑ ZMX. – 5. Zwischenmodulation, *Nachrichtentechnik*

ZMA: (DR), ↑ ZNA

ZMB: zwischenmolekulare Bindung

ZMBI: Zink-Mercaptobenzimidazol (Vulkanisationsbeschleuniger), *Polymertechnik*

ZMBT: Zink-2-Mercaptobenzothiazol (Vulkanisationsbeschleuniger), *Polymertechnik*

ZMPU [ЗМПУ]: ⟨russ⟩ zadannyj magnitnyj putevoj ugol [заданный магнитный путевой угол] / beabsichtigter magnetischer Wegwinkel (Soll-Magnetkurs), *Luftfahrtnavigation*

Zm-Signal: Zugmeldesignal (Eisenbahnsignal)

Zmst: Zugmeldestelle

ZMX, ZM: Zeitmultiplex, ↑ TDM 2

ZN, NZ [ЗН, НЗ]: ⟨russ⟩ zerkal'naja lampa nakalivanija [зеркальная лампа накаливания] / Reflektorglühlampe

ZNA, ZMA: Zugnummernmeldeanlage (DB)

ZO: ⟨engl⟩ zone / Gebiet, ↑ BK 1

ZoE: Zonenelektrophorese (Trennung von Stoffgemischen im elektrischen Feld), *Analysenmeßtechnik*

ZÖV: zentrale Ölversorgung, *Energietechnik*

ZP: Zahnradpumpe (Druckstromerzeuger)

ZPI: ⟨engl⟩ zone position indicator / Positionszonenanzeiger, *Flugzeugausrüstung*

ZPR: ⟨engl⟩ zero power reactor / Nulleistungsreaktor, *Kernkraftwerkstechnik*

ZPRL: ⟨engl⟩ zero power reactor at Lun-Tan / Nulleistungsreaktor in Lun-Tan (auf Taiwan), *Kernkraftwerkstechnik*

ZPS: zeitunabhängiger Programmspeicher, ↑ VPS 4

Zp-Signal: Signal für das Zugpersonal (Eisenbahnsignal)

ZR: 1. Zellenrechner (Rechner einer Fertigungszelle in einem flexibel automatisierten Fertigungssystem). – 2. Zentralrechner. – 3. ⟨engl⟩ zone refining / Zonenreinigung (Werkstoffentwicklung). – 4. [ЗР]: ⟨russ⟩ zritel'naja rabotosposobnost' [зрительная работоспособность] / Sehvermögen, Sehfähigkeit. – 5. Zwischenrastschritt, *Nachrichtentechnik*. – 6. Zwischenregister, *Datenverarbeitung*

ŽRD [ЖРД]: ⟨russ⟩ židkostnyj raketnyj dvigatel' [жидкостный ракетный двигатель] / Flüssigkeitsraketentriebwerk (Strahltriebwerk für flüssigen Treibstoff), *Luftfahrtantriebe, Raumfahrttechnik*

ZRE: zentrale Recheneinheit

ZRO [ЗРО]: ⟨russ⟩ zaprosčik radiolokacionnogo opoznavaniâ [запросчик радиолокационного опознавания] / Kennungsabfragegerät, *Flugzeugausrüstung*

ZR-Verfahren: Zahnradverfahren (Texturierverfahren), *Textiltechnik*

z.S.: zur See

ZS: 1. Zellstoff. – 2. Zugsammelschiene

ŽS [ЖС]: ⟨russ⟩ lampa dlja železnodorožnyh svetoforov [лампа для железнодорожных светофоров] / Bahnsignallampe

ZSF: ⟨engl⟩ zero skip frequency / kritische Sprungfrequenz, *Nachrichtentechnik*

ZSK: zulässige Spitzenkonzentration (von Schadstoffen am Arbeitsplatz), *Meßtechnik*

Zs-Signal: Zusatzsignal (für Hauptsignal, Eisenbahnsignal)

Zstw: Zentralstellwerk

ZT: 1. Zehnertastatur, *Datenverar-*

beitung. – **2.** ⟨engl⟩ zonal time / Zonenzeit, *Luftfahrtnavigation*

ZTA-Diagramm: Zeit-Temperatur-Austenitisierungs-Diagramm, *Werkstofftechnik*

ZTG: Zeittaktgeber, *Nachrichtentechnik*

ZTL-TM: ↑ ZLT 2

ZTU-Diagramm: Zeit-Temperatur-Umwandlungs-Diagramm, *Werkstofftechnik*

ZT-Verfahren: Zwirntrennverfahren (Texturierverfahren), *Textiltechnik*

Zu: Zungenschiene, *Schienenfahrzeugtechnik*

Zü: Zugüberwachung (DB)

ZÜ: ↑ ZW 2

ZuA: Zungenanfang, *Eisenbahnoberbau*

ZÜE: zentrale Überwachungseinrichtung, *Automatisierungstechnik*

ZUP [ЦУП]: ⟨russ⟩ centr upravlenija polëtom kosmičeskih korablej [центр управления полётом космических кораблей] / Flugleitzentrum, *Raumfahrttechnik*

ZuW: Zungenwurzel, *Eisenbahnoberbau*

ZUW: zentrales Umspannwerk, *Elektrotechnik*

ZV: 1. Zeitvorrechnung (Zeitvorgabenbestimmung), *Arbeitsnormung*. – **2.** zentraler Vorfluter, *Melioration*. – **3.** Zentralverriegelung, *Kraftfahrzeugtechnik*

ZVE: 1. zentrale Verarbeitungseinheit, ↑ CPU. – **2.** zentrale Vermittlungseinrichtung, *Nachrichtentechnik*

ZVK: zentraler Venenkatheter, *Medizintechnik*

ZVSt: Zentralvermittlungsstelle, *Nachrichtentechnik*

ZVt: Zwischenverteiler, *Nachrichtentechnik*

Zw: Zwischenstufengefüge, *Werkstofftechnik*

ZW: 1. Zusatzwasser, *Energietechnik*. – **2. ZÜ:** Zwischenüberhitzer, *Energietechnik*

Zw.D.: ↑ ZD

zw.d.L.: zwischen den Loten, *Schiffstechnik*

2D: zweidimensional (eben)

2 DEG: zweidimensionales Elektronengas (bei Heterostrukturen), *Mikroelektronik*

2-DIEP: ⟨engl⟩ two-dimensional immunoelectrophoresis / zweidimensionale Immunelektrophorese, ↑ ZIE

zwi: Zentrifugenwickel (Aufmachungsform von Chemiefaserstoffen)

Zw.Spt.: Zwischenspant, *Schiffstechnik*

zxs: zylindrische Kreuzspule (Aufmachungsform von Chemiefaserstoffen)

ZZ: Zement mit Zumahlstoff (Bindebaustoff)

ZZK: zentraler Zeichenkanal, *Nachrichtentechnik*

ZZZ: Zeitzonenzähler, *Nachrichtentechnik*

Literaturverzeichnis

Großes Abkürzungsbuch / Koblischke, H. – 4. Aufl. – Leipzig: Bibliographisches Institut, 1985

DABI, Das Abkürzungsbuch für den Ingenieur / Lanze, W. – 2. Aufl. – Essen: Vulkan-Verlag, 1980

Abkürzungen und Kurzwörter aus Technik und Naturwissenschaften / Bekker; Goedecke, W. – Wiesbaden: Brandstetter-Verlag, 1973

Internationale Abkürzungen und Kurzzeichen / Krist, T. – Darmstadt: Technik-Tabellen-Verlag, 1979

Anglo-amerikanische Abkürzungen und Kurzwörter der Elektrotechnik und angrenzender Gebiete / Wennrich, P. – München: Saur-Verlag, 1973

Anglo-amerikanische und deutsche Abkürzungen für den Bereich Umweltschutz / Wennrich, P. – München: Saur-Verlag, 1979

Abkürzungen in der Medizin und ihren Randgebieten / Spranger, U. – Berlin: Verlag Volk und Gesundheit, 1980

Abkürzungen und Fachbegriffe der Halbleiterelektronik / Schoppnies, E. – In: rfe. – Berlin 30 (1981) 1 bis 6

Abkürzungen der Kernkraftwerkstechnik (engl./dtsch., dtsch./engl.) / Freyberger, G. H. – München: Thiemig-Verlag, 1979

Lexikon der Text- und Datenkommunikation (Begriffe, Abkürzungen, Kurzwörter) / Mache, W. – München: Oldenbourg-Verlag, 1980

Technik-Wörterbuch. Russische Abkürzungen und Kurzwörter / Scheitz, E. – Berlin: Verlag Technik, 1985

Elektronik-Abkürzungen von A bis Z / Freyer, U. – München: Franzis-Verlag, 1983

Abkürzungen in der Automatisierungstechnik, Mikrorechentechnik und -elektronik / Habinger, E. – 2. Aufl. – Berlin: Verlag Technik, 1987

Abkürzungen von Fachbegriffen der Halbleiterelektronik / Schoppnies, E. – Hrsg.: Akademie der Wissenschaften der DDR, Institut für Physik der Werkstoffbearbeitung. – Berlin, 1982

Abkürzungen der Informationsverarbeitung (dtsch., engl., frz.) / Amkreutz, J. J. – Köln: Datakontext-Verlag, 1985

Abkürzungen der Datenverarbeitung / Carl, W. H.; Amkreutz, J. J. – 2. Aufl. – Köln: Datakontext-Verlag, 1982

Anglo-amerikanische und deutsche Abkürzungen in Wissenschaft und Technik. Teil 1 bis 4 / Wennrich, P. – München: Saur-Verlag, 1976–80

Hinweise zur Benutzung des Lexikons

Alphabetisierung

- Die Abkürzungen sind streng alphabetisch vom ersten bis zum letzten fettgedruckten Buchstaben geordnet. Nicht alphabetisiert wurden Abkürzungsteile in eckigen Klammern, da sie nur eine andere Schreibweise, meist in kyrillischer Schrift, darstellen.
- Kleinschreibung kommt vor Großschreibung.
- Es folgen Formen mit Punkten, Binde- und Schrägstrichen. Indexbuchstaben sind in die Buchstabenfolge eingeordnet.
- Umlaute sind nach den entsprechenden Vokalen eingeordnet, ß nach ss.
- Buchstaben mit diakritischen Zeichen werden gleichen Buchstaben ohne diakritischen Zeichen nachgeordnet.
- Ziffern, Zeichen und griechische Buchstaben werden entsprechend ihrer Wortbedeutung eingeordnet, z. B.:

3D	unter »drei D«
M & A	unter »M und A« bzw. unter »M and A« bei englischen Abkürzungen
µP	unter »myP«
Ausnahme:	Ziffern, die eine Vervielfachung des Buchstabens bedeuten, z. B.: $C^2S \triangleq CCS$, $T^2L \triangleq TTL$

Aufbau der Lexikonartikel

- Der Lexikonartikel setzt sich aus der Abkürzung (Fettdruck), ihrer Vollform, einer Übersetzung bei fremdsprachigen Abkürzungen und (wenn erforderlich) einer kurzen Erläuterung (immer in runden Klammern) und/oder einer Fachgebietsangabe (Schrägdruck) zusammen.
- Gibt es mehrere Schreibweisen und Formen (Synonyme) einer Abkürzung, steht die gebräuchlichste an erster Stelle. Von anderen Formen wird auf diese mit »↑« verwiesen, wenn sie nicht unmittelbar davor oder danach stehen.